हिन्दी-अंग्रेजी

पर्यायवाची एवं विपर्याय कोश

Hindi-English

Synonym and Antonym Dictionary

लोकभारती
हिन्दी-अंग्रेजी
पर्यायवाची एवं विपर्याय कोश
Hindi-English
Synonym and Antonym Dictionary

संपादक
बदरीनाथ कपूर

लोकभारती प्रकाशन

लोकभारती प्रकाशन
पहली मंजिल, दरबारी बिल्डिंग, महात्मा गाँधी मार्ग
प्रयागराज-211 001
वेबसाइट : www.lokbhartiprakashan.com
ईमेल : info@lokbhartiprakashan.com
शाखाएँ : 1-बी, नेताजी सुभाष मार्ग, दरियागंज
नयी दिल्ली-110 002
अशोक राजपथ, साइंस कॉलेज के सामने
पटना-800 006 (बिहार)
36-ए, शेक्सपियर सरणी
कोलकाता-700 017

पहला संस्करण : 2012
द्वितीय संस्करण : 2020

आस्था पेपर कन्वर्टर
प्रयागराज द्वारा मुद्रित

HINDI-ENGLISH
Synonym and Antonym Dictionary
by Dr. Badri Nath Kapoor
ISBN : 978-81-8031-629-6

मूल्य : ₹ 500

भूमिका

1935 में हिन्दी का प्रथम पर्यायवाची कोश काशी से प्रकाशित हुआ था जिसके संपादक थे सेन्ट्रल हिन्दू स्कूल के प्राध्यापक पं. श्रीकृष्ण शुक्ल विशारद। शुक्ल जी लाला भगवानदीन जी के प्रिय शिष्यों में से थे और उन्हीं की सत्प्रेरणा से पर्यायवाची कोश के संपादन में प्रवृत्त हुए थे। उन दिनों हिन्दी में जितने शब्दकोश प्रकाशित हुए थे वे सब-के-सब पाश्चात्य अक्षरक्रमवाली पद्धति पर बने थे और शुक्ल जी का यह कोश ही ऐसा कोश था जो प्राचीन भारतीय कोश-पद्धति पर अर्थात् संस्कृत की अमरकोशवाली पद्धति पर आधारित था। पाश्चात्य पद्धति का मुख्य उद्देश्य शब्द के अर्थ का ज्ञान कराना होता है जबकि प्राचीन भारतीय पद्धति का मुख्य उद्देश्य विषय के आधार पर शब्द का ज्ञान कराना होता है। कहना न होगा कि अंग्रेजी के राजेट कृत थेसारस (THESAURUS) का निर्माण इसी भारतीय पद्धति पर ही हुआ है।

सामान्य शब्दकोश में सभी शब्द अक्षरक्रम से रखे जाते हैं इसलिए उन्हें ढूँढ़ने में विशेष प्रयास अपेक्षित नहीं होता। परन्तु पर्यायवाची कोशों में विभिन्न विषयों के आधार पर बनाए हुए खंडों तथा वर्गों में से शब्द खोजना पड़ता है। यह कार्य अपेक्षाकृत अधिक समयसाध्य तथा श्रमसाध्य होता है। शुक्ल जी ने अपने पर्यायवाची कोश को चार खंडों में विभाजित किया है। प्रथम खंड में देव आदि शब्दों के पर्याय दिए हैं। इसमें 267 पर्यायमालाएँ हैं जो 6 वर्गों में विभाजित हैं। दूसरा जल-स्थल खंड है जिसमें 586 पर्यायमालाएँ हैं। यह 15 वर्गों में विभाजित किया गया है। तीसरा खंड मानवजगत है जिसमें 998 पर्यायमालाएँ हैं जिन्हें 11 वर्गों में विभाजित किया गया है। चौथा और अंतिम मानवेतर जीव खंड है जिसमें 400 पर्यायमालाएँ हैं जिन्हें 5 वर्गों में बाँटा गया है। इस प्रकार इस कोश में 2251 पर्यायमालाएँ हैं जो चार खंडों में 37 वर्गों में विभाजित हैं।

उक्त कोश प्रारंभिक प्रयास था। इसलिए इसमें कमियों का रह जाना स्वाभाविक था। पहली कमी यह थी कि इसमें सामान्य व्यवहार के शब्द कम थे, नामवाची शब्दों की ही भरमार थी। दूसरी कमी यह थी कि पर्यायमालाएँ जिस-जिस प्रमुख शब्द के अंतर्गत रखी गई थीं उनका कोई क्रम नहीं था। कभी-कभी तो यह सोच पाना भी कठिन होता है कि कौन प्रमुख शब्द किस खंड के किस वर्ग में मिलेगा। उदाहरण के लिए 'आँसू' के पर्याय आप जानना चाहते हैं तो इसके लिए पहले यह निश्चित करना होगा कि यह जल-स्थल खंड में

होगा, मानवजगत खंड में होगा या मानवेतर जीव खंड में। आपको यह जानकर आश्चर्य होगा कि इसे मानवजगत खंड के मनुष्य वर्ग में स्थान प्राप्त हुआ है। अब मनुष्य वर्ग में चलिए। पर्यायमालाओं के प्रमुख शब्द इस प्रकार आरम्भ होते हैं–शरीर, अंग, शिखा, चोटी, सिर, ललाट, जटा, कान, कनपटी, भौंह, बरौनी, आँख, आँख की पुतली, आँख का गोला, आँख का कोना, पलक, गाल, नाक, ओठ, ठुड्डी, मूँछ, दाढ़ी, मुँह, जीभ, दाँत, जबड़ा, तालु, कंठ, गरदन, कंधा, घंटी, छाती, स्तन, स्तन का अग्र भाग, काँख, कमर, कूल्हा, पेट, नाभि, पीठ, पसली, लिंग, अंडकोश, योनि, नितंब, मलद्वार, मलाशय, मूत्राशय, जाँघ, घुटना, पैर, एड़ी, पैर का तलवा, पैर की उँगली, बाँह, केहुनी (कोहनी?), हाथ, हथेली, हथेली के पीछे, उँगली, उँगली के पोर, नाखून, इन्द्रिय, थप्पड़, घूँसा, गोद, रोम, रोमांच, आँसू, पसीना, चमड़ा...आदि-आदि।

मेरा आशय है कि पन्नों पर पन्ने छानने और प्रकारान्तर से भटकने पर कहीं वांछित पर्यायमाला के दृष्टिगत होने की संभावना है।

उक्त कोश के प्रकाशन के कोई बीस वर्ष बाद सन् 1954 में डॉ. भोलानाथ तिवारी का बृहद पर्यायवाची कोश इलाहाबाद से प्रकाशित हुआ। यद्यपि इसमें खंडों की संख्या बढ़कर 8 हो गई फिर भी मुख्य ढाँचा पूर्ववत् ही रहा। मुख्य शब्दों का इसमें भी कोई क्रम नहीं, तो भी कोश की उपादेयता इस दृष्टि से बढ़ गई कि एक तो मूल शब्दों को संख्याबद्ध कर दिया गया और दूसरे कोश में प्रयुक्त समस्त शब्दों की अंत में अक्षरक्रम से सूची प्रस्तुत कर दी गई। अक्षरक्रम से दी हुई इस सूची के शब्दों के आगे उस मूल शब्द के खंड तथा क्रम संख्या का निर्देश है। जिस शब्द के पर्याय आपको चाहिए उसे पहले इस सूची में देख लीजिए और तब उसके आगे जिस खंड तथा क्रमसंख्या का उल्लेख हो वहाँ पहुँच जाइए। आपको वांछित पर्याय मिल जाएँगे। इसकी दूसरी बड़ी विशेषता यह थी कि पर्यायमालाओं के समस्त पर्याय शब्द अक्षरक्रम से रखे गए थे। इसमें दो राय नहीं कि यह कोश अत्यंत लोकप्रिय भी रहा और अत्यंत उपयोगी भी सिद्ध हुआ।

1974 में कोशी से राजेश दीक्षित का आदर्श हिन्दी पर्यायवाची कोश निकला। यह कोश पद्धति की दृष्टि से शुक्ल जी के कोश से विशेष भिन्न नहीं था।

पिछले दशक में दो पर्यायवाची कोश सामने आए। इनमें से एक है अभिनव पर्यायवाची कोश[1] और दूसरा है हिन्दी-अंग्रेजी पर्यायवाची कोश।[2] ये दोनों दिल्ली से प्रकाशित हुए हैं। इन दोनों कोशों की विशेषता यह है कि इनमें खंडों और वर्गों में पर्यायमालाओं को बाँटने का झंझट ही समाप्त कर दिया गया है। पर्यायमालाओं के प्रमुख शब्दों को अक्षरक्रम में लगाया गया है। पाठकों के लिए यह पद्धति निश्चित रूप से सरल और सुविधाजनक सिद्ध हुई है।

दो शब्द प्रस्तुत पर्यायवाची कोश के संबंध में भी। कार्य-पद्धति निर्धारित करते समय जो बातें मेरे ध्यान में आईं उन पर यहाँ संक्षेप में विचार कर लें तो अच्छा हो।

1. संपादक, डॉ. रामप्रकाश
2. संपादक, श्री गोपीनाथ श्रीवास्तव

1. पर्यायमालाओं का निर्धारण

किसी पर्यायमाला में किस शब्द को स्थान मिले और किसको न मिले इस संबंध में ढुलमुल नीति ही अपनाई जाती रही है। उदाहरण के लिए गोपीनाथ श्रीवास्तव के हिन्दी-अंग्रेजी पर्यायवाची कोश में 'युक्ति' के पर्यायों का अवलोकन करें :

युक्ति–कौशल, चातुर्य, चाल, अभ्युपाय, तरकीब, योजना, आयोजन, तर्क, दलील, उपाय, साधन।

अब जरा ध्यान दीजिए। क्या कौशल, योजना, तर्क और साधन के अर्थों में कुछ समानता है? उत्तर होगा नहीं। पर्याय तो ये तब होते जब इनमें कुछ अर्थगत समानता होती। पर्यायों की प्रचलित परिभाषा है–ऐसे शब्द जिनके सारभूत अर्थ समान हों। प्रस्तुत कोश में सारभूत अर्थों के विचार से उक्त माला के शब्द निम्नलिखित मालाओं में रखे गए हैं :

(1) **युक्ति–**उपाय, कटकीना, कैंडा, गुट, गोटियाचाल, जुगत, जोड़-तोड़, टिप्पस, टोटका, डौल-डाल, ढंग, तरकीब, तरीका, तोड़-जोड़, दाँव, दाँवपेंच, रीति, लटका, विधि, सिप्पा, हथकंडा। (device, trick)

(2) **कौशल–**उस्तादी, कला, कारीगरी, चतुरता, चतुराई, चातुर्य, दक्षता, निपुणता, पटुता, प्रवीणता, फन, युक्ति, विलक्षणता, विदग्धता, सफाई, हिकमत। (skill, adroitness, expertise, knack, art)

(3) **तर्क–**दलील, युक्ति। (argument)

(4) **उपाय–**करीना, जुगत, जुगाड़, तदबीर, तरकीब, तरीका, ब्योंत, मार्ग, युक्ति, रास्ता, राह, विधि, साधन, हथकंडा, हल। (device, way, means)

मेरा अभिप्राय यह है कि युक्ति में चार अर्थ हैं और इस आधार पर चार मालाएँ बनाई गई हैं। अन्य कोशों की तरह विभिन्न अर्थों के सूचक शब्दों को एक ही माला में नहीं रखा गया।

अभिनव पर्यायवाची कोश में 'आरंभ' के पर्याय इस प्रकार दिए हैं :

आरंभ–आदि, अथ, प्रथम, उपोद्घात, उपक्रम, आविर्भाव, उद्भव, सूत्रपात, शुरुआत, इब्तदा।

प्रस्तुत कोश में इन शब्दों को निम्नलिखित मालाओं में रखा गया है :

आरंभ–आदि, उद्घाटन, उपक्रम, प्रवर्तन, प्रारंभ, बिसमिल्ला, बीजारोपण, शुभारंभ, शुरुआत, श्रीगणेश, समारंभ, सूत्रपात। (beginning, commencement, start, opening, inauguration)

आविर्भाव–अवतरण, उत्पत्ति, प्रकटन, प्रकटीकरण, प्रस्फुटन, प्राकट्य, प्राकाश्य, प्रादुर्भाव। (emergence, advent, appearance)

इब्तदा, अथ आदि शब्द प्रचलन में नहीं हैं इसलिए इन्हें नहीं लिया गया। खटकनेवाली एक बात यह भी है कि पता नहीं अभिनव पर्यायवाची कोश में 'प्रथम' को किस आधार पर 'आरंभ' का पर्याय माना गया है। 'आरंभ' संज्ञा शब्द है, 'प्रथम' विशेषण।

'पाबंद' की माला अभिनव पर्यायवाची कोश में देखने योग्य है :

पाबंद–बद्ध, नियमित, विवश, अनुशासित, बद्धता, लाचारी, बाध्यता, मजबूरी।

'पाबंद' विशेषण है और इसके बद्धता, लाचारी, बाध्यता, और मजबूरी संज्ञा पद कैसे पर्याय हो सकते हैं? ये तो विवशता के पर्याय हैं। हमारे कोशकारों को ऐसी असावधानी से तो निश्चय ही बचना चाहिए। कभी-कभी कोशकार ऐसे शब्दों को पर्याय बतला देते हैं जिनके अर्थों में कुछ भी समानता नहीं होती। गोपीनाथ श्रीवास्तव कृत हिन्दी-अंग्रेजी पर्यायवाची कोश में निम्नलिखित माला देखिए।

तहजीब–सभ्यता, शिष्टता, शुद्धता, संस्कार।

प्रथम दो शब्द सभ्यता और शिष्टता तो तहजीब के पर्याय हैं परंतु शुद्धता और संस्कार तहजीब के पर्याय नहीं।

2. पर्यायमालाओं के प्रमुख या मूल शब्द का निर्धारण

माला के प्रमुख शब्द के चुनाव का आधार क्या हो? वस्तुतः जो शब्द अधिक प्रचलित हो वही माला का प्रमुख शब्द भी होना चाहिए या फिर अर्थ की दृष्टि से अधिक व्यापक शब्द भी प्रमुख हो सकता है। परंतु इस साधारण से नियम के पालन में हमारे कोशकार चूके हैं। उदाहरण के लिए गोपीनाथ श्रीवास्तव ने तअज्जुब, तअस्सुब, तंबीह आदि को मुख्य शब्द बनाया है और उनके अंतर्गत अन्य पर्यायों को दिया है जबकि इनके अधिक प्रचलित पर्याय हैं–आश्चर्य, पक्षपात और चेतावनी। प्रस्तुत कोश में आश्चर्य, पक्षपात, चेतावनी आदि शब्दों को ही मुख्य माना गया है और उन्हीं में पर्याय दिए गए हैं।

कुछ ऐसी मालाएँ भी हैं जिनके दो-दो या तीन-तीन शब्द प्रमुख प्रतीत होते हैं। ऐसी स्थिति में निर्णय करना कठिन होता है कि किस शब्द को प्रमुख शब्द माना जाए। इस कोश में कुछ मालाएँ ऐसी हैं जो दो-दो मूल शब्दों के अंतर्गत रखी गई हैं। ऐसा पाठकों की सुविधा की दृष्टि से किया गया है।

अभिनव पर्यायवाची कोश में एक माला मेरे देखने में आई है जिसमें सात शब्द हैं और सातों को मुख्य मानकर सात बार एक ही पर्यायमाला रख दी गई है। वस्तुतः ऐसा करना शक्ति और समय का तो दुरुपयोग है ही, कोश-विज्ञान के सिद्धान्तों का भी मजाक उड़ाना है। उक्त माला है :

अभिलाषा–आकांक्षा, इच्छा, कामना, चाह, वासना, लालसा।

यदि कोश में कुल 3000 मालाएँ हों और एक-एक माला की सात बार आवृत्ति हो तो वास्तविक मालाओं की संख्या 500 से भी कम ठहरेगी। प्रस्तुत कोश में उक्त माला इच्छा मुख्य शब्द के अंतर्गत आई है और इस प्रकार है :

इच्छा–अभिलाषा, अरमान, आकांक्षा, आरजू, उच्चाकांक्षा, एषणा, कामना, ख्वाहिश, चाह, तमन्ना, तृष्णा, मनोकामना, मर्जी, महत्त्वाकांक्षा, मुराद, रजा, ललक, लालसा, वांछा, साध, स्पृहा, हड़क, हविस, हवस, हसरत, हाई और हिर्स।

मुख्य शब्दों के क्रम-संबंधी अभिनव पर्यायवाची कोश तथा हिन्दी-अंग्रेजी पर्यायवाची कोश में अनेक भूलें हैं। लगता है कि हमारे कोशकार सामान्य हिन्दी शब्दकोशों में प्रस्तुत शब्दक्रम से भी अनभिज्ञ हैं। हिन्दी-अंग्रेजी पर्यायवाची कोश में 'दक्ष' के बाद दंगा और दंभ रखे गए हैं जबकि दक्ष से दोनों पहले आने चाहिए। 'दारुण' और 'दास' के बीच में 'दाँव' शब्द रखा है। आखिर यह कहाँ का क्रम है?

3. पर्यायों का संकलन

पर्याय शब्दों का संकलन कोशगत शब्दों के आधार पर सामान्यतः किया जाता है। इस कोश में साहित्य तथा बोल-चाल से भी पर्याय शब्द ढूँढ़ने का प्रयास किया गया है। इस प्रकार पर्याय-संपदा के अभिवर्धन का प्रयत्न भी इस कोश का उद्देश्य रहा है। उदाहरण के लिए 'आज्ञा' शब्द के पर्यायों का अवलोकन कीजिए :

गोपीनाथ श्रीवास्तव कृत *हिन्दी-अंग्रेजी पर्यायवाची कोश*	डॉ. रामप्रकाश *कृत अभिनव पर्यायवाची कोश*	*प्रस्तुत कोश*
आज्ञा	**आज्ञा**	**आज्ञा**
आदेश	आदेश	अधिदेश
समादेश	अनुमति	अध्यादेश
निदेश	अनुशासन	अनुज्ञा
अनुदेश	आयसु	अनुदेश
हुक्म	निर्देश	अनुमति
व्यादेश	निदेश	अनुशासन
(6)	अनुज्ञा	अभिदेश
	स्वीकृति	आदेश
	इजाजत	आयसु
	हुक्म	आर्डर
	(10)	कहना
		कहा
		निदेश
		निर्देश
		परमादेश
		परवाना
		प्रादेश
		फरमान
		समादेश
		हिदायत
		हुकुम
		हुक्म
		(22)

जो शब्द दो-दो रूपों में चलते हैं वे तो ले लिए गए हैं और जो शब्द प्रयोग में नहीं रह गए उन्हें छोड़ दिया गया है।

गोपीनाथ श्रीवास्तव कृत *हिन्दी-अंग्रेजी पर्यायवाची कोश*	डॉ. रामप्रकाश *कृत अभिनव पर्यायवाची कोश*	*प्रस्तुत कोश*
भय	**भय**	**डर**
आतंक	डर	आतंक
आशंका	शंका	आशंका
डर	त्रास	खतरा
खौफ	भीति	खौफ
खतरा	आशंका	डरावा
संत्रास	विपद (?)	त्रास
भीति	अनिष्ट	दहशत
त्रास	खतरा	भय
संकट	खौफ	भीति
जोखिम	(9)	विभीषिका
(10)		संकट
		संत्रास
		हदस
		(13)

4. पर्यायों का प्रस्तुतीकरण

सामान्यतः पर्याय कोशों में पर्यायों को प्रस्तुत करने का कोई निश्चित विधान नहीं। डॉ. भोलानाथ तिवारी ने अवश्य पर्यायों को अक्षरक्रम से रखा था और मेरी समझ में यही नीति अन्य कोशकारों को भी अपनानी चाहिए थी।

पर्यायों के प्रस्तुतीकरण की एक पद्धति और भी हो सकती है। वह यह कि जो महत्त्वपूर्ण शब्द हों वे पहले रखे जाएँ और कम महत्त्वपूर्ण बाद में। परंतु कौन शब्द अधिक महत्त्वपूर्ण है और कौन कम इसका निर्धारण बहुत कठिन काम है। इसलिए डॉ. भोलानाथ तिवारी की नीति ही ठीक है। प्रस्तुत कोश में यही नीति अपनाई गई है। देखें :

चिरौरी–अनुनय, अनुनय-विनय, गिड़गिड़ाहट, निहोरा, मिन्नत, याचना, विनती।

सभी शब्द अक्षरक्रम से आए हैं।

4. अंग्रेजी समानक

हर माला के साथ कुछ महत्त्वपूर्ण अंग्रेजी समानक या तदर्थी शब्द भी दिए गए हैं।

मुझे आशा है कि इससे अंग्रेजी के प्रेमी मेरे कुछ मित्रों को हिन्दी से स्नेह बढ़ाने का अवसर मिलेगा। कम-से-कम उनकी यह धारणा अवश्य बदलेगी कि हिन्दी में शब्द-दारिद्र्य है। हिन्दी निश्चय ही सबल और संपन्न भाषा है।

6. विपर्याय या विलोम शब्द

गोपीनाथ श्रीवास्तव के पर्यायवाची कोश में कहीं-कहीं विपर्याय या विलोम शब्द भी दिए गए हैं। यह कार्य अत्यंत स्तुत्य है। परंतु उनसे बहुत बड़ी चूक हो गई। विपर्याय शब्दों का आधार केवल रूप नहीं अर्थ भी होता है। अब जरा देखिए उक्त कोश में दिए हुए कुछ विपर्यायों को :

उद्देश्य	निरुद्देश्य
प्रयोजन	निष्प्रयोजन
मेल	बेमेल
आधार	निराधार
आलंब	निरालंब
संदेह	निस्संदेह
विघ्न	निर्विघ्न
उपाय	निरुपाय
भ्रम	निर्भ्रम
मजा	बेमजा
होश	बेहोश

यहाँ बाईं ओर के सभी शब्द संज्ञापद हैं और उनके आगे दिए हुए विपर्याय या विलोम शब्द विशेषण या क्रियाविशेषण हैं। संज्ञा का विपर्याय संज्ञा ही होगा, विशेषण का विशेषण और क्रियाविशेषण का क्रियाविशेषण। वस्तुतः निरुद्देश्य उद्‌देश्यपूर्ण का, निष्प्रयोजन सप्रयोजन का, निराधार साधार का, निर्भ्रम भ्रमपूर्ण का, होशमंद बेहोश का विपर्याय है। 'बेमजा' मजा का विपर्याय नहीं बल्कि 'मजेदार' का विपर्याय है।

प्रस्तुत कोश में पहली बार विपर्यायों की लंबी सूची देने का प्रयास किया गया है।

इस कोश में 5000 से कुछ अधिक ही पर्याय मालाएँ दी गई हैं जिनमें 30000 से अधिक पर्याय शब्दों का संकलन हुआ है। हजारों मालाएँ तो बिल्कुल नई हैं।

यह कार्य सचमुच बहुत बड़ा है। इसकी पूर्णता के लिए एक क्या कई जीवन चाहिए। मैंने तो बस अभी दो-तीन वर्ष ही लगाए हैं। इसलिए इसे पूर्ण कैसे कह सकता हूँ। पुस्तक की छपाई के साथ-साथ मैंने इसमें संशोधन तथा परिवर्धन का कार्य भी आरंभ कर दिया है। यदि कुछ वर्षों तक स्वास्थ्य ने साथ दिया तो इसे और बृहत् रूप दे सकूँगा। सहृदय पाठकों के सुझावों का स्वागत भी करूँगा और उपयोग भी।

—बद्रीनाथ कपूर

विषय-सूची

संकेताक्षर

क्रि.	क्रिया
क्रिपद	क्रियापद
क्रिवि.	क्रियाविशेषण
दे.	देखें
पुं.	पुंलिंग
यो.	योजक
वि.	विशेषण
सं.	संज्ञा
स्त्री.	स्त्रीलिंग

संकेताक्षर

1. पर्यायमालाएँ प्रमुख विशेषतः अधिक प्रचलित शब्दों के अंतर्गत दी गई हैं। कोश में ये सभी प्रमुख शब्द अक्षरक्रम में दिए गए हैं।

2. कोश के अन्त में उक्त मालाओं के सभी शब्दों की अक्षरक्रम से सूची दी गई है। सूची में छपे मोटे अक्षरों में पर्यायमालाओं के प्रमुख शब्द हैं अर्थात् इनके अंतर्गत पर्यायमालाएँ दी गई हैं। जिन शब्दों के सामने दे. अमुक शब्द लिखा हो कृपया उस शब्द को देखें। उसी में से उस शब्द का पर्याय मिलेंगे।

प्रथम खंड

पर्यायवाची कोश

अ

अंक *(पुं.)* आँकड़ा, तादाद, नंबर, मार्क, संख्यांक, संख्या, हिंदसा।
digit, figure, mark, number, numeral.

अंकगणित *(पुं.)* अंकविद्या, गणित, हिसाब।
arithmetic.

अंकन *(पुं.)* आलेखन, चित्रण, चित्रलेखन, चित्रांकन, वर्णन।
delineation, depiction, description, portrayal, narration, sketching.

अंकित *(वि.)* उरेहा हुआ, चित्रित, वर्णित।
delineated, depicted, described, portrayed, narrated.

अंकित करना *(क्रिपद)* उकेरना, चितरना, चित्रण करना, चित्रित करना, चीतना, वर्णन करना।
to delineate, to depict, to describe, to portray, to narrate.

अंकुर *(पुं.)* अँखुआ, आँख, कनखा, कल्ला, कली, किसलय, कोंपल।
bud, sprout, shoot.

अंकुरित होना *(क्रिपद)* अंकुरना, अँखुआना, अँखुआ फूटना, उजपना, जमना, निकलना, प्रस्फुटित होना।
to sprout, to germinate.

अंकुश *(पुं.)* 1. गजबाँक, कोंचा, गजबाग।
a goad to drive an elephant.
2. काबू, चेक, निग्रह, निरोध, नियंत्रण संयमन।
check, control, curb.

अंग *(पुं.)* 1. अवयव, भाग, शरीर का हिस्सा, हाथ-पाँव।
limb, part of the body.
2. पक्ष, पहलू, पार्श्व, फलक।
aspect, facet, side.

अंगड़-खंगड़ *(पुं.)* अगड़म-बगड़म, काठ-कबाड़, कूड़ा-कर्कट, फालतू सामान।
junk, lumber, oddments.

अँगड़ाना *(क्रि.)* अँगड़ाई लेना।
to stretch one's limbs.

अंग-प्रत्यंग *(पुं.)* अंजर-पंजर, जोड़-जोड़, हड्डी-पसली।
body and its parts. joints of a body or structure.

अँगिया *(स्त्री.)* कुरती, चोली, जंपर, बाडी, ब्लाऊज।
blouse, bra.

अँगूठा *(पुं.)* अंगुष्ठ, ठेंगा, ठोसा।
thumb.

अँगूठी *(स्त्री.)* छल्ला, मुँदरी, मुद्रिका, वलय।
ring.

अंगूर *(पुं.)* दाख, द्राक्षा।
grapes.

अंग्रेज *(पुं.)* आंग्लदेशी, इंग्लिस्तानी, गोरा, गौरांग, फिरंगी, ब्रितानवी।
Englishman.

अंग्रेजी *(स्त्री.)* गिटपिट (उपेक्षासूचक)।
English Language.
(वि.) आंग्ल, इंग्लिश।
English.

अंडकोश *(पुं.)* अंड, आँड़, पोता, फोता।
scrotum, testis, testicles.

अंडबंड *(वि.)* अंटशंट, अटपटा, अनाप-शनाप, अनर्गल, अललटप्पू, उलटा-पुलटा, उलटा-सीधा, ऊलजलूल, एँड़ा-बेंड़ा, बेतुका, बेसिर-पैर का।
incoherent, irrelevant, bizarre.

अंडबंड बकना *(क्रि.)* अंटशंट बकना, अटपट बोलना, अनाप-शनाप कहना, अनर्गल बकना, अपशब्द रहना, उलटा-सीधा कहना, ऊलजलूल बातें करना, गाली/गालियाँ देना, गाली-गलौज करना, दुर्वचन कहना।
to indulge in irrelevant talk, to abuse.

अंतःकरण *(पुं.)* अंतस्, अंतस्तल, उर, चित्त, जिया, जी, दिल, मन, मनुआ, हृदय, मानस।
heart, innerself.

अंतःपुर *(पुं.)* जनानखाना, महलसरा, रनिवास, हरम।
harem, seraglio.

अंत *(पुं.)* 1. अवसान, इति, इतिश्री, उपसंहार, खात्मा, पटाक्षेप, पर्यवसान, समापन, समाप्ति।
end, expiry, finish, termination, closure, completion, finale.
2. अंतिम भाग, सिरा।
3. रहस्य (दे.)
4. परिणाम (दे.)

अंत कर देना *(क्रिपद)* अस्तित्व मिटा देना, उखाड़ फेंकना, खत्म कर देना, खात्मा कर देना, न रहने देना, मार डालना, समाप्त कर देना।
to put an end to, to terminate.

अंतकाल *(पुं.)* अंतिम क्षण (घड़ी, वेला, समय), काल, मरणवेला, मरने का समय, मृत्युकाल।
last moment, time of death.

अंततः *(क्रिवि.)* अंत में, अंततोगत्वा, आखिर में, आखिरकार, अंततः, करते-कराते, चलते-चलाते, होते-हवाते।
finally, at last, ultimately, in the end.

अंतर *(पुं.)* 1. असमानता, दुजायगी, फर्क, भिन्नता, भेद, विभेद, विषमता, वैषम्य, व्यतिरेक।
difference, dissimilarity, diversity, variation, distinction.
2. अंतराल, दूरत्व, दूरी, फासला।
distance, interval of time or space.

अंतरण *(पुं.)* तबदीली, तबादला, स्थानांतरण, हस्तांतरण।
transfer.

अंतरप्रदेशीय *(वि.)* अंतरप्रांतीय, अंतर-प्रादेशिक, अंतरराज्यीय।
interstate.

अंतरराष्ट्रीय *(वि.)* इंटरनेशनल, बहुदेशीय, बहुराष्ट्रीय, ब्रह्मांडीय, भूमंडलीय।
international, cosmic.

अंतराल *(पुं.)* अवकाश, आकाश, मध्यांतर, मध्यावकाश, विराम, व्यवधान।
interval, recess, break, gap.

अंतरिम *(वि.)* अंतःकालीन, अंतर्वर्ती, काम-चलाऊ, बिचला, माध्यमिक, मध्यवर्ती।
interim, intermediate, intermediary, buffer.

अंतर्गत *(वि.)* अंतर्निहित, अंतर्भूत, अंतर्वर्ती, अंतर्हित, गर्भित, निहित, मिला हुआ, विवक्षित, शरीक, शामिल, संनिविष्ट, समाविष्ट, समावेष्टित।
included, incorporated, contained, impregnated, implied, inserted.

अंतर्दृष्टि *(स्त्री.)* कल्पना-शक्ति, सूझ, सूझ-बूझ।
insight, power of imagination.

अंतर्धान[1] *(वि.)* अगोचर, अदृश्य, अलक्षित, उड़नछू, ओझल, काफूर, गायब, गुम,

तिरोधान, तिरोभूत, तिरोहित, नदारद, रफूचक्कर, लुप्त, विलीन, विलुप्त।
disappeared, vanished, invisible.

अंतर्धान[2] *(पुं.)* अदर्शन, तिरोधान, तिरोभाव, लोप, विलोप।
disappearance, vanishing.

अंतर्धान हो जाना *(क्रिपद)* अगोचर हो जाना, अदृश्य हो जाना, अलक्षित हो जाना, अलक्ष्य हो जाना, काफर हो जाना, छू-मंत्र हो जाना, तिरोधान हो जाना, खिसक जाना, खो जाना, गायब हो जाना, गुम हो जाना, तिरोहित हो जाना, धता होना, नदारद हो जाना, नौ दो ग्यारह हो जाना, पलायन करना, फुर्र हो जाना, रफूचक्कर होना, लुप्त हो जाना, लोप हो जाना, विलीन हो जाना, विलुप्त हो जाना, हवा हो जाना।
to disappear, to go out of sight, to vanish, to become invisible.

अंतर्भाव *(वि.)* अंतर्वेशन, समावेश, समावेशन, सम्मिलन।
inclusion, incorporation.

अंतिम *(वि.)* अंततम, अंततोगत, आंतिक, आखिरी, चरम, पिछला।
last, final, latest.

अंत्येष्टि *(स्त्री.)* अंतिम संस्कार, अग्निकर्म, अग्निक्रिया, अग्निसंस्कार, क्रिया-कर्म, दाह, दाहकर्म, दाहक्रिया, दाह-संस्कार, मरनी-करनी, शवदाह।
cremation, funeral rites.

अंदर *(क्रिवि.)* भीतर।
inside.

अंदर जाना *(क्रिपद)* घुसना, पैठना, प्रविष्ट होना, प्रवेश करना, भीतर जाना।
to go in, to enter, to penetrate, to pass into.

अंधकार *(पुं.)* 1. अँधेरा, अँधेरा-घुप, अँधियारा, तम, तमिस्र, तिमिर, निशांधकार।
dark, darkness.
2. अज्ञान, अविद्या, भ्रांति।
ignorance, illusion.

अंधकारपूर्ण *(वि.)* अँधियारा (अँधियारी गली), अंधा (अंधी गली), काला (काली रात)।
dark, black, dismal.

अंधा *(वि.)* 1. चक्षुहीन, दृष्टिहीन, नेत्रहीन, सूर, सूरदास।
blind, without sight.
2. अज्ञानी, अदूरदर्शी, अविवेकी, विमूढ़, विवेकशून्य।
indiscreet, injudicious, foolish, unwise.

अंधाकुप्प *(पुं.)* तमावरण, ब्लैक-आऊट।
black-out.

अंधाधुंध *(क्रिवि.)* अंधे होकर, उन्मत्त होकर, पागलों की तरह, बिना विचारे, बेतहाशा।
blindly, indiscriminately.

अंधानुकरण *(पुं.)* अंधानुकृति, भद्दी नकल, भेड़चाल।
blind following.

अंधापन *(पुं.)* 1. अंधता, दृष्टिहीनता, नेत्रहीनता।
blindness.
2. अज्ञान, अदूरदर्शिता, अविवेक।
ignorance, short-sightedness.

अंश *(पुं.)* 1. अवयव, कण, कणिका, कला, कारक, खंड, घटक, टुकड़ा, पार्ट, भाग, प्रभाग, विभाग, संभाग, शाखा, हिस्सा।
part, portion, division, piece, section, sector, component, constituent, department, fraction, fragment.
2. पत्ती, भाग, शेयर।
share.

अंशदान *(पुं.)* 1. अवदान, भागीदारी, योगदान, शिरकत, सहभागिता, साझेदारी।
contribution, participation.
2. चंदा।
subscription.

अकंटक *(वि.)* अबाध, निर्विघ्न, निष्कंटक, निर्बाध, बाधारहित, विघ्नरहित।
thronless, unimpeded, unobstructed, trouble-free.

अकड़ *(स्त्री.)* अकड़बाज़ी, अकड़-फूँ, अहं, अहंकार, ऐंठ, इतराहट, शेखी, हेकड़ी।
airs, strut.

अकड़ना *(क्रि.)* 1. अकड़ जाना, ऐंठ जाना, कड़ा हो जाना, पथरा जाना, लकड़ाना।
to stiffen.
2. इतराना (दे.)

अकड़बाज़ *(वि.)* अहंकारी, उकड्डू, ऐंठू, घमंडी, टर्रा, दंभी, मगरूर, हेकड़ीबाज।
proud, arrogant, conceited.

अकथनीय *(वि.)* अकथ्य, अनिर्वचनीय, अनिर्वाच्य, अपरिभाषेय, अवर्णनीय, अवर्ण्य, अवाच्य, निषिध, बयान से बाहर, न कहने योग्य, वर्णनातीत, शब्दातीत।
unutterable, indescribable, ineffable, indefinable, unspeakable.

अकथित *(वि.)* अचर्चित, अनकहा, अनभिव्यक्त, अनुक्त, अनुच्चरित, अवर्णित, अव्यक्त, बिन-कहा।
untold, indescribed, unmentioned.

अकाट्य *(वि.)* अकाट, अखंडनीय, अखंड्य, अविवाद्य, निर्विवाद।
irrefutable, unquestionable, beyound question, indisputable.

अकारण *(क्रिवि.)* अहेतुक, ऐसे ही, ख्वाहमख्वाह, निष्कारण, बिना मतलब, बेमतलब, बेवजह, यों ही।
without cause, without any rhyme or reason.

अकाल *(पुं.)* 1. कहत, दुर्भिक्ष, दुष्काल।
famine.
2. कमी (दे.)

अकुलाना *(क्रि.)* अधीर होना, घबराना, परेशान होना, बेचैन होना, विकल होना, व्यग्र होना, व्याकुल होना।
to feel restless, to be anxious.

अकुशल *(वि.)* अदक्ष, अनभ्यस्त, अनाड़ी, अनिपुण, अनिष्णात, अपटु, अप्रवीण, नौसिखिया, फूहड़, बचकाना, बेहुनर।
unskilled, unversed, unskilful.

अकुशलता *(स्त्री.)* अदक्षता, अनाड़ीपन, अनिपुणता, अपटुता, अप्रवीणता, फूहड़पन।
unskilledness, unskilfulness.

अकृत *(वि.)* अकार्यान्वित, अनिष्पन्न, अनिर्मित, अरचित, असंपादित।
undone

अकृतज्ञ *(वि.)* एहसानफरामोश, कृतघ्न, नमकहराम।
ungrateful, unthankful.

अकृतज्ञता *(स्त्री.)* एहसानफरामोशी, कृतघ्नता, नमकहरामी।
ungratefulness, unthankfulness, thanklessness.

अकेला *(वि.)* 1. अलग-थलग, इकलौता, एकमात्र, एकल, एकाकी, टुटरूँटूँ, तन्हा, निस्संग, फकत, विजन।
single, alone, only, solitary, forlorn, lonely, friendless, aloof, sole, solo.
2. अद्वितीय, एक ही।
unique.
3. अविवाहित (दे.)

अकेलापन *(पुं.)* एकांतवास, एकाकीपन, तन्हाई।
loneliness, solitariness, solitude, aloofness.

अकेले *(क्रिवि.)* अकेले-अकेले, अपने से, अलग-अलग, बिना किसी को साथ लिए।
alone, all alone.

अक्खड़ *(वि.)* 1. उजड्ड, उद्धत, गँवार, गुस्ताख, धृष्ट, प्रगल्भ, फूहड़, बड़बोला, बदतमीज़, मुँहफट, स्पष्टवादी।
impolite, rude, immodest, imper-

tinent, ill-mannered, unmannerly, uncivil, recalcitrant, blunt, cheeky, curt, discourteous.

2. अशिष्ट (दे.)

अक्ष *(पुं.)* अक्षदंड, कीली, धुरा, धुरी।

axle.

अक्षत *(वि.)* 1. अक्षुण्ण, अनाहत (अन् + आहत), क्षतिहीन।

unhurt, uninjured.

2. अविच्छिन्न, अटूट, अखंडित, अभग्न, अभंग, अविभाजित।

unbroken, uniterrupted.

3. पूरा (दे.)

अक्षतयोनि *(स्त्री.)* अक्षतयौवना, अक्षता, अखंडयोनि, कुमारी, निष्पापा, पाकीज़ा, साध्वी।

Virgin.

अक्षर *(पुं.)* अक्षरी, वर्तनी।

speech sound. letter, syllable, spelling.

अखरना *(क्रि.)* अच्छा न लगना, अप्रिय लगना, कचोटना, चुभना, बुरा लगना, सालना।

to be sore, to be hurtful.

अखाड़ा *(पुं.)* 1. कुश्ती का मैदान, मल्लभूमि, मल्लशाला, रंगभूमि।

arena, wrestling field.

2. मठ (दे.)

अखाड़ेबाज *(विएं.)* बैठकबाज।

companionable.

अखाद्य *(वि.)* अनद्य, अभक्ष्य, न खाने योग्य।

inedible, uneatable.

अगम्य *(वि.)* अपारणीय, अलंघ्य, दुर्गम, विकट।

unpassable.

अगर *(यो.)* अगरचे, यदि।

if, on the condition, in the event that.

अगला *(वि.)* 1. अग्र, अग्रवर्ती, आनेवाला, आसन्न, आगामी, आगेवाला, परवर्ती, बादवाला, भावी।

next, following, coming, subsequent, consequent, later.

2. पहलेवाला, पूर्ववर्ती, पिछला, पुराना।

former, prior, previous, erstwhile, old.

अगेह *(वि.)* अनिकेत, बेघर।

homeless

अगोरना *(क्रि.)* चौकसी करना, चौकीदारी करना, देखभाल करना, निगरानी करना, देख-रेख करना, पहरा देना, पहरेदारी करना, रक्षा करना, रखवाली करना, हिफाजत करना।

to look after, to keep watch over.

अग्रज *(पुं.)* दाऊ, बड़ा भाई।

elder brother.

अग्राह्य *(वि.)* अस्वीकार्य, निषिद्ध

unacceptable, inadmisible.

अग्रिम *(पुं.)* अग्रिम राशि, एडवांस, बयाना, साई।

advance, advance payment.

अघाना *(क्रि.)* अघा जाना, खूब खाना-पीना, छकना, जी भर जाना, तृप्त हो जाना, तृप्ति होना, पेट भर जाना, मर जाना, संतुष्ट हो जाना। संतृप्त होना।

to be satiated.

अचानक *(क्रिवि.)* अकस्मात्, अप्रत्याशित रूप से, एकदम, एकबारगी, एकाएक, दैवयोग से, धड़ से, बैठे-बैठाए, यकाएक, संयोगवश, सहसा।

suddenly, unexpectedly, all of a sudden, all at once, accidentally, abruptly, all at once, accidentally, without any warning.

अचूक *(वि.)* अक्सीर, अमोघ, कारगर, न चूकनेवाला, रामबाण।

infallible, unfailing.

अचेत *(वि.)* अचेतन, अजाग्रत, चेतनारहित, चेतनाशून्य, चेतनाहीन, जड़ीभूत, निष्चेष्ट, बेसुध, बेहोश, मूर्च्छित, संज्ञारहित, संज्ञाहीन।
unconscious, senseless, fainted, unaware.

अचेतनता *(स्त्री.)* गश, बेसुधी, बेहोशी, मूर्च्छा, संज्ञाशून्यता, संज्ञाहीनता।
unconsciousness, faint.

अच्छा *(वि.)* 1. उत्कृष्ट, उत्तम, उपयोगी, उम्दा, नफ़ीस, नायाब, नीक, नीका, बढ़िया, बेहतर श्लाघ्य, प्रशंसनीय, सराहनीय, श्रेष्ठ।
good, nice, fine, lovely.
2. उदाराशय, नेक, नेक-नीयत, भद्र, भला, सच्चरित्र, सज्जन, सद्।
gentle, virtuous, kind, amiable.
3. स्वस्थ (दे.)

अच्छाई *(स्त्री.)* उत्कृष्टता, अच्छापन, उत्तमता, उपयोगिता, उम्दगी, खूबी, गनीमत, गुण, नेकी, बेहतरी, भलाई, श्रेष्ठता।
goodness, virtue, excellence, merit.

अच्छाई करना *(क्रिपद)* आरोग्य करना, चंगा करना, ठीक करना, तंदुरुस्त बनाना, निरोग करना, स्वस्थ करना।
to cure, to heal, to make better, to restore, to remedy.

अच्छाई-बुराई *(स्त्री.)* ऊँच-नीच, नेकी-बदी, पाप-पुण्य, भला-बुरा।
good and evil.

अछूत *(विपु.)* अंत्यज, अस्पृश्य, शूद्र, हरिजन।
untouchable.

अछूता *(वि.)* अस्पृष्ट, कोरा।
untouched.

अजनबी *(विपु.)* अज्ञात, अनजान, अनजाना, अपरिचित, ऐरा-गैरा, चलता-फिरता, बाहरी, बेगाना, विदेशी।
stranger, outsider, foreigner.

अजन्मा *(वि.)* अजात, अनागत, अनुत्पन्न, अयोनिज, अनुद्भूत, असंजात, जन्म-रहित, भावी।
unborn.

अजातशत्रु *(वि.)* शत्रुविहीन।
having no enemy, without enemy.

अजेय *(वि.)* अजय, अजित, अदम्य, अदमनीय, अनियंत्रणीय, अपराजेय, दुर्जेय, दुर्दमनीय, दुर्दम्य, दुर्दांत, दुर्भेद्य।
unconquerable, irrepressible, impregnable.

अज्ञात *(वि.)* अनजाना, अननुभूत, अनवगत, अनभिज्ञ, अपरिचित, अलक्षित, अविदित, नामालूम, नावाकिफ़।
unkonwn, unidentified, obscure, unfamiliar, unheard-of.

अज्ञातवास *(पुं.)* एकांतवास, गुप्तवास।
dwelling in an unknown place.

अज्ञान *(पुं.)* 1. अंधकार, अज्ञता, अनभिज्ञता, अपरिचय, अविद्या, अशिक्षा, गैर-जानकारी, नावाकफियत।
non-acquaintance, unfamiliarity. ignorance.
2. मूर्खता (दे.)

अज्ञेय *(वि.)* अगोचर, अनधिगम्य, इंद्रियातीत, गुह्य, रहस्यपूर्ण, रहस्यमय।

अज्वलनशील *(वि.)* अदह्य, अदाह्य।
incombustible, non-combustible.

अटना *(क्रि.)* आ जाना, पूरा पड़ना, समाना।
to be able to hold, to be accommodated.

अट्टहास *(पुं.)* उन्मुक्त हास, कहकहा, किलकारी, खिलखिलाहट, जोर की हँसी, ठहाका, प्रहास।
guffaw, boisterous laugh.

अट्टहास करना *(क्रिपद.)* कहकहा लगाना, किलकारी भरना या मारना, खिलखिलाना, ठट्ठा मारना या करना, ठहाका मारना/लगाना, हाहा-हीही करना।
to guffaw, to chortle.

अठन्नी *(स्त्री.)* अधेली, आठ आने का सिक्का।
eight anna coin.

अड्डा *(पुं.)* ठाँव, ठिया, डेरा।
1. resting or halting place. 2. perch.

अतः *(क्रिवि.)* अतएव, इस कारण, इसलिए चुनांचे, लिहाजा।
therefore, hence. so.

अतिथि *(पुं.)* अभ्यागत, आगंतुक, आगत, गृहागत, आप्रवासी, आया-गया, नवागंतुक, पाहुन, पाहुना, मिलनेवाला, मुलाकाती, मेहमान।
guest, visitor, caller, vistant.

अतिथि-भवन *(पुं.)* अतिथि-गृह, अतिथिशाला, धर्मशाला, मुसाफिरखाना।
guest house.

अतिथि-सत्कार *(पुं.)* अतिथि-परायणता, अतिथि-सेवा, आवभगत, खातिर, खातिर-तवाजा, खातिरदारी, मेहमानदारी, मेहमाननवाजी, स्वागत-सत्कार।
hospitality, hospitableness.

अतिरंजन *(पुं.)* अतिरंजना, अतिशयोक्ति, अत्युक्ति, मुबालगा।
exaggeration, hyperbole, over-statement, amplification.

अतिरंजन करना *(क्रिपद)* अतिरंजना करना, अतिशयोक्ति करना, अत्युक्ति करना, खूब उछालना, नमक-मिर्च लगाकर कहना, बढ़ा-चढ़ाकर कहना, मिर्च-मसाला लगाकर कहना।
to exaggerate, to inflate, to magnify.

अतिरिक्त *(वि.)* अवशिष्ट, ऊपरी, फाज़िल, फालतू, बचा-खुचा, बाहरी, बेकार।
additional, superfluous, extra.

अतिरिक्त के *(परसर्ग) के* अलावा, के सिवा, को छोड़कर।
except, except for, apart from, other than.

अतिसार *(पुं.)* ग्रहणी, दस्त की बीमारी, प्रवाहिका, संग्रहणी।
diarrhoea.

अत्तार *(पुं.)* इतरफरोश, गंधी।
perfumer.

अत्यधिक *(वि./क्रिवि.)* अकूत, अज़हद, अतीव, अतिशय, अत्यन्त, अधिसंख्य, अनंत, अनल्प, अपार, अमित, असंख्य, असीम, घोर, ढेरों, धुर, ताबड़तोड़, दुनिया भर का, नितांत, निस्सीम, निहायत, परले सिरे का, परम, प्रचंड, प्रचुर, प्रभूत, बहुत, ज्यादा, बहुसंख्य, बेअंत, बेतरह, बेशुमार, बेहद, बेहिसाब, भरा-पटा, भरा-पूरा, भूरि-भूरि, विपुल, संख्यातीत।
excessive, enormous, overwhelming, profound, immense.

अत्यधिकता *(स्त्री.)* अतिशयता, इंतिहा, प्रचुरता, बहुतायत, बहुलता, भरमार।
abundance, plenty, affluence.

अत्यल्प *(वि.)* अनधिक, जरा-सा, नाम को, नाम मात्र का, बहुत कम, बहुत थोड़ा।
too little, infinitesimal.

अत्याचार *(पुं.)* 1. उत्पीड़न, कहर, गजब, जबरई, जबरदस्ती, जुल्म, ज़ोर-जबरदस्ती, ज्यादती, तानाशाही, दमन, धींगामुश्ती, नादिरशाही, निरंकुशता, नृशंसता, परपीड़न, मनमानी, यातना, शोषण, सख्ती, सितम, स्वेच्छाचार, हिंसा।
tyranny, opperession, high-handedness, torture.
2. अन्याय (दे.)

अत्याचारपूर्ण *(वि.)* अनाचारपूर्ण, अन्यायपूर्ण, कहर-भरा, क्रूरतापूर्ण, ज़ालिमाना, ज़ुल्मी, तानाशाही, दानवी, नादिरशाही, निर्दयतापूर्ण, राक्षसी।
cruel, despotic, dictatorial, harsh, high-handed, overbearing, ruthless, oppressive.

अत्याचारी *(पुं.)* आततायी, उत्पीड़क, क्रूर, कसाई, चंडाल, जल्लाद, जालिम, जुल्मी, तानाशाह, दमनकारी, निर्दय, नृशंस, परपीड़क, पीड़क, यंत्रणादायक, सख्त आदमी, सतानेवाला, स्वेच्छाचारी।
tyrant, opperessive, atrocious.

अत्यावश्यक *(वि.)* अर्जेन्ट, अविलंबनीय, तुरंती।
urgent.

अत्युत्तम *(वि.)* अतिश्रेष्ठ, उत्तमोत्तम, बहुत बढ़िया, सर्वोत्तम।
most excellent, very good, best.

अथवा *(यो.)* किंवा, या, वरन, वरना, वा।
or, otherwise.

अदद *(पुं.)* ठो, दाना।

अदूरदर्शिता *(स्त्री.)* अल्पदृष्टि, अविचार, विचारशून्यता, विवेकशून्यता।
short-sightedness.

अदूरदर्शी *(विपुं.)* अल्पदृष्टि, अविचारी, विचार-शून्य, विवेकशून्य।
short-sighted, injudicious.

अद्यतन *(वि.)* 1. अद्यावधिक, अधुनातन, अप-टू-डेट।
up-to-date.
2. नया (दे.)

अद्वितीय *(वि.)* अतुलनीय, अतुल्य, अनुपम, अनूठा, अनोखा, अनन्य, अपूर्व, अप्रतिम, अभूतपूर्व, निराला, निरुपम, न्यारा, बेजोड़, बेमिसाल, लाजवाब, तासानी।
unique, unmatched, matchless. peerless, inimitable, unprecedented, incomparable.

अधिक *(पुं.)* अपार, ज्यादा, पुष्कल, प्रचुर, प्रभूत, बहुत, बहुतेरा, बहुल, बेशी।
more, plentiful, abundant, ample, bounteous, abounding, profuse, prolific.

अधिकतम *(वि.)* अधिक से अधिक, ज्यादा से ज्यादा, महत्तम।
maximum.

अधिकतर *(वि.)* अधिकांश, ज्यादातर।
most, nearly all.

अधिकता *(स्त्री.)* अक्सरीयत, अति, अतिरेक, अतिशयता, आधिक्य, कसरत, प्रचुरता, प्रभुतता, बहुलता, बाहुल्य, भरमार, विपुलता।
excess, plenty. abundance, affluence, opulence, plenitude.

अधिकार *(पुं.)* अध्यर्थन, अभ्यर्थन, आधिपत्य, इख्तियार, कब्जा, दखल, दावा, दावेदारी, प्रभुत्व, प्राधिकार, शक्ति, मिल्कियत, वर्चस्व, सत्ता, स्वत्व, स्वामित्व, स्वामिस्व, हक।
right, possenssion, ownership, claim.

अधिकार करना *(क्रिपद)* अधीन करना, कब्जा करना, कब्जे में लाना, काबू करना, वश में लाना/लेना, वशीभूत करना।
to take possenssion of, to subjugate, to bring into subjection.

अधिकार-क्षेत्र *(पुं.)* अधिक्षेत्र, कर्मक्षेत्र, कार्यक्षेत्र।
jurisdiction, field.

अधिकारी *(पुं.)* अफसर, आफिसर, कार्य-संचालक, कार्याधिकारी, नौकरशाह, पदाधिकारी, प्राधिकारी, मंसबदार, हाकिम।
officer, official, executive, bureaucrat.

अधिकृत *(वि.)* प्रत्यायित, प्राधिकृत, प्रायोजित
authorised, sponsored.

अधिनायक *(पुं.)* एकाधिपति, डिक्टेटर, तानाशाह, निरंकुश शासक, स्वेच्छाचारी शासक।
dictator, despot, autocrat.

अधिनायकता *(स्त्री.)* अधिनायकत्व, डिक्टेटरशिप, तानाशाही, स्वेच्छाचारिता।
dictatorship, autocracy, despotism.

अधिमास *(पुं.)* अधिक मास, पुरुषोत्तम मास, मलमास।
intercalary month.

अधीन *(वि.)* अधीनस्थ, अवलंबित, आश्रित, कनिष्ठ, जूनियर, ताबेदार, निर्भर, परतंत्र, परबस, परवश, पराधीन, पराश्रित, मातहत।

depending, subject to, subordinate.

अधीनता *(स्त्री.)* अवलंबन, आश्रय, निर्भरता, परतंत्रता, परवशता, पराधीनता, पराश्रय, मातहती।

dependence, subjection, subservience, subordination.

अधूरा *(वि.)* अधकचरा, अधबना, अनिष्पन्न, अपूर्ण, असमाप्त, आंशिक।

incomplete, imperfect, lacking, partial, unfinished, unaccomplished.

अधूरापन *(पुं.)* अनिष्पन्नता, अपूर्णता, अभाव, असमाप्ति, कमी।

incompleteness, imperfection.

अधेला *(पुं.)* धेला।

a half-pice coin.

अध्यक्ष *(पुं.)* अधिपति, अधिष्ठता, चेयरमैन, प्रधान, प्रमुख, सभापति, सदर।

president, chairman, speaker, director.

अध्यक्षता *(स्त्री.)* चेयरमैनी, प्रधानता, सदारत, सभापतित्व।

chairmanship, presidentship.

अध्ययन *(पुं.)* अनुशीलन, पठन, पढ़ना, पढ़ाई, परिशीलन, मनन, स्टडी।

study, reading, learning.

अध्यात्म *(पुं.)* ब्रह्मज्ञान, ब्रह्मविचार, आत्मज्ञान, तत्त्वमीमांसा, तत्त्वदर्शन, विज्ञान।

spirituality.

अध्यापक *(पुं.)* उपाध्याय, उस्ताद, गुरु, टीचर, ट्यूटर, प्रवक्ता, प्रशिक्षक, प्राध्यापक, प्रोफेसर, मास्टर, मुदर्रिस, मौलवी, विद्यागुरु, व्याख्याता, शिक्षक।

teacher, professor, reader, trainer.

अध्यापन *(पुं.)* अवबोधन, कोचिंग, ट्यूशन, पढ़ाना, पाठन, प्रशिक्षण, प्राध्यापक, मुदर्रिसी, विद्यादान, शिक्षण, शिक्षा, सिखाई।

teaching, coaching, educating, training.

अध्यापिका *(स्त्री.)* गुरुआनी, प्रशिक्षिका, बहनजी, मिस, शिक्षिका।

lady teacher, sister.

अध्याय *(पुं.)* कांड, खंड, चैप्टर, परिच्छेद, पर्व, पाद, प्रकरण, भाग, विभाग, समुल्लास, सर्ग, स्कंध।

chapter, part, section, episode.

अध्याहार *(पुं.)* न्यूनपद, पदलोप।

ellipsis.

अनंत *(वि.)* अंतहीन, अक्षय, अनादि, अपरिमित, अपार, अमर, अमित, अमेय, असीम, चिरंतन, निस्सीम, बेहद, शाश्वत, सनातन।

infinite, eternal, never-ending, boundless, immense, endless.

अनगिनत *(वि.)* अगणनीय, अगणित, अगण्य, अनगिना, अटाटूट, अपार, असंख्य, गणनातीत, दुनिया भर का, बहुत अधिक, बहुत-सा, बहुसंख्यक, बेइंतहा, बेशुमार, बेहद, बेहिसाब, संख्यातीत।

countless, innumerable, numberless, numerous.

अनजान *(वि.)* अज्ञान, अबोध, अनभिज्ञ, अविज्ञ, अविछिन्न, नादान, नासमझ, बेसमझ।

ignorant, unaware, unknowing, innocent, unenlightend.

अनजाना *(वि.)* अप्रसिद्ध, अविख्यात, गुमनाम।

unknown, unidentified.

अनपढ़ *(पुं.)* अपढ़, अशिक्षित, अप्रशिक्षित, असाक्षर, जाहिल, निरक्षर, बेपढ़ा।

illiterate, uneducated. untrained.

अनबना *(वि.)* अनुत्पन्न, अनिर्मित, अरचित।

unmade, unmanufactured.

अनभीष्ट *(वि.)* अकाम्य, अनचाहा, अनभिलषित, अनाकांक्षित, अनिच्छित।
undesired, unintended, uncherished.

अनर्जित *(वि.)* अनकमाया, अनुपार्जित, बेकमाया।
unearned.

अनर्थकारी *(वि.)* अनर्थक, अनर्थकर, अनर्थपूर्ण, घोर, चौपट करनेवाला, बहुत ही बुरा, भयानक, भयावह, विनाशक, विपदाकारक।
disastrous, calamitous, catastrophic, distructive, detrimental, dreadful, terrible.

अनलंकृत *(वि.)* अनसजा, अनाभूषित, अमंडित, अलंकारहीन
unadorned.

अनवसर *(पुं.)* असमय, कुसमय, गलत मौका, बेमौका, बेवक्त।
wrong occasion, inopportune time.

अनाड़ी *(वि.)* अकुशल, अदक्ष, अनभ्यस्त, अयोग्य, कुढंगा, कौशलरहित, गँवार, देहाती, फूहड़, बेढंगा, बेढब, बेसलीका, बेशऊर, बेहुनर, बिलल्ला, बौड़म, भोंदू, लल्लू।
skill-less, unskilled, unversed, unskilful.

अनाड़ीपन *(पुं.)* गँवारपन, बेढंगापन, फूहड़पन, बेशऊरी।
unskilfulness.

अनाथ *(विपुं.)* मात-पितृविहीन, यतीम, संरक्षकविहीन।
orphan.

अनाथता *(स्त्री.)* मातृ-पितृविहीनता, यतीमी।
orphanhood.

अनाथालय *(पुं.)* अनाथाश्रम, यतीमखाना।
orphanage.

अनाधिकारिक *(वि.)* अनाधिकृत, अप्राधिकृत।
unauthorised.

अनाम *(वि.)* अज्ञातनाम, अनामक, अनामी, गुप्तनाम, गुमनाम, नामहीन, बेनाम, संज्ञाहीन।
anonymous, nameless, unnamed.

अनायास *(क्रिवि.)* आसानी से, बिना उद्योग के, बिना कठिनाई के, बिना प्रयत्न के।
with ease, without any difficulty, without effort.

अनार्य *(पुं.)* म्लेच्छ, शूद्र।
non-Aryan.

अनावर्ती *(वि.)* अनावर्त, अनावर्तक।
non-recurring.

अनावश्यक *(वि.)* अकारथ, अनपेक्षित, अनुपयोगी, अवांछित, गैर-जरूरी, निरर्थक, निष्प्रयोजन, फ़जूल, फालतू, बेकार, बेकायदा, बेमतलब, वृथा, व्यर्थ।
useless, of no use, unnecessary, pointless, non-essential.

अनाहूत *(पुं.)* अनामंत्रित, अनिमंत्रित, बिना-बुलाया।
uninvited, unasked, not asked.

अनिच्छा *(स्त्री.)* अचाह, अरुचि, बेमर्जी, वितृष्णा, विराग।
unwillingness, reluctance.

अनिच्छापूर्वक *(क्रिवि.)* न चाहते हुए, निरुत्साह-पूर्वक, बेदिली से, बेमन से, भारी मन से।
half-heartedly.

अनिच्छित *(वि.)* अनचाहा, अनाकांक्षित, अयाचित, अवांछित, बिनमाँगा।
not desired, undesired, unwanted.

अनियंत्रित *(वि.)* अनर्गल, अप्रतिबंधित, अबाध, अबाधित, अमर्याद, असंयमित, निर्बाध, बस के बाहर, बेकाबू, बेरोक, बेलगाम, मुँहजोर।
unrestrained, unrestricted, un-checked.

अनियमित *(वि.)* अक्रमिक, अनाधिकृत, अवैध, अवैधानिक, असंवैधानिक, असामान्य, क्रमविरुद्ध, गैरकानूनी, गैरसरकारी, नियम-विरुद्ध, बेकायदा, बेज़ाबता, रीतिविरुद्ध, विधिविरुद्ध।
irregular, unconstitutional, invalid, uncoventional, contrary to the rule.

अनियमितता *(स्त्री.)* आपाधापी, धाँधली, बेकायदगी।
improprriety, irregularity.

अनिर्मित *(वि.)* अगठित, अनबना, अनुत्पादित, अरचित, असंयोजित।
unmade, unproduced.

अनिवार्य *(वि.)* अनुल्लेखनीय, अपरिवर्जनीय, अपरिहार्य, अवश्यंभावी, अवैकल्पिक दुर्निवार्य, लाज़िम, होनहार।
inevitable, ordained, unavoidable.

अनिश्चित *(वि.)* 1. अनियमित, अनिर्णीत, अनिर्दिष्ट, अनिर्धारित, दुविधाग्रस्त, दुविधात्मक, विचाराधीन, विवादास्पद, विवादित, संदिग्ध, संदेहास्पद, संशययुक्त।
uncertain. doubtful, indefinite.
2. अस्पष्ट।

अनिश्चितता *(स्त्री.)* दुविधात्मकता, संदिग्धता, संशयात्मकता।
doubtfulness.

अनुकरण *(पुं.)* अनुकृति, अनुगमन, अनुसरण, देखादेखी, नकल, भेड़िया-धसान।
imitation, copy, blind following

अनुकरणीय *(वि.)* अनुकरण-योग्य, अनुगमनीय, अनुगम्य, अनुसरणीय, प्रशंसनीय।
imitable, laudable.

अनुकूल *(वि.)* अप्रतिकूल, उपयुक्त, माफ़िक, (मुआफ़िक), संगत, सहायक।
favourable, suitable, helpful.

अनुचित *(वि.)* अनैतिक, अकरणीय, अनुपयुक्त, अयुक्त, अशोभनीय, असंगत, असंबद्ध, असमर्थनीय, असमीचीन, आपत्तिजनक, आपराधिक, ओछा, गलत, गैरमुनासिब, गैरवाजिब, नाजायज, निषिद्ध, बेजा, बेढंगा, बेतुका, बेमेल, बेहूदा, बेसिर-पैर का, लचर, विसंगत।
undoable, wrong, improper, irrelevant, inconsistent, absurd, unbecoming, unseemly, unreasonable, incoherent, undue.

अनुत्तरदायित्व *(पुं.)* गैर-जिम्मेदारी, दायित्व-हीनता।
irresponsible.

अनुत्तरदायित्वपूर्ण *(वि.)* गैर-जिम्मेदाराना।
irresponsible.

अनुत्तरदायी *(विपु.)* गैर-जिम्मेदार, दायित्वहीन।
irresponsible.

अनुदार *(वि.)* असहनशील, असहिष्णु, संकीर्ण, संकुचित, हठधर्मी।
not liberal, illiberal.

अनुद्यत *(वि.)* अकटिबद्ध, अप्रस्तुत, बिना तैयारी का।
unprepared, not ready.

अनुपजाऊ *(वि.)* अनुत्पादक, अनुर्वर, ऊसर, पटपर, बंजर, बाँझ, बंध्य।
infertile, barren, unproductive.

अनुपयुक्त *(वि.)* अनुचित, अनुपयोगी, अयोग्य, अलाभप्रद, अशोभनीय, असंगत, असम्यक्, अयथोचित, अयुक्तियुक्त, अयोग्य, उलटा-सीधा, बेठीक, विसंगत, अप्रासंगिक, निरुपयोगी, निखट्टू, खराब, बेशर्म।
improper, misfit, absurd, inapt, indecent. irrational, unbecoming, unseemly, ill-timed.

अनुपयोगी *(वि.)* अकारथ, अप्रयोज्य, किसी काम का नहीं, फालतू, बेकार, बेमसरफ़ रद्दी।
useless, hopeless, futile, of no use, vain.

अनुपस्थित *(वि.)* अवर्तमान, अविद्यमान, गायब, गैरमौजूद, गैरहाज़िर, नदारद, नामौजूद।
absent, not present.

अनुपस्थिति *(स्त्री.)* अभाव, अवर्तमानता, अविद्यमानता, गैरमौजूदगी, गैरहाजि री, नागा, नामौजूदगी।
absence, absence from work, gap.

अनुपात *(पुं.)* तुलना, निस्बत, समानुपात।
proportion, ratio.

अनुपालन *(पुं. सं.)* आज्ञापालन, आदेशपालन, पालन, पालना।
observance, compliance.

अनुप्राणित करना *(क्रिपद)* अनुप्राणन करना, जान डालना, जीवंत बनाना, प्राण डालना/फूँकना, सजीव बनाना।
to animate, to enliven, to energise.

अनुप्रास *(पुं.)* तुकबंदी, वर्णमैत्री, वर्णवृत्ति, ध्वनि-साम्य।
alliteration.

अनुबंध *(पुं.)* इकरार, करार, एग्रीमेंट, ठहराव, ठहरौनी, संधि, संविदा, समझौता।
contract, agreement, treaty.

अनुभव *(पुं.)* अंतर्बोध, अनुभूति, एहसास, तर्जुबा, बोध, संवेदन, संवेदना।
experience. feeling. sensation.

अनुभव करना *(क्रिपद)* अनुभव करना, अनुभूत करना, प्रतीत होना, प्रतीति होना, बोध होना, महसूस करना/लगना।
to feel, to experience.

अनुभवहीन *(पुं.)* अधकचरा, अपरिपक्व, अभुक्त-भोगी, अनाड़ी, कच्चा, नातजुरुबेकार, नादान, नौसिखुआ, बचकाना।
unexperienced, incompetent, unqualified, untrained.

अनुभवी *(वि.)* अनुभव-प्राप्त, खुर्राट, खेला-खाया, घुटा हुआ, गुणी, चलता पुर्जा, जानकार, तजुरुबेकार, दुनियासाज़, पुराना, पहुँचा हुआ, मँझा हुआ, सयाना।
experienced. worldlywise.

अनुभूति *(स्त्री.)* अंतर्ज्ञान, अंतर्बोध।
feeling.

अनुमति *(स्त्री.)* अनुज्ञप्ति, अनुज्ञा, इजाजत, छूट, मंजूरी, रज़ामंदी, सम्मति, सहमति, स्वीकृति, हाँ।
assent, permission, consent, sanction, licence, permit.

अनुमान *(पुं.)* अंदाज, अंदाजा, अटकल, अटकलबाज़ी, कयास, कल्पना, कूत, कूतकात, तखमीना, तीर-तुक्का, तुक्का, दूर की कौड़ी, धारणा, परिकल्पना, प्राक्कलन, प्राक्कल्पना।
guess, conjecture, supposition. speculation.

अनुमानित *(वि.)* अटकलपच्चू, परिकल्पित, प्रत्याशित।
estimated.

अनुमोदक *(पुं.)* ताईद करनेवाला, पुष्टि करनेवाला, समर्थक, समर्थन करनेवाला, हामी भरनेवाला।
seconder, supporter.

अनुमोदन *(पुं.)* ताईद, परिपुष्टि, पुष्टि, पुष्टीकरण, मंडन, समर्थन, हामी।
affirmation, seconding, support.

अनुयायी *(विपुं.)* अनुगामी, चेला, चेला-चाटी, दुमछल्ला, पिछलग्गू, मतानुयायी, मतावलंबी, लग्गू-भग्गू, शिष्य।
follower, adherent, supporter, fan, disciple.

अनुरूप *(वि.)* 1. अनुहारी, एकसा, तदाकार, मिलता-जुलता, तद्रूप, तद्वत, सदृश, समरूप, सरिस, सरीखा।
resembling.
2. समान (दे.)

अनुरोध *(पुं.)* आग्रह, ताकीद, फर्माइश।
pressing, request, insistence.

अनुवाद *(पुं.)* उलथा, छायानुवाद, तर्जुमा, भाषांतर, रूपांतर।
translation, adaptation.

अनुवादक *(पुं.)* तर्जुमान, भाषांतरकार, रूपांतरकार।
translator.

अनुष्ठान *(पुं.)* कर्मकांड, धर्मकर्म, विधि-विधान।
ritual, ceremony.

अनुसंधान *(पुं.)* अन्वेषण, खोज, गवेषणा, तहकीकात, रिसर्च, शोध।
research, investigation, quest.

अनुसरण *(पुं.)* अनुगमन, अनुवर्तन, पदानुसरण, पीछा।
act of following, chase, pursuit.

अनुसरण करना *(क्रिपद)* अनुगमन करना, पीछा करना, पीछे चलना, पीछे दौड़ना, पीछे पड़ना।
to follow, to chase, to pursue, to run after.

अनुसार, के *(परसर्ग)* के मुताबिक।
according to.

अनुसूचित *(वि.)* परिगणित।
scheduled.

अनेक *(वि.)* अनेकानेक, कई, कोटिशः, नाना, बहुत, बहुत-से, बहुतेरे, विविध।
many, innumerable, numerous.

अनेकार्थ *(वि.)* नानार्थ।
homonym.

अनैतिक *(वि.)* असवैधानिक, कर्मविरुद्ध, नियम-विरुद्ध, दुराचारपूर्ण, निंद्य, न्यायविरुद्ध, पापपूर्ण, पापमय, भ्रष्ट।
immoral, evil, wrong, unethical.

अनौचित्य *(पुं.)* अनुपयुक्तता, अयुक्तता, असंगति, असंबद्धता, बेढंगापन, बेतुकापन, बेहूदापन, लचरपन, विसंगति।
absurdity, inconsistency, discrepancy, irrelevancy, inconsistency.

अनौपचारिक *(वि.)* बेतकल्लुफ।
informal.

अनौपचारिकता *(स्त्री.)* बेतकल्लुफी।
informality.

अन्न *(पुं.)* अनाज, खाद्यपदार्थ, खाद्यान्न, गल्ला, धान्य।
cereal, corn, grain.

अन्न-जल *(पुं.)* ख़ान-पान, दाना-पानी।

अन्य *(वि.)* अलग, इतर, और, दूसरा, पर, पराया, बाहरी, भिन्न, विभिन्न।
other, different.

अन्यत्र *(क्रिवि.)* और कहीं, कहीं और, कहीं-कहीं, किसी अन्य स्थान पर।
elsewhere, at some places.

अन्यथा *(यो.)* इसके विपरीत, ऐसा न होने पर, नहीं तो, वरना।
otherwise.

अन्यमनस्क *(वि.)* अनमना, अनवधान, अनवस्थित, अस्थिरचित्त, खोया-खोया, दुचित्ता, दुदिला, भ्रांतचित्त।
absent-minded, distracted, unheeding.

अन्यमनस्कता *(स्त्री.)* अनमनापन, अनवधानता, खोयापन, दुचित्ति।
absent mindednes, distraction.

अन्याय *(पुं.)* अंधेर, अंधेर-खाता, अत्याचार, अनाचार, अनीति, अधर्म, गजब, जुल्म, दुराचार, दुर्नीति, नाइंसाफी, पाप, बेइंसाफी।
impropriety, highhandedness, injustice.

अन्यायी *(विपुं.)* अधर्मी, अनाचारी, अनीतिमान, जालिम, दुराचारी, पापी, बेइंसाफ़, स्वेच्छाचारी।
unjust, unfair, wrongful.

अपकर्म *(पुं.)* 1. अपचार, कारगुजारी, कुकर्म, गलत काम, दुराचार, दुष्कर्म, बुरा काम।
misdeed, misconduct.
2. अपराध (दे.)

अपकर्मी *(वि.)* अपचारी, कुकर्मी, दुराचारी, दुष्कर्मी।
evildoer.

अपच *(पुं.)* अजीर्ण, अनपच, बदहजमी।
indigestion.

अपना *(वि.)* आत्मीय, आपन, आपुन, ज़ाती, निज का, निजी, व्यक्तिगत, वैयक्तिक, स्व।
own, personal, private, individual.

अपनाना *(क्रि.)* अपना कर लेना, अपना बना लेना, अपना लेना, अंग लगाना, अंगीकार करना, ओढ़ लेना, स्वीकार कर लेना।
to own, to possess, to admit.

अपनापन *(पुं.)* अपनायत, आत्मीयता, आपसदारी, स्वजनता, निजता, निजत्व, निजस्व, निजीपन।
filling of oneness with others.

अपने-आप *(क्रिवि.)* अनजाने ही, आप-से-आप, यंत्रवत्।
automatically, involuntarily.

अपमान *(पुं.)* अनादर, अप्रतिष्ठा, अवज्ञा, अवमान, अवहेलना, किरकिरी, ख्वारी, ज़िल्लत, तिरस्कार, तौहीन, तौहीनी, थुड़ी, निरादर, फ़जीहत, बेइज़्ज़ती, बेकद्री, मानमर्दन, मानहानि, हतक, हेठी।
to insult, to humiliate, to defame.

अपमानजनक *(वि.)* अनादरपूर्ण, मानहानिकारक, अपमानकारी, तिरस्कारपूर्ण, लज्जाजनक, शर्मनाक।
disgraceful, disreputable, blameworthy, contemptible.

अपमानित *(वि.)* अनादृत, अवमानित, अवहेलित, कलंकित, ज़लील, तिस्कृत, निरादृत, बेआबरू, बेइज्जत, मानमर्दित, लांछित, लज्जित, हतमान।
insulted, disrespected, dishonoured, humiliated.

अपयश *(पुं.)* अपकीर्ति, अप्रतिष्ठा, कुख्याते, दुष्कीर्ति, बदनामी।
disgrace, infamy, illfame, disrepute, ignominy, shame.

अपराजित *(वि.)* अनाक्रांत, अपराभूत, अपरास्त, अविजित।
unconquered, undefeated.
विपर्याय—पराजित, आक्रांत, पराभूत, परास्त, विजित।

अपराध *(पुं.)* अपकर्म, कसूर, ख़ता, ग़लती, गुनाह, जुर्म, दोष, पातक, पाप।
offence, crime, wrong doing, fault, sin.

अपराधी *(विपुं.)* अभियुक्त, आरोपी, डान, दसनंबरी, कसूरवार, खोटा, गुनाहगार, पातकी, प्रतिवादी, माफिया, सिद्ध-दोष, मुजरिम।
accused, offender, criminal, sinner, wrongdoer.

अपरिचय *(पुं.)* अजनबीपन, जान-पहचान न होना।
lack of acquaitance, unfamiliarity.

अपरिचित *(वि.)* अजनबी, अज्ञात, अनजाना, बेगाना।
unknown, unidentifed, unspecified, unrecognized.

अपरिमार्जित *(वि.)* अपरिष्कृत, अपमार्जित, असंशोधित।
not corrected.

अपरिवर्तनशील *(वि.)* 1. अविकारी, अव्यय, एकरस, चिरस्थायी, निर्विकार, शाश्वत, स्थायी।
changeless, unchangeable, static.
2. स्थिर (दे.)

अपरिवर्तित *(वि.)* अविकारी, जैसा का तैसा, निर्विकार, बिना बदलाव का, यथावत, हूबहू।
unchanged, changeless, same.

अपलक *(क्रिवि.)* अनिमेष, एकटक, टकटकी लगाए, निर्निमेष, बिना आँख झपके, बिना पलक गिराए, बिना पलक झपकाए।
without winking, without blinking.

अपवित्र *(वि.)* अपावन, अपूत, अशुचि, अशुद्ध, जूठा, नापाक।
unholy, irreligious, profane.

अपव्यय *(पुं.)* उजाड़पन, खर्चीलापन, फजूलखर्ची, शाहखर्ची।
extravagance.

अपव्यय करना *(क्रि.)* उड़ाना, खा-पका जाना, खुलकर खर्च करना, फिज़ूल खर्च करना, लुटाना।
to spend extravagently or lavishly, to waste, to squander.

अपव्ययी *(वि.)* उजाड़ू, खाऊ-उड़ाऊ, उड़ाऊ, उड़ाऊ-खाऊ, खर्चीला, फ़ज़ूलखर्च, फैलसूफ, बहाऊ, मुक्तहस्त, लुटाऊ, शाहखर्च।
extravagant, spendthrift, prodigal, squanderer, waster.

अपहरण *(पुं.)* अपनयन, उठा ले जाना, उड़ा ले जाना, बलात् ले जाना, भगाकर ले जाना, हरण, हर ले जाना।
abduction, kidnapping, hijack.

अपात्र *(वि.)* अनधिकारी, अयोग्य, कुपात्र, नाकाबिल।
unworthy, undeserving, unbecoming.

अपात्रता *(स्त्री.)* अनधिकारीपन, अयोग्यता, कुपात्रता, नाकाबलियत।
unworthiness.

अपूर्ण *(वि.)* अधूरा, अनिष्पन्न, असमाप्त, आंशिक, आधा-अधूरा, निर्माणाधीन।
uncomplete, imperfect, lacking, undone, unfinished, not whole.

अपूर्व *(वि.)* 1. अभूतपूर्व, बेनजीर।
unprecedented, unheard of.
2. अद्वितीय (दे.)

अपौरुषेय *(वि.)* अमानुषिक, ईश्वरीय, खुदाई, दैवीय, प्राकृतिक।
not man made, godly.

अप्रकट *(वि.)* अदृश्य, अनभिव्यक्त, अव्यक्त।
hidden, unexpressed.

अप्रचलित *(वि.)* अव्यवहृत, अप्रयुक्त।
not in use, not current.

अप्रभावित *(वि.)* अछूता, प्रभावातीत।
uneffected.

अप्रसन्न *(वि.)* 1. असंतुष्ट, कुपित, क्रुद्ध, खफा, खिन्न, नाखुश, नाराज, रंजीदा, रिसौंहा, रुष्ट, रूठा हुआ।
unhappy, unsatisfied.
2. क्रुद्ध (दे.)

अप्रसिद्ध *(वि.)* अख्यात, अचर्चित, अज्ञात, अनाम, अप्रसिद्ध, अविख्यात, अविश्रुत।
unknown, anonymous, nameless, unnamed, unidentified, unspecified.

अप्राप्त *(वि.)* अगृहीत, अनधिगत, अनुपलब्ध।
not received, unobtained.

अप्राप्य *(वि.)* अलभ्य, दुर्लभ, दुष्प्राप्य, विरल, विलुप्त।
rare, scarce, hard to get, unobtainable.

अप्रिय *(वि.)* अटपटा, अनभावता, अप्रीतिकर, अरुचिकर, अशोभन, अशोभनीय, खराब, खिझानेवाला, चिढ़ानेवाला, तंग करनेवाला, अरोचक, अलोकप्रिय, नापसंद, नागवार, परेशान करनेवाला, बुरा।
unpleasant, unpleasing, annoying, harmful, irritating, nastly.

अप्रौढ़ *(वि.)* अदक्ष, अधकचरा, अधपका, अनुभवहीन, अपरिपक्व, कच्चा।
immature, half-ripe, not yet ripe, not yet adult.

अप्सरा *(स्त्री.)* किन्नरी, देवकन्या, देवबाला, देवांगना, परी, सुरबाला, हूर।
fairy.

अफवाह *(स्त्री.)* उड़ती खबर, किंवदंती, कच्ची खबर, जनरव, जनश्रुति, झूठी खबर, प्रवाद।
rumour, hearsay.

अफीमची *(पुं.)* अफीमी, अफ्यूजी, पोस्ती।
opium-addict.

अब *(क्रिवि.)* अब, अभी, इन दिनों, आज-कल, इस समय, फिलहाल, संप्रति।
now, just now, now a days, in these days.

अबद्ध *(वि.)* आजाद, खुला, बंधनरहित, बंधनहीन, स्वतंत्र।
untied, unfastened.

अबाध *(पुं.)* निर्विघ्न, बेरोक।
without check.

अभागा *(वि.)* अभिशप्त, कन्यारासी, कम्बख्त, कर्मजला, कर्महीन, दईमारा, दुर्भाग्यशाली, नसीबजला, नामुराद, निगोड़ा, बदकिस्मत, बदनसीब, भाग्यहीन, मंदभाग्य, विफल-मनोरथ, शापग्रस्त, शामत का मारा, हतभाग्य।
unfortunate, luckless, unlucky, illfated, cursed, damned.

अभाव *(पुं.)* अल्पता, कमी, कसर, किल्लत, टोटा, ठाला, तंगी, न्यूनता, हीनता।
want, lack, shortage, short-coming, dearth.

अभावुक *(वि.)* अभावप्रवण, असंवेदनशील, भावशून्य, शुष्क प्रकृति।
unemotional, not sentimental, chilly.

अभिजात वर्ग *(पुं.)* उमरा, उच्चवर्ग, रईस लोग, श्रीमंत वर्ग।
upper class, privileged class, nobility.

अभिनय *(पुं.)* अदाकारी, नाटकीयता।
acting, performance.

अभिनय करना *(क्रिपद)* नाटक करना, रूप भरना, स्वांग रचना।
to act, to perform the function of.

अभिनेता *(पुं.)* अदाकार, एक्टर, कलाकार, किरदार, नट, नायक, पात्र, नाट्यकार, रंगकर्मी।
actor, artist, play-actor.

अभिनेत्री *(स्त्री.)* अदाकारा, एक्ट्रेस, तारिका, नटनी, नटी, नायिका, पात्री, सिनेतारिका।
actress.

अभिभावक *(पुं.)* धनी-धोरी, पालक, मुतवल्ली, संरक्षक, सरपरस्त।
guardian, patron.

अभिमान *(पुं.)* अहंकार, अहम्मन्यता, आपा, गरूर, गर्रा, गर्व, गुमान, घमंड, नाज़, दर्प, दिमाग, फख्र, मगरूरी, मद, मदांधता, मिथ्याभिमान, स्वाभिमान, हेकड़ी।
pride, arrogance, egotism, conceit, haughtiness, vainglory, vanity.

अभिमानी *(विपुं.)* अकड़ू, अहंकारी, गरबगहेला, गर्वित, गर्विष्ठ, गर्वीला, गुमानी, घमंडी, ढकोसलेबाज, दंभी, दर्पी, दिमागदार, मगरूर, मदगर्वित, मदांध, मदोन्मत्त, मानी, मिजाजी, मुटासा, शेखीखोर।
proud, conceited, haughty.

अभियोग *(पुं.)* 1. आक्षेप, आरोप, इल्जाम, चार्ज, तोहमत, दोषारोप।
allegation, accusation, blame, charge, indictment.
2. दावा, नालिश, मामला, मुकदमा।
case.

अभियोग लगाना *(क्रिपद)* अपराधी ठहराना, अभियोजन करना, आरोप लगाना, इल्जाम लगाना, दोष लगाना, दोषारोपण करना, दोषी ठहराना।
to convict, to indict, to charge, to accuse, to blame.

अभियोगी *(पुं.)* अभियोक्ता, अभियोगकर्ता, आरोपकर्ता, दोषारोपक, वादी।
accuser, complainant, plaintiff.

अभिवादन *(पुं.)* अभिनंदन, आदाब, जुहार, तसलीम, दुआ-सलाम, नमस्कार, प्रणति, बंदगी, सलाम, सलामी, साहब-सलामत।
salutation, greeting.

अभिवृत्ति *(स्त्री.)* चिंतन-शैली, दृष्टिकोण, मनःस्थिति, मनोवृत्ति, रुख, विचार-पद्धति, सोचने का ढंग।
attitude, mentality.

अभी *(क्रिवि.)* इन दिनों, इस समय, इसी क्षण, उसी समय, तत्काल, तत्क्षण।

अभी तक *(क्रिवि.)* आज तक, इस समय तक।
till now, upto now.

अभ्यस्त *(वि.)* आदत का गुलाम, आदी रवाँ, सिद्धहस्त।
accustomed, habituated, acclimatized.

अभ्यास *(पुं.)* 1. कवायद, ड्रिल, दलेल।
exercise, drill.
2. आवृत्ति, घोटा, पूर्वाभ्यास, प्रयोग, प्रैक्टिस, मश्क, महारत, रियाज़, रिहर्सल।
practice, use, usage, rehearsal.
3. आदत (दे.)

अमर *(वि.)* अक्षय, अक्षर, अनश्वर, कालातीत, चिरंतन, चिरस्थायी, नित्य, मृत्युंजय, शाश्वत, सनातन, सर्वकालिक।
immortal, deathless, imperishable, everlasting, perpetual.

अमरता *(स्त्री.)* अमरत्व, अनश्वरता, अमरत्व चिरंतनता, चिरस्थायित्व, नित्यता, शाश्वतता, सनातनता, सर्वकालिकता।
deathlessness, immortality.

अमानत *(स्त्री.)* गिरवी, थाती, धरोहर, बंधक, रेहन।
sacred trust, pledge.

अमानवीय *(वि.)* अमनुष्योचित, अमानुषिक, निर्दय, निर्दयतापूर्ण, नृशंस, पाशविक, बर्बर, वहशियाना।
inhuman, barbarous.

अमानवीयता *(स्त्री.)* अमानुषिकता, नृशंसता, पाशविकता, बर्बरता, वहशियाना।
inhumanity, cruelty.

अमुक *(वि.)* ढिमका, फलाँ, फलाना।
such a one.

अमूल्य *(वि.)* अनमोल, अमोल, कीमती, बहुमूल्य, बेशकीमती, मूल्यवान।
invaluable, precious, priceless, valuable, very costly.

अमृत *(पुं.)* अमी, आबेहयात, पीयूष, सुधा, सोम।
nectar, ambrosia.

अम्लीय *(वि.)* अम्लिक, आम्ल तेजाबी।
acidic.

अयोग्य *(वि.)* 1. अक्षम, अनधिकारी, अपात्र, अप्रभावी, अर्हताहीन, अशक्त, असमर्थ, नाकाबिल, नालायक, निकम्मा, बेकार।
inept, inefficient, ineffective, unskilful, unable, incapable, incompetent, unqualified, powerless, unfit, unworthy.
2. अपात्र (दे.)

अयोग्यता *(स्त्री.)* अनर्हता, अक्षमता, अशक्तता, असमर्थता, नाकाबिलियत, नालायकी, निकम्मापन।
incapability, incompetence, unworthiness, disqualification.

अरज *(स्त्री.)* चौड़ाई, चौड़ान, पनहा, पाट, विस्तार।
breadth, width.

अरथी *(स्त्री.)* जनाजा, टिकठी, ठठरी, ताबूत, रथी।
bier, coffin.

अरहर *(स्त्री.)* तुअर, रहर।

अराजक *(वि.)* अराजकतापूर्ण, अशांतिपूर्ण, गड़बड़, विधिविहीन, व्यवस्थाविहीन, सिद्धांत-विहीन।
anarchic, lawless.

अराजकता *(स्त्री.)* अंधेर, अंधेर-खाता, अंधेरगर्दी, अव्यवस्था, अशांति, अस्तव्यस्तता, खड़मंडल, गड़बड़, गड़बड़ी।
anarchy, chaos, disorder, misrule, lawlessness.

अरुचि *(स्त्री.)* अनाकर्षण, अनिच्छा, नापसंदी, विमुखता, विरक्ति, विराग।
unwillingness, aversion, dislike, antipathy.

अरुचिकर *(वि.)* अनाकर्षक, अप्रिय, आनंद-विहीन, अरोचक, उकतानेवाला, उबाऊ, उबानेवाला, थकानेवाला, नीरस, बेदिलचस्प, भारी, रसहीन, अलुत्फ़, रूखा।
uninteresting. dull, boring, dreary, dry, monotonous, wearisome.

अर्जुन *(पुं.)* इंद्रसुत, कपिध्वज, कर्णारि, कृष्णसख, कौंतेय, गांडीवधारी, गुडाकेश, धनंजय, परंतप, पांडु, पार्थ, भारत।

अर्थ *(पुं.)* 1. अभिप्राय, आशय, अभिधार्थ, तात्पर्य, भाव, भावार्थ, मतलब, मर्म, मानी, माने, लक्षणार्थ, वाच्यार्थ, विवक्षा, व्यंग्यार्थ, व्यंजनार्थ।
meaning, connotation, denotation, import, sense, significance, implication.
2. धन (दे.)

अर्थहीन *(वि.)* अर्थशून्य, निरर्थक, निस्सार, बेसिर-पैर का, बेतुका, बेमतलब, बेमानी, बेहूदा, महत्त्वहीन, लचर, व्यर्थ, सारहीन।
absurd, meaningless, senseless, useless, worthless.

अर्थहीनता *(स्त्री.)* अर्थशून्यता, निरर्थकता, बेतुकापन, बेहूदापन, महत्त्वहीनता, लचरपन।
absurdity, senselessness, uselessness, worthlessness.

अर्थात् *(क्रिवि.)* यथा, यानी।
namely, that is to say, as per.

अर्बुद *(पुं.)* गाँठ, गुल्म, ट्यूमर, रसौली।
tumour.

अलंकृत *(वि.)* आभूषित, भूषित, मंडित, विभूषित, शोभित, सज्जित, सुशोभित, सुसज्जित।
embellished, decorated, adorned.

अलग *(वि.)* अतिरिक्त, अनुपम, अलग-थलग, अलहदा, असंबद्ध, जुदा, न्यारा, पृथक, भिन्न, विच्छिन्न, वियुक्त, विलग, विजातीय।
separate, isolated, detached, unconnected, unattached.
2. दूसरा (दे.)

अलग हो जाना *(क्रि.)* किनारा कर लेना।

अलग होना *(क्रिपद)* अलहदा होना, जुदा होना, बिछुड़ना, विमुक्त होना, संग छूटना।
to be separated.

अलगाना *(क्रि.)* अलग करना, अलग-अलग करना, चुनना, छाँटना, पार्थक्य दिखलाना, पृथक करना, बिलगाना, विभेद करना, हटाना।
to separate, to isolate, to severe, to segregate, to detach, to disjoin.

अलगाव *(पुं.)* किनाराकशी, जुदाई, तालाक, दूरी, पार्थक्य, पृथकता, बिलगाव, विच्छेद, विछोह, विदाई, विभेद, विभाजन, रंगभेद।
separation, aloofness, segregation.

अलसाना *(क्रि.)* आलस करना, आलस्य करना, सुस्ताना, सुस्ती करना।
to feel drowsy, to laze.

अलैंगिक *(वि.)* अलिंगी, अमैथुन, अमैथुनिक।
asexual, without sex or sexual organs.

अलौकिक *(वि.)* अतिमानवीय, अतिमानुषिक, अपार्थिव, दिव्य, दैवी, पारलौकिक, लोकातीत, लोकोत्तर।
super-natural, unwordly.

अल्पकालीन *(वि.)* अंशकालीन, अचिरस्थायी, अनंतिम, अल्पकालिक, अल्पायु, कामचलाऊ, क्षणिक।
provisional, temporary, momentary, transitory, short-lived, part-time.

अल्पवयस्क *(पुं.)* अल्पवयी, अल्हड़, अवयस्क, कमसिन, नाबालिग।
minor, under-age.

अल्पवयस्कता *(स्त्री.)* अवयस्कता, नाबालिगी।
minority.

अल्पसंख्यक *(विपुं.)* अल्पमत।
minority.

अल्पाहारी *(वि.)* अल्पभोजी, मितभोजी, कम खानेवाला, मिताहारी।
austere in food.

अवकाश *(पुं.)* खाली वक्त, छुट्टी, फुर्सत, वक्त, समय।
leisure. free time, spare time.

अवगत कराना *(क्रिपद)* आगाह करना, इत्तला करना, खबर करना, खबर देना, जताना, बताना, विदित करना, समाचार देना, सूचना देना, सूचित करना।
to apprise, to inform, to make aware.

अवज्ञा *(स्त्री.)* अनदेखी, अनाज्ञाकारिता, अनादर, अनादरण, अवहेलना, अविनय, आज्ञाभंग, उपेक्षा, तिरस्कार, नाफ़रमानी।
defiance, disobedience, disregard.

अवज्ञाकारी *(वि.)* अनाज्ञाकारी, बेकहा, बेलिहाज़।
disobedient, having no regard and consideration.

अवतरण *(पुं.)* 1. अधोगति, अधोगमन, अवनति, पतन।
downfall.
2. अवतरित होना, अवरोहन, धरती पर उतरना।
panding.

अवधि *(स्त्री.)* अरसा, कार्यकाल, कालावधि, भोगकाल, मियाद, मुद्दत, सत्र।
period, session, term, duration.

अवर *(वि.)* अधीनस्थ, छोटा, जूनियर।
junior, subordinate.

अवरुद्ध *(वि.)* 1. जाम, निरुद्ध, बैठा हुआ (गले के संबंध में), बाधित, रुका हुआ, रुद्ध।
obstructed, jammed, choked.
2. अविकसित, मंदित, विकास-रुद्ध।
arrested, confined, retarded.

अवलंबित *(वि.)* आधारित, आश्रित, टिका-ठहरा, निर्भर, परमुखापेक्षी, पराश्रित।
depending, dependent, relying on.

अवश्य *(क्रिवि.)* अवश्यमेव, अनिवार्य रूप से, जरूर, जरूर-जरूर, निर्विवाद रूप से, निश्चय ही, निश्चित रूप से, निस्संदेह, बेशक, नेशुबह, यकीनन, लाज़िमी तौर पर, हर हाल में।
surely, certainly, definitely, without fail, positively, assuredly, decidedly, unequivocally.

अवसर *(पुं.)* अवकाश, घड़ी, नौबत, फुरसत, वक्त, मुद्दत, शुभघड़ी, संयोग, समय, सुअवसर।
opportunity, occasion, chance, covenience, free time, spare time, leisure.

अवसरवादिता *(स्त्री.)* मौकापरस्ती, जमाने-साजी, सुविधाधर्म।
opportunism.

अवसरवादी *(विपुं.)* गिरगिट की तरह रंग बदलनेवाला, मौकापरस्त, जमानेसाज, दल-बदलू, बिकाऊ, सुविधाधर्मी, सुविधावादी।
opportunist.

अवस्था *(स्त्री.)* 1. दशा, परिस्थिति, स्थिति, हालत।
state, condition, situation, circumstance.
2. आयु (दे.)।

अवांछित *(वि.)* अचाहा, अनचाहा, अनभिप्रेत, अनभिलषित, अनभीष्ट, अनाकांक्षित, अनिच्छित, नापसंद।
unwanted, undesired.

अविकसित *(वि.)* अनखिला, अनखुला, अपुष्ट, अप्रौढ़, अवर्द्धित, रुद्धविकास, वर्धरुद्ध।
undeveloped, immature, undergrowth.

अविकृत *(वि.)* अदूषित, अप्रदूषित, अविकारी, निर्विकार।
unvarying, unimpaired.

अविचारणीय *(वि.)* अकल्पनीय, अचिंतनीय, अचिंत्य, अविचार्य।
unimaginable, unthinkable.

अविचारित *(वि.)* अकल्पित, अचिंतित, अविवेकपूर्ण, जल्दबाजी-भरा, मूर्खतापूर्ण, बिना सोचे-समझे किया जाने या होने वाला।
unthoughtful.

अविच्छिन्न *(वि.)* अक्षुण्ण, अखंड, अजस्र, अटूट, अनवरत, अविरल, अविराम, निरंतर, लगातार चलनेवाला।
constant, continuous, unbroken, ceaseless, unremitting, incessant, uniterrupted.

अविवादित *(वि.)* निर्विवाद, विवादरहित, विवादहीन, विवादातीत।
undisputable, not controversial.

अविवाहित *(वि.)* अकेला, अनूढ़, कुँआरा, कुमार, छड़ा, बालब्रह्मचारी, बिनब्याहा।
unmarried, bachelor.

अविवाहिता *(वि.स्त्री.)* अनूढ़ा, अपरिणीता, कुँआरी, कुमारिका, कुमारी, बालब्रह्मचारिणी, बिनब्याही।
unmarried, virgin, maid.

अविवेकी *(वि.)* 1. अंधा, अदूरदर्शी, अबोध, अविचक्षण, विचारहीन, नासमझ, मूढ़, स्थूलबुद्धि।
injudicious, indiscreet, lacking judgement, irrational, thoughtless, blind.
2. मूर्ख (दे.)

अविश्वसनीय *(वि.)* 1. बेएतबारी, बे-भरोसे का, बेवफा।
distrustful, mistrusted, undependable.
2. असत्य, झूठा, मिथ्या
false.

अविश्वास *(पुं.)* अनास्था, निष्ठाहीनता, बेएतबारी।
want of faith, distrust.

अविस्मरणीय *(वि.)* चिरस्मरणीय, न भूलने योग्य।
unforgetable, ever-memorable.

अवैध *(वि.)* अग्राह्य, अमान्य, ग़ैर-कानूनी, अवैधानिक, असंवैधानिक, अस्वीकार्य, आपत्तिजनक, गैरकानूनी, नाजायज, नियम-विरुद्ध, निषिद्ध।
invalid, null, void.

अव्यवस्था *(स्त्री.)* 1. अस्थिरता, खड़मंडल, गड़बड़ी, बेतरतीबी।
disorder.
2. कुव्यवस्था (दे.)

अव्यवस्थित *(वि.)* अराजक, अस्त-व्यस्त, उखड़ा-पुखड़ा, उलटा-पुलटा, खड़मंडल, गड़बड़, तितर-बितर, नियमविहीन, क्रमहीन, बिखरा हुआ, बेठिकाने का, बेतरतीब, विधिहीन, विपर्यस्त, विशृंखलित।
unsystematic, unmethodical, disordered, bedraggled, untidy, chaotic, upset, topsturvy, helter-skelter.

अव्यवस्थित रूप से *(क्रि.वि.पद)* बिना किसी क्रम के, बेतरतीबी से, बेतरीके।
unmethodically, unsystematically, untidily.

अव्यावहारिक *(वि.)* अप्रयोगात्मक, अव्यवहारशील, अयर्थाथवादी, अव्यवहार्य, निरा सैद्धांतिक, व्यवहार में न आने लायक, असाध्य।
unpractical, improcticable, unworkable, unrealistic, theoretical.

अशक्त *(वि.)* कचदिला, कमजोर, क्षीण, दमटुट, दुर्बल, निर्बल, निर्वीर्य, पस्तहिम्मत, बेदम, मरियल, शक्तिहीन।
weak, feeble, shaky, weak-hearted.

अशरफी *(स्त्री.)* गिन्नी, मोहर, सोने का सिक्का।
gold coin.

अशरीरी *(वि.)* अपार्थिव, अभौतिक, अमूर्त, विदेह।
bodiless, incorporeal.

अशांत *(वि.)* 1. अस्थिर, आंदोलित, उद्विग्न, चलचित्त, परेशान, बेचैन, विह्वल, व्यग्र, व्याकुल।
restless, perturbed, agitated, fickle, uneasy, anxious, listless.
2. उथल-पुथल-भरा, उपद्रवग्रस्त, कोलाहल-पूर्ण।
riot-ridden, disturbed.

अशांति *(स्त्री.)* अव्यवस्था, खलबली, गड़बड़, बेअमनी, बेचैनी, हलचल।
unrest, disturbance, agitation.

अशिक्षित *(वि.)* अज्ञ, अज्ञानी, अनजाना, अनपढ़, अप्रबुद्ध, असाक्षर, जाहिल, न लिखा न पढ़ा, निरक्षर भट्टाचार्य, बेइल्म, बेपढ़ा, विद्या-विहीन, शिक्षाविहीन।
illiterate, uneducated, unlettered, untaught, untutored.

अशिष्ट *(वि.)* 1. अभद्र, अविनयी, अविनीत, असभ्य, कुढंगा, खबीस, बदतमीज़, बाँगड़ू, बेअदब, बेहूदा, लट्ठमार, वाहियात।
uncivil, unmannerly, mannerless, good for nothing.
2. अक्खड़ (दे.)

अशिष्टता *(वि.)* दुर्व्यवहार, बदतमीजी, बुरा बर्ताव, बेअदबी, बेहूदगी, रुखाई, रूक्षता।
rudeness, unmannerliness.

अशुभ *(वि.)* अकल्याणकार, अकल्याणकारी, अनिष्टकर, अनिष्टकारी, अमंगल, अमंगलकारी, अमांगलिक, अलाभकारी, अशुभकर, अशुभसूचक, अहितकर, दुर्भाग्य-सूचक, नसूड़िया, नहूस।
inauspicious, ill-omened.

अश्रुपूर्ण *(वि.)* अश्रुपूरित, आँसुओं से भरा, आँसू-भरा, करुण, कारुणिक, छलछलाता, डबडबाता, नम, दुखद, पुरनम, सजल, साश्रु।
tearful, in tears, sobbing.

अश्लील *(वि.)* 1. अशोभनीय, कुत्सित, कुरुचि-पूर्ण, गर्हित, निर्लज्जतापूर्ण, करुणाजनक, रुआँसा, गंदा, नंगा, नग्न, फूहड़, बेहूदा, भद्दा, भोंडा, भ्रष्ट।

अश्लीलता *(स्त्री.)* गंदगी, नंगई, नंगापन, नग्नता, फूहड़पन, बेहूदगी, भद्दापन, भोंडापन, भ्रष्टता।
obscenity, dirtiness, filth. foulness, indecency, offensiveness, porno-graply.

अश्वशाला *(स्त्री.)* अस्तबल, घुड़साल।
stable.

असंगत *(वि.)* अनमिल, अनर्गल, अप्रासंगिक, अयुक्त, असंबद्ध, असमान, असामंजस्यपूर्ण, बेमेल, विसंगत।
inconsistent, irrelevant.

असंतुष्ट *(वि.)* 1. अतृप्त, असंतृप्त।
not satisfied, dissatisfied, discon-tented, unsatisfied.
2. अप्रसन्न (दे.)

असंतोष *(पुं.)* अतृप्ति, असंतुष्टि, असंतृप्ति, उद्वेग, क्षोभ, खिझाहट, बेसब्री, विरोधी स्वर, विक्षोभ, व्यथा।
dissatisfaction, discontent.

असंतोषजनक *(वि.)* असंतोषप्रद, क्षोभकारक, क्षोभजनक।
unsatisfactory, disappointing.

असंभव *(वि.)* अकल्पनीय, अघट, अघट्य, असोचनीय, कल्पनातीत, गैर-मुमकिन, नामुमकिन।
impossible, inconceivable, un-achiveable, unattainable, unthink-able.

असंयम *(पुं.)* अतिभोग, अतिसेवन, बदपरहेजी, विषयासक्ति।
intemperance.

असंयमी *(वि.)* अतिभोगी, अतिसेवी, अमर्यादित, असंतुलित, असंयत, बदपरहेज, विषयासक्त।
intemperate.

असत्य *(वि.)* अनृत, अन्यथा, अयथार्थ, अलीक, अवास्तविक, अशुद्ध, असत्, काल्पनिक, गलत, झूठा, बेजा, भ्रांत, भ्रांतिपूर्ण, मिथ्या, सत्येतर।
untrue, false, wrong, unreal.

असफल *(वि.)* अनुत्तीर्ण, नाकाम, नाकामयाब, नापास, पराजित, परास्त, फेल, विफल-मनोरथ, हतभाग्य, हारा हुआ।
unsuccessful. failed.

असफलता *(स्त्री.)* नाकामयाबी, नाकामी, पराजय, विफलता, हार।
failure. defeat.

असभ्य *(वि.)* अशिष्ट, असंस्कृत, गँवार, फूहड़।
uncivilized, uncultured, unsophisticated.

असमंजस *(पुं.)* अनिश्चय की स्थिति, आगा-पीछा, उधेड़-बुन, ऊहापोह, झिझक, दुविधा, धुकड़-फुकड़, पसोपेश, शशोपंज, संकल्प-विकल्प, हिचक, हिचकिचाहट।
indecision, hitch, hesitation, dubitation, suspense, perplexity, fix.

असम *(वि.)* अटपट, असमतल, असमरूप, असमान, ऊँचा-नीचा, ऊबड़-खाबड़, विषम।
abrupt, uneven, rough and rugged.

असमय *(क्रिवि.)* अकाल, असामयिक, बेमौके, बेवक्त।
untimely.

असमान *(वि.)* अतुल्य, अनमेल, असम, असमरूप, बेमेल, विषम।
dissimilar, unequal, unlike, different, apart.

असमानता *(स्त्री.)* अतुल्यता, अमेलपन, असमता, असमरूपता, विषमता।
inequality.

असहाय *(वि.)* अनवलंबित, अशरण, दीनहीन, निरवलंब, निराश्रय, निरीह, निरुपाय, निस्सहाय, बापुरो, बेकस, बेचारा, बेपनाह, बेबस, बेसहारा, मजबूर, मुहताज, लाचार, विवश, साधनहीन।
helpless, powerless, shelterless.

असह्य *(वि.)* असहनीय, कड़ाके का, घोर, दारुण, दुस्सह, दूभर, नागवार, बर्दाश्त के बाहर।
unbearable.

असाध्य *(वि.)* अचिकित्स्य, अशमनीय, लाइलाज।
incurable, irremediable, remediless.

असामयिक *(वि.)* अकाल, अकालिक, असमयोचित, बेमौके का।
untimely, illtimed, mistimed, inopportune.

असामान्य *(वि.)* अनियमित, अपवाद-स्वरूप, अपवादिक, अप्रसम, अप्राकृत, अभूतपूर्व, असम, असाधारण, अस्वाभाविक, खास, गैर-मामूली, चमत्कारपूर्ण, विकृत।
abnormal, exceptional, irregular, unnatural.

असार *(वि.)* तत्त्वहीन, तथ्यहीन, थोथा, निराधार, निर्मूल, निस्सत्त्व, निस्सार, निरर्थक, बेदम, सत्वहीन, सारहीन।
worthless, insubstantial, empty, useless.

असावधान *(वि.)* अंधा, अचेत, अनवधान, अल्हड़, असतर्क, गफलती, गाफिल, बेखबर, बेसुध, बेपरवाह, प्रमादी, लापरवाह।
careless, heedless, unattentive, neglectful, rash, impulsive.

असावधानता *(स्त्री.)* अचेतता, अनवधानता, असतर्कता, असावधानी, गफलत, गलती, चूक, प्रमाद, बेखबरी, बेपरवाही, बेसुधी, लापरवाही।
carelessness, negligence, inattention, indifference, unawareness.

असिद्ध करना *(क्रिपद)* अप्रमाणित करना, असत्य सिद्ध करना, गलत साबित करना, झूठा ठहराना, झूठा सिद्ध करना, मिथ्या निरूपित करना।
to prove false, to falsify.

असीम *(वि.)* अंतहीन, अज़हद, अनंत, अपरिमित, अपार, अमर्याद, अमर्यादित, अमित, असीमित।
limitless, boundless.

असुविधा *(स्त्री.)* कष्ट, झंझट, परेशानी, हैरानी।
uneasiness, trouble.

अस्तित्व *(पुं.)* जीवंतता, बना रहना, वर्तमानता, विद्यमानता, वजूद, हस्ती।
existence, being survival.

अस्थायी *(वि.)* अंतःकालीन, अंतरिम, अनंतिम, अल्पकालिक, अल्पजीवी, आरजी, कामचलाऊ, संक्रमणशील।
temporary, interim, provisional, transistional, short-lived.

अस्थिर *(वि.)* 1. कंपायमान, कंपित, चंचल, चल-विचल, चलायमान, डगमग, डाँवाडोल, ढुलमुल, दोलायमान, बेपेंदी का लोटा, लड़खड़ाता हुआ, विचलित, हिलता हुआ, हिलता-डोलता।
restless, unstable, unsteady, fickle, fluctuating.
2. अशांत (दे.)

अस्थिरचित्त *(वि.)* अनिश्चयी, चलचित्त, डाँवाडोल, बेपेंदी का लोटा।
fickle-minded, irresolute, unstable, unpredictable.

अस्पताल *(पुं.)* आरोग्यशाला, क्लीनिक, चिकित्सालय, दवाखाना, शफाखाना, हस्पताल, हॉस्पिटल।
hospital.

अस्पष्ट *(वि.)* अपरिभाषित, अनिर्दिष्ट, अनिश्चित, अपाठ्य, अवाच्य, गिचपिच, गोलमोल, घसीट, दुरूह, धुँधला, धूमिल, संदिग्ध।
indistinct, ambiguous, illegible, indefinite.

अस्वस्थ *(वि.)* नासाज, बीमार, रुग्ण, रोगी, रोगग्रस्त, व्याधिग्रस्त, व्याधित।
indisposed, ill, sick.

अस्वीकार करना *(क्रिपद)* असहमति जतलाना, इनकार करना, ठुकरा देना, न मानना, नामंजूर करना, नापसंद करना, नापास करना, निरसन करना, निरस्त करना, निराकरण करना, मुकरना, विरोध करना।
to refute, to reject, to deny, to decline, to disallow.

अस्वीकृत *(वि.)* अमान्य, नामंजूर, निरस्त, रद्द, rejected, cancelled,

अस्वीकृति *(स्त्री.)* असम्मति, असहमति, इनकार, नकार, ना-नुकर, नामंजूरी।
non-acceptance, refusal, rejection.

अहं *(पुं.)* 1. गर्व, स्वाभिमान, अहंभाव, खुदी, हमी।
ego, egoism, egotism.
2. अभिमान (दे.)

अहिंसा *(स्त्री.)* अमारण, अवध, अहत्या।
non-violence.

आ

आँकना *(क्रि.)* कूतना, दाम लगाना/ठहराना, मूल्य-निर्धारण करना, मूल्यांकन करना।
to assess, to appraise, to estimate, to value.

आँख *(स्त्री.)* अक्षि, चक्षु, चश्म, दीठ, दीदा, दृग, दृष्टि, नयन, निगाह, नेत्र, लोचन।
eye, eye-sight.

आँगन *(पुं.)* अजिर, चौक, परिसर, प्रांगण, सहन।
courtyard.

आंग्ल *(वि.)* ब्रिटिश, ब्रितानी, विलायती।
British, Britannic, European.

आँच आना *(क्रिपद)* हरफ आना।
to be under fire, being attacked by harsh criticism.

आँचल *(पुं.)* छोर, दामन, पल्ला, पल्लू।

आँत *(स्त्री.)* अँतड़ी, आंत्र, मलवाहिनी।
intestine.

आंतरिक *(वि.)* 1. अंदरूनी, आंतर, आभ्यंतर, आभ्यांतरिक, भीतरी।
internal, inside.

2. गूढ़, निजी, मैत्रीपूर्ण, वैयक्तिक, व्यक्तिगत, हार्दिक।

hearty, heartfelt, friendly, warm.

आंदोलन *(पुं.)* अभियान, जंग, जनक्षोभ, जनता को भड़काने का काम, युद्ध, विरोध-प्रदर्शन।

agitation.

आंदोलनकारी *(विपुं.)* आंदोलनकर्ता, नारेबाज, हड़ताली।

agitator, slogan-monger

आँधी *(स्त्री.)* अंधड़, आँधी-पानी, अतिवात, चंडवात, चक्रवात, झंझा, झड़ी, झंझावात, झक्कड़, तूफान, धूल-धक्कड़, बवंडर, वातचक्र।

windstorm, strong gale, tempest, hurricane, squall, storm, tornando, typhoon, cyclone.

आँसू *(पुं.)* अश्रु, टसुआ, दृगंब, दृगजल, नेत्रजल।

tear.

आकर्षक *(वि.)* अपीलिंग, खींचनेवाला, चारु, चित्तचोर, चित्तहारी, चित्ताकर्षक, चुंबकीय, दिलकश, दिल को छू लेनेवाला, दिलचस्प, दिलपसंद, प्रलोभक, मनमोहक, मनहर, मनोमुग्धकारी, मनोरम, मनोहर, मनोहारी, मर्मस्पर्शी, मुग्धकारी, मोहक, मोहन, रुचिकर, रुचिर, ललछौंहा, लुभाऊ, लुभावना, विमोहक, सम्मोहक, सुहावना, हृदयग्राही, हृदयस्पर्शी।

charming, captivating, bewitching, fascinating, attractive, appealing, enticing, alluring, tempting.

आकर्षण *(पुं.)* कशिश, खिंचाव, चुंबक, प्रकर्षण, प्रलोभन, मोह, रिझाव, लुभाव, मोहिनी, विमोहन।

attraction, attractiveness, charm, fascination, inducement, allure, temptation.

आकर्षित *(वि.)* ख़िंचा हुआ, आकृष्ट।

attracted.

आकस्मिक *(वि.)* अनियत, अप्रत्याशित, इकबारगी।

causal, unexpected. accidental, contingent, uncertain.

आकार *(पुं.)* आकार-प्रकार, डील-डौल, लम्बाई-चौड़ाई, फैलाव, साइज, रूप।

size and shape.

आकाश *(पुं.)* अंतरिक्ष, अंबर, अधर, आसमान, गगन, नभ, व्योम।

sky, outer space.

आकाशगंगा *(स्त्री.)* छायापथ, डहर, मंदाकिनी, व्योमगंगा।

galaxy, milky way.

आकाशवाणी *(स्त्री.)* देववाणी, नभवाणी, भविष्यवाणी।

prophecy.

आकृति *(स्त्री.)* आकार, मूरत, मूर्ति, रूप, रूपरेखा, शक्ल, स्वरूप, हुलिया।

figure, shape, from, outline.

आकृष्ट *(वि.)* खिंचा हुआ, मोहित, मुग्ध, लट्टू, लुब्ध, विमुग्ध, विमोहित।

attracted, charmed, infatuated.

आक्रमण *(पुं.)* घात, चढ़ाई, छापा, झपट्टा, धावा, प्रहार, वार, हमला।

attack, invasion, aggression, assult, raid, charge.

आक्रमण करना *(क्रिपद)* चढ़ जाना, चढ़ाई करना, छापा मारना, झपट्टा मारना, धावा बोलना, धावा मारना, हमला करना।

to attack, to invade, to raid, to assult.

आक्रमणकारी *(विपुं.)* आक्रांता, आक्रामक, चढ़ाई करनेवाला, धावा बोलनेवाला, हमलावर।

aggressor, attacker.

आग *(स्त्री.)* अग्नि, पावक, बसंतर।

fire.

आगबबूला होना *(क्रिपद)* आँखें तरेरना/दिखाना, त्योरी चढ़ाना, दाँत किटकिटाना, लाल-पीला होना।
to chafe, to be irritated, to be infuriated, to grind the teeth.

आगमन *(पुं.)* आना, आवना, पदार्पण, पौरा।
advent, incoming.

आग लगाना *(क्रिपद)* चिट्टे लड़ाना, लगाई-बुझाई करना।
to abet in quarrelling.

आगा *(पुं.)* सामना।
front.

आगे *(क्रिवि.)* 1. पहले, पुराने जमाने में, प्राचीन काल में, बहुत पहले।
in olden times.
2. फिर, बाद में।
next, afterwards.

आगे, के *(संबंधबोधक)* के समक्ष, के सम्मुख, के सामने।
in front of, afore, before.

आघात *(पुं.)* 1. कुघात, कुठाराघात, चोट, ठेस, झटका, थपेड़ा, दचका, धक्का, प्रहार, मार, वार, वज्रघात, सदमा।
blow, attack, knock, punch, smack.
2. झटका, दचका, धक्का, हिचकोला।
jerk, jolt, push, setback.

आजीवन *(क्रिवि.)* आजन्म, आमरण, आयुपर्यंत, उम्र भर, जीवन-भर, ताजिंदगी, यावज्जीवन, सारी जिंदगी।
lifelong, since birth, for the whole life.

आज्ञा *(स्त्री.)* आध्यादेश, अनुज्ञा, अनुदेश, अनुमति, अनुशासन, अभिदेश, आज्ञप्ति, आदेश, ऑर्डर, कहना, कहा, निदेश, निर्देश, परमादेश, परवाना, प्रादेश, फतवा, फरमान, समादेश, हिदायत, हुकुम, हुक्म।
order, command, instruction, mandate, ordinance, licence.

आज्ञाकारी *(वि.)* अनुगामी, अनुचर, अनुवर्ती, अनुशासनबद्ध, आज्ञानुवर्ती, आज्ञापालक, आदेशपालक, कर्तव्यनिष्ठ, कर्तव्यपरायण, कर्तव्यशील, चाकर, ताबेदार, दुम-हिलाऊ, हाजिरबाश, हुकुमबरदार।
obedient, dutiful, subservient.

आज्ञापालन *(पुं.)* अनुगामिता, आज्ञाकारिता, आज्ञानुवर्तन, आज्ञापरता, कर्तव्य-परायणता, कर्तव्यपालन, ताबेदारी।
obedience, dutifulness, observance, compliance, subservience.

आडंबर *(पुं.)* 1. घटाटोप, ठाठ, ठाठ-बाट, ढकोसला, दिखावट, दिखावा, प्रदर्शन।
ostentation, display, exhibition, pomp, showiness.
2. तड़क-भड़क (दे.)

आडंबरपूर्ण *(वि.)* दिखाऊ, दिखावटी, दिखौआ, नुमाइशी, भड़कदार, भड़कीला।
ostentatious, flashy, gaudy, pompous, showy, vain.

आड़ *(स्त्री.)* 1. ओट, टट्टी, पर्दा, रोक।
screen.
2. आश्रय (दे.)

आढ़त *(स्त्री.)* कमीशन, दलाली।
commission.

आतंक *(पुं.)* खलबली, तहलका, त्रास, दहशत, भीषिका, विभीषिका।
panic, terror.

आतंकवादी *(विपुं.)* आतंकी, उग्रवादी, चरमपंथी, दहशतगर्द, नक्सलवादी, नक्सली, माओवादी।
terrorist, extremist, naxalite, radical.

आत्मकथा *(स्त्री.)* अपनी कहानी, आत्मवृत्त, आत्मवृत्तांत, आप-बीती, जीवनी, राम कहानी, स्वजीवनी, स्वकथा।
autobiography, biography.

आत्मज्ञान *(पुं.)* आत्मबोध, तत्त्वज्ञान, ब्रह्मज्ञान, ब्रह्मविद्या।
self-knowledge, self-realization, divine reality.

आत्मज्ञानी *(विपुं.)* आत्मदर्शी, आत्मद्रष्टा, तत्त्वज्ञानी, तत्त्वदर्शी, ब्रह्मज्ञानी, योगी।

आत्मनियंत्रण *(पुं.)* आत्मसंयम, मनोनिग्रह।
self-control.

आत्मनिर्भर *(वि.)* स्वावलंबी।
self-reliant.

आत्मिक *(वि.)* आध्यात्मिक, रूहानी।
spritual.

आत्मसंतुष्ट *(वि.)* आत्मतुष्ट, आत्मतृप्त, आत्ममुग्ध।
complacent.

आत्मसात् करना *(क्रिपद)* अंतर्ग्रहण करना, पचा लेना, स्वांगीकरण करना, हृदयंगम करना।
to assimilate, to absorb, to digest. to imbibe, to take in.

आत्महत्या *(स्त्री.)* आत्मघात, खुदकुशी, हाराकिरी।
the act of killing oneself, suicide.

आत्मा *(स्त्री.)* अंतरात्मा, चेतना, चैतन्य, जीवात्मा, रूह।
soul, conscience. spirit.

आदत *(स्त्री.)* अभ्यास, इल्लत, चस्का, टेव, दुर्व्यसन, प्रवृत्ति, बान, लत, व्यसन, शौक।
habit, practice, hobby, addiction, vice.

आदत पड़ना *(क्रिपद)* अभ्यस्त होना, आदी बनना, टेक गहना, बान पड़ना, लत पड़ना, स्वभाव होना।
to habituate, to get accustomed to.

आदमी *(पुं.)* 1. इंसान, नर, पुरुष, मनुष्य, मानव, मानुस, मर्द, व्यक्ति, शख्स।
man, person, individual.
2. पति (दे.)

आदर *(पुं.)* अदब, आदर-भाव, आदर-सत्कार, आदर-सम्मान, इज्जत, कद्र, पूछ, मान, श्रद्धा, सत्कार, समादर, सम्मान।
respect, admiration, honour, reverence, veneration.

आदर करना *(क्रि.)* आदर-सत्कार करना, आदर-सम्मान करना, आराधना करना, इज्जत करना, ऊँचा पीढ़ा देना, कद्र करना, पूजा करना, मान करना, श्रद्धा करना, समादर करना, सम्मान करना, सम्मानित करना, सिर आँखों पर बैठाना।
to esteem, to rever, to worship, to idolize.

आदरणीय *(वि.)* 1. नमस्य, पूजनीय, पूज्य, पूज्यपाद, प्रातःस्मरणीय, भदंत, माननीय, मान्य, मान्यवर, श्रद्धास्पद, श्रद्धेय, समादरणीय, सम्मानीय, सम्मान्य।
respected, reverend.
2. प्रतिष्ठित (दे.)

आदर्श *(वि.)* परिपूर्ण, पूर्ण मानक।
ideal, perfect, standard.
(पुं.) उदाहरण, दृष्टांत, नमूना, प्रतिमान।
ideal, model, standard.

आदर्शवादी *(विपुं.)* उच्चाशय, उसूलों का पक्का, परंपरानिष्ठ, परंपरावादी, लकीर का फकीर, सिद्धांतवादी।
idealist.

आदान-प्रदान *(पुं.)* लेन-देन, लेना-देना।
give and take, exchange.

आदि-अंत *(पुं.)* आरंभ-समाप्ति, ओर-छोर, शुरुआत-खात्मा।
beginning and end.

आदिवासी *(पुं.)* आदिम निवासी, वनवासी, मूल निवासी।
aboriginal.

आदेशात्मक *(वि.)* अभिदेशात्मक, आज्ञासूचक, आधिकारिक, निदेशात्मक, निर्देशात्मक।
imperative. authoritative.

अद्योपांत *(क्रिवि.)* आदि से अंत तक, आरंभ से अंत तक, शुरू से आखिर तक।
from beginning to the end.

आधा *(वि.)* अर्द्ध, अर्ध, एक बटा दो, नीम, पचास प्रतिशत।
half.

आधार *(पुं.)* नींव, मूल, बुनियाद, बेस।
base, foundation.

आधारभूत *(वि.)* आधारिक, तात्त्विक, बुनियादी, मूल, मूलभूत, मौलिक।
basic, fundamental, prime.

आधारहीन *(वि.)* झूठा, निराधार, निर्मूल, मिथ्या।
baseless, groundless, unfounded.

आधुनिक *(वि.)* 1. अद्यतन, अधुनातन, नए युग का, नवयुगीन, माडर्न, वर्तमान, वर्तमान-कालिक।
modern, recent
2. नया (दे.)

आनंद *(पुं.)* आह्लाद, उल्लास, खुशी, परमानंद, प्रफुल्लता, प्रमोद, प्रसन्नचित्तता, प्रसन्नता, मजा, मस्ती, मोद, रंगरली, लुत्फ, विनोद, सुख, हर्ष, हुलास।
joy, joyfulness, jubilation, ecstasy, exhilaration.

आनंददायक *(वि.)* आनंदपूर्ण, आनंदप्रद, आह्लादकारक, आह्लालदर्शी, उल्लासजनक, प्रसन्नतादायक, मजेदार, मोदकारी, रमणीक, रमणीय, रुचिर, सुखद, सुखदायक, सुखप्रद, हर्षकारक, हर्षप्रद।
delightful, pleasant, joyous, pleasing, pleasurable, rapturous.

आनंदमग्न *(वि.)* आनंदविभोर, रसमग्न, रस-विभोर।
lost in ecstasy, overjoyed, rapturous.

आनंदित *(वि.)* आनंदविभोर, उल्लसित, खुश, गद्‌गद, प्रफुल्ल, प्रफुल्लित, प्रमुदित, प्रसन्न, प्रसन्नचित्त, प्रहर्षित, मुदित, सुखी, हर्षविभोर, हर्षित।
Joyful, jubilant, exhilarating.

आना[1] *(पुं.)* इकन्नी।
an old one anna coin.

आना[2] *(क्रि.)* आगमन होना, आ टपकना, आ धमकना, आ पहुँचना, उपस्थित होना, तशरीफ लाना, पर्दापण होना, पधारना, पहुँचना, पैर पड़ना, हाजिर होना।
to come, to reach, to arrive.

आना[3] *(पुं.)* आगम, आगमन, पदार्पण।
arrival.

आनुपातिक *(वि.)* सापेक्ष।
proportional.

आनेवाला[1] *(वि.)* अगला, आगामी, आसन्न, बाद वाला, भावी।
coming, following, next.

आनेवाला[2] *(पुं.)* आगंतुक।
comer.

आपत्ति *(स्त्री.)* असहमति, उज्र, उपालंभ, ऐतराज, चीं-चपड़, चूँ, ताना, ननुनच, मीन-मेख, विरोध।
objection, protest, taunt.

आपत्तिजनक *(वि.)* अग्राह्य, अमान्य, असमीचीन, अस्वीकार्य।
objectionable.

आपद *(स्त्री.)* आपत्ति, कष्ट, आपदा, आफत, बला, मुसीबत, विपत्ति, संकट।
trouble, suffering, torment, vexation, woe.

आप-बीती *(स्त्री.)* दुखड़ा, राम-कहानी, रोना, रोना-धोना।
tale of one's own suffering, sorrowful story.

आप-से-आप *(क्रिवि.)* अपने-आप, खुद-ब-खुद, बेसाख्ता, सहजतः।
involuntarily.

आपातकाल *(पुं.)* गाढ़ा वक्त, दुर्दिन, दुढकाल, बुरा समय, संकटकाल।
emergency, crisis.

आपादमस्तक *(क्रिवि.)* सिर से पैर तक।
cap-a-pie.

आबाद *(वि.)* जनाकीर्ण, बसा हुआ, वसित।
inhabited, populated.

आमने-सामने *(क्रिवि.)* एक-दूसरे के सामने, दू-ब-दू, मुकाबले में, रू-ब-रू, सम्मुख।
face to face.

आमोद-प्रमोद *(पुं.)* भोग-विलास, मौज, मौज-मस्ती, रंगरली, रंगरेली, रंगीनी, रसरंग, राग-रंग।
merry-making, revelry, fun, festivity.

आय *(स्त्री.)* आमदनी, इन्कम, कमाई, धनागम, प्राप्ति।
income, proceeds.

आयु *(स्त्री.)* अवस्था, आयुष्य, उम्र, वय, वयस्।
age.

आयोग *(पुं.)* कमीशन, ट्रिब्यूनल, प्राधिकरण।
commission, tribunal.

आयोजित *(वि.)* प्रस्तावित, योजनाबद्ध, संयोजित।
planned, proposed, arranged.

आरंभ *(पुं.)* आगाज, आदि, इब्तिदा, उद्घाटन, प्रारंभ, बिस्मिल्ला, बीजारोपण, शुभारंभ, शुरुआत, शुरू, श्रीगणेश, सूत्रपात।
beginning, commencement, start, opening, inauguration, initiation.

आरंभ करना *(क्रिपद)* उद्घाटन करना, उद्घाटित करना, उपक्रम, छेड़ना, प्रवर्तन करना, प्रवर्तित करना, शुभारंभ करना, शुरुआत करना, शुरू करना, श्रीगणेश करना, सूत्रपात्र करना।
to begin, to commence, to start, to open, to inaugurate, to broach, to launch.

आरंभ होना *(क्रिपद)* उद्घाटन होना, उद्घाटित होना, छिड़ना, चल पड़ना, ठनना, नींव पड़ना, प्रवर्तन होना, प्रवर्तित होना, प्रारंभ होना, मचना, शुभारंभ होना, शुरुआत होना, शुरू होना, श्रीगणेश होना, सूत्रपात होना।
to start, to begin, to commence, to open, to inaugurate.

आरंभिक *(वि.)* आदिम, आद्य, पहला, पूर्वकालीन, प्राथमिक, प्रारंभिक, मूल, शुरुआती, शुरू का।
initial, elementary, first.

आरती *(स्त्री.)* दीपाराधन, नीराजन।
ceremonial adoration with lighted lamps.

आरोह *(पुं.)* चढ़ाई, चढ़ान।
ascent.

आर्थिक *(वि.)* अर्थ-संबंधी, दान-संबंधी, वित्तीय, माली, राजस्व-संबंधी।
economic, financial.

आर्ष *(वि.)* ऋषिप्रणीत, ऋषिकृत, पौराणिक, वैदिक।
ancient.

आलिंगन *(पुं.)* गलबाँही, परिरंभण, प्रेमालिंगन, बाहुपाश, भुजपाश, लिपटन, लिपटा-लिपटी, स्नेहपाश, स्नेहालिंगन।
embrace.

आलिंगन करना *(क्रिपद)* आलिंगित करना, गले लगाना, चिपका लेना, चिपटा लेना, छाती से लगाना, बाँहों में जकड़ लेना, भुजाओं में भर लेना, लिपट जाना।
to embrace.

आलोचक *(पुं.)* छिद्रान्वेषक, नुक्ताचीन, मूल्यांकनकर्ता, समालोचक, समीक्षक, समीक्षाकार।
critic, reviewer.

आलोचना *(स्त्री.)* छिद्रान्वेषण, मूल्यांकन, रिव्यू, समालोचना, समीक्षा।
review, criticism.

आवरण *(पुं.)* अवगुंठन, आच्छादन, ओढ़ना, कवर, खोल, झाँप, पट, पर्दा, प्रच्छादन, बेठन, वेष्ठण।
covering, wrapper.

आवरण-पृष्ठ *(पुं.)* कवर-पेज, मुख्य पृष्ठ।
cover page.

आवश्यक *(वि.)* अत्यावश्यक, अनिवार्य, वांछनीय, अपरिहार्य, अपेक्षित, अर्जेंट, जरूरी, दरकारी, लाज़िमी।
most urgent, urgent, essential, unavoidable, requisite, indispensable.

आवश्यकता *(स्त्री.)* अनिवार्यता, अपेक्षा, गरज, चाहत, जरूरत, दरकार, माँग।

necessity, need, demand, urgency.

आवाँ *(पुं.)* ईंट-भट्ठा, भट्ठा।

kiln.

आवागमन *(पुं.)* आना-जाना, आवाजाही, गमनागमन, यातायात।

coming and going, communication.

आवारा *(विपुं.)* 1. आवारागर्द, खानाबदोश, घनचक्कर, घुमक्कड़, टल्लेनवीस, लोफर, सैलानी।

rover, wanderer, nomad, vagabond, loafer.

2. गुंडा (दे.)

आवारागर्दी *(स्त्री.)* आवारगी, खानाबदोशी, टल्लेनवीसी, सैलानीपन।

vagabondage, vagabondism, loafing, idling away time.

आवारागर्दी करना *(क्रिपद)* आवारा घूमना, खाक उड़ाना, खानाबदोशी करना, घूमते रहना, भटकते फिरना, मारे-मारे फिरना।

to vagabondise.

आवास *(पुं.)* 1. आलय, आवास-स्थान, डेरा, निवास, निवास-स्थान, रिहाइश।

residence, dwelling, habitation, home, house.

आवासिक *(वि.)* आवासी, आवासीय, रिहायशी।

residential.

आविर्भाव *(पुं.)* अभ्युदय, अवतरण, उत्पत्ति, उदय, उद्भव, उभरकर आना, जन्म, प्रकटन, प्रकटीकरण, प्रस्फुटन, प्राकट्य, प्राकाश्य, प्रादुर्भाव।

emergence, advent. appearance.

आविर्भूत *(वि.)* अवतरित, उत्पन्न, जन्मा, पैदा, प्रकट, प्रादुर्भूत।

emerged, appeard, born.

आविष्कार *(पुं.)* अनुसंधान, अन्वेषण, ईजाद, उपज्ञा, खोज, शोध।

discovery, invention, exploration.

आविष्कारक *(पुं.)* अनुसंधानकर्ता, अनुसंधायक, आविष्कर्ता, ईजादकर्ता, खोजकर्ता, खोजी, वैज्ञानिक।

discoverer, inventor, explorer.

आविष्कृत *(वि.)* अन्वेषित, उपज्ञात, नवनिर्मित, नवरचित।

discovered, invented.

आवृत्ति *(स्त्री.)* दुहराया जाना, दुहराव, पुनरावृत्ति।

repetition, revision.

आवृत्ति करना *(क्रिपद)* दुसराना, दुहराना, पुनरावृत्ति करना।

to repeat, to do again once or several times.

आवेदक *(पुं.)* आवेदनकर्ता, निवेदक, निवेदन-कर्ता, प्रार्थी।

applicant, petitioner.

आवेदन *(पुं.)* निवेदन, प्रार्थना, विनती।

submission, application.

आवेदन करना *(क्रिपद)* आवेदित करना, निवेदन करना, निवेदित करना, प्रार्थना करना, विनती करना।

to submit, to move, to advance.

आवेदन-पत्र *(पुं.)* अर्जी, दरख्वास्त, प्रार्थना-पत्र।

application.

आवेश *(पुं.)* आवेग, उत्तेजना, उद्रेक, उद्वेग, उन्माद, जुनून, जोश, झोंक, ताव, भावावेश, मनोवेग।

impulse, excitement, flurry, stimulus, urge.

आशंका *(स्त्री.)* अंदेशा, खटका, डर, धुकधुकी, धुकुर-पुकुर, भय।

apprehension, misapprehension, misunderstanding, fright, fear.

आशा *(स्त्री.)* 1. आस, उम्मीद, प्रत्याशा, संभावना।

hope, expectation, anticipation.

2. कामना (दे.)

आशाजनक *(वि.)* आशापूर्ण, आशाप्रद, आस जगानेवाला, आस बनाए रखनेवाला, उत्साहजनक, उत्साहवर्धक, संभावनापूर्ण।
hopeful, promising, bright, propitious, encouraging.

आशावान *(वि.)* आत्मविश्वासी, आशान्वित, आशावादी, आश्वस्त।
hopeful, assured, confident.

आशीर्वाद *(पुं.)* असीस, आशिष, दुआ, प्रसाद, शुभाषीश।
blessing, gracious, benediction.

आश्चर्य *(पुं.)* अचंभा, अचरज, अजूबा, कुतूहल, गजब, चमत्कार, ताज्जुब, विस्मय, हैरत, हैरानी।
surprise, astonishment, amazment, wonder, curio, marvel, awe.

आश्चर्यजनक *(वि.)* अजीब, अद्भुत, अनूठा, अनोखा, अपूर्व, आश्चर्यकारक, कुतूहल-जनक, गजब का, चौंकानेवाला, चमत्कार-पूर्ण, चमत्कारी, जादुई, निराला, विचित्र, विलक्षण, विस्मयकर, विस्मयकारी, शानदार, सनसनीखेज, हैरतअंगेज, हैरानी में डालने वाला।
wonderful, amazing, startling, surprising, astonishing.

आश्रम *(पुं.)* तपोवन, कांवेंट, गुरुकुल, मठ।
hermitage, convent.

आश्रय *(पुं.)* अवलंब, आधार, आसरा, ओट, छत्रछाया, छाया, पनाह, शरण, सहारा।
shelter, refuge, support.

आसक्त *(वि.)* अनुरक्त, दीवाना, फिदा, मुग्ध, मोहित, रागी, लट्टू, लिप्त, संसक्त, लुब्ध, विमुग्ध, सम्मोहित।
enamoured, infatuated. bewitched, captivated.

आसक्ति *(स्त्री.)* 1. अनुरक्ति, दिल की लगी, दीवानगी, राग, लगाव, लगी, लिप्तता, लौ, सम्मोहन, संसक्ति।
infatuation, passion, attachment.
2. प्यार (दे.)

आस-पास *(क्रिवि.)* अड़ोस-पड़ोस में, पास-पड़ोस में, पास में, अगल-बगल।
about, near about, in the nighbour-hood.

आस्तिक *(विपुं.)* ईश्वरवादी, ईश्वर को मानने-वाला, खुदापरस्त, धर्मविश्वासी, विश्वासी।
theist.

आस्तिकता *(स्त्री.)* आस्तिक्य, ईश्वरवाद, खुदापरस्ती, धर्मविश्वास।
theism.

आह *(स्त्री.)* कराह, गहरी साँस, ठंडी साँस, दीर्घ श्वास, हाय, हौका।
sigh.

आहट *(स्त्री.)* कनसुई, टोह, पग-ध्वनि, पदचाप।

इ

इंद्र *(पुं.)* अमरपति, देवपति, देवराज, देवाधिप, देवेंद्र, देवेश, पुरंदर, मघवा, वज्रपाणि, शचीपति, सुरराज, सुराधिप, सुरेंद्र, सुरेश।
lord, Indra, God of rains.

इंद्रियग्राह्य *(वि.)* गोचर।
perceptible.

इकट्ठा *(वि.)* एकत्र, एकत्रित, जमा, पुंजित, राशीकृत, संकलित, संगृहीत, संचित।
collected, gathered, massed, accumulated, assembled.

इकट्ठा करना *(क्रिपद)* एकत्र करना, एकत्रित करना, उगाहना, उतारना, जमा करना, जुटाना, जोड़ना, ढेर लगाना, तहसीलना,

पुंजित करना, बटोरना, वसूल करना, वसूलना, वसूली करना, संकलित करना, संग्रह करना, संचय करना, संचित करना, सँजोना, समेटना, सहेजना, हिलोरना।
to collect, to gather. to amass, to accumulate, to assemble, to store, to hoard.

इकट्ठा होना *(क्रिपद)* एकत्र होना, एक हो जाना, जमना, जुटना, जुड़ना, मिल जाना, मिलना, संयुक्त होना।
to be united, to come togather.

इच्छा *(स्त्री.)* अभिलाषा, अरमान, आकांक्षा, आरजू, उच्चाकांक्षा, एषणा, कामना, ख्वाहिश, चाह, चाहत, चुल, चुलचुली, जी, तबीयत, तमन्ना, तलब, तृष्णा, दिल, मंशा, मन, मनोकामना, मनोवांछा, मर्जी, महत्त्वाकांक्षा, मुराद, रजा, ललक, लालसा, वांछा, साध, स्पृहा, हड़क, हवस, हविस, हसरत, हाई, हाही, हिर्स।
desire, want, wish, ambition, yearning, craving, aspiration, longing, hankering, cherished desire, thirst, ardent desire.

इच्छाहीन *(वि.)* अनभिलाषी, अनीह, आकांक्षा-हीन, निरभिलाष, निराकांक्ष, निरीह, निस्पृह।
desireless.

इच्छित *(वि.)* अभिप्रेत, अभीष्ट, आकांक्षित, इच्छित, काम्य, चाहा हुआ, मनचाहा, मनचीता, मनपसंद, मनोवांछित, वांछनीय वांछित।
desired, wanted, wished, cherished. intended, desirable.

इच्छुक *(वि.)* अभिलाषी, आकांक्षी, उच्चाकांक्षी, ख्वाहिशमंद, गरजमंद, चाहनेवाला, तलबगार, महत्वाकांक्षी, रजामंद, राजी, लालायित, सकाम, सहमत, स्पृही।
desirous, aspiring, willing, wishing, yearning, craving.

इतने में *(क्रिवि.)* इसी दौरान, इसी बीच।
just then, meanwhile, meantime, at the same time.

इतराना *(क्रि.)* इठलाना, चोचले दिखाना, चटकना-मटकना, छमकना, ठसक दिखाना, नखना दिखाना, मटकना।
to strut.

इसलिए *(यो.)* अतः, अतएव, अस्तु, इस कारण, इस वास्ते, इस हेतु।
therefore, hence, thus, for this reason.

इस संदर्भ में *(क्रिवि.)* इस प्रसंग में, इस बारे में, इस विषय में।
in this context, in this matter.

इस्पात *(पु.)* फौलाद, स्टील।
steel.

ई

ईकाई *(स्त्री.)* एकक, कारक, घटक, यूनिट
unit.

ईमान *(पु.)* धर्मनिष्ठा, धर्मभावना।
religious, faith, devountness.

ईमानदार *(वि.)* खरा, दयानतदार, धर्मनिष्ठ, धर्मशील, धर्मी, निश्छल, निष्कपट, नेकनीयत, पुण्यात्मा, बेलाग, सच्चरित्र, सच्चा, सत्यकाम, सत्यनिष्ठ, सत्यवादी, सत्यशील।
honest, above board, forthright, candid, straight forward, guiltless, without vile, true, truthful, virtuous.

ईमानदारी *(स्त्री.)* खरापन, दयानत, दयानतदारी, निश्छलता, निष्कपटता, नेकनीयती,

सच्चरित्रता, सच्चाई, सत्यनिष्ठा, सत्यवादिता, सत्यशीलता।
honesty, truthfulness, virtuousness, verity.

ईमानदारी से *(क्रिवि.)* निश्छल भाव से, निष्कपट भाव से, निष्ठापूर्वक, नेकनीयती से, सत्य भाव से।
honestly, truly, truthfully, forthrightly.

ईर्ष्या *(स्त्री.)* असूया, कीना, कुढ़न, खार, खुनस, गंस, डाह, जलन, मत्सर, रश्क, हसद, हिर्स।
envy, jealousy, grudge.

ईर्ष्या करना *(क्रिपद)* असूया रखना, कीना करना, कुढ़ना, डाह करना, जलना।
to envy, to be envious, to grudge.

ईश्वर *(पुं.)* अकालपुरुष, अखिलात्मा, अखिलेश, अल्लाह, इलाही, ऊपरवाला, करतार, खुदा, खुदावंद, जगत-पिता, जगदीश, जगदीश्वर, जगन्नाथ, जगन्नियंता, ठाकुर, त्रिलोकीनाथ, दीनानाथ, नारायण, परब्रह्म, परमपिता, परमात्मा, परमेश्वर, परवरदिगार, प्रभु, भगवान, मालिक, रब, विश्वनाथ, सच्चिदानंदा, सिरजनहार, सृष्टिकर्ता, स्वामी।
God. lord, the creator of the universe.

ईश्वरीय *(वि.)* 1. खुदाई, दैवकृत, दैविक, दैवी।
devine, godly.
2. दिव्य (दे.)

ईसा *(पुं.)* ईसामसीह, खीस्त, मसीहा, यीशु।
Christ, Jesus Christ.

ईसाई *(विपुं.)* कलीसाई, क्रिश्चियन, क्रिस्तान, ख्रीष्ट, ख्रिस्तान।
Christan.

उ

उकसाना *(क्रि.)* उत्तेजित करना, उत्प्रेरित करना, उत्साहित करना, उभाड़ना, जोश दिलाना, ताव दिलाना, प्रवृत्त करना, प्रेरणा देना, प्रेरित करना, प्रोत्साहित करना, बढ़ावा देना, बहकाना, लगाना, वरगलाना, शह देना।
to incite, to instigate, to inspire, to encourage, to induce, to prompt, to provoke, to stir up, to rouse, to spur.

उकेरना *(क्रि.)* उत्कीर्ण करना, उरेहना, काढ़ना, खचना, जड़ना, नक्काशी करना।
to engrave, to carve, to etch, to embed.

उक्ति *(स्त्री.)* उद्‌गार, कथन, कहना, कहावत, नीतिवचन, बयान, मसल, वक्तव्य, वचन, सुकथन, सुभाषित, सूक्ति, सूत्र।
utterance, remark, saying, maxim, apophthegm. quotable, quote, proverb.

उखाड़ना *(क्रि.)* उपाड़ना, उच्छेदन करना, उत्पाटन करना, उन्मूलित करना, खोद निकालना।
to uproot, to eradicate, to roke up.

उगना *(क्रि.)* अंकुरित होना, उपजना।
to grow, to germinate.

उगलवाना *(क्रि.)* कुरेद-कुरेदकर पूछना।
to pick one's brain.

उगाहना *(क्रि.)* तहसीलना, वसूलना, वसूली करना।
to collect.

उग्र *(वि.)* उत्कट, घोर, जोरदार, तीव्र, तुमुल, तूफानी, तेज, दारुण, प्रचंड, भयानक, भीषण, रौद्र, लट्ठमार, विकट।
violent, fiery. terrific, awaful, terrible, gruesome, severe, intense, acute, dreadful, harrowing, horrifying, horrid, horrible.

उग्रता *(स्त्री.)* उत्कटता, तीव्रता, तेजी, दारुणता, प्रचंडता, भयानकता, भीषणता, विकटता।
intensity, servereness, horridness, fierceness.

उचित *(वि.)* अवसरानुकूल, उपयुक्त, कायदे का, ठीक, जायज, तर्कसंगत, दुरुस्त, नीति-सम्मत, बजा, मुनासिब, मौजूँ, यथायोग्य, यथोचित, युक्तियुक्त, योग्य, लाज़िम, वाजिब, विहित, श्रेयस्कर, समयानुकूल, समीचीन, सही।
right, upright, proper, fair, good, ethical, just, righteous.

उच्चतर *(वि.)* महत्तर, श्रेष्ठतर।
higher, greater.

उच्चवर्ग *(पुं.)* अभिजात वर्ग, कुलीन वर्ग, धनी वर्ग, रईस लोग, संभ्रांत वर्ग, सवर्ण जाति।
upper class, high society, aristocracy, rich classes.

उच्चारण *(पुं.)* तलफ्फ़ुज़।
pronounciation.

उछल-कूद *(स्त्री.)* कूद-फाँद, दौड़-धूप, धमा-चौकड़ी।
gambol, furore.

उजड़ना *(क्रि.)* तबाह होना, नेस्तनाबूद होना, मटियामेट होना।
to become deserted, to have been ruined, to devastated.

उजाड़ *(पुं.)* ऊसर, बंजर, वीरान।
deserted place, wildesness, desert.

उजाड़ू *(वि.)* 1. घर-गँवाऊ, घर-घालू, घर-फूँक, घर-लुटाऊ।
prodigal, wasteful.
2. अपव्ययी (दे.)

उज्ज्वल *(वि.)* उजला, चमचम, झकाझक, धवल, धवलित, रुपहला, शुभ्र, हिमश्वेत।
bright, shining, snow-white.

उतरना *(क्रि.)* 1. अवतरित होना, नीचे आना।
to come down.
2. कम हो जाना, घटना।
to lessen, to subside, to abate.

उतार-चढ़ाव *(पुं.)* आरोह-अवरोह, ऊँच-नीच।
rise and fall, ups and downs.

उतारा *(पुं.)* निछावर, वाराफेरा।

उतावला *(वि.)* अधीर, आकुल, उद्विग्न, जल्दबाज, बेकरार, बेचैन, बेताब, बेसहारा, बेसब्र, विकल, व्यग्र, व्याकुल, हड़बड़िया।
impatient, lacking, patience, hasty, restless, rash.

उतावली *(स्त्री.)* अधीरता, अधैर्य, आकुलता, उतावलापन, उद्विग्नता, घबराहट, चटपटी, जल्दबाजी, बेकरारी, बेताबी, बेसब्री, विकलता, व्याकुलता, व्यग्रता, हड़बड़, हड़बड़ाहट, हड़बड़ी।
impatience, haste, hastiness, rashness.

उतावली-भरा *(वि.)* जल्दबाजी-भरा।
impetuous.

उत्कट *(वि.)* अदमनीय, अदम्य, घमासान, घोर, तीव्र, तेज, दारुण, प्रचंड, भारी, प्रबल, सख्त।
intense, fierce, acute, profound, severe, irrepressible, oppressive.

उत्कटता *(स्त्री.)* तीव्रता, तेजी, दारुणता, प्रचंडता, प्रबलता।
intenseness, intensity, fierceness, acuteness, severeness, severity.

उत्कर्ष *(पुं.)* अभ्युदय, आरोहण, उठाव, उत्थान, उत्थापन, उत्तोलन, उदय, उन्नति, उन्नयन, उभार, ऊर्ध्वगमन, चढ़ाव, समृद्धि, सर्वोदय।
eminence, rise, advancement, ascent.

उत्तम *(वि.)* अत्युत्तम, आला, उत्कृष्ट, उम्दा, उल्लेखनीय, ऊँचा, दिव्य, नंबर वन, नफीस, नायाब, निरुपम, बढ़ा-चढ़ा, बढ़िया,

बालानशीन, बेहतरीन, भव्य, श्रेष्ठ, सर्वश्रेष्ठ, सर्वोच्च, सर्वोत्कृट, सर्वोत्तम, सर्वोपरि।
excellent, outstanding, best, exquisite, remarkable.

उत्तर *(पुं.)* 1. जवाब, प्रतिवचन, प्रत्युत्तर।
answer, reply.
2. शुमाल।
North.

उत्तरदायित्व *(पुं.)* जवाबदेही, ज़िम्मा, जिम्मेदारी, दायित्व, देयता, प्रभार।
responsibility, accountability.

उत्तरदायित्वहीन *(वि.)* गैर-जिम्मेदार, दायित्व-हीन।
irresponsible, unreliable.

उत्तरदायी *(वि.)* उत्तरदाता, जवाबदेह, जिम्मेदार, जिम्मेवार, दायी।
responsible, liable, accountable.

उत्तराधिकार *(पुं.)* दायाधिकार, बपौती, विरासत, पुश्तैनी हक।
inheritance.

उत्तराधिकारी *(पुं.)* दायाधिकारी, नामलेवा, वंशज, वारिस, हकदार।
successor. heir, inheritor.

उत्तेजक *(वि.)* उकसाऊ, उत्तेजनापूर्ण, उद्दीपक, आवेशपूर्ण, उकसाऊ उन्मादक, उद्वेलक, क्षोभकारक, जोशीला, भड़काऊ, भड़कीला, विक्षोभकारक, सनसनीखेज, सनसनीदार।
provicative, sensational, thrilling, inflammatory.

उत्तेजन *(स्त्री.)* 1. आवेश, क्षोभ, जोश, तनाव, तैश, विक्षोभ, सनसनी।
excitement, agitation, perturbation, turbulance, tension.
2. प्रेरणा (दे.)

उत्तेजित *(वि.)* आवेशपूर्ण, उत्तेजनापूर्ण, उद्दीप्त, क्षुब्ध, क्षोभकारक, जोश-भरा, जोशीला, तनाव-भरा, विक्षोभपूर्ण।
provoking, exciting, tense.

उत्पत्ति *(स्त्री.)* 1. आविर्भाव, उद्‌भव, जन्म, पैदाइश, प्राकट्य, प्रादुर्भाव।
creation, birth, appearance, manifestation.
2. उत्पाद, उत्पादन।
production, produce.

उत्पन्न *(वि.)* आविर्भूत, उद्‌भूत, जन्मा हुआ, जात, पैदा, प्रसूत, प्रादुर्भूत।
born, produced.

उत्पन्न करना *(क्रिपद)* जनना, जनमना, जन्म देना, पैदा करना, प्रसव करना।
to give birth (to).

उत्पन्न होना *(क्रिपद)* अवतरित होना, आविर्भूत होना, उद्‌भूत होना, जनमना, जन्म लेना, पैदा होना, प्रकट होना, प्रसव होना।
to come into being, to be born.

उत्पादन *(पुं.)* प्रोडक्शन, मैन्युफैक्चरिंग, रचना, संरचना, सर्जन, सृजन।
production.

उत्पीड़क *(विपुं.)* अत्याचारी, दमनकारी, परपीड़क, पीड़क, बरजोर, बलप्रयोक्ता, बलात्कारी, सितमगर, सीनाजोर।
coercionary, coercionist, persecutor.

उत्पीड़न *(पुं.)* जबरदस्ती, ज़ोर-जबरदस्ती, ज़ोर-जुल्म, दमन, बरजोरी, बलप्रयोग, बलात्कार, सितम, सीनाज़ोरी।
coercion, duress, oppression, persecution.

उत्सव *(पुं.)* आनंद-मेला, जयंती, जलसा, जश्न, त्यौहार, परब, पर्व, महापर्व, महोत्सव, मेला, समारोह।
festival, anniversary, fete, function, celebration.

उत्साह *(पुं.)* उमंग, गरमजोशी, चाव, चाह, जोम, जोर-शोर, जोश, जोश-खरोश, भावावेश,

ललक, शौक, सरगर्मी, साहस, हिम्मत, हौसला।

zeal, enthusiasm, avidity, ardour, impulse, earnestness.

उत्साहपूर्वक *(क्रिवि.)* उमंग में आकर, गरमजोशी से, चाव से, जोश-खरोश से, शौक से, सरगर्मी से।

inthusiastically, ardently, avidly, eagerly, earnestly, keenly.

उत्साही *(वि.)* उमंग-भरा, चाव-भरा, जोशीला।

zealous, ardent, enthusiastic, spirited, keen.

उत्सुक *(वि.)* अधीर, आकुल, आतुर, उत्कंठित, तृषातुर, लालायित, व्यग्र, व्याकुल।

eager, keen, anxious, agog.

उत्सुकता *(स्त्री.)* अधीरता, आकुलता, आतुरता, उत्कंठा, छटपटी, व्यग्रता, व्याकुलता।

eagerness, keenness, earnestness, gusto.

उत्सुक होना *(क्रिपद)* अधीर होना, आकुल होना, आतुर होना, उत्कंठित होना, तरसना, तृषातुर होना, लालायित होना, व्यग्र होना, विकल होना।

to be eager. to be keen, to be zealous.

उथल-पुथल *(स्त्री.)* उलट-फेर, क्रांति, खड़मंडल, महापरिवर्तन।

upheaval, disruption, violent change, cataclysm.

उदार *(वि.)* उदारचेता, उदारमना, कृपालु, खुले दिलवाला, दयालु, दयावान, दरियादिल, दाता, दानशील, दानी, दिलदार, बड़े दिलवाला, मुक्तहस्त, वदान्य, विशालहृदय, सहृदय, हातिम।

generous, liberal, kind, warm-hearted, broadminded, magnanimous.

उदारता *(स्त्री.)* अनुकंपा, अनुग्रह, कृपा, कृपालुता, दया, दयालुता, दरियादिली, दिलदारी, प्रसाद, सहानुभूति, सुजनता, सौजन्य।

kindness, warmth, sympathy, broadmindedness, magnanimity.

उदास *(वि.)* अवसन्न, उदासीन, खिन्न, गमगीन, मुहर्रमी, म्लान, यतीमी, रंजीदा, विषण्ण, विषादपूर्ण, विषादयुक्त।

sad, heavy-hearted, dejected, depressed, morose, despondent, dispirited, gloomy, downcast.

उदासी *(स्त्री.)* अवसन्नता, अवसाद, उदासीनता, खिन्नता, नहूसत, म्लानता, विषाद।

sadness, dejection, despondency, gloom. gloominess.

उदासीन *(वि.)* अनासक्त, निरुत्साही, पराङ्मुख, रुचिविहीन, विमुख, विरक्त।

indifference, apathetic, cold, detached, unresposive.

उदासीनता *(स्त्री.)* अनासक्ति, उपेक्षा, निरुत्साह, रुचिहीनता, विमुखता, विरक्ति।

indifference, apathy, coldness, detachment, disinterestedness.

उदाहरण *(पुं.)* 1. उद्धरण, दृष्टांत, नज़ीर, निदर्शन, मिसाल।

example, instance, sample.

2. नमूना (दे.)

उदाहरणार्थ *(क्रिवि.)* उदाहरण के लिए, दृष्टांत के रूप में, मसलन, मिसाल के तौर पर।

for example, for instance.

उदीयमान *(वि.)* उभरता हुआ, नौनिहाल, होनहार।

promising, rising.

उद्गम *(पुं.)* उत्पत्तिस्थल, उत्स, उद्भव, निकास, मुहाना, मूल, मूलस्थान, स्रोत।

origin, origination, source.

उद्गार *(पुं.)* उफान, उबाल, भड़ास।

expressed feelings, outpourings.

उद्घाटन *(पुं.)* अनावरण, उन्मोचन, निरावरण, मोचन, लोकार्पण, वियोजन।
inauguration, opening.

उद्घाटित *(वि.)* अनावृत, उन्मोचित, लोकार्पित, विमोचित।
inaugurated, opened.

उद्देश्य *(पुं.)* इरादा, ध्येय, निमित्त, प्रयोजन, बाइस, मंतव्य, मंशा, मंसूबा, मकसद, मनोरथ, मुराद, मसरफ, लक्ष्य, हेतु।
aim, goal, end, motive, purpose, target, object, intent, intention.

उद्देश्यहीन *(वि.)* निरुद्देश्य, प्रयोजनहीन, बेमकसद, लक्ष्यहीन।
aimless, purposeless, goalless.

उद्धत *(वि.)* अक्खड़, अवज्ञाकारी, अविनीत, उच्छृंखल, उद्दंड, गुस्ताख, टर्रा, ढीठ, दुस्साहसी, धृष्ट, निर्लज्ज, प्रगल्भ, बेअदब, मुँहजोर, मुँहलगा, शोख, सीनाज़ोर।
bold, rude. impertinent, overbearing, impudent, impolite, insolent, unmannerly, brazen, blatant.

उद्धता *(स्त्री.)* अक्खड़पन, अविनय, उच्छृंखलता, उद्दंडता, निर्लज्जता, प्रगल्भता, मुँहजोरी, शोखी, सीनाजोरी।
impertinence, impudence, insolence, brazenness.

उद्धरण *(पुं.)* अवतरण, उद्धृतांश।
quotation, excerpt, citation.

उद्धार *(पुं.)* छुटकारा, त्राण, निस्तारण, परित्राण, बचाव, मुक्ति, मोक्ष, रक्षा।
rescue, salvage, redemption, deliverance, release, salvation.

उद्धार करना *(क्रिपद)* उबार लेना, छुटकारा दिलाना, निजात दिलाना, निस्तार करना, बचाना, मुक्ति दिलाना, रक्षा करना।
to save, to rescue, to redeem, to salvage.

उद्धारकर्ता *(पुं.)* उद्धारक, तारक, त्राणकर्ता, त्राता, पतितपावन, परित्राता, मुक्तिदाता, मोक्षदाता।
saviour.

उद्यत *(वि.)* आमादा, आरूढ़, उतारू, उन्मुख, कटिबद्ध, कृतसंकल्प, तत्पर, तैयार, दृढ़निश्चय, निश्चयबद्ध, प्रस्तुत, मुस्तैद, सत्वर, सन्नद्ध।
ready, prepared, determined, all set, girt up, bent on.

उद्यतता *(स्त्री.)* उन्मुखता, कटिबद्धता, तत्परता, तैयारी, प्रस्तुति, मुस्तैदी, सन्नद्धता।
readiness, preparedness, preparation, quickness, rapidity.

उद्योग *(पुं.)* उद्यम, काम, तिजारत, धंधा, पेशा, व्यवसाय, व्यापार।
industry, business, occupation, trade.

उद्विग्न *(वि.)* अशांतचित्त, आंदोलित, आवेशित, उत्तेजित, उद्भ्रांत, उद्वेलित, क्षुब्ध, बेकरार, बेकल, बेचैन, बेहाल, विकल, विक्षुब्ध।
perturbed, agitated, provoked, bewildered, confused, distracted.

उधड़ना *(क्रि.)* टाँकें टूटना, सीयन खुलना।

उधार *(पुं.)* ऋण, कर्ज़, पेशगी।
debt, loan, credit, advance.

उधेड़ना *(क्रि.)* टाँके टूटना, सीयन खोलना।

उनींदा *(वि.)* ऊँघता हुआ, तंद्रालु, निंदासा, निद्रालु।
sleepy, drowsy.

उन्नत *(वि.)* उत्तुंग, ऊँचा, प्रोन्नत, विकासशील, विकसित, समुन्नत, समृद्ध, सुविकसित।
high, lofty, advanced, developed.

विपर्याय : उन्नत/पिछड़ा, अवनत; ऊँचा, नीचा; विकसित/अविकसित; समृद्ध/विपन्न।

उन्नति *(स्त्री.)* अभ्युदय, अभ्युथान, उत्कर्ष, उन्नयन, तरक्की, पदोन्नति, प्रकर्ष, प्रगति,

प्रसार, प्रोन्नति, बढ़ोतरी, विकास, समुन्नति, समुन्नयन, समृद्धि।
progress, advancement, development, eminence, excellence.
विपर्याय : उन्नति / अवनति, अभ्युदय / अवसान, उत्कर्ष / अपकर्ष, उन्ननयन / अवनयन, तरक्की / तन्जुली, पदोन्नति / पदावनति, समृद्धि / विपन्नता।

उन्नतिशील *(वि.)* तरक्कीपसंद, प्रगतिवादी, प्रगतिशील, वर्धमान, विकाससमान, विकासोन्मुख।
progressive, developing.

उन्निद्र *(वि.)* अनिद्र, निद्रारहित।
sleepless.

उन्मूलन *(पुं.)* उखाड़ना, उखाड़ फेंकना, उच्छेदन, उत्पाटन, जड़ से उखाड़ना, निर्मूलन, मूलोच्छेदन, लुंचन।
uprooting, eradication.

उन्मूलित *(वि.)* उखाड़ा हुआ, उच्छेदित, निर्मूलित, मूलोच्छेदित।
uprooted, eradicated.

उपकरण *(पुं.)* उपस्कर, औजार, करण, मशीन, यंत्र, संयंत्र।
instrument, implement, apparatus, tool, machine, plant.

उपकार *(पुं.)* 1. कल्याण, नेकी, परमार्थ, परहित, परार्थ, परोपकार, भला, भलाई, हित।
good, beneficence.
2. एहसान
obligation.

उपकारक *(वि.)* अनुग्रहकर्ता, अनुग्रही, उपकारकर्ता, उपकारी, परकाजी, परमार्थवादी, परोपकारी, भलाई करनेवाला, शुभचिंतक, हितकारक, हितकारी, हितू, हितैषी।
benevolent, well-wisher.

उपज *(स्त्री.)* उत्पाद, उत्पादन, कटनी, पैदावार, फलत, फसल।
produce, crop, production.

उपजना *(क्रि.)* उगना, उत्पन्न होना, पैदा होना।
to grow.

उपजाऊ *(वि.)* उर्वर, ज़रखेज, बहु-उत्पादक।
fertile, productive.

उपदेश *(पुं.)* उद्बोधन, नसीहत, परोपदेश, पाठ, प्रवचन, शिक्षा, सबक, सिखावन, सीख, हिदायत।
sermon, advice, preaching.

उपदेशक *(पुं.)* उपदेष्टा, कथावाचक, प्रवचनकर्ता।
precher.

उपदेशात्मक *(वि.)* उत्प्रेरक, उद्बोधक, ज्ञानप्रद, नीतिपूर्ण।
didactic, instructive, sagacious.

उपद्रव *(पुं.)* 1. उत्पात, ऊधम, झमेला, बखेड़ा, लड़ाई-झगड़ा, हुल्लड़बाजी।
disturbance, trouble.
2. दंगा (दे.)

उपद्रवी *(विपु.)* उच्छृंखल, उत्पाती, उद्दंड, ऊधमी, तूफानी, दंगई, फसादी, बखेड़िया, बलवई, हुल्लड़बाज।
unruly, undisciplined, rioter, troublesome, miscreant.

उपद्रवग्रस्त *(वि.)* दंगा-पीड़ित।
riot-ridden.

उपनयन संस्कार *(पुं.)* जनेऊ, यज्ञोपवीत।

उपनाम *(पुं.)* उर्फ, छद्मनाम, तखल्लुस।
alias.

उपन्यास *(पुं.)* अफसाना, उपन्यासिका (अल्पा.), नावेल।
fiction, novel.

उपमा *(स्त्री.)* तुलना, सदृश्यता, समानता, सादृश्य, साम्य।
simile.

उपयुक्त *(वि.)* अच्छा, अनुकूल, अनुरूप, जँचता, प्रासंगिक, फबता, फिट, माकूल,

योग्य, वाजिब, शोभनीय, संगत, समीचीनें, समुचित, सही।
appropriate, proper, fit, suitable, apt.

उपयुक्तता *(स्त्री.)* अनुकूलता, उपयोगिता, पात्रता, संगति।
appropriateness, propriety, aptness, fitness, suitability.

उपयोग *(पुं.)* उपभोग, इस्तेमाल, काम में लाया जाना, प्रयोग, भोग, व्यवहार।
use, application, consumption, utilization.

उपयोगिता *(स्त्री.)* उपकारिता, उपादेयता, फायदा, लाभ, लाभप्रदता।
utility, usefulness.

उपयोगी *(वि.)* उपादेय, कारगर, काम का, गुणकारी, जीवनोपयोगी, प्रयोजनीय, फायदेमंद, मुफीद, लाभकारी, लाभदायक, लाभप्रद, सार्थक।
useful, beneficial, effectural.

उपर्युक्त *(वि.)* उपरोक्त, उल्लिखित।

उपलब्धि *(स्त्री.)* कामयाबी, किया-कराया, प्राप्ति, लब्धि, सफलता, सिद्धि।
achievement, success.

उपवास *(पुं.)* अनशन, अनाहार, आहारत्याग, कड़ाका, निराहार, फाका, रोज़ा, लंघन, व्रत।
fast.

उपस्थित *(वि.)* आगत, पेश, प्रस्तुत, मौजूद, वर्तमान, विद्यमान, समुपस्थित, हाजिर।
present.

उपहार *(पुं.)* अनुदान, गिफ्ट, डाली, तोहफा, दान, देन, नज़र, नज़राना, नेग, पारितोषिक, प्रसाद, प्रेजेंट, बधावा, बायन, भेंट, सौगात।
gift, present, reward.

उपहास *(पुं.)* कटाक्ष, खिल्ली, छींटा, ठट्ठा, ठिठोली, दिल्लगी, परिहास, फबती, मखौल, मज़ाक, लिहाड़ी, व्यंग्य, हँसी, हँसी-ठट्ठा।
ridicule, derision, banter, sneer, satire.

उपहास करना *(क्रिपद)* कटाक्ष करना, खिल्ली उड़ाना, छेड़ना, ठट्ठा करना, ठिठोली करना, दिल्लगी उड़ाना, बनाना, मखौल उड़ाना, मजाक उड़ाना, लिहाड़ी लेना, व्यंग्य करना, हँसी-मजाक करना।
to ridicule, to banter. to deride, to jeer, to laugh at, to sneer.

उपहासपूर्ण *(वि.)* कायिक, चुभता हुआ, चुटीला, व्यंग्यपूर्ण।
ironic, cronical, sarcastic, derisive, comic.

उपहासास्पद *(वि.)* उपहास्य, बेतुका, बेहूदा।
derisive, ridiculous, laughable, ludicrous.

उपाधि *(स्त्री.)* अलंकरण, खिताब, डिग्री, पदवी, मानोपाधि।
title, title of honour, degree.

उपाय *(पुं.)* करीना, गुर, जुगत, जुगाड़, तदबीर, तरकीब, तरीका, ब्यौंत, मार्ग, युक्ति, रास्ता, राह, विधि, साधन, हथकंडा, हल।
device, way, means.

उपेक्षा *(स्त्री.)* अनदेखी, अनसुनी, अवज्ञा, अवहेलना, उदासीनता, चश्मपोशी, नज़रंदाजी, बेमुरौवती, तिरस्कार, बेरुखी।
neglect, negligence.

उपेक्षा करना *(क्रिपद)* अनदेखी करना, अनसुनी करना, अवहेलना करना, उदासीनता दिखाना, जाने देना, तरह देना, दृष्टि फेर लेना, ध्यान न देना, नज़रंदाजी करना, बेपरवाही बरतना, बेरुखी दिखाना, मुँह मोड़ लेना, लापरवाही दिखाना, सुनी अनसुनी करना।
to neglect, to ignore, to pay no attention.

उपेक्षित *(वि.)* अवहेलित, दरकिनार, दरगुज़र, नजरंदाज़।
neglected.

उपेक्ष्य *(वि.)* उपेक्षणीय, क्षुद्र, तिरस्करणीय, तुच्छ, नगण्य।
negligible, ignored.

उबटन *(पुं.)* अवलेप, बटना।
cosmetic paste for cleanning the body through massaging.

उबलना *(क्रि.)* उफनना, उफान आना, उबाल आना, औटना, खौलना, चुरना।
to boil, to get boiled.

उबालना *(क्रि.)* उफनाना, औटाना, खौलाना, गरमाना, चुराना, सिझाना, पकाना।
to boil.

उभयसंकट *(पुं.)* असमंजस, उभयापत्ति, दुविधा, धर्मसंकट।
dilemma, quandary.

उमगना *(अ.)* उत्साहित होना, उभरना, उमड़ना, खुश होना, प्रफुल्लित होना, प्रसन्न होना, हुमचना, हुलसना।
to become avid, happy, enthusiastic or interested.

उलझन *(स्त्री.)* उलझट्टा, उलझाव, कठिनाई, गुत्थी, घुंडी, चक्कर, जटिलता, जाल, झमेला, पहेली, फंडा, फंदा, फँसावड़ा।
complication, entanglement, involvement, intricacy, web.

उलझना *(क्रि.)* अटक जाना, अटकना, उलझ जाना, फँस जाना, फँसना, बझना।
to get entangled.

उलटना *(क्रि.)* उथलना, औंधना, पलटना, प्रतिवर्तित करना।
to reverse, to overturn.

उलटा *(वि.)* अधोमुख, उलटा-पुलटा, उलटा-सीधा, औंधा, परस्पर-विरोधी, प्रतिलोम, विलोम।
inverse, reverse, obverse, topsyturvy, upturned, adverse, contrary, unfavourable.

उलटी *(स्त्री.)* कै, छर्दन, डाँक, वमन।
vomit.

उलटे क्रम से *(क्रिवि.)* प्रतिलोमतः।
in reverse order.

उल्लंघन *(पुं.)* अतिक्रमण, अतिचार, अतिलंघन, घुसपैठ, तलफ़ी, मर्यादाभंग।
violation, overstepping, transgression, infultration, breach, contravention, infringement, prespass.

उल्लंघनकर्ता *(पुं.)* अतिक्रमी, अतिचारी, घुसपैठिया।
violator, trespasser, infiltrator.

उल्लू *(पुं.)* उलूक, कौशल, खूसट, घुरघू। *(वि.)* दे. 'मूर्ख'।

ऊ

ऊँघ *(स्त्री.)* ऊँघाई, झपकी।
nap, snooze, doze, sleepiness.

ऊँघना *(क्रि.)* आँख झपकना, झपकी लेना, पलक लगना।
to snooze, to doze.

ऊँचा *(वि.)* 1. उच्च, उत्तुंग, उदग्र, उन्नत, तुंग, बुलंद, लंबा।
high, lofty, tall, elevated, grand, great,
2. कड़कदार, तेज।
loud.

ऊँचाई *(स्त्री.)* उच्चता, ऊँचान, उठान, कद, तुंगता, बुलंदी।
height, loftiness.

ऊखल *(स्त्री.)* ओखली, कूँड़, कूँड़ी।

ऊटपटाँग *(वि.)* अटपट, अटपटा, अनर्गल, अनवसरानुकूल, इधर-उधर का, अप्रासंगिक, ऊलजलूल, अललटप्पू, बहकी-बहकी

(बात), असंगत, असंबद्ध, ऐंडा-बैंड़ा, बेतुका, बेमेल, बेसिर-पैर का, विसंगत।
irrelevant,incoherent, absurd, preposterous.

ऊपर-नीचे *(क्रिवि.)* तर-पर, नीचे-ऊपर।

ऊपरी *(वि.)* फोकट का, मुफ्त का, बाहरी।
extra, unrelated.

ऊब *(स्त्री.)* अरुचि, उकताहट, उचाटपन, खीझ, घबराहट, चिढ़, विरक्ति, विराग।
disgust. boredom, dislike, aversion.

ऊबना *(क्रि.)* उकता जाना, उकताना, उचट जाना, ऊब जाना, खीझ होना, घबरा जाना, चिढ़ जाना, बोर हो जाना, मन भर जाना, विरक्ति हो जाना।
to feel bored.

ऊबा हुआ *(वि.)* उकताया हुआ, उचटा हुआ, बेज़ार, बोर, विरक्त।
fed up.

ऊसर *(वि.)* अनुर्वर, चटियल, निचाट, पड़ती, बंजर, बंध्य।
barren, fallow.

ऋ

ऋणी *(वि.)* 1. अधमर्ण, कर्जदार, देनदार, धरता।
debtor, in debt.

ऋतु *(स्त्री.)* मौसम, सीजन।
season.

ऋषि *(पुं.)* देवर्षि, ब्रह्मर्षि, मंत्रद्रष्टा, मनीषी, मुनि, राजर्षि।
sage.

ए

एकटक *(क्रिवि.)* अपलक, आँखें फाड़े, टकटकी बाँधे/लगाए, निर्निमेष, बिना पलक झपकाए।
unblinkingly, without blinking.

एकता *(स्त्री.)* अद्वैत, अभिन्नता, एकजुटता, एका, ऐक्य, जुड़ाव, मेल, संघठन।
oneness, union, absence of duality.

एकरस *(वि.)* एकसुरा, नीरस, फीका, रसहीन, शुष्क।
monotonous, insipid, dry, prosaic.

एक राय से *(क्रिवि.)* एकमत होकर, सर्वसम्मति से, सर्वसहमति से।
unanimously.

एकरूपता *(स्त्री.)* अभेद, अनुरूपता, तुल्यता, बराबरी, सुसंगति, संगति।
similarity, consistency.

एक-सा *(वि.)* एकरंग, एकरस, एकरूप, एकसमान, एकसार।
uniform.

एकांत[1] *(वि.)* तन्हा, निभृत, निर्जन, विजन, वीरान, सुनसान।
lonely, desolate, uninhabited.

एकांत[2] *(पुं.)* 1. एकांतता, तन्हाई, निछद्दम, निराला, विजनता।
solitude.
2. निर्जन स्थान, बियाबान।
wilderness.
3. निर्जन, सुनसान।
desolate, deserted.

एकाएक *(क्रिवि.)* अकस्मात्, अचानक, एकदम, एकदम से, चुटकी बजाते, दैवयोग से,

दैवात्, यकाएक, संयोगवश, संयोगवशात्, हठात्।
all of a sudden, abruptly, by chance, accidently, incidently.

एकाकार *(वि.)* एकजान, एकजुट, एकीकृत, एकीभूत, संयुक्त, संहत।
united, unified.

एकाग्र *(वि.)* अनन्यमस्क, एकाग्रचित, दत्तचित्त, संकेंद्रित।
concentrated, one-pointed.

एकाग्रता *(स्त्री.)* अभिनिवेश, एकाग्रचिंतन, दत्तचित्तता, ध्यानमग्नता, ध्यानलीनता, मनोयोग, संकेंद्रण, समाधि।
concentration, one-pointedness.

एकाधिकार *(पुं.)* सर्वाधिकार।
monopoly.

एकाधिकारी *(पुं.)* सर्वाधिकारी।
monopolist.

एकीकरण *(पुं.)* एकत्रीकरण, जोड़, मिलान, विलय, विलयन, समाकलन, समामेलन।
unification, amalgamation, integration.

ऐ

ऐंठ *(स्त्री.)* इतराहट, ठसक, शान, शोखी।
strut.

ऐंठन *(स्त्री.)* बल, मरोड़।
contortion, twist.

ऐंठना *(क्रि.)* उमेठना, टेढ़ा करना, तोड़ना-मरोड़ना, मरोड़ना।
to twist.

ऐक्य *(पुं.)* एका, ऐकमत्य, तालमेल, मतैक्य, मेल, सामंजस्य।
accord, oneness, unity.

ऐच्छिक *(वि.)* वैकल्पिक।
optional.

ऐश्वर्य *(पुं.)* प्रताप, विभव, विभूति, वैभव, समृद्धि।
glory, grandeuf, prosperity.

ऐसा *(वि.)* इस किस्म का, इस जैसा, इस प्रकार का।
as, like this.

ऐसे *(क्रिवि.)* इस ढंग से, इस तरह, इस प्रकार, इस प्रक्रिया से, यूँ, यों, यों ही।
in this way. in this manner, likewise.

ओ

ओढ़नी *(स्त्री.)* उत्तरीय, उपरना, चद्दर, चादर, चुनरिया, चुनरी, चुन्नी, दुकूल, दुपट्टा।

ओर *(स्त्री.)* तरफ।
side.

ओला *(पुं.)* तुषार, पत्थर।
hail.

ओषधि *(स्त्री.)* औषध, जड़ी-बूटी, दवा, दवा-दारू, भेषज।
medicine.

ओस *(स्त्री.)* शबनम।
dew.

ओसाना *(क्रि.)* पछोरना, फटकना।
to winnow.

औ

औंधा *(वि.)* पट्ट।
having face downward.

औपचारिक *(वि.)* रस्मी, यथानियम, रीतिक, रैतिक, लौकिक।
formal.

औपचारिकता *(स्त्री.)* तकल्लुफ, रस्म, राह-रस्म, रीति, लोकाचार।
formality.

और *(यो.)* एवं, तथा, व।
and.

औसत *(स्त्री.)* मध्यमान।
average, mean.
(वि.) ऐवरिज, दरमियाना, मध्य दर्जे का, सामान्य।
average.

क

कंकाल *(पुं.)* अस्थि-पंजर, ठठरी, ढचरा, हड्डियों का ढाँचा।
skeleton.

कंगाल *(वि.)* कँगला, दिवालिया, नंगा-बूचा, नंगा-भूखा, सर्वहारा।
pauper.

कंघी-चोटी *(स्त्री.)* केशकर्म, केशविन्यास।
hair-do.

कंजूस *(वि.)* कृपण, खसीस, ठस, नीबूनिचोड़, मक्खीचूस, सूम, सूमड़ा।
miserly, parsimonious, stingy, niggardly, tightfisted, close-handed.

कंजूसी *(स्त्री.)* कृपणता, खसीसी, ठसपन, सूमपन, सूमड़पन।
miserliness, parsimony, stinginess, niggardliness.

कँटीला *(वि.)* कंटकाकीर्ण, कंटकित, काँटेदार, काँटों-भरा, सकंटक।
thorny, full of thorns, barbed,

कंठ *(पुं.)* गला, नटई, हलक।
throat.

कंठस्थ *(वि.)* कंठगत, कंठाग्र, घोंटा हुआ, जबानी, याद।
learned by heart.

कंधा *(पुं.)* मोढ़ा, शाना, स्कंध।
shoulder,

कंप *(पुं.)* कंपन, झटका, दलक, हिचकोला।
tremor.

कंपन *(पुं.)* कँपकँपी, झकझोरा, ठिठुरन, डगमगाहट, थरथर, थरथराहट, थरथरी, प्रकंप, प्रकंपन, सिहरन, स्पंदन, हरकत।
shiver, shivering, quiver, vibration, quavering.

कंबल *(पुं.)* नमदा, लोई।
blanket.

कई *(वि.)* अनेक, कई-एक, कतिपय, कुछ, थोड़े, नाना, बहुत से, बहुतेरे।
several, many.

कक्षा *(स्त्री.)* क्लास, जमात, दर्जा, वर्ग, श्रेणी।
class, grade.

कचहरी *(स्त्री.)* अदालत, कोर्ट, दरबार, न्यायालय।
court, royal court.

कच्चा *(वि.)* अनपका, अपक्व, अपरिपक्व, अपरिपुष्ट, अविकसित, असिद्ध, बेपका, हरा।
unripe, undeveloped.

कछारी *(वि.)* जलस्थ, जलोढ़, सैलाबी।
alluvial.

कछुआ *(पुं.)* कच्छप, कमठ, कश्यप, कूर्म।
tortoise.

कटखना *(वि.)* कटहा, काटनेवाला, काटू।
prone to biting.

कटाई *(स्त्री.)* कटनी, लवनी, लुनाई।
harvest.

कटार *(स्त्री.)* कटारी, कृपाल, खंजर, खाँड़ा, छुरा, छुरी, भुजाली।
dagger, cutlass.

कटिबद्धता *(स्त्री.)* तैयारी, मुस्तैदी, सन्नद्धता।
readiness, preparedness.

कट्टर *(वि.)* अतिवादी, अनुदार, उन्मत्त, कट्टरपंथी, तास्सुबी, दीवाना, दुराग्रही, धर्मांध, धर्मोन्मत्त, परंपरानिष्ठ, पुराणपंथी, पूर्वाग्रही, मतांध, हठधर्मी।
orthodox, bigot, maniac, fanatic, dogmatic, conservative.

कट्टरता *(स्त्री.)* उन्मत्ता, तास्सुब, दीवानापन, दुराग्रह, धर्मांधता, धर्मोन्माद, मतांधता, हठधर्म।
fanaticism.

कठिन *(वि.)* अबूझ, कठोर, कड़ा, कमरतोड़, कष्टसाध्य, क्लिष्ट, गहन, गूढ़, चुनौतीपूर्ण, जटिल, झंझटी, टेढ़ा, दुरूह, दुर्गम, दुर्ज्ञेय, दुर्बोध, दुश्वार, दुष्कर, दुस्साध्य, दूभर, निगूढ़, पित्तामार, पेचीदा, पेचीला, बीहड़, मुश्किल, मुहाल, विकट, विषम, श्रमसाध्य, सख़्त।
difficult, abstruse, hard, recondite, arduous, laborious, complicated.

कठिनाई *(स्त्री.)* 1. असुविधा, कठिनता, क्लिष्टता, गहनता, गूढ़ता, जटिलता, दुरूहता, दुर्गमता, दुर्ज्ञेयता, दुर्बोधता, दुश्वारी, मुश्किल, मुश्किलाहट, विकटता, विषमता।
difficulty, hardship.
2. परेशानी (दे.)

कठोर *(वि.)* अनम्य, कड़क, कड़ा, कड़ियल, चिल्ला, जबर, जबरदस्त, परुष, भारी, सख्त।
hard, stiff, severe, strict, stern, rigid, tenacious.

कड़वा *(वि.)* कटु, कडुआ, तल्ख, तीखा।
bitter.

कड़वाहट *(स्त्री.)* कटुता, कडुवापन, कडुवाहट, तल्खी।
bitterness, acrimony.

कड़ा *(वि.)* 1. काँटे का, जोड़ का, जोरदार, टक्कर का, बराबरी का।
matching. equally, poised.
2. अनम्य, दुर्नम्य।
inflexible.
3. कठोर (दे.)

कड़ाई *(स्त्री.)* कठोरता, सख्ती।
strictness, harshness, sternness, rigidity.

कढ़ाई *(स्त्री.)* कसीदा, कामदानी, कारचोबी, गुलकारी, गुलबूटा, चिकनकारी, ज़रदोज़ी, सुईकारी।
embroidery.

कण *(पुं.)* अणु, कणिका, कनी, जर्रा, धुर्रा, परखचा, परमाणु, लवलेश, लेश।
minute, particle, atom, molecule.

कतराना *(क्रि.)* आँख बचाकर निकल जाना, कतराकर निकल जाना, कन्नी काटना, बचकर निकल जाना।
to avoid meeting, to cut dead.

कथन *(पुं.)* उक्ति, बोल, कहना, बयान, बैन, वक्तव्य, वचन, उद्गार।
statement, saying, utterance, proverb, sermon, adage.

कथनीय *(वि.)* कथ्य, वर्णनीय, वर्ण्य।
worth saying, fit to be described, describable.

कथाकार *(पुं.)* 1. कथक्कड़, कथाड़, कथावचक, व्यास।

2. उपन्यासकार, कथालेखक, कहानीकार, गल्पकार।
novelist, story writer.

कथानक *(पुं.)* कथावस्तु, घटनाक्रम, इतिवृत्त।
plot.

कथित *(वि.)* अभिव्यक्त, उच्चरित, कहा हुआ, प्रकट, प्रकाशित, भनित, भाषित, वाचित, व्यक्त।
uttered, expressed, pronounced.

कदन्न *(पुं.)* मोटा अनाज।
coarse grain.

कनकटा *(वि.)* बूचा।

कन्या *(स्त्री.)* अक्षतयोनि, अदत्ता, कुमारिका, कुमारी, लड़की।
girl, virgin.

कपट *(पुं.)* कुटिलता, चालबाजी, छल, छल-कपट, धूर्तता, धोखेबाजी, मक्कारी, शठता।
fraud, deceit, deception, swindling, dishonesty.

कपटी *(वि.)* कुटिल, चालाक, छलिया, छली, जालसाज, जालिया, धाँधलीबाज़, धूर्त, धोखेबाज, फरेबी, मक्कार, शठ।
fraudulent, deceitful, crafty, dishonest.

कपड़ा *(पुं.)* 1. दुकूल, पट, वस्त्र, वसन।
cloth.
2. पोशाक (दे.)

कफ *(पुं.)* बलगम, श्लेषमा।
phlegm, mucus.

कब *(क्रिवि.)* कितने बजे, किस घड़ी, किस समय, कौन-सी घड़ी/बेला/समय।
when, at what time.

कबाड़ *(पुं.)* अंगड़-खंगड़, टूटा-फूटा सामान, रद्दी, रद्दी सामान।
junk.

कबाड़ी *(पुं.)* कबाड़वाला, कबाड़िया, रद्दीवाला।
junk-dealer.

कबूतर *(पुं.)* कपोत, पारावत, परेवा।
pigeon.

कब्ज *(स्त्री.)* कब्जियत, कोष्ठबद्धता, मलबद्धता, मलावरोध।
constipation.

कभी *(क्रिवि.)* किसी दिन, किसी वक्त, किसी समय, जब चाहे तब।
sometime, at some unspecified time.

कभी-कभी *(क्रिवि.)* अब-तब, कभी-कभार, गाहे-बगाहे, छठे-छमासे, ठहर-ठहरकर, भूले-भटके, बीच-बीच में, यदा-कदा, रह-रहकर, रुक-रुककर।
sometimes, ever & anon.

कभी नहीं *(क्रिवि.)* कदापि नहीं, बिल्कुल नहीं, हरगिज नहीं।
never, in no case, under no circumstances.

कभी भी *(क्रिवि.)* जब चाहे तब, जब जी चाहे, जब मन हो।
at any time.

कम *(वि.)* अधिक नहीं, अल्प, औना-पौना, किंचित्, किंचित्मात्र, कुछ एक, थोड़ा, तनिक, न के बराबर, नाकाफ़ी, नाम मात्र, परिमित, बराए नाम, न्यून, सीमित।
less, short, little, not much, scant, limited, meagre, inconsiderable.

कमर *(स्त्री.)* कटि।
waist.

कमरा *(पुं.)* कक्ष, कोठरी, केबिन, कोष्ठ, प्रकोष्ठ, रूम।
room, chamber, apartment.

कमल *(पुं.)* अंबुज, अरविंद, इंदीवर, उत्पल, कंज, जलज, जलजात, नलिन, नीरज, पंकज, पुंडरीक, राजीव, पद्‌म, वारिज, शतदल, सरसिज, सरसिरुह, सरोज।
lotus.

कमाई *(स्त्री.)* अर्जन, अर्थागम, आगम, आजीविका, आय, उपार्जन, धनार्जन, पारिश्रमिक, मानदेय।
earnings.

कमाऊ *(वि.)* अर्जक, कमानेवाला, कमासुत।
earning.

कमाऊ-खाऊ *(वि.)* खाता-पीता, मस्त, सुखी।
fairly well-off.

कमाना *(क्रि.)* अर्जन करना, अर्जित करना, उपार्जन करन, उपार्जित करना, कमाई करना, कमाना-धमाना, खटना।
to earn.

कमी *(स्त्री.)* 1. अनुपलब्धता, अल्पता, अभाव, उतार, ऊनता, कटौती, कसर, किल्लत, कोताही, कोर-कसर, घटती, घटी, टोटा, ठाला, तोड़ा, न्यूनता।
shortcoming, deficiency, shortage, decline, decrease.
2. त्रुटि (दे.)
3. हानि (दे.)

कमीना *(वि.)* अकुलीन, अधम, ओछा, क्षुद्र, खोटा, गदाई, घटिया, छिछोरा, टुच्चा, टोडी, दुकड़हा, दुरात्मा, दुर्जन, निकृष्ट, नीच, पामर, पतित, पिशाच, पोच, बदजात, बुरा, लतखोर, हरामखोर, हलका, हीन, हेय।
mean, ignoble, low, abject, despicable, base.

कमीनापन *(पुं.)* अधमता, ओछापन, क्षुद्रता, घटियापन, छिछोरापन, दुकड़हापन, दुर्जनता, निकृष्टता, तुच्छता, नीचता, पोचपन, बदजाती, लतखोरपन, हरामखोरी।
abjectness, baseness, degradation, low-mindedness, pettiness, shabbiness.

कर *(पुं.)* चुंगी, टैक्स, महसूल, शुल्क।
tax, cess.

करतब *(पुं.)* अजूबा, कमाल, करम, करामात, करिश्मा, कारनामा, कारगुजारी, कृत्य, जौहर, तमाशा, माया, लीला।
feat, performance, deed, exploit, accomplishment.

करतबी *(पुं.)* करामाती, कमाली, कलाबाज़, कारगुज़ार, मायावी, लीलाधारी।
performer, exploiter.

करधनी *(स्त्री.)* कटिबंध, कमरबंद, किंकनी, तगड़ी, मेखला।

करारा *(वि.)* 1. कुरकुरा, खस्ता, चुरमुरा, मुरमुरा।
crisp.
2. जैसे को तैसा, मुँहतोड़।
crushing.

करुण *(वि.)* अफसोसनाक, करुणाजनक, कारुणिक, दयनीय, दर्दनाक, दर्द-भरा, दिल दहलानेवाला, हृदयस्पर्शी, हृदयवेधी, मर्मस्पर्शी, मार्मिक, स्तब्धकारी, हृदयग्राही, हृदयविदारक।
pathetic, heartbreaking, heart-rending, touching, moving.

कर्कश *(वि.)* कठोर, कड़कदार, कड़कीला, कर्णकटु, कर्णवेधी, कानफोड़ू, तीक्ष्ण, परुष, रुक्ष, रूखा।
harash, strident, jarring to ears.

कर्जदार *(पुं.)* अधमर्ण, ऋणी, देनदार, धरता।
debtor.

कर्णगोचर *(वि.)* श्रवणीय, श्रव्य, श्रुतिगोचर,
audible.

कर्णप्रिय *(वि.)* कर्णमधुर, प्रिय, मीठा, मधुर, श्रुतिमधुर, सुमधुर, सुरीला, सुस्वर।
melodious, euphonic.

कर्तव्य *(पुं.)* काम, कार्य, ड्यूटी, धर्म, दायित्व, प्रकार्य, फर्ज, पुण्यकार्य।
duty.

कर्तव्यच्युत *(वि.)* कर्तव्यविमूख, गैर-जिम्मेदार, दायित्वहीन, धर्मविमुख।
negligent of duty.

कर्तव्यपरायण *(वि.)* कर्तव्यनिष्ठ, कर्तव्यशील, कर्मनिष्ठ, धर्मपरायण।
dutiful.

कर्ता *(पुं.)* एजेंट, करता-धरता, कारकुन, मुख्तार, गुमाश्ता, कार्यपालक, कार्य-साधक,

क्रियान्वयक, निर्वाहक, निष्पादक, प्रायोजक, मुख्तार।
agent, work-agent, doer, sponsor, promoter.

कर्मचारी *(पुं.)* कर्मी, कामगार, कारकुन, कारिंदा, कार्यकर्ता, चाकर, नौकर, भृत्य, मुलाजिम।
worker, workman.

कर्मठ *(वि.)* उद्यमी, उद्योगशील, उद्योगी, कर्मण्य, कर्मयोगी, कर्मवीर, कर्मशील, कर्मिष्ट, क्रियाशील, परिश्रमी, मेहनती, यत्नशील, हिम्मती।
assiduous, persevering, diligent, industrious, laborious.

कर्मठता *(स्त्री.)* उद्यम, उद्योगशीलता, कर्मण्यता, कर्मशीलता, क्रियाशीलता, परिश्रम, मेहनत, यत्न, हिम्मत।
assiduity.

कलंक *(पुं.)* ऐब, कालिख, तोहमत, दाग, धब्बा, बट्टा, लांछन।
stigma, stain. blot, blemish, mark of disgrace.

कलंक लगाना *(क्रिपद)* ऐब लगाना, कलंकित करना, चंदन पोतना, दूषण लगाना, दोष लगाना, लांछन लगाना, लांछित करना।
to stigmatize, to mark with a stigma.

कलंकित *(वि.)* अपमानित, कलंकी, कुख्यात, दागी, बदनाम, लांछित।
stigmatized.

कलजिब्भा *(वि.)* अपभाषी, कलमुँहा, कुभाषी, दुर्मुख, बदजान।
evil-tongued, foul-mouthed.

कलपना *(क्रि.)* अफसोस करना, खेद व्यक्त करना, झल्लाना, चीखना, दुखी होना, पछताना, पश्चात्ताप करना, रंज करना, रुदन करना, रोना, रोना-धोना, विलाप करना।
to lament, to be bewail.

कलम *(स्त्री.)* बालपेन, पेन, लेखनी।
pen.

कला *(स्त्री.)* 1. आर्ट, कौशल, गुण, फन, शिल्प, हुनर।
art.
2. ढंग, (दे.)

कलाई *(स्त्री.)* गट्टा, पहुँचा, मणिबंध।
wrist, carpus.

कलाकार *(पुं.)* अदाकार, अभिनेता, आर्टिस्ट, कलावंत, कलाविद, किरदार, फनकार, शिल्पी, हुनरमंद।
artist.

कलात्मक *(वि.)* कलापूर्ण, भव्य, मनमोहक, मनोरम, ललित, सुगढ़, सुनिर्मित, सुरुचि-पूर्ण।
artistic, skilful.

कलाबाजी *(स्त्री.)* कलैया, पलटा।
somersault,

कली *(स्त्री.)* कलिका, गुंचा, मंजरी, मुकुल।
bud, blossom.

कल्पना *(स्त्री.)* आइडिया, उड़ान, उद्‌भावना, उपज, कपोल-कल्पना, दिवास्वप्न, परिकल्पना, प्रकल्पना, भावना, मनोकल्पना, सूझ।
imagination, fancy, presumption, supposition.

कल्पनातीत *(वि.)* अकल्पनीय, अशोचनीय, वर्णनातीत।
unimaginable, inconceivable, un-think-able, beyound imagination.

कल्पनालोक *(पुं.)* कल्पनाजगत, मनोराज्य।
imaginary word, world of fancy.

कल्पवृक्ष *(पुं.)* कल्पतरु, कल्पद्रुम, देवतरु, देवद्रुम, देववृक्ष, पारिजात, मंदार, सुरतरु, सुरद्रुम, स्वर्गतरु, स्वर्गद्रुम।
a tree in the heaven, spritual tree.

कल्पित *(वि.)* अटकलपच्चू, अनुमित, असत्य, आनुमानिक, ऊहापूर्ण, कपोलकल्पित,

प्रकल्पित, मनगढ़ंत, तथ्यहीन, मिथकीय, मिथ्या।
imagined, imaginary, assumed, supposed.

कल्याण *(पुं.)* कुशल, कुशलक्षेम, खैरसल्ला, भला, भलाई, मंगल, लाभ, श्रेयस, समृद्धि, सलामती, सुख-सौभाग्य, सुमंगल, हित।
welfare, well-being, prosperity.

कल्याणकारी *(वि.)* उपकारी, उपकारक, फायदेमंद, उपयोगी, मंगलकारक, मंगलकारी, लाभकारी, लाभप्रद, कल्याणकर, श्रेयस्कर, सुखप्रद, हितकारी।
beneficial, advantageous.

कवच *(पुं.)* जिरह-बख्तर, देहत्राण, शरीरत्राण, सन्नाह।
armour.

कवचित *(वि.)* अभेद्य, बख्तरबंद, बुलेटप्रूफ।
armoured.

कवि *(पुं.)* कविवर, कवींद्र, गीतकार, तुक्कड़, चारण, भाट, शायर।
poet.

कविता *(स्त्री.)* कवित्त, काव्य, गीत, नज़्म, पद्य, प्रगीत, मुक्तक, शायरी।
poem, poetry, verse.

कवि-सम्मेलन *(पुं.)* कवि-गोष्ठी, काव्यसभा, दीवान, मुशायरा।
poet's meet.

कश *(पुं.)* दम, फूँक, सूटा।
puff.

कष्ट *(पुं.)* 1. अभाव, कमी।
want, absence.
2. कसक, टीस, दर्द, दुख, पीड़ा, यंत्रणा, यातना, वेदना, व्यथा।
pain, anguish.
3. कठिनाई, झंझट, तकलीफ, दिक्कत, परेशानी, मुसीबत।
trouble, misfortune, distress.

कष्टदायक *(वि.)* क्लेशप्रद, कष्टकर, कष्टदायी, कष्टप्रद, तकलीफदेह, त्रासक, त्रासदायक, दिक्कततलब, दुखदायी, पीड़ाकारक, पीड़ा देनेवाला, पीड़ित करनेवाला, सालनेवाला।
troublesome, bothersome, vexatious.

कसना *(क्रि.)* जकड़ना, भींचना।
to tighten.

कसाई *(पुं.)* 1. चिकवा, बूचड़, वधिक, मांसविक्रेता।
butcher.
2. अत्याचारी (दे.)

कसाईखाना *(पुं.)* बूचड़खाना, वधशाला, वधस्थली।
slaughter-house.

कसौटी *(स्त्री.)* कस, निकष, परख, मानदंड, मापदंड।
criterion, touchstone.

कहना *(क्रि.)* जतलाना, निवेदन करना, निवेदित करना, बतलाना, बताना, बयान करना, बोलना, भाखना, सूचित करना।
to say.

कहानी *(स्त्री.)* अफसाना, आख्यान, आख्यायिका, उपाख्यान, कथा, किस्सा, गल्प, गाथा, दंतकथा, दास्ताँ, दास्तान, धारावाहिक, परिकथा, फसाना, वार्ता।
story, tale, narrative, serial, legend.

कहानीकार *(पुं.)* अफसानानवीस, उपन्यासकार, कथक्कड़, किस्सागो, गल्पकार।
story-teller, story-writer, fiction-writer, novelist.

काँटा *(पुं.)* कंटकी, खाँग, खार, फाँस, शूल।
thron, spike, splinter.

काँपता हुआ *(वि.)* आंदोलित, कंपित, ठिठुरता हुआ, थरथराता हुआ, दलकता हुआ, प्रकंपित, लड़खड़ाता हुआ, लरजता हुआ, सिहरता हुआ, स्पंदित, हिलता हुआ।
trembling, shivering, quivering. shuddering.

काँपना *(क्रि.)* कँपकपाना, कंपित होना, जड़ाना, ठिठुरना, दलकना, लड़खड़ाना, लरजना, सिहरना, स्पंदित होना, हिलना-डुलना।
to shiver, to quiver, to tremble, to shudder.

कागज-पत्र *(पुं.)* कागजात, दस्तावेज, प्रलेख, लेख।
document.

काट *(स्त्री.)* कटिंग, तराश।
style of cutting.

काट-छाँट *(स्त्री.)* कटाई-छँटाई, काट-कूट, काट-पीट, काटा-कूटी, कतर-ब्योंत।
excision, trimming, pruning.

काटना *(क्रि.)* 1. कटाई करना, कतरना, काट-कूट करना, काट-छाँट करना, गढ़ना, चाक करना, चीरना, टुकड़े करना, तराशना, फाड़ना, रेतना।
to cut, to clip, to chisel.
2. इनकार करना, खंडन करना।
to contradict.

काठी *(स्त्री.)* अंगलेट, अंगसौष्ठव, गठन, डील-डौल, डौल, बाडी।
body, build, frame, physique, constitution of the body.

काढ़ा *(पुं.)* क्वाथ, फाँटा।

कान *(पुं.)* कर्ण, कर्णेंद्रिय, श्रवण, श्रवणेंद्रिय, श्रुति, श्रोत्र।
ear, hearing organ.

काना *(वि.)* एकाक्ष, कनौड़ा।
one-eyed.

कानाफूसी *(स्त्री.)* कानाबाती, खुसर-फुसर, फुसफुस, फुसफुसाहट, सुगबुग, सुगबुगाहट।
wishper.

कापीराइट *(पुं.)* कृतित्व, पूर्णाधिकार, सर्वाधिकार, स्वत्व, स्वत्वाधिकार।
copyright.

काफिला *(पुं.)* कारवाँ, टाँड़ा, सार्थवाह।
caravan.

काम *(पुं.)* 1. करतब, करतूत, करनी, कर्म, काज, काम-काज, कारगुजारी, कारज, कार्य, किया, कृतित्व, क्रिया, प्रकार्य।
work, deed, function, action.
2. व्यापार (दे.)

कामदेव *(पुं.)* अनंग, कंदर्प, कुसुमायुध, पंचशर, पुष्पधन्वा, मकरध्वज, मदन, मनसिज, मनोज, मन्मथ, रतिपति।
Cupid.

कामवासना *(स्त्री.)* कामेच्छा, विषय-वासना।
sexual desire.

कामधेनु *(स्त्री.)* सुरधेनु, सुरभि।

कामुक *(वि.)* इंद्रियपरायण, ऐयाश, कामपीड़ित, कामांध, कामातुर, कामार्त, कामासक्त, कामी, प्रेमासक्त, विषयी।
amorous, love-sick, sexual, savage.

कामुकता *(स्त्री.)* इंद्रियपरायणता, कामवासना, कामांधता, कामार्तता, कामासक्ति, विषय-सेवन, विषयासक्ति।
sexual interest.

कामोद्दीपक *(वि.)* कामोत्तेजक।
aphrodisiac.

कायर *(वि.)* कातर, कापुरुष, डरपोक, दब्बू, बुजदिल, बोदा, भीरु, भग्गू, पस्त-हिम्मत।
cowardly, chicken-hearted.

कायरता *(स्त्री.)* डरपोकपन, दब्बूपन, बुजदिली, बोदापन, भीरुता, पस्तहिम्मती।
cowardice.

काया *(स्त्री.)* कलेवर, गात, गात्र, जिस्म, ढाँचा, तन, देह, पिंजर, बदन, वपु, शरीर।
body.

कायाकल्प *(पुं.)* कायापलट, पुनरुद्धार।
overhaul, overall change, rejuvenation.

कारखाना *(पुं.)* उद्योगशाला, कार्यशाला, कर्मशाला, कल-कारखाने (बहु.), निर्माणशाला, प्लांट, फैक्टरी, मिल, यंत्रालय, वर्कशाप।
factory, works, mill, workshop.

कारखानेदार *(पुं.)* उद्योगपति, फैक्टरीवाला, मिल मालिक।
factory owner.

कारण *(पुं.)* निमित्त, प्रयोजन, वजह, सबब, हेतु।
cause, purpose.

कारागार *(पुं.)* कफस, कारा, कारागृह, कारावास, कैदखाना, जेल, जेलखाना, बंदीखाना, बंदीगृह, काल-कोठरी, बड़ा घर, साँसत-घर, हवालात।
prison, jail.

कारावास *(पुं.)* 1. कैद, नजरबंदी।
detention, internment.
2. कारागार (दे.)

कारीगर *(पुं.)* 1. दस्तकार, शिल्पकार, शिल्पज, शिल्पी, हुनरमंद।
craftsman.
2. मेकैनिक, मिस्त्री, यंत्रविद।
mechanic.

कार्टून *(पुं.)* व्यंग्यचित्र।
cartoon, caricature.

कार्तिकेय *(पुं.)* अंबिकेय, लंबोदर, षडानन, स्कंद।
elder borther of Lord Ganesh.

कार्यकारी *(वि.)* कार्यवाहक, प्रभारी, स्थानापन्न।
acting.

कार्यक्रम *(पुं.)* 1. चर्या, दिनचर्या, प्रोग्राम।
programme.
2. कार्यसूची, कार्यावली।
agenda.

कार्यक्षेत्र *(पुं.)* कर्मभूमि, कार्यभूमि, क्षेत्र।
field.

कार्यान्वयन *(पुं.)* क्रियान्वयन, क्रियान्विति।
implementation.

कार्यान्वित करना *(क्रिपद)* कार्यान्वयन करना, क्रियान्वयन करना, क्रियान्वित करना, चरितार्थ करना, रूपायित करना।
to implement, to get realized.

कार्यालय *(पुं.)* आफिस, दफ्तर।
office.

कार्यावली *(स्त्री.)* एजेंडा, कार्यक्रम, कार्य-सूची।
agenda, business.

कार्रवाई *(स्त्री.)* कार्यवाही।
action, proceedings.

कालक्रम *(पुं.)* कालानुक्रम, तिथिक्रम।
chronology.

कालयापन *(पुं.)* कालक्षेप, वक्त गुजारना, समय बिताना।
spending of time.

काला *(वि.)* कजरारा, कलूटा, काला-कलूटा, कला-स्याह, कृष्ण, ब्लैक, श्याम, श्यामल, साँवला, स्याह।
black, dark.

कालातीत *(वि.)* बीता हुआ, व्यपगत, व्यतीत।
lapsed.

कालिख *(स्त्री.)* 1. करखा।
soot, lamp-black.
2. कलंक (दे.)

काली कमाई *(स्त्री.)* काला धन, काला पैसा, नंबर दो का पैसा, ब्लैक मनी।
black money.

कालीन *(पुं.)* कार्पेट, गलीचा, गिलम।
carpet.

काल्पनिक *(वि.)* अयथार्थ, अवास्तविक, अव्यावहारिक, असत्य, झूठा, तथ्यहीन, निराधार, कपोल-कल्पित, कल्पित, मनगढ़ंत, मायावी, मिथ्या, हवाई।
imaginary, unreal, fanciful, non-existent, visionary.

काव्यात्मक *(वि.)* कवित्वपूर्ण, कवि-सुलभ, काव्यमय, काव्योचित, भावपूर्ण, शायराना, सरस।
poetic, poetlike, poetical.

किंकर्तव्यविमूढ़ *(वि.)* बदहवास, विमूढ़, व्यामोहित।
at one's wit's end, bewildered.

किंकर्तव्यविमूढ़ता *(स्त्री.)* बदहवासी, विमूढ़ता, व्यामोहन।
bewilderment.

किनारा *(पुं.)* 1. कूल, कोर, कगार, छोर, तट, तटबंध, तीन, पुलिन, साहिल, सिरा, हाशिया।
bank, shor, beach, coast.
2. कगार।
edge of a precipice.

किफायत *(स्त्री.)* कटौती, मितव्यय।
thrift.

किफायतशार *(वि.)* अल्पव्ययी, मितव्ययी।
thrifty, economical, frugal.

किफायतशारी *(स्त्री.)* अल्पव्यय, मितव्ययिता।
thriftiness, frugality.

किमखाब *(पुं.)*कामदार, कपड़ा, जरीदार, कपड़ा, ब्रोकेड।
brocade.

किरण *(स्त्री.)* अंशु (सुधांशु), पौ, प्रकाश-रेखा, मयूख, रश्मि।
ray, beam.

किराया *(पुं.)* भाड़ा, महीना।
rent, fare, hire.

किला *(पुं.)* कोट, गढ़, गढ़ी (अल्पा.), दुर्ग।
fort, citadel.

किलेबंदी *(स्त्री.)* गढ़बंदी, दुर्गबंदी, दुर्गीकरण।
fortification.

किशोर *(वि., पुं.)* कुमार, तरुण, नवयुवक, युवा।
adolescent, young, youthful.

किशोरावस्था *(स्त्री.)* उठती जवानी, कैशोर्य, तरुणाई, तारुण्य।
adolescence.

किशोरी *(स्त्री.)* कुमारी, तरुणी, बाला, नवयुवती, सुकुमारी।
maid.

किसान *(पुं.)* काश्तकार, कृषक, कृषिकर्मी, कृषिजीवी, खेतिहर, भूमिहर, हलधर, हलवाहा, हली।
farmer, peasant, agriculturist.

किस्त *(स्त्री.)* खंडिका, खंडी, खेप।
instalment.

कीचड़ *(पुं.)* कर्दम, कीच, चहला, दलदल, पंक।
mud, slim, mire.

कीटनाशक *(वि.)* कीटाणुनाशक, कृमिनाशक, जीवाणुनाशक।
insecticidal.

कीड़ा *(पुं.)* किरौना, कीट, कीटाणु, जीवाणु, कीड़ा-मकोड़ा, कृमि, घुन, दीमक, पतंग, पतंगा, रोगाणु।
insect, worm, germ, moth.

कीर्तन *(पुं.)* कीर्तिगान, गुणकथन, गुणगान, गुणानुवाद, यशोगान, संकीर्तन।
glorification.

कीर्तिमान *(पुं.)* उच्चांक, प्रतिमान, रिकार्ड।
record.

कुंज *(पुं.)* निकुंज, पर्णशाला, लताकुंज, लतागृह, लतामंडप।
grove, alcove.

कुंडल *(पुं.)* कुंतल, घूँघर।

कुंडली *(स्त्री.)* कुंडलिनी, जन्मकुंडली, जन्मपत्री, टीपन, टेवा, पत्री, होराचक्र।
horoscope.

कुआँ *(पुं.)* कूआँ, कूप।
well.

कुआँरापन *(पुं.)* कौमार्य, ब्रह्मचर्य।
bachelorhood, virginity.

कुकर्म *(पुं.)* अनाचार, अनुचित काम, अपकर्म, अपकृत्य, कदाचार, कुकृत्य, कुचाल, कुचेष्टा, गलत काम, दुराचार, दुष्कर्म, दुष्कृत्य, पाप, बदचलनी, बदी, बुराई, भ्रष्टाचार, हरामखोरी।
misdeed, evil deed, malpractice.

कुकर्मी *(वि.)* अनाचारी, अपकर्मी, कुचाली, गलत काम करनेवाला, दुराचारी, दुष्कर्मी, भ्रष्टाचारी, बदचलन, हरामखोर, हरामी।
one given to bad deeds.

कुकुरमुत्ता *(पुं.)* कवक, खुंभी, खुमी, छत्रक।
mushroom, fungus.

कुख्यात *(वि.)* अप्रतिष्ठित, कुप्रसिद्ध, बदनाम।
ill-famed, disreputed.

कुचक्र *(पुं.)* कपटजाल, कपट-योजना, कपट-लीला, कपटसंधि, कूट-योजना, दुरभिसंधि, दुश्चक्र, मिलीभगत, षड्यंत्र, साजिश, साठ-गाँठ।
conspiracy, intrigue, plot, collusion, connivance, vicious circle.

कुचक्री *(विपुं.)* कुचक्र करनेवाला, षड्यंत्रकारी, साजिशी।
intriguing, conspirator, plotter.

कुचलना *(क्रि.)* कचरना, कुचल देना, गींजना, पददलित करना, पीस डालना, मरदन करना, मरदना, मसल देना, रौंद देना, रौंदना।
to crush, to trample.

कुछ *(वि.)* इने-गिने, अल्प, कम ही, गिनती के, गिने-चुने, चंद, तनिक, थोड़े-से, मुट्ठी भर।
some, a few.

कुटीर-उद्योग *(पुं.)* गृह-उद्योग।
cottage industry.

कुठाँव *(पुं.)* कुठौर, गलत जगह।
wrong spot.

कुत्ता *(पुं.)* कुक्कुर, कूकर, श्वास।
dog.

कुदृष्टि *(स्त्री.)* पापदृष्टि, बदनिगाह, बुरी नजर।
evil eye.

कुपरिणाम *(पुं.)* कुप्रभाव, कुफल, खमियाजा, फलभोग, बुरा नतीजा।
evil result, bad effect, baneful influence.

कुपुत्र *(पुं.)* कुपूत, नालायक बेटा।
undutiful son.

कुपोषित *(वि.)* न्यूनपोषित।
under-nourished.

कुमारी *(स्त्री.)* अक्षतयोनि, कन्यका, कन्या, कुआँरी, कुमारिका।
maide, virgin.

कुमार्ग *(पुं.)* कुपंथ, कुपथ, गलत रास्ता, कुराह।
wrong way, evil course.

कुमार्गी *(वि.)* अपमार्गी, आचरणभ्रष्ट, उद्भ्रांत, कुढंगी, कुपथगामी, गुमराह, दुराचारी, पथभ्रष्ट, लंपट, विपथगामी।
given to evil course, aberrant.

कुरीति *(स्त्री.)* कुचाल, कुपरंपरा, कुप्रथा, कुप्रवृत्ति, बुरी चाल, लबेद।
bad custom, bad tendency.

कुर्क करना *(क्रिपद)* अधिकृत करना, कब्जे में लेना, पकड़ना, बरामद करना।
to size.

कुल[1] *(पुं.)* 1. कबीला, कुटुंब, जनजाति, फिरका, वंश, बिरादरी, समुदाय।
clan, tribe.
2. परिवार (दे.)

कुल[2] *(वि.)* 3. तमाम, पूरा, संपूर्ण, सकल, सब, सबके-सब, समग्र, समस्त, सारा।
all, total, entire, whole, gross,

कुली *(पुं.)* भारवाहक, मजदूर।
porter, coolie.

कुलीन *(वि.)* अभिजात, उच्चकुलीय, उच्च-वर्गीय, ऊँचे परिवार का, खानदानी, संभ्रांत।
born in high family, noble.

कुलीन वर्ग *(पुं.)* ऊँचे लोग, भद्रलोक, राज-दरबारी, संभ्रांत लोग, सभ्य समाज, सामंत समाज।
civil society.

कुल्हाड़ी *(स्त्री.)* कुठार, कुल्हाड़ा, टंका, टँगिया, परशु।
ax.

कुव्यवस्था *(स्त्री.)* कुप्रबंधन, बेतरतीबी, बदइंतजामी, दुर्व्यवस्था
mismanagement.

कुश *(पुं.)* डाभ, दर्भ।
kind of grass.

कुशल[1] *(वि.)* अभ्यस्त, कामिल, कारीगर, कार्य-कुशल, कार्यक्षम, चतुर, तेज, दक्ष, धाकड़, निपुण, निष्णात, पटु, पारंगत, प्रवीण, माहिर, योग्य, विचक्षण, विदग्ध, विशारद, सक्षम, समर्थ, सिद्धहस्त, सुचेत, सुघड़, हिकमती, हुनरमंद, होशियार।
skilful, skilled, expert, adept. adroit, dexterous. efficient, deft.

कुशल[2] *(पुं.)* कुशलक्षेम, कुशलता, कुशल-मंगल, खैर, खैर-सल्ला, खैरियत, भलाई, मंगल, राजी-खुशी, सलामती, सुख-सौभाग्य।
welfare, well-being, safety.

कुशलता *(स्त्री.)* 1. अर्हता, कौशल, चतुराई, दक्षता, निपुणता, पटुता, प्रवीणता, महारत, माहिरी, विचक्षणता, विदग्धता, सिद्धि, होशियारी, हिकमत, हुनरमंदी।
skill, adroitness, ability, desterity, efficiency.
2. कुशल (दे.)

कुशाग्र-बुद्धि *(वि.)* गहरी पैठवाला, जहीन, तीक्ष्णबुद्धि, धीमान, बुद्धिशील, बौद्धिक, मेधावी, विचक्षण, व्युत्पन्नमति, विदग्ध।
having a keen intellect, sagacious, perspicacious.

कुश्ती *(स्त्री.)* दंगल, पहलवानी, मल्लयुद्ध।
parwrestle, wrestling bout.

कुसंगति *(स्त्री.)* कुसंग, बुरी संगत, बुरी सोहबत।
bad company.

कुसमय *(पुं.)* अनुपयुक्त समय, अनवसर, गलत समय, कुअवसर, कुदिन, कुयोग, कुवेला, कुसाइत, दुर्दिन, दुष्काल, बुरा वक्त, बुरा समय।
bad time.

कूटना *(क्रि.)* कूँचना, खरल करना, पीसना, बूकना।
to pound, to pestle.

कूटनीतिक *(वि.)* कपट-भरा, चालाकी-भरा, छलपूर्ण, दाँव-पेंचवाला, धूर्ततापूर्ण।

कूड़ा *(पुं.)* कचरा, कतवार, कूड़ा-कचरा, कूड़ा-कर्कट, गंदगी, घास-पात, नियार, बटोरन, बुहारन।
sweepings, refuse.

कूड़ा-करकट *(पुं.)* कंकड़-पत्थर, कूड़ा-कचरा, कूड़ा-कबाड़, घास-पात, घास-फूस।,
rubbish, trash.

कूद जाना *(क्रिपद)* चौकड़ी भरना, छलाँग लगाना, फलाँगना, फाँदना, लाँघना।
to jump over.

कूदना *(क्रि.)* उछलना, छलाँगना, टपना, टापना, फुदकना।
to jump, to skip.

कृतघ्न *(वि.)* अकृतज्ञ, एहसान न माननेवाला, एहसान-फरामोश, नमकहराम, नाशुक्रा।
ungrateful.

कृतघ्नता *(स्त्री.)* अकृतज्ञ, एहसान-फरामोशी, नमकहरामी, नाशुक्रापन।
ungratefulness.

कृतज्ञ *(वि.)* अनुगृहीत, आभारी, उपकृत, एहसानमंद, धन्यवादी, नमकहलाल, मशकूर, वफादार, शुक्रगुजार।
thankful, grateful, obliged, loyal, faithful.

कृतज्ञता *(स्त्री.)* आभार, उपकार, एहसान, एहसानमंदी, निहोरा, शुक्रगुजारी।
gratefulness, obligation.

कृतज्ञता-प्रकाश *(पुं.)* आभार-प्रदर्शन, धन्यवाद-प्रकाश।
thanksgiving.

कृत्रिम *(वि.)* अप्राकृतिक, अप्राकृत, अवास्तविक, असहज, कल्पित, अस्वाभाविक, गढ़ा हुआ, जाली, दिखावटी, नकली, फरजी, बनावटी, मसनूई, मानव-निर्मित।
unreal, fictitious, artificial, imaginary, showy, unnatural.

कृत्रिमता *(स्त्री.)* अवास्तविकता, अस्वाभाविकता, दिखावट, दिखावा, नकलीपन, बनावट।
unnaturalness, artificiality, unreality, affectation.

कृपया *(क्रिवि.)* अनुग्रहपूर्वक, कृपा करके, कृपापूर्वक, दया करके, मेहरबानी करके, मेहरबानी से।
kindly.

कृपा *(स्त्री.)* 1. अनुकंपा, अनुग्रह, इनायत, कृपादृष्टि, नियाज, नियामत, प्रसाद, फज़ल, मेहर, मेहरबानी, रहमत, स्नेहशीलता।
kindness, favour, grace.
2. दयालु (दे.)

कृपापात्र *(पुं.)* चहेता/चहेती, प्रेमपात्र, प्रेमभाजन, स्नेहपात्र, स्नेहभाजन।

कृपालु *(वि.)* 1. कृपानिधि, शुभचिंतक, हितकारी, हितैषी।
kind, benign, compassionate.

कृषि *(स्त्री.)* काश्तकारी, किसानी, खेती, खेती-बारी।
agriculture.

कृष्ण *(पुं.)* कन्हाई, कन्हैया, कान्ह, केशव, गिरिधारी, गोपाल, गोविन्द, घनश्याम, जनार्दन, त्रिलोकीनाथ, दामोदर, देवकीनंदन, नंदलाल, पुरुषोत्तम, बनमाली, बासुदेव, मदनगोपाल, मधुसूदन, मनमोहन, माधव, माधो, मुकुंद, मुरलीधर, मुरलीमनोहर, मुरारी, मोहन, यदुराज, योगेश्वर, रसिकबिहारी, राधारमण, वंशीधर, वासुदेव, वृंदावनबिहारी, सँवरिया, हृषीकेश।
Lord Krishna.

कृष्य *(वि.)* कृषियोग्य, खेती के योग्य, जोतने-बोने योग्य।
arable, cultivable.

केंद्र *(पुं.)* मध्य, केंद्रबिंदु, मध्यबिंदु, मध्यस्थल, मर्कज, सेंटर।
centre.

केंद्रित *(वि.)* केंद्रस्थ, केंद्रीकृत, मध्यस्थित।
centered.

केंद्रीय *(वि.)* केंद्रगत, मध्यवर्ती, मध्यस्थित, मर्कजी, सेंट्रल।
central.

के अतिरिक्त *(संबंधबोधक)* के अलावा, के सिवाय, को छोड़कर।
except for, apart from, barring that, excluding that, exclusive of, other than, omitting that.

के कारण *(संबंधबोधक)* के मारे, की वजह से।
due to, because of.

के द्वारा *(परसर्ग)* की मार्फत, के जरिए, के हस्ते, के हाथ।
by, through, through the agency of.

के पहले *(संबंधबोधक)* के पेशतर।
before, prior to.

के बजाय *(संबंधबोधक)* की जगह, के बदले, के स्थान पर।
instead of, in place of.

के बारे में *(सम्बोधन)* के मुताल्लिक, के विषय में, के संबंध में।
about, regarding, concerning, relating to, with respect to.

के लिए *(परसर्ग)* के वास्ते।
for.

केवल *(क्रिवि.)* अकेले, निरा, फकत, महज, मात्र, सिर्फ, ही।
only.

केसर *(पुं.)* केशर, जाफरान।
saffron.

केसरिया *(वि.)* केसरी, जाफरानी।
of or pertainting to saffron.

कै *(स्त्री.)* उलटी, छरद, मतली, वमन।
vomit.

कैसे ही *(क्रिवि.)* किसी भी ढंग से, किसी तरह, किसी प्रकार, किसी भी प्रकार से, कैसे भी, चाहे जैसे, येनकेन प्रकारेण।
by any means, somehow.

कोड़ी *(स्त्री.)* बीसी।
set of twenty.

कोढ़ *(पुं.)* कुष्ठ।
leprosy.

कोढ़ी *(पुं.)* कुष्ठी।
leper.

कोना *(पुं.)* नुक्कड़।
corner.

कोमल *(वि.)* गुदगुदा, गुलगुला, नरम, नर्म, नाजुक, भावुक, मखमली, मसृण, मुलायम, मृदु, मृदुल, रेशमी, सुकुमार, संवेदनशील।
1. soft, delicate, tender, sensitive.
2. fragile, feeble.

कोमलता *(स्त्री.)* अतिसंवेदनशील, नजाकत, नरमी, मुलायमियत, मृदुता, मृदुलता, सुकुमारता, संवेदनशीलता।
softness, delicacy, tenderness, sensitiveness.

कोयल *(स्त्री.)* कलकंठ, कुहुकनी, कोकिला, पिक, श्यामा।
cuckoo.

कोरम *(पुं.)* गणपूर्ति।
quorum.

कोलाहलपूर्ण *(वि.)* तुमुल, तूफानी, शोर-शराबेदार, हंगामा-भरा, हंगामेदार।
tumultuous, noisy, uproarious.

कोश *(पुं.)* डिक्शनरी, निघंटु, लुगत, शब्द-कोश।
dictionary, lexicon.

कोष *(पुं.)* कोश, खजाना, निधान, निधि, न्यास, फंड।
treasure, fund.

कोषागार *(पुं.)* खजाना, ट्रेजरी, निधि-भवन।
treasury.

कोष्ठक *(पुं.)* बंधनी, ब्रैकट।
bracket.

कोसना *(क्रि.)* अभिशाप देना, शाप देना, सरापना।
to imprecate, to invoke a curse.

कोहरा *(पुं.)* नीहार, कुहरा, कुहासा, तुहिन, धुंध, पाला।
mist, fog.

कौआ *(पुं.)* एकाक्ष, काक, काग, बायस।
crow.

कौर *(पुं.)* गस्सा, ग्रास, निवाला, नेवाला, लुकमा।
mouthful, morsel.

कौशल *(पुं.)* उस्तादी, कला, कारीगरी, चतुरता, चतुराई, चातुर्य, दक्षता, दाक्षिण्य, निपुणता, पटुता, प्रवीणता, फन, युक्ति, विचक्षणता, विदग्धता, सफाई, हिकमत।
skill, adroitness, art, dexterity, expertise, finesse, knack, technique.

क्योंकि *(यो.)* इसलिए, कि, चूँकि।
because.

क्रम *(पुं.)* 1. अनुक्रम, उत्तरोत्तरता, तरतीब, ताँता, तार, तारतम्य, परंपरा, बारी, लड़ी, शृंखला, सातत्य, सिलसिला।
order, succession, continuity.
2. चर्या, दिनचर्या, नित-नियम, नित्यचर्या, नियम।
routine, usual course.

क्रमबद्ध *(वि.)* उत्तरोत्तर, क्रमागत, क्रमिक, क्रमित, तरतीबवार, नंबरवार, व्यवस्थित, शृंखलाबद्ध, शृंखलित, श्रेणीबद्ध, सिलसिलेवार।
successive, orderly, graded, consecutive.

क्रमशः *(क्रिवि.)* एक-एक करके, क्रम से, क्रमिक रूप से, क्रमेण, बारी-बारी से, नंबरवार, नंबर से, यथाक्रम, सिलसिलेवार।
successively.

क्रमांक *(पुं.)* क्रम संख्या।
serial number.

क्रिया *(स्त्री.)* अनुक्रिया, कर्म, काम, कार्य, कृत्य, प्रतिक्रिया, संक्रिया।
action, reaction, response, process.

क्रियाकलाप *(पुं.)* कार्यकलाप, गतिविधि, चर्या, चेष्टा, व्यापार, सक्रियता, सरगर्मी।
activities, movements.

क्रीड़ा *(स्त्री.)* अठखेली, किलोल, केलि, खेल, चुलबुली, चुहल, चुहलबाजी, छेड़खानी, छेड़छाड़, विलास, विहार।
frolic, fun.

क्रीड़ास्थल *(पुं.)* क्रीड़ांगन, क्रीड़ास्थली, खेल का मैदान, खेल-घर, खेल-भूमि, स्टेडियम।
play-ground, stadium.

क्रीत *(वि.)* खरीदा हुआ।
bought.

क्रुद्ध *(वि.)* अप्रसन्न, आग-बबूला, आग-भभूका, उत्तेजित, कुपित, खफा, खिन्न, गुस्साया हुआ, गुस्से से भरा, जला-भुना, परितप्त, रंजीदा, रिसौहाँ, रुष्ट।
angry, annoyed, displeased, engaged. furious, infuriated, raging.

क्रुद्ध होना *(क्रिपद)* अप्रसन्न होना, कुपित होना, क्रोधाभिभूत होना, खफा होना, गुस्सा खाना, जलभुन उठना, जलभुन जाना, तमक उठना, तमतमा उठना, तिनकना, तिलमिलाना, नाराज हो जाना, बिफरना, भकुरना, रुष्ट हो जाना, लाल हो जाना।
to be enraged.

क्रोध *(पुं.)* अनख, अप्रसन्नता, अमर्ष, आक्रोश, कोप, क्रोधाग्नि, खीझ, खुनस, गुस्सा, ताव, तिलमिलाहट, तुनुकमिजाजी, तेहा, तैश, नाराजी, नाराजगी, परिताप, प्रकोप, मान, रिस, रोष।
fury, frenzy, frown.

क्रोधी *(वि.)* अनखौआँ, कर्कश, कोपी, गरम-मिजाज, गुस्सावर, गुस्सैल, चिड़चिड़ा, तुनुक-मिजाज, तेजमिजाज, तेही, बिगड़ैल।
hot-tempered.

क्षणिक *(वि.)* अनित्य, अल्पकालिक, अस्थायी, क्षणभंगुर, क्षणस्थायी।
short-lived, momentary, transitory, transient.

क्षतिपूर्ति *(स्त्री.)* भरपाई, मुआवजा, हरजाना, हानि-पूर्ति।
compensation, damages.

क्षमा *(स्त्री.)* माफी।
pardon, forgiveness, amnesty.

क्षमा करना *(क्रिपद)* छोड़ देना, जाने देना, बख्शना, माफ करना, माफी देना।
to forgive, to pardon, to acquit, to absolve.

क्षमा माँगना *(क्रिपद)* माफी माँगना, क्षमा-याचना करना, पैरों पड़ना।
to apologize.

क्षम्य *(वि.)* क्षंतव्य, माफी योग्य।
pardonable.

क्षय *(पुं.)* अंत, अपक्षय, छीज, छीजन, ध्वंस, नाश, लोप, विनाश, ह्रास।
decay, dwindling.

क्षितिज *(पुं.)* दिवंगत, दिशांत, धरती-आकाश का मिलन-स्थान।
horizon.

क्षुधावर्धक *(वि.)* बुभुक्षावर्धक, भूख बढ़ानेवाला।
appetizing.

क्षेत्र *(पुं.)* अंचल, अधिक्षेत्र, इलाका, कार्यक्षेत्र, प्रक्षेत्र, प्रदेश, प्रांत, भूक्षेत्र, भूखंड, भूभाग, मंडल, मैदान।
region, field, jurisdiction.

क्षेत्रवाद *(पुं.)* क्षेत्रीयता, प्रांतीयता, प्रादेशिकता।
provincialism, regionalism.

क्षेत्रीय *(वि.)* प्रदेशीय, प्रांतीय, भूभागीय।
regional, provincial.

क्षैतिज *(वि.)* अनुप्रस्थ।
horizontal.

ख

खंडन *(पुं.)* काट, निराकरण, निवारण, निषेध, परिहार, प्रतिवाद, प्रतिषेध, विरोध।
contradiction, refutation.

खंडन करना *(क्रिपद)* असिद्ध ठहराना, काटना, धुर्रे उड़ाना, निराकरण करना, निराकृत करना, निषेध करना, बखिया उधेड़ना, प्रतिवाद करना, प्रतिषेध करना।
to contradict, to confute, to refute, to rebuff, to rebut.

खंडनीय *(वि.)* काट्य, निराकरणीय।
refutable.

खंडहर *(पुं.)* अवशेष, भग्नावशेष, रेढ़, ध्वंसावशेष।
ruins.

खंभा *(पुं.)* थंब, थूनी, टेक, स्तंभ।
column, pillar, post.

खग्रास *(पुं.)* पूर्ण ग्रहण।
total eclipse.

खचाखच *(क्रिवि.)* ठसाठस, भरा-पटा।
over-crowded, jam-packed.

खटमल *(पुं.)* खटकीड़ा।
bug.

खटाई *(स्त्री.)* अम्लता, खटास, खट्टापन, तुर्शी।
sourness.

खट्टा *(वि.)* अम्ल, तुर्श।
sour.

खड़ाऊँ *(स्त्री.)* चट्टी, पादुका।
wooden sandal.

खत्ता *(पुं.)* बखार।
barn, grain-store.

खत्म *(वि.)* पूरा, पूर्ण, समापित, समाप्त।
finished, ended.

खत्म करना *(क्रिपद)* 1. खत्म कर देना, मिटा देना, चट कर जाना, न रहने देना, नष्ट करना, सफाया कर देना, समाप्त कर देना, साफ कर जाना।
to end, to finish, to eliminate, to terminate, to revoke, to wipe out.
2. मार डालना।
to kill.

खदबदाना *(क्रि.)* बलकना, बुदबुदाना।
to bubble.

खदेड़ना *(क्रि.)* छितरा देना, तितर-बितर करना, रगेदना।
to chase away.

खद्दर *(पुं.)* खादी।
hand-woven cloth.

खरा-खोटा *(वि.)* अच्छा-बुरा, उत्कृष्ट-निकृष्ट, बढ़िया-घटिया।
good and bad.

खराब *(वि.)* 1. खोटा, घटिया, त्रुटिपूर्ण, दोषपूर्ण, नाकिस, निकृष्ट, पोच, बुरा, विकृत, सदोष।
bad, defective, inferior, poor.
2. खतरनाक, गंभीर, नाजुक, संकटपूर्ण।
critical, grave, serious.

खराबी *(स्त्री.)* अवगुण, कमी, खोट, त्रुटि, दोष, बुराई, विकार, विकृति।
defect, fault, failing, deficiency, flaw.

खरीद *(स्त्री.)* क्रय, खरीदारी।
purchase, buying.

खरीदना *(क्रि.)* कीनना, क्रय करना, मोल लेना, ले लेना।
to buy, to purchase.

खरीद-फरोख्त *(स्त्री.)* क्रय-विक्रय, लिया-बेची।
sale and purchase, buying and selling.

खर्च *(पुं.)* व्यय, परिव्यय, लागत।
expense, expenditure, outlay.

खर्च करना *(क्रिपद)* खर्चना, भुगतान करना, मूल्य चुकाना, व्यय करना, सर्फ करना।

to spend.

खर्ची *(स्त्री.)* गुजारा, निर्वाह-भत्ता, निर्वाह-व्यय।

maintenance allowance.

खर्राटा *(पुं.)* घर्राटा।

snore.

खलबली *(स्त्री.)* अशांति, आंदोलन, उपद्रव, गड़बड़, गड़बड़ी, छटपटाहट, झगड़ा-फसाद, तहलका, फसाद, बवेला, सनसनी, हड़कंप, हलचल।

commotion, stir, trouble, agitation, disturbance.

खाँसी *(स्त्री.)* कुकुरखाँसी, खोंखों, धसक, धसका।

bronchitis, dry cough.

खाई *(स्त्री.)* खंदक, खड्डा, खात, खाल।

ditch, moat, trench, water course.

खाकी *(वि.)* धूसर, मटमैला, सिलेटी।

dusty, dust-coloured.

खा जाना *(क्रिपद)* उड़ा देना, खा-पका जाना, खा-पी जाना, न रहने देना।

to eat, to devour.

खाद्य *(वि.)* आहार्य, आभोज्य, उपभोग्य, खाने-योग्य, भोज्य।

eatable.

खाना *(क्रि.)* उदरस्थ करना, कचरना, काया में देना, गटकना, गड़पना, चखना, जीमना, झोरना, टूँगना, ठूसना, थूरना, निगलना, पेट-पूजा करना, पेट में डालना, भकोसना, भक्षण करना, भोग लगाना, भोजन करना, लीलना, हड़पना।

to eat, to swallow, to gulp.

खाना-पीना *(पुं.)* खान-पान।

way of living with particular reference to eating and drinking.

खानाबदोश *(पुं.)* कंजर, भ्रमणशील, हब्शी।

nomad, gypsy.

खाली *(वि.)* खलास, खुक्ख, खोखला, छूछा, पोला, रिक्त, रीता।

empty, vacant, unoccupied, hollow.

खिचड़ी *(स्त्री.)* तहरी।

cooked rice with vegetables, pulses etc.

खिलना *(क्रि.)* पनपना, पल्लवित होना, प्रफुल्लित होना, फूलना, लहलहाना, विकसना, विकसित होना, हरा-भरा होना।

to bloom, to blossom, to prosper, to thrive.

खिलवाड़ी *(वि.)* चुलबुला, नटखट, शरारती, हुड़दंगी।

playful, frivolous.

खिलाना *(क्रि.)* खाना खिलाना, जिमाना, भोजन कराना।

to feed.

खिसकना *(क्रि.)* खिसक जाना, चंपत होना, चलता बनना, टसक जाना, नौ दो ग्यारह हो जाना, भाग खड़े होना, रफू-चक्कर होना, लंबे हो जाना, लोप होना, सरक जाना।

to slip away.

खींचतान *(स्त्री.)* आपाधापी, कशमकश, खींचातानी, घसीटा-घसीटी, तनातनी, लाग-डाँट, रस्साकशी, हमाहमी।

tussle, tug-of-war.

खींचना *(क्रि.)* अंकित करना, उरेहना, चितरना, चित्रित करना, रंग भरना।

to draw, to draw out, to carve.

खीझ *(स्त्री.)* कोफ्त, खिजलाहट, झुँझलाहट।

disgust, irritation, fretting.

खीझना *(क्रि.)* कुढ़ना, खिझाना, खिसियाना, चिढ़ना।

to be chagrined, to be embarrassed and annoyed.

खुजली *(स्त्री.)* कनकनी, कनकनाहट, खारिश, खुजलाहट, खुरक, सलसलाहट, सुरसुरी।
itch, itching, sensation.

खुदाई *(स्त्री.)* खनन, उत्खनन, खनिकर्म, खोदाई।
digging, excavation.

खुरंड *(पुं.)* पपड़ी।
dry crust over a wound.

खुरदरा *(वि.)* खुरखुरा, खुरहरा, रफ, रूक्ष, रूखा।
rough.

खुराक *(स्त्री.)* 1. मात्रा।
doze.
2. गिज़ा।
diet.

खुलकर *(क्रिवि.)* निर्द्वंद्व होकर, निर्भय होकर, बेखटके, स्वतंत्रतापूर्वक।
freely.

खुला *(वि.)* 1. अनावृत, अबद्ध, उन्मुक्त, निरावरण, निरावृत, निर्बंध, निर्बाध, बंधनविहीन, बंधनहीन, बेढका, मुक्त, विमुक्त, विमोचित, विवृत।
spacious, open, uncovered, unveiled, capacious.
2. निरभ्र, मेघरहित।
cloudless.

खुल्लमखुल्ला *(क्रिवि.)* एलानिया, खुले रूप में, डंके की चोट पर, मुँह पर, सबके सामने, साफ़-साफ़।
publicly, openly.

खुशी-खुशी *(क्रिवि.)* आनंदपूर्वक, उमंग से, चाव से, जोश-खरोश से, तपाक से, दिल खोलकर, दिल से, प्रसन्नतापूर्वक, मजे से, सोल्लास, हर्षपूर्वक, हार्दिकता से।
with pleasure, with enthusiasm.

खूँखार *(वि.)* 1. खून का प्यासा, खूनी, रक्त-पिपासु।
blood-thirsty, ferocious.
2. बर्बर (दे.)

खूँटा *(पुं.)* कीला।
stake.

खूब *(क्रिवि.)* चकाचक, ढेरों, बड़ा, बहुत, बहुत अधिक, भरपूर।
too much.

खेड़ी *(स्त्री.)* गर्भ-झिल्ली, जेर, जेरी।
afterbirth, placenta.

खेदजनक *(वि.)* अफसोसनाक, खेदकारक, शोचनीय।
regretful, rueful.

खेल *(पुं.)* कौतुक, क्रीड़ा, खिलवाड़, खेल-कूद, मनोरंजन, लीला, विनोद, शगल।
play, sports, pastime.

खेलना *(क्रि.)* क्रीड़ा करना, खिलवाड़ करना, खेल करना, जी बहलाना, मन बहलाना, मनोविनोद करना।
to play, to amuse.

खोखला *(वि.)* थोथा, पोपला, पोला।
hollow, viod.

खोखा *(पुं.)* गुमटी, स्टाल।
stall.

खोज *(स्त्री.)* अनुसंधान, जुस्तजू, गवेषणा, छान-बीन, टोह, ढूँढ़, ढूँढ़-खोज, तलाश, तलाशी, तहकीकात, फिराक, शोध।
search, investigation, research.

खोजना *(क्रि.)* अनुसंधान करना, खोजबीन करना, खोज करना, गवेषणा करना, छन-बीन करना, टोहना, ढूँढ़ना, तलाश करना, तलाशी लेना, थाह लेना, पड़तालना, पता लगाना, शोध करना।
to search, to investigate, to probe.

खोदना *(क्रि.)* खनना, खुदाई करना।
to dig.

खोना *(क्रि.)* इधर-उधर हो जाना, खो जाना, गुम होना, गुम हो जाना, न मिला, कहीं रख देना।
to lost, to be deprived of, to misplace.

खोपड़ी *(स्त्री.)* कपाल, खप्पर, मुंडी।
skull.

खोया *(पुं.)* खोआ, मावा।
a thickened milk-product,

खोल *(पुं.)* आवरण, खोली, गिलाफ।
cover, covering.

खोलना *(क्रि.)* अनावरण करना, अनावृत करना, उघाड़ना, उद्घाटित करना, बाना।
to open.

ख्याली पुलाव पकाना *(क्रिपद)* मन के लड्डू खाना, हवाई किले बनाना।
to build castles in the air.

ग

गंजा *(वि.)* अकच, अकेशी, केशविहीन, खल्वाट, खौरहा, गंजे सिरवाला, चँदला, विकच, विकेशी।
bald, without hair.

गंजापन *(पुं.)* अकेशीपन, केशहीनता, खल्वाटता, गंज।
baldness.

गंडा *(पुं.)* जंतर, तावीज, रक्षासूत्र।
amulet.

गंतव्य *(पुं.)* ठिकाना, ठीक-ठिकाना, मुकाम, मंजिल।
destination, precise location.

गंदगी *(स्त्री.)* कचरा, कूड़ा-करकट, प्रदूषण, मलिनता।
impurity, filth, refuse, rubbish, trash, pollution.

गंदा *(वि.)* 1. अनधुला, अस्वच्छ, गंदला, गलीज, चिक्कट, चीकट, दूषित, धूल-धूसरित, प्रदूषित, बेधुला, मलिन, मैला, मैला-कुचैला।
dirty, muddy.
2. अपवित्र, अश्लील, अश्लीलतापूर्ण, कुत्सित।
dirty, obscene.

गंदा करना *(क्रिपद)* मैला करना, लथेड़ना।
to make dirty, to bedraggle.

गंदी बस्ती *(स्त्री.)* झोंपड़-पट्टी, मलिन बस्ती।
slum.

गंध *(स्त्री.)* 1. दुर्गंध, बदबू, बास, बू, भभक, महक, मुश्क।
smell, odour.
2. खुशबू, गमक, परिमल, बास, मकरंद, महक, सुगंधि, सुरभि, सुवास, सौरभ।
fragrance, aroma, perfume, essence.

गंधहीन *(वि.)* निर्गंध।
odourless.

गंभीर *(वि.)* 1. अगाध, गहन, गहरा, संगीन।
deep, profound, grave.
2. शांत, धीर, संजीदा, संतुलित मस्तिष्क, संयमित, सुस्थिर।
sober.
3. चिंताजनक (दे.)

गंभीरता *(स्त्री.)* 1. गहनता, गहराई, गांभीर्य, गुरुता।
depth.
2. धैर्य, संजीदगी, संजीदापन।
sobriety, gravity.

गँवाना *(क्रि.)* खोना, खो बैठना, जाने देना, हाथ से निकल जाने देना।
to lose, to squander away.

गँवार *(वि.)* 1. जंगली, उजड्ड, गँवारू, देहाती, फूहड़, बेशऊर, बेसलीका, मूसलचंद, हूश।
rustic, boorish. mannerless, unmannerly.
2. अशिष्ट (दे.)

गगनचुंबी *(वि.)* उत्तुंग, अभ्रंकष, आकाशी, आसमान से बातें करनेवाला, गगनभेदी, गगनस्पर्शी।
sky-high, cloud-kissing.

गजराज *(पुं.)* गजेंद्र।
king of elephants.

गठरी *(स्त्री.)* गाँठ, पुलिंदा, पोट, पोटली, बंडल, बुकचा।
bundle, package.

गठिया *(पुं.)* जोड़ों का दर्द, वातरोग, संधिवात, संधिशोथ।
gout, rheumatism, arthritis.

गठीला *(वि.)* गठे शरीरवाला, सुगठित।
robust.

गड़बड़ी *(स्त्री.)* 1. अव्यवस्था, गड़बड़, गड़बड़-घोटाला, गड़बड़-झाला, गपड़चौथ, गोलमाल, घपला, घालमेल, घोटाला।
hotch-potch, mess, bungling.
2. अराजकता (दे.) 3. दंगा (दे.)

गड्ढा *(पुं.)* खड्ड, खत्ता, खाईं, खोह, गड़प्पा, गड़हा, गढ़ा, गर्त, धँसान।
pit, abyss.

गणना *(स्त्री.)* आकलन, गणन, गिनती, परिगणना, प्रकलन, संख्यांकन, संगणना, हिसाब।
counting, numbering, calcutation, assessment.

गणनीय *(वि.)* गण्य, गिनने योग्य।
countable.

गणेश *(पुं.)* अंबिकेश, एकदंत, गजबदन, गजमुख, गजानन, सिद्धिविनायक, गणपति, गौरीसुत, ढुंढि, भवानीनंदन, लंबोदर, गणनायक, वक्रतुंड, विघ्नेश, विघ्नेश्वर।
Lord Ganesh.

गत *(वि.)* अतीत, गतप्राय, गुजरा हुआ, बीता हुआ, भूत, माज़ी, मृत, विगत, व्यतीत।
passed away, gone by.

गति *(स्त्री.)* 1. आवेग, चाल, रफ्तार, वेग।
motion, speed.
2. स्पंदन, हरकत, हलचल।
movement.

गतिरोध *(पुं.)* अवरुद्धता, अवरोध, जिच, गत्यवरोध, प्रतिरोध, बाध्यता।
deadlock, stalemate.

गतिशील *(वि.)* गत्यात्मक, गत्वर, प्रवाहपूर्ण।
dynamic, dynamical, mobile.

गत्ता *(पुं.)* कार्डबोर्ड, दफ्ती।
cardboard.

गद्दा *(पुं.)* तुलाई, तोश, तोशक।
mattress.

गधा *(पुं.)* 1. खर, वैशाखनंदन।
ass.
2. मूर्ख (दे.)

गप *(स्त्री.)* गपशप, गपोड़ा, गप्प।
gossip, tittle-tattle.

गप हाँकना *(क्रिपद)* बेपर की उड़ाना, लंबी-चौड़ी हाँकना।
to talk tall.

गप्पी *(विपुं.)* गपोड़, गपोड़िया, बकबकी, बकवादी, बातूनी, बकवास करनेवाला।
chatterer, chatter-box.

गबन *(पुं.)* अमानत में खयानत, चोरी, बेईमानी।
embezzlement, misappropriation, breach of trust.

गम्य *(वि.)* अभिगम्य, उपगम्य, पारणीय।
traversable, passable, accessible, approachable.

गरज *(स्त्री.)* 1. कड़क, गड़गड़ाहट, गर्जन, मेघनाद।
thundering sound, roar.
2. गुर्राहट, दहाड़, हुंकार, महाघोष।
roar.
3. आवश्यकता (दे.)

गरजना *(क्रि.)* कड़कना, गर्जन करना, गुर्राना, चिंघाड़ना, दहाड़ना।
to roar, to thunder.

गर्दन *(स्त्री.)* ग्रीवा, नटई।
neck.

गर्भ *(पुं.)* भ्रूण, हमल।
pregnancy, conception.

गर्भ ठहरना *(क्रिपद)* गर्भवती होना, धनाना, पेट में बच्चा ठहरना, पेट से होना, पैर भारी होना।
to be pregnant, to be in a family way.

गर्भपात *(पुं.)* गर्भच्युति, गर्भस्राव, भ्रूणपात।
abortion, miscarriage.

गर्भपात होना *(क्रिपद)* अकालप्रसव होना, कच्चा जाना, गर्भस्राव होना, पेट गिर जाना, बच्चा गिर जाना।
to abort.

गर्भवती *(वि.स्त्री.)* गर्भिणी, पेटसंग, हमिला।
pregnant, in a family way.

गर्भाधान *(पुं.)* गर्भधारण, गर्भस्थापना।
impregnation, conception.

गर्म *(वि.)* उत्तप्त, उष्ण, कुनकुना, गरम, गरमागरम, तपित, तप्त।
hot, warm.

गर्म हो जाना *(क्रिपद)* अंगारा हो जाना, जलना, जलने लगना, तप जाना, तपना, लाल हो जाना, सुर्ख हो जाना।
to be heated, to become red.

गर्मी *(स्त्री.)* उत्तप्तता, उत्ताप, उमस, उष्णता, गर्माहट, तपन, तपिश, ताप, तौंस।
heat, hotness, sultriness.

गलत *(वि.)* 1. अतथ्यपूर्ण, अयथार्थ, अविहित, अशुद्ध, असत्य, असंगत, त्रुटिपूर्ण, दोषपूर्ण।
wrong.
2. अनुचित (दे.)।

गलती *(स्त्री.)* 1. कसूर, खता, त्रुटि, दोष, भूल, प्रमाद।
mistake.
2. अशुद्धि, चूक, त्रुटि, भूल।
mistake, error, inaccuracy, slip, misconception.

गला *(पुं.)* कंठ, कटई, नटई, हलक।
throat.

गला काटना *(क्रिपद)* कत्ल करना, गला रेतना, ज़बह करना, वध करना।
to kill, to slaughter.

गली *(स्त्री.)* कूचा, गलियारा, गैल, टोला, महाल, मुहल्ला।
street, corridor.

गले लगाना *(क्रिपद)* आलिंगन करना, कलेजे से लगाना, छाती से लगाना, दिल से लगाना, बाँहों में भर लेना, भुजापाश में लेना, भुजाओं में भरना, सीने से लगाना।
to embrace, to hug.

गवाह *(पुं.)* चश्मदीद, प्रत्यक्षदशी, साक्षी।
witness.

गवाही *(स्त्री.)* साक्षी, साक्ष्य।
evidence.

गहना *(स्त्री.)* अलंकार, आभूषण, जेवर, टूम, भूषण।
ornament.

गहरा *(वि.)* अगाध, अतल, अथाह, गंभीर, गहन, घना, चटक, निविड़, प्रगाढ़, मंद्र।
deep, profound, fathomless, dense, thick.

गहराई *(स्त्री.)* गंभीरता, थाह।
depth.

गाँठ *(स्त्री.)* 1. गिरह, ग्रंथि, घुंडी।
knot.
2. जोड़ (दे.)
joint.

गाँठदार *(वि.)* गठीला, गट्ठल।
knotty.

गाँव *(पुं.)* खेड़ा, ग्राम, देहात, परगना, पल्ली, पुरवा, पुरा, बस्ती, मौजा।
village, countryside.

गाड़ना *(क्रि.)* दबा देना, दफनाना।
to bury, entomle, lay to rest.

गाड़ी *(स्त्री.)* कार, छकड़ा, ट्रक, ठेला, बैलगाड़ी, मोटर, यान, रेल, लारी, वाहन, शकट, सवारी गाड़ी।
conveyance, vehicle, carrier, train, car, motor, lorry.

गाढ़ा *(वि.)* घना, घनीभूत, प्रगाढ़।
thick.

गाढ़ापन *(पुं.)* घनत्व, घनापन, प्रगाढ़ता।
thickness.

गाना[1] *(क्रि.)* अलापना, गाना-बजाना, गायन करना, गुनगुनाना, राग छेड़ना, राग निकालना, सुर निकालना।
to sing.

गाना[2] *(पुं.)* गाना, गायन, गीत, तराना, नग्मा, दुगाना, समवेत गान, सहगान।
song, chorus.

गाय *(स्त्री.)* कपिला, गऊ, गैया, गो, गौ, धेनु, श्यामा, सुरभि।
cow.

गायक *(पुं.)* गलेबाज़, गवैया, गीतकार।
singer.

ग़ायब *(पुं.)* अंतर्धान, अदृश्य, अनुपस्थित, चंपत, लुप्त, विलुप्त।
unvisible, out of sight.

ग़ायब हो जाना *(क्रिपद)* अंतर्धान हो जाना, अदृश्य हो जाना, अलक्ष्य हो जाना, उड़ जाना, काफूर हो जाना, खिसक जाना, गुम जो जाना, खो जाना, चंपत हो जाना, तिरोधान हो जाना, तिरोहित हो जाना, नदारद हो जाना, नौ दो ग्यारह हो जाना, रफूचक्कर हो जाना, लुप्त हो जाना, विलीन हो जाना, विलुप्त हो जाना, हवा हो जाना।
to slip away, to run away.

गायिका *(स्त्री.)* गानेवाली, गौनहारिन।
lady-singer.

गाल *(पुं.)* कपोल, रुखसार।
cheak.

गाली *(स्त्री.)* अपशब्द, कोसाकाटी, गाली-गलौज, गाली-गुफ्ता, दुर्वचन, भर्त्सना।
abuse, vituperation, invective.

गिचपिच *(स्त्री.)* गिचिर-पिचिर, घसीट।
bad handwriting.

गिजगिजा *(वि.)* गिलगिला, चिपचिपा, लसलसा।
fleshy. slimy, viscous.

गिद *(स्त्री.)* कीचड़।
mucus.

गिनना *(क्रि.)* गणना करना, गिनती करना, परिकलन करना, परिगणना करना, शुमार करना, हिसाब करना।
to count, to enumerate.

गिरजा *(पुं.)* खीस्तगृह, गिरजाघर, कलीसिया।
church.

गिरना *(क्रि.)* टपक पड़ना, गिर पड़ना, ढहना, ढेर हो जाना, नीचे आ पड़ना, भहराना, लुढ़क जाना।
to fall, to collapse, to crashdown.

गिरफ्तार करना *(क्रिपद)* पकड़ लेना, बंदी बनाना, हथकड़ी डालना, हिरासत में लेना।
to apprehend, to arrest.

गिरफ्तारी *(स्त्री.)* पकड़-धकड़, पकड़ा-पकड़ी, धर-पकड़, नज़रबंदी।
arrest, rounding up.

गिराना *(क्रि.)* 1. ढाहना, धराशायी करना, ध्वस्त करना, भूमिसात करना।
to demolish.
2. अवनत करना, चित्त करना, धराशायी करना, पटकना, पटकनी देना।
to fell, to degrade.

गिरावट *(स्त्री.)* 1. उतार, घटती, मंदी, सस्ती, ह्रास।
decline.
2. पतन (दे.)

गिरोह *(पुं.)* गुट, गोल, ग्रुप, जत्था, जुट, टोली, झुंड, धड़ा, मंडली, वृंद।
gang, group, band, patch, horde, clique.

गिलबिलाना *(क्रि.)* गुँगुआना।
to speak unintelligibly.

गिलौरी *(स्त्री.)* बीड़ा।
betel-leaf, stuffed and folded.

गिल्टी *(स्त्री.)* कखौरी, कौड़ी, गाँठ, गुमटा, गुलमा, गोला, गूमड़, ग्रंथि।
gland, swollen gland, protuberance.

गीदड़ *(पुं.)* शृंगाल, सियार।
jackal.

गीला *(वि.)* आर्द्र, ओदा, तर, तरबतर, नम, भीगा हुआ, लथपथ, शराबोर, सना हुआ, सीड़ा-भरा, सीलन-भरा।
wet, damp, moist, drenched, soaked.

गुंजाइश *(स्त्री.)* अवकाश, जगह, धारिता, समाई, स्थान।
capacity, accommodation.

गुंजित *(वि.)* गुंजायमान, प्रतिध्वनित।
echoic.

गुंडई *(स्त्री.)* गुंडागर्दी, गुंडापन, दादागिरी, नंगई, बदमाशी, मुस्टंडापन, लफंगई, लुच्चापन, शोहदापन।
hooliganism, deliquency. ruffianism.

गुंडा *(पुं.)* नंगा, बदमाश, लुच्चा, लफंगा, शोहदा।
hooligan, rouge, ruffian, delinquent, scamp, hoodlum.

गुच्छा *(पुं.)* गुंफ, गुच्छ, घौद, स्तवक।
bunch, cluster.

गुजारना *(क्रि.)* 1. काटना, बिताना।
to pass time.
2. गुजारा करना (दे.)

गुजारा करना *(क्रि.)* गुजर-बसर करना, चलाए चलना, जिंदगी बसर करना, जीवनयापन करना, दिन काटना, दिन निकालना/बिताना, निभाना, निर्वाह करना, सींग समाना।
to make both ends meet, to pull on.

गुड़िया *(स्त्री.)* डॉल।
doll.

गुड्डी *(स्त्री.)* कनकौआ, पतंग।
kite, paper-kite.

गुण *(पुं.)* अच्छाई, क्वालिटी, खासियत, खूबी, गुणधर्म, गुणवत्ता, बू-बास, लक्षण, विशिष्टता, विशेषता, वैशिष्ट्य, वैशिढ्य, सिफ़त।
quality, attribute, merit, property, characteristic.

गुणकारी *(वि.)* असरदार, कारगर, कार्यसाधक, प्रभावी, फलोत्पादक, फायदेमंद, लाभदायक।
effective, efficacious.

गुणगान *(पुं.)* यशोगान, स्तुति, स्तुतिगान।
eulogy.

गुणग्राहक *(पुं.)* कद्रदान, गुणज्ञ, रसिक, रसिया, सहृदय।
one who appreciates.

गुणग्राहकता *(स्त्री.)* गुणज्ञता, कद्रदानी, परख।
appreciation of merit.

गुणहीन *(वि.)* निर्गुण, लक्ष्यहीन।
without qualities.

गुणी *(वि.)* गुणनिधान, गुणवान, गुणाकर।
meritorious.

गुदगुदी *(स्त्री.)* गुदगुदाहट, चुनचुनी, चुल, चुल-चुलाहट, सिहरन।
tickling sensation, titilation.

गुदड़ी *(स्त्री.)* कंथा, कथरी, फटे-पुराने कपड़े, गूदड़।
patched quilt, beggar's bedding.

गुदा *(स्त्री.)* गाँड़, गुदा-द्वार, मलद्वार।
anus.

गुप्त *(वि.)* अप्रकट, अप्रकाशित, अप्रत्यक्ष, अलक्षित, अव्यक्त, खुफिया, गुज्झा, गुह्य, गूढ़, गोपनीय, छिपा हुआ, निगूढ़, पोशीदा, प्रच्छन्न, भूमिगत, रहस्यपूर्ण संगोपनीय।
secret, hidden, latent, confidential, underground.

गुप्तचर *(पुं.)* गोइंदा, घुसपैठिया, जासूस, भेदिया।
spy.

गुप्तचर्या *(स्त्री.)* जासूसी।
espionage.

गुफ़ा *(स्त्री.)* कंदरा, गोह, माँद।
cave, cavern.

गुब्बारा *(पुं.)* बैलून।
balloon.

गुरुता *(स्त्री.)* गुरुत्व, भारीपन।
gravity, heaviness, bulkiness.

गुलदस्ता *(पुं.)* पुष्पगुच्छ, स्तवक।
bouquet.

गुलाबी *(वि.)* पिंक, प्याज़ी।
pink.

गुस्साना *(क्रि.)* आगबबूला होना, क्रुद्ध होना, खीज उठना, गुस्से में आना, झल्ला उठना, झुंझला उठना, त्योरी चढ़ाना, भड़क उठना, भृकुटि चढ़ाना।
to become annoyed, to become infuriated, frown.

गूँगा *(वि.)* 1. बेज़बान।
mute, dumb.
2. चुप (दे.)

गूँज *(स्त्री.)* गुंजन, अनुनाद, प्रतिध्वनि।
echo, reverberation, resonance.

गूँधना *(क्रि.)* मलना, मसलना, रूँधना, सनाना।
to knead.

गू *(पुं.)* गुह, छिया, टट्टी, पुरीष, पैखाना, मल, मैला, विष्ठा।
faeces, stool.

गूदा *(पुं.)* कचूमर, भुरकस, भुर्था, मज्जा, मलीदा, लुगदी।
pulp, pith.

गू-मूत *(पुं.)* टट्टी-पेशाब, मलमूत्र।
human excreta.

गृहस्थ *(विपुं.)* गृही, दुनियादार, संसारी।
householder.

गृहस्थी *(स्त्री.)* घर-द्वार, घर-बार।
household.

गृहासक्त *(वि.)* घर-घुस्सू, पलंग-तोड़।
homesick.

गेंद *(पुं.)* कंदुक, गोला।
ball.

गेहुँआ *(वि.)* गंदुमी।
wheatish, wheaten.

गोजर *(स्त्री.)* कनखजूरा, छिक्कनी, शतपदी।
centipede.

गोद *(स्त्री.)* अंक, अँकवार, आगोश, क्रोड़, गोदी।
lap.

गोदाम *(पुं.)* कोठार, गोडाउन, भंडार, भंडारगृह।
godown, storehouse.

गोमेद *(पुं.)* अकील, सुलेमानी पत्थर।
agate.

गोरा *(वि.)* गौर, गौरवर्ण।
fair-complexioned.

गोल *(वि.)* गोल-मटोल, गोलाकार, अंडाकार, चक्रिल, मंडलाकार, वलयाकार, वृत्ताकार।
circular, spherical, round.

गोलमाल करना *(क्रिपद)* अदल-बदल करना, गड़बड़ करना, घपला करना, हेरफेर करना।
to gerrymander.

गोलाबारी *(स्त्री.)* बमवर्षा।
bombing.

गोष्ठी *(स्त्री.)* अध्ययन-गोष्ठी, परिचर्चा-गोष्ठी, परिसंवाद-गोष्ठी, विचार-गोष्ठी, संगोष्ठि, सेमिनार।
symposium, seminar.

गोहत्या *(स्त्री.)* गोकुशी, गोघात, गोवध।
cow-slaughter.

गोहरा *(पुं.)* उपला, कंडा, कंडी, गोबरी, गोहरी, चिपरी, थपड़ी।
dried cow-dung used as fuel.

गौना *(पुं.)* दोंगा, द्विरागमन।
a ceremony in which the bride goes to the bridegroom's house first or second time after marrige.

ग्रंथावली *(स्त्री.)* दीवान, रचनावली, समग्र।

ग्रस्त *(वि.)* ज़दा, पीड़ित।
inflicted.

ग्राहक *(पुं.)* आसामी, उपभोक्ता, क्रेता, खरीदार, गाहक, भोक्ता, मुवक्किल।

ग्वाला *(पुं.)* अहीर, आभीर, गूजर, गोप, गोपाल, दूधवाला।
milkman.

ग्वालिन *(स्त्री.)* अहीरिन, गूजरी, गोपी, दूधवाली।
milkmaid.

घ

घटना[1] *(स्त्री.)* अनर्थ, कांड, दुर्घटना, वाका, वाक्या, वारदात, विनाशलीला, हादसा।
accident, untoward incident, disaster, mishap, clamity.

घटना[2] *(क्रि.)* घटित होना, प्रकट होना, सामने आना, हो जाना।
to occur, to happen, to befall.

घटना[3] *(क्रि.)* उतरना, कम होना।
to abate, to lessen, to subside.

घटना-क्रम *(पुं.)* घटना-चक्र, घटनावली।
succession of events.

घटना-बढ़ना *(क्रिपद)* उतार-चढ़ाव आना, कमती-बेशी होना, घट-बढ़ होना, घटती-बढ़ती होना, घटाव-बढ़ाव होना।
to rise and fall, to fluctuate.

घट-बढ़ *(स्त्री.)* अधिकता-अल्पता, उतार-चढ़ाव, कमी-बेसी, घटती-बढ़ती, घटा-बढ़ी।
fluctuation.

घटा *(स्त्री.)* घटाटोप, दलबादल, मेघमाला, मेघावली।
mass of clouds.

घटिया *(वि.)* खराब, खराब किस्म का, निकृष्ट, निम्नस्तरीय, अमानक, बेकार, रद्दी, हलका, हलके दर्जे का, हीन, हेय।
inferior, of inferior quality.

घड़ा *(पुं.)* कलश, कुंभ, घट, गगरा, मटका, हंडा।
pitcher.

घना *(पुं.)* गझिन, गफ़, गाढ़ा, घनघोर, ठस, निबिड़, प्रगाढ़, सघन।
thick, dense.

घनिष्ठ *(वि.)* अंतरंग, अंतरतम, अनन्य, अभिन्न, आत्मीय, खास, गहरा, जिगरी, दिली, पक्का, प्रगाढ़, लँगोटिया, हार्दिक।
intimate, close, fast.

घनिष्ठता *(स्त्री.)* अंगतरंगता, अभिन्नता, घाल-मेल, घिसपिस, गटपट, गड्डमड्ड, गहरी दोस्ती, परचाव, मेलजोल, रब्त-जब्त, साँठ-साँठ, सौहार्द, हेल-मेल।
intimacy.

घपलेबाज *(वि.)* गड़बड़िया, घोटालेबाज, घोटालेवाला, गड्डमड्डिया।
bungler.

घबराना *(क्रि.)* अकुलाना, अधीर होना, उद्विग्न होना, कुलबुलाना, क्षुब्ध होना, घबरा जाना, चकपकाना, परेशान होना, विकल होना, व्याकुल होना, सिटपिटाना, हकबकाना।
to be non-pulssed, to be confused or confounded.

घबराहट *(स्त्री.)* अकुलाहट, अधीरता, उद्विग्नता, कलक, कुलबुलाहट, क्षोभ,

छटपटी, धुकड़-पुकड़, धुकधुकी, परेशानी, बेचैनी, विह्वलता, व्याकुलता, संक्षोभ।
perplexity, nervousness, perturbance.

घर *(पुं.)* आलय, आवास, क्वाटर, गरीबखाना, गृह, घरौंदा, डेरा, दौलतखाना, धाम, निकेत, निकेतन, निलय, निवास, निवास-स्थान, निवेश, भवन, मकान, वास, वासस्थान, सदन।
house, abode, residence, dwelling, dwelling place, lodging, quarters.

घाटी *(स्त्री.)* उपत्यका, तलहटी, दरी, दून, वादी।
valley, vale.

घातक *(वि.)* अनिष्टकारी, कातिलाना, घालक, जानलेवा, ज़ालिमाना, नाशक, प्राणघातक, प्राणांतक, बुरा, मर्मांतक, विध्वंसक, विनाशक, संघातक।
fatal, baneful, pernicious, destroyer.

घायल *(वि.)* आहत, चुटीला, चुटैल, जख्मी, मर्माहत, विक्षत, व्रणित, विद्ध।
wounded.

घाव *(पुं.)* क्षत, चकोट, चोट, चोट-चपेट, जख्म, ज़रब, व्रण।
wounded, injury.

घिरना *(क्रि.)* घेरेबंदी होना, छिकना, फँसना।
to be incircled.

घिसना *(क्रि.)* कसना, घर्षित करना, रगड़ना, रेतना।
to rub.

घिसी-पिटी बात *(स्त्री.)* पिष्टोक्ति।
cliche.

घी-तेल *(पुं.)* चिकनाई, चिकना पदार्थ, स्निग्ध पदार्थ।
oily substance.

घुँघराला *(वि.)* कुंचित, कुंतल, छल्लेदार, लहरदार, लहरिल।
curly, ringed, curled.

घुटन *(स्त्री.)* दमघुटी, श्वासावरोध, साँसत।
suffocation.

घुड़की *(स्त्री.)* चेतावनी, झिड़की, धुप्पस, बंदरघुड़की, भभकी।
reprimand, admonition.

घुड़सवार *(पुं.)* अश्वारोही, घुड़चढ़ा, शहसवार।
horse-rider.

घुमक्कड़ *(विपुं.)* आवारा, ख़ानाबदोश, घुमंतू, छुट्टा, निघर-घट, पर्यटक, बहेतु, भ्रमणशील, मटरगश्त, यायावर, रमता (योगी), लोफर, सैलानी, सैलानी तबीयत का।
roving, wandering, rover, wanderer, nomad.

घुमाना *(क्रि.)* 1. फेरना, मोड़ना।
to turn round.
2. घुमाना-फिराना, टहलाना।
to turn round.

घुमाव *(पुं.)* चक्कर, मोड़।
bend, turn.

घुसना *(क्रि.)* अंदर जाना, दाखिल होना, घुसपैठ करना, प्रविष्ट होना, प्रवेश करना।
to thrust into.

घुसेड़ना *(क्रि.)* कोंचना, खोसना, गड़ाना, गोदना, घोंपना, चुभाना, चुभोना, डालना, धँसाना, बींधना, भोंकना।
to thrust into, to pinch, to prick.

घूँघट *(पुं.)* परदा, पल्ला, पल्लू।
veil.

घूँघट करना *(क्रिपद)* परदा करना, परदे में रहना।
to veil, to keep oneself in veil.

घूमना *(क्रि.)* 1. घूमना-फिरना, टहलना, देशाटन करना, पर्यटन करना, भ्रमण करना, रमना, विचरण करना, व्रजन करना, सैर करना, सैर-सपाटा करना।
to walk about, to stroll.
2. मुड़ना।
to rotate, to revolve, to turn.

घूरना *(क्रि.)* आँख-भौं चढ़ाना, आँखें तरेरना, आँखें दिखाना, आँखें फाड़-फाड़कर देखना,

आँखों से खून टपकना, गुरेरना, तरेरना, तीक्ष्ण दृष्टि से देखना, त्योरी चढ़ाना, भौंहें टेढ़ी करना, लाल-पीली आँखें दिखाना।
to frown, to stare angrily.

घृणा *(स्त्री.)* घिन, गर्हणा, चिढ़, जुगुप्सा, नफरत, विकर्षण, वितृष्णा, हिकारत।
hate, hatred, scorn, abhorrence, dislike, aversion, repulsion.

घृणा करना *(क्रिपद)* घिनाना, घृणा की दृष्टि से देखना, चिढ़ना, दूर भागना, नफरत करना, वितृष्ण होना।
to dislike, to despise, to hate, to loothe, to abhor, to detest.
विपर्याय–पसंद करना, चाहना, प्रेम करना।

घृणित *(वि.)* अरुचिकर, कुत्सित, गर्हणीय, गर्हित, गर्ह्य, घिनौना, घृणास्पद, जुगुप्सित, बीभत्स, विरक्तिकर।
abominable, contemptible, disgusting, loathsome, detestable, base, abject.

घेरना *(क्रि.)* घेरघार करना, घेर लेना, घेरा डालना, घेराव करना, घेरेबंदी करना, छेंकना, मंडल बनाना।
to surround, to encircle.

घेरेबंदी *(स्त्री.)* घेराव, नाकेबंदी।
blockade, siege.

घोंघा *(पुं.)* शंबु, शंबुक।
shell.

घोंटा *(पुं.)* रट्टा।
act of learning by heart, rote.

घोंसला *(पुं.)* आशियाना, घर, घरौंदा, नीड़।
nest.

घोटाला *(पुं.)* गड़बड़झाला, गबन, गोलमाल, घपला, धाँधली, हेराफेरी।
bungling, scam, scandal, fraud.

घोड़ा *(पुं.)* अश्व, तुरंग, वाजि, सैंधव, हय।
horse.

घोर *(वि.)* 1. उत्कट, घनघोर, दारुण, प्रचंड, भीषण, मर्मांतक, मरणांतक, विकट।
fierce and excessively terrible, awful, grinding.
2. भयानक (दे.)

घोर शत्रु *(पुं.)* खून का प्यासा, जान का वैरी, जानी दुश्मन।
terrible opponent, arch enemy.

घोषणा *(स्त्री.)* उद्घोषणा, एलान, ख्यापन, ढिंढोरा, प्रख्यापन, मुनादी।
announcement, declaration, proclamation.

घोषणा करना *(क्रि. पद.)* एलान करना, ढिंढोरा पीटना, मुनादी करना।
to announce, to proclaim.

च

चंचल *(वि.)* 1. खिलवाड़ी, चपल, चिलबिला, चुलबुला, नटखट, शरारती।
playful.
2. अस्थिर (दे.)

चंचलता *(स्त्री.)* 1. चपलता, चिलबिलापन, चापल्य, चांचल्य, नटखटपन, नटखटी, चुलबुलापन।
playfulness.
2. अस्थिरता (दे.)

चंचु-प्रवेश *(पुं.)* ऊपरी जानकारी, छिछली जानकारी, पल्लवग्राहिता।
smattering.

चंदन *(पुं.)* संदल।
sandal.

चंद्रमा *(पुं.)* इंदु, चंद्र, चंदा, चंदामामा, चाँद, मयंक, महताब, रजनीश, राकेश, विधु,

शशांक, शशि, सुधांशु, सुधाकर, हिमकर, हिमांशु।
moon.

चँवर *(स्त्री.)* मुरछल, मोरछल।
whisk.

चकाचौंध *(स्त्री.)* कौंध, चकास, चिलक, चौंध, तिलमिल, तिलमिली, तिरमिराहट।
dazzle.

चकित *(वि.)* अचंभित, अचकचाया हुआ, आश्चर्यचकित, आश्चर्यान्वित, चकपकाया हुआ, चकराया हुआ, चमत्कृत, ठगा-सा, दंग, भौंचक्का, भ्रमित, मुँह बाए हुआ, विजड़ित, विभ्रमित, विस्मित, व्यामोहित, सन्न, स्तंभित, स्तब्ध, हक्का-बक्का, हतप्रभ, हतबुद्धि, हैरान।
amazed. astonished, taken aback, astounded, aghast, alarmed, stunned, wonder-struck.

चकित होना *(क्रिपद)* अकचकाना, आश्चर्यचकित होना, आश्चर्य में पड़ जाना, चकपकाना, चौंक उठना, ठगा-सा रह जाना, ताज्जुब होना, दंग रह जाना, भकुआना, भौंचक्का हो जाना, भ्रमित होना, भ्रांत होना, मुँह बा देना, विभ्रमित होना, विस्मित होना, व्यामोहित होना, सकपका जाना, सन्न हो जाना, सुध-बुध खो बैठना, हक्का-बक्का हो जाना, हतप्रभ होना, हतबुद्धि होना, हैरान हो जाना, होश उड़ जाना, होश-हवास उड़ जाना।
to be non-plussed, to be confounded.

चक्कर *(पुं.)* 1. गश्त, दौरा, परिक्रमा, फेरा, फेरी।
round.
2. घुमटा, घुमरी, घुमेरी।
giddiness.
3. घुमाव, घुमाव-फिराव, फेर।
detour, circuitous route.

चक्करदार *(वि.)* उलझा हुआ, घुमावदार, घुमाव-फिराववाला, चक्राकार, पेचदार, पेचीदा, पेचीला, फेरदार, सर्पिल।
meandering, winding, circuitous, roundabout.

चखना *(क्रि.)* 1. स्वाद देखना, रस लेना।
to taste.
2. मजा लेना (दे.)

चटोरा *(वि.)* पत्ताचट, स्वादलोलुप।

चट्टान *(स्त्री.)* शिला, शैल।
rock.

चढ़त *(स्त्री.)* चढ़ावा, निर्माल्य।
offering to a deity.

चढ़ना *(क्रि.)* 1. ऊपर उठना, ऊपर जाना, ऊँचा होना।
to rise.
2. आरूढ़ होना, आसीन होना।
to ride, to occupy, to ascend, to mount.

चढ़ाव *(पुं.)* चढ़ाई, चढ़ान।
ascent, climb.

चढ़ावा *(पुं.)* चढ़त, देवभोग, भोग, नैवेद्य।

चतुर *(वि.)* कुशल, चालाक, दक्ष, दूरदर्शी, निपुण, नीतिकुशल, पटु, प्रवीण, बुद्धिमान, व्यवहार-कुशल, सयाना, होशियार।
clever, adroit, shrewd, skilled, tactful.

चतुरता *(स्त्री.)* कौशल, कुशलता, चतुराई, चातुरी, चालाकी, पटुता, दक्षता, निपुणता, प्रवीणता, सयानप, होशियारी।
cleverness, shrewdness, adroitness.

चपटा *(वि.)* चौरस, सपाट, समतल।
flat.

चपत *(स्त्री.)* चाँटा, झापड़, तड़ी, तमाचा, थप्पड़, धौल, पटाका, लप्पड़।
slap, box.

चपतियाना *(क्रि.)* चपत देना/लगाना/रसीद करना, चाँटा जड़ना/लगाना, तमाचा मारना/

लगाना, थप्पड़ मारना/लगाना, धौल जमाना।
to slap.

चबाना *(क्रि.)* चर्वण करना, जुगाली करना।
to chew, to masticate.

चबूतरा *(पुं.)* अलिंद, चौंतरा, डायस, प्लेटफार्म, मंच।
platform.

चमक *(स्त्री.)* आभा, कांति, कौंध, चटक, चटकीलापन, चमकारा, दमक, दीप्ति, द्युति, रौनक, लहक।
shine, flash, brightness, gleam.

चमकना *(क्रि.)* 1. चमचम करना, चमचमाना, जगमगाना, झलझल करना, झलझलाना, दमकना, लहकना।
to brighten, to polish, to glaze, to barnish.

चमकीला *(वि.)* कांतिमान, उज्ज्वल, चटक, चटकीला, चमकता हुआ, चमकदार, चमकीला, चमचमाता हुआ, चमाचम, चिक-चाक, जगमग, जाज्वल्यमान, झकाझक, झलझल करता हुआ, तेजपूर्ण, तेजोदीप्त, तेजोमय, दमकता हुआ, दीप्तिमान, देदीप्यमान, धवल, प्रकाशमान, प्रदीप्त, भड़कदार, भड़कीला, भास्वर, लकदक, शुभ्र, शोख।
bright, shining, glowing, illuminated, glittering, gleaming, resplendent, flashing, luminous, sparkling, radiant.

चमकीली *(स्त्री.)* सितारा।
paillette.

चमचा *(पुं.)* गुरगा।
henchman, sycophant.

चमड़ी *(स्त्री.)* खाल।
skin.

चमत्कार *(पुं.)* अचंभा, अचरज, कमाल, करतब, करामात, करिश्मा, कौतुक, जादू, विलक्षणता।
miracle, feat, curious phenomenon.

चमत्कारिक *(वि.)* अद्‌भुत, आश्चर्यजनक, अलौकिक, करामाती, चमत्कारपूर्ण, चमत्कारी, जादुई, दिव्य, लोकोत्तर, विस्मयकारक, विस्मयकारी, विस्मयजनक।
miraculous, magical, unbelievable.

चमेली *(स्त्री.)* जूही, नवमल्लिका, माधवी, मालती, मल्लिका, यूथिका।
jasmine.

चयनित *(वि.)* चुनवाँ, चुनिंदा, निर्वाचित, संकलित।
selected, chosen.

चरणकमल *(पुं.)* पदारविंद।
lotus like feet.

चरणस्पर्श *(पुं.)* पालागन, पालागी, पैरीपौना।
touching of someone's feet.

चरबी *(स्त्री.)* वसा।
fat.

चरवाहा *(पुं.)* गड़ेरिया, गोप।
grazier, shepherd.

चरागाह *(स्त्री.)* गोचर-भूमि, चरी।
pasture land.

चराचर *(वि.)* चलाचल, जड़-संगम।
movable and immovable.

चरित्र *(पुं.)* आचरण, कैरेक्टर, चाल-चलन, चाल-ढाल, रंग-ढंग, गतिविधि, शील।
character, conduct, disposition.

चरित्रबल *(पुं.)* आत्मबल, चारित्रिक दृढ़ता, जीवट।
force of character.

चरित्रवान *(वि.)* पुण्यश्लोक, भला, शीलवान, सच्चरित्र।
possessing a character.

चरित्रहीन *(वि.)* चरित्रभ्रष्ट, दुराचारी, दुरात्मा, दुर्वृत्त, दुश्चरित्र, बेउसूल, भ्रष्ट, भ्रष्टाचारी, बदमाश।
characterless, unprincipled, immoral, vile.

चर्चा *(स्त्री.)* उल्लेख, जिक्र, परिचर्चा, वर्णन, विवेचना।
mention, reference to some topic.

चर्चित *(वि.)* उल्लेखनीय, महत्त्वपूर्ण, मुख्य, विशिष्ट।
notable, remarkable.

चलता *(वि.)* चल, चलतू, प्रचलित।
current, prevalent.

चलन *(पुं.)* प्रथा, प्रचलन, रिवाज, रीति।
prevalence, custom,

चलना *(क्रि.)* 1. कदम बढ़ाना, डग भरना, घूमना, टहलना, प्रस्थान करना।
to walk.
2. रवाना होना, छूटना।
to do, to operate, to run.

चश्मा *(पुं.)* ऐनक, चक्षुक, द्विनेत्री।
pair of spectacles.

चहचहाना *(क्रि.)* किलकारी मारना, किलकिलाना, कूजना, चहकना, चहचह करना, चिरचिर करना, चेंचें करना, टेंटें करना।
to chirp.

चहल-पहल *(स्त्री.)* गहमह, गहमागहमी, धूमधड़ाका, धूमधाम, मसायन, रौनक, सरगर्मी, हलचल।
bust-up, gaiety. razzle, zeal & enthusiasm.

चहारदीवारी *(स्त्री.)* घेरा, चतुःसीमा पगार, परकोटा, प्राचीर।
boundary, boundary wall.

चाँड़ *(स्त्री.)* टेक, थूनी।
support.

चाँदनी *(स्त्री.)* कौमुदी, चंद्रप्रभा, चंद्रहास, चंद्रिका, जुन्हाई, ज्योत्सना।
moonlight, moonshine.

चाँदी *(स्त्री.)* रजत, रूपा, रौप्या।
silver.

चादर *(स्त्री.)* उत्तरपट, ओढ़नी, दुपट्टा, चाटुकार, मिथ्या प्रशंसक।
flatterer, sycophant.

चापलूस *(वि.)* खुशामदी, खुशामदी टट्टू, चाटुकार, मिथ्या प्रशंसक।
flatterer, scycophant.

चापलूसी *(स्त्री.)* खुशामद, चाटुकारिता, चाटुकारी, चिकनी-चुपड़ी बातें, जी हजूरी, झूठी प्रशंसा, ठकुरसुहाती, भटई, मिथ्या-स्तुति, लल्लो-चप्पो।
flattery, sycophancy, adulation, cajolery, wheedling.

चापलूसी करना *(क्रिपद)* खुशामद करना, चाटुकारिता करना, चापलूसी करना, मक्खन लगाना, मसका लगाना, लल्लो-चप्पो करना।
to flatter, to butter.

चाबुक *(पुं.)* औगी, कशा, कोड़ा, हंटर।
whip, horsewhip, flagellum.

चारण *(पुं.)* बंदी, भट्ट, भाँड, भाट, मागध, सूत।
bard.

चारपाई *(स्त्री.)* खाट, खटिया, खटोला, पर्यंक, पलंग, मसहरी, शय्या, सेज,।
cot, bed, bedstead.

चारा *(पुं.)* लासा।
lure, bait.

चारों ओर *(क्रिवि.)* चारों तरफ, चौतरफा, परितः।
on all sides, around.

चालक *(पुं.)* ड्राइवर, प्रचालक, संचालक, संवाहक।
driver, conductor.

चाल-चलन *(पुं.)* तौर-तरीका, रंग-ढंग।
conduct.

चालन *(पुं.)* निर्वहण, परिचालन, संचालन, संवहन।
conduction, driving, steering.

चालना *(क्रि.)* छानना, पछोरना, फटकना।
to sieve, to sift

चालाक *(वि.)* 1. उस्ताद, काँइयाँ, खुर्राट, चंट, चघड़, चतुर, चालबाज, छँटा हुआ, छत्तीसा, तिकड़मबाज, तिकड़मी, विदग्ध, सयाना, होशियार।
clever, decitful, crafty. cunning, artful.
2. धूर्त (दे.)

चालाकी *(स्त्री.)* उस्तादी, काँइयाँपन, कारस्तानी, कुचाल, चतुरता, चतुराई, चातुरी, चातुर्य, चाल, चालबाजी, छक्का-पंजा, जोड़-तोड़, तिकड़म, तिकड़मबाजी, पंजा-छक्का, विदग्धता, सयानापन, सयानप, हथकंडा, होशियारी।
craftiness, cunning, cleverness, trickery. artifice, sublety.

चालू *(वि.)* गतिशील, चलता हुआ, चलित, जारी, प्रचलित, लागू।
in force, current, prevalent.

चावल *(पुं.)* अक्षत, तंडुल।
rice.

चाहना *(क्रि.)* इच्छा करना/होना, उत्कंठित होना, चाह करना/होना, जी करना/होना, तरसना, मन करना/होना, ललकना, लालायित होना, लालसा होना।
to desire, to crave for, to pine for.

चिंगारी *(स्त्री.)* फुलिंग, शरारा, स्फुलिंग।
spark.

चिंतक *(पुं.)* दार्शनिक, मनीषी, विचारक, सोचनेवाला।
thinker, philosopher.

चिंतन *(पुं.)* ध्यान, प्रणिधान, मंथन, मनन, विचारणा, सोच, सोच-विचार।
thinking, meditation, contemplation.

चिंता *(स्त्री.)* अकुलाहट, उद्वेग, उलझन, तरद्दुद, दुश्चिंता, फिक्र, बेचैनी, सोच।
anxiety, uneasiness, restlessness.

चिंताजनक *(वि.)* क्षोभकारक, क्षोभजनक, गंभीर, चिंतनीय, डाँवाडोल, नाजुक, शोचनीय, शोच्य, संकटपूर्ण, संकटमय, संकटापन्न।
critical, serious, grave, causing anxiety.

चिंतित *(वि.)* आशंकित, उद्विग्न, चिंताग्रस्त, चिंतातुर, चिंतामग्न, दुचित्ता, दुदिला, परेशान, फिक्रमंद, बेकरार, बेचैन, बेताब, विकल, विचारमग्न, व्यग्र, व्याकुल, व्यथित।
worried, anxious, concerned, disturbed, restless.

चिंतित रहना *(क्रिपद)* कुढ़ते रहना, कुढ़ना, परेशान रहना, सुलगते रहना, सुलगना, सोच में पड़े रहना, सोचते रहना।
to be anxious, to brood, to feel uneasy.

चिक *(स्त्री.)* चिलमन।
curtain made of bamboo strips.

चिकना *(वि.)* चिकना-चुपड़ा, चुपड़ा, तेलहा, स्निग्ध।
oily, smooth.

चिकनाहट *(स्त्री.)* चिकनाई, चिकनापन।
oiliness, butteriness.

चिकित्सा *(स्त्री.)* इलाज, उपचार, दवा, दवा-दारू, निदान, रोगोपचार।
treatment, remedy, nursing.

चिकित्सालय *(पुं.)* अस्पताल, उपचारगृह, क्लीनिक, दवाघर, निदानगृह, निदानशाला।
clinic.

चिकित्स्य *(वि.)* उपचार्य, निदानीय, साध्य।
curable.

चिटकनी *(स्त्री.)* सिटकिनी।
bolt, latch.

चिड़चिड़ा *(वि.)* नाजुकमिजाज, तुनुकमिजाज, तेजमिजाज, बदमिजाज।
fretful, peevish, irritable, fastidious.

चिड़चिड़ापन *(पुं.)* चिड़चिड़ाहट, तुनुकमिजाजी, बदमिजाजी।
fretfulness, peevishness.

चिड़ियाघर *(पुं.)* चिड़ियाखाना, जंतुशाला।
zoo, zoological garden.

चिढ़ *(स्त्री.)* 1. चिढ़ौनी, छेड़।
teasing nickname.
2. घृणा (दे.)

चिढ़ना *(क्रि.)* कुढ़ना, खीझना, चिड़चिड़ाना, तिनकना।
to be irritated.

चितकबरा *(वि.)* गंगा-जमुनी, चित्तीदार, छींटदार, तिल-चावला, बुँदकीदार।
spotted.

चितवन *(स्त्री.)* तिरछी नज़र, कनखी, कटाक्ष
glance.

चित्र *(पुं.)* तस्वीर, पिक्चर, पेंटिंग, बिंब।
photo, painting, image, portrate.

चित्रकार *(पुं.)* चितेरा, चित्रकर्मी, पेंटर, रंगकर्मी।
photographer, painter.

चित्रण *(पुं.)* अंकन, चित्रकारी, चित्रांकन।
act of painting, delineation.

चिथड़ा *(पुं.)* कथरी, गूदड़, चिरकुट, चीवर, लत्ता।
rag, tatter.

चिनगारी *(स्त्री.)* चिंगारी, चिनगी, स्फुलिंग।
spark.

चिन्हानी *(स्त्री.)* निशानी।
token of remembrance.

चिपकना *(क्रि.)* चसना, चहूँटना, चिपटना, जुड़ना, लगना, लिपटना, सटना।
to cling.

चिपचिपा *(वि.)* गोंदीला, चेपदार, पिचपिचा, लसलसा, लिजलिजा, लिबलिबा, लिसलिसा, लसदार, लसीला।
sticky, viscous.

चिपचिपाहट *(स्त्री.)* चेप, लसलसाहट।
stickiness, viscosity.

चिरंजीव *(वि.)* आयुष्मान, चिरंजीवी, चिरजीवी, चिरायु, दीर्घजीवी, लंबी उम्रवाला, शतायु।
long-living.

चिरयुवा *(वि.)* जराहीन, वार्धक्यहीन, सदा जवान।
ageless.

चिरौरी *(स्त्री.)* अनुनय, अनुनय-विनय, अभियाचना, खुशामद, गिड़गिड़ाहट, निहोरा, मिन्नत, याचना, विनती।
entreaty, beseeching, imploring.

चिरौरी करना *(क्रिपद)* अनुनय करना, अभियाचना करना, खुशामद करना, गिड़गिड़ाना, घिघियाना, तलवे चाटना, दुम हिलाना, नाक रगड़ना, निहोरा करना, पैरों पड़ना, मनुहार करना, मिन्नत करना, याचना करना, रिरियाना, विनती करना, हाथ-पैर जोड़ना।
to entreat, to beseech, to implore.

चिल्लाना *(क्रि.)* गला फाड़ना, घर को सिर पर उठाना, चिचियाना, चीखना, चीखना-चिल्लाना, टर्राना, बौखलाना, शोरगुल करना, शोर मचाना, हल्ला करना।
to cry, to vociferate, to scream, to shriek.

चिह्न *(पुं.)* अलामत, चिन्ह, निशान, मार्का, लक्षण।
mark, sign.

चीख *(स्त्री.)* क्रंदन, चिल्लाहट, चीत्कार, ढाई, ढाड, धाड़, पुकार।
scream, shriek.

चीख-पुकार *(स्त्री.)* चीख-चिल्लाहट, त्राहि-त्राहि, हाहाकार, हायतोबा।
screaming out for help.

चीज *(स्त्री.)* जिंस, वस्तु, शै।
thing, article, item, commodity.

चीरना *(क्रि.)* फाड़ना, रेतना, विदीर्ण करना।
to saw, to fill.

चीर-फाड़ *(स्त्री.)* अंगविच्छेदन, आपरेशन, व्यवच्छेदन, शल्यकर्म, शल्यक्रिया।
surgical operation, anatomy, dissection.

चीरा लगाना *(क्रिपद)* आपरेशन करना, खोलना, चीरना, चीर-फाड़ करना, नश्तर लगाना, शल्यकर्म करना, शल्यक्रिया करना।
to operate, to lance.

चुंधा *(वि.)* चोंधर।
having very small eyes.

चुंबन *(पुं.)* चुम्मा, चुम्मी, पप्पी, बोसा, मिट्ठी।
kiss.

चुकता *(वि.)* अदा, परिशोधित, बेबाक।
paid up, repaid.

चुकाना *(क्रि.)* अदा करना, चुकता करना, निपटाना, पटाना, परिशोधन करना, परिशोधित करना, कर देना, भुगतान करना।
to repay.

चुटकुला *(पुं.)* फुलझड़ी, मजाक, लतीफा, शोशा।
titbit, joke.

चुड़ैल, *(स्त्री.)* डाकिनी, डायन।
witch.

चुनट *(स्त्री.)* चुनन, चुन्नट।
ruffle.

चुनना *(क्रि.)* चयन करना, चयनित करना, चुनाव करना, छाँटना, निर्वाचन करना, निर्वाचित करना, पसंद करना, प्रवरण करना, बराना, बिनना, वरण करना।
to choose, to select, to elect.

चुनाव *(पुं.)* इंतखाब, चयन, छँटाई, छँटाव, छाँट, निर्वाचन, वरण।
selection, election, choice, option.

चुनौती *(स्त्री.)* आवाहन, आह्वान, ललकार।
challenge.

चुनौती देना *(क्रिपद)* आवाहन करना, आह्वान करना, ललकारना।
to challenge.

चुप *(वि.)* खामोश, निरुत्तर, निर्वाक, मूक, मौन।
silent, hushed, mute, quiet, still.

चुपचाप *(क्रिवि.)* आहिस्ता से, गुपचुप, चुपके-चुपके, चुपके-से, चुपचुपाते, चोरी-चोरी, चोरी-छिपे, चोरी से, छिपकर, परदे के पीछे, बिना कहे-सुने, बिना बतलाए, बिना शब्द किए, मौन धारण किए, शांति भाव से।
secretly, clandestinely.

चुपड़ना *(क्रि.)* घी लगाना, तर करना, स्निग्ध करना।
to apply butter/ghee.

चुप रहना *(क्रिपद)* चुप्पी साधना, सी न करना, मुँह न खोलना, मुँह बंद रखना, शांत बने रहना, मूक हो जाना, मौन धारण करना, मौन रहना।
to be silent, to be quiet.

चुप्पा *(वि.)* गुमसुम, घुन्ना, मचला, मीसना।
choosing to hide one's intentions, secretive.

चुप्पी *(स्त्री.)* खामोशी, निःशब्दता, निस्तब्धता, नीरवता, मौन, सन्नाटा।
silence, reticence.

चुभना *(क्रि.)* 1. गड़ना, घुसना, धँसना।
to prick, to pinch.
2. अखरना, खटकना, बुरा लगना।
to pinch.

चुभाना *(क्रि.)* गड़ाना, घुसेड़ना, घोंपना, डालना, धँसाना, भोंकना।
to prick, to pinch.

चुराना *(क्रि.)* अपहरण करना, उड़ा देना, उड़ा लेना, खसोटना, ठगना, गोल कर जाना, चोरी करना, छलना, झटकना, ठगना, तिड़ी कर देना, मूसना, हरण करना, हर लेना।
to steal, to pilfer, to plunder.

चूकना *(क्रि.)* असफल होना, खोना, चूक जाना, लाभ न उठा पाना, वंचित होना, वार खाली जाना, विफल होना।
to lose, to miss.

चूड़ी *(स्त्री.)* कंकण, कंगन, कड़ा, वलय।
bracelet.

चूड़ीवाला *(पुं.)* चूड़ीवाली (स्त्री.), मनिहार, मनिहारिन (स्त्री.)।
bangle-seller.

चूतड़ *(पुं.)* कूल्हा, दुक्कड़, नितंब, पाछा, पुट्ठा, पृष्ठभाग।
bum, buttock (s)

चूना *(क्रि.)* टपकना, टपटपाना, रिसना।
to ooze, to leak.

चूमना *(क्रि.)* अधरपान करना, चुंबन करना, चुंबन लेना, चुम्मा लेना, चूम लेना, बोसा लेना।
to kiss.

चूरचूर *(वि.)* क्षत-विक्षत, खंडखंड, चकचूर, चकनाचूर, टुकड़े-टुकड़े, विखंडित।
broken into pieces, broken into fragments.

चूर्ण *(पुं.)* चूरा, बुकनी।
powder.

चूल्हा *(पुं.)* अँगीठी, दमकला, दमचूल्हा, बोरसी।
fireplace, oven, hearth.

चूहा *(पुं.)* चूहिया (स्त्री.), चूही (स्त्री.), मूषक, मूषिका (स्त्री.), मूस।
rat, mouse.

चेंटुआ *(पुं.)* चिड़िया का बच्चा, चकुला।

चेचक *(स्त्री.)* खसरा, माता।
measles.

चेतन *(वि.)* चिन्मय, जाग्रत, जीवंत, जैव, प्राणवान, सचेत।
conscious.

चेतना *(स्त्री.)* चैतन्य, चैतन्यता, जमीर, भान, संज्ञा, सुधबुध, होश, होश-हवास।
consciousness.

चेतनाहर *(वि.)* निश्चेतक, संज्ञाहर।
anaesthetic.

चेताना *(क्रि.)* चेतावनी देना, जगाना, जताना, सचेत करना, सतर्क करना, सावधान करना, होशियार करना।
to warn, to tell someone to be careful, to caution.

चेतावनी *(स्त्री.)* आगाही, उद्‌बोधन, खबरदारी, तंबीह, नोटिस, प्रबोधन।
warning, caution, notice.

चेला *(पुं.)* 1. चटिया, चट्टा, चेला-चाँटा, शागिर्द, शिष्य।
pupil, disciple.
2. अनुगामी (दे.)

चेहरा *(पुं.)* आनन, मुख, मुखड़ा, मुखमंडल, मुखाकृति, वदन।
face, countenance.

चेहरा-मोहरा *(पुं.)* रंग-रूप, सूरत-शक्ल, स्वरूप।
features of the face.

चोंच *(स्त्री.)* चंचु, टोंटी।
beak, bill.

चोटी *(स्त्री.)* 1. शिखर, शीर्ष, शृंग, शेखर।
opex, top, peak, summit, acme, zenith.
2. चुंदी, तुर्रा, शिखा।
crest.
3. पराँदा।
a string for tying hair.

चोटीदार *(वि.)* चुटियावाला, शिखाधारी, शिखावान।
barbate.

चोर *(पुं.)* अपहर्ता, उचक्का, काँइयाँ, चाँइयाँ, चोट्टा, चोरकट, चोरटा, जमामार, ठग, डकैत, डाकू, तस्कर, दस्यु, बटमार, राहजन, लुटेरा, सेंधमार, हथफेर।
thief. sharper, robber, bandit, pirate, plunderer.

चोरी *(स्त्री.)* अपहरण, उचक्कागिरी, चोट्टापन, ठगी, ठगपना, डकैती, डाका, डाकाजनी, तस्करी, दस्युता, दस्युवृत्ति, बटमारी, लूट, लूटमार, हथफेरी।
theivery, thiveing, robbery. stealing, pilfering, banditry.

चोली *(स्त्री.)* अँगिया, कंचुकी, कुर्ती, जंपर।
blouse.

चौंकना *(क्रि.)* अचकचाना, चिहुँक उठना, चौंक उठना, सकपकाना, सकपका उठना/जाना, स्तब्ध रह जाना।
to be startled, to be astounded, to be alarmed, to be taken aback.

चौकी *(स्त्री.)* तख्त।
a kind of Indian bench.

चौकोर *(वि.)* आयताकार, चतुर्भुजाकार, चतुष्कोण, चौकोना, चौरस।
square.

चौड़ाई *(स्त्री.)* अर्ज़, चौड़ान, विस्तार।
breadth.

चौतरफ़ा *(वि.)* चतुर्दिक, चतुर्विध, चारों ओर होनेवाला, चौमुखी, सर्वांगीण।
all-round.

चौथा *(वि.)* चतुर्थ, चौपाई।
fourth.

चौपाया *(पुं.)* चतुष्पद, चार पैरोंवाला, जानवर, पशु।
fourfooted animal.

चौराहा *(पुं.)* चौक, चौगड्डा, चौहट्टा।
crossing, intersection.

च्युत *(वि.)* गिरा हुआ, पतित, विच्युत, विस्थापित, स्थानभ्रष्ट।
displaced, fallen off.

छ

छंगा *(वि.)* छाँगुर।
having six fingers in a palm.

छँटनी *(स्त्री.)* अलगाव, छँटाई, छाँट, पृथक्करण।
act of pruning, separation, retrenchment.

छकड़ा *(पुं.)* ठेला, बैलगाड़ी, शकट, सग्गड़।
cart.

छड़ *(पुं.)* सरिया।
iron bar.

छड़ी *(स्त्री.)* गोजी, डंडा, दंड, बेंत, यष्टि, लकुटी, लट्ठ, लाठी, सोंटा।
stick.

छत *(स्त्री.)* छप्पर, छाजन, छानर, पाटन, सायन।
roof, ceiling.

छद्मवेश *(पुं.)* कपटरूप, छद्मावरण, स्वाँग।
disguise, camouflage.

छपाई *(स्त्री.)* प्रिंटिंग, मुद्रण।
printing.

छप्पर *(पुं.)* छाजन, छान।

छलकना *(क्रि.)* छलक जाना, छलछलाना, बिखरना।
to spill.

छलना *(क्रि.)* 1. चार सौ बीसी करना, छलबल करना, जटना, ठगना, बेईमानी करना, वंचित करना।
to deceive, to cheat.
2. धोखा देना।

छलाँग *(स्त्री.)* कुदकड़ा, कुदान, कुलाँच, कूद।
leap, jump, somersault.

छली *(विपुं.)* कपटी, छलिया, ठगी, ढोंगी, दंभी, धूर्त, बेईमान, मायावी, वंचक।
cheat, treacherous, tricky.

छाक *(स्त्री.)* मध्याह्न-भोजन, लंच।
lunch.

छाता *(पुं.)* छतरी, छत्र।
umbrella.

छाती *(स्त्री.)* उर, वक्ष, वक्षस्थल, सीना।
chest, breast.

छाना *(क्रि.)* 1. छतना, छप्पर/छाजन डालना, पाटना।
to put a roof on a room or house, to thatch.
2. आच्छादित होना, मँडराना।
to overcash.

छाप *(स्त्री.)* 1. ठप्पा, थापा।
2. प्रभाव (दे.)
impression.

छापना *(क्रि.)* 1. प्रकाशित करना, विज्ञापित करना।
to publish, to advertise.
2. मुद्रित करना।
to print, to imprint.

छापाखाना *(पुं.)* छपाई-घर, छापाघर, प्रिंटिंग प्रेस, प्रेस, मुद्रणालय।
printing house, press.

छापामार-लड़ाई *(स्त्री.)* गुरिल्ला-युद्ध।
guerilla warfare.

छाया *(स्त्री.)* 1. छाँव, छाँह।
shade.
2. अक्स, परछाँवा, परछाहीं, प्रतिबिंब, साया।
shadow, reflection.

छाल *(स्त्री.)* छिलका, बक्कल, वल्क, वल्कल।
bark.

छाला *(पुं.)* झलका, फफोला।
blister.

छिछला *(वि.)* 1. उथला।
shallow.
2. ओछा, हलका।
trivial, shallow.

छिटपुट *(वि.)* 1. कोई-कोई, बहुत कम।
very few.
2. यहाँ-वहाँ (दे.)

छिड़कना *(क्रि.)* छिड़काव करना, तर करना, सिंचन करना, सींचना।
to sprinkle.

छिदना *(क्रि.)* छेदा जाना, बिंधना, बेधा जाना।
to be pierced.

छद्मवेश *(पुं.)* कपटवेश, बहुरूपियान, भेस।
disguise.

छिद्र *(पुं.)* छेद, घर, मुँह, मोखा, रंध्र, विवर, सुराख।
hole.

छिद्रान्वेषण *(पुं.)* गलतियाँ ढूँढ़ना, दोषदर्शन, नुक्ताचीनी, मीनमेख।
fault-finding.

छिद्रान्वेषी *(वि.)* दोषग्राही, दोषदर्शी, दोषाग्रही, दोषान्वेषी, नुक्ताचीन।
fault-finder, captious.

छिद्रिल *(वि.)* छिद्रित, छेदहा, झरझरा, सछिद्र, सूराखदार।
porous, bored, perforated.

छिन्न-भिन्न *(वि.)* क्षत-विक्षत, चूर-चूर, टुकड़े-टुकड़े, तार-तार।
broken and scattered, torn into shreds.

छिपना *(क्रि.)* ओझल होना, आड़ में हो जाना, ओट में हो जाना, गायब होना, छिप जाना, दुबक जाना, लुकना।
to hide.

छिपाना *(क्रि.)* चुराना, ढकना, ढाँपना, दबाना, दुराना, परदा डालना, प्रच्छन्न रखना, लुकाना।
to conceal, to hide.

छिपाव *(पुं.)* गोपन, परदेदारी, प्रछन्नता, लुकाव, लुकाव-छिपाव।
cancealment, hiding.

छिलका *(पुं.)* छोई, भूसी।
peel.

छीनना *(क्रि.)* उचक लेना, उड़ा लेना, खसोटना, छीन लेना, छीना-झपटी करना, झँसना, झटकना, झटक लेना, झपटना, झपट लेना, दबाना, दबा लेना, नोचना, मारना, मार लेना, लूटना, लूट लेना, हड़पना, हड़प जाना, हड़प लेना, हथियाना, हथिया लेना।
to snatch, to wrench, to wrest, to grab.

छीना-झपटी *(स्त्री.)* खसोटा-खसोटी, छीन-झपट, नोच-खसोट, नोचानोची।
mugging.

छुआछूत *(स्त्री.)* अस्पृश्यता, छूआ-छूत।
untouchability.

छुटकारा *(पुं.)* आज़ादी, उद्धार, उन्मोचन, खलासी, निजात (नजात), निर्वाण, निवारण, निवृत्ति, निस्तार, परित्राण, फरागत, मुक्ति, मोक्ष, मोचन, राहत, रिहाई, विमुक्ति, स्वतंत्रता।
riddance, release, redemption, refief.

छुटकारा मिलना *(क्रिपद)* उद्धार होना, छुट्टी मिलना, छुट्टी हो जाना, निजात मिलना, निस्तार होना, मुक्ति मिलना, मोक्ष मिलना, रिहाई होना।

to get relief, to get free.

छुटाई *(स्त्री.)* लघुता, लघुत्व, लाघवता।

smallness.

छुट्टी *(स्त्री.)* अनध्याय, तातील, रुखसत।

1. off-day, holiday. 2. leave.

छुरा *(पुं.)* असि, कटार, कटारी, कत्ती, करवाल, करौली, खंजर, खड्ग, खुखड़ी, तेग, तेगा, सिरोह।

dagger.

छूटना *(क्रि.)* 1. आजाद होना, बरी होना, मुक्त होना, मुक्ति पाना, रिहा होना, स्वतंत्र होना, स्वाधीन होना।

2. चल देना, चल पड़ना, प्रस्थान करना, रवाना होना।

to depart.

छूना *(क्रि.)* टटोलना, टोहना, परसना, स्पर्श करना, हाथ लगाना।

to touch.

छेड़खानी *(स्त्री.)* ख़ुराफात, चुहुल, चुहुलबाजी, छेड़-छाड़, शरारत।

teasing.

छेड़ना *(क्रि.)* उँगली देना, कोचना, खिझाना, चिढ़ाना, चुहुल करना, छेड़खानी करना, छेड़छाड़ करना, तंग करना, परेशान करना, मजाक करना, व्यंग्य करना।

to tease, to vex. to irritate, to provoke.

छेद *(पुं.)* कुहर, छिद्र, झिरी, दरार, द्वारक, बिल, मुँह, रंध्र, विवर, सुराख।

hole, bore, crevice.

छेदना *(पुं.)* कोचना, गड़ाना, गोदना, घोपना, चुभाना, छिद्र करना, छेद करना, धँसाना, बींधना, बेंधना, भेदना, रंध्र करना, वेधन करना।

to pierce, to bore, to drill, to penetrate.

छैला *(विपुं.)* अलबेला, छबीला, छैल-छबीला, ठाठदार, फैशनपरस्त, फैशनबाज, बना-ठना, बाँका, धजदार, रँगीला, शौकीन, सजीला।

fop, foppish, fashionable.

छैलापन (पुं.) अलबेलापन, छबीलापन, ठाठदारी, ठाठबाट, फैशनपरस्ती, फैशनबाजी, काँकपन, रँगीनी, रँगीलापन, शैकीनी।

foppishness, fashionableness.

छोटा *(वि.)* 1. अदना, अवर, कनिष्ठ, जूनियर, ठिगना, नन्हा, नाटा, मकुना, लघु, लव।

small, junior.

2. तुच्छ (दे.)

छोड़ देना *(क्रिपद)* 1. छोड़ना, तजना, तिलांजलि देना, त्याग देना, त्यागना, निकाल देना, परित्याग करना, परित्यागना, फारखती देना, मंझधार में छोड़ देना, संबंध तोड़ लेना, संबंध विच्छेद करना।

give up, to leave, to abandon, to discard, to forgo, to relinquish, to desert, to forsake, to quit, to renounce.

2. क्षमा कर देना, बरी करना, माफी देना, रिहा कर देना।

to discharge, to absolve, to set free, to forgive, to pardon, to acquit, to vindicate.

3. जाने देना।

to let go.

4. खाली कर देना।

to evacuate.

विपर्याय : ग्रहण करना, धर लेना, पकड़ लेना, रखना, रख लेना।

छौंकना *(क्रि.)* छौंक लगाना, तड़कना, तड़का, देना या लगाना, बघारना।

to season lentils, vegetables etc.

ज

जंगली *(वि.)* 1. वन्य, बनैला।
savage, wild.
2. बर्बर (दे.)

जंगी जहाज *(पुं.)* रणपोत।
warship, corvette.

जंघा *(स्त्री.)* उरु।
thigh.

जँचना *(क्रि.)* आकर्षक लगना, दिलकश लगना, प्रिय लगना, फबना, भला लगना, शोभा देना, सुंदर लगना, सुशोभित होना, सोहना।
to appear comely.

जंजीर *(स्त्री.)* चैन, मेखल, लड़ी, शृंखला, शृंखला साँकल, सिकड़ी।
chain.

जटिल *(वि.)* उलझा हुआ, पेचीदा, पेचीला।
intricate, complicated.

जटिलता *(स्त्री.)* उलझन, उलझाव, गूढ़ता, पेचीदगी, पेचीलापन।
intricacy, complexity, complication.

जड़[1] *(वि.)* अचल, अचेतन, गतिशून्य, चेतनारहित, जड़ीभूत, निर्जीव, निर्विकार, निश्चल, निश्चेष्ट, निस्तब्ध, निष्पंद, पत्थर-सा, भावनाशून्य, सुन्न।
inanimate, inert, lifeless, motionless.

जड़[2] *(स्त्री.)* मूल, सो।
root.

जड़ता *(स्त्री.)* अचेतना, जाड़िमा, निर्जीवता।
inerita, inertness.

जड़ाऊ *(स्त्री.)* खचित, जटिल।
embedded, studded.

जन *(पुं.)* लोक, लोग।
people.

जनगणना *(स्त्री.)* मनुष्यगणना, मर्दुमशुमारी, संगणना।
cenus.

जनतंत्र *(पुं.)* गणतंत्र, जमहूरियत, प्रजातंत्र, लोकतंत्र।
democracy.

जनता *(स्त्री.)* अवाम, जनताजनार्दन, जनसाधारण, प्रजा, लोग, सर्वसाधारण।
public, people.

जनना *(क्रि.)* उत्पन्न करना, जन्म देना, पैदा करना, बच्चा देना, प्रसव करना, सून।
to give birth to.

जनमत *(पुं.)* लोकमत।
public opinion.

जनमत-संग्रह *(पुं.)* जननिर्देश, रायशुमारी।
plebiscite, referencum.

जनहित *(पुं.)* जनकल्याण, लोकहित, समाज-कल्याण।
public welfare, common good.

जन्म *(पुं.)* उत्पत्ति, पैदाइश।
birth.

जन्मगाँठ *(स्त्री.)* बरसगाँठ, बर्थडे, वर्षगाँठ, सालगिरह।
birthday.

जन्मजात *(वि.)* कुदरती, जन्मगत, जन्मसिद्ध, नैसर्गिक, पैदाइशी, प्राकृतिक।
inborn, congential, innate.

जन्मदाता *(पुं.)* प्रतिष्ठाता, प्रवर्तक, संस्थापक।
founder.

जन्मभूमि *(स्त्री.)* पितृभूमि, मातृभूमि, स्वेदश।
motherland, fatherland.

जन्म-मरण *(पुं.)* जीना-मरना, मरना-जीना।
birth & death.

जब *(क्रिवि.)* जभी, जिस समय, जैसे ही, ज्योंही।
when.

जबरदस्त *(वि.)* करारा, तगड़ा, प्रचंड, मुँहतोड़, सख्त।
mighty, terrible.

जबरदस्ती *(क्रिवि.)* जबरन, धींगामुश्ती, बरबस, बलप्रयोग द्वारा, बलात्, हठात्।
by force, forcefully.

जब्त *(वि.)* अधिगृहीत, अधिहृत, कुर्क।
confiscated, attached.

जब्त करना *(क्रिपद)* अधिग्रहण करना, कुर्क करना, राज्यसात् करना।
to confiscate, to attach.

जमघट *(पुं.)* जमावड़ा, जनसमूह, भीड़।
concourse, gathering, crowd.

जमाखोर *(पुं.)* अपसंचयी, जखीरेबाज।
hoarder.

जमाखोरी *(स्त्री.)* अपसंचय, जखीरेबाजी।
hoarding.

जमानत *(स्त्री.)* गारंटी, प्रतिभूति, बेल, मुचलका।
security, surety, guarranty.

जमा-पूँजी *(स्त्री.)* जमा-जथा, पूँजी, माल-मता, रास, लेई-पूँजी।
assets.

जमींदार *(पुं.)* जागीरदार, भूस्वामी।
landlord.

जय-पराजय *(स्त्री.)* जीत-हार, हार-जीत।
victory & defeat.

जरा *(क्रिवि.)* टुक, तनिक, थोड़ा, नाम को, लेश मात्र।
trivital.

जराग्रस्त *(वि.)* जराजीर्ण।
senile, suffering from old age.

जरा भी *(क्रिवि.)* तिलमात्र भी, रत्ती भर, सुई की नोक के बराबर।
very little.

जरूरतमंद *(वि.)* गरजू।
needy.

जर्जर *(वि.)* कमजोर, क्षीण, खस्ता, घिसा-पिटा, जर्जर, जीर्ण, जीर्ण-शीर्ण, शिकस्ता, शिकस्ताहाल।
decrepit, ramshackle.

जल *(पुं.)* नीर, पानी, वारि, सलिल।
water.

जल जाना *(क्रिपद)* 1. खाक हो जाना, नष्ट हो जाना, भस्म हो जाना, स्वाहा हो जाना।
to be on fire.
2. आग लग जाना, छटपटाने लगना, तन-बदन में आग लग जाना।
to be wild with rage.

जलन *(स्त्री.)* अंतर्दाह, चुनचुनाहट, चुनचुनी, चुभन, छरछराहट, दाह, प्रदाह।
burning sensation, pricking sensation.

जलना *(क्रि.)* 1. जल उठना, टिमटिमाना, दहकना, दहना, धधकना, प्रज्वलित होना, बलना, भड़कना, भभकना, सुलगना।
to burn, to blaze, to flare up, to smoulder.
2. ईर्ष्या करना, कुढ़ना, खार खाना, डाह करना।
to envy. be jealous (of), to grudge.

जलपान *(पुं.)* उपहार, कलेवा, खटमिटाव, चाय-पानी, जल-जलपान, नाश्ता, प्रातराश।
light refreshment.

जलपानगृह *(पुं.)* उपाहारगृह, कॉफीहाउस।
refreshment shop, cafe.

जलवायु *(स्त्री.)* आबोहवा, क्लाइमेट।
climate.

जल-स्थलचर *(वि.)* उभयचर, जलथली, जल-भूमिचर, जलस्थलचारी।
amphibian.

जलाना *(क्रि.)* 1. दाह करना, दाहना, धधकाना, प्रज्वलित करना, भड़काना, भस्म करना, सुलगाना।
to burn, to ignite.
2. बत्ती डालना, रोशन करना, भस्म करना।
to light.

जलाशय *(पुं.)* जलकुंज, झील, तड़ाग, तलाई, तलैया, ताल, तालाब, पुष्कर, पोखरा, वापिका, वापी, सरसी, सरोवर।
pond. waterpond.

जल्दबाज़ *(वि.)* उतावला, जल्दी मचानेवाला, आफ़त का परकाला, हड़बड़िया।
rash, heasty.

जल्दी[1] *(क्रिवि.)* आनन-फानन, खड़े-खड़े, खटाखट, झटपट, जल्दी-जल्दी, तड़ातड़, ताबड़-तोड़, तुरंत, तुरत, तुरत-फुरत, धकाधक, पटापट, फर्राटे से, फौरन, शीघ्रतापूर्वक, शीघ्रता से।
instantaneously, without delay, forth with, in hurry-scurry.

जल्दी[2] *(स्त्री.)* अफरातफरी, उतावलापन, जल्दबाजी, तड़ातड़ी, तेजी, त्वरा, दौड़ादौड़ी, भागमभाग, व्यग्रता, शीघ्रता, हड़बड़ी।
haste, hurry. csurry.

जल्दी मचाना *(क्रिपद)* आफत करना/कर देना, जल्दीबाजी करना, जल्दी करना, हड़बड़ाना, हड़बड़ी मचाना।
to hurry, to hasten, to make hase.

जवानी *(वि.)* तरुणता, तरुणाई, बाली उम्र, युवाकाल, युवावस्था, यौवन, वयःसंधि।
youth, youthfulness, puberty.

जहाज *(पुं.)* 1. विमान, वायुयान, हवाई जहाज।
aeroplane, aircraft.
2. जलयान, पानी का जहाज, पोत।
ship, vessel.

जाँच *(स्त्री.)* इम्तहान, छान-बीन, जाँच-पड़ताल, जाँच-परख, चेकअप, टेस्ट, तथ्यान्वेषण, तनकीह, तफतीश, तहकीकात, पड़ताल, परीक्षण, परीक्षा, पूछ-ताछ, मुआइना।
inspection, test, examination, probe, scrutiny, check-up.

जागना *(क्रि.)* 1. जगना, जाग उठना, जाग जाना, नींद से उठना, बिस्तर से उठना।
to awake.
2. चैतन्य होना, चौकस होना, सचेत होना, सतर्क होना, सावधान होना, होशियार होना।
to be alert.

जागरण *(पुं.)* जागा, रतजागा।
state of keeping awake in the night.

जागीर *(स्त्री.)* इलाका, जमीन, तालुका, भू-संपत्ति, रियासत।
estate.

जागीरदार *(पुं.)* इलाकेदार, जमींदार, तालुकेदार, नवाब।
owner of an estate.

जात-पाँत *(स्त्री.)* ऊँच-नीच, जाति-भेद, जाति-व्यवस्था।
distincitons of caste and community, distinction between high and low.

जाति *(स्त्री.)* कौम, पंथ, प्रजाति, फिरका, राष्ट्र, वर्ग, संप्रदाय, समुदाय।
cast, community. nation, class, oreder.

जातिवाद *(पुं.)* जातीयता, रंगभेद, वर्णभेद, वर्गवाद, संप्रदायवाद।
casteism, racialism, racism, communalism.

जातीय *(वि.)* कौमी, राष्ट्रीय, सांप्रदायिक।
national, racial, communal.

जादू *(पुं.)* अभिचार, इंद्रजाल, ऐयारी, टोना, जादूगरी, जादू-टोना, तिलस्म, दीठबंदी, दृष्टिबंध, माया, वशीकरण, सम्मोहन।
magic, sorcery, hocus-pocus, witchcraft.

जादूगर *(पुं.)* ओझा, ऐंद्रजालिक, करतबी, ऐयार, तांत्रिक, मदारी, मायावी।
magicain, sorcerer.

जादू-टोना *(पुं.)* ओझाई, जंतर-मंतर, झाड़-फूँक, मंत्र-तंत्र।
exorcism.

जानना *(क्रि.)* चीन्हना, जानकारी होना, ज्ञान होना, पता होना, परिचय होना, पहचाना, बूझना, मालूम होना, विदित होना, समझना।
to know, to have knowledge of, to understand.

जान-बूझकर *(क्रिवि.)* कसदन, मनमर्जी से, राजी-खुशी, संकल्पपूर्वक, स्वेच्छापूर्वक, स्वेच्छा से।
wilfully.

जाना *(क्रि.)* कूच करना, गमन करना, गुजर जाना, चल पड़ना, छूटना, तशरीफ ले जाना, दफा होना, निकल जाना, प्रस्थान करना, फूटना, रवाना होना, सिधारना।
to go, to depart.

जारज *(विपुं.)* दोगला, नाजायज़, वर्णसंकर, विजन्मा, विजात, विवाहेतर, हरामज़ादा, हरामी।
bastard.

जाल *(पुं.)* पाश, फंदा, फाँसा, बंधन।
net, snare, trap.

जालसाज *(पुं.)* जालिया।
forger. schemer.

जालसाजी *(स्त्री.)* कूट-रचना।
forgery. fabrication.

जासूस *(पुं.)* खुफिया, चर, गुप्तचर, घुसपैठिया, भेदिया, भेदी, मुखबिर।
spy, detective.

जासूसी *(स्त्री.)* खुफियागिरी, गुप्तचरी, गुप्तचर्या, भेदियागिरी, मुखबिरी।
spyism.

जिज्ञासा *(स्त्री.)* उत्कंठा, कुतूहल, कौतूहल, ज्ञानेप्सा, प्रश्नशीलता, लालसा, साध।
curiosity, inquisitiveness, eagerness.

जिज्ञासु *(वि.)* उत्कंठित, कुतूहली, कौतूहली, प्रश्नकर्ता, लालायित, सवालिया।
curious, inquisitive.

जितेंद्रिय *(वि.)* जितात्मा।
one who has control over his senses.

जिद *(स्त्री.)* अड़, अड़ियलपन, टेक, ढिठाई, दुराग्रह, हठ, हठीलापन।
obstinacy, stubbornness.

जिद्दी *(वि.)* अडिग, अड़ियल, टर्रा, टेकी, टेटी, ढीठ, दुराग्रही, मतांध, मताग्रही, हठी, हठीला।
adamant, stubborn, obstinate, fanatic.

जिला *(पुं.)* जनपद।
district.

जिलाना *(क्रि.)* जान डालना, जीवित करना, प्राण डालना, प्राण फूँकना।
to bring to life.

जिससे *(यो.)* ताकि।
so that.

जी-जान से *(क्रिवि.)* जान लगाकर, जी तोड़कर, पूरी शक्ति से, सच्चे हृदय से।
(to try) all-out.

जीत *(स्त्री.)* जय, फतह, विजय।
win, victory.

जीतना *(क्रि.)* जीत लेना, पराभूत करना, परास्त करना, फतह करना, विजय प्राप्त करना, विजयी होना, विजित करना, सर करना, हराना।
to win, to defeat.

जीते जी *(क्रिवि.)* आइंदा, आगे से, आजन्म, आजीवन, आमरण, उम्र भर, जीवनकाल में, जीवनपर्यंत, फिर कभी, मरते दम तक, सारी उम्र, सारी जिंदगी।
for the whole life, since birth till death.

जीना *(क्रि.)* जिंदगी बिताना, जिंदा रहना, जीवनयापन करना, जीवित रहना।
to live, to be alive.

जीभ *(स्त्री.)* जबान, जिह्वा, बोलती, रसना।
tongue.

जी मिचलाना *(क्रिपद)* मिचली होना, वमनेच्छा होना।
to nauseate.

जीव *(पुं.)* जंतु, जानवर, जीवधारी, पशु, जिंदगी, प्राणी।
creature, being, animal.

जीवन *(पुं.)* जान, जिंदगानी, जिंदगी, प्राण।
life.

जीवनी *(स्त्री.)* चरित, जीवन-कथा, जीवन-चरित।
biography, life-history.

जीवनी शक्ति *(स्त्री.)* आत्मबल, दमखम, प्राणवत्ता, प्राणशक्ति।
vitality, spiritedness, spiritual power.

जीविका *(स्त्री.)* आजीविका, गुजर-बसर, काम-धाम, गुज़ारा, जीवन-साधन, रोजी, रोजी-रोटी, रोटी, दाना-पानी, दाल-रोटी, वृत्ति।
livelihood, sustenance.

जीविका चलाना *(क्रिपद)* जीविकोपार्जन करना, रोजी कमाना/चलाना, रोटी चलाना।
to earn a livelihood.

जीवित *(वि.)* जिंदा, जीता-जागता, जीवंत, सजीव, सप्राण।
alive, lively, animated.

जुआ *(पुं.)* द्यूत, द्यूत-क्रीड़ा, फाटका, लाटरी, सट्टा, सट्टेबाजी।
gambling.

जुकाम *(पुं.)* नजला, प्रतिश्याय, सर्दी।
catarrh, cold.

जुड़ना *(क्रि.)* अनुबद्ध होना, नत्थी होना, लगा होना, संपृक्त होना, संबद्ध होना, संलग्न होना, सटना।
to be contiguous.

जुड़वाँ *(वि.)* यमज, सहजात, सहोत्पन्न।
connate, twin.

जुलाब *(पुं.)* विरेचक, विरेचन-ओषधि।
purgative.

जूठन *(स्त्री.)* उच्छिष्ट भोजन, जूठ।
leavings of food.

जूता *(पुं.)* चप्पल, चरणदासी, जूती, पनही, बूट, सैंडिल।
shoe.

जूता-पैजार *(पुं.)* जूत-पैजार, जूतिऔवल।
fight with shoe.

जेब *(पुं.)* खीसा, पॉकेट।
pocket.

जेबकतरा *(पुं.)* गँठकटा, गाँठकतरा, गिरहकट, पाकेटमार।
pickpocket.

जेय *(वि.)* जीतने योग्य, विजेय।
conquerable.

जेल *(स्त्री.)* कारा, कारागार, कारागृह, कैदखाना, जेलखाना, बंदीगृह।
prison.

जैकेट *(स्त्री.)* फतुही, वास्कट, सदरी।
jacket.

जैसे *(यो.)* गोया, मानो।
as if.

जोखिम *(पुं.)* खतरा, रिस्क।
risk, hazard.

जोखिम-भरा *(वि.)* खतरनाक, रिस्की
risky, hazardous.

जोड़ *(पुं.)* 1. गाँठ, ग्रंथि, जायंट, संधि।
joint.
2. योग, जमा, टोटल, मीजान।
total.

जोड़ना *(क्रि.)* 1. चिपकाना, नत्थी करना, संयुक्त करना, संलग्न करना, साथ लगाना।
to attach, to affix, to annex, to append.
2. जोड़ लगाना (दे.)

जोड़ लगाना *(क्रिपद)* 1. टाँकना, टाँका लगाना।
to solder.
2. योग करना, टोटल करना।

जोड़ा *(पुं.)* जुट, जोड़ी, द्वय, युगल।
pair, couple.

जोर *(पुं.)* बल, बलाघात।
stress, emphasis, accent.

जोरदार *(वि.)* कड़ाके का, करारा, तगड़ा, तीव्र, धमाकेदार, धाकड़, प्रचंड, प्रबल, प्रभावशाली।
forceful, potent, dynamic.

जौ *(पुं.)* जव, यव।
barley.

ज्ञात *(वि.)* अनुभूत, अवगत, जाना हुआ, दरियाफ्त, परिज्ञात, प्रतीत, मालूम, विदित।
known.

ज्ञाता *(विपुं.)* अनुभवी, जानकार, ज्ञानी, पंडित, प्रबुद्ध, बहुज्ञ, मर्मज्ञ, विज्ञ, विद्वान, वेत्ता, संबुद्ध, सुजान, सुविज्ञ।
well-informed, conversant, learned.

ज्ञान *(पुं.)* अनुभव, जानकारी, पांडित्य, प्रज्ञान, बहुज्ञता, बोध, मालूमात, विद्या, विद्वत्ता, संबुद्धि।
knowledge, learning, experience.

ज्ञेय *(वि.)* ज्ञातव्य।
knowable.

ज्यादती *(स्त्री.)* अति, अत्यधिकता, अनीति, जबरदस्ती, जबरी, जोराजोरी, धाँधली, धींगाधींगी, धींगामुश्ती, सख्ती।
excess, high-handedness.

ज्योतिर्विद् *(पुं.)* खगोलवेत्ता, गणितज्ञ, गणित-ज्योतिषी।
astronomer.

ज्योतिष *(पुं.)* नजूम, भविष्यकथन।
astronomy.

ज्योतिषशास्त्र *(पुं.)* खगोल-विज्ञान, ग्रहविद्या, नक्षत्र-विज्ञान।
astronomy, astrology.

ज्योतिषी *(पुं.)* दैवज्ञ, नजूमी।
astrologer, fortune-teller.

ज्वर *(पुं.)* ताप, बुखार।
fever.

झ

झंकार *(स्त्री.)* छनक-भनक, झनक, झनझन, झनझनाहट, झुनझुन।
ringing, tinkling, jingling.

झंडा *(पुं.)* ध्वज, ध्वजा, निशान, पताका, परचम, फरहरा, वैजयन्ती।
flag.

झकझोरना *(क्रि.)* कँपा देना, जोर से हिलाना, झकोरा देना, झंझोड़ना।
to give a shake-up, to rack up.

झगड़ना *(क्रि.)* कलह करना, झगड़ा करना, तूतू-मैंमैं करना, तर्क करना, बकझक करना, बहस करना, भिड़ना, मुँहजोरी करना, मुँहामुँही करना, लड़ना, लड़ाई करना, विवाद करना।
to quarrel, to altercate, to argue, to fight.

झगड़ा *(पुं.)* अनबन, कलह, कहासुनी, किचकिच, किटकिट, खटपट, खटराग, गरमागरमी, चकलस, चखचख, झंझट, झगड़ा-झमेला, झगड़ा-टंटा, झगड़ा, रगड़ा, झड़पाझड़पी, झमेला, झाँव-झाँव, झिकझिक, झोंझों, टंटा, टिटिंबा, ठाँय-ठाँय, तकरार, तनाजा, तूतू-मैंमैं, थुक्का-फजीहत, नोंक-झोंक, फतूर, बमचख, वितंडा, विग्रह, विवाद, वाग्युद्ध, लड़ाई, फसाद, विवाद, हुज्जत।
quarrel, squabble, dispute, altercation, brawl, broil, controversy, row, wrangle, tiff.

झगड़ालू *(वि.)* कलहप्रिय, कलही, किचकिचा, किटकिटिया, जुझाऊ, जुझारू, झमेलिया, टंटेबाज, तार्किक, फसादी, बखेड़िया,

बहसी, फतूरिया, फतूरी, फसादी, लड़ाका, वितर्की, विवादप्रिय, विवादी, हुज्जती।
quarrelsome, bellicose, brawling, cross, cantankerous.

झड़ना *(क्रि.)* गिरना, चूना, झरना, टपकना, टूटकर गिरना।
to drop.

झपटना *(क्रि.)* झपट पड़ना, झपट्टा मारना, टूटना, टूट पड़ना।
to swoop, to pounce upon.

झपट्टा *(पुं.)* चील-झपट्टा, छीनाछीनी, छीन-झपट, छीनाझपटी।
swoop, pounce.

झमेला *(पुं.)* 1. इल्लत, कजिया, कबाहत, खटराग, गोरखधंधा, चकल्लस, जंजाल, जहमत, झंझट, टंटेबाजी, टिटिंबा, तवालत, दिक्क्त, पँवाड़ा, पचड़ा, परेशानी, प्रपंच, फेर, बखेड़ा, बवाल, बवेला, भवजाल, रगड़ा, लफड़ा, लबड़-धोंधों, वबाल, वितंडा।
fuss, mess, complication, row, medley, affair.
2. झगड़ा (दे.)।

झरना *(पुं.)* चश्मा, जलप्रपात, दरी, निर्झर, प्रपात, सोता।
waterfall, cascade.

झलक *(स्त्री.)* झाँकी।
glimpse.

झागदार *(वि.)* झागवाला, फेनयुक्त, फेनिल।
foamy, barmy.

झाड़ी *(स्त्री.)* गुल्म, झाड़-झंखाड़, झुरमुट।
bush.

झाड़ू *(पुं.)* कूचा, बुहारी, मार्जनी।
broom.

झाड़ू देना *(क्रिपद)* झाड़ू लगाना, बुहारना, सफाई करना।
to sweep.

झीना *(वि.)* झिलमिला, झिल्लड़।
sparsely woven.

झुँझलाना *(क्रि.)* खिजलाना, खीझना, झीखना, बड़बड़ाना, बुदबुदाना, भुनभुनाना।
to grumble, to grouse.

झुँझलाहट *(स्त्री.)* खीज, बड़बड़ाहट, बुदबुदाहट, भुनभुनाहट।
irritation, petulance.

झुंड *(पुं.)* गल्ला, गोल, रेवड़, लहँड़ा, लेंहड़ा, वर्ग, वृंद, समूह।
herd, flock.

झुकना *(क्रि.)* 1. आत्मसमर्पण करना, नत होना, नतमस्तक होना, नमना, नमित होना, नवना, निहुरना, प्रणत होना, समर्पण करना, हथियार डाल देना।
to yield, to surrender, to bow-down.
2. उलरना, लपना, लपलपाना।
to bend.

झुकाव *(पुं.)* अभिरुचि, उन्मुखता, नति, प्रवणता, प्रवृत्ति, रुझान।
bent, tilt, inclination, proclivity.

झुरमुट *(पुं.)* गुल्म।
group of densely grown trees, bushes etc.

झुर्री *(स्त्री.)* बल, शिकन, सिकुड़न, सिलवट।
wrinkle, crease.

झूठमूठ *(क्रिवि.)* झूठों, बिना मतलब, बेमतलब, योंही।
without any rhyme or reason, without any real cause.

झूठा *(वि.)* असत्यवादी, असत्यभाषी, असत्यशील, कपटी, गपोड़, झूठ बोलनेवाला, धोखेबाज, मिथ्याभाषी, मिथ्यावादी, लबाड़ी।
liar.

झूमना *(क्रि.)* फहरना, बल खाना, लहराना।
to move to and fro, to wave.

झूला *(पुं.)* दोला, हिंडोला।
swing.

झोंका *(पुं.)* झकोरा, झकोला, थपेड़ा।
gush of wind.

झोंपड़ी *(स्त्री.)* कुटिया, कुटी, कुटीर, छपरी, झुग्गी, परनसाला, पर्णकुटी, पर्णशाला, मड़ई, मड़ैया।
cottage, hut.

झोंपड़ीवाला *(पुं.)* कुटीरवासी, कुटीवासी, झुग्गीवाला।
cottager.

ट

टकटकी लगाकर *(क्रिवि.)* एकटक, टकटकी लगाए।
with a continuous gaze.

टकराना *(क्रि.)* टकरा जाना, टक्कर खाना, टक्कर मारना, भिड़ंत होना, भिड़ जाना, भिड़ना, लड़ जाना, लड़ना।
to collide, to dash against.

टक्कर *(स्त्री.)* टकराव, भिड़ंत, मुठभेड़।
collision.

टहनी *(स्त्री.)* टल्लो, डाल, शाख, शाखा।
branch, twig, sprig, spray.

टहलना *(क्रि.)* घूमना, घूमना-फिरना, सैर करना, हवा खाना।
to take a walk.

टाँग *(स्त्री.)* टँगड़ी, लात।
leg.

टापू *(पुं.)* जजीरा।
island, isle.

टाल जाना *(क्रिपद)* हँसी में उड़ा देना।
to laugh away.

टालना *(क्रि.)* चलता करना, टल्लेनवीसी करना, टाल देना, टालटूल करना, टाल-मटोल करना, परिहार करना, मुलतवी करना, स्थगित करना, हवा बताना, हीलाहवाली करना।
to out off.

टिकाऊ *(वि.)* चलनसार, चलनेवाला, चलाऊ, दमदार, पुख्ता, मजबूत।
durable, lasting.

टिकाऊपन *(पुं.)* दमदारी, पायदारी।
durability.

टिमटिमाना *(क्रि.)* झपझपाना, झिलमिलाना।
to twinkle, to glimmer.

टीका *(पुं.)* 1. टिप्पण, टिप्पणी, टीका-टिप्पणी, तिलक, निरूपण, भाष्य, वृत्ति, व्याख्या।
comment, commentary, annotation, explanation.
2. इंजेक्शन, सुई।
injection.

टीकाकार *(पुं.)* भाष्यकार, वृत्तिकार, व्याख्याकार, व्याख्याता।
commentator.

टीला *(पुं.)* टीबा, ढूह, धुस्स, भीटा।
mound.

टीस *(स्त्री.)* चमक, चिनक, चिलक, चीस, टपक, टहक, दलकन।
stinging pain, smarting pain, sharp pain, throbbing pain.

टीसना *(क्रि.)* कष्ट देना, चिनकना, चिलकना, चीसना, टपकना, टहकना, दर्द करना, दुखना, पीड़ा देना।
to smart.

टुकड़ा *(पुं.)* अंश, कटपीस, खंड, घटक, टुकड़ी, टुक्कड़, टूक, दोटा, ठीकरा, डला, प्रखंड, प्रभाग, फाँक, भाग, भेला, हिस्सा।
piece, fragment, part, bit.

टुकड़ी *(स्त्री.)* गारद, जत्था, टोली, दस्ता।
batch (of soldiers).

टूटना *(क्रि.)* खंडित होना, चटकना, चसना, चिटकना, चूर (चूर-चूर) हो जाना, टुकड़े-टुकड़े हो जाना, टूक-टूक हो जाना, टूटना-फूटना, टूट-फूट जाना, तड़कना, तड़तड़ाना, दरकना, फट जाना, फटना, फूट जाना, फूटना, भग्न होना।
to break, to crack, to be split.

टूटा-फूटा *(वि.)* क्षत-विक्षत, खंड-खंड, खंडित, चूर-चूर, टुकड़े-टुकड़े, भग्न, विभग्न।
broken.

टेढ़ा *(वि.)* आड़ा, कुंचित, कुटिल, खम, तिरछा, तिरपट, तिर्यक, बाँका, वक्र।
bent, curved, twisted, crooked, deceptive, dishonest, clandestine.

टेढ़ापन *(पुं.)* टेढ़, टेढ़ाई, वक्रता।

टेढ़ा-मेढ़ा *(वि.)* घुमावदार, चक्करदार, सर्पाकार, सर्पिल।
zigzag, winding.

टोनहा *(पुं.)* ओझा, झाड़-फूँक करनेवाला, तांत्रिक।
one who practises black magic.

टोना *(पुं.)* ओझाई, झाड़-फूँक, टोटका, तंत्र-मंत्र।
witchcraft, black magic.

ठ

ठंड *(स्त्री.)* ठिठुरन, सर्दी।
cold.

ठंडक *(स्त्री.)* तरावट, तरी, शीतलता।
coolness.

ठंडा *(वि.)* शीतल, हिमवत्।
cool, cold.

ठगना *(क्रि.)* ऐंठना, छलना, जटना, झँसना, झटकना, झटक लेना, मूँड़ना, मूसना, हजामत बनाना।
to cheat, to deceive.

ठगी *(स्त्री.)* 1. ठगई, ठगपना।
cheating, swindling.
2. धूर्तता। (दे.)

ठठेरा *(पुं.)* कसेरा।
brazier.

ठप्पा *(पुं.)* छापा, ब्लाक।
block.

ठहरना *(क्रि.)* अटकना, टिकना, रुकना।
to stop, to stay.

ठहराना *(क्रि.)* उतारना, टिकाना, रखना।
to cause to stay.

ठहाका *(पुं.)* अट्टहास, कहकहा, खिलखिलाहट, खीखी, प्रहास, हाहा-हीही।
loud laughter.

ठाठ *(पुं.)* ऐश्वर्य, चमक-दमक, टीप-टाप, ठाट-बाट, तड़क-भड़क, प्रताप, वैभव, शान-शौकत।
pomp, pomp and show.

ठीक *(वि.)* 1. चौकस, ठीक-ठाक, ठीकम-ठीक, दुरुस्त, यथातथ्य, शुद्ध, सही।
right.
2. उचित (दे.)

ठुड्डी *(स्त्री.)* चिबुक, ठोड़ी।
chin.

ठेका *(पुं.)* कंट्रेक्ट, ठीका।
contract.

ठेकेदार *(पुं.)* कंट्रेक्टर, ठीकेदार।
contractor.

ठेठ *(वि.)* खाँटी, खास, पक्का।
typical, pristine.

ठोकर *(स्त्री.)* पाद-प्रहार, पदाघात।
kick.

ठौर-कुठौर *(क्रिवि.)* जगह-बेजगह, ठाँव- कुठाँव।
out of place.

ड

डंक *(पुं.)* दंतक्षत, दंश।
sting.

डफ *(स्त्री.)* डफली।
tambourine.

डर *(पुं.)* 1. आतंक, आशंका, खटका, खतरा, खौफ़, डरावा, त्रास, दहशत, भय, भीति, विभीषिका, संकट, संत्रास, हदस।
fear, fright, danger, dread, awe.
2. आशंका (दे.)।
scare.

डरना *(क्रि.)* आशंकित होना, काँपना, खौफ खाना, त्रस्त होना, थर्राना, दहलना, बिदकना, भयभीत होना, हदस जाना, हदसना।
to fear, to be afraid.

डरपोक *(वि.)* कातर, कापुरुष, कायर, थुड़दिल, दबैल, दब्बू, बुजदिल, भीरु।
timid, cowardly, chicken-hearted.

डरपोकपन *(पुं.)* कातरता, कायरपन, दब्बूपन, बुजदिली, भीरुपन।
timidness, cowardliness.

डराना *(क्रि.)* डराना-धमकाना, तर्जन करना, तर्जना, दहलाना, धमकाना, भय दिखाना, धमकी देना, भयभीत करना, संत्रस्त कर देना।
to frighten, to appal, to fright, to terrify, to scare, to threaten, to alarm.

डाँकना *(क्रि.)* छलाँग मारना, डाकना, फाँदना, पार करना।
to cross over.

डाँट *(स्त्री.)* घुड़की, झिड़क, झिड़की, डपट, डाँट-डपट, तर्जन, ताड़न, दुत्कार, धिक्कार, घिग्दंड, प्रताड़ना, फटकार, भर्त्सना, लताड़, लानत, लानत-मलामत।
scolding, reprimand, rebuke.

डाँटना *(क्रि.)* कोसना, खरी-खोटी सुनाना, घुड़कना, घुड़की देना, जुतियाना, झल्लाना, झिड़कना, डपटना, डाँटना, डाँटना-फटकारना, डाँट पिलाना, तरजना, तर्जन करना, तर्जना, दुत्कारना, धिक्कारना, फटकारना, बिगड़ना, बुरा-भला कहना, भर्त्सना करना, लताड़ना, लानत भेजना, लानत-मलामत करना।
to scold, to rebuke, to reprove, to chide, to admonish, to reprimand, to snub.

डाँवाडोल *(वि.)* अस्थिर, चलायमान, डगमग, ढुलमुल, दोलायमान, लचर, लड़खड़ाता हुआ।
lurching, shaky, uncertain, unsteady, fickle, changeable.

डाँवाडोल होना *(क्रिपद)* काँपने लगना, डगमग करना, डगमगाना, डिगना, डोलने लगना, लड़खड़ाना, विचलित होना, हिलना-डोलना।
to lurch, to stagger.

डाकिया *(पुं.)* चिट्ठीरसाँ, पत्रवाह, पत्रवाहक, पोस्टमैन, हरकारा।
postman, messenger, courier.

डालना *(क्रि.)* उँडेलना, घुसेड़ना, ढाल देना।
to pour, to put into.

डींग *(स्त्री.)* अतिशयोक्ति, अत्युक्ति, आत्म-प्रशस्ति, आत्मश्लाघा, ऊँचा बोल, गर्वोक्ति, जीट, प्रगल्भता, बड़, बड़क, बड़ा बोल, लंतरानी, शेखी, शेखीबाजी, सीट, सीट-पटाँग, हाँक, हेकड़ी।
boast, brag.

डींग हाँकना *(क्रिपद)* अपने मुँह मियाँ मिट्ठू बनना, आत्मश्लाघा करना, आत्मस्तुति करना, गाल बजाना, डींग मारना, बड़ हाँकना, बमकना, लंबी हाँकना, शेखी बघारना, सीट-पटाँग हाँकना।
to brag, to talk big.

डींगमार *(वि.)* आत्मश्लाघी, गालू, डपोरशंख, डींग मारनेवाला, दंभी, दांभिक, बड़बोला, शेखीखोर, शेखीबाज।
braggart, braggadocio, boaster, swaggerer.

डुबकी *(स्त्री.)* गोता।
dive, plunge.

डेरी *(स्त्री.)* दुग्धशाला।
dairy.

ढ

ढंग *(पुं.)* कला, कार्यपद्धति, कार्यप्रणाली, कार्यविधि, कायदा, कैंडा, क्रियापद्धति, क्रियाविधि, चलन, चाल, ढब, ढर्रा, तरीका, तर्ज, तौर, तौर-तरीका, दस्तूर, पद्धति, परिपाटी, प्रक्रम, प्रकार, प्रक्रिया, प्रणाली, प्रथा, रिवाज, रीति, लटका, विधा, विधि, शैली।
method, mode, way, manner, process, procedure, style.

ढकना *(क्रि.)* आवरण डालना, छिपाना, झाँपना, ढाँपना, तोपना, दुराना, परदा डालना।
to cover, to cover up, to hush up.

ढका हुआ *(वि.)* आच्छादित, आवृत, ढका-तुपा, छिपाया हुआ, परिच्छन्न।
covered, hidden.

ढकेलना *(क्रि.)* ठेलना, धक्का देना, धकियाना, पेलना।
to push.

ढाँचा *(पुं.)* ठेठरी, ठाठ, डौल, ढड्ढा, रचना-प्रकार, संरचना।
frame, stucture.

ढारस *(स्त्री.)* आश्वासन, इत्मीनान, ढाढस, तसल्ली, दिलजमई, दिलासा, धीरज, धैर्य, प्रबोधन, सांत्वना।
consolation, solace.

ढाल *(स्त्री.)* ढलान।
slope, ramp.

ढालवाँ *(वि.)* ढालू, दुरारोह।
sloping, descending, steep.

ढील *(स्त्री.)* ढिलाई, नरमी, पस्ती, लचलचापन, शिथिलता।
looseness, let-up, laxity.

ढीला *(वि.)* ढिलढिला, ढीला-ढाला, निढाल, शिथिल, थुल-थुल, पस्त, लचलचा, लसत, शिथिल, सुस्त, मंदा, लस्त।
1. loose, flabby. 2. flaccid. 3. slow, lazy.

ढूँढ़ना *(क्रि.)* अनुसंधान करना, अन्वेषण करना, खोज करना, खोजना, गवेषणा करना, जाँच-पड़ताल करना, टोहना, टोह लेना, तलाश करना, तलाशी लेना, पता लगाना, पूछताछ करना, रिसर्च करना, शोध करना।
to search.

ढेर *(पुं.)* अंबार, अटाला, गाँज, गड्ड, टाल, पुंज।
heap, pile.

ढेर लगाना *(क्रिपद)* अंबार लगाना, गाजना।
to pile up, to accumulate, to amass.

ढेला *(पुं.)* गाला, चक्का, ढोंका, थक्का, पिंडी, लोंदा, लोष्ठ।
lump.

ढोंग *(पुं.)* आडंबर, कपटाचार, ठाठ, ढकोसला, ढोंगबाजी, दिखावटबाजी, दिखावा, पाखंड, मिथ्याडंबर।
hypocrisy, dissimulation, diss-emblance, ostentation.

ढोंगी *(विपुं.)* आडंबरी, कपटी, ढकोसलेबाज, धर्मध्वजी, पाखंडी, पोंगापंथी, मिथ्या-डंबरी।
hypocritical, hypocrite, imposter.

ढोल *(पुं.)* डंका, दमामा, नगाड़ा।
drum.

त

तंग *(वि.)* 1. छोटा, संकीर्ण, संकुचित, सँकरा।
narrow.
2. कसा, चुस्त।
tight.
3. अभावग्रस्त, तंगहाल।
hard up, tight.
4. परेशान (दे.)।

तंतु *(पुं.)* रेशा, सूत्र।
fibre, thread, filament.

तंत्र *(पुं.)* पद्धति, प्रणाली।
system.

तंबू *(पुं.)* खेमा, चँदवा, चँदोवा, छोलदारी, वितान।
tent, canopy.

तक *(क्रिवि.)* तलक, पर्यंत।
to, upto.

तकियाकलाम *(पुं.)* सखुनतकिया।
an irrelevant word or phrase used habitually by someone.

तख्ता *(पुं.)* पटरा, पल्ला।
plank.

तख्ती *(स्त्री.)* पटिया, पट्टी, पाटी।
slab.

तगड़ा *(वि.)* कसरती, जबर, जबरदस्त, बलिष्ठ, सबल, शक्तिशाली, समर्थांग, सुगठितकाय, हट्टा-कट्टा, हृष्टपुष्ट।
powerful, robust, mascular, strong, sturdy, hardy, shout, healthy, able-bodied, brawny.

तटस्थ *(वि.)* अनासक्त, अलग, असंपृक्त, असंबंधित, असंबद्ध, उदासीन, गुट-निरपेक्ष, तिसरैत, निरपेक्ष, निर्दल, निर्लिप्त, निष्पक्ष, निष्प्रभ, बेलाग, विरक्त।
neutral, unconcerned, indifferent.

तटस्थता *(स्त्री.)* उदासीनता, निरपेक्षता, निष्पक्षता, पक्षपातहीनता, समदृष्टि।
impartiality, neutrality, indifference.

तड़क-भड़क *(स्त्री.)* 1. चटक-मटक, चमक-दमक, टीप-टाप, तूम-तड़ाम, धूमधाम, धूमधड़क्का, शान, शानबान, शान-शौकत।
pomp and show, tinsel.
2. आडंबर (दे.)।

तड़के *(क्रिवि.)* अमृतवेला में, दिन-चढ़े, पौ-फटे, ब्रह्मवेला में, भोर में, सवेरे, सवेरे-सवेरे, सुबह-सुबह।
early in the morning.

तड़पना *(क्रि.)* उससना, कराहना, छटपटाना, तड़फड़ाना, तड़फना, हाथ-पैर पटकना।
1. to be listless due to pain. 2. to pant for.

तत्कालीन *(वि.)* तत्सामयिक।
of that time.

तत्त्व *(पुं.)* 1. भूत, मूलद्रव्य, मूलपदार्थ, मूलवस्तु।
element.
2. सारांश (दे.)

तत्पश्चात *(क्रिवि.)* तदनंतर, तदुपरांत, पीछे, फिर, बाद को, बाद में।
afterwards.

तथास्तु *(पद)* एवमस्तु, ऐसा ही हो, स्वस्ति।
amen.

तथ्य *(पुं.)* यथार्थता, वास्तविकता, सच्चाई, सत्य, हकीकत।
fact, reality, truth.

तनाव *(पुं.)* 1. कसाव, खिंचाव, तनातनी।
tension.
2. उत्तेजना (दे.)

तप *(पुं.)* तपश्चर्या, तपस्या, योग, साधना।
austerity, penance.

तपस्विनी *(स्त्री.)* जोगिन, जोगिनी, तपसी, तपस्विनी, तापसी, फकीरिन, बैरागनी, संन्यासिनी, साधुनी।
a female ascetic.

तपस्वी *(पुं.)* जोगड़ा, जोगी, तपसी, तापस, तापसी, मुनि, यति, योगाभ्यासी, योगी, व्रती, संन्यासी, साधक, साधु, साधू, सिद्ध।
ascetic, hermit.

तपेदिक *(पुं.)* टीबी, यक्ष्मा।
tuberculosis.

तपोवन *(पुं.)* आश्रम, तपस्थली, तपोभूमि, साधनास्थली।
the forest or place sanctified by austerities.

तबेला *(पुं.)* अस्तबल, घुड़सार, हयशाला।
stable.

तमाशा *(पुं.)* कौतुक, क्रीड़ा-कौतुक, खेल।
fun, play, game.

तमोगुणी *(वि.)* तामसिक, तामसी, तमोगुण।
pertaining to तमोगुण।

तर *(वि.)* अनुप्राणित, ओतप्रोत, भीगा हुआ, सराबोर, सिक्त।
soaked, drenched.

तरकश *(पुं.)* तूण, तूणीर, भाथा।
quiver.

तरकारी *(स्त्री.)* भाजी, वनस्पति, शाक, साग, सब्जी, सालन।
vegetable.

तरपर *(क्रिवि.)* ऊपर-नीचे, एक के बाद एक।
one above the other, one after the other.

तरल *(वि.)* जलीय, द्रवरूप, पनिहा।
liquid, fluid.

तरसना *(क्रि.)* उत्कंठित होना, उत्सुक होना, बेचैन होना, ललकना, ललचना, लालायित होना, व्यग्र होना।
to pine for.

तर्क *(पुं.)* दलील, बहस, मुक्ति।
argument.

तर्क देना/करना *(क्रिपद)* दलील देना, बहस करना, युक्ति देना।
to argue.

तर्कसंगत *(वि.)* उचित, तर्कसम्मत, तर्कसिद्ध, न्यायसंगत, युक्तियुक्त।
logical, reasonable, sound, rational, sensible.

तल *(पुं.)* 1. पृष्ठभाग, भूतल, सतह।
surface, bed.
2. तलवा, तला, पेंदा।
bottom.

तलछट *(स्त्री.)* किट्टा, गाद, तलौंद।
sediment.

तलवार *(स्त्री.)* असि, करवाल, खड्ग, तेग, शमशीर।
sword.

तलाक *(पुं.)* अलगाव, अलहदगी, छुट्टा-छुट्टी, विवाह-विच्छेद।
divorce.

तस्कर *(पुं.)* स्मगलर।
smuggler.

तहखाना *(पुं.)* तलघर, भुँइधरा, भूगृह, सर्दखाना।
basement.

ताक *(स्त्री.)* खोज, घात, तलाश।
look-out, search, quest, ambush.

ताक-झाँक *(स्त्री.)* नजरबाजी।
look-out.

ताकि *(यो.)* जिससे।
so that.

ताखा *(पुं.)* आला, गवाक्ष, गाँखा।
niche.

ताजगी *(स्त्री.)* जीवंतता, टटकापन, ताजापन, सजीवता, स्फूर्ति।
freshness.

ताजा *(वि.)* टटका, टहटहा, डहडहा, धारोष्ण, हरा, हरा-भरा।
fresh, green, blooming, flourishing.

ताड़ना *(क्रि.)* जान लेना, ताड़ लेना, पहचान लेना, भाँपना, भाँप लेना, लखना, लख लेना, समझ जाना, समझ लेना।
to guess, to conjure.

तात्कालिक *(वि.)* अविलंब, तात्क्षणिक, फोरी।
immediate.

तात्त्विक *(वि.)* सारगर्भित, सारभूत, सारयुक्त।
substantial.

तान *(स्त्री.)* ट्यून, तरन्नुम।
tune.

ताना *(पुं.)* 1. आक्षेप, उपालंभ, उलाहना, कटाक्ष, छींटा, ठिठोली, फबती, फिकरा, बोली।
taunt, jest, derision.
2. व्यंग्य (दे.)।

ताना मारना *(क्रिपद)* आक्षेप करना, उपालंभ देना, उलाहना देना, चुटकी लेना, टकोरना, ठिठोली करना, फबती कसना, फिकरा कसना, बोली मारना।
to taunt, to pass a hurtful remark.

तापना *(क्रि.)* सेंकना।
to warm one's body.

तापमान *(पुं.)* ज्वर, हरारत, बुखार।
temperature.

तारा *(पुं.)* तारक, सितारा।
star.

तालमेल *(पुं.)* तुक, मेल, संगति, समंजन, सामंजस्य।
cordination, harmony.

ताली *(स्त्री.)* 1. करतल-ध्वनि, थपोड़ी।
hand-clapping, cheers, applause.
2. कुंजी, चाबी।
key.

तावीज *(पुं.)* गंडा, जंतर, रक्षा, कवच।
amulet.

तिक्ता *(स्त्री.)* चरपरापन, चरपराहट, झाल, तिताई, तीक्ष्णता, तीतापन।
pungency, acridity.

तितली *(स्त्री.)* इश्कबाज, चुलबुली, छबीली, छमक्को, परी, प्रेमबाला।
flirt, glamorous girl.

तिनका *(पुं.)* तृण।
straw.

तिरछा *(वि.)* आड़ा, कुटिल, झुका हुआ, टेढ़ा, ढालुओं, तिरपट, तिर्यक, वक्र।
oblique, slanting.

तिल का ताड़ करना *(क्रिपद)* राई का पर्वत करना, व्यर्थ विस्तार करना, सुई का फावड़ा बनाना, सुई का भाला बनाना।
to make a mountain of mole-hill.

तीखा *(वि.)* 1. तीव्र, तीक्ष्ण, तेज, धारदार, नुकीला, पैना, प्रखर, बारीक।
sharp, severe.
2. *(वि.)* चरपरा, झालदार, तिक्त, तीक्ष्ण, तीता, तीव्र, तेज।
pungent, acrid, caustic.

तीखापन *(पुं.)* 1. तीक्ष्णता, तीव्रता, धार, नुकीलापन, पैनापन।
sharpness.
2. चरपराहट, झाल, तिक्तता, तीक्ष्णता, तीतापन, तीव्रता, तेजी।
pungency, acridity.

तीरंदाज *(पुं.)* कमनैत, धनुर्धर, धन्वी, बानैत।
archer.

तीरंदाजी *(स्त्री.)* धनुर्विद्या।
archery.

तीर *(पुं.)* नराच, बाण, विशिख, शर, सायक।
arrow.

तुक *(स्त्री.)* अत्यानुप्रास, काफिया।

तुकबंदी *(स्त्री.)* काफियाबंदी, समस्यापूर्ति।
versification, rhyming.

तुक्कड़ *(पुं.)* तुकबंद।
rhymster.

तुच्छ *(वि.)* अधम, अवमान्य, उपेक्षणीय, ऐसा-वैसा, ओछा, क्षुद्र, खाकसार, गया-बीता, घटिया, घासलेटी, घृणित, छोटा, छोटा-मोटा, टुच्चा, तृणवत्, दीनहीन, नगण्य, नाचीज, निकृष्ट, निंद्य, महत्त्वहीन, मामूली, हीन, हेच, हेय।
insignificant, undesirable, trivial, trifling, wretched, servile.

तुतलाना *(वि.)* तुतलाकर बोलना, हकलाकर बोलना, हकलाना।
to lisp, to stutter.

तुरंत *(क्रिवि.)* अविलंब, आँख झपकते, उसी समय, खटाखट, चटापट, चुटकी बजाते, चुटकियों में, जल्दी से, देखते-देखते, झट-पट, झट से, तड़फड़, तड़ाक-फड़ाक, तड़ातड़, तत्काल, तत्क्षण, ताबड़तोड़, तीव्रता से, तेजी से, फक से, फौरन, फौरी, वेगपूर्वक, शीघ्रता से।
at once, forthwith, immediately, instantly, promptly.

तुलना *(स्त्री.)* उपमा, निस्बत, मुकाबला, व्यतिरेक।
comparison, comparability.

तुष्टि *(स्त्री.)* अनुतोष, परितोष, प्रसादन।
appeasement, gratification.

तुष्टीकरण *(पुं.)* अनुतोषण, परितोषण, प्रसादन, मनुहार, मनौअल।
appeasement.

तूल *(पुं.)* तूमार, बतंगड़।
prolongation.

तेज[1] *(वि.)* एक्सप्रेस, क्षिप्र, क्षिप्रगामी, तीव्र, तीव्रगति, तीव्रगामी, तूफानी, त्वरित, द्रुत, द्रुतगामी, धुआँधार, प्रखर, फुर्तीला, वेगवान, शीघ्रगामी, सत्वर, स्फूर्त।
quick, fast, rapid, express, swift, speedy.
2. गहरा, चटक, चटकीला, शोख।
fast.
3. तीक्ष्ण, धारदार, पैना।
sharp-edged.

तेज[2] *(वि.)* चतुर, चलता-पुरजा, तीक्ष्ण-बुद्धि, प्रखर-बुद्धि, मेधावी, होशियार।

तेज[3] *(पुं.)* ओजस्विता, गरिमा, चमक, जलाल, जहीन, तेजस्विता, प्रकाश, प्रताप, शोभा, श्री।
splendour, lustre, effulgence. glow.

तेज करना *(क्रिपद)* 1. टेवना, तीक्ष्ण करना, तीखा करना, धार चढ़ाना/देना, धार धरना, धार निकालना, धार लगाना, नुकीला करना, पैना करना, सान चढ़ाना।
to sharpen.
2. गति बढ़ाना, रफ्तार बढ़ाना, वेग बढ़ाना।
to speed up.

तेज-तर्रार *(वि.)* कड़वा, जबानदराज, तेज-मिजाज, बदमिजाज।
sharp-tongued.

तेजी *(स्त्री.)* 1. क्षिप्रता, तीव्रता, द्रुतगति, द्रुतता, फुर्ती, वेग, शीघ्रता, संवेग, सत्वरता।
quickness, rapidity, swiftness, speed, velocity, haste.
2. उत्कटता, तीव्रता, प्रखरता, प्रचंडता, शिद्दत।
intensity, intenseness.

तेजी से *(क्रिवि.)* अंधाधुंध, उड़ते हुए, उड़ाते हुए, झराझर, द्रुतगति से, फरफर, फर्राटे से, बेतहाशा, भर्राटे से, वेग से, शीघ्रता से, सरपट, सर्राटे भरते, सर्राटे से।
rapidly, swiftly, recklessly, wildly.

तैयार *(वि.)* आमादा, उद्यत, कटिबद्ध, कमर कसे हुआ, खड्गहस्त, तत्पर, प्रस्तुत, बद्धपरिकर, मुस्तैद, रेडी, लैस, सन्नद्ध।
ready, prepared, girt-up, determined, on the point of, about to.

तैयारी *(स्त्री.)* 1. उपक्रम।
preparation.
2. कटिबद्धता (दे.)।

तैरना *(क्रि.)* उतराना, थिराना, पौढ़ना।
to swim.

तोंदवाला *(वि.)* उन्नतोदर, तुंदिल, तोंदिल, पेटीवाला, लंबोदर।
pot-bellied.

तोड़ना *(क्रि.)* चूर-चूर करना, टुकड़े-टुकड़े करना, तोड़ डालना, फोड़ देना, फोड़ना, भंग करना।
to break.

तोड़-फोड़ *(स्त्री.)* अंतर्ध्वंस।
sabotage.

तोड़ लेना *(क्रिपद)* फोड़ लेना, मिला लेना।
to bring over.

तोता *(पुं.)* गंगाराम, मियाँमिट्ठू, शुक।
parrot.

तो भी *(यो.)* इतना होने पर भी, इतने पर भी, तथापि, तदपि, ताहम, फिर भी।
yet, still, even, inspite of.

तोलना *(क्रि.)* वजन करना।
to weight.

त्यक्त *(वि.)* छोड़ा हुआ, परित्यक्त।
abandoned, forsaben, deserted.

त्याग *(पुं.)* उत्सर्ग, परित्यजन, परित्याग, विसर्जन।
abandonment, renouncement.

त्याग देना *(क्रिपद)* अलग करना, उत्सर्ग करना, छोड़ देना, तजना, परित्याग करना।
to relinquish, to desert, to renounce, to abandon, to forsake.

त्यागपत्र *(पुं.)* इस्तीफा।
a letter of resignation.

त्याज्य *(वि.)* अग्राह्य, छोड़ने योग्य, परित्याज्य।
fit to be given up, renounceable.

त्योहार *(पुं.)* आनंदोत्सव, उत्सव, पर्व, महोत्सव, समारोह।
festival, fete.

त्रयी *(स्त्री.)* त्रिक।
a group of three.

त्रुटि *(स्त्री.)* 1. कमी, खराबी, चूक, दोष।
defect, deficiency.
2. अशुद्धि, गलती, भूल।
mistake, err, slip, blunder.

त्रैलोक्य *(पुं.)* तीनों लोक, त्रिभुवन, त्रिलोक।
the three worlds.

त्वचा *(स्त्री.)* खाल, चमड़ा, चमड़ी, स्पर्शेंद्रिय।
skin, leather.

थ

थकना *(क्रि.)* थक जाना, थकान महसूस करना, थकवट लगना।
to be tired, to be fatigued.

थकाना *(क्रि.)* पदाना।
to tire out.

थकावट *(स्त्री.)* क्लांति, थकान, परिश्रांति।
fatigue, lassitude, weariness, exhaustion.

थका हुआ *(वि.)* क्लांत, थका-माँदा, थका- हारा, थकित, निढाल, पस्त, परिश्रांत, लस्त, लस्त-पस्त, शिथिल, श्रांत।
tired, languid, exhausted.

थपकना *(क्रि.)* थपकी देना, थपथपाना, पीठ ठोंकना, शाबासी देना।
to pat.

थाना *(पुं.)* चौकी, नाका।
police station, check-post.

थाला *(पुं.)* आलबाल, थाँवला।

थिगली *(स्त्री.)* चकती, चिथड़ा, जोड़, पैबंद।
patch, clout.

थिगली लगाना *(क्रिपद)* चकती लगाना, जोड़ लगाना, पैबंद लगाना।
to patch, to clout.

थूक *(स्त्री.)* लार, लाला, लुआब।
spittle, saliva.

थूथन *(स्त्री.)* थोबड़ा, नथुना।
snout.

थोड़ा-बहुत *(वि.)* आधा-तीहा, औना-पौना, कम-बेसी, कुछ-न-कुछ, न्यूनाधिक।
a little.

थोड़े में *(क्रिवि.)* किस्सा-कोताह, थोड़े शब्दों में, संक्षिप्त रूप में, संक्षेपतः, संक्षेप में।
in short, briefly.

थोथा *(वि.)* 1. ख्याली, तत्त्वहीन, निस्तत्त्व, फोका, निस्सार, महत्त्वहीन, सारहीन।
worthless, insubstantial.
2. खोखला (दे.)।

द

दंगई *(विपुं.)* उपद्रवी, फसादी, बलवई, बवाली।
rioter.

दंगा *(पुं.)* उपद्रव, झगड़ा, फसाद, बलवा, बवाल, मारपीट, शांतिभंग, संघर्ष।
riot, disturbance, commotion, breach of peace.

दंड *(पुं.)* अर्थदंड, जुर्माना, डाँड़, तलबाना, तावान, फाइन, मुआवजा, सज़ा, हरजाना।
fine, penalty, punishment.

दंड देना *(क्रिपद)* जुर्माना करना, दंडित करना, सज़ा देना।
to fine, to punish.

दंडनीय *(वि.)* ताड़नीय, दंड्य।
punishable, culpable.

दंपती *(पुं.बहु.)* औरत-मर्द, खसम-जोरू, दूल्हा-दुल्हिन, पति-पत्नी, मियाँ-बीवी, वर-कन्या, शौहर-बीबी।
husband and wife, bride and bride-groom.

दग्ध *(वि.)* जला हुआ, झुलसा हुआ।
burnt, scorched.

दढ़ियल *(वि.)* दाढ़ीवाला।
bearded.

दत्त *(वि.)* अदा, अर्पित, चुकता, प्रदत्त, समर्पित।
paid, given, donated, dedicated.

दत्तक पुत्र *(पुं.)* पालट, मुतबन्ना।
adopted son.

दत्तक लेना *(क्रिपद)* गोद लेना, पालट बनाना, बेटा बनाना।
to adopt.

दफनाना *(क्रि.)* कब्र में डालना, गाड़ देना, दफन करना, मिट्टी देना।
to bury.

दफ्तरी *(पुं.)* जिल्दसाज।
book-binder, daftaree.

दबंग *(वि.)* निडर, निर्भय, निर्भीक, दिलेर, दुस्साहसी, निःशंक, बेधड़क, साहसी।
bold, fearless, undaunted.

दबना *(क्रि.)* चँपना, दचकना, पिचकना, पिसना, फिसना।
to be pressed.

दबाना *(क्रि.)* 1. चाँपना, टीपना।
to press down.
2. उपशमन करना, चाप चढ़ाना, दबाव डालना, दमन करना, पस्त करना, विवश करना, शांत करना।
to suppress, to repress, to subdue, to force, to coerce, to compel.

दबाव *(पुं.)* चाप, दाब, प्रभाव।
pressure, duress.

दब्बू *(वि.)* दीन, दीनहीन, दबैल, निमाना।
meek, docile, mild.

दमन *(पुं.)* उत्पीड़न, जबरदस्ती, दमनचक्र, दलन, निग्रह, नियंत्रण, निरोध, परपीड़न, प्रतिरोध, बलप्रयोग, शमन।
oppression, repression, suppre-ssion.

दमन करना *(क्रिपद)* उत्पीड़ित करना, जबरदस्ती करना, दमनचक्र चलाना, दलन करना, निग्रह करना, नियंत्रित करना, निरोध करना, शमन करना, संयत करना।
to repress, to suppress, to oppress.

दमा *(पुं.)* श्वास रोग, हँफनी।
asthma.

दमित *(वि.)* अवसादित, दबाया, दबा हुआ, मंदित, शोषित।
suppressed, depressed.

दयनीय *(वि.)* करुणाजनक, खस्ता, खराब, बुरा, विपन्न, शोचनीय।
pitiable, miserable.

दया *(स्त्री.)* 1. अनुकंपा, करुणा, कृपा, तरस, दयादृष्टि, रहम, सहानुभूति।
compassion, pity, mercy.
2. कृपा (दे.)

दयालु *(वि.)* 1. उदार, उदारहृदय, करुणामय, करुणार्द्र, कृपालु, गरीबनिवाज, तरस खानेवाला, दयानिधान, दयानिधि, दयामय, दयार्द्र, दयावान, दयाशील, दयासागर, दरदवंत, दरदीला, परोपकारी, रहमदिल, वदान्य, विशालहृदय, संवेदनशील, सकरुण, सदय।
kind, merciful, humane, benign, compassionate, kind-hearted.
2. कृपालु (दे.)।

दयालुता *(स्त्री.)* उदारता, उपकार, करुणा, कृपा, कृपालुता, दया, परोपकार, वदान्यता, रहमदिली, संवेदनशीलता, सदयता।
benignity, kind-heartedness.

दरबारी *(पुं.)* मुसाहिब।
courtier.

दरवाजा *(पुं.)* कपाट, किवाड़, तोरण, द्वार, फाटक।
door, gate.

दरवाजा खटखटाना *(क्रिपद)* कुंडी खट-खटाना, दस्तक देना।
to knock.

दरवाजे-दरवाजे *(क्रिवि.)* दर-दर, द्वार-द्वार।
door-to-door.

दरार *(स्त्री.)* चटक, तरेड़, दरक, दरज, संधि।
crack, crevice.

दर्रा *(पुं.)* गिरिपथ, गिरसंकट।
pass.

दर्शक *(पुं.)* तमाशबीन, तमाशाई, दर्शी, देखनहारा, देखनेवाला, द्रष्टा, प्रेक्षक।
viewer, spectator.

दर्शक-दीर्घिका *(स्त्री.)* गैलरी।
gallery.

दर्शन *(पुं.)* 1. दरस, दीदार, देखादेखी, भेंट, साक्षात्कार, मुलाकात।
2. अध्यात्म, तत्त्वज्ञान, फिलासफी, ब्रह्मज्ञान, ब्रह्मविचार।
philosophy.

दर्शनीय *(वि.)* अवलोकनीय, कमनीय, चारु, देखने योग्य, नयनाभिराम, मनोरम, मनोहर, विलोकनीय, शोभन, शोभनीय, सुदर्शन।
worth seeing, worth beholding, comely, charming.

दल *(स्त्री.)* गिरोह, गुट, ग्रुप, टुकड़ी, टोली, जत्था, ठट्ठ, दस्ता, धड़ा, पार्टी, यूथ, वर्ग, वृंद।
party, group, batch, faction, clique, gang, league.

दलबंदी *(स्त्री.)* अखाड़ेबाजी, गुटबंदी, गुटबाजी, जत्थेबंदी, दलादली, धड़ेबंदी, पार्टीबाजी।
groupism, factionalism, party-politics, cliquishness, cliquism.

दलबदलू *(पुं.)* आया राम गया राम, थाली का बैंगन।
defectionist.

दलाल *(पुं.)* 1. अढ़तिया, एजेंट, कमीशन-एजेंट।
agent, broker, commission-agent.
2. कुटना, भड़ुआ।
pimp, pander.

दलाली *(स्त्री.)* आढ़त, कमीशन, छूट, बट्टा।
commission, brokerage.

दलित *(वि.)* कुचला हुआ, पददलित, पदाक्रांत, मर्दित, रौंदा हुआ, विमर्दित।
crushed, pounded.

दशक *(पुं.)* दशाब्द, दशाब्दी, दशी।
decade.

दस्त *(पुं.)* अतिसार, आँव, ग्रहणी, पेचिश, मरोड़, संग्रहणी।
lose motion, mucus.

दस्तावर *(वि.)* जुलाब लानेवाला, रेचक, रेचनकारी।
purgative, cathartic, aperient.

दस्तावेज *(पुं.)* कागज-पत्र, कागजात, प्रलेख, लेख्य।
document, deed.

दहलीज *(स्त्री.)* डेहरी, दरगाह।
threshold, doorsil.

दही *(पुं.)* दधि।
yoghurt, curd.

दहेज *(पुं.)* जहेज, दाय, दायज, यौतुक।
dowry.

दाँत *(पुं.)* दंत, दँतिया (अल्पा.), दशन, रद।
tooth.

दाँव *(पुं.)* पण, बाजी, शर्त।
stake, bet, wager.

दाई *(स्त्री.)* अन्ना, धात्री, धाय, नर्स।
nurse, midwife.

दागी *(वि.)* दगैल, दागदार, धब्बेदार।

दातव्य *(वि.)* खैराती, धर्मार्थ।
charitable.

दाता *(पुं.)* दातार, दानी, देनेवाला, देवाल, प्रदानकर्ता, प्रायोजक।
donor, donator, sponsor.

दाद *(स्त्री.)* कंडु, खाज, खुजली, चकत्ता, दद्रु, पामा।
ringworm, itches.

दादा *(पुं.)* पितामह, बाबा।
grandfather.

दादी *(स्त्री.)* पितामही।
grandmother.

दान *(पुं.)* अनुदान, खैरात, चंदा, दात, दातव्य, दाय, प्रसाद, भिक्षा, भीख।
act of giving, donation, grant, charity, alms.

दानी *(वि.)* दानवीर, दानशील।
munificent.

दामाद *(पुं.)* जँवाई, जमाई, जामाता।
son-in-law.

दायर करना *(क्रिपद)* चलाना, ठोंकना।
to file (a law suit).

दार्शनिक *(पुं.)* चिंतक, तत्त्वज्ञ, तत्त्वज्ञानी, तत्त्ववेत्ता, तार्किक, ब्रह्मज्ञानी।
philosopher.

दावा करना *(क्रिपद)* अभियोग चलाना, नालिश करना, मुकदमा करना/चलाना/ठोंकना।
1. to file a law suit. 2. to claim.

दास *(पुं.)* गुलाम, बंधुआ।
slave.

दासता *(स्त्री.)* गुलामी, पराधीनता।
slavery, servility, serfdom, subjection.

दाहिना *(वि.)* दायाँ।
right.

दाहिने *(क्रिवि.)* दाईं ओर, दाईं तरफ, दाएँ।
on the right-hand side, on the right.

दाह्य *(वि.)* ज्वलनशील, दहनीय।
combustible, inflammable.

दिखाई पड़ना *(क्रिपद)* आँखों के आगे/सामने आना, दृष्टिगत होना, देखने में आना, दृष्टिगत होना, नजर आना, लक्षित होना।
to appear.

दिखाना *(क्रि.)* दरशाना, दर्शन कराना, दिग्दर्शन कराना।
to show.

दिखावटी *(वि.)* 1. नुमायशी, प्रदर्शनात्मक, भड़कदार, भड़कीला।
showy, ostentatious.
2. अवास्तविक, कृत्रिम, बनावटी, मस्नुई।
unreal, unnatural.

दिन *(पुं.)* दिवस, दिहाड़ा, दिहाड़ी, रोज, वार, वासर।
day.

दिनचर्या *(स्त्री.)* चर्या, नित्यकर्म, नित्यचर्या, नेम।
routine.

दिनांक *(पुं.)* तारीख, तिथि, मिति।
date.

दिनांध *(वि.)* दिवांध।
day-blind.

दियासलाई *(स्त्री.)* माचिस।
match-box.

दिल बहलाना *(क्रिपद)* खुश करना, जी बहलाना, मनोरंजन करना।
to amuse, to divert, to cheer, to gladden.

दिवाला *(पुं.)* खात्मा, दिवालियापन, परि-समापन।
bankruptcy, liquidation.

दिवाला निकाल देना *(क्रिपद)* टाट उलट देना।
to break bank.

दिवास्वप्न *(पुं.)* ख्याली पुलाव, मनमोदक, हवाई महल।
day-dream, reverie.

दिव्य *(वि.)* 1. अलौकिक, ईश्वरीय, स्वर्गीय।
divine, heavenly.
2. उत्तम (दे.)।

दिशा *(स्त्री.)* ओर, दिक, तरफ।
direction.

दिशाभ्रम *(पुं.)* दिग्भ्रम।
loss of direction.

दिहाड़ी *(स्त्री.)* नफरी।
1. one day's work of a labourer.
2. wages paid for the same.

दीक्षा देना *(क्रिपद)* गुरुमंत्र देना, दीक्षित करना, नाम दान करना, नाम देना।
to initiate.

दीप्त *(वि.)* ज्योतित, ज्योतिर्मय, दीपित, प्रकाशमान, प्रकाशित, प्रज्वलित, रोशन।
lit up, lighted, illuminated, luminous.

दीयट *(पुं.)* दीपाधार, दीवट।
lamp-stand.

दीया *(पुं.)* चिराग, दीप, दीपक, दीवा, प्रदीप, बत्ती, लंप, शमा।
lamp.

दीर्घसूत्रता *(स्त्री.)* मंथरता, लाल फीतेशाही।
dilatoriness, procrastination.

दीवार *(स्त्री.)* प्राचीर।
wall, boundarywall.

दीवाली *(स्त्री.)* दीपावली, दीपोत्सव।
festival of lights.

दुकान *(स्त्री.)* हट्टी।
shop.

दुख *(पुं.)* अफसोस, कष्ट, क्लेश, खेद, गम, पीड़ा, मनस्त.ाप, मनोवेदना, मलाल, यातना, रंज, विपत्ति, विपदा, विषाद, वेदना, व्यथा, शोक, संताप, संत्रास, सांसत।
sorrow, grief, distress.

दुखद *(वि.)* करुण, क्लेशकर, क्लेशकारी, कष्टकर, खेदजनक, पीड़ादायक, त्रासदिक, दर्दनाक, दुखदायी, दुखप्रद, यातनाप्रद, शोकजनक, शोकपूर्ण, संतापकारी, संतापदायक।
distressing, sorrowful, woeful.

दुखना *(अ.)* चुभना, टीसना, दर्द होना, पीड़ा होना।

दुखांत *(वि.)* शोकांत।
tragic, tragical.

दुखी *(वि.)* अवसन्न, आर्त, खिन्न, गमगीन, त्रस्त, दर्दमंद, दिलगीर, दुखित, दुखिया, नाशाद, पीड़ित, बेहाल, मुसीबत का मारा, मुसीबतजदा, रंजीदा, विपन्न, विषण्ण, व्यथित, शोकाकुल, शोकार्त,

संतप्त, संत्रस्त, सताया हुआ, साँसत का मारा।
distressed, grief-stricken, depressed, sorrowful, tormented, tortured, terrorised, melancholy.

दुगना *(वि.)* दूना, द्विगुणित।
double, redoubled.

दुधमुँहा बच्चा *(पुं.)* गोद का बच्चा।
infant-in-arm.

दुपहर *(स्त्री.)* दोपहर, मध्याह्न।
midday, noon.

दुपहर के बाद *(क्रिवि.)* अपराह्न में, दोपहर बाद, तीसरे पहर, शाम को, सायंकाल।
in afternoon.

दुबला *(वि.)* 1. कृश, कृशांग, क्षीण, दुबला-पतला, पतला, मरियल, सींक-सलाई, सुखंडी, सूखा।
lean, lean and thin, gaunt, bony.
2. दुर्बल (दे.)।

दुबलाना *(क्रि.)* कमजोर हो जाना, झटक जाना, सूख जाना।
to be physically reduced.

दुबारा *(क्रिवि.)* एक बार और, दूसरी बार, दोबारा, पुनः, फिर।
again, once more.

दुमकटा *(स्त्री.)* बेदुम, पुच्छविहीन, बाँडा, लंडूर।
without tail.

दुम दबाकर भागना *(क्रिपद)* पत्ता-तोड़ भागना, बगटुट भागना, सिर पर पाँव रखकर भागना।
to show clean pair of heels.

दुमुँहा *(वि.)* द्विमुख, दुरंगा, दुरुखा।
double-faced.

दुराव *(पुं.)* छिपाव, दुराव-छिपाव, पोशीदगी, संगोपन।
secrecy, privacy.

दुरुपयोग करना *(क्रिपद)* कुप्रयोग करना, गलत इस्तेमाल करना, गलत प्रयोग करना, दुष्प्रयोग करना।
to abuse, to misuse.

दुर्गंध *(स्त्री.)* कपड़गंध, चिरायँध, तिलौंछ, दुर्गंधि, धुआँयँध, बदबू, बिसायँध, महक, सड़ायँध।
foul smell, stench, stink.

दुर्गम *(वि.)* 1. अगम्य, अपारगम्य, अलंघ्य, दुर्लंघ्य, दुस्तर।
impassable, insurmountable.
2. कठिन (दे.)।

दुर्गा *(स्त्री.)* अष्टभुजा, काली, चामुंडा, जगदंबा, जगदंबिका, जगदीश्वरी, भगवती, महादेवी, सिंहवाहिनी।
durga, godess of prowess.

दुर्गुण *(पुं.)* अवगुण, ऐब, खोटाई, कमजोरी, दुर्बलता, दोष, व्यसन।
demerit, vice.

दुर्गुणी *(वि.)* अवगुणी, ऐबी, दोषी, व्यसन।

दुर्घटना *(स्त्री.)* त्रासदी, दुर्विपाक, हादसा।
accident, tradgedy.

दुर्दशा *(स्त्री.)* छीछालेदर, दुरवस्था, दुर्गति, फजीता, फजीहत, फटेहाली, बिगड़ी।
plight, sad condition, sorry state.

दुर्दशा करना *(क्रिपद)* छीछालेदर करना, धुर्रे उड़ाना, फजीहत करना, बखिया उधेड़ना, मजम्मत करना, हालत पतली करना।

दुर्दशाग्रस्त *(वि.)* आफत का मारा, फटेहाल, मुसीबतजदा, विपदाग्रस्त।
in a sorry plight.

दुर्बल *(वि.)* अक्षम, अशक्त, असमर्थ, कमजोर, क्षमताहीन, क्षीण, क्षीणकाय, दुबला-पतला, निर्बल, बलहीन, मरियल, लचर, शक्तिहीन, सामर्थ्यहीन, हीनबल।
weak, incapable, incompetent.

दुर्बलता *(स्त्री.)* कमजोरी, क्षीणता, दौर्बल्य, बालिश्य, शक्तिहीनता।
weakness, amentia.

दुर्बल हो जाना *(क्रिपद)* क्षीण हो जाना, नंगा-लुच्चा, सूखकर काँटा हो जाना।
to become weak, to be reduced to a skeleton.

दुर्भाग्य *(पुं.)* कम्बख्ती, कमनसीबी, किस्मत का फेर, किस्मत की मार, बदकिस्मती, बदनसीबी, शामत।
misfortune, ill-luck.

दुर्भावना *(स्त्री.)* कुभाव, दुर्भाव, बदनीयती, रंजिश।
malevolence, ill-will, malice, animosity.

दुर्लभ *(वि.)* अप्राप्य, दुष्प्राप्य, विरल।
scarce, unavailable, rare.

दुर्लभता *(स्त्री.)* अप्राप्यता, दुष्प्राप्यता, विरलता।
scarcity, rarity, unavailability.

दुर्व्यवहार *(पुं.)* खराब बर्ताव, खराब व्यवहार, बदसुलूकी, बुरा बर्ताव, बुरा व्यवहार।
maltreatment.

दुलारना *(क्रि.)* चुमकारना, दुलराना, पुचकारना, लाड़-प्यार करना।
to caress, to fondle.

दुल्हा *(पुं.)* ढोला, दूल्हा, नौशा, बन्ना, वर।
bride.

दुल्हिन *(स्त्री.)*
दुल्हन, नववधू, नवोढ़ा, नौशी, पाणिगृहीता, परिणीता, बन्नी, ब्याहता।
bride.

दुविधा *(स्त्री.)* असमंजस, आगा-पीछा, उभय-संकट, ऊहापोह, गुत्थी, दुचितई, चकपक, धर्मसंकट, पसोपेश, पेच, फाँस, संकल्प-विकल्प, सोच-विचार।
dilemma, quandary.

दुश्चरित्र *(वि.)* आवारा, छिनाल, दुराचारी, दुरात्मा, बदचलन, बदमाश, फाहशा, भ्रष्ट, भ्रष्टाचारी, लंपट, व्यभिचारी।
characterless, vile, debased, degenerate, ignoble.

दुष्कर्म *(पुं.)* अकर्म, अनीति, अपचार, कदाचार, कुकर्म, कुकृत्य, गलत काम, दुराचरण, दुराचार, पाप, पापाचार, बेहूदगी।
misdeed, corrupt practice, immoral act, offence, sin.

दुष्ट *(वि.)* खल, कुचाली, खब्बीस, खुरचाली, खोटा, चांडाल, जँजालिया, दुरात्मा, दुर्जन, दुर्वृत्त, दुष्टात्मा, दुष्प्रकृति, नंगा, नंगा-लुच्चा, नीचाशय, लंठ, पाजी, पापी, बदजात, बदमाश, लिहाड़ा, लुच्चा, शठ, शैतान।
wicked, mischievous, trouble-maker.

दुष्टता *(स्त्री.)* खुटाई, कुचाल, खुटचाल, खोटाई, नंगई, दुर्वृत्ति, नंगापन, पाजीपन, बदमाशी, लंठई, लुच्चई, लुच्चापन, शैतानी, हरामजदगी।
wickedness, villainy, roguery.

दूत *(पुं.)* एलची, कुटना, बसीठ, राजदूत, संदेशवाहक, संदेशहर, हरकारा।
envoy, emissary, messenger.

दूती *(स्त्री.)* कुटनी, दूतिका।
female messenger, go-between.

दूध *(पुं.)* क्षीर, गोरस, दुग्ध, पय, पयस।
milk.

दूधवाला *(पुं.)* ग्वाला, घोसी।
milkman.

दूर[1] *(वि.)* दूरवर्ती, दूरस्थ, दूरस्थित।
distant.

दूर[2] *(क्रिवि.)* दरकिनार, परे।
away.

दूर करना *(क्रिपद)* निवारण करना, परे करना, भगाना, वारण करना।
to dispel, to keep away.

दूरगामी *(वि.)* दूरप्रभावी, दूरव्यापी।
far-reaching.

दूरदर्शी *(विपुं.)* अग्रसोची, दूरंदेश।
farsighted, sagacious.

दूरदृष्टि *(स्त्री.)* गिद्धदृष्टि, दूरंदेशी, दूरदर्शिता।
fare-sight, far-sightedness, long sight, sagacity.

दूषित *(वि.)* कलंकित, कलुषित, बुरा, भ्रष्ट, विकृत।
polluted, contaminated, blemished, sullied.

दूसरा *(वि.)* अन्य, इतर, गैर, दूआ, दूजा, पर।
other, second, next.

दृढ़ *(वि.)* अचल, अटल, अपेल, अविचल, कड़ा, दमदार, निश्चल, ध्रुव निश्चल, पुख्ता, पक्का, पाएदार, पुष्ट, प्रगाढ़, मजबूत, सशक्त, स्थायी, स्थिर।
firm, steady.

दृढ़ता *(स्त्री.)* अचलता, अटलता, अविचलता, कड़ाई, कड़ापन, दृढ़त्व, पुष्टता, मजबूती, सशक्तता, स्थिरता।
firmness, steadiness.

दृढ़निश्चयी *(वि.)* अटल, अडिग, कृतसंकल्प, धुन का पक्का, पक्का, संकल्पवान, संकल्पशील।
resolute.

दृश्य *(पुं.)* दृश्यावली, नजारा, परिदृश्य, मंजर।
scene, view, spectacle, perspective.
(वि.) चाक्षुष।
visual.

दृश्यमान *(वि.)* आभासी, प्रतीयमाण, भासमान।
visible, perceptible, appearing.

दृष्टि *(स्त्री.)* चितवन, डीठ, तेवर, दीठ, दीदा, नजर, निगाह, बीनाई।
1. sight, vision, look.
2. the effect of an evil eye.

दृष्टिकोण *(पुं.)* दृष्टिविंदु, नजरिया, विचारधारा।
view-point, ideology.

दृष्टिपात *(पुं.)* दृष्टिक्षेप।
glance.

दिखना *(क्रि.)* अवलोकन करना, अवलोकना, चितवना, जोहना, तकना, ताकना, दृष्टिपात करना, दर्शन करना, देखना-भालना, नजर डालना, निरखना, निरीक्षण करना, निहारना, पेखना, लखना, विलोकना।
to see.

देखने में *(क्रिवि.)* जाहिरा, प्रकट रूप से।
apparently, seemingly.

देखनेवाला *(वि.)* दर्शक, दृष्टिवंत, दृष्टि-संपन्न, देखनहारा।
seer, viewer.

देखरेख *(स्त्री.)* चौकसी, चौकीदारी, देखभाल, निगरानी, पहरेदारी, रक्षा, रख-रखाव, रखवाली, सँभाल, सुरक्षा, हिफाजत।
care, vigilance.

देना *(क्रि.)* उत्सर्ग करना, चुकाना, दान करना, प्रदान करना, बाँटना, भेंट करना, वितरित करना, समर्पित करना, सौंपना, हस्तांतरित करना।
to give, to pay.

देना-लेना *(पुं.)* देना-पावना, देयादेय।
assets and liabilities.

देयता *(स्त्री.)* देनदारी।
liability.

देरी *(स्त्री.)* अबेर, अतिकाल, घिसघिस, देर, मंथरता, विलंब।
delay.

देवता *(पुं.)* देव, नमर, विबुध, सुर।
deity.

देवदूत *(पुं.)* नबी, पैगम्बर, फरिश्ता, मसीहा, रसूल।
divine messenger, angel, prophet.

देवी *(स्त्री.)* भगवती।
goddess.

देश *(पुं.)* मुल्क, राज्य, राष्ट्र, वतन।
country, state, nation.

देश-निकाला *(पुं.)* जलावतनी, देश-निर्वासन, देश-निष्कासन, निर्वासन, वनवास।
exile, transportation, banishment.

देशभक्त *(पुं.)* देशप्रेमी, राष्ट्रप्रेमी, राष्ट्रभक्त।
patriot.

देशभक्ति *(स्त्री.)* देशप्रेम, राष्ट्रप्रेम, राष्ट्र-भक्ति।
patriotism.

देसी *(वि.)* देशज, देशी, देशीय, देश्य, देसावरी, मुल्की, स्वदेशी, स्वदेशीय।
indigenous, native.

देहाती *(वि.)* गँवई, गँवार, गाँवाला, ग्रामीण, ग्राम्य।
rural, rustic.

दैवकृत *(वि.)* ईश्वरीय, दैवाधीन, दैवी।
providential.

दोगला *(वि.)* जारज, दुनसली, दुमेला, वर्णसंकर, विजन्मा, संकर, हरामी।
adulterine, centaur.

दोना *(पुं.)* पत्तोखा।
a cup made of leaves.

दोनों *(वि.)* उभय।
both.

दोयम *(वि.)* दूसरे दर्जे का, दो नंबर का, द्वितीय।
second-rate.

दोष *(पुं.)* अवगुन, ऐब, कज, खटक, खुचर, खराबी, खामी, खोट, छिद्र, त्रुटि, दूषण, नुक्स, पख, फितूर, बुराई, मीनमेख, विकार।
defect, flaw, fault.

दोषदर्शन *(पुं.)* छलछिद्रण, छिद्रान्वेषण, नुक्ताचीनी।
faultfinding.

दोषदर्शी *(पुं.)* छलछिद्री, छिद्रान्वेषी, नुक्ता-चीन।
faultfinding.

दौड़-धूप *(स्त्री.)* दौड़-भाग, भाग-दौड़, भागम-भाग।
bustle, hectic activity.

दौड़-धूप करना *(क्रिपद)* उछल-कूद मचाना, कूद-फाँद करना, कोशिश करना, प्रयत्न करना, भाग-दौड़ करना, यत्न करना।
to bustle about.

दौड़ना *(क्रि.)* धावना, पलायन करना, भागना।
to run.

दौड़नेवाला *(पुं.)* दौड़-धूप करनेवाला, दौड़ने-धूपनेवाला।
runner.

दौर *(पुं.)* चक्कर, फेरा।
trip.

दौरा *(पुं.)* 1. गश्त, चकफेरी, फेरी।
beat, circuitous tour.
2. बेहोशी, मिर्गी।
fit.

द्रुतगामी *(वि.)* तीव्रगामी, तेज चलनेवाला, तेज रफ्तार, द्रुत, द्रुतगति, वेगपूर्ण, शीघ्र-गतिक।
express, fast.

द्वंद्व *(पुं.)* 1. अंतर्द्वंद्व।
conflict.
2. झगड़ा (दे.)

द्वयार्थक *(वि.)* अभयार्थक, अस्पष्ट, दो-अर्थी, श्लेषात्मक, संदिग्ध।
ambiguous, doubtful.

द्वारपाल *(पुं.)* गेटकीपर, चोबदार, प्रहरी।
gatekeeper.

द्वीप *(पुं.)* अंतरीप, जजीरा, टापू।
island, cape.

द्वीपपुंज *(पुं.)* द्वीपमंडल, द्वीपसमूह।
archipelago.

द्वेष *(पुं.)* दुराशय, दुर्भाव, दुर्भावना, विद्वेष, वैर, वैमनस्य, शत्रुता।
malice, ill-will.

द्वेषपूर्ण *(वि.)* कुटिल, कुटिलतापूर्ण, दुर्भावना-कृत, दुर्भावनापूर्ण, विद्वेषपूर्ण।
malicious.

ध

धक्कम-धक्का *(पुं.)* ठेलपेल, ठेलम-ठेल, धका-पेल, धक्कामुक्की, रेलपेल।
jostling.

धक्का *(पुं.)* टहोका, दचक, धचका, हिचकोला।
push, shove, jerk.

धड़ *(पुं.)* कबंध, रुंड, लुंड, लुंड-मुंड।
trunk, headless, torso.

धड़कन *(स्त्री.)* धकधक, धकधकाहट, धड़क, धुकधुकी, धुकुर-पुकुर, फड़क, स्पंदन।
palpitation.

धड़कना *(क्रि.)* धकधक करना, धड़पड़ करना, धड़धड़ाना, धुकधुक करना, धुकधुकी लगाना, धुकर-पुकर करना।
to palpitate, to throb.

धड़ल्ले से *(क्रिवि.)* निडर होकर, निर्द्वंद्व होकर, निधड़क, निर्भय होकर, बेखटके, निस्संकोच होकर, बेखौफ होकर, बेधड़क, बेहिचक, सीना तानकर।
dauntlessly, unhesitatingly, without hitch.

धन *(पुं.)* अर्थ, ऐश्वर्य, जर, दौलत, धन-दौलत, धन-संपत्ति, पैसा, माल-टाल, माल-मता, रुपया-पैसा, संपत्ति।
riches, money.

धनाढ्यता *(स्त्री.)* दौलतमंदी, रईसी।
richness.

धनी *(वि.)* अमीर, ऐश्वर्यवान, तर असामी, दौलतमंद, दौलतवाला, धनकुबेर, धनवंत, धनवान, धनाढ्य, धनिक, धनी-मानी, धन्नासेठ, मालदार, मालामाल, रईस, रुपए-पैसेवाला, लखपति, संपन्न।
rich, wealthy.

धनुष *(पुं.)* कमान, कोदंड, चाप, पिनाक।

धन्य *(वि.)* कृतकृत्य, कृतार्थ।
obliged, gratified and happy.

धन्यवाद *(पुं.)* शुक्रिया।
thanks.

धन्यवाद देना *(क्रिपद)* थैंक्स करना, शुक्रिया अदा करना।
to thank, to offer thanks.

धन्य *(क्रिवि.)* आभार सहित, साभार।
thankfully, gratefully.

धमकाना *(क्रि.)* आँख दिखाना, घुड़कना, चेतावनी देना, झिड़कना, तर्जना, धमकी देना, भय दिखलाना।
to intimidate, to threaten, to browbeat, to bully.

धमकी *(स्त्री.)* गीदड़-भभकी, घुड़की, डरावा, तर्जन, तर्जना, धुप्पस, धौंस, धौंस-पट्टी, बंदर-घुड़की, बंदर-भभकी, भभकी।
threat.

धरन *(स्त्री.)* कड़ी, बल्ली, शहतीर।
beam.

धरना *(पुं.)* ढई, घेराव, नाकेबंदी।
picketing, blockade, gherao.

धराशायी *(वि.)* भूमिसात्, भू-लुंठित।
floored, fallen flat.

धर्म *(पुं.)* 1. दीन, मजहब, रिलिजन।
religion.
2. कर्तव्य, कृत्य, धर्मकर्म, फर्ज।
function.

धर्मप्रचारक *(पुं.)* मिशनरी।
missionary.

धर्मयुद्ध *(पुं.)* जेहाद।
religious war, crusade.

धर्मांध *(वि.)* जनूनी, धर्मोन्मत्त।
fanatic.

धर्मांधता *(स्त्री.)* जनून, धर्मोन्माद।
religious fanaticism.

धर्मात्मा[1] *(पुं.)* ऋषि, पुण्यात्मा, महर्षि, महात्मा, साधु।
saint.

धर्मात्मा² *(वि.)* धर्मनिष्ठ, धर्मपरायण, धर्मपाल, धर्मशील, धर्मिष्ट, धर्मी, नेक, भला, सदाचारी, सुकर्मी, सुकृति।
pious.

धर्मार्थ *(वि.)* खैराती।
charitable.

धागा *(पुं.)* डोर, डोरा, डोरी, तनी, तागा, सूत्त, सूता।
thread.

धाय *(स्त्री.)* धात्री।
wet-nurse.

धाराप्रवाह *(वि.)* 1. धुआँधार।
fluent, glib.
2. लगातार (दे.)।

धार्मिक *(वि.)* धर्मनिष्ठ, धर्मपरायण, धर्मप्राण, धर्मशील, धर्मानुयायी, धर्मी, मजहबी, मतावलंबी, संप्रदायवादी, सांप्रदायिक।
religious, devout.

धिक्कार *(स्त्री.)* थुड़ी, प्रताड़ना, फटकार, फिटे मुँह, भर्त्सना, मलामत, लानत, लानत-मलामत।
damnation.

धीमा *(वि.)* ढीला, दीर्घसूत्री, देर लगानेवाला, धीरे चलनेवाला, मंथर, मंथरगति, मंद, मंदगति, मंदगामी, मट्ठर, फिसड्डी, विलंबकारी, वेगहीन, शिथिल, सुस्त, हलका।
slow, tardy, dilatory, laggard, leisurely.

धीमी चाल *(स्त्री.)* कछुए की चाल, चींटी की चाल, धीमी रफ्तार, मंथर गति।
low speed.

धीरे *(क्रिवि.)* आराम से, धीमे, धीमे-धीमे, धीरे-धीरे, रफ्ता-रफ्ता, मंदगति से, शनैः-शनैः, हौले-हौले।
slowly.

धुँधला *(वि.)* 1. धूमिल।
hazy, misty.
2. अस्पष्ट (दे.)।

धुआँ *(पुं.)* धूम, धूम्र।
smoke, fume.

धुनना *(क्रि.)* तूमना, धुनकना, पिंजना।
to card.

धुन सवार होना *(क्रिपद)* खब्त होना, पागलपन सवार होना, सनक चढ़ना।
to have something on the brain.

धुनी *(वि.)* कृतसंकल्प, दृढ़निश्चयी, दृढ़-प्रतिज्ञ, धुन का पक्का।
resolute in pursuit.

धुरा *(पुं.)* अक्ष, धुरी।
axis, axle.

धूप *(स्त्री.)* आतप, घाम, सूर्यप्रकाश, सूर्यालोक।
sunshine.

धूर्त *(वि.)* कपटी, कुटिल, खुर्राट, गुरुघंटाल, घाघ, चंट, चघड़, चरपट, चलता पुर्जा, चाँइयाँ, चाँईं, चालबाज, छत्तीसा, छलछंदी, छलिया, छली, टंच, टपकेबाज, ठग, ढंगी, ढोंगी, तड़ीबाज, तिकड़मबाज़, तिकड़मी, दगाबाज, धोखेबाज, नौसरबाज, नौसरिया, पाखंडी, फरफंदी, बगलाभगत, मक्कार, मायावी, वंचक।
cunning, crafty, artful.

धूर्तता *(स्त्री.)* 1. चंटई, चंटपना, चघड़पन, चाँईपन, चालबाजी, छल, छलछिद्र, छलबल, टपकेबाजी, ठगई, ठगपना, ठगवृत्ति, ठगी, तिकड़म, तिकड़मबाजी, तड़ी, दगाबाजी, धोखा, धोखेबाजी, नौसरबाजी, पाखंड, फरफंद, बगलाभगती, मक्कारी, वंचकता।
cunningness, craftiness, crookedness.
2. धोखा (दे.)।

धूल *(स्त्री.)* खाक, गर्द, गरदा, रज, धूलि, मिट्टी।
dust.

धृष्ट *(वि.)* अवज्ञाकारी, अविनयी, अविनीत, अशिष्ट, गुस्ताख, ढीठ, प्रगल्भ, बदतमीज, बेअदब।
insolent, impudent, impertinent.

धृष्टता *(स्त्री.)* अवज्ञा, अविनय, अशिष्टता, गुस्ताखी, ढिठाई, दुस्साहस, प्रगल्भता, बेअदबी, बदतमीजी।
insolence, impertinence, impudence.

धैर्य *(पुं.)* तितिक्षा, सब्र, सहनशक्ति, सहनशीलता, सहिष्णुता।
patience, endurance, fortitude.

धैर्य बँधाना *(क्रिपद)* आश्वासन देना, ढाढ़स देना, तसल्ली देना, दिलासा देना, धीरज बँधाना, सांत्वना देना, हिम्मत बँधाना।
to console, to solace.

धैर्यवान *(वि.)* धीर, प्रशांत, शांत, संतोषी, सहनशील, सहिष्णु।
patient.

धोखा *(पुं.)* उड़नझाईं, कपट, कुटिलता, चकमा, चरका, चालाकी, छल, छल-कपट, छलछंद, छलबल, झाँसा, ठगपना, ठगी, दगा, दगाबाजी, दगेबाजी, दमबुत्ता, दम-झाँसा, धुप्पल, धुप्पलबाजी, धूर्तता, धोखाधड़ी, धोखेबाजी, प्रवंचकता, प्रवंचना, फरेब, बहलावा, बुत्ता, भगल, भुलावा, मक्कारी, मक्र, वंचना, विश्वासघात।
deceit, deception, deceitfulness, fraud, treachery, cheating, trick-ery, double dealing.

धोखा देना *(क्रिपद)* कपट करना, गच्चा देना, चकमा देना, छल करना, झाँसा देना, ठगना, ठगी करना, दगा देना, दगाबाजी करना, धुप्पल देना, धोखाधड़ी करना, फरेब करना, भुलावा देना, मक्कारी करना, मूँड़ना, लूटना, विश्वासघात करना।
to hoodwink, to mislead, to cheat, to defraud, to deceive.

धोखेबाज *(वि.)* कपटी, कुटिल, चालबाज, खोटा, छली, छलछंदी, छलछिद्री, छलहाया, छलिया, ठग, दगाबाज, धुप्पलबाज, धूर्त, प्रवंचक, फरेबी, बेईमान, मक्कार, वंचक, शठ, हथलपक।
cheat, treacherous, crooked, trickster, fraudulent, deceptive.

धोना *(क्रि.)* निखारना, पखारना, प्रक्षालन करना, प्रक्षालित करना, साफ करना, स्वच्छ करना।
to wash, to cleanse, to launder.

धौंकनी *(स्त्री.)* भाथी।
bellows.

धौल-धुप्पड़ *(पुं.)* घूँसेबाजी, चपतबाजी, मुक्का-मुक्की।
exchange of blows.

ध्यान *(पुं.)* 1. चिंतन, भावमयता, मनन, मनोयोग।
meditation.
2. ख्याल, चिंता, तवज्जोह, परवाह, फिक्र, मुरव्वत, मुलाहिजा, लिहाज।
care, attention.

ध्यानमग्न *(वि.)* ध्यानावस्थित।
lost in meditation.

ध्यान रखना *(क्रिपद)* ख्याल रखना, लिहाज करना।
to keep in mind, to take care of.

ध्वस्त होना *(क्रिपद)* गिर जाना, टूट जाना, भग्न होना, तबाह होना, बर्बाद होना, बैठ जाना।
to be ruined, to be destroyed.

न

नंगा *(वि.)* 1. अचीर, अनावृत, उघड़ा हुआ, खुला, दिगंबर, नंग-धड़ंग, नग्न, निरावरण, निर्वसन, निर्वस्त्र, बेपरद, वस्त्रहीन, विवस्त्र।
naked, nude, open, exposed.
2. दुष्ट *(दे.)*

नकदी *(स्त्री.)* कैश, नकदनारायण, नगदी, रुपया-पैसा, रोक, रोकड़।
cash, ready cash.

नकल *(स्त्री.)* 1. अनुकरण, अनुकृति, अनुहार, देखादेखी, भेड़चाल, रीस।
imitation.

2. अनुलिपि, अनुकृति, प्रतिलिपि।
copy.

नकल उतारना *(क्रिपद)* अनुहार करना, भँड़ैती करना, स्वाँग भरना।
to mimic.

नकल करना *(क्रिपद)* अनुकरण करना, देखा-देखी करना, रीस करना।
to imitate, to copy, to minic, to ape.

नकलची *(पुं.)* अनुकरणशील, अनुकर्ता, नकलबाज, नक्काल।
one who copies by unfair methods.

नकली *(वि.)* अप्राकृतिक, कृत्रिम, कूट, खोटा, जाली, झूठा, फर्जी, बनावटी।
false, artificial, fake, counterfeit, spurious, forged, fabricated, sham.

नकारात्मक *(वि.)* ऋणक, ऋणात्मक, नहिक।
negative.

नकियाना *(क्रि.)* नाक से बोलना।
to speak with nasal accent.

नक्काशी *(स्त्री.)* उकेरना, उत्कीर्णन, तराशना, पच्चीकारी।
engraving, carving.

नक्षत्र *(पुं.)* तारामंडल, तारावली, नखत।
constellation.

नखरा *(पुं.)* ऐंठ, चोचला, चोचलेबाजी, ठसक, ठसका, ठस्सा, नकशेबाजी, नखरा-तिल्ला, नखरेबाजी, नाज, नाज-नखरा, मटकौअल, हाव-भाव।
coquetish behaviour, affected manners, affectation.

नखरेबाज *(विपुं.)* ऐंठू, चोचलहाया, ठसकेदार, तुनुकमिजाज, नकचढ़ा, नकशेबाज, नखरीला।
moody, peevish, hard to please.

नग *(पुं.)* पीस।
item.

नगर *(पुं.)* कस्बा, नगरी, पत्तन, पुर, पुरी, शहर।
city, town.

नगरवासी *(पुं.)* नागरिक, पुरजन, पुरवासी, शहरी।
citizen.

नगाड़ा *(पुं.)* डंका, धौंसा।

नजर *(स्त्री.)* कुदृष्टि, बदनिगाह, बुरी नजर।
sinister eye.

नट *(पुं.)* कलाबाज, बाजीगर, मदारी।
acrobat, juggler.

नटखट *(वि.)* अठाई, उत्पाती, उपद्रवी, आफत का परकाला, खिलवाड़ी, चुलबुला, छिछोरा, पाजी, फितरती, शरारती।
mischievous, coltish.

नटखटी *(स्त्री.)* उच्छृंखलता, उत्पात, उपद्रव, खिलवाड़, खुराफात, चुलबुलापन, चुहल, छिछोरापन, छेड़छाड़, पाजीपन, फितरत, शरारत।
michievousness, naughtiness.

नत *(वि.)* झुका हुआ, नतमस्तक, प्रणत, नमित।
bent, inclined.

नदी *(स्त्री.)* कल्लोलिनी, तटिनी, दरिया, धारा, सरिता।
river.

नपा-तुला *(वि.)* जँचा-तुला।
precise.

नपुंसक *(विपुं.)* क्लीव, जनखा, नामर्द, मोगा, हिजड़ा।
impotent.

नपुंसकता *(स्त्री.)* क्लीवता, ध्वजभंग, नामर्दी, हिजड़ापन।
impotence.

नमक *(पुं.)* रामरस, लवण, लोन।
salt.

नमकीन *(वि.)* खारा, नुनखरा, मिठलोना, लवनित।
salty, saltish, saline.

नमन *(पुं.)* प्रणति, विनति।
act of bowing.

नमस्कार *(पुं.)* अभिवादन, दण्डवत्, नमस्ते, प्रणाम, बंदगी, सलाम, साहब-सलामत।
saluation.

नमी *(स्त्री.)* आर्द्रता, ओदापन, गीलापन, तरी, सीड़न, सीलन।
wetness, dampness, moisture, humidity.

नमूना *(पुं.)* आदर्श, चाशनी, प्रतिमान, बानगी।
sample.

नम्र *(वि.)* 1. दीन, नतमस्तक, विनम्र, विनीत, सौम्य।
modest, meek.
2. सुशील *(दे.)*

नम्रता *(स्त्री.)* दीनता, दीनभाव, विनम्रता, विनय, सौम्यता।
modesty, meekness.

नया *(वि.)* अद्यतन, अधुनातन, अभिनव, अर्वाचीन, आधुनिक, कोरा, चिरनूतन, नया नकोर, नव, नवरचित, नवल, नवीन, नवेला, नवोदित, नव्य, नूतन, सद्य, हाल का, नए युग का, नवयुगीन।
new, modern, recent, stylish.

नयापन *(पुं.)* अभिनवता, अर्वाचीनता, आधुनिकता, कोरापन, चिरनूतनता, नवता, नवलता, नवीनता, नूतनता।
newness, novelty, modernity, modernism.

नरक *(पुं.)* अधोलोक, जहन्नुम, दोजख, यमलोक, रसातल।
hell.

नरपुंगव *(पुं.)* नरश्रेष्ठ, नरोत्तम।
topping man, bestman.

नरभक्षी *(पुं.)* आदमखोर, मनुष्यभक्षक, मानवभक्षी, मनुजाद।
man-eater, cannibal.

नरमी *(स्त्री.)* 1. नरमदिली, मुलायमियत, मृदुता, मृदुलता, सदयता।
gentleness.
2. भलमनसत, भलमनसाहत, सुजनता।
gentlemanliness.

नवजात *(वि.)* नवोत्पन्न, सद्यजात।
new-born.

नवधनाढ्य *(वि.)* कल का नवाब, नया रईस, नवधनिक, नवधनी।
new rich.

नवविवाहित *(वि.)* नया ब्याहा, नवोढ़।
newly married man.

नवविवाहिता *(स्त्री.)* नई ब्याही, नवोढ़ा।
newly married woman.

नवीनीकरण *(पुं.)* नवीकरण, नवीयन।
1. renewal, 2. renovation.

नशा *(पुं.)* उन्माद, खुमारी, पिनक, मत्तता, मद, मस्ती, मादकता, सरूर।
intoxication.

नशाखोर *(वि.)* अफीमची, गँजेड़ी, चंडूबाज, नशेबाज, पियक्कड़, पोस्ती, मदकची, मद्यप, शराबी।
habitually taking intoxicants, drunkard, boozy.

नशाखोरी *(स्त्री.)* नशेबाजी, मद्यपान, मद्यसेवन, शराबखोरी।
habitual drinking.

नशीला *(वि.)* उन्मादक, मादक।
intoxicating.

नशे में चूर *(वि., पद)* उन्मत्त, टन्न, धुत, नशे में धुत्त, नशे में बुत, प्रमत्त, बेसुध, मतवाला, मत्त, मदमत्त, मदहोश, मदोन्मत्त, मस्त।
intoxicated, dead drunk, inebriated.

नष्ट *(वि.)* गरक, गारत, चौपट, जाया, तबाह, तहस-नहस, ध्वस्त, नष्ट-नष्ट, नाबूद, नेस्तनाबूद, फना, बंटाधार, बर्बाद, बारहबाट, विध्वस्त, विनष्ट, समाप्त, स्वाहा।
ruined, destroyed, devastated.

नष्ट कर देना *(क्रिपद)* उखाड़ फेंकना, उड़ा देना, खत्म कर देना, किरकिरा कर देना, गँवा देना, गरक कर देना, गारत कर देना, चौपट

कर देना, छिन्न-भिन्न करना, तहस-नहस कर देना, ध्वस्त कर देना, नष्ट-भ्रष्ट कर देना, न रहने देना, तीन तेरह करना, फूँक-ताप देना, मटियामेट कर देना, मिटा देना, मिटाना, लीप-पोतकर बराबर करना, समाप्त कर देना।

to annihilate, to destroy, to ruin, to wipe out, to efface, to nullify.

नष्ट हो जाना *(क्रिपद)* उखड़ जाना, उजड़ जाना, खत्म हो जाना, जाया हो जाना, ध्वस्त हो जाना, पिट जाना, बंटाधार हो जाना, बिलट जाना, मिट जाना, मटियामेट हो जाना, समाप्त हो जाना।

to be destroyed.

नहाना *(क्रि.)* नहाना-धोना, निमज्जन करना, स्नान करना।

to bathe, to take a bath, washing & bathing.

नहीं *(निपात)* न, ना।

no, not.

नाई *(पुं.)* नाऊ, नापित, हज्जाम।

barber.

नाक *(स्त्री.)* 1. घ्राणेंद्रिय, नासा, नासिका।

nose.

2. रेंट, नेटा।

नाक-नक्शा *(पुं.)* चेहरा-मोहरा, नाक-नक्श, मुखाकृति, रंग-रूप, सूरत-शक्ल।

the cut of the face, features.

नाखून *(पुं.)* नख।

nail.

नाच *(पुं.)* नर्तन, नृत, नृत्य, लास्य।

dance.

नाचना *(क्रि.)* झूम उठना, झूमना, डांस करना, थिरकना, डोलना, नर्तन करना, नृत्य करना, लहराना, हुमकना, हुमसना।

to dance.

नाचनेवाला *(विपुं.)* नचना, नट, नर्तक।

dancer.

नाचनेवाली *(वि.स्त्री.)* नचनी, नटनी, नर्तकी।

dancing girl.

नाचीज *(पुं.)* खाकसार, फिदवी, मनसाराम।

title of modesty for oneself.

नाटा *(विपुं.)* छोटा, ठिगना, बौना, वामन।

dwarf, dwarfish.

नाट्यशाला *(स्त्री.)* थियेटर, नाचघर, रंगभूमि, रंगशाला।

theatre, dancing hall.

नाड़ा *(पुं.)* ईजारबंद, नीवी।

नाड़ी *(स्त्री.)* 1. नब्ज।

pulse.

2. नस, धमनी, रक्तवाहिनी, रग, शिरा।

vein, artery.

नाती *(पुं.)* 1. दोहता, दोहित्र, नवासा।

2. पोता, पौत्र।

grandson.

ना-नुकर *(स्त्री.)* नाह-नूँ।

experssion of reluctance.

नाप-जोख *(स्त्री.)* पैमाइश।

measurement.

नाम *(पुं.)* अभिधान, संज्ञा।

name, appellation, term.

नामक *(वि.)* नामधारी, नामवाला, नामी।

named, called.

नामराशि *(पुं.)* एकनाम, समनाम, हमनाम।

namesake.

नायक *(पुं.)* 1. कप्तान।

captain.

2. नेता *(दे.)*

नारा *(पुं.)* घोष, जयकारा, जयघोष।

slogan.

नारियल *(पुं.)* खोपड़ा, खोपा।

coconut.

नाला *(पुं.)* गंदी नाली, नाबदान, पनाला, मोरी।

drain, sewer, gutter.

नाव *(स्त्री.)* कश्ती, तरणी, तरी, नौका, बजरा।

boat.

नाश *(पुं.)* अंत, उच्छेदन, क्षय, खात्मा, तबाही, ध्वंस, पराभव, प्रलय, बर्बादी, विध्वंस, विनाश, विभ्रंश, संहार, समाप्ति, सर्वनाश, हानि।
destruction, annihilation, ruination, devastation, perdition.

नाशक *(वि.)* उजाड़ू, घातक, तबाही करने वाला, नुकसानदेह, प्रलयंकर, प्रलयकारी, विघटनकारी, विनाशक, हानिकर, हानि-कारक, हानिप्रद, हाहाकारी।
destructive, disastrous, calamitous, catastrophic.

नाशवान *(वि.)* अनित्य, अस्थायी, अस्थिर, आनी-जानी, कच्चा, कुड़कीला, क्षणभंगुर, क्षणिक, क्षयशील, नश्वर, भंगुर, भिदुर, भुरभुरा, मरणधर्मा, मर्त्य, विनश्य, विनश्वर, ह्रासमान।
perishable, destructible, brittle, frail, fragile, mortal, transient.

नाश्ता *(पुं.)* उपाहार, कलेवा, जलपान, प्रातराश।
breakfast, refreshment.

नासिक्य *(वि.)* नास्य।
nasal.

नासूर *(पुं.)* कैंसर, जहरबाद, ट्यूमर।
sinus, cancer, tumo.

नास्तिक *(विपुं.)* अधर्मी, अनीश्वरवादी, अविश्वासी, नाखुदा, निरीश्वरवादी।
atheist, disbeliever, heathen, infidel, nonbeliever, unbeliever.

नास्तिकता *(स्त्री.)* अनीश्वरवाद, निरीश्वरवाद।
atheism.

निंदक *(वि.)* चुगलखोर, छिद्रान्वेषी, दोषदर्शी, दोषान्वेषक, दोषान्वेषी, पिशु, लुतरा।
backbiter.

निंदनीय *(वि.)* कुत्सित, कुत्स्य, गर्हित, जघन्य, तिरस्करणीय, निंद्य, मरदूद।
censurable, contemptible, condemnable.

निंदा *(स्त्री.)* चुगली, चुगलखोरी, छिद्रान्वेषण, दोषदर्शन, पिशुनता, पैशुन्य, बुराई, मजम्मत, लुतरई।
backbiting, slander, censure, calumny.

निंदा करना *(क्रिपद)* चुगलखोरी करना, चुगली करना, दोष बतलाना, बुराई करना।
to backbite, to talk ill.

निःस्वार्थ *(वि.)* निःस्पृह।
selfless.

निकट[1] *(क्रिवि.)* करीब, नजदीक, पास, समीप।
near.

निकट[2] *(वि.)* आसन्न, करीबी, नजदीकी, निकटस्थ, पार्श्ववर्ती, पासवाला, बगलवाला, संलग्न, सन्निकट, समीपवर्ती, समीपस्थ, समीपी।
near, adjacent.

निकटता *(स्त्री.)* आसन्नता, करीबी, नजदीकी, नैकट्य, सन्निकटता, समीपता, सामीप्य।
nearness, adjacency.

निकम्मा *(वि.)* आलसी, कामचोर, नकारा, निगोड़ा, निठल्ला।
idle, lazy, shirker, worthless.

निकम्मापन *(पुं.)* नकारापन, निठल्लापन, बेकारी।
idlenss.

निकलना *(क्रि.)* उत्पन्न होना, उद्भूत होना, निर्गत होना, प्रकट होना, प्रकाशित होना, प्रादुर्भूत होना, बाहर आना, सामने आना।
to appear, to come out.

निकाल देना *(क्रिपद)* जवाब दे देना, धक्का देना, निकाल बाहर करना, नौकरी से हटा देना, पदच्युत करना, बर्खास्त करना, बहिष्कृत करना, बाहर कर देना, सेवानिवृत्त करना।
to dismiss, to discharge, to expel.

निगुरा *(वि.)* अदीक्षित।
uninitiated.

निचला *(वि.)* अधःस्थ, अधोवर्ती, निचौहाँ, निम्न, नीचेवाला।
low, lying low.

निचोड़ना *(क्रि.)* गारना।
to squeeze.

निडर *(वि.)* दबंग, दिलेर, निःशंक, निधड़क, निर्भय, निर्भीक, बेखौफ़, बेधड़क, शेरदिल।
fearless, undaunted, lion-hearted.

नित्य *(क्रिवि.)* नित्यप्रति, नित्यशः, प्रतिदिन, बेनागा, रोज, रोज-रोज।
everyday, daily.

निथारना *(क्रि.)* आसवन करना, आसवित करना, चुआना, छानना, भभके से उतारना।
to distil.

निपटाना *(क्रि.)* तय करना, निपटारा करना, निबटाना, बरपटे करना, रफा-दफा करना, वारा-न्यारा करना, समाधान निकालना, सुलझाना।
to dispose of, to settle, to decide.

निपटारा *(पुं.)* निबेड़ा, वारा-न्यारा, समाधान।
settlement.

निबंध *(पुं.)* पेपर, लेख, प्रबंध।
essay, treatise.

निभना *(क्रि.)* निभाव होना, निर्वाह होना, पटना, पटरी खाना, पटरी बैठना, बनना, सपरना, सरना।
to pull on.

निमंत्रण *(पुं.)* आमंत्रण, आह्वान, तलब, दावत, न्योता, बुलावा, बुलाहट।
invitation.

निमंत्रण-पत्र *(पुं.)* नवेद।
invitation card.

निमंत्रित *(वि.)* आमंत्रित, आहूत।
invited.

निम्नलिखित *(वि.)* निम्नांकित, नीचे लिखा।
undermentioned, following.

नियंत्रण *(पुं.)* अंकुश, कंट्रोल, काबू, तहत, दमन, निग्रह, निरोध, पकड़, रोकथाम, वश, वशीकरण, संयमन।
control, check, curb, restraint.

नियंत्रण करना *(क्रिपद)* काबू करना, काबू में लाना, नियंत्रित करना, निग्रह करना, रोकथाम करना, वशीभूत करना, संयमित करना।
to control, to put under control.

नियंत्रित *(वि.)* 1. बस का, वशवर्ती, वशीभूत, वश्य।
controlled, brought under control.
2. संयत *(दे.)*

नियत *(वि.)* तय, नियोजित, निर्धारित, निश्चित, पूर्वनिर्धारित, पूर्वनिश्चित, मुकर्रर, स्थिर।
prescribed, specified, allotted.

नियम *(पुं.)* अधिनियम, उसूल, कानून, कायदा, जाब्ता, दफा, धारा, विधि, शर्त, सिद्धांत।
rule, law, term, clause, article.

नियमनिष्ठ *(वि.)* नियमपालक, नेमी, सिद्धांतवादी, सिद्धांती।
(one) who observes rules.

नियमानुसार *(क्रिवि.)* कानून के अनुसार, कानूनी तौर पर, बाकायदा, यथानियम, यथारीति, विधिपूर्वक।
according to rule, according to law, lawfully.

नियमित *(वि.)* कानूनी, नियमबद्ध, विधिक, वैध, सुव्यवस्थित।
lawful, legal, regular.

नियुक्त *(वि.)* नियत, नियोजित, तैनात, मुकर्रर।
appointed, posted.

नियुक्ति *(स्त्री.)* तैनाती, नियोजन, मुकर्ररी।
appointment, posting.

नियोजक *(पुं.)* नियोक्ता, नियोजनकर्ता।
employer.

निरंतर *(वि., क्रिवि.)* अटूट, अविच्छिन्न, अविरल, लगातार, संतत, सतत।
perpetual, continuous, constant, unbroken, unceasing, uninterrupted.

निरंतरता *(स्त्री.)* अविच्छिन्नता, अविरामता, सांतत्य, सातत्य।
continuity, continuation.

निरक्षर *(वि.)* अँगूठा-छाप, अपढ़, अशिक्षित, बेपढ़ा-लिखा।
illiterate, uneducated, unlettered.

निरक्षरता *(स्त्री.)* अशिक्षा, जहालत।
illiteracy.

निरभिमान *(वि.)* गर्वहीन, दर्पहीन, निरहंकार।
prideless.

निरभ्र *(वि.)* खुला, निर्मेघ, मेघमुक्त, साफ।
cloudless.

निरस्त *(वि.)* निराकृत, रद, रद्द।
abrogated.

निरस्त्र *(वि.)* खाली हाथ, निःशस्त्र, निरस्त्रीकृत, निरायुध, निहत्था, बेहथियार, शस्त्रहीन।
unarmed, disarmed.

निराकार *(वि.)* अमूर्त, अरूप, आकारहीन, आकृतिहीन, इंद्रियातीत, बेशक्ल, रूपहीन।
formless, shapeless.

निराधार *(वि.)* आधारहीन, निर्मूल, बेबुनियाद, मिथ्या।
baseless, unfounded, groundless

निराश *(वि.)* आशाहीन, उदास, उदासीन, खिन्न, कुंठाग्रस्त, नाउम्मीद, निरुत्साह, निरुत्साही, पस्तहिम्मत, भग्नाश, मायूस, हताश, हतोत्साह।
desponding, disappointed, dismayed, dejected, frustrated, dismayed, joyless.

निराश करना *(क्रिपद)* आशा पर पानी फेर देना, उत्साह भंग करना, खिन्न करना, दिल तोड़ देना, निरुत्साह करना, निरुत्साहित करना, हतोत्साह करना, हतोत्साहित करना।
to disappoint, to deject.

निराश होना *(क्रिपद)* आशा पर पानी फिर जाना, उत्साह भंग होना, उदासीन हो जाना, दिल टूट जाना, मन बुझ जाना, हतोत्साह होना, हतोत्साहित होना।
to be despaired.

निराशा *(स्त्री.)* उदासी, खिन्नता, कुंठा, नाउम्मीदी, निरुत्साह, नैराश्य, मायूसी, विफलता, हताशा, हतोत्साह।
disappointment, despair, dismay, frustration.

निराशाजनक *(वि.)* उत्साहभंजक, निराशाकारी, मन तोड़नेवाला, हताशकारी।
disappointing, hopeless.

निराहार *(वि.)* निरन्न, बासी मुँह।

निरीक्षक *(पुं.)* इंस्पेक्टर, जाँचकर्ता, पड़ताल करनेवाला, पर्यालोचक, पर्यवेक्षक, मुआयना-कर्ता, सर्वेक्षक।
inspector, supervisor.

निरीक्षण *(पुं.)* अधीक्षण, छानबीन, जाँच, जाँच-पड़ताल, देखरेख, पर्यवेक्षण, पर्यालोचन, मुआयना, सर्वेक्षण।
inspection, superintendence, survey, observation.

निरीह *(वि.)* अबोध, निर्दोष, बेचारा, भोला, मासूम, सीधा।
innocent, guiltless, harmless.

निरीहता *(स्त्री.)* अबोधता, भोलापन, मासूमियत, सिधाई, सीधापन।
innocence, harmlessness.

निर्जीव *(वि.)* निःसत्व, निष्प्राण, निस्तेज, प्राण-हीन, बेजान, बेदम, मुर्दा-सा।
lifeless, without life, soulless.

निर्णय *(पुं.)* अधिनिर्णय, न्याय, पंचनिर्णय, पंचाट, फैसला, विवाचन।
decision, verdict, award, judgement.

निर्णायक *(वि.)* निश्चायक, विनिर्णायक, विनिश्चायक।
decisive, conclusive.

निर्णीत *(वि.)* तै, तै-तमाम, निश्चित, पक्का, स्थिर।
decided.

निर्दय *(वि.)* कठोर, क्रूर, खूँखार, जल्लाद, जालिम, दयाहीन, निर्दयतापूर्ण, निर्दयी, निर्मम, निर्मोही, निष्करुण, निष्ठुर, नृशंस, बर्बर, बेदर्द, बेदिल, बेरहम, पाशविक, मूजी, रक्तपिपासु, हिंसक, हिंसाप्रिय, हृदयहीन।
cruel, pitiless, merciless, ruthless, brutal.

निर्दयता *(स्त्री.)* बर्बरता, क्रूरता, दयाहीनता, निर्ममता, निष्करुणता, निष्ठुरता, नृशंसता, बर्बरता, बेरहमी, हिंसाप्रियता, हृदयहीनता।
cruelty, mercilessness, ruthlessness, barbarity.

निर्दयतापूर्वक *(क्रिवि.)* क्रूरतापूर्वक, निर्ममता से, बेदर्दी से, नृशंसतापूर्वक, बर्बरतापूर्वक।
cruelly, mercilessly.

निर्दोष *(वि.)* अकलंक, अकलुष, अघहीन, अनघ, अनपराध, अनिंदनीय, दोषमुक्त, निरपराध, निष्कलंक, निष्पाप, पाकसाफ, पाकीजा, बेऐब, बेकसूर, बेगुनाह, बेदाग, मुक्तदोष।
blameless, unblemished, innocent, guiltless, faultless, flawless.

निर्धन *(वि.)* अकिंचन, अभावग्रस्त, कंगाल, गरीब, टुकड़गदाई, टुटपुंजिया, ठनठन गोपाल, दरिद्र, दिवालिया, दीन, धनहीन, नंगा-बुच्चा, नंगा-बूचा, नंगा-भूखा, फकीर, फटीचर, फटेहाल, भिखमंगा, भिखारी, मुफलिस, रंक, वित्तहीन।
moneyless, impoverished, poor, pauper, destitute, penniless, poverty-striken.

निर्धनता *(स्त्री.)* अकिंचनता, अभावग्रस्तता, कंगाली, गरीबी, दरिद्रता, दारिद्र्य, हीनता, दैन्य, फकीरी, फटेहाली, मुफलिसी।
poverty, pauperism, destitution, penury, pennilessness.

निर्धारण *(पुं.)* निश्चयन, विनिश्चयन।
fixation, determination.

निर्बाध *(वि.)* निर्विघ्न, निर्विरोध।
unobstructed, unrestricted.

निर्भर *(वि.)* अवलंबित, आश्रित, उपजीवी, परजीवी, परमुखापेक्षी, पराश्रित।
dependent, subsisting on others, parasitic.

निर्भरता *(स्त्री.)* अवलंबन, आश्रय, दारोमदार।
dependence.

निर्मल *(वि.)* 1. खरा, खालिस, विशुद्ध, शुद्ध।
pure, clear.
2. अकलंक, निर्दोष, निष्कलंक, निष्कलुष, बेदाग, विमल, साफ, साफ-सुथरा, स्वच्छ।
spotless, flawless, unblemished.
3. पवित्र *(दे.)*

निर्मलता *(स्त्री.)* अकलंकता, निर्दोषिता, निष्कलंकता, विमलता, शुद्धता, विशुद्धता, स्वच्छता।
spotlessness, purity.

निर्माण *(पुं.)* गठन, प्रणयन, बनाना, विधान, संगठन, संरचना, सर्जन, सृजन, सृष्टि।
construction, manufacturing, creation.

निर्माता *(पुं.)* उत्पादक, उत्पादनकर्ता, उद्योगी, कर्ता, कर्तार, बनानेवाला, प्रणेता, रचनाकार, रचयिता।
creator, producer.

निर्मित *(वि.)* कृत, गठित, निष्पन्न, निष्पादित, प्रणीत, बनाया हुआ, रचित, विनिर्मित, विरचित, संगठित, संपन्न, संपादित, संरचित, संस्थापित, साधित, स्थापित।
constructed, manufactured, constituted.

निर्मोही *(वि.)* तोतेचश्म, निर्मम, भावशून्य।
cold-hearted, loveless.

निर्लज्ज *(वि.)* नंगा, नककटा, बेगैरत, बेशर्म, बेहया, लज्जाहीन।
shameless, brazen-faced, unabshed.

निर्लज्जता *(स्त्री.)* ढिठाई, धृष्टता, बेशर्मी, बेहयाई।
shamelessness, brazen-facedness.

निर्वाह *(पुं.)* 1. गुजर-बसर, गुजारा, जीवन-यापन, निबाह, निभाव।
subsistence, maintenance, pulling on.
2. पालन।
discharge.

निर्विवाद *(पुं.)* असंदिग्ध, निर्भ्रम, भ्रमरहित, विवादरहित, संदेहरहित।
indisputable.

निलंबन *(पुं.)* मुअत्तली।
suspension.

निलंबित *(वि.)* मुअत्तल, लंबित।
suspended, pending.

निवारण *(पुं.)* निषेध, परिहार, प्रतिबंध, प्रतिरोध, रोकथाम।
prevention.

निवासी *(पुं.)* बाशिंदा, रहनेवाला, वासी, साकिन।
inhabitant.

निविदा *(स्त्री.)* टेंडर।
tender.

निवृत्त *(वि.)* अवकाश-प्राप्त, सेवानिवृत्त।
retired.

निवृत्ति *(स्त्री.)* छुट्टी, विरति, विराग, वैराग्य, सेवानिवृत्ति।
abstention, retirement.

निशाना *(पुं.)* लक्ष्य।
target, aim.

निशानी *(स्त्री.)* चिन्हानी।
mark, keepsake.

निश्चय *(पुं.)* इरादा, दृढ़-निश्चय, विनिश्चय, शिव-संकल्प, संकल्प।
determination, resolve.

निश्चय करना *(क्रिपद)* इरादा करना/बनाना, ठान लेना, प्रतिज्ञा करना, विनिश्चय करना, व्रत लेना, संकल्प करना।
to resolve.

निश्चयबद्ध *(वि.)* कृतसंकल्प, दृढ़प्रतिज्ञ, संकल्पित।
determined, resolved.

निश्चयात्मक *(वि.)* ठीक, निर्णयात्मक, पक्का।

निश्चिंत *(वि.)* अलमस्त, आश्वस्त, चिंतारहित, निसोच, बेफिक्र, बेफिकरा, मलंग, मस्त, मस्तमौला, मस्ताना।
worriless, carefree.

निश्चिंतता *(स्त्री.)* निशाखातिर, बेफिक्री, मस्ती।
freedom from worry.

निश्चित *(वि.)* अटल, अवश्यंभावी, तैशुदा, दृढ़, ध्रुव, नियत, निर्णीत, निर्दिष्ट, निर्धारित, निश्चयात्मक, पक्का, पुष्ट।
certain, definite, settled.

निश्चितता *(स्त्री.)* निश्चयात्मकता, निश्चिति।
certainty, certitude, definiteness.

निश्चेष्ट *(वि.)* अक्रिय, जड़, जड़वत्, निष्क्रिय, निस्तब्ध, स्थिर।
inactive, inert, motionless, still, static.

निषिद्ध *(वि.)* मना, वर्जित।
prohibited, forbidden.

निषेध *(पुं.)* 1. निवारण, बंदी, मनाही, मुमानियत, रोक, वर्जन, वारण, हटक।
prohibition, ban, banning, forbiddance.
2. प्रतिषेध *(दे.)*

निषेध करना *(क्रिपद)* प्रतिषेध करना, बरजना, मना करना, रोकना, रोक लगाना, वर्जन करना, वारण करना, हटकना।
to prohibit, to forbid.

निष्कपट *(वि.)* अकुटिल, खरा, छलरहित, छलहीन, निर्मल-हृदय, निश्छल, निष्पाप, भोला, भोला-भाला, शुद्ध-हृदय, सच्चा, सरल, साफ दिल, सीधा, सीधा-सादा।
guiltless, sincere, faultless, simple.

निष्कर्ष *(पुं.)* 1. उपसंहार, खुलासा, निचोड़, सार, सारांश।
conclusion, summary.
2. परिणाम *(दे.)*

निष्कलंक *(वि.)* अकलंक, अकलुष, अकलुषित, कलंकरहित, निष्कलुष, बेऐब, बेदाग, विमल।
blotless, stainless, unblemished, unspotted.

निष्काम *(वि.)* अकाम, कामनारहित, निःस्पृह, निरभिलाष।
without any desire, desireless.

निष्ठा *(स्त्री.)* वफा, वफादारी, विश्वसनीयता, विश्वस्तता, विश्वास, सदाशयता, स्वामि-भक्ति।
sincerity, faithfulness, reliability.

निष्ठावान *(वि.)* एकनिष्ठ, नमकहलाल, वफादार, विश्वसनीय, विश्वस्त, सच्चा, स्वामिभक्त।
loyal, sincere, faithful, trusted, trustworthy.

निष्पत्ति *(स्त्री.)* तामील, निष्पादन, संपादन, सिद्धि।
accomplishment, completion.

निष्पन्न *(वि.)* निष्पादित, संपन्न, संपादित, सिद्ध।
accomplished, completed.

निष्प्रभ *(वि.)* निस्तेज, मंदवर्ण, फीका, हलका।
dim, dull, lusterless.

निष्प्रभावी *(वि.)* अप्रभावी, निष्फल, प्रभावहीन।
ineffective, unimpressive, useless.

निष्प्रयोजन *(क्रिवि.)* अकारण, बेमतलब, बेवजह, योंही।
without any reason, without purpose.

निस्तेज *(वि.)* अचंड, अप्रबल, कांतिहीन, दीप्तिहीन, निष्प्रभ, मंद, मद्धिम, फीका, बिना चमक का, बुझा हुआ, बेआब, बेरंग, बेरौनक।
lusterless, lacklustre.

निस्संतान *(वि.)* अनपत्य, निपूता (निपूती), निरबंसी, निर्वंश, बेऔलाद, विपुत्र।
issueless, childless.

निस्संदेह *(क्रिवि.)* अवश्य, जरूर, निःसंशय, निश्चित रूप से, बेशक, सचमुच।
doubtless.

निस्स्वार्थ *(वि.)* निर्लोभ, निस्पृह, बेलौस।
selfless.

नींद *(स्त्री.)* ऊँघ, तंद्रा, निद्रा, परिशयन, सुलाई, सुषुप्ति।
sleep, slumber.

नींव *(स्त्री.)* आधार, आधारशिला, जड़, बुनियाद, मूल।
foundation.

नीचतम *(वि.)* अधमाधम, बुरे से बुरा।
meanest, lowest.

नीचे *(क्रिवि.)* अधीनता में, तले, मताहती में।
below, beneath, under.

नीति *(स्त्री.)* आचार, नय।
policy.

नीमहकीम *(पुं.)* कठवैद्य, छद्मवैद्य, झोलाछाप डाक्टर, सड़कछाप डाक्टर।
quack.

नीरस *(वि.)* अनाकर्षक, अरुचिकर, अरोचक, उबाऊ, फीका, बेमजा, बेस्वाद, रसहीन, रूक्ष, रूखा, विरस, शुष्क, सारहीन, सूखा।
dry, insipid, uninteresting.

नीरसता *(स्त्री.)* अरुचि, अरोचकता, फीकापन, रसहीनता, रुखाई, रूक्षता, रूखापन, शुष्कता, स्वादहीनता।
tastelessness, insipidity.

नुकीला *(वि.)* तीक्ष्णाग्र, तीक्ष्णांत, नोकदार।
pointed.

नृत्यशाला *(स्त्री.)* नाचघर, नृत्यगृह।
dancing hall.

नेता *(पुं.)* अगुआ, अग्रणी, चौधरी, जननायक, नायक, पथप्रदर्शक, पुरोधा, पेशवा, प्रधान, प्रमुख, मार्गदर्शक, मुखिया, मुख्य, रहनुमा, रहबर, लीडर, सरगना, सरदार।
leader, chief, pioneer.

नेतृत्व *(पुं.)* अगुआई, अगुआपन, अध्यक्षता, चौधराहट, चौधरीपन, ठकुराई, नायकत्व, नेतागिरी, रहनुमाई, सभापतित्व, सरदारी।
leadership, chiefship.

नैतिक *(वि.)* आचारसम्मत, आचरिक, नीति-संगत।
ethical, moral.

नोक *(स्त्री.)* अनी, कंटाग्र, कोर।
point, tip.

नोचना *(क्रि.)* खरबोटना, खसोटना, बकोटना।
to claw, to pinch.

नौकर-चाकर *(पुं.)* अनुचरवर्ग, अनुचरवृंद, परिजन, सेवक-सेविकाएँ।
retinue, attendents.

नौकरशाह *(पुं.)* दफ्तरशाह।
bureaucrat.

नौकरशाही *(स्त्री.)* अधिकारीतंत्र, दफ्तरशाही।
bureaucray.

नौकरानी *(स्त्री.)* कनीज, चेटी, चेरी, दासी, परिचारिका, बाँदी, मजदूरनी, मेहरी, लौंडी, सेविका।
woman attendant.

नौकरी *(स्त्री.)* खिदमत, गुलामी, चाकरी, दासता, मजदूरी, मुलाजमत, सर्विस।
service.

नौसिखुआ *(पुं.)* अनुभवहीन, अल्हड़, नया, नवछात्र, रंगरूट, शिक्षु।
novice.

न्याय *(पुं.)* इंसाफ।
justice.

न्यायसंगत *(वि.)* न्यायपूर्ण, न्यायोचित, समुचित।
fair, equitable, just.

न्यायालय *(पुं.)* अधिकरण, कचहरी, कोर्ट, न्यायाधिकरण।
court, tribunal.

न्यायी *(विपुं.)* न्यायकर्ता, न्यायपरायण, न्यायप्रिय, न्यायवान, न्यायशील।
just, justice-loving.

न्यास *(पुं.)* ट्रस्ट, वक्फ।
trust.

न्यासी *(पुं.)* ट्रस्टी, न्यासधारी।
trustee, fiduciary.

न्योता देना *(क्रिपद)* आमंत्रित करना, आहूत करना, आह्वान करना, निमंत्रण देना, निमंत्रित करना, न्योतना, बुलाना।
to invite.

प

पंक्ति *(स्त्री.)* अवली, कतार, ताँता, पंगत, पाँत, पाँति, लाईन, सतर, सरणी।
line, row, queue.

पंख *(पुं.)* पाँख, डैना, पक्ष, पर।
wing of a bird, pinion.

पंच *(पुं.)* निर्णायक, न्यायकर्ता, बिचवई, बिचौलिया, मध्यस्थ, विवाचक।
arbiter.

पंचभूत *(पुं.)* पंचतत्त्व।
the five primary elements–earth, water, fire, air & ether.

पँचमेल *(वि.)* तरह-तरह का, प्रकीर्ण, मिला-जुला, विविध।
assorted.

पंजी *(स्त्री.)* बही, रजिस्टर।
register.

पंजीकृत *(वि.)* निबंधित, रजिस्टर्ड।
registered.

पंजीयन *(पुं.)* निबंधन, रजिस्ट्री करना, रजिस्ट्रेशन।
registration.

पंडित *(पुं.)* आचार्य, आलिम, फ़ाजिल, कृतविद्, कोविद, ज्ञानवान, ज्ञानी, प्रबुद्ध, बहुज्ञ, बहुश्रुत, मनीषी, वाचस्पति, विज्ञ, विदुषी (स्त्री.), विद्वान, सुजान, सुधी।
learned person, scholar.

पकड़ *(स्त्री.)* गिरिफ्त, चंगुल, जकड़, पंजा, मुट्ठी, शिकंजा।
hold, grip, clutch.

पकड़ना *(क्रि.)* 1. ग्रहण करना, जकड़ना, दबोच लेना, थामना, धरना, धर लेना, धारण करना।
to hold, to catch, to intercept.
2. कैद करना, गिरफ्तार करना, हिरासत में लेना।
to arrest.

पकना *(क्रि.)* चुरना, परिपक्व होना, बनना, रँधना, सिद्ध होना, सीझना।
to be cooked, to ripe, to ripen.

पकाना *(क्रि.)* उबालना, चुराना, तैयार करना, बनाना, सिझाना, सिद्ध करना।
to cook, to prepare.

पक्का *(वि.)* 1. दृढ़, नक्की, पक्व, परिपुष्ट, पुख्ता, पुष्ट, मजबूत।
strong, firm, everlasting, durable, steadfast.
2. शातिर।
confirmed.

पक्का चिट्ठा *(पुं.)* तलपट।
balance sheet.

पक्ष *(पुं.)* आयाम, पहलू, पार्श्व, फलक।
side, feat, dimension.

पक्षपात *(पुं.)* तरफदारी, पक्षधरता, पूर्वग्रह, भेदभाव।
partiality, favouritism, bias.

पक्षपातपूर्ण *(वि.)* इकतरफा, इकरुखा, भेद-भावपूर्ण, विभेदक, विभेदकारी।
partial, biased, discriminatory, partisan, one-sided.

पक्षपाती *(पुं.)* तरफदार, पक्षधर।
partial, biased.

पक्ष-विपक्ष *(पुं.)* दोनों पक्ष, वादी-प्रतिवादी।
the two parties or sides to a dispute.

पक्षाघात *(पुं.)* अंगघात, अधरंग, फालिज, लकवा।
paralysis.

पक्षी *(पुं.)* खग, गगनचर, पंछी, पखेरू, परिंदा, विहंग, विहग।
bird.

पखवाड़ा *(पुं.)* पक्ष, पख, पाख।
fortnight.

पग *(पुं.)* कदम, छलाँग, डग, फाल।
step, footstep, pace.

पग बढ़ाना *(क्रिपद)* छलाँग मारना, डग भरना।
to step forword.

पगड़ी *(स्त्री.)* पग्गड़, साफ़ा।
turban.

पगलाना *(क्रि.)* चँदराना, पागल होना, पगला जाना, बौराना, सनकना, सुध-बुध खोना, होश-हवास खोना।
to become mad.

पचना *(क्रि.)* हज़म करना।
to digest.

पच्चर *(स्त्री.)* फन्नी।
wedge.

पछताना *(क्रि.)* अनुताप करना, खेद व्यक्त करना, झींकना, दुखी होना, पश्चात्ताप करना, रोना, सिर धुनना, हाथ मलना।
to repent, to rue.

पछाड़ना *(क्रि.)* जमीन सुँघाना, धूल सुँघाना, पटक देना, पटकनी देना, पटकान देना, पराजित करना, मात देना, परास्त करना, हराना।
to knock down, to floor, to defeat.

पटरानी *(स्त्री.)* पट्टमहिषी, महादेवी, महारानी, सम्राज्ञी।
chief queen, queen consort.

पटरी *(स्त्री.)* पगडंडी, फुटपाथ।
footpath, footway.

पटसन *(पुं.)* पटुआ।
jute.

पटाखा *(पुं.)* पटाका।
cracker.

पट्टा *(पुं.)* अधिपत्र, लीज, सनद।
lease.

पठित *(वि.)* पढ़ा हुआ, सीखा हुआ।
reaglearned.

पड़ाव *(पुं.)* टिकान, चट्टी, डेरा, मुकाम, हाल्ट।
halt.

पड़ोस *(पुं.)* परिपार्श्व, प्रतिवेश।
neighbourhood.

पड़ोस में *(क्रिवि.)* निकट ही, पास ही, प्रतिवेश में, बगल में, समीप में।
nearby, in neighbourhood.

पड़ोसी *(पुं.)* प्रतिवासी, प्रतिवेशी, हमसाया।
neighbour.

पढ़ाई *(स्त्री.)* अध्ययन, अनुशीलन, पठन, पढ़ना, विद्याभ्यास, स्वाध्याय।
reading, studying.

पढ़ाना *(क्रि.)* अध्यापकी करना, अध्यापन करना, शिक्षा देना, सिखाना।
to teach.

पतझड़ *(पुं.)* खज़ाँ, शरत्काल, शरद् ऋतु।
autumn, fall.

पतन *(पुं.)* अधःपतन, अधःपात, अधोगति, अधोगमन, अपकर्ष, अवक्रमण, अवनति, अस्तगमन, कोटिच्युति, गिरावट, ज़वाल, तनज्जुल्ली, निपात, पदावनति, पराभव, ह्रास।
fall, degradement, downfall, decline, degradation, demotion.

पतला *(वि.)* कृशकाय, क्षीणकाय, छरकीला, छरहरा, झुरकुट, पतला-दुबला, प्रतनु, लकलक, सींकसिलाई, हड़ीला, हड्डियों का ढाँचा।
lean, lean and thin, slender.

पतवार *(स्त्री.)* सुकान।
helm, rudder.

पता *(पुं.)* 1. अता-पता, नाम-धाम, सरनामा, सुराग।
address, whereabouts.
2. जानकारी, ज्ञान।
knowledge.

पति *(पुं.)* आदमी, खसम, खाविंद, दुल्हा, नाथ, पिय, पिया, प्राणनाथ, प्राणपति, प्राणेश, प्रियतम, बलम, भरतार, भर्ता, मनसेदू, मियाँ, वर, शौहर, सइयाँ, साजन, सैंया, स्वामी, हृदयेश, हृदयेश्वर।
husband.

पतित *(वि.)* अधोगामी, अधोन्मुख, अवनत, गिरा हुआ, च्युत, पदच्युत, पददलित, पदावनत, भ्रष्ट।
degraded, fallen, demotee.

पतिव्रता *(स्त्री.)* धर्मपत्नी, सती, साध्वी।
faithful to the husband, chaste-woman.

पत्ता *(पुं.)* दल, पंखुड़ी, पत्ती, पत्रक, पर्ण।
leaf.

पत्थर *(पुं.)* 1. चट्टान, पाषाण, पाहन, प्रस्तर, शिला।
stone.
2. उपल, ओला।
hail.

पत्नी *(स्त्री.)* औरत, गृहस्वामिनी, गृहिणी, घरवाली, जोरू, दारा, धर्मपत्नी, बहू, बीवी, भार्या, मेहरारू, लुगाई, वाईफ़, विवाहिता स्त्री, सहधर्मिणी, स्त्री।
wife.

पत्नीव्रती *(पुं.)* जोरू का गुलाम, बीवी का चाकर।
henpecked husband.

पत्र *(पुं.)* चिट्ठी, खत, पाती, पत्री, पर्चा, रुक्का, हुंडी।
letter.

पत्रहीन *(वि.)* दलहीन, निर्दल, निष्पत्र, पर्णरहित, बेपंखुड़ी।
leafless.

पत्राचार *(पुं.)* चिट्ठी-पत्री, पत्र-व्यवहार।
correspondence.

पत्रिका *(स्त्री.)* मैंगजीन, रिसाला।
periodical, magazine, journal.

पथराव *(पुं.)* ढेलेबाजी, पत्थरबाजी।
pelting with stones.

पद *(पुं.)* ओहदा, दर्जा, पदवी, मर्तबा, रुतबा, स्थिति, हैसियत।
post, rank, designation, title.

पदक *(पुं.)* तकमा, तगमा, मेडल।
medal.

पदचाप *(स्त्री.)* आहट, पगध्वनि।
sound of footstep, footfal.

पदचिह्न *(पुं.)* चरणचिह्न, पैरों के निशान।
foot-print.

पदच्युत *(वि.)* नौकरी से निकाला हुआ, बर्खास्त, सेवामुक्त।
dismissed.

पदच्युत करना *(क्रिपद)* काम से हटाना, निकाल देना, पदमुक्त करना, पद से हटाना, बर्खास्त करना।
to dismiss.

पदच्युति *(स्त्री.)* पदमुक्ति, बर्खास्तगी।
dismissal.

पददलित *(वि.)* दलित, पामाल, पायमाल, प्रपीड़ित।
downtrodden, oppressed, subjugated.

पद-योजना *(स्त्री.)* पद-विन्यास।
wording.

पदवी *(स्त्री.)* अलंकरण, खिताब, लकब।
title.

पदाधिकारी *(पुं.)* ओहदेदार।
official.

पदासीन *(वि.)* पदारूढ़।
occupying an office.

पनपना *(क्रि.)* उभड़ना, खिलना, चमक उठना, फलना-फूलना, बढ़ना, लहलहाना, विकसित होना, संपन्न होना, समृद्ध होना, सरसमन, हरा-भरा होना।
to flourish, to thrive, to prosper, to abound.

पनीर *(पुं.)* चीज़, छेना।
cheese.

पन्ना[1] *(पुं.)* पृष्ठ, पेज, वरक, सफा।
page.

पन्ना[2] *(पुं.)* मरकत।
emerald.

परंतु *(यो.)* किंतु, पर, मगर, लेकिन, वरन्।
but.

परंपरा *(स्त्री.)* अनुक्रम, अभिसमय, क्रम, कायदा, चलन, चलावा, चाल, तौर-तरीका, दस्तूर, परिपाटी, प्रथा, बंधान, बंधेज, रस्म-रिवाज, रिवाज, रीति, रीति-रिवाज, रूल, लोकाचार, सिलसिला।
tradition, custom, practice, convention.

परंपरागत *(वि.)* गतानुगतिक, प्रथागत, पारंपरिक, पारंपरीण, प्रथागत, रस्मी, रिवाजी, रूढ़, रूढ़िगत, रूढ़िवादी।
traditional, conventional, customary.

परंपरावादी *(वि.)* दकियानूस, पुराणपंथी, रूढ़िवादी।
conventionalist, stick-in-the-mud.

परखना *(क्रि.)* आजमाना, कसना, कसौटी पर कसना, जाँचना, ठोक-बजाकर देखना, निकष पर चढ़ाना, परीक्षण करना, परीक्षा करना, मूल्यांकन करना, शोधना।
to test, to examine.

परचना *(क्रि.)* घनिष्ठता हो जाना, घी-खिचड़ी होना, मिल-जुल जाना, दोस्ती हो जाना, मित्रता हो जाना, मैत्री हो जाना, रब्त-जब्त होना, रल-मिल जाना, हिल-मिल जाना।
to be familiarised, to be acquainted.

परचा *(पुं.)* 1. प्रश्नपत्र।
question paper.
2. चिट, रुक्का।
chit, note.

परजीवी *(वि.)* टुकड़खोर, टुकड़तोड़, मुफ्तखोर, मुफ्तखोरा।
parasite.

परत *(स्त्री.)* तह, थर।
layer, fold.

परदा *(पुं.)* 1. आड़, ओट, पट, यवनिका।
screen.
2. घूँघट।
veil, purdah.
3. आवरण, आच्छादन।
cover, covering.

परदादा *(पुं.)* पड़दादा, पितामह।
grandfather.

परदानशीन *(वि.स्त्री.)* घूँघट करनेवाली, परदे में रहनेवाली।
(a woman) who observes purdah.

परम *(वि.)* 1. केवल, निरपेक्ष, परिशुद्ध, पूर्ण। 2. चरम, सर्वोच्च, सर्वोपरि, हद दरजे का।
absolute

परसना *(क्रि.)* खाना लगाना, थाली लगाना, पत्तल लगाना, परोसना।
to dish up, to serve.

परस्पर *(क्रिवि.)* आपस में, इतरेतर।
mutually.

परस्परता *(स्त्री.)* आत्मीयता, आपसदारी, घरेलू संबंध, सामाजिकता।
familiarity, warmth, sociability.

परस्पर-विरुद्ध *(वि.)* उलटा, अंतर्विरोधी, असंगत, प्रतिकूल, विपरीत।
contradictory.

पराकाष्ठा *(स्त्री.)* चरमविंदु, चरमावस्था, चरमोत्कर्ष, चूड़ांत।
climax, apogee, crisis, ultimate stage.

पराजय *(स्त्री.)* असफलता, पराभव, मात, विफलता, शिकस्त, हार।
defeat, set back.

पराजित *(वि.)* असफल, आक्रांत, पराभूत, परास्त, वशीभूत, विजित, विफल, हारा हुआ।
defeated, vanquished, subjugated.

पराधीन *(वि.)* अधीन, परतंत्र, परमुखापेक्षी, परवश, परावलंबी, पराश्रित।
dependent, under subjection, subservient.

पराधीनता *(स्त्री.)* अधीनता, निर्भरता, परतंत्रता, परवशता, पराश्रय।
dependence, subjugation.

परामर्श *(पुं.)* मंत्रणा, मशविरा, राय, विचार-विमर्श, विमर्श, सलाह।
consultation, counsel, advice.

परामर्श करना *(क्रिपद)* मंत्रणा करना, मशविरा करना, राय करना, राय लेना, विचार-विमर्श करना, विमर्श करना, सलाह करना।
to consult, to discuss, to confer.

परामर्शदाता *(पुं.)* मंत्रणाकार, सलाहकार।
adviser, counsel, consultant.

पराया *(वि.)* अन्य, गैर, दूसरा, दूसरे का, पर, परकीय, बेगाना, भिन्न, विजातीय, विदेशी।
other, other's, alien.

परिक्रमा *(स्त्री.)* घुमाई, चक्कर, चक्र, परिक्रमण, फेरी, भाँवर।
going around, revolution.

परिचय *(पुं.)* जानकारी, जान-पहचान, दुआ-सलाम, पहचान, वाकफियत, साहब- सलामत।
introduction, acquaintance.

परिचित *(वि.)* चिरपरिचित, जानी-पहचानी, जाना-पहचाना, ज्ञात, वाकिफ़, विदित।
acquainted, known.

परिणाम *(पुं.)* अंजाम, अंत, नतीजा, निष्पत्ति, परिणति, परिपाक, प्रतिफल, प्रभाव, फल, फलभोग, बदला, रिजल्ट, हश्र।
result, consequence, conclusion. effect, influence, outcome.

परित्यक्त *(वि.)* असहाय, उत्सृष्ट, छोड़ा हुआ, त्यक्त, निकाला हुआ, बर्खास्त, बहिष्कृत, बिछुड़ा हुआ।
deserted, abandoned, forsaken, outcast. dropped, discarded.

परिधान *(पुं.)* कपड़े (बहु.), पहनने के कपड़े, पोशाक, पहनावा, लिबास, वर्दी, वसन, वस्त्र।
cloths, costume, garment.

परिपत्र *(पुं.)* गश्ती चिट्ठी।
circular.

परिमाण *(पुं.)* तौल, नाप, परिमाप, मात्रा, माप, राशि।
quantity, magnitude.

परिमाणात्मक *(वि.)* मात्रात्मक।
quantitative.

परिवर्तन *(पुं.)* 1. उथल-पुथल, उलट-फेर, उलटा-पलटी, कायांतर, कायाकल्प, क्रांति, जीर्णोद्धार, तबदीली, पलटा, फेरफार, बदलाव, बदली, बदलौअल, रद्दोबदल, रूपांतर, विकार, विकृति, संक्रमण, हेर-फेर।
change, alteration, modification, shift, variation, catastrophe, transition.

परिवर्तनशील *(वि.)* अस्थिर, परिवर्तनकारी, बदलनेवाला, विकारी।
changeable.

परिवर्तनीय *(वि.)* परिवर्त्य, बदलने योग्य।
changeable.

परिवर्तित *(वि.)* परिणत, बदला हुआ, रूपांतरित।
changed, transformed.

परिवार *(पुं.)* कुटुंब, कुनबा, कुल, खानदान, गोत्र, घराना, टाँड़ा, वंश।
family, clan, tribe.

परिवारवाद *(पुं.)* कुनबापरस्ती, बंधुपोषण, भाई-भतीजावाद।
nepotism.

परिवेश *(पुं.)* परिप्रेक्ष्य, परिस्थिति, पर्यावरण, बानक, माहौल, वातावरण, हालात।
surroundings, circumstances.

परिश्रम *(पुं.)* अध्यवसाय, आयास, उद्यम, उद्योग, चेष्टा, तंदेही, प्रयत्न, बेगार, बेगारी, मशक्कत, मेहनत, मेहनत-मजदूरी, यत्न, लेबर, श्रम, श्रमशीलता।
labour, hard work, toil, perseverance, exertion, forced labour.

परिश्रम करना *(क्रिपद)* अध्यवसाय करना, उद्यम करना, उद्योग करना, खटना, खपना, चेष्टा करना, जान लड़ाना, जान होम करना, मरना-खपना, मशक्कत करना, मेहनत करना, मेहनत-मजदूरी करना, श्रम करना।
to strive, to endeavour, to labour, to work hard, to toil.

परिश्रमी *(वि.)* अध्यवसायी, उद्यमी, उद्योगी, उद्योगशील, ऊर्जस्वी, कर्मठ, कर्मण्य, कर्मनिष्ठ, जाँगरतोड़, परिश्रमशील, मशक्कती, मेहनती, श्रमशील।
industrious, diligent, energetic, painstaking.

परिषद् *(स्त्री.)* जमैयत, निकाय, निगम, परिषद, बोर्ड, सभा, समिति।
council, board, corporation.

परिष्कृत *(वि.)* परिमार्जित, परिशोधित, विशुद्ध, शोधित, संस्कृत, संशोधित।
refined, purified.

परिसीमन *(पुं.)* हदबंदी।
circumscription.

परिहार *(पुं.)* निरसन, निराकरण, निवारण, परिवर्जन, वर्जन।
avoidance, evasion.

परिहार्य *(वि.)* निवार्य, वर्जनीय, वर्ज्य।
avoidable.

परी *(स्त्री.)* अप्सरा, देवकन्या, देवबाला, देववधू, देवांगना, हूर।
fairy, nymph, elf.

परीक्षा *(स्त्री.)* अग्नि-परीक्षा, आज़माइश, इम्तहान, जाँच, ट्रायल, परख, परीक्षण।
examination, test, trial, acid test.

परीक्षित *(वि.)* आज़माया हुआ, आज़मूदा, जाँचा-परखा, परखा हुआ।
examined, tested, tried.

परेशान *(वि.)* 1. ख्वार, तंग, दिक़, दुखी, पीड़ित।
embarrassed, vexed, harassed.
2. विकल *(दे.)*।

परेशान करना *(क्रिपद)* कोचना, खिझाना, ख्वार करना, चिढ़ाना, छेड़छाड़ करना, छेड़ना, झुलाना, तंग करना, दिक करना, दुखी कर देना, नचाना, नाकों दम कर देना, नाच नचाना, रुला देना, मारना, रुलाना, सताना।
to harass, to tease, to pester, to vex.

परेशानी *(स्त्री.)* असुविधा, ख्वारी, झंझट, झमेला, तरद्दुद, तवालत, दिक्कत, बाधा, रुकावट, विघ्न, साँसत, सिर-दर्द।
difficulty, hardship, botheration, headache.

पर्याप्त *(वि.)* काफ़ी, काम-चलाऊ, काम भर का, प्रचुर, बहुत, भरपूर, यथेष्ट, यथोचित।
enough, sufficient, adequate, ample.

पर्याप्तता *(स्त्री.)* प्रचुरता, प्राचुर्य, यथेष्टता।
sufficiency.

पर्याय *(विपुं.)* एकार्थक, तदर्थी, नामांतर, समानक, समानार्थक, समानार्थी।
having the same essential meaning, n. synonym.

पर्वतमाला *(स्त्री.)* पर्वत-शृंखला, पर्वत-श्रेणी।
mountain chain.

पल *(पुं.)* क्षण, घड़ी, दम, निमेष, मिनट, लमहा, सैकंड।
moment, instant.

पलक *(स्त्री.)* पपोटा, पोटा।
eyelid.

पल्ला *(पुं.)* 1. दामन, पल्लू।
the skirt of a garment.
2. पलड़ा।
scalepan.
3. घूँघट *(दे.)*।

पवित्र *(वि.)* पाक, पाकीजा, पारसा, पावन, पुनीत, मुकद्दस, शुचि, सात्विक।
holy, sacred.

पवित्रता *(स्त्री.)* पारसाई, पावनता, पुनीतता, शुचिता, सात्विकता।
sacredness, holiness, sanctity.

पशु *(पुं.)* चतुष्पद, चौपाया, जंतु, जानवर, जीव, जीव-जंतु, डंगर, ढोर, प्राणी, मवेशी, हैवान।
animal, beast, cattle.

पशुता *(स्त्री.)* जानवरपन, पशुप्रवृत्ति, हैवानियत।
beastliness, beastiality.

पश्चप्रभाव *(पुं.)* अनुप्रभाव।
after-effect.

पश्चात्ताप *(पुं.)* अनुताप, अफसोस, खेद, ग्लानि, दुख, पछतावा, मनस्ताप, मनोव्यथा, मलाल।
remorse, repentance, rue, compunction.

पश्चिम *(पुं.)* मगरब।
West.

पश्चिमी *(वि.)* पछवाँ, पछाँही, पाश्चात्य, मगरिबी।
Western.

पसीना *(पुं.)* प्रस्वेद, श्रमकण, श्रमजल, श्रमसीकर, सितली, स्वेद।
sweat, perspiration.

पहचान *(स्त्री.)* अभिज्ञान, जानकारी, परख, शिनाख्त।
identification, identity.

पहचानना *(क्रि.)* चीन्हना, चीन्ह लेना, पहचान लेना।
to recognise.

पहनना *(क्रि.)* कस लेना, चढ़ा लेना, धारण करना, बाँध लेना।
to wear.

पहर *(पुं.)* प्रहर, याम।
a three-hour period.

पहरा *(पुं.)* गश्त, चौकीदारी, पहरेदारी।
patrol.

पहरेदार *(पुं.)* चौकीदार, पहरुआ, प्रहरी।
watchman.

पहल *(स्त्री.)* अनुष्ठान, आरंभ, उपक्रम, प्रारंभ, शुरुआत, समारंभ।
beginning, initiative.

पहलवान *(पुं.)* अखड़ैत, अखाड़िया, मल्ल, कुश्ती लड़नेवाला।
wrestler.

पहला *(वि.)* अव्वल, आदि, पहलौटा, पहलौटी का, प्रथम, मूल।
first.

पहलू *(पुं.)* करवट, तरफ, पार्श्व, बल, बाजू।
side.

पहले *(क्रिवि.)* आगे, उन दिनों, उस ज़माने में, पुराने समय में, पुराने ज़माने में, पूर्वकाल में।
in olden days, in olden times.

पहले-पहल *(क्रिवि.)* आरंभ में, प्रारंभ में, शुरुआत में, शुरू में, शुरू-शुरू, सबसे पहले।
first of all, in the beginning.

पहाड़ *(पुं.)* कोह, गिरि, नगपति, पर्वत, पहाड़ी, भूधर, महिधर।
mountain, hill.

पहिया *(पुं.)* चक्का, चक्र, चाक।
wheel.

पहुँच *(स्त्री.)* 1. अधिगम, गति, पैठ, प्रवेश, रसाई।
access, reach.
2. पावती, रसीद।
acknowledgement.

पहेली *(स्त्री.)* उलझन, कूट, प्रश्न, गुत्थी, गोरखधंधा, प्रश्नोत्तरी, बुझौवल, प्रहेलिका, समस्या।
riddle, puzzle, problem.

पांडित्य *(पुं.)* काबलियत, ज्ञान, पंडिताई, योग्यता, विद्वत्ता।
scholarship, erudition.

पांडित्यपूर्ण *(वि.)* विद्वत्तापूर्ण।
scholarly.

पाक्षिक *(वि.)* द्वै-साप्ताहिक, पखवाड़ी।
bi-weekly.

पाखंड *(पुं.)* आडंबर, ढकोसला, ढोंग, दिखावा, मिथ्याचार, बकवृत्ति।
hypocrisy.

पाखंडी *(विपुं.)* 1. आडंबरी, ढकोसलेबाज, ढोंगी, मिथ्याचारी, बगुला-भगत।
hypocrite.
2. धूर्त *(दे.)*।

पागल *(विपुं.)* उन्मत्त, औझड़, जुनूनी, झक्की, झल्ला, दीवाना, पगला, बावरा, बावला, बौराहा, विक्षिप्त, विभ्रांत, सनकी, सिड़ी, सिरफिरा, सौदाई, हतबुद्धि।
mad, insane, deranged, frantic, lunatic.

पागलपन *(पुं.)* उन्मत्तता, उन्माद, औझड़पन, चित्तविभ्रम, जुनून, झल्ल, दीवानगी, विक्षिप्तता।
madness, insanity, mania, craziness.

पाचक *(वि.)* हाजमेदार।
digestive.

पाचन *(पुं.)* पचाव, पाचनशक्ति, हाज़मा।
digestion.

पाठ *(पुं.)* 1. अध्याय, सबक।
lesson.
2. परायण, प्रपठन।
reading.

पाठक *(पुं.)* पढ़नेवाला, वाचक।
reader.

पाठ्यक्रम *(पुं.)* कोर्स, पाठचर्या।
course, curriculum.

पाताल *(पुं.)* अधोलोक, नागलोक, पाताल-लोक, प्रेतलोक, यमलोक, रसातल।
underworld, nether world, hell, hades.

पातिव्रत्य *(पुं.)* सतीत्व।
faithful devotion to one's husband.

पात्र *(वि.)* अधिकारी, भाजन, सत्पात्र, सुपात्र, हकदार।
eligible, worthy, deserving, right claimant.
(पुं.) किरदार, चरित्र।
character.

पात्रता *(स्त्री.)* ग्राह्यता, योग्यता, वांछनीयता।
eligibility.

पाद *(पुं.)* 1. चतुर्थांश, चरण।
one-fourth part, quadrant.
2. ठुसकी।
wind from bowels.
3. पैर *(दे.)*।

पाद-टिप्पणी *(स्त्री.)* तलटीप, फुटनोट।
foot-note.

पाना *(क्रि.)* उपलब्ध होना, उपार्जन होना, उपार्जित होना, प्राप्त होना, मिलना, ले लेना, हस्तगत होना।
to receive, to get, to obtain, to earn, to accomplish.

पाप *(पुं.)* अघ, अधर्म, गुनाह, पातक, दुष्कर्म, पापकर्म, पापाचार।
sin, unrighteousness.

पापी *(विपुं.)* अघी, अधर्मी, गुनाहगार, दुष्कर्मी, नारकी, पातकी, पापिष्ट।
sinful, sinner.

पाया *(पुं.)* टाँग, पावा।
leg of a cot, chair etc.

पारखी *(पुं.)* कद्रदान, जौहरी।
connoisseur, assayer.

पारदर्शक *(वि.)* पारदर्शी।
transparent.

पारस्परिक *(वि.)* अन्योन्य, आपस का, आपसदारी का, आपसी, दो-तरफा, द्वि-पक्षीय।
mutual, reciprocal, shared.

पारस्परिकता *(स्त्री.)* आत्मीयता, आत्मीय भाव, आपसी संबंध, घनिष्ठता, मेलजोल।
mutuality, reciprocity.

पारिवारिक *(वि.)* कुलागत, कौटुंबिक।
familial.

पारिश्रमिक *(पुं.)* प्रतिफल, मजदूरी, मानदेय, मेहनताना।
remuneration.

पार्वती *(स्त्री.)* अंबिका, अपर्णा, उमा, गिरिजा, गिरिसुता, गौरा, गौरी, दक्षसुता, भवानी, शंकरी, शिवा, शैलकुमारी, शैलजा, शैलपुत्री।
wife of Lord Shiva.

पालक *(पुं.)* परवर, पालनकर्ता, पालनेवाला, पोषक, प्रतिपालक, लालन-पालन करनेवाला।
one who maintains.

पालतू *(वि.)* गृह्य, पाला हुआ, पालित।
domestic, tame.

पालन *(पुं.)* 1. कार्यान्वयन, क्रियान्वयन, प्रतिपालन, निष्पादन, अनुरक्षण, परवरिश, पालन-पोषण, पोषण, भरण-पोषण, रक्षण, संवर्धन।
maintenance.
2. अनुपालन, अनुसरण, अमल, कार्यान्वयन, तामीली, निर्वहण, निर्वाह, परिपालन, प्रतिपालन।
observance, compliance.

पालना *(क्रि.)* 1. पालन करना, पालन-पोषण करना, पालना-पोसना, भरण-पोषण करना, पोषण करना, संवर्धन करना।
to maintain, to bring up.
2. अदा करना, कार्यान्वित करना, तामील करना, निर्वहन करना, पालन करना, प्रतिपालन करना, बजा लाना।
to discharge, to observe, to fulfil.

पावना *(पुं.)* प्राप्य धन, लहना।
dues.

पावस *(पुं.)* बरसात, मानसून।
monsoon.

पाशविक *(वि.)* जानवराना, जानवरों-जैसा, नृशंस, नृशंसतापूर्ण, हैवानी।
beastly, brutal.

पाशविकता *(स्त्री.)* जानवरपन, नृशंसतापूर्ण, पशुता, हैवानियत।
beastliness, beastiality, brutality.

पासंग *(पुं.)* धड़ा, पसंगा।
counterbalance.

पास-पड़ोस *(पुं.)* अगल-बगल।
neighbourhood.

पिंजरा *(पुं.)* कफ़स।
cage.

पिघलना *(क्रि.)* गलना, टघरना, द्रवित होना, द्रवीभूत होना, पसीजना।
to melt, to liquify.

पिछलग्गू *(पुं.)* अनुगामी, अनुयायी, छुटभैया, जीहुजूर, दुमछल्ला, पिट्ठू, पुच्छल्ला।
stooge, yesman.

पिछला *(वि.)* अतीत, गत, गुजरा हुआ, परवर्ती, पश्चवर्ती, पीछे का, पहले का, पूर्ववर्ती, बाद का, बीता हुआ, बादवाला, व्यतीत।
back, last, previous prior, antecedent.

पिता *(पुं.)* अब्बा, जनक, जनयिता, जन्मदाता, तात, पापा, पैदा करनेवाला, प्रजनक, फादर, बाप, बापू, बाबुल, बाबू, भापा, वालिद।
father, progenitor, breeder.

पित्ती *(स्त्री.)* अम्हौरी, घमौरी।
prickly heat.

पिरोना *(क्रि.)* गूँथना, पोहना।
to thread.

पिष्टपेषण *(पुं.)* चर्वित चर्वण।

पिस्तौल *(स्त्री.)* कट्टा, तमंचा, रिवाल्वर।
revolver.

पीछा करना *(क्रिपद)* अनुसरण करना, अनुगमन करना, पीछे-पीछे जाना, रगेदना।
to chase, to run after.

पीछा छुड़ाना *(क्रिपद)* छूत छुड़ाना, जान बचाना, पिंड छुड़ाना, निस्तार पाना।
to get rid of.

पीछे *(क्रिवि.)* 1. अनंतर, उपरांत, तदनंतर, तदुपरांत, पश्चात, फिर, बाद में, बाद को।
after, afterwards.
2. पिछवाड़े, पीछे की ओर।
behind.

पीछे मुड़ना *(क्रिपद)* पलटना, पलटा खाना, पश्चगमन करना, लौटना, वापस आना।
to return, to relapse, to retract.

पीछे हटना *(क्रिपद)* पश्चगमन करना, प्रत्यावर्तन करना, मोर्चा छोड़ना, वापस आना/होना।
to retreat.

पीठ ठोंकना *(क्रिपद)* थपकी देना, पीठ थपथपाना, पीठ सहलाना, शाबासी देना।
to pat on the back.

पीड़ा *(स्त्री.)* कचोट, कष्ट, कसक, चिलक, टीस, तकलीफ़, तड़पन, दर्द, दलक, पीर, मर्मवेदना, मर्मव्यथा, यातना, वेदना, व्यथा, शूल, साँसत, हूक, हुड़क।
pain, ache, pang, grief, distress, agony.

पीड़ा होना *(क्रिपद)* कसक उठना/होना, कसकना, चमकना, टपकना, टीसना, दर्द उठना/होना/करना, दुखना, वेदना होना, व्यथा होना, शूल होना, हूक उठना/होना।
to ache.

पीड़ित *(वि.)* दर्दमंद, दलित, दुखित, दुखी, व्यथित, शोकार्त, संतप्त, सताया हुआ।
distressed, afflicted.

पीढ़ी *(स्त्री.)* पुश्त।
generation.

पीना *(क्रि.)* 1. आचमन करना, गटकना, घूँटना, घूँट भरना, घोंट जाना, पान करना, सुड़कना।
to drink, to quell.
2. चिचोरना।
to suck.

पीला *(वि.)* केसरिया, चंपई, ज़र्द, पीत, बसंती, भगवा।
yellow.
2. कांतिहीन, ज़र्द, निस्तेज, बेआब, बेनूर, विवर्ण।
pale, without shine.

पीसना *(क्रि.)* कूटना, घोटना, चूर्ण करना, दरना, दलना, बूकना।
to ground, to pestle.

पुकार *(स्त्री.)* 1. आर्तनाद, आवाहन, आह्वान, गुहार, गोहार, टीप, टेर, डाक, दुहाई, बुलाहट, सदा, हाँक।
call.
3. प्रार्थना *(दे.)*।

पुकारना *(क्रि.)* आवाज देना, आह्वान करना, गोहराना, टेरना, हाँकना, बुलाना, ललकारना, हाँक मारना, हाँक लगाना।
to call.

पुच्छल तारा *(पुं.)* झाड़ूतारा, दुमदार तारा, धूमकेतु।
comet.

पुच्छविहीन *(वि.)* बंडा, बेदुम, लुंडा।
tailless.

पुजारी *(पुं.)* अर्चक, आराधक, उपासक।
worshipper.

पुण्यतिथि *(स्त्री.)* उर्स, बरसी।
death anniversary.

पुत्र *(पुं.)* अंगज, आत्मज, कुमार, छोकरा, छोरा, जातक, ढोटा, तनय, तरैला, पूत, बेटा, लड़का, लौंडा, सुत।
son.

पुत्री *(स्त्री.)* अंगजा, आत्मजा, कन्या, कन्यारत्न, छोकरी, छोरी, तनया, तनुजा, दुहिता, धी, पुत्रिका, बेटी, बिटिया, लड़की, लौंडी, लौंडिया।
daughter.

पुनः *(क्रिवि.)* आरंभ से, दोबारा, नए सिरे से, पुनि, बहुरि, फिर से।
again, afresh.

पुनः पुनः *(क्रिवि.)* फिर-फिर, घूम-फिरकर, पुनि-पुनि, बार-बार।
again and again.

पुनर्जागरण *(पुं.)* नवचेतना, नवजागरण, नवोन्मेष, पुनरुत्थान।
renaissance.

पुनर्विचार *(पुं.)* पुनरीक्षण।
review.

पुरवा *(पुं.)* कुल्हड़, चुक्कड़।
an earthen cup.

पुरस्कार *(पुं.)* इनाम, दक्षिणा, पारितोषिक, प्रतिफल, मानदेय।
reward, honorarium.

पुराना *(वि.)* 1. आदिकालीन, आदिम, आद्य, आर्ष, इतिहासपूर्व, कदीम, चिरंतन, चिरकालिक, दकियानूसी, पुराकालीन, पुरातन, पूर्वकालिक, पूर्वकालीन, पौराणिक, पौरातनिक, प्राक्कालीन, प्राक्तन, प्रागैतिहासिक, प्राचीन, वैदिक, सनातन।
old, ancient, antiquated, aboriginal, prehistoric, primeval, primitive, old-fashioned quaint, obsolete.
2. गया-बीता, घिसा-पिटा, जीर्ण, दिनी, धराऊ, रखा-पड़ा।
old but in bad shape.

पुराविद् *(पुं.)* पुरातत्त्वविद्।
antiquarian.

पुरोहित *(पुं.)* ग्रंथी, पंडा, पादरी, पाधा, पुरोधा, याजक।
priest.

पुर्जा *(पुं.)* 1. चिट, पर्चा, पर्ची, पुर्जी, रुक्का।
chit.
2. नुस्खा।
prescription.

पुल *(पुं.)* ब्रिज, सेतु।
bridge.

पुलिंदा *(पुं.)* गठरी, पूला, पोटली, बंडल।
bundle.

पुष्टि *(स्त्री.)* अनुमोदन, तसदीक, पुष्टिकरण, संपुष्टि, समर्थन।
confirmation.

पुष्पवाटिका *(स्त्री.)* पुष्पोद्यान, फुलवारी, फूलबाग।
flower-garden.

पुष्पांजलि *(स्त्री.)* कुसुमांजलि।

पुष्पित *(वि.)* कुसुमित, खिला हुआ, प्रस्फुटित, विकसित।
flowered, blossomed.

पुस्तक *(स्त्री.)* किताब, कृति, ग्रंथ, पोथा, पोथी, रचना।
book.

पुस्तकालय *(पुं.)* ग्रंथालय, लाइब्रेरी, वाचनालय।
library.

पुस्तिका *(स्त्री.)* गुटका, गुटिका।
handbook.

पूँछ *(स्त्री.)* दुम।
tail.

पूँजी *(स्त्री.)* जमा, जमा-पूँजी, थाती, मूल रकम, राशि, रास, लेई-पूँजी, साँठीक।
capital, amount.

पूँजीपति *(पुं.)* धनकुबेर, सरमायेदार, सेठ।
capitalist.

पूछताछ *(स्त्री.)* खोद-विनोद, छानबीन, जाँच-पड़ताल, तफतीश, तहकीकात, परिपृच्छा, परिप्रश्न, पूछापाछी।
enquiry, interrogation, questioning, investigation.

पूछताछ करना *(क्रिपद)* जानकारी प्राप्त करना, जिज्ञासा करना, दरियाफ्त करना, पूछना।
to enquire.

पूछनेवाला *(पुं.)* धनी-धोरी, पुरसाहाल, वली, वारिस।
enquirer.

पूजना *(क्रि.)* अर्चन करना, अर्चना करना, आराधन करना, आराधना, उपासना करना, पूजा करना।
to worship, to adore.

पूजा *(स्त्री.)* अर्चन, अर्चना, आराधन, आराधना, इबादत, उपासना, परिसेवन, पूजन, भक्ति, सेवा।
worship, adoration.

पूजित *(वि.)* अर्हित, अर्चित, आराधित।
worshipped.

पूज्य *(वि.)* 1. अर्चनीय, आराध्य, उपासनीय, उपास्य, पूजनीय।
fit to be worshipped.
2. आदरणीय *(दे.)*।

पूरक *(वि.)* अनुपूरक, आपूरक, संपूरक।
complementary, supplementary.

पूरा *(वि.)* 1. अभिपूरित, आपूरित, परिपूर्ण, पूर्ण, फुल, भरा, भरा-पूरा, मुँहामुँह, मुँहोंमुँह, लबालब।
full, full to the brim.
2. अखिल, निखिल, मुकम्मल, संपूर्ण, सकल, समस्त, समूचा, सर्वांगीण, सारा।
whole, entire, absolute, perfect.
3. अक्षत, मुकम्मल, संपूर्ण, साबुत।
complete, full.
4. कतई, निपट।
all, total.

पूरा करना *(क्रिपद)* कार्यान्वित करना, पूर्ण करना, संपन्न करना, संपादित करना, समाप्त करना, सिरे चढ़ाना।
to fulfil, to accomplish, to discharge, to carry out, to execute, to fulfil, to perform.

पूरा पड़ना *(क्रिपद)* अटना, काफी होना, पर्याप्त होना, यथेष्ट होना।
to suffice, to be enough.

पूर्णता *(स्त्री.)* परिपूर्णता, संपूर्णता, समग्रता, समस्तता।
fulness, completeness.

पूर्ति *(स्त्री.)* प्रदाय, भरपाई, संभरण।
supply.

पूर्ण *(पुं.)* पूरब, मशरिक।
East.

पूर्वग्रह *(पुं.)* तअस्सुब, विधारणा।
prejudice, bias.

पूर्वज *(पुं.)* बाप-दादा, पितर, पुरखे।
ancestors, manes.

पूर्ववर्ती *(वि.)* पहले का, पूर्वकालीन, पूर्वगत, पूर्वगामी, प्राक्, प्राग्भूत।
antecedent.

पूर्वी *(वि.)* पूरबी, पौर्वात्य।
eastern.

पृथ्वी *(स्त्री.)* जमीन, धरती, धरा, धरातल, मही, रत्नगर्भा, वसुंधरा, वसुधा, विश्वंभरा।
land, earth.

पेंग *(स्त्री.)* झूँटा, डोला।
swing.

पेउस *(पुं.)* पीयूष, पेऊसी, पेवस, फेमस।
colostrum.

पेचीदगी *(स्त्री.)* उलझन, उलझाव, कसाला, गुत्थी, घुमाव, घुमाव-फिराव, झमेला, पेच, पेचीलापन।
complexity, intricacy.

पेचीदा *(वि.)* उलझावदार, कसाले का, घुमावदार, चक्करदार, जटिल, झमेले का, टेढ़ा-मेढ़ा, पेचीला।
complicated, intricate, complex, circumlocutory.

पेट *(पुं.)* आमाशय, उदर, कुक्षि, कोख, जठर, तोंद, पाकस्थली, मेदा, लाद।
abdomen, stomach, belly.

पेट-पूजा *(स्त्री.)* उदरपोषण, उदरसेव।

पेटी *(स्त्री.)* कमरबंद, पेटिका, पेशबंद।
belt, commerbund, girdle.

पेटू *(वि.)* अत्याहारी, अन्न का दुश्मन, उदरपिशाच, खाऊ, घाऊघप, चटोरा, ठुँसू, बहुभक्षी, बहुभोजी, भकोसू, भुक्खड़, भक्षक, मरभुखा।
voracious, gluttonous.

पेटूपन *(पुं.)* खाऊपन, ठुँसाव, भुक्खड़पन।
gluttony, voraciousness.

पेड़ *(पुं.)* तरु, दरख्त, द्रुम, विटप, विद्रुम, वृक्ष।
tree.

पेशगी *(स्त्री.)* अग्रिम, अग्रिम धन।
advance, earnest money.

पेशा *(पुं.)* काम, काम-धंधा, कारोबार, धंधा, रोजगार, व्यवसाय, व्यापार।
profession, occupation, business, calling.

पैतृक *(वि.)* आनुवंशिक, कुलागत, खानदानी, जद्दी, पुश्तैनी, बाप-दादा का, मौरूसी, वंशपरंपरागत, वंशागत, वंशानुगत।
ancestral, hereditary.

पैदल *(क्रिवि.)* अपने पैरों, पाँव-पाँव, पैदल चलकर।
on foot.

पैना *(वि.)* अकुंठ, चोखा, तीक्ष्ण, तेज, धारदार, नुकीला, नोकदार।
sharp, pointed.

पैर *(पुं.)* गोड़, चरण, पाँय, पाँव, पैयाँ।
foot.

पोशाक *(स्त्री.)* ड्रेस, परिच्छद, परिधान, पहनावा, पहनने के कपड़े, बाना, भेस, लिबास, वर्दी, वेश।
uniform, dress, costume.

पौधा *(पुं.)* क्षुप, पादप, बिरवा, विटप।
plant.

पौरुष *(पुं.)* 1. नरत्व, पुंसत्व, पुरुषत्व, पुरुषार्थ, मर्दानगी।
manhood, manliness, masculanity, virility.
2. वीरता *(दे.)*।

पौष्टिक *(वि.)* पुष्टिकारक, पोषक, पोषणशील, शक्तिवर्धक, स्वास्थ्यवर्धक।
nutritive, nutritious.

प्यार-भरा *(वि.)* अनुरागमय, प्रीतियुक्त, स्नेहपूर्ण।
full of love.

प्यारा *(वि.)* अजीज, अनुरागी, दिलबर, दुलारा, प्रिय, सलोना, स्नेही।
loving, lovely.

प्याला *(पुं.)* चषक, जाम, मधुपात्र।
cup, wine-cup.

प्यास *(स्त्री.)* अतृप्ति, तृषा, पिपासा।
thirst, thirstiness, geasing.

प्यासा *(वि.)* अतृप्त, तृषण, तृषातुर, तृषित, तृषालु, तृषित, पिपासु।
thirsty, athirst, parched, unsatiated.

प्रकट *(वि.)* अगुप्त, अनावृत, अपरोक्ष, अभिव्यक्त, आम, आविर्भूत, खुला, घटित, चक्षुगोचर, जाहिर, दृश्य, दृश्यमान, दृष्टिगोचर, नमूदार, प्रकटित, प्रगट, प्रत्यक्ष, लक्षित, वर्णित, विवक्षित, व्यंजित, व्यक्त, सांकेतिक, साफ, सुव्यक्त, सुस्पष्ट, स्पष्ट।
apparent, manifest, disclosed, obvious.

प्रकट होना *(क्रिपद)* खुलना, जाहिर होना, प्रत्यक्ष होना, फ़ाश होना, व्यक्त होना, सामने आना, सार्वजनिक हो जाना, स्पष्ट होना।
to appear, to emerge, to be clear.

प्रकार *(पुं.)* किस्म, तरह, भाँति।
kind, variety, sort.

प्रकाश *(पुं.)* आलोक, उजाला, चाँदनी, जगमगाहट, ज्योति, दीप्ति, द्युति, नूर, प्रभा, रोशनी, विभा।
light.

प्रकाशगृह *(पुं.)* दीपस्तंभ।
beacon.

प्रकाशन *(पुं.)* अभिव्यक्ति, प्रकटन, प्रकटीकरण।
publication, manifestation.

प्रकाशित *(वि.)* आलोकित, उज्ज्वल, जगमग, जाज्वल्यमान, ज्योतित, ज्योतिर्मय, तेजोमंडित, प्रकाशमान, प्रज्वलित, शुभ्र।
lighted, illuminated.

प्रकृति *(स्त्री.)* 1. कुदरत, निसर्ग।
nature.
2. स्वभाव *(दे.)*।

प्रकृतिशः *(क्रिवि.)* आदतन, निसर्गतः, स्वभाव से।
by nature, temperamentally.

प्रगतिशील *(वि.)* अग्रगामी, आधुनिकतावादी, नवसुधारक, सुधारवादी।
progressive, modern, reformist.

प्रचलित *(वि.)* चालू, जारी, रायज, लागू, वर्तमान, सामयिक।
current, continued.

प्रचार *(पुं.)* प्रसार, प्रोपैगेंडा।
propaganda.

प्रजा *(स्त्री.)* अवाम, जनता, रिआया, रैयत।
subjects.

प्रजातंत्र *(पुं.)* गणतंत्र, जनतंत्र, जम्हूरियत, लोकतंत्र।
democracy, republic.

प्रजातांत्रिक *(वि.)* गणतांत्रिक, जनतांत्रिक, जम्हूरी, लोकतांत्रिक।
democratic, republican.

प्रताप *(पुं.)* गरिमा, गौरव, जलाल, तेज, तेजस्विता, पुण्य-प्रताप, महिमा।
glory, splendour.

प्रतापी *(वि.)* गौरवान्वित, गरिमामय, तेजस्वी, पुण्यवान, प्रतापवान, महिमामंडित।
glorious, august, dignified, distinguished, grand, exalted.

प्रतिकूल *(वि.)* अननुकूल, असंगत, अहितकर, उलटा, खिलाफ, नियम-विरुद्ध, प्रतीप, विपरीत, विरुद्ध, विरोधी, विषम।
opposite, contrary, adverse, hostile.

प्रतिकूलता *(स्त्री.)* मुखालिफत, विपरीतता, विरोध, विषमता, वैषम्य, व्यतिरेक।
contrariety, opposition, hostility.

प्रतिक्रियावादी *(वि.)* प्रगति-विरोधी, प्रतिगामी, रूढ़िवादी।
reactionary, antiprogressive.

प्रतिज्ञा *(स्त्री.)* कौल, प्रण, मनौती, मन्नत, वादा, व्रत, शपथ, संकल्प।
vow, pledge.

प्रतिदिन *(क्रिवि.)* अनुदिन, नित्यप्रति, रोजमर्रा, रोज-रोज, रोजाना, हर रोज।
daily, everyday.

प्रतिद्वंद्वात्मक *(वि.)* प्रतियोगितामूलक, प्रतिस्पर्धात्मक, स्पर्धापूर्ण।
competitive.

प्रतिद्वंद्विता *(स्त्री.)* चखाचखी, चखचखी, चढ़ा-ऊपरी, चढ़ा-चढ़ी, प्रतियोगिता, प्रतिस्पर्धा, बदान, बदाबदी, मुकाबला, लगा-लगी, लाग-डाँट, विरोध, वैर, स्पर्धा, होड़, होड़ा-होड़ी।
rivalry, competition.

प्रतिद्वंद्वी *(पुं.)* प्रतिपक्षी, प्रतियोगी, प्रतिस्पर्धी, फरीक, विरोधी, वैरी, स्पर्धी।
rival.

प्रतिनिधि *(पुं.)* अभिकर्ता, अधिवक्ता, कर्ता, कर्ता-धरता, कारिंदा, कार्यकर्ता, गुमाश्ता, नुमाइंदा, प्रवक्ता।
agent, representative.

प्रतिबंध *(पुं.)* अंकुश, पाबंदी, बंदिश, मुमानियत, रुकावट, रोक।
restriction, curb, ban.

प्रतिभा *(स्त्री.)* प्रज्ञा, मनीषा, मेधा, रचना-शक्ति।
genius, talent.

प्रतिभाशाली *(वि.)* कुशाग्रबुद्धि, प्रातिभ, प्रतिभा-संपन्न, मेधावी, विचक्षण, विदग्ध।
talented, gifted, brilliant.

प्रतिरोध *(पुं.)* 1. अवरोध, मुकाबला, विरोध, संवरण, सामना।
resistance.
2. रोकथाम *(दे.)*।

प्रतिवादी *(पुं.)* मुद्दालेह।
defendant.

प्रतिष्ठा *(स्त्री.)* आदर, आदर-सम्मान, आबरू, इज्जत, गैरत, पत, पत-पानी, मर्यादा, मान, लाज, सम्मान, साख।
prestige, credit.

प्रतिष्ठित *(वि.)* 1. इज्जतदार, गण्यमान्य, नाकवाला, जाना-माना, मान्य, लब्धप्रतिष्ठ, संभ्रांत।
respected, distinguished.
2. जमा-जमाया, स्थापित।
established.

प्रतीक्षा करना *(क्रिपद)* आसरा देखना, इंतजार करना, ताक लगाना, बाट जोहना/देखना, रास्ता ताकना/देखना, राह ताकना, राह देखना।
to wait.

प्रतीक्षालय *(पुं.)* मुसाफिरखाना।
waiting room.

प्रतीत होना *(क्रिपद)* ज्ञात होना, दिखना, दिखाई पड़ना, भासना, भासित होना, मालूम पड़ना, मालूम होना, लगना, विदित होना, समझ में आना, सूझना।
to appear, to seem.

प्रत्यक्ष *(वि.)* अभिव्यक्त, उघड़ा हुआ, उपस्थित, खुला हुआ, गोचर, जाहिर, दृश्य, दृश्यमान, दृष्ट, दृष्टिगत, दृष्टिगोचर, प्रकट, प्रत्यक्ष, व्यक्त, सम्मुख, साफ, स्पष्ट।
apparent, visible, pereptible.

प्रत्याशा *(स्त्री.)* तवक्को।
expectation.

प्रत्याशी *(पुं.)* अभ्यर्थी, उम्मीदवार।
candidate.

प्रदर्शन *(पुं.)* ठाठबाट, दिखावट, दिखावा, नुमाइश, प्रदर्शनी।
exhibition, display.

प्रदर्शनी *(स्त्री.)* नुमाइश, बटेरी।
exhibition, show.

प्रदेश *(पुं.)* अंचल, इलाका, खंड, प्रखंड, प्रांत, भूभाग, विभाग, सूबा।
region, province.

प्रधान *(वि.)* अपर, आला, उच्च, चीफ़, परम, प्रमुख, मुख्य, विशिष्ट, सर्वोच्च।
leading, prominent, main, chief.

प्रधानता *(स्त्री.)* प्रमुखता, प्राधान्य, मुख्यता, विशिष्टता, सर्वोच्चता।
prominence, primacy, preponderance.

प्रपत्र *(पुं.)* फार्म।
form.

प्रबंध करना *(क्रिपद)* इंतजाम करना, जुटाना, मुहैया करना, व्यवस्था करना, सुलभ करना।
to provide.

प्रबल *(वि.)* 1. उत्कट, अदम्य, जबर्दस्त, जोरदार, शक्तिशाली।
strong, stout, sound.
2. प्रभविष्णु, प्रभावशाली, वर्चस्वी, हावी।
powerful, strong, mighty.

प्रबुद्ध *(वि.)* उद्‌बुद्ध, सुशिक्षित।
enlightened.

प्रबोधन *(पुं.)* उद्‌बोधन, बोधन।
enlightenment.

प्रभार *(पुं.)* चार्ज, दायित्व, भार।
charge.

प्रभाव *(पुं.)* असर, छाप, तासीर, दबदबा, दबाव, प्रभावशीलता।
influence, effect, persuation.

प्रभावपूर्ण *(वि.)* प्रभविष्णु, प्रभावी, प्रभावशाली, प्रभावोत्पादक, मर्मस्पर्शी, हृदयस्पर्शी।
effective, imposing, influential, impressive, dominating.

प्रभावित करना *(क्रिपद)* असर डालना/दिखाना, छाप छोड़ना, प्रभाव डालना।
to influence.

प्रभुत्व *(पुं.)* आधिपत्य, गलबा, दबदबा, धाक, नियंत्रण, प्रभुता, प्रभुसत्ता, बोलबाला, हुकूमत।
sway, preponderance.

प्रमाण *(पुं.)* सबूत, साक्ष्य।
proof, evidence.

प्रमाणपत्र *(पुं.)* प्रमाणक, सनद, सर्टिफिकेट।
certificate.

प्रमाणित *(वि.)* प्रमाणीकृत, साबित, सिद्ध।
proved, certified.

प्रमाणित करना *(क्रिपद)* औचित्य सिद्ध करना, न्यायसंगत ठहराना, न्यायोचित ठहराना, प्रतिपादित करना, सबूत देना, साबित करना, सिद्ध करना।
to attest, to certify, to prove, to justify.

प्रयत्न *(पुं.)* अध्यवसाय, आयास, उद्यम, उद्योग, कोशिश, चेष्टा, जतन, दौड़-धूप, परिश्रम, पेशकश, पैरवी, प्रयास, मेहनत, यत्न, श्रम।
attempt, endeavour, labour.

प्रयत्नशील *(वि.)* अध्यवसायी, उद्यमी, उद्योगशील, उद्योगी, कर्मठ, कर्मवीर, परिश्रमी, प्रयत्नरत, प्रयासरत, प्रयासी, मेहनती, यत्नशील, श्रमशील।
endeavouring.

प्रयुक्त *(वि.)* इस्तमाली, काम में लाया हुआ, कार्यान्वित, व्यवहृत।
used, applie .

प्रयोग करना *(क्रि५द)* इस्तेमाल करना, काम में लाना, कार्य के रूप में परिणत करना, कार्यान्वित करना, व्यवहार करना, व्यवहार में लाना।
to use, to apply.

प्रवर्तक *(पुं.)* अनुष्ठाता, आरंभकर्ता, उत्पादक, उद्‌घाटक, जनक, जन्मदाता, प्रस्तोता।
promoter, producer, progenitor, founder, originator.

प्रवास *(पुं.)* देशांतर गमन, प्रव्रजन।
migration.

प्रवाह *(पुं.)* अभिवाह, धारा, बहाव, रवानी, रौ।
current, flow.

प्रवृत्त *(वि.)* उन्मुख, झुका हुआ।
inclined.

प्रवृत्ति *(स्त्री.)* उन्मुखता, चाह, चित्तवृत्ति, नति, झुकाव, मनोवृत्ति, वृत्ति।
inclination, tendency, trend, apptitude.

प्रवेश *(पुं.)* अंतर्गमन, दाखिला, निवेश, भर्ती, समावेश।
admission.

प्रशंसनीय *(वि.)* अभिनंदनीय, तारीफ के काबिल, धन्य, श्लाघनीय, श्लाघ्य, सराहनीय, स्तुत्य।
admirable, commendable, praise-worthy, laudable, felicitious.

प्रशंसा *(स्त्री.)* गुणकीर्तन, गुणगान, गुणानुवाद, तारीफ़, दाद, नेकनामी, प्रशस्ति, बड़ाई, वाहवाही, श्लाघा, सराहना, साधुवाद, स्तुति।
praise, admiration, applause, cheers, acclamation.

प्रशंसा करना *(क्रिपद)* गुण गाना, गुणगान करना, तारीफ़ करना, तारीफ़ के पुल बाँधना, बड़ाई करना, सराहना।
to admire, to applaud, to extol.

प्रशमन *(पुं.)* तत्तोथंबो, बुझाना, शमित करना, शांत करना।
the act of pacifying.

प्रश्न *(पुं.)* 1. पृच्छा, सवाल।
question, query, interrogation.
2. समस्या *(दे.)*।

प्रश्नोत्तर *(पुं.)* उत्तर-प्रत्युत्तर, जवाब-सवाल।
question and answer.

प्रसन्न *(वि.)* आनंदित, आनंदी, आह्लादित, उत्फुल्ल, उल्लसित, कृतकृत्य, कृतार्थ, खुश, गद्‌गद, पुलकित, पूर्णकाम, प्रफुल्ल, प्रफुल्लित, प्रमुदित, निहाल, मुदित, सुखी, हर्षित।
glad, cheerful, sprightly, of joyous temperament, happy, gay, lively.

प्रसन्न करना *(क्रिपद)* आनंदित करना, खुश करना, परितुष्ट करना, संतुष्ट करना।
to please, to appease, to satisfy.

प्रसन्नचित्त *(वि.)* उत्फुल्ल, खुशदिल, खुश-मिजाज, जिंदादिल, विनोदी, प्रसन्नवदन, हँसमुख, हँसोड़।
cheerful, cheery, jovial, good-humoured.

प्रसन्नता *(स्त्री.)* आनंद, उत्फुल्लता, उल्लास, खुशी, प्रफुल्लता, प्रमोद, मज़ा, मोद, हर्ष, हुलास।
happiness, gladness, pleasure.

प्रसन्न हो जाना *(क्रिपद)* उमंग से भर जाना, प्रफुल्लित होना, फूल उठना, हरख उठना, हरखना, हर्षित हो उठना, हुलसना।
to be delighted.

प्रसिद्ध *(वि.)* ख्यात, ख्यातनाम, ख्यातिप्रद, चर्चित, नंबरी, नामी, नामी-गरामी, नेकनाम, प्रख्यात, बहुचर्चित, मशहूर, यशस्वर, यशस्वी, विख्यात, विश्रुत, सरनाम, सर्वविदित।
renowned, famous, well-known, reputed, celebrated, famed.

प्रसिद्धि *(स्त्री.)* ख्याति, धाक, नाम, नामवरी, नेकनामी, बड़ाई, मशहूरी, यश, विख्याति, विश्रुति, शोहरत।
fame, repute, reputation, renown, name, glory, celebrity.

प्रस्ताव *(पुं.)* तजवीज, सुझाव।
proposal, proposition, offer, suggestion.

प्रस्थान *(पुं.)* कूच, गमन, चलाचली, चाला, छूटना, जाना, निकासी, प्रयाण, रवानगी।
departure.

प्रांगण *(पुं.)* अहाता, कंपाउण्ड, घेरा, बाड़ा, हाता।
atrium, compound, enclosure.

प्राकृतिक *(वि.)* कुदरती, नैसर्गिक, प्राकृत, सहज, सहजात।
natural, innate, normal.

प्राचीर *(स्त्री.)* चहारदीवारी।
boundarywall.

प्राण *(पुं.)* जान, जीवन, जीवन-शक्ति, दमखम।
life.

प्राणायाम *(पुं.)* श्वासारोध, श्वासावरोध, साँस रोकना।
apnoea.

प्रातः *(क्रिवि.)* गजरदम, तड़के, दिन चढ़ते ही, दिन चढ़े, प्रातःकाल, भोर में, सकारे, सवेरे, सवेरे-सवेरे, सुबह, सुबह-सुबह।
early in the morning.

प्रातःकाल *(पुं.)* उषाकाल, तड़का, पौ फटने का समय, प्रभात, प्रात, भोर, विहान, सवेरा, सुबह।
dawn, morning.

प्राथमिकता *(स्त्री.)* अग्रता, पूर्वता, प्रथमता, वरीयता।
priority, precedence, preference.

प्राप्त *(वि.)* अधिकृत, अधिगत, अर्जित, उपलब्ध, उपार्जित, करतलगत, गृहीत, मयस्सर, मिला, लब्ध, वसूल, सुलभ, हस्तगत, हाथ में आया हुआ, हासिल।
got, earned, attained, taken, received.

प्राप्त करना *(क्रिपद)* उपलब्ध करना, ऐंठ लेना, करतलगत करना, पा जाना/लेना, वसूल करना, साधना, साध लेना, सिद्ध करना, हस्तगत करना।
to get, to attain, to obtain, to collect.

प्राप्ति *(स्त्री.)* अधिग्रहण, उगाही, वसूली।
realization, collection, recovery.

प्राप्य *(वि.)* आदेय, अधिगम्य, प्राप्तव्य, लभ्य, साध्य।
attainable, available, ready, handy.

प्रामाणिक *(वि.)* टकसाली, परिनिष्ठित, मानक।
standard, authentic.

प्रायः *(क्रिवि.)* 1. अक्सर, अधिकतर, अधिकांशतः, अमूमन, आम तौर पर, ज्यादातर, प्रायशः, बहुधा, बराबर, विशेषतया, साधारणतः, साधारणतया, सामान्यतः, सामान्यतया।
generally, usually, often, mostly, mainly, commonly, particularly.
2. सदा *(दे.)*।

प्रायश्चित *(पुं.)* परिशुद्धि, पाप-परिमार्जन।
atonement, expiation.

प्रार्थना *(स्त्री.)* 1. अभ्यर्थना, अर्ज, गुजारिश, चाराजोई, चिरौरी, दुआ, निवेदन, फरियाद, बिनती, मिन्नत, विनय, याचना।
requiest, entreaty, petition.
2. अर्चना, आराधना, स्तवन, स्तुति।
prayer.

प्रार्थना-पत्र *(पुं.)* आवेदन-पत्र, अर्ज़ी, याचिका।
application, petition.

प्रार्थी *(पुं.)* 1. आवेदन, आवेदनकर्ता, निवेदक।
applicant.
2. अभ्यर्थी, उम्मीदवार, पदाभिलाषी।
candidate.

प्रालेख *(पुं.)* प्रारूप, मसौदा।
draft.

प्रावधान *(पुं.)* उपबंध, बंधान, शर्त।
provision.

प्रासंगिक *(वि.)* अवसरोचित, कालोचित, प्रसंगोचित, विषयानुरूप, विषयोचित, समयानुकूल, वक्त।
relevant.

प्रिय *(वि.)* 1. चहेता, दिलबर, दुलहेटा, दुलारा, प्यारा, प्राणप्यारा, प्राणप्रिय, प्रीतिभाजन, प्रेमपात्र, मनभावना, लाड़ला, लड़ैता, वत्सल, वल्लभ, वात्सल्य-भाजन, हृदयवल्लभ, हृदयेश, हृदयेश्वर।
dear.
2. आकर्षक *(दे.)*।

प्रीतिभोज *(पुं.)* दावत, भोज, सहभोज।
banquet.

प्रेक्षागृह *(पुं.)* श्रोतृशाला।
auditorium.

प्रेत *(पुं.)* पिशाच, वैताल, भूत, राक्षस।
goblin.

प्रेम *(पुं.)* 1. अनुरक्ति, अनुराग, आसक्ति, चिपकाव, दीवानगी, पुचकार, प्रेमोन्माद, पोस, प्यार, प्रणय, प्रीति, प्रेमभाव, ममता,

ममत्व, मुहब्बत, मेल-मुहब्बत, मोह, राग, रति, लगाव, लाड़, लाड़-प्यार, वात्सल्य, व्यामोह, स्नेह।
love, attachment, affection, fondness, infatuation, fetish.
2. श्रद्धा *(दे.)*

प्रेमिका *(स्त्री.)* अभिसारिका, नायिका, दिलरुबा, प्यारी, प्राणेश्वरी, प्रियात्मा, प्रेयसी, महबूबा, माशूका, हृदयेश्वरी।
beloved.

प्रेमी *(पुं.)* 1. कंत, कांत, चहेता, चित्तचोर, दिलबर, दिलरुबा, प्रिय, पिया, प्रणयी, प्राणनाथ, प्राणप्रिय, प्राणवल्लभ, प्राणाधार, प्राणेश्वर, प्रियतम, महबूब, लवलासी, सइयाँ, सनम, साजन, सैंया, स्नेही, हृदयेश, हृदयेश्वर।
lover.

प्रेरणा *(स्त्री.)* उकसावा, उकसाहट, उत्तेजना, प्रोत्साहन, बढ़ावा, स्फूर्ति।
inspiration, motivation, stimulous.

प्रेरणादायक *(वि.)* उत्तेजक, उत्तेजनापूर्ण, उत्साहवर्धक, ऊर्जाप्रद, प्रेरक, प्रेरणात्मक, प्रेरणादयी, प्रेरणास्पद, प्रोत्साहक, स्फूर्ति-दायक।
inspiring, motivating, encouraging.

प्रेरणा देना *(क्रिपद)* उत्तेजन देना, उत्तेजित करना, उत्साह बढ़ाना, उत्साहित करना, उद्दीप्त करना, प्रेरित करना, प्रोत्साहन देना, प्रोत्साहित करना, बढ़ावा देना, स्फूर्ति देना, हिम्मत बढ़ाना।
to inspire, to stimulate, to encourage.

प्रौढ़ *(वि.)* पक्व, परिपक्व, पुराना।
mature.
— *(पुं.)* बालिग, वयस्क।
adult.

प्रौढ़ता *(स्त्री.)* पक्वता, परिपक्वता।
maturity, ripeness.

फ

फँसाना *(क्रि.)* उलझाना, उलझा लेना, पाशबद्ध करना, फँसा लेना, फाँस लेना, लपेट लेना।
to entrap, to ensnare, to entangle.

फटना *(क्रि.)* चिटकना, चिरना, तड़कना, दरकना, मसकना।
to be torn, to chap, to burst, to explode.

फटा *(वि.)* कटा-फटा, क्षत-विक्षत, चिथड़ा, जीर्ण, जीर्ण-शीर्ण, विदीर्ण।
torn, wornout, tattered.

फटीचर *(पुं.)* गूदड़साई।
shabbily dressed.

फरार *(पुं.)* पलायक, पलायन करनेवाला, फरारी, भगोड़ा।
absconder.

फलदार *(वि.)* फलद, फलदायक, फलदायी, फलप्रद।
bearing fruit, fruitful.

फलना-फूलना *(क्रिपद)* पनपना, पल्लवित होना, पुष्पित होना, फलित होना, बढ़ना, विकसित होना, हरा-भरा होना।
to flourish, to thrive.

फलस्वरूप *(यो.)* अतः, इस कारण से, इसलिए, तदनुसार, परिणामतः, फलतः।
therefore, consequently, as a result.

फाँसी *(स्त्री.)* प्राणदंड, मृत्युदंड, मौत की सजा, सूली।
hanging.

फालतू *(वि.)* उपरफट्टू, फाजिल, बेकार, व्यर्थ का।
more than neccessary, superfluous.

फिरंगी *(पुं.)* अंग्रेज, गोरा, युरोपियन, विलायती।
European.

फिर *(क्रिवि.)* 1. के उपरांत, के पश्चात, के बाद, पीछे, बाद में।
afterwards.
2. दुबारा।
(once) again.

फिसलना *(क्रि.)* रपटना।
to slip, to skid, to slide.

फिसलवाँ *(वि.)* रपटीला।
slippery.

फुटकर *(वि.)* खुदरा।
retail.

फुर्ती *(स्त्री.)* क्रियाशीलंता, क्षिप्रता, चपलता, चुस्ती, तेजी, त्वरा, शीघ्रता, सक्रियता, स्फूर्ति।
agility, promptness, briskness.

फुर्तीला *(वि.)* चपल, चुस्त, त्वरित, सक्रिय, स्फूर्त।
agile, active, nimble, brisk, lively.

फुलझड़ी छोड़ना *(क्रिपद)* आग लगाना, शगूफा छोड़ना, शोशा छोड़ना।
to pass a provocative remark, to set of a squib.

फुसलाना *(क्रि.)* गाँठना, बहकाना, बहका ले जाना।
to cajole, to coax, to wheedle.

फूँकना *(क्रि.)* 1. जला डालना, फूँक डालना, भस्म कर देना, राख कर देना।
to whiff, to blow.
2. धौंकना।
to blow with bellows.

फूटी कौड़ी *(स्त्री.)* कानी कौड़ी, झंझी।
brass farthing.

फूल *(पुं.)* कुसुम, गुल, पुष्प, प्रसून, सुमन।
flower.

फूलना *(क्रि.)* गदराना, डहकना।
to blossom.

फेंकना *(क्रि.)* उलीचना, गिरा देना, गिराना, डालना, डाल देना, प्रक्षिप्त करना, फेंक देना।
to throw, to fling, to hurl, to cast.

फेन *(स्त्री.)* झाग, फिचकुर।
foam.

फेफड़ा *(पुं.)* फुफ्फुस।
lung.

फेर में आना *(क्रिपद)* चक्कर में आना, फँसावड़े में आना, भुलावे में आना।
to get or involve in as if in a tangle.

फैलाना *(क्रि.)* 1. पसारना।
to stretch out.
2. बढ़ाना *(दे.)*।

ब

बंजारा *(पुं.)* खानाबदोश, जिप्सी, यायावर।
nomad, gipsy.

बँटवारा *(पुं.)* 1. अलगागुज़ारी, अलगाव, पार्थक्य, पृथक्करण, विभाजन।
partition.
2. अनुभाजन, बँटाई, बाँट, वंटन, वितरण, बंदरबाँट, विभाजन।
distribution.

बंडी *(स्त्री.)* जाकेट, फतुही।
jacket.

बंद *(वि.)* अवरुद्ध, स्थिर, जाम, ठप, थमा, निमीलित, रुका, रुद्ध, गतिरुद्ध।
closed, shut.

बंद करना *(क्रिपद)* 1. भिड़काना, भींचना, भीड़ देना, भेड़ना, मूँदना, लगा देना।
to close.

2. इतिश्री करना, भोग डालना, खत्म करना, समापन करना, समाप्त करना।
to end.

बंदनवार *(स्त्री.)* तोरण।
tip.

बंदर *(पुं.)* कपि, मर्कट, वानर, शाखामृग।
monkey.

बंदरगाह *(स्त्री.)* गोदी, पत्तन।
harbour, port.

बंदरी *(स्त्री.)* बंदरिया, वानरी।
female monkey.

बंद होना *(क्रिपद)* मिचना, मुँदना, लगना।
closing (of the eyes).

बंदी[1] *(पुं.)* 1. कारावासी, कैदी, नजरबंद।
detenue, internee, prisoner.
2. चारण, भाँड़।
bard.

बंदी[2] *(स्त्री.)* तालाबंदी, हड़ताल।
off day, shut-down, lock-out, strike.

बंदूकची *(पुं.)* बंदूकधारी।
gunman.

बंधन *(पुं.)* पाबंदी, प्रतिबंध, बझाव, मनाही, रोक।
restriction, curb, restraint.

बँधा हुआ *(वि.)* कसा हुआ, जकड़ा हुआ, निबद्ध, परिबद्ध, बद्ध।
bound, tied, fastened, tight.

बकना *(क्रि.)* प्रलाप करना, जल्पना, बकझक करना, बकबक करना, बकवाद करना, बकवास करना।
to prattle, to jabber, to chatter.

बकबक *(स्त्री.)* चबर-चबर, टरटर, टेंटें, तानारीरी, प्रलाप, बकझक, बकवाद, बकवास, बड़बड़, भड़भड़, वाचालता।
prattle, superfluous talk, idle, talk, babbling, jabbering, non-sense.

बकवादी *(वि.)* दिमागचट, प्रलापी, बक्की, बड़बड़िया, भड़भड़िया, लबाड़, लबाड़िया, वाचाल, वातुल।
talkative, gabbler, gassuious, glib.

बकाया *(वि.)* अवशिष्ट, देय, बाकी।
arrear.

बख्शीश *(स्त्री.)* घलुआ, टिप, दस्तूरी, त्योहारी।
tip.

बगल में *(क्रिवि.)* 1. एक ओर, पार्श्व में।
by the side of.
2. निकट, पास में, पास ही, समीप में।
near.

बगला *(पुं.)* बक, बगुला।
heron.

बग्घी *(स्त्री.)* घोड़ागाड़ी, टमटम।
four-horse carriage.

बचपन *(पुं.)* कौमार्य, छुटपन, किशोरावस्था, बालकपन, बालकाल, बालापन, बालावस्था, बाल्यकाल, बाल्यावस्था, लड़कपन, लड़कैयाँ, शैशव, शैशवावस्था।
childhood.

बचपना *(पुं.)* बचकानापन।
childishness.

बचाना *(क्रि.)* आँच न आने देना, उद्धार करना, उबारना, छुटकारा दिलाना, त्राण दिलाना, निस्तार करना, रक्षा करना, महफूज रखना, सुरक्षित रखना, हिफाजत करना।
to save, to rescue.

बच्चा *(पुं.)* छगन, छगनमगन, छोकरा, छोरा, छौना, जातक, बटुक, बाल, बालक, मुन्ना, मुन्नू, लड़का, ललन, लला, लल्ला, लौंडा, वत्स, शिशु।
infant, male child, boy.

बच्ची *(स्त्री.)* कुमारिका, कुमारी, छोकरी, छोरी, जातकी, बाला, बालिका, मुनियाँ, लड़की, लल्ली, लौंडी।
female child, girl.

बछड़ा *(पुं.)* लवारा।
calf.

बजाना (ढोल) *(क्रि.)* धपधपाना।
to perform on a musical instrument, to play on.

बटन *(पुं.)* बुताम।
button.

बटोरना *(क्रि.)* इकट्ठा करना, उगाहना, एकत्र करना, एकत्रित करना, जमा करना, ढेर लगाना, संकलन करना, संकलित करना, संगृहीत करना, संग्रह करना, संचय करना, संचित करना।
to gather, to collect, to pile up.

बड़ा *(वि.)* 1. अतिकाय, दंगल, दैत्याकार, प्रचंड, बृहत्, भारी, महाकाय, विपुल, विराट, विशाल, विस्तृत।
large, big, huge.
2. जेठ, ज्येष्ठ, वरिष्ठ।
elder.
3. उद्भट, महत्, महा, महान, प्रकांड, धुरंधर, सर्वशक्तिमान।
great, grand.

बढ़ई *(पुं.)* तक्षक, तरखान, सुतार।
carpenter.

बढ़ता हुआ *(वि.)* वर्धनशील, वर्धमान, वर्धशील, विकासमान, वृद्धिशील, संवर्धी।
increasing, developing.

बढ़ाना *(क्रि.)* अभिवर्धन करना, ऊँचा करना, तेज करना, फैलाना, विकसित करना, विस्तार करना।
to increase, to develop, to enhance, to amplify, to intensify, to lengthen, to prolong, to stretech out.

बतलाना *(क्रि.)* जतलाना, जताना, तिखारना, निवेदन करना, परिचित कराना, प्रकट करना, बताना, व्यक्त करना, संकेत करना।
to tell, to explain, to inform.

बदजबान *(वि.)* अपभाषी, कटुभाषी, कर्कश, कर्कशा, दुर्मुख, मुँहजला, मुँहजली, वाचाल।
evil-tongued, foul-mouthed.

बदनाम *(वि.)* अप्रतिष्ठित, कुख्यात, कुनाम, दुर्नाम, रुसवा।
notorious, arrant.

बदनामी *(स्त्री.)* अपकीर्ति, अपयश, कुख्याति, थुड़ी, थुथकार, थूथू, नामूसी, निंदा, बेइज्जती, भद्द, रुसवाई, लोकोपवाद।
defame, illfame.

बदबूदार *(वि.)* गँधीला, दुर्गंधित, महकदार।
smelly, emitting foul smell.

बदलना *(क्रि.)* अदला-बदली करना, उथल-पुथल करना, उलट-पलट करना, तबदीली करना, परिवर्तन करना, परिवर्तित करना, बदली करना, बदलौअल करना, रूपांतरण करना, रूपांतरित करना, विनिमय करना, हेर-फेर करना।
to change, to alter, to modify, to shift.

बदला *(पुं.)* प्रतिकार, प्रतिफल, प्रतिशोध, प्रतिहिंसा।
revenge, reprisal, retaliation.

बधाई *(स्त्री.)* मंगलकामना, मुबारकबाद, मुबारकबादी, शुभकामना।
congratulation, felicitation, greetings.

बधिया *(वि.)* आख्ता, खसिया, बद्धी।
castrated.

बनाना *(क्रि.)* गढ़ना, तैयार करना, निर्माण करना, निर्मित करना, प्रस्तुत करना, मूर्तरूप देना, रचना, विधान करना, संरचना करना।
to make, to build, to erect, to construct.

बना-बनाया *(क्रि.)* किया-कराया, गढ़ा-गढ़ाया।
readymade.

बनावट *(स्त्री.)* गठन, रचना, संरचना।
structure, fabrication.

बनियान *(स्त्री.)* गंजी।
man's undervest.

बमपुलिस *(पुं.)* सार्वजनिक शौचालय।
public lavatory.

बमबारी *(स्त्री.)* अग्निवर्षा, गोलाबारी, गोले बरसना, बमवर्षा।
bombartment, bombing.

बमवर्षक *(पुं.)* बमबार।
bomber.

बयाना *(पुं.)* एडवांस, पेशगी।
advance.

बरछा *(पुं.)* नेजा, बल्लम, भाला।
spear.

बरतन *(पुं.)* पात्र, बर्तन, भांड, भाजन।
utensil, vessel.

बरतना *(क्रि.)* इस्तेमाल करना, उपयोग में लाना, काम में लाना, प्रयोग करना, यूज करना, व्यवहार करना, व्यवहार में लाना, व्यवहृत करना।
to use.

बरसना *(क्रि.)* पानी गिरना, बरसात होना, मेंह पड़ना, वर्षा होना, वृष्टि होना।
to rain, to shower.

बरसात *(स्त्री.)* वर्षा-ऋतु।
rainy season.

बरौनी *(स्त्री.)* अक्षिरोम, परबाल।
cyelash.

बर्फीला *(वि.)* बर्फानी।
snowy, icy.

बर्बर *(वि.)* 1. जंगली, खूँखार, पाशविक, वहशियाना, वहशी, हिंसक, हिंस्र।
beastly, brutish, savage, barbaric, violent, ferocious, brutal.

बर्बरता *(स्त्री.)* जंगलीपन, पशुता, पशुत्व, पाशविकता, वहशत, वहशीपन।
brutality, savagery.

बर्रै *(पुं.)* ततैया, भिड़, हड्डा।
warp.

बल *(पुं.)* 1. शिकन, सिलवट।
wrinkle, crease.
2. पेज।
twirl.
3. ऊर्जा, जाँगर, जोर, ताकत, पावर, पराक्रम, बल-बूता, बूता, शक्ति, सामर्थ्य।
strength, might, vigour, force.
4. जोर।
emphasis, stress.

बलप्रयोग *(पुं.)* जबरदस्ती, जबरी, जोर-जबरदस्ती।
use of force.

बलवान *(वि.)* 1. पुष्ट, बलिष्ठ, बली, मजबूत, मांसल।
2. शक्तिशाली *(दे.)*।
powerful, strong, brawny.

बलात्कार *(पुं.)* अगम्यागमन, शीलभंग, सतीत्व-भंग, सतीत्व-हरण।
rape, incest.

बलात्कार करना *(क्रिपद)* दुष्कर्म करना, मुँह काला करना, शीलभंग करना, सतीत्व नष्ट करना, सतीत्व भंग करना, सतीत्व-हरण करना।
to rape.

बलि *(पुं.)* कुर्बान, बलिहारी, शहीद, सरफरोश।
martyr, sacrificer.

बलिदान *(पुं.)* आत्मत्याग, आत्मबलि, आत्मोत्सर्ग, आहुति, उत्सर्ग, उत्सर्जन, कुर्बानी, जीवनदान, जौहर, त्याग, निछावर, प्राणदान, प्राणाहुति, प्राणोत्सर्ग, बलि, शहादत, सरफरोशी, हाराकीरी।
sacrifice, martyrdom.

बलि देना *(क्रिपद)* निछावर करना, निसार करना, प्राणों की आहुति देना, शहीद होना।
to sacrifice.

बलिष्ठ *(वि.)* कसरती, हट्ठा-कट्ठा।

बल्कि *(यो.)* उलटे, इसके विपरीत, प्रत्युत्।
but, rather, on the contrary.

बशर्ते कि *(यो.)* इस शर्त पर कि।
on condition that.

बहकाना *(क्रि.)* गुमराह करना, पट्टी पढ़ाना, फाँस लेना, फुसलाना, बहकावा देना, भ्रमित करना।
to mislead, to inveigle.

बहन *(स्त्री.)* जीजी, दीदी, धर्मबहन, बहनेली, भगिनी।
sister.

बहरा *(वि.)* ऊँचा सुननेवाला, कम सुननेवाला, बधिर।
deaf.

बहरापन *(पुं.)* बधिरता।
deafness.

बहाना[1] *(क्रि.)* प्रवाहित करना, विसर्जन करना, विसर्जित करना।
to cause to flow.

बहाना[2] *(पुं.)* मिस, हीला, हीला-हवाली।
pretence, pretext, excuse, plea.

बहानेबाज़ *(पुं.)* टालू, हीलेबाज़।
pretender.

बहानेबाज़ी *(स्त्री.)* अगर-मगर, आनाकानी, किंतु-परंतु, टाल-टूल, टाल-मटोल, तेरह-बाईस (करना), हीला-हवाली, हीलेबाजी।
putting forth false excuses.

बहाल करना *(क्रिपद)* पुनर्नियुक्त करना, पुनर्स्थापित करना, बहाली करना।
to reinstate.

बहिष्कार *(पुं.)* बहिष्करण, बायकाट, संबंध-त्याग।
boycott.

बहुत *(वि.)* 1. ज्यादा, पुष्कल, प्रचुर, प्रभूत, बहुतेरा, बहुल, बेशी।
much, more.
2. अनेक, अनेकानेक, कई, कोटिशः, बहुत से, बहुतेरे।
many.
3. काफी, कामचलाऊ, काम भर का, पर्याप्त, यथेष्ट, यथोचित।
enough.

बहू *(स्त्री.)* पतोहू, पुत्रवधू।
daughter-in-law.

बाँका *(वि.)* अलबेला, छैला, बना-ठना, रंगीला।
fop.

बाँझ *(वि.)* निपूती, वंध्या।
sterile woman.

बाँटना *(क्रि.)* देना, बँटवारा करना, बाँट देना, वितरण करना, वितरित करना, विभक्त करना।
to distribute, to allot.

बाँध *(पुं.)* धुस्स, पुश्ता, बंध, बंधा।
dam.

बाँधना *(क्रि.)* कसना, गाँठना, जकड़ना।
to tie.

बाँसुरी *(स्त्री.)* बंसी, मुरली, वंशी, वेणु।
flute.

बाँह *(स्त्री.)* बाहू, भुजदंड, भुजा।
arm.

बाग *(पुं.)* उपवन, उद्यान, गार्डन, गुलशन, फुलवारी, गुलिस्ताँ, चमन, बगिया, बगीचा, वाटिका।
garden.

बाज़ आना *(क्रिपद)* दूर रहना, परहेज करना, विरत रहना।
to refrain.

बाज़ार *(पुं.)* मंडी, मार्केट, हाट।
market.

बाज़ीगर *(पुं.)* इंद्रजालक, कलाबाज, नट, मदारी।
juggler, acrobat.

बाज़ीगरी *(स्त्री.)* इंद्रजाल, कलाबाजी, नटपना, मदारीपन, हस्तलाघव, हाथ की सफाई।
jugglery.

बाजूबंद *(पुं.)* भुजबंद।
armlet.

बाढ़ *(पुं.)* सैलाब।
flood.

बात काटना *(क्रिपद)* टोकना, बीच में बोलना।
to chip in.

बातचीत *(स्त्री.)* कथोपकथन, गपबाजी, गपशप, गुफ्तगू, बतकही, मधुरालाप, वार्तालाप, संभाषण, संलाप, संवाद।
conversation, chit-chat, dialogue.

बातचीत करना *(क्रिपद)* गपशप करना, बोलना-चालना।
to converse.

बातूनी *(वि.)* गपोड़ी, प्रलापी, बड़बड़िया, बड़बोला, बतक्कड़, वाचाल।
fond of talking, talkative.

बादल *(पुं.)* घन, जलद, जलधर, नीरद, पयोधर, बदरा, बदली, वारिद, मेघ, वारिधर।
cloud.

बाधक *(वि.)* अड़ंगेबाज, अवरोधक, अवरोधी, रुकावटी, विघ्नकारी, विघ्नात्मक, व्यवधायक, व्याघाती।
obstructive, impeding.

बाधा *(स्त्री.)* अटक, अटकाव, अड़ंगा, अड़चन, अवरोध, उलझन, गतिरोध, गत्यावरोध, ठोकर, रुकावट, रोड़ा, रोध, विघ्न, व्यवधान, व्याघात।
obstruction, impediment.

बाधा डालना *(क्रिपद)* अड़ंगा डालना/लगाना, अड़चन डालना, उलझन खड़ी करना, उलझन डालना, गतिरोध उत्पन्न करना, टाँग अड़ाना, बाधा खड़ी करना, रुकावट डालना, रोड़ा अटकाना, विघ्न डालना।
to obstruct, to impede.

बाध्य कर देना *(क्रिपद)* असमर्थ कर देना, असहाय बना देना, मजबूर कर देना, लाचार कर देना, विवश कर देना।
to compel, to force.

बाधाहीन *(वि.)* अकंटक, अनवरुद्ध, अबाध-निर्बाध, निर्विघ्न, निष्कंटक।
unobstructed.

बायाँ *(वि.)* बाईं ओर का, वाम।
left.

बार *(स्त्री.)* तोड़, दफ़ा, मर्तबा।
time.

बारजा *(पुं.)* छज्जा।
balcony.

बार-बार *(क्रिवि.)* कई बार, पुनः-पुनः, फिर-फिर, बारंबार।
again and again, time and again.

बारात *(स्त्री.)* जनेत, बरात, वरयात्रा।
marriage party.

बारी *(स्त्री.)* बार, पारी, पाली, शिफ्ट।
turn, innings, shift.

बारूद *(पुं.)* दारू, मसाला।
gun-powder.

बारे में *(क्रिवि.)* विषय में, संबंध में।
about, pertaining to.

बाल *(पुं.)* कुंतल, कच, केश, चिकुर, जटा-जूट, झोंटा।
hair.

बाल-बच्चे *(पुं., बहु.)* कच्चे-बच्चे, बालकगण, बालगोपाल, बालवृंद, रेजगारी (उपेक्षा-सूचक)।
children.

बालसुलभ *(वि.)* बचकाना, बालोचित, बाल्य, युवकोचित।
childlike, childish, boyish, juvenile.

बासी मुँह *(क्रिवि.)* खाली पेट, नहार मुँह।
breakfastless.

बाहर *(क्रिवि.)* खुले में।
outside, out, out of doors.

बाहरी *(विपुं.)* 1. इधर-उधर का, ऐरा-गैरा, गैर, पराया।
outsider.
2. बहिरंग, बहिर्गत, बाह्य।
outward, external.

बिंदी *(स्त्री.)* मुक्ता, बिंदु, बुंदकी।
dot.

बिक्री *(स्त्री.)* खपत, फ़रोख़्त, विक्रय।
sale.

बिखरना *(क्रि.)* छिटकना, छितरा जाना।
to be scattered, to disintegrate.

बिखराव *(पुं.)* छिंटाव, छितराव।
scattering.

बिखेरना *(क्रि.)* छिड़कना, छितराना, छींटना, तितर-बितर करना, भुरकना।
to seatter, to diffuse.

बिगड़ना *(क्रि.)* खराब हो जाना, गड़बड़ा जाना, गड़बड़ाना, बिगड़ जाना, बिलट जाना।
to be spoiled.

बिगाड़ना *(क्रिपद)* खराब कर देना, घालना, ध्वंसना, नष्ट करना, नासना, भ्रष्ट करना, मटियामेट करना, मिटाना, विध्वंसना, विनाशना।
to spoil, to corrupt.

बिगुल *(पुं.)* भोंपू, सायरन।
bugle.

बिचला *(वि.)* बीचवाला, मँझला, मँझोला, मध्यम, मध्यवर्ती, मध्यस्थित।
middle, mid.

बिछुड़ना *(क्रि.)* अलग होना, अलहदा होना, जुदा होना, पृथक् होना, विच्छिन्न होना, वियुक्त होना।
to be separated.

बिजली *(स्त्री.)* कुलिश, गाज, तड़ित्, दामिनी, विद्युत, सौदामिनी।
lightning.

बिताना *(क्रिपद)* काट देना, काटना, कालयापन करना, गुजार देना, गुजारना, यापन करना, व्यतीत करना।
to spend, to pass.

बित्ता *(पुं.)* बालिश्त।
hand-span.

बिना *(क्रिवि.)* बगैर।
without.

बिल्कुल *(क्रिवि.)* ऊपर से नीचे तक, एकदम, टोटली, ठेठ, नितांत, निपट, निरा, परम, पूरी तरह से, पूरे का पूरा, पूर्णतः, पूर्णतया, सरासर, सर्वथा, सर्वथैव, सोलहो आने।
totally, completely, fully, entirely, wholly, utterly, thoroughly.

बिल्कुल नहीं *(क्रिवि.)* कतई नहीं, कभी नहीं, मुतलक नहीं।
absolutely not, never.

बिल्ली *(स्त्री.)* मार्जार।
cat, pussy.

बिस्तर *(पुं.)* बिछावन, बिछौना।
bedding.

बीच *(पुं.)* दौरान, मध्य।
middle.

बीचोंबीच *(क्रिवि.)* अधबीच, आधे रास्ते में, केंद्र में, बीच में, मध्य में, सेंटर में।
in the middle, in the midway.

बीज *(पुं.)* दाना, बिया।
seed.

बीड़ा *(पुं.)* खीली।
folded betel leaf prepared for being taken.

बीतना *(क्रि.)* कट जाना, कटना, गुजर जाना, गुजरना, निकल जाना, निकलना, बीत जाना, पास हो जाना, पास होना, पूरा होना, व्यतीत हो जाना, व्यतीत होना, समाप्त हो जाना, समाप्त होना।
to pass, to elapse.

बीमार *(वि.)* अस्वस्थ, ज्वरग्रस्त, मरीज, माँदा, रुग्ण, रोगग्रस्त, रोगी, व्याधिग्रस्त, शय्याग्रस्त।
ill, sick, indisposed, bedridden, bedfast.

बुझना *(क्रि.)* बुतना।
to be extinguished.

बुढ़ापा *(पुं.)* जईफी, जठरता, जरा, जठरावस्था, जरा-जीर्णता, बुड़भस, बुढ़ौती, वार्द्धक्य, वृद्धत्व, वृद्धावस्था।
old age, senility.

बुद्धि *(स्त्री.)* अक्ल, जेहन, दिमाग, प्रजा, भेजा, बुद्धिकौशल, बुद्धिबल, मग्ज, मति, मनीषा, मस्तिष्क, मेधा, विचारशक्ति, विवेक, समझ, समझदारी।
intellect, intelligence, sanity, prudence.

बुद्धिजीवी *(पुं.)* बुद्धिवादी, बौद्धिक।
intellectual.

बुद्धिमत्ता *(स्त्री.)* अक्ल, दानाई, दूरदर्शिता, प्रज्ञा, बुद्धिमानी, विचक्षणता, विवेक, विवेकशीलता, विदग्धता, समझदारी, समझ-बूझ।
wisdom.

बुद्धिमान *(वि.)* अक्लमंद, कुशाग्रबुद्धि, कुशाग्रमति, चतुर, चालाक, तीक्ष्णबुद्धि, तीव्रबुद्धि, दाना, दिमागदार, दूरदर्शी, धीमान, प्रज्ञ, प्रज्ञावान, प्रबुद्ध, मतिमान, मनीषी, मेधावी, विचक्षण, विदग्ध, विवेकशील, विवेकी, समझदार, सयाना, सुजान, होशियार।
wise, intelligent, sensible, rational.

बुद्धिहीन *(वि.)* 1. जड़बुद्धि, निर्बुद्धि, बुद्धिविहीन, बुद्धू, मंदबुद्धि, विवेकहीन।
idiot.
2. मूर्ख *(दे.)*।

बुनकर *(पुं.)* जुलाहा।
weaver, clothier.

बुनावट *(स्त्री.)* बिनन, बुनाई।
texture.

बुरा *(वि.)* 1. अनिष्टकर, अनिष्टकारी, अनुचित, अमंगलकारी, अशुभ, खराब, घासलेटी, बद, बदतर।
bad, evil.
2. कमीना, खोटा, भ्रष्ट।
depraved, mean, corrupt.

बुराई *(स्त्री.)* अनाचार, अवगुण, कुचाल, कुटेव, कुप्रथा, कुरीति, खराबी, खुटाई, खोट, दुराचार, दोष, बदी।
bad custom, evil, vice.

बुरा-भला *(पुं.)* अच्छाई-बुराई, ऊँच-नीच, नफा-नुकसान, लाभ-हानि।
good side and bad side, profit and loss.

बुलबुला *(पुं.)* बबूला, बुल्ला।
bubble.

बुलाना *(क्रि.)* आमंत्रित करना, आहूत करना, आह्वान करना, टेरना, तलब कलना, निमंत्रित करना, न्योतना, न्योता देना, पुकारना, बुला भेजना, बुलावा भेजना।
to call, to invite, to summon.

बुसना *(क्रि.)* बासी हो जाना।
to become stale.

बूँद *(स्त्री.)* कण (जलकण), कतरा, जलकण, जलविंदु, विंदु।
drop.

बूँदाबाँदी *(स्त्री.)* छींटा, झींसी, टपकाटपकी, टिपटिप, फुहार।
rain-dropping, drizzle.

बूढ़ा *(विपुं.)* जईफ, जरठ, बुड्ढा, बुजुर्ग, वयोवृद्ध, वृद्ध।
aged, oldman, old buck.

बेईमान *(वि.)* घूसखोर, चोर, बदनीयत, भ्रष्ट, रिश्वतखोर।
corrupt.

बेईमानी *(स्त्री.)* खयानत, घूसखोरी, गबन, चोरी, बदनीयती, भ्रष्टाचार, रिश्वतखोरी।
corruption, embezzlement, evil conduct, dishonesty.

बेकार[1] *(वि.)* अर्थहीन, अनर्थक, अनुपयोगी, किसी काम का नहीं, गया-गुजरा, तत्त्वहीन, नकारा, नाकिस, नाचार, निकम्मा, निरर्थक, निर्गुण, निष्फल, फजूल, फालतू, बेकाम, बेतुका, बेफायदा, बेमानी, वाहियात, वृथा, व्यर्थ।
useless, good for nothing, worthless, meaningless.
2. खाली, जीविकाहीन, ठलुआ, निकम्मा, निखट्टू, निठल्ला, निठल्लू, बेधंधी, बेरोजगार।
unemployed, without employment.

बेकार[2] *(क्रिवि.)* किसी काम का नहीं, नाहक, निरर्थक, निष्प्रयोजन, बेफायदा, बेमसरफ, वृथा, व्यर्थ।
useless.

बेकारी *(स्त्री.)* बेरोजगारी।
unemployment.

बेघर *(वि.)* गृहहीन, निघर-घट, निघरा।
homeless, without home and hearth.

बेचना *(क्रि.)* फरोख्त करना, निकाल देना, बिक्री करना।
to sell.

बेठिकाने *(क्रिवि.)* गलत जगह।
at a wrong place.

बेड़ी *(स्त्री.)* निगड़, सिग्गड़।
fetters.

बेड़े *(क्रिवि.)* आड़े, आड़े बल, बेड़े बल।
horizontally.

बेडौल *(वि.)* अनगढ़, अनुपातहीन, भदेस, भद्दा, भोंडा।
disproportionate, unsymmetrical.

बेढब *(वि.)* अड़बंगा, कुढंगा, बेढंगा।
unmethodical, unsystematic.

बेदम *(वि.)* अधमृत, अधमरा, अधमुआ, थका-हारा, बेजान, मरणासन्न।
exhausted.

बेपैर *(वि.)* अपद, अपाद, बिना पैरोंवाला।
apodal, apodous.

बेमुरव्वती *(वि.)* तोताचश्म, बेमुरव्वत, बेलिहाज।

बेसहारा *(विपुं.)* आश्रयहीन, आधारहीन, निरवलंभ, निराधार, निराश्रय, बेचारा, शरणार्थी।
shelterless, refugee.

बेसिलसिले *(क्रिवि.)* बिना किसी क्रम के, बेतरतीब।
disorderly.

बेसुरा *(वि.)* ताल-बेताल, विसंवादी, विस्वर।
discordant, out of tune.

बैंगनी *(वि.)* काशनी, जामुनी, फालसई, भंटई।
purple.

बैठक *(स्त्री.)* अधिवेशन, इजलास, जलसा, दीवान, सत्र, सभा, सम्मेलन।
sitting, session, conference. assembly.

बैठना *(क्रि.)* आसन ग्रहण करना, आसन जमाना, आसन लगाना, जम जाना, जमना, बिराजना, बिराजमान होना, बैठ जाना।
to sit, to be seated.

बोरिया-बिस्तर *(पुं.)* खाट-खटोला, डेरा-डंडा।
bag and baggage.

बोरिया-बिस्तर के साथ *(क्रिवि.)* खाट-खटोला उठाए, डेरा-डंडा लिए, पूरी तरह से।
with bag and baggage.

बौखलाना *(क्रि.)* चिल्लाना, चिल्ला उठना/पड़ना, झल्ला उठना, झल्लाना, बरसना, बरस पड़ना।
to lose one's self-control in anger.

बौखलाहट *(स्त्री.)* झल्लाहट।
violent indignation.

बौछार *(स्त्री.)* झड़ी।
shower.

बौछार करना *(क्रिपद)* झड़ी लगा देना, ताँता लगा देना, भरमार कर देना।
to shower.

बौना *(वि.)* छोटूराम, ठिगना, नन्हा-सा, वामनवत्।
dwarfish, diminutive, dwarfed, tiny.

ब्योरा *(पुं.)* तफसील, विवरण।
details, particulars.

ब्योरेवार *(वि.)* तफसीलवार।
detailed.

ब्रह्मा *(पुं.)* चतुरानन, बिधना, बिरंचि, विधाता, विधि, विरंचि, सृष्टिकर्ता।
brahma, the creator.

ब्राह्मण *(पुं.)* द्विज, भूदेव, भूसुर, विप्र।
brahman.

भ

भंडा फोड़ना *(क्रिपद)* पर्दा खोलना, पर्दाफाश करना, पोल खोलना, बखिया उधेड़ना, रहस्योद्‌घाटन करना।
to expose thoroughly.

भंडार *(पुं.)* कोठा, अन्नागार, कुठार, खजाना, गोदाम, जखीरा, बखार, भांडार, मालगोदाम, मालघर।
store, stock, reservoir, godown.

भंडारी *(पुं.)* कोशपाल, खजांची, कोठारी।
treasure.
2. दे. 'रसोइया'।

भँड़ैती *(स्त्री.)* ठिठोलियापन, मसखरापन, मसखरी।
buffoonery.

भँवर *(पुं.)* आवर्त, जलावर्त।
whirlpool.

भक्त *(पुं.)* अनुगामी, आराधक, उपासक, दीनदार, पुजारी, भगत, शरणागत, श्रद्धालु, श्रद्धावान, सेवक।
having faith, having devotion, having veneration.

भक्ति *(स्त्री.)* 1. आदरभाव, पूज्यभाव, श्रद्धा, श्रद्धाभाव।
devotion.
2. अर्चना, उपासना, आराधना, पूजा।
worship.

भग *(स्त्री.)* चूत, बुर।
vulva.

भगाना *(क्रि.)* खदेड़ना, दूर करना, दुर्दुराना, धता करना, धता बताना, परे करना, परे हटाना, भगा देना, हटाना, हाँक देना।
to drive away.

भगोड़ा *(पुं.)* पलायक।
absconder.

भग्न *(वि.)* खंडित, खंड-खंड, चकनाचूर, टुटहा, टूटा हुआ, विखंडित।
split, broken, shattered.

भजनीक *(पुं.)* भजनानंदी, भजनोपदेशक।
a singer of hymns.

भटकना *(क्रि.)* गुमराह होना, पथच्युत होना, पथभ्रष्ट होना, परेशान होना, भटक जाना, बहक जाना, भ्रमित होना, मारे-मारे फिरना, मार्गच्युत होना।
to go astray.

भड़कना *(क्रि.)* चमक उठना, चमकना, चौंकना, चौंक उठना, ताव खा जाना, भड़क उठना, बिदकना, बौखला उठना, हड़कना।
to startle.

भड़काना *(क्रि.)* उत्तेजित करना, दहकाना, धधकाना, लहकाना।
to excite.

भत्ता *(पुं.)* खुराकी।
allowance.

भद्दा *(वि.)* अदर्शनीय, अनगढ़, अनाकर्षक, अशोभन, असुंदर, कुदर्शन, कुरूप, चंडूल, बदशक्ल, बदसूरत, बेडौल, भोंडा, विद्रूप, सूरतहराम, सौंदर्यहीन।
ugly, awkward, clumsy, illshaped, unattractive, unsightly.

भद्दापन *(पुं.)* अशोभनीय, कुरूपता, बेडौलपन, बोदापन, भोंडापन, विरूपता।
ugliness, awkwardness.

भयभीत *(वि.)* आतंकित, आशंकित, डरा-सहमा, डरा हुआ, त्रस्त, त्रासमान, भयग्रस्त, भयाकुल, भयाक्रांत, भयातुर, भयाभिभूत, संत्रस्त, सभय, सशंक।
frightened, afraid, alarmed.

भयानक *(वि.)* कराल, खतरनाक, खौफनाक, घोर, डरावना, त्रासकारक, दारुण, भयंकर, भयजनक, भयप्रद, भयावना, भयावह, भीषण, रुद्र, रोमहर्षक, रौद्र, रौरव, विकट, विकराल, संकटकारक, संकटपूर्ण, संकटप्रद।
awaful, dreadful, terrible, fierce, terrifying, frightful, scary.

भरना *(क्रि.)* आपूरित करना, ठूँसना, पाटना, पूरना, पूर्ण करना।
to fill.

भरसक *(क्रिवि.)* अपने चलते, यथायोग्य, यथा-शक्ति, यथासामर्थ्य।
to one's utmost.

भरोसा *(पुं.)* यकीन, विश्वास।
reliance, trust.

भर्राना *(क्रि.)* (आवाज के संबंध में) फट जाना, भारी हो जाना।
to turn hoarse.

भलीभाँति *(क्रिवि.)* उचित रूप से, ठीक-ठीक, ठीक तरह से, सम्यक् प्रकारेण, सही ढंग से।
aright, correctly, properly.

भवन *(पुं.)* अटारी, अट्टालिका, इमारत, कोठी, बिल्डिंग, वास्तु, हवेली।
building, mansion.

भवितव्य *(वि.)* भाग्य में बदा, भाग्य में लिखा, होतव्य।
predestined.

भविष्य *(पुं.)* भवितव्यता, भावी, होनहार।
destiny, the inevitable.

भविष्यवक्ता *(पुं.)* ज्योतिषी, दैवज्ञ, नजूमी, शकुनवक्ता, शकुनी, शगुनिया।
fortuneteller, prophet.

भव्य *(वि.)* अत्युत्तम, आलीशान, गरिमापूर्ण, गौरवपूर्ण, गौरवशाली, ठाठदार, प्रभावपूर्ण, प्रभावशाली, महान, शानदार।
splendid, grand, magnificent, palatial.

भाँजी *(स्त्री.)* टाँच।
a remarks to hurt someone's plan.

भाँड़ *(पुं.)* जोकर, नक्काल, बहुरूपिया, मसखरा, विदूषक, स्वांगिया।
buffoon, zany, jester, joker, wag.

भाँपना *(क्रि.)* अंदाज लगाना, अटकल लगाना, अनुमान लगाना, आँकना, ऊहा करना, कूतना, कयास करना, तखमीना लगाना, ताड़ना, परिकल्पना करना, लखना।
to guess, to conjecture.

भाई *(पुं.)* कठभाई, दाऊ, बंधु, ब्रदर, ब्रादर, भइया, भैया, भ्राता, भ्रातृ, सहोदर, सौतेला भाई।
brother, step-brother.

भाईचारा *(पुं.)* बंधुता, बंधुत्व, बंधुभाव, भाईबंदी, भायप, भ्रातृत्व, भ्रातृभाव।
brotherhood.

भाई-बंधु *(पुं.)* बंधु-बांधव, भाई-बंध।
cousinry, kinsfolk, near relative.

भाग जाना *(क्रि.)* खिसक जाना, चंपत हो जाना, चलते बनना, छू-मंत्र हो जाना, टसक जाना, टसकना, नौ दो ग्यारह होना, पलायन करना, पलायमान हो जाना, फरार हो जाना, बच निकलना, भाग खड़े होना, भाग निकलना, रफूचक्कर हो जाना, हट जाना।
to flee, to abscond, to elope, to depart, to shirk, to shun, to slip away, to disappear, to decamp, to escape.

भागदौड़ *(स्त्री.)* दौड़भाग, भगदड़, भागम-भाग, भागाभागी।
running about, hustle and bustle.

भागीदार *(पुं.)* अंशी, पट्टीदार, पत्तीदार, भागी, समभागी, साझी, साझेदार, हिस्सेदार।
partner.

भागीदारी *(स्त्री.)* पट्टीदारी, शराकत, शिरकत, सहभागिता, साझा, साझेदारी, हिस्सेदारी।
partnership.

भाग्य *(पुं.)* अदृष्ट, कर्मफल, किस्मत, तकदीर, दई, दैया, दैव, नसीब, नियति, प्रारब्ध, सौभाग्य, भवितव्यता, बिधना, मुकद्दर, होनी।
luck, fate, fortune, destiny.

भाग्यवादी *(विपुं.)* नियतिवादी।
determinist.

भाग्यवान *(वि.)* किस्मत का धनी, किस्मतवर, किस्मतवाला, खुशकिस्मत, खुशनसीब, तकदीरवर, धन्य, नक्षत्री, नसीबवर,

बड़भागी, भाग्य का धनी, भाग्यशाली, महाभाग, वरद, सौभाग्यशाली।
lucky, fortunate.

भाग्यहीन *(वि.)* अभागा, कंबख्त, बदकिस्मत, बदनसीब, भाग्य का मारा, मंदभाग्य, हतभाग्य।
luckless, condemned by fate.

भाड़ *(पुं.)* भड़साई।
parcher's oven.

भाड़ा *(पुं.)* 1. ढुलाई, बारबरदारी, महसूल।
transportation.
2. किराया *(दे.)*।
rent, fare.

भाना *(क्रि.)* अच्छा लगना, जँचना, पसंद आना, प्रिय लगना, भला लगना, भा जाना, रुचना, सुहाना, सुहावना लगना।
to be pleasing.

भाप *(स्त्री.)* बफारा, वाष्प।
steam.

भाभी *(स्त्री.)* भरझाई, भावज, भौजाई, भौजी।
brother's wife.

भार *(पुं.)* 1. बोझ, बोझा, वजन।
load, burden, weight.
2. आभार, उत्तरदायित्व, जवाबदेही, जिम्मा, जिम्मेदारी, दायित्व, प्रभार।
responsibility, liability.

भारत *(पुं.)* आर्यावर्त, भारतखंड, भारतवर्ष, सिंधुदेश, हिंद, हिंदुस्तान, हिंदुस्थान, हिंदोस्थान।
India.

भारतीय *(वि.)* आर्य, भारतवर्षीय, भारतवासी, हिंदी, हिंदुस्तानी, हिंदोस्तानी।
Indian.

भारी *(वि.)* 1. गड्डू, गुरु, बोझिल, दुर्भर, दुर्वह, वजनदार, वजनी।
heavy, bulky, burdensome, cumbersome, weighty.
2. गरिष्ठ।
not easily digestible, heavy.

भारी-भरकम *(वि.)* अतिकाय, थुलथुल, बृहत्काय, महाकाय, विशालकाय।
gigantic, huge, hefty.

भाला *(पुं.)* नेजा, बरछा, बल्लम।
spear.

भाव *(पुं.)* 1. आशय, जजबात, भावना, मनोगत, मनोभाव।
sentiment.
2. दर, निर्ख, रेट, शरह।
rate.

भावुक *(वि.)* कल्पनाशील, कोमलचित्त, जजबाती, भावप्रवण, भावोन्मत्त, संवेदनशील, सहृदय, सुकुमार।
emotional, sensitive, sentimental.

भावुकता *(स्त्री.)* भावप्रवणता, भावोन्मत्तता।
sentimentality.

भाषण *(पुं.)* अभिभाषण, तकरीर, लेक्चर, वक्तृता, व्याख्यान।
speech, lecture.

भाषण देना *(क्रि.)* तकरीर करना, भाषण करना, लेक्चर झाड़ना/देना, वक्तृता देना, व्याख्यान देना।
to deliver a speech to.

भाषा *(स्त्री.)* जनभाषा, बोली, मातृभाषा, वाणी, विभाषा, स्वभाषा।
language, dialect, colloquial parlance, mother tongue.

भाषायी *(वि.)* भाषिक, भाषीय।
lingual, linguistic.

भाषाविद् *(वि., पुं.)* भाषाविज्ञानी, भाषाशास्त्री।
linguist, philologist.

भिखारी *(पुं.)* कलंदर, गुदड़साई, टुकड़-गदाई, फकीर, भिक्षार्थी, भिक्षु, भिक्षुक, भिखमंगा, मंगता, माँगनेवाला, याचक।
mendicant.

भिगोना *(क्रि.)* आर्द्र करना, गीला करना, तर करना, तर-बतर करना।
to make wet.

भीख *(स्त्री.)* खैरात, दान, भिक्षा।
alms, charity.

भीड़ *(स्त्री.)* जनसमूह, जमघट, जमावड़ा, भब्भड़, भीड़-भड़क्का, भीड़-भब्भड़, मजमा, रेल-पेल, रेला, हुजूम।
crowd, congregation.

भीड़-भरा *(वि.)* जनाकीर्ण, संकुल।
crowded, populous, congested.

भुगतान *(पुं.)* अदायगी, चुकती, निष्कृति, प्रतिदान।
payment, repayment.

भुनाना *(क्रि.)* तुड़वाना, तुड़ाना, भुनवाना।
to get cashed, to get changed into.

भुलक्कड़ *(वि.)* भूल जानेवाला, विस्मरणशील।
forgetful.

भूकंप *(पुं.)* जलजला, भूचाल, भूडोल।
earthquake.

भूखंड *(पुं.)* क्षेत्र, खित्ता, ठप्पा, प्रदेश, प्लाट, भूक्षेत्र, भूभाग।
tract of land, plot.

भूख *(स्त्री.)* क्षुधा, बुभुक्षा।
appetite, hunger.

भूखा *(वि.)* क्षुधित, निपेटा, निराहार, बुभुक्षित, भुक्खड़, भुखमरा।
hungry, starved.

भूत[1] *(पुं.)* 1. जिन, प्रेत, प्रेतात्मा, भूत-प्रेत।
ghost.

भूत[2] *(पुं.)* अतीत, प्राचीनकाल, बीता वक्त, वीता समय, भूतकाल, माज़ी।
past.

भूमि *(स्त्री.)* अचला, क्षिति, जमीन, धरणी, धरती, धरा, पृथ्वी, भू, मही, मेदिनी, वसुंधरा, वसुधा।
land, floor, ground.

भूमिका *(स्त्री.)* 1. अपनी बात, अवतरणिका, आमुख, उपोद्‌घात, दो शब्द, प्रस्तावना, प्राक्कथन।
foreword, introduction, preface.

भूमिगत *(वि.)* जमीनदोज, भूगत, भूगर्भी।
under-ground.

भूरा *(वि.)* कत्थई, खाकी, खैरा, चाकलेटी, ब्राउन, बादामी।
brown.

भूल *(स्त्री.)* अशुद्धि, गड़बड़, गलती, चूक, च्युति, त्रुटि, दोष, भूल-चूक।
mistake, error, lapse, slip.

भूलना *(क्रि.)* चूक जाना, ध्यान से उतर जाना, बिसर जाना, भूल जाना, याद न रह जाना, विस्मरण होना, विस्मृत हो जाना।
to forget.

भूलभुलैया *(स्त्री.)* गोरखधंधा, चक्कर, चक्रव्यूह, फेर।
labyrinth, maze.

भृकुटि-विलास *(पुं.)* तेवर, भ्रूभंगिमा।
the movement of the eyebrow.

भेंगा *(वि.)* ऐंचाताना, टेर, तिरपटा।
squint-eyed, squinter.

भेंट *(स्त्री.)* 1. चहीचहा, देखादेखी, भेंट-मुलाकात, मिलन, मुलाकात, सत्संग, समागम, साक्षात्कार, सामना।
meeting.
2. उपहार *(दे.)*।

भेजना *(क्रि.)* पठाना, प्रेषण करना, प्रेषित करना, रवाना करना।
to send, to consign.

भेजनेवाला *(पुं.)* परिप्रेषक, प्रेषक।
sender, despatcher, consigner.

भेड़िया *(पुं.)* हरहा।
wolf.

भेदभाव *(पुं.)* दुजायगी, दुरंगापन, द्वैत।
discrimination.

भोगविलास *(पुं.)* ऐश्याशी, कामाचार, मौज-मस्ती, लंपटता, व्यभिचार।
lewdness, voluptuousness.

भोगी *(पुं.)* उपभोक्ता, उपभोगी, प्रयोक्ता, प्रयोगकर्ता, बरतनेवाला, भुक्तभोगी, व्यवहार में लानेवाला।
user, consumer.

भोज *(पुं.)* जाफत, खाना-पीना, जेवनार, दावत, प्रीतिभोज, बड़हार, भंडारा, महफिल, महाभोज, लंगर।
banquet, feast, repast.

भोजन *(पुं.)* खाद्यपदार्थ, गिजा, खाना।
food.

भोथरा *(वि.)* कुंठ, कुंठित, कुंद, खुट्टल, गुट्ठल, गुठला, गोठिल, बेधार।
obtuse, dulled, eugeless, blunt.

भोला *(वि.)* कान का कच्चा, भोला-भाला, सीधा-सादा।
simple-hearted, gullible, modest, unassuming, naive.

भौंरा *(पुं.)* अलि, भृंग, भ्रमर, मधुकर, मधुप।
black bee, beetle.

भौंह *(स्त्री.)* तेवर, भृकुटि, भौं, भ्रू।
eyebrow.

भौतिक *(वि.)* पार्थिव।
material, physical.

भ्रमरहित *(वि.)* निर्भ्रांत, भ्रांतिविहीन, संशयरहित।
free from doubts, doubtless.

भ्रांत *(वि.)* 1. कुमार्गी, गुमराह, नीतिभ्रष्ट, पथ-भ्रष्ट, भटका हुआ, भ्रमित, विपथगामी, विपथित।
2. भ्रमपूर्ण, भ्रांतिजन्य, भ्रांतिमूलक, भ्रामक।
mistaken, wrong, doubtful.

भ्रांति *(स्त्री.)* अध्यास, गलतफहमी, छलावा, भ्रम, मुगालता, वहम, विभ्रम, विभ्रांति, संभ्रम, सकता।
misunderstanding, misapprehension, misjudgement.

म

मँगेतर *(पुं.)* वाग्दत्त, वाग्दत्ता *(स्त्री.)*।
fiance, fiancee.

मंच *(पुं.)* प्लेटफार्म, स्टेज।
stage, platform.

मंज़िल *(स्त्री.)* 1. गंतव्य।
destination, goal.
2. खंड, तल्ला, मरातिब, महल्ला।
storey.

मँझधार *(स्त्री.)* बीचधारा।
midstream.

मंत्र *(पुं.)* गुर, गुरुमंत्र, सूत्र।
formula.

मंत्रणा *(स्त्री.)* परामर्श, राय, सम्मति, सलाह।
advice, counsel, opinion, suggestion.

मंत्रिमंडल *(पुं.)* मंत्रिपरिषद, वजारत।
ministry.

मंत्री *(पुं.)* दीवान, परामर्शदाता, वजीर, सचिव, सलाहकार।
minister, counsellor, adviser, consultant.

मंथन *(पुं.)* आलोड़न, मथन, विलोड़न।
churning.

मंथन करना *(क्रि.)* आलोड़न करना, आलोड़ित करना, बिलोना, मथना, विलोड़न करना।
to churn.

मंदा *(वि.)* मंद, मद्दा।
dull, depressed.

मंदिर *(पुं.)* उपासनागृह, गिरजा, गुरुद्वारा, चर्च, दरगाह, देवगृह, देवमंदिर, देवस्थान, देवायतन, देवालय, धाम, पूजागृह, पूजाघर, पूजास्थल, प्रार्थन-भवन, मसीत, मस्जिद।
temple, mosque, church.

मकान *(पुं.)* इमारत, गृह, घर, भवन, हवेली।
house, building.

मक्खन *(पुं.)* नवनीत, मसका, माखन।
butter.

मक्खी *(स्त्री.)* मक्षिका।
fly.

मगर *(पुं.)* ग्राह, घड़ियाल, नक्र, मगरमच्छ।
crocodile, alligator.

मग्जपच्ची *(स्त्री.)* माथापच्ची, सिरखपाई।
braintaxing, brain-racking.

मग्न *(वि.)* खोया-खोया, चिंतनरत, डूबा हुआ, तन्मय, तल्लीन, दत्तचित्त, ध्यानमग्न, ध्यानस्थ, ध्यानावस्थित, निमग्न, निरत, प्रवृत्त, रत, लवलीन, लिप्त, लीन, व्यस्त, संलग्न।
absorbed, engrossed.

मग्नता *(स्त्री.)* 1. तन्मयता, तल्लीनता, निमग्नता, प्रवृत्ति, लीनता, व्यस्तता, संलग्नता।
2. एकाग्रता *(दे.)*।

मग्न हो जाना *(क्रिपद)* एकाग्र हो जाना, खो जाना, डूब जाना, तदाकार हो जाना, तल्लीन हो जाना, लीन हो जाना।
to be engrossed.

मछली *(स्त्री.)* मच्छ, मत्स्य, मीन।
fish.

मजदूर *(पुं.)* कमिया, कामगर, पल्लेदार, लेबर, श्रमिक।
labourer.

मजबूरी *(स्त्री.)* असहाय अवस्था, विवशता, लाचारी।
helplessness.

मजा लेना *(क्रिपद)* आनंद करना, आनंद लूटना, आनंद लेना, गुलछर्रे उड़ाना, भोग करना, मौज उड़ाना, मौज-मस्ती करना, मौज लूटना, मौज लेना, रस लेना, लुत्फ लेना, विलास करना, सुख लेना।
to enjoy.

मट्ठा *(पुं.)* छाछ, तक्र, लस्सी।
butter milk.

मढ़ना *(क्रि.)* आरोपित करना, थोपना, मत्थे मढ़ना/लगाना।
to impose on.

मत *(पुं.)* 1. मंतव्य, मनोभाव, राय, विचार, सम्मति।
opinion, view.
2. वोट।
vote.

मतदाता *(पुं.)* निर्वाचक।
Voter, elector.

मतभेद *(पुं.)* अनबन, असहमति, फुटमत, फूट, मत-भिन्नता, मत-मतांतर, मनमुटाव, विचार-विभिन्नता, वैमत्य, विरोध।
differences, difference of opinion. dissension.

मथानी *(स्त्री.)* रई।
churning stick.

मदिरापान *(पुं.)* मद्यपान, मद्यसेवन, शराबखोरी, शराब पीना, सुरापान।
drinking.

मद्यनिषेध *(पुं.)* नशेबंदी, शराबबंदी।
prohibition.

मद्यशाला *(स्त्री.)* कलवरिया, मधुशाला, मैखाना।
liquor-shop, bar.

मधु *(पुं.)* शहद।
honey.

मधुबाला *(स्त्री.)* शराब पिलानेवाली, साकी।
wine-maid.

मधुमक्खी *(स्त्री.)* मधुमक्षिका, मधुमक्षी, मुमाखी, शहद की मक्खी।
bee.

मधुर *(वि.)* 1. चुहचुहाता, मिठास-भरा, मिष्ट, मीठा, सरस, सुस्वादु, स्वादिष्ट।
sweet, tasty.
2. कर्णप्रिय, रसीला, सुरीला।
sweet, melodious.

मधुरभाषी *(वि.)* मिठबोला, मिष्टभाषी।
sweet-tongued.

मध्यवर्ती *(वि.)* बिचला, मझला, मझोला।
middle, of the middle, intermediary.

मध्यस्थता *(स्त्री.)* तत्तोथंबो, पंचायत, बिचवई, बीच-बचाव।
mediation, reconciliation.

मन *(पुं.)* अंतःकरण, आत्माराम, उर, चित्त, दिल, मनीराम, हृदय।
heart.

मनका *(पुं.)* गुरिया, दाना।
bead.

मनचला *(वि.)* छिछोरा, दिलफेंक, रसिया।
flirtatious, amorous.

मनमाना *(वि.)* अनियंत्रित, असंयत, स्वेच्छाचारपूर्ण, निरंकुश, यथेच्छ, स्वच्छंद, स्वच्छंदचारी।
arbitrary.

मनमानी *(स्त्री.)* निरंकुशता, स्वच्छंदचारिता, स्वेच्छा, स्वेच्छाचारिता।
arbitrariness.

मनहूस *(वि.)* खूसट, नहूस।
gloomy and ominous.

मनहूसी *(स्त्री.)* नहूसत।
gloominess.

मनुष्य *(पुं.)* आदमी, इंसान, जन, नर, पुरुष, बंदा, मर्द, मनुज, मानव, मानुष, व्यक्ति, शख्स।
man, person.

मनुष्यता *(स्त्री.)* आदमियत, इंसानियत, बंदगी, मनुष्यत्व, मानवता, शराफत, सज्जनता।
gentlemanliness, humanity.

मनोदशा *(स्त्री.)* तबीयत, मनःस्थिति, रौ।
mood, conditon of the mind.

मनोनयन *(पुं.)* नामजदगी, नामन, नामांकन।
nomination.

मनोनीत करना *(क्रिपद)* नामजद करना, नामन करना, नामांकन करना, नामांकित करना, नामित करना, मनोनयन करना।
to nominate.

मनोरंजक *(वि.)* अनुरंजक, आनंदप्रद, दिल बहलानेवाला, आमोदकारी, प्रमोदकारी, मजेदार, मनोहर, मनोहारी, रमणीक, रमणीय, रोचक, विनोदजनक, विनोदपूर्ण।
entertaining, amusing, recreative.

मनोरंजन *(पुं.)* अनुरंजन, आमोद-प्रमोद, तफरीह, दिल-बहलाव, प्रमोद, मनोविनोद, रंजन, विनोद।
recreation, amusement, merriment.

मरकहा *(वि.)* मरखना, मारनेवाला।
prone to hit.

मरणासन्न *(वि.)* मरणोन्मुख, मृतप्राय, म्रियमाण।
near death, moribund.

मरना *(क्रि.)* अवसान हो जाना, कूच कर जाना, खत्म हो जाना, गत हो जाना, गुजर जाना, चल बसना, चोला छोड़ना, जान चली जाना, जान जाना, टें बोल जाना, दम तोड़ देना, देह त्यागना, देहांत हो जाना, देहावसान हो जाना, न रह जाना, निधन हो जाना, पंचतत्त्व में जा मिलना, परलोक सिधारना, प्राणांत होना, बैकुंठ सिधारना, मर-खप जाना, मर जाना, मृत्यु को प्राप्त होना, मृत्यु होना, वफात पाना, शरीर छोड़ देना, संसार से उठ जाना, समाप्त हो जाना, स्वर्ग सिधारना।
to die, to decease, to depart, to expire, to passaway, to breath one's last.

मरहम-पट्टी *(स्त्री.)* ड्रेसिंग।
dressing, bandaging.

मरुद्यान *(पुं.)* नखलिस्तान, मरुद्वीप, शाद्वल।
oasis.

मरोड़ना *(क्रि.)* उमेठना, ऐंठना, घुमाना।
to twist.

मर्त्य *(वि.)* नश्वर, मरणधर्मा, मरणशील, मरणीय।
mortal.

मर्मज्ञ *(पुं.)* मर्मी, रहस्यवेत्ता।
one who knows someone's secret.

मर्मस्थल *(पुं.)* मर्मांग।
critical organ.

मर्यादा *(स्त्री.)* 1. औचित्य, शालीनता, सुरुचि।
propriety, decorum.
2. सीमा *(दे.)*।

मर्यादित *(वि.)* 1. नपा-तुला, निर्धारित, परिमित, संयत, सीमित।
restricted, limited.
2. नरम, मातादिल।
moderate.

मलना *(क्रि.)* 1. खुजलाना, रगड़ना।
to rub.
पोतना, लगाना, लीपना, लेप करना।
to daub.

मलबा *(पुं.)* ध्वंसावशेष, भग्नावशेष।
rubble, debris, wreckage.

मलमास *(पुं.)* अधिकमास, पुरुषोत्तममास, लौंद का महीना।
intercalary month.

मल्लाह *(पुं.)* कर्णधार, केवट, खेवनहार, खेवैया, नाखुदा, नाविक, माँझी।
boatman, oarsman, helmsman. steersman.

मवाद *(पुं.)* पस।
pus.

मसखरा *(पुं.)* जोकर, ठिठोलिया, भांड, मखौलिया, मजाकिया, विदूषक, विनोदी, हँसोड़।
joker, clown, jester.

मसखरापन *(पुं.)* भँड़ैती, जोकरी, भाँड़पन, मसखरी।
clownery.

मसालेदार *(वि.)* चटपटा, नमक-मिर्चवाला।
spiced, spicy.

मस्तिष्क *(पुं.)* दिमाग, भेजा, मग्ज।
brain.

मस्त *(वि.)* निश्चिंत, बेफिक्र, मतवाला, मस्त।
carefree, easy-going, relaxed, unworried.

मस्ती *(स्त्री.)* 1. मतवालापन, मत्तता, मद्यपता, मदिरोन्मत्तता, रंगरली।
drunkenness.
2. निश्चिंतता *(दे.)*।

महँगा *(वि.)* कीमती, दामी, बहुमूल्य, मूल्यवान, व्ययसाध्य।
costly, expensive.

महंत *(पुं.)* पीठाधीश, मठाधिपति, मठाधीश, मठाध्यक्ष।
highpriest, abbot.

महकना *(क्रि.)* गंध निकलना, गंधाना, बदबू करना, बसाना, बुसाना।
to smell.

महत्त्व *(पुं.)* अहमियत, गरिमा, गौरव, प्रधानता, बड़कपन, बड़प्पन, बड़ाई, महत्ता, महानता, महिमा, माहात्म्य, मुख्यता, मूल्य, श्रेष्ठता, सार्थकता।
importance, significance, dignity, greatness, magnificence. value.

महत्त्वपूर्ण *(वि.)* अहम्, उल्लेखनीय, गरिमापूर्ण, गौरवपूर्ण, ज्वलंत, महत् (*स्त्री.*- महती), महनीय, महिमान्वित।
important, noteworthy, chief, remarkable, foremost.

महल *(पुं.)* प्रसाद, राजगृह, राजप्रासाद, राजभवन, राजमहल।
palace, mansion.

महाजन *(पुं.)* उत्तमर्ण, ऋणदाता, धनपति, धनी-मानी, लहनदार, लेनदार, श्रेष्ठी, साहूकार, सर्राफ, साहू, सेठ।
creditor.

महाजनी *(स्त्री.)* कोठीवाली, गिरवी-बट्टा, लेन-देन, लेना-देना, साहूकारा।
banking business.

महान *(वि.)* उच्च कोटि का, उद्‌भट, ऊँची किस्म का, गंभीर, दिग्गज, धुरंधर, धुरीन, प्रकांड, बड़ा, भारी, महत्, महनीय, महामना, महारथी, मूर्धन्य, विशिष्ट, श्रेष्ठ।
great, prominent, outstanding, topping.

महानुभाव *(पुं.)* जनाब-ए-आली, महात्मा, महामना, महाशय, महोदय, विभूति।
a great person, a noble person.

महामानव *(पुं.)* अतिमानव।
superman.

महामारी *(स्त्री.)* छूत की बीमारी, मरक, वबा, संक्रामक रोग।
epidemic, pestilence.

महायुद्ध *(पुं.)* महासंग्राम, महासमर।
great war.

महावीर *(पुं.)* जिन, जिनेंद्र, महाजिन, वर्धमान।
lord Mahavir.

महीन *(वि.)* झीना, पतला, बारीक, सूक्ष्म।
thin, fine.

महीना *(पुं.)* 1. मास, माह।
month.
2. वेतन *(दे.)*।

माँग *(स्त्री.)* 1. अभियाचना, अभ्यर्थना, तकाजा, याचना।
demand, requisition.
2. आवश्यकता *(दे.)*।

माँगना *(क्रि.)* अभियाचना करना, तलब करना, निहोरना, याचना करना।
to demand.

माँड़ *(स्त्री.)* प्रसव, पसेव, पीच।
starch.

मांस *(पुं.)* आमिष, गोश्त।
meat.

मांसाहारी *(विपुं.)* आमिषभोजी, गोश्तखोर, दरिंदा, मांसजीवी, मांसभक्षी, मांसभोजी।
flesh-eating, meat-eating, carnivorous.

माणिक *(पुं.)* चुन्नी, पद्मरागमणि, लालमणि।
ruby.

माता *(स्त्री.)* अंबा, अम्मड़ी, अम्माँ, जनयित्री, मम्मी, महतारी, माँ, माई, मैया।
mother.

माता-पिता *(पुं.)* बाप-महतारी, माँ-बाप।
parents.

मातृभूमि *(स्त्री.)* जन्मभूमि, जन्मस्थान, मादरे-वतन।
motherland, birthplace.

माथा *(पुं.)* कपाल, पेशानी, भाल, मत्था, मस्तक, ललाट।
forehead.

माथापच्ची करना *(क्रिपद)* दिमाग लड़ाना, सिर खपाना।
to tax one's brain.

मान *(पुं.)* आत्मगौरव, आत्मसम्मान, आदर, गौरव, प्रताप, प्रतिष्ठा, मर्यादा, मान-मर्यादा, सम्मान, स्वाभिमान।
dignity, honour, pride, selfrespect.

मानक *(वि.)* टकसाली, परिनिष्ठित, परिमार्जित, मानकित।
standard, genuine, standardised, refined.

मानचित्र *(पुं.)* नक्शा, खाका।
map.

मानना *(क्रि.)* 1. अंगीकार होना, ग्रहण करना, कबूल करना, मान लेना, स्वीकार करना।
to admit, to accede, to comply with, to submit to, to adhere to.
2. राजी होना, सहमत होना।
to concur, to consent.

मानवता *(स्त्री.)* मनुष्य जाति, मानव जाति।
humanity.

मानवीय *(वि.)* इंसानी, मनुष्योचित, मानवोचित, मानुषिक, मानुषी।
human, humane.

मानसिक *(वि.)* दिमागी, बौद्धिक, मानसी।
mental, intellected.

मानिनी *(स्त्री.)* मानवती।
beloved, feigning to be angry.

मानो *(यो.)* जैसा कि, बिलफर्ज।
as if, as it were.

मान्य *(वि.)* अंगीकार्य, ग्राह्य, स्वीकार्य।
as if, as it were.

मान्य *(वि.)* अंगीकार्य, ग्राह्य, स्वीकार्य।
acceptable, suitable.

मान्यता *(स्त्री.)* अभिस्वीकृति।
recognition.

माप *(पुं.)* नाप, प्रमाप।
measure.

मामा *(पुं.)* मातुल।
mother's brother, maternal uncle.

मायका *(पुं.)* नैहर।
mother's house of a married woman.

माया *(स्त्री.)* अध्यास, भ्रम, भ्रांति।
illusion, delusion, hallucination.

मार *(स्त्री.)* 1. कुटम्मस, कुटाई, ठुकाई, धुलाई, पिटाई, पूजा।
beating.
2. परास, लपेट।
range.

मारक *(वि.)* जानलेवा।
killing, life-killing.

मारना *(क्रि.)* 1. आघात करना, कोड़े लगाना, चोट करना, ठुकाई करना, ठोंकना, दौंचना, धुनना, धुनाई करना, पिटाई करना, प्रहार करना, बेंत लगाना, भद्रा उतारना, मरम्मत करना, मारना-पीटना, वार करना, हाथ उठाना।
to strike, to beat, to cane, to flop, to whip.
2. कत्ल करना, काम तमाम करना, खत्म करना, खून करना, जान लेना, प्राण लेना, मार डालना, मौत के घाट उतारना, वध करना, संहारना, स्वर्ग भेजना, हत्या करना।
to kill.

मार-पीट *(स्त्री.)* गुत्थम-गुत्था, जूती-पैजार, झोंटा-झोटी, मारामारी, हाथापाई, मुक्का-मुक्की, हाथाबाँही।
scuffle, tussle.

मार्ग *(पुं.)* गली, डगर, डहर, पंथ, पटरी, पथ, रास्ता, राह।
way, road, route.

मार्गदर्शक *(पुं.)* गाईड, पंडा, पथप्रदर्शक, रहनुमा।
guide.

मार्गदर्शन करना *(क्रिपद)* दिग्दर्शन करना, पथप्रदर्शन करना, रहनुमाई करना, राह दिखाना।
to guide.

मार्गभ्रष्ट *(वि.)* गुमराह, पथभ्रष्ट, भूला-भटका, भ्रांत, मार्गच्युत, विचलित, विपथगामी, विपथित, विभ्रांत।
deviated, astray.

मार्गव्यय *(पुं.)* राह-खर्च, सफर-खर्च।

मार्मिक *(वि.)* मर्मभेदी, मर्मस्पर्शी, हृदयविदारक।
touching, moving, poignant.

माला *(स्त्री.)* 1. तसबीह।
rosary.
2. गजरा, पुष्पमाला, हार।
garland.

मालिश *(स्त्री.)* चंपी, मर्दन।
massage, shampoo.

मासिक *(वि.)* मासानुमासिक, महीनेवार, माहवार, माहवारी।
monthly.

मासिक धर्म *(पुं.)* ऋतु-दर्शन, मासिक, रजोधर्म।
menses, catamenia.

मिट्टी *(स्त्री.)* खाक, माटी, धूल, मृतिका, रज।
sarth, clay.

मिठाई *(स्त्री.)* पकवान, पाक, पाग, मिष्ठान्न, मीठा।
sweet, sweetmeat.

मिठास *(स्त्री.)* मधुरता, मधुरिमा, माधुरी, माधुर्य, सरसता।
sweetness.

मितभाषी *(वि.)* अल्पभाषी, कम बोलनेवाली, स्वल्पभाषी।
taciturn, saying, little.

मितव्ययिता *(स्त्री.)* कंजूसी, कार्पण्य, कृपणता, किफायतशारी।
thrift.,thriftiness, economy.

मित्र *(पुं.)* गुइयाँ, जोड़ीदार, दोस्त, बंधु, बाल-सखा, बेली, मीत, मेली, यार, लंगोटिया यार,

संगी, सखा, सहचर, साथी, सुहृदय, हमजोली, हमदम, हमनिवाला-हमप्याला।
friend, chum.

मित्रता *(स्त्री.)* गटपट, दोस्ताना, दोस्ती, मित्रभाव, मेलजोल, मेलमिलाप, मैत्री, याराना, यारी, संग, संगत, संगति, संग-साथ, सख्य, सख्यभाव।
friendship, friendliness, companionship, fellow-feeling.

मित्रतापूर्ण *(वि.)* दोस्ताना, दोस्ती-भरा, मैत्रीपूर्ण।
friendly.

मिन्नत *(वि.)* चिरौरी, मनुहार।
entreaty, supplication.

मिर्गी *(स्त्री.)* अपस्मार, बेहोशी, मूर्च्छा।
catalepsy.

मिल जाना *(क्रिपद)* एक जान हो जाना, गड्डमड्ड हो जाना, मिश्रित हो जाना, विलीन हो जाना।
to get mixt up, to commingle, to fuze.

मिलन *(पुं.)* अधिमिलन, गठजोड़, गठबंधन, मिलनी, मिलाप, मेल, विलय, संगम, समागम, सम्मिलन।
meeting, union, junction.

मिलनसार *(वि.)* खुशतबीयत, जिंदादिल, समाजशील, सामाजिक, सुजन, सुशील।

मिलना *(क्रि.)* 1. उपलब्ध होना, कब्जे में आना, पल्ले पड़ना, पाना, प्राप्त होना, प्राप्ति होना, लगना, हस्तगत होना, हाथ में आना, हाथ लगना।
to receive, to get.
2. मेल खाना।
to liken.

मिला-जुला *(वि.)* ओतप्रोत, रसा-बसा, साँझा।
joint, combined, mixed, composit.

मिलाना *(क्रि.)* एक करना, घाल-मेल करना, मिश्रण करना, मिश्रित करना, संमिश्रण करना, संयोजित करना।
to mix, to combine, to affiliate, to annex.

मिलावट *(स्त्री.)* अपद्रव्य, अशुद्धता, अशुद्धि, खोट, घाल-मेल, मिलौनी।
adulteration, the thing admixed.

मिश्रण *(पुं.)* खिचड़ी, घोल, मिलावट, संयोजन, संमिश्रण।
mixture, admixture, combination.

मिश्रित *(वि.)* गंगा-जमुनी, मिला-जुला, रंग-बिरंगा, संमिश्रित।
mixed.

मिलावटी *(वि.)* खोटा, नकली, मिश्रित।

मिस्त्री *(पुं.)* 1. पिसराज, पेशराज, मेमार, राजगीर, राज-मिस्त्री।
mason.
2. कारीगर, मैकेनिक।
mechanic.

मीनाकारी *(स्त्री.)* तामचीनी।
enamel.

मीना *(स्त्री.)* गरगज, धरहरा, बुर्ज।
tower, minaret.

मुँदना *(क्रि.)* झँपना, निमीलित होना, बंद होना।
to be closed.

मुँह *(पुं.)* आनन, चेहरा, तोबड़ा, थूथन, थोबड़ा, बदन, मुख, मुखड़ा, मुखाकृति, मुखारविंद, मुखारी।
1. face, 2. mouth.

मुकदमेबाज *(पुं.)* अदालतबाज।
litigant.

मुकदमेबाजी *(स्त्री.)* अदालतबाजी।
litigation, litigiousness.

मुकुट *(पुं.)* ताज, मौर, सिरमौर।
crown, diadem.

मुकुरना *(क्रि.)* नट जाना, नटना, बात बदल देना, पीछे हट जाना, मुकुर जाना।
to go back upon one's word.

मुक्का *(पुं.)* घूँसा, मुष्टिप्रहार।
box.

मुक्केबाज *(पुं.)* घूँसेबाज, बाक्सर।
boxer.

मुक्केबाजी *(स्त्री.)* घूँसेबाजी, मुष्टियुद्ध।
boxing.

मुक्त *(वि.)* 1. बरी।
released, freed, acquitted.
2. स्वतंत्र *(दे.)*।

मुखर *(वि.)* डपोरसंख, प्रगल्भ, फक्कड़, बड़बोला, मुँहफट, वाचाल।
outspoken, vociferous, clamorous.

मुखिया *(पुं.)* नंबरदार, पटेल, प्रधान, महतो, लंबरदार, सरगना, सरदार।
headman, leader, chieftain, chief.

मुखौटा *(पुं.)* अवगुंठन, नकाब, मुखच्छद, मुखावरण।
mask.

मुख्य *(वि.)* अग्रणी, उल्लेखनीय, छटा हुआ, नंबरी, प्रधान, प्रमुख, शिरस्थ, शिरोमणि, शीर्षस्थ, सर्वप्रथम।
chief, outstanding, topping, important, central, principal.

मुग्ध *(वि.)* आसक्त, थकित, फिदा, मंत्रमुग्ध, मोहित, लुब्ध, वशीकृत, वशीभूत, विमोहित।
fascinated, infatuated, captivated, spellbound.

मुग्ध करना *(क्रिपद)* आकृष्ट करना, आसक्त कर लेना, खींचना, छलना, फिदा कर लेना, मंत्रमुग्ध करना, मोहना, मोहित करना, मोहिनी डालना, लुभा लेना, वशीकृत करना, वशीभूत करना, विमोहित करना।
to fascinate, to captivate.

मुच्छकटा *(वि.)* मुच्छमुंडा।
clean shaved.

मुच्छल *(वि.)* मुछंदर, मूछोंवाला।
whiskered.

मुटापा *(पुं.)* पीनता, पीवरता, मुटाई, मुटापा, मोटापा, स्थूलता।
fatness, plumpness, obesity.

मुट्ठी *(स्त्री.)* मुश्त, मुष्टि।
fist.

मुट्ठी-भर *(वि.)* चुटकी-भर, चुल्लू-भर।
in a small quantity, few.

मुद्रण *(पुं.)* छपाई, प्रिंटिंग।
printing.

मुद्रणालय *(पुं.)* छपाईखाना, छापाखाना, प्रिंटिंग प्रेस, प्रेस।
printing press.

मुद्रा *(स्त्री.)* ठवन, छवि।
pose.

मुनाफाखोर *(पुं.)* नफाखोर, ब्लैकमार्किटियर।
profiteer.

मुनाफाखोरी *(स्त्री.)* नफाखोरी।
profiteering.

मुनि *(पुं.)* महात्मा, मुनींद्र, मुनीश, मुनीश्वर, यति, साधु, सिद्ध।
sage.

मुनीम *(पुं.)* अकाउंटेंट, लेखापाल।
account's clerk, accountant.

मुफ्त *(वि.)* निःशुल्क, बिना पैसे का।
free of charge, without any charge, without any fee.

मुफ्त में *(क्रिवि.)* घलुए में, निखरचे, फोकट में, सेंतमेंत में।
without any charge.

मुरझाना *(क्रि.)* उतर जाना, कुम्हलाना, झुलस जाना, झुराना, झौंरना, निष्प्रभ होना, बासी हो जाना, मलिन होना, म्लान होना, लटक जाना, शुष्क हो जाना, सूख जाना।
to fade, to wane.

मुसलमान *(पुं.)* मुस्लिम, मोमिन, यवन।
muslim.

मुहल्ला *(पुं.)* गंज, टोला, निवेश, पुरा, महल्ला, महाल।
locality, quarter.

मुहूर्त *(पुं.)* पुण्यकाल, लग्न, शुभ घड़ी, बेला, समय, सायत, सुअवसर, सुकाल, सुयोग।
auspicious moment, time.

मूक *(वि.)* अवाक्, गूँगा।
dumb, voiceless, speechless.

मूकता *(स्त्री.)* गूँगापन, चुप्पी, मौन, वचन-लोप, वाग्रोध।

aphasia, dumbness, speechlessness.

मूतना *(क्रि.)* पेशाब करना, बाथरूम जाना, मूत्र करना, लघुशंका करना, सूसू करना।

to urinate.

मूर्ख *(विपु.)* अंधखोपड़ी, अज्ञान, अज्ञानी, अनभिज्ञ, अनुभवहीन, अप्रबुद्ध, अल्हड़, अविवेकी, उल्लू, ऊत, काठ का उल्लू, कूड़, कूड़मग्ज, कूपमंडूक, खरदिमाग, खूसट, गावदी, गोबरगणेश, घामड़, घुग्घू, घोंघा-बसंत, चपरकनाती, चपरगट्टू, चुगद, चूतिया, जड़, दुर्बुद्धि, दुर्मति, नादान, नासमझ, निर्बुद्धि, नीमहकीम, पोंगा, बुद्धिहीन, बेअक्ल, बेवकूफ, बेसमझ, बोका, बोदा, बौड़म, भकुआ, भोंदू, मंदबुद्धि, मंदमति, मतिहीन, मूढ़, लाल बुझक्कड़, लल्लू, लूलु, शेखचिल्ली।

idiot, fool.

मूर्खता *(स्त्री.)* अज्ञता, अज्ञान, अज्ञानता, अनाड़ीपन, अल्पज्ञान, अल्हड़पन, नादानी, नासमझी, नीमहकीमी, पोंगापंथी, मूढ़ता, बेअक्कली, बोदापन, बेवकूफी, हिमाकत।

foolishness, lack of wisdom.

मूर्च्छा *(स्त्री.)* गश, चैतन्यशून्यता, बेहोशी, मूर्छा।

fainting, fit.

मूर्च्छित *(वि.)* अचेत, बेसुध, चेतनाशून्य, निश्चेष्ट, बेहोश, संज्ञारहित, संज्ञाहीन।

fainted, out of the senses.

मूर्त *(वि.)* ठोस।

concrete, tangible.

मूर्ति *(स्त्री.)* देवप्रतिमा, देवमूर्ति, प्रतिमा, प्रतिरूप, बुत, मूरत, विग्रह।

idol, statue, icon.

मूर्तिपूजक *(पुं.)* पुजारी, प्रतिमापूजक, बुतपरस्त, भक्त।

idolater, idolizer.

मूर्तिपूजा *(स्त्री.)* बुतपरस्ती, प्रतिमापूजन, मूर्तिपूजन।

idol-worship, idolatry.

मूर्तिभंजक *(पुं.)* बुतशिकन, प्रतिमाभंजक, प्रतिमाविनाशक।

iconoclast.

मूल्य *(पुं.)* अर्थ, कीमत, दर, दाम, भाव, मालियत, लग्गत, लागत।

price, value, rate, cost.

मूल्य बढ़ाना *(क्रिपद)* कीमत बढ़ाना, दाम बढ़ाना, भाव चढ़ाना, मूल्यवृद्धि करना।

to raise price.

मूल्यवान *(वि.)* अमूल्य, अनमोल, कीमती, दामी, बहुमूल्य, बेशकीमती।

valuable, precious.

मूल्यांकन *(पुं.)* मूल्य-निर्धारण।

valuation, assessment.

मूसलाधार पानी बरसना *(क्रिपद)* घनघोर वर्षा होना, झमाझम पानी बरसना।

to rain cats and dogs.

मृगछाला *(स्त्री.)* मृगचर्म।

deer-skin.

मृगमरीचिका *(स्त्री.)* छलावा, मृगतृष्णा।

mirage.

मृत *(वि.)* अजीवित, कालकवलित, गतप्राण, गोलोकवासी, दिवंगत, निर्जीव, निष्प्राण, बेजान, बेदम, स्वर्गवासी, मरहूम।

dead.

मृतक *(पुं.)* गतात्मा।

dead person, departed soul.

मृत्यु *(स्त्री.)* अवसान, कज़ा, गंगालाभ, गमी, चिरनिद्रा, तिरोधान, देहत्याग, देहांत, देहावसान, निधन, परलोकगमन, परलोकवास, प्राणांत, मरण, मरनी, मैयत, मौत, शरीरांत, स्वर्गवास, महाप्रयाण।

death.

मेखला *(स्त्री.)* कटिबंध, कमरबंद, करधनी, किंकणी, तगड़ी, पेटी।

belt, girdle, waistband, cummer-bund.

मेघाच्छन्न *(वि.)* बादलों से ढका हुआ, बादलों से छाया हुआ, मेघाच्छादित, मेघित।
clouded.

मेज़बान *(पुं.)* अतिथिपरायण, आतिथेय, घरवाला, स्वागतकर्ता।
host.

मेज़बानी *(स्त्री.)* अतिथिपरायणता, अतिथि सत्कार।
hospitality.

मेरा *(वि.)* मम, मेरा, अपना।
mine, my.

मेरुदंड *(पुं.)* मेरुरज्जु, रीढ़ की हड्डी।
spinal cord.

मेल *(पुं.)* गठजोड़ा, गठबंधन, मैत्री, संधि।
concord, coalition, union, alli-ance.

मेल खाना *(क्रिपद)* अनुकूल होना, ठीक बैठना, बिध बैठना, संगति बैठना।
to match.

मैथुन *(पुं.)* अंग-संग, कामक्रीड़ा, केलि, केलि-कला, चोदन, चुदाई, भोग-विलास, रति, रतिक्रीड़ा, रमण, संग, संभोग, समागम, सहवास, सुरत, स्त्री-प्रसंग, स्त्री-समागम।
sexual intercourse, coition, coitus, cohabitation.

मोक्ष *(पुं.)* कैवल्य, निर्वाण, परमगति, मुक्ति, सद्गति।
beatitude.

मोटा *(वि.)* थुलथुल, पीन, फूला हुआ, भारी-भरकम, मांसल, मोटा-ताजा, वसीय, संड-मुस्टंड, स्थूल, स्थूलकाय, हृष्टपुष्ट।
fat, fleshy, stout and robust.

मोड़ना *(क्रि.)* दिशा परिवर्तित करना, फिराना।
to turn.

मोती *(पुं.)* मुक्ता, मौक्तिक।
pearl.

मोर *(पुं.)* मयूर, मयूरी, *(स्त्री.)*, मोरनी *(स्त्री.)*, शिखी।
peacock.

मोर्चा *(पुं.)* दमदमा, धुस्स।
bunker, embankment.

मोल-भाव *(पुं.)* भाव-ताव, मोल-चाल।
haggling, higgling.

मोल-भाव करना *(क्रिपद)* दाम ठहराना, मोल-तोल करना, सौदा करना, सौदा तै करना, सौदेबाजी करना।
to haggle.

मोहर *(स्त्री.)* दीनार, स्वर्णमुद्रा।
gold coin.

मौखिक *(वि.)* जबानी।
oral, verbal.

मौज-मस्ती *(स्त्री.)* गुलछर्रे *(बहु.)*, भोग-विलास, मौज, मौज-पानी, रास-रंग, रास-विलास।
merry-making, revelry.

मौलिक *(वि.)* आधारभूत, आधारिक, तात्त्विक, बुनियादी, मूलभूत।
original, fundamental, basic.

मौसमी *(वि.)* फसली, सीजनल।
seasonal.

य

यंत्र *(पुं.)* उपकरण, मशीन, प्लांट, संयंत्र।
machine, tool, plant.

यज्ञ *(पुं.)* मख।
Yajna.

यज्ञोपवीत *(पुं.)* जनेऊ, ब्रह्मसूत्र।
sacred thread.

यथारीति *(क्रिवि.)* परंपरानुसार, प्रथानुसार, बदस्तूर, यथावत्, विधिपूर्वक।
as usual, ceremonially.

यथेष्ट *(वि.)* अच्छा-खासा, काफी, पर्याप्त, प्रभूत, भरपूर, यथोचित, समुचित।
sufficient, enough, abundant, ample.

यदि *(यो.)* अगर, गर, ऐसा हुआ तो।
if, in case of.

यद्यपि *(यो.)* अगरचे, जो कि, भले ही, हालाँकि।
even though.

यश *(पुं.)* कीर्ति, ख्याति, गौरव, नाम, नामवरी, नेकनामी, प्रतिष्ठा, प्रसिद्धि, मशहूरी, महिमा, विख्याति, विश्रुति, शोहरत, सुकीर्ति, सुनाम।
fame, renown, repute, reputation.

यशस्वी *(वि.)* कीर्तिमान, ख्यात, नामवर, नामी, नेकनाम, प्रतिष्ठित, प्रसिद्ध, मशहूर, लब्धप्रतिष्ठ, विख्यात, विश्रुत, सरनाम, सुख्यात।
famous, renewned, well-known.

यहाँ *(क्रिवि.)* अपने यहाँ, इस ओर, इस जगह, इस तरफ।
here.

यहाँ-वहाँ *(क्रिवि.)* इधर-उधर, कहीं-कहीं, छिट-पुट, यत्र-तत्र।
here and there.

यातायात *(पुं.)* आवागमन, परिवहन।
fraffic, transport.

यात्रा *(स्त्री.)* अभियान, तीर्थाटन, पर्यटन, भ्रमण, मटरगश्ती, महाभियान, महायात्रा, मुसाफिरी, सफर, सैर।
journey, expedition, walk.

यात्री *(पुं.)* पंथी, पथिक, पर्यटक, बटोही, बटाऊ, मुसाफिर, रास्ता-चलता, राहगीर, राह-चलता, राही।
traveller, wayfarer.

याद दिलाना *(क्रि.)* चेत धराना, चेताना, चेतावनी देना, सावधान करना, स्मरण कराना।
to remind, to warn.

यार *(पुं.)* 1. उपपति, धगड़ा, धरेला, प्रेमी।
paramour.
2. मित्र *(दे.)*।

युक्ति *(स्त्री.)* उपाय, कटकीना, कैंडा, गुर, गोटिया चाल, चाल, जुगत, जोड़-तोड़, टही, टिप्पस, टोटका, डौल, ढंग, तरकीब, तरीका, तिकड़म, तोड़-जोड़, दाँव, दाँवपेच, रीति, लटका, विधि, सिप्पा, हथकंडा।
device, tactics.

युक्तियुक्त *(वि.)* 1. तर्कसंगत, तर्कसम्मत, युक्तिपूर्ण, युक्तिसंगत, सुविचारित।
reasonable, rational.
2. उचित *(दे.)*।

युग *(पुं.)* कल्प, काल, जमाना, दौर, समय।
age.

युग-निर्माता *(पुं.)* युगपुरुष, युग-प्रवर्तक।
epoch-maker.

युगपत् *(वि.)* एक साथ होनेवाला, समकालिक, समकालीन।
simultaneous, contemporary.

युगांतरकारी *(वि.)* युगप्रवर्तक।
epoch-making.

युद्धभूमि *(स्त्री.)* युद्धक्षेत्र, युद्धस्थल, रणस्थली, लड़ाई का मैदान, संग्राम-क्षेत्र, समरभूमि, समरांगण।
battle-field, battle-ground.

युद्धविराम *(पुं.)* लड़ाईबंदी।
cessation of hostilities, cease-fire.

युवक *(पुं.)* किशोर, जवान, छड़ा, तरुण, नवेला, नौचा, नौजवान, युवा, वयस्क।
youth, young man.

युवती *(स्त्री.)* किशोरी, जवान औरत, छड़ी, तरुणी, नवयुवती, नवेली, नौची, षोडषी।
Young lady.

येन-केन-प्रकारेण *(क्रिवि.)* किसी तरह, जैसे-तैसे, किसी न किसी तरह, मर-जीकर, मरते-जीते, लस्टम-पस्टम।
somehow or other.

योग्य *(वि.)* काबिल, दक्ष, दिमागदार, निपुण, क्षमतावान, गुणवान, गुणी, सक्षम, समर्थ, सुपात्र।
capable, competent, worthy.

योग्यता *(स्त्री.)* अर्हता, काबलियत, कुशलता, क्षमता, गुणवत्ता, दक्षता, निपुणता, लायकियत, लायकी, लियाकत, सक्षमता, समर्थता, सामर्थ्य, सुपात्रता।
ability, expertness, adeptness, qualification. dexterety, capability, efficiency, worthiness, competence, knack.
(विपर्याय–अकुशलता, अक्षमता, अयोग्यता, असमर्थता)।

योजना *(स्त्री.)* आयोजना, डेवढ़, परियोजना, प्रायोजना, प्लान, बाँधनू, मनसूबा, स्कीम।
plan, scheme, planning, project.

योद्धा *(पुं.)* महारथी, रणधीर, शूर, शूरवीर, सूरमा।
warrior, combatant.

योनि *(स्त्री.)* उत्पत्तिस्थान, चूत, भग।
vagina, female organ.

यौवन *(पुं.)* गधापचीसी, जवानी, तरुणावस्था, तरुणाई, तारुण्य, नौजवानी, युवावस्था।
youth.

र

रंग *(पुं.)* पेंट, रोगन।
colour, paint.

रंग-बिरंगा *(वि.)* चितकबरा, चित्र-विचित्र, नानावर्ण, पँचमेल, पँचरंगा, रंगारंग।
multicoloured.

रंगमंच *(पुं.)* प्रेक्षागार, प्रेक्षागृह, रंगमंडप, रंगभूमि, रंगशाला।
theatre.

रंगारंग *(वि.)* तरह-तरह का, नानाविध, बहुरंग, बहुरंगा, विविधवर्णी।
variegated.

रंगीन *(वि.)* चितकबरा, चटकीला, बहुरंग, रंगदार, रंगबिरंगा, रंजित।
coloured, colourful, multicoloured.

रंडापा *(पुं.)* विधवापन, वैधव्य।
widowhood.

रंडीबाज *(पुं.)* छिनरा, पर-स्त्रीगामी, वेश्यागामी।
one who wenches with prostitutes.

रंडुआ *(पुं.)* रंडा, विधुर।
widower.

रक्त *(पुं.)* खून, रुधिर, लहू, शोणित।
blood.

रक्तपात *(पुं.)* कटाकटी, कटामारी, खून-खच्चर, खूनखराबा, मार-काट, मार-धाड़, नरसंहार।
bloodshed, carnage, massacre.

रक्तपिपासु *(वि.)* खून का प्यासा, रक्तपायी।
blood-sucker.

रक्तरंजित *(वि.)* खून से नहाया, खून से लथपथ, रक्तस्नात, लहूलुहान।
bloody.

रक्षक *(पुं.)* चौकीदार, त्राता, परित्राता, निगाहबान, पहरेदार, पासबान, प्रणतपाल, रखवाला, निगाहबान।
guard, keeper.

रक्षा *(स्त्री.)* उद्धार, उबार, त्राण, निस्तार, परित्राण, पासबानी, बचाव, रक्षण, रखवाली, सलामती, सुरक्षा, हिफाजत।
defence, rescue, protection, deliverance, redemption.

रक्षात्मक *(वि.)* एतिहाती, बचावी, सुरक्षात्मक।
protective, defensive.

रक्षित *(वि.)* आरक्षित, परिरक्षित, सलामत, संरक्षित, सही-सलामत, सुरक्षित।
protected.

रखेल *(स्त्री.)* उपपत्नी, खानगी, घरबसी, धगड़ी, धरेल, धरेली, रखनी, लुगाई, सुरैत, सुरैतिन।
kept, concubine.

रगड़ *(स्त्री.)* खरोंच, छिलन।
bruise.

रगड़ना *(क्रि.)* 1. घर्षण करना, घिसना, मलना, मसलना, सहलाना।
to rub.
2. उजलाना, चमकाना, माँजना।
to brighten.

रचना *(स्त्री.)* 1. निर्माण, प्रणयन, विधायन, संरचना, सर्जन, सृजन, सृष्टि।
construction, composition.
2. कृति, ढाँचा, संरचना।
composition, structure, creation, frame work.

रचनात्मक *(वि.)* कारयित्री, निर्माणशील, निर्माणात्मक, रचनाशील, संरचनात्मक, सर्जनात्मक, सृजनात्मक।
constructive, creative.

रचयिता *(पुं.)* ग्रंथकार, निर्माता, प्रणेता, लेखक।
author, composer.

रटना *(क्रि.)* कंठ करना, कंठगत करना, कंठस्थ करना, घोटना, घोंट लेना, घोटा लगाना, जबानी याद करना, मुखस्थ करना, याद करना, रट्टा लगाना, सुमिरना, स्मरण करना।
1. to learn by rote. 2. to remember, to recollect, to recall.

रत्न *(पुं.)* जवाहर, नग, नगीना, मणि, लाल।
jewel.

रत्नजड़ित *(वि.)* जड़ाऊ।
Studded with jewels, inset with jewel.

रद करना *(क्रिपद)* अकृत करना, अन्यथा करना, काट देना, कैंसिल करना, निरसन करना, निरस्त करना, निराकृत करना, निष्प्रभावी करना, मंसूख करना, रद कर देना।
to cancel, to repeal, to revoke, to annul, to nullify, to abrogate, to quash.

रमणीय *(वि.)* 1. चारु, मनभावना, मनोरम, रमणीक, रम्य, सुहावना।
pleasing, pleasant.
2. सुंदर *(दे.)*।

रमणीयता *(स्त्री.)* चारुता, मनोहरता, रमणीकता, रम्यता, सुहावनापन।
pleasantness.

रस *(पुं.)* 1. झाल, रसा, शोरबा।
broth, soup, juice.
2. आनंद, मजा।
pleasure.

रसद *(स्त्री.)* पाथेय।
provision for a journey.

रसदार *(वि.)* रसभरा, रसभीना, रसमय, रसात्मक, रसीला।
juicy.

रसिक *(पुं.)* छैल-छबीला, तबीयतदार, दिलदार, भावुक, रंग-रंगीला, रंगीनमिजाज, रसज्ञ, रसिया, शौकीन, सरस, सहृदय।
a person of gay temperament.

रसीद *(स्त्री.)* पावती, भरपाई।
receipt, acknowledgment.

रसोइया *(पुं.)* खानसामा, पाचक, बावरची (*स्त्री.*-बावरचिन), भंडारी, महाराज (*स्त्री.*-महाराजिन)।
cook.

रसोईघर *(पुं.)* किचन, पाकशाला, बावरचीखाना, रसोई।
kitchen.

रहन-सहन *(पुं.)* चर्या, रहनी।
mode of living.

रहस्य *(पुं.)* गूढ़ार्थ, गुप्त बात, छिपा अर्थ, पोल, भेद, मन की बात, मर्म।
secret, mystery.

रहस्य खुलना *(क्रिपद)* पोल खुलना, भंडा फूटना, भेद खुलना।
revelation

रहस्यपूर्ण *(वि.)* अज्ञेय, गहन, गुह्य, गूढ़, निगूढ़, भेदभरा, रहस्यभरा, रहस्यमय, रहस्यवादी, रहस्यात्मक, मिथकीय।
secret, mystical, abstruse.

राक्षस *(पुं.)* असुर, चांडाल, जातुधान, तमीचर, दनुज, दानव, दैत्य, निशाचर, पिशाच, रात्रिचर।
demon, devil.

राख *(स्त्री.)* भभूत, भस्म, भूभल, राखी।
ashes.

राजकुमार *(पुं.)* कुँअर, कुँवर, टिकैत, युवराज, राजपुत्र, शहजादा।
prince, crown prince.

राजकुमारी *(स्त्री.)* शहजादी।
princess.

राजगीर *(पुं.)* थवई, राज, राजमिस्त्री।
mason.

राजनयिक *(पुं.)* कूटनीतिज्ञ, नीतिज्ञ, राजनीतिज्ञ, राजनेता।
statesman, diplomat.

राजनीति *(स्त्री.)* कूटनीति, नयाचार (नय+आचार), पालिटिक्स, राजनय, सियासत।
politics.

राजनीतिक *(वि.)* सियासी।
political.

राजसी *(वि.)* नरेशोचित, बादशाही, राजसिक, शहंशाही, शाहाना, शाही, साहबी।
royal, lordly.

राजा *(पुं.)* छत्रपति, नरपति, नरेंद्र, नरेश, नृप, नृपति, बादशाह, भूप, भूपाल, महाराजा, महाराणा, महीप, महीपाल, राजाधिराज, राव, रावल, शाह।
king, emperor.

राजी करना *(क्रिपद)* पटीलना, प्रसन्न कर लेना, सहमत कर लेना।
to placate, to pursue.

राज्य *(पुं.)* उपनिवेश, बादशाहत, बादशाही, राष्ट्र, सल्तनत, साम्राज्य।
state, colony, kingdom, empire.

रात *(स्त्री.)* निशा, निशि, यामिनी, रजनी, रात्रि, रैन, विभावरी।
night.

रात-दिन *(क्रिवि.)* अहर्निश, अहोरात्र, आठों पहर, चौबीसों घड़ी, जब देखो तब, दिन-रात, निशि-दिन, निशि-वासर, हर समय।
day and night, all the time.

रानी *(स्त्री.)* बेगम, मलिका, राजमहिषी।
queen.

राम *(पुं.)* जानकीनाथ, दशरथनंदन, दशरथ-सुत, रघुनंदन, रघुपति, रघुबीर, रघुवर, राघव।
Lord Ram.

राशि *(स्त्री.)* जमघट, जमाव, ढेर, समूह।
amount, quantity.

रिझाना *(क्रि.)* आसक्त कर लेना, आकृष्ट कर लेना, मुग्ध करना, मोहित करना, लुभा लेना, सम्मोहित करना।
To allure, to attract, to tempt, to seduce.

रियायत *(स्त्री.)* छूट, मोहलत, सुविधा।
concession, relaxation.

रियायत करना *(क्रि.)* ख्याल करना, गुंजाइश करना, छूट देना, ढील देना, नर्मी बरतना।
to make allowance for.

रिश्तेदार *(पुं.)* नातेदार, नतैत, संबंधी, सगा-संबंधी, होता-सोता।
relative.

रिश्वत *(स्त्री.)* उत्कोच, घूस, चाँदी का जूता, मुँह-भराई।
bribe, hush money.

रिश्वतखोर *(पुं.)* घूसखोर।
one who is used to taking bribes.

रिश्वतखोरी *(स्त्री.)* उत्कोचग्रहण, घूसखोरी।
bribery.

रिहा करना *(क्रिपद)* छुटकारा देना, छोड़ देना, दोषमुक्त करना, निरपराध ठहराना, बरी करना।
to acquit, to release, to free.

रीछ *(पुं.)* ऋक्ष, भल्लूक, भालू।
bear.

रुकना *(क्रि.)* अटकना, ठमकना, कयाम करना, थमना, ठहरना, बंद होना, रुँधना।
1. to stop, to be chokesd. 2. to stay.

रुखाई *(स्त्री.)* बेरुखी, रूक्षता, रूखापन।
rudeness, curtness, bluntness.

रुचि *(स्त्री.)* अभिरुचि, उन्मुखता, चाव, प्रवणता, रुझान, प्रवृत्ति, शौक।
interest, taste.

रुनझुन *(स्त्री.)* छमछम, झुनझुन।
tinkling sound.

रुपहला *(वि.)* चाँदी का, राजत।
silvery.

रूखा *(वि.)* एकरस, फीका, रसहीन, रूक्ष, शुष्क।
rough, dry.

रूठना *(क्रि.)* अप्रसन्न हो जाना, नाराज हो जाना, मान करना, रूठ जाना।
to be displeased.

रूढ़ *(वि.)* घिसा-पिटा, रूढ़िगत, रूढ़िबद्ध।
conventional, stereotyped.

रूढ़िवादी *(वि.)* अनुदार, कट्टर, दकियानूस, पुराणपंथी, पुरातनपंथी, प्रगतिविरोधी, प्रतिक्रियावादी, प्रतिगामी, लकीर का फकीर।
conservative.

रूपरेखा *(स्त्री.)* परिरूप, परिरेखा।
Outline, design.

रेंक *(स्त्री.)* ढींचू-ढींचू।
bray.

रेखांकित *(वि.)* अधोरेखित।
underlined.

रेखा *(स्त्री.)* लकीर, लाईन, लीक।
line.

रेखाचित्र *(पुं.)* खाका, ढाँचा, प्रारूप, रेखा-कृति।
sketch.

रेगिस्तान *(पुं.)* मरु, मरुभूमि, मरुस्थल।
desert, desert land.

रेचक *(वि.)* दस्तावर, विरेचक।
cathartive.

रेजगारी *(स्त्री.)* चिल्लड़, चेंज, छुट्टा, फुटकर, रेजगी।
change.

रेत *(स्त्री.)* बालुका, बालू, रेणु, रेणुका, सिकता।
sand.

रेतीला *(वि.)* बलुई, बालुकामय, सिकतापूर्ण।
sandy.

रेशम *(पुं.)* सिल्क।
silk.

रेशमी *(वि.)* कौशेय, सिल्क का, सिल्कन।
silken.

रोआँ *(पुं.)* रेशा, रोंगटा, रोम, रोयाँ, लोम।
soft hair.

रोएँदार *(वि.)* ऊर्णाच्छादित, लोमावृत्त, लोमश।
hairy, nappy.

रोकथाम *(स्त्री.)* 1. निग्रह, निरोध, निर्बंध, पाबंदी, प्रतिबंध, बंदिश, रोक, रोक-टोक।
restriction, restraint, curb.
2. प्रतिरोध *(दे.)*।

रोकना *(क्रि.)* अटकाना, आगे न जाने देना, उढ़काना, छेंकना, टिकाना, फँसाना, बढ़ने न देना, रुकावट डालना, रोक देना, रोकथाम करना, लगाना।
to stop, to detain, to hinder, to check, to detain.

रोग *(पुं.)* अलाय-बलाय, बीमारी, मरज, मरी, महामारी, माँदगी, व्याधि, रुग्णता।
disease, ailment, affection, sickness.

रोगी *(पुं.)* बीमार, मरीज।
Patient.

रोचक *(वि.)* आकर्षक, दिलचस्प, मजेदार, लुभावना, सरस।
interesting, entertaining, engressing.

रोटी *(स्त्री.)* चपाती, टिकड़ा, पराठा, फुलका, बाटी, लिट्टी।
a loaf of bread.

रोड़ी *(स्त्री.)* गिट्टी।
grit.

रोना *(क्रि.)* आँसू बहाना, आक्रंदन करना, ठिनकना, ठुनकना, ठुनठुन करना, ठुसकना, ढाड़ मारना, दुखड़ा रोना, पिटपिटाना, पिड़कना, पिनपिनाना, फफकना, रुदन करना, रोना-धोना, रोना-पीटना, बिलखना, विलाप करना, सिसकना, सिसकियाँ भरना।
to weep, to sob.

रोब *(पुं.)* आतंक, दबदबा, धाक, धुप्पस, धौंस, रुआब, रोब-दाब, वर्चस्व।
sway, overwhelming influence.

रोबीला *(वि.)* तावदार, दबंग, धक्काड़, धाकड़, रोबदार।
awe-inspiring.

रोमांच *(पुं.)* पुलक, फुरहरी, रोमहर्षण, सिहरण।
thrill, horripilation.

रोमांचक *(पुं.)* पुलकित, रोमहर्षक, रोमांच-भरा।
thrilling, thrilled.

रोमांच होना *(क्रिपद)* कंटकित होना, पुलकित होना, रोमांचित होना।
to be thrilled, to be horripilated.

रोमांचित *(वि.)* पुलकित।
thrilled.

रोशनदान *(पुं.)* गवाक्ष, वातायन।
ventilator.

ल

लँगड़ा *(वि.)* लंग, लंगड़, लँगड़ाकर चलनेवाला।
lame, limper.

लँगड़ाना *(क्रि.)* भचकना, लँगड़ाकर चलना।
to limp.

लँगोटा *(पुं.)* कौपीन, लँगोट, लँगोटी।
a strip of cloth meant to cover the private male parts.

लँघनीय *(वि.)* तार्य, पारणीय, लंघ्य।
passable.

लंबा *(वि.)* 1. दीर्घ, दीर्घाकार, लंब-तड़ंग, लंबा-चौड़ा, लंबू, लंबोतरा, लंबा-ऊँचा।
long.
2. दीर्घकालिक, दीर्घकालीन।
of a long term.

लंबाई *(स्त्री.)* लंबान।
length.

लकड़ी *(स्त्री.)* काठ, काष्ठ, लक्कड़।
wood.

लकीर *(स्त्री.)* 1. खाँचा।
grove, furrow.
2. रेखा, लाइन।
line.

लक्ष्मी *(स्त्री.)* इंदिरा, कमला, चंचला, रमा, श्री।
Goddess of wealth, Lakshmi.

लक्ष्यार्थ *(पुं.)* लाक्षणिक अर्थ, लक्षितार्थ।
figurative meaning, cannotation.

लगन *(स्त्री.)* धुन, लौ।
assiduity, devotion.

लगना *(क्रि.)* आभास होना, जान पड़ना, दिखाई पड़ना, प्रतीत होना, भास होना, भासित होना, सूझना।
to appear, to seem.

लगभग *(क्रिवि.)* अंदाजन, अटकल से, अनुमानतः, करीब-करीब, करीबन, तकरीबन, सौ बिस्वे।
almost, about, near-about, nearly, roughey, approximately, around, close to.

लगातार *(क्रिवि.)* अटूट, अनवरुद्ध, अबाधित, अप्रतिहत, अभंग, अविच्छिन्न, अविराम,

जारी, झरझर, ताबड़तोड़, दनादन, दमादम, धमाधम, निर्विघ्न, निरंतर, भड़ाभड़, बराबर, संतत, सतत।

continuative, in quick succession, non-stop, ceaseless, without cease.

लगाम *(स्त्री.)* बाग, बागडोर, रास।

rein(s).

लचीला *(वि.)* तन्य, लचकदार, लचीला, लचकौहाँ, लोचदार।

flexible, elastic, ductile.

लचीलापन *(पुं.)* तन्यता, नम्यता, लचक, लोच।

flexibility, elasticity.

लज्जाजनक *(पुं.)* गर्ह्य, लज्जाप्रद, लज्जास्पद, शर्मनाक।

shameful.

लज्जित *(वि.)* लज्जान्वित, लज्जायमान, व्रीड़ित, शर्मिंदा, संकुचित।

overcome with shame, ashamed.

लट *(स्त्री.)* काकुल, गेसू, जुल्फ।

a lock of lovely hair.

लटकना *(क्रि.)* झूलना, टँगना।

to hang.

लठैत *(पुं.)* लट्ठबंद, लट्ठबाज।

one who is skilled in wielding a stick.

लड़का *(पुं.)* 1. छोरा, बालक, लौंडा, बटुक, बाल।

boy.

2. पुत्र *(दे.)*।

लड़की *(स्त्री.)* कन्या, छोरी, बाला, बालिका, लौंडिया

girl.

2. पुत्री

daughter.

लड़कीवाला *(पुं.)* कन्यापक्ष, घराती।

member of the bride's party.

लड़केवाला *(पुं.)* वरपक्ष, बाराती।

a member of the bridegroom's party.

लड़खड़ाना *(क्रि.)* डगमगाना, डाँवाडोल होना, विचलित होना, लटपटाना।

to stagger, to falter.

लड़ना *(क्रि.)* 1. टकराना, भिड़ना, युद्ध करना, लड़ाई-झगड़ा करना, लड़ाई करना, संघर्ष करना।

to quarrel, to fight, to collide

लड़ाई *(स्त्री.)* 1. कटाकटी, कटामारी, चपकुलिस, जंग, मार-धाड़, मुहिम, रण, संग्राम, समर।

battle, war, fighting, hostilities.

2. उठापटक, मारपीट, संघर्ष।

fight, clash.

लड़ाकू *(वि.)* जिगीषु, जुझारू, लड़ैत, रणशील।

combative, belligerent.

लड़ाकूपन *(पुं.)* जुझारूपन, रणशीलता।

combativeness.

लतखोर *(वि.)* लतखोरा, लतियल।

habituated to kicks.

लत *(स्त्री.)* 1. कुटेव, दुर्व्यसन, बुरी आदत।

additiction, obsession.

2. आदत *(दे.)*।

लता *(स्त्री.)* बेल, लतर, लतिका, वल्लरी, वल्ली।

creeper.

लथपथ *(वि.)* भीगा हुआ, सना हुआ, रँगा हुआ, रंजित, लथेड़ा हुआ, लिबड़ा हुआ।

to be smeared.

लपेटना *(क्रि.)* आलिप्त करना, उलझाना, चपेटना, फँसाना, फाँसना।

to implicate, to entangle.

लबादा *(पुं.)* चोंगा, चोला, जामा।

robe.

लय *(पुं.)* गति, ठेका, तरन्नुम, ताल।

rhythm.

लयात्मक *(वि.)* छंदोबद्ध, तालबद्ध, लयबद्ध।

rhythmic.

ललचाना *(क्रि.)* आकृष्ट करना, खींच लेना, चारा डालना, प्रलोभन देना, मोहित कर देना, रिझा लेना, लुभा लेना।
to allure.
2. तरसाना।
to tantalize.

लवना *(क्रि.)* कटनी करना, कटाई करना, फसल काटना।
to harvest a crop.

लवेरी *(स्त्री.)* दुधारू गाय।
milch cow.

लहँगा *(पुं.)* घघरा, घाघरी, पेटीकोट।
A long loose skirt worn by women.

लहर *(स्त्री.)* उर्मि, तरंग, मौज, लहरा, लहरी, वीचि।
wave.

लाँघना *(क्रि.)* नदी में उतरना, पार उतरना, पार करना, पार जाना, संतरण करना।
to cross.

लाख *(पुं.)* 1. लक्ष, लखोखा।
one hundred thousand, lac.
2. लाक्षा।
sealing wax.

लाग-डाँट *(स्त्री.)* लगी-बदी।
fighting terms.

लागत *(स्त्री.)* पड़ता, लग्गत।
cost.

लागू होना *(क्रि.)* जारी होना, प्रभावी होना, प्रवर्तित होना।
to come into force, to come into effect.

लाभ *(पुं.)* 1. नफा, प्राप्ति, फायदा, मुनाफा।
profit, gain.
2. कल्याण *(दे.)*।

लाभप्रद *(वि.)* उपयोगी, उपादेय, फायदेमंद, मुफीद, हितकर, हितकारी, लाभकर, लाभदायी।
advantageous, useful, beneficial.

लाभ-हानि *(स्त्री.)* ऊँच-नीच, फायदा-नुकसान, भला-बुरा, लाभालाभ।
pros and cons, profit and loss.

लाल *(वि.)* अरुण, आरक्त, कुसुंबी, खूनी, रक्त, रक्तवर्ण, रक्तिम, रतनारा, रोहित, ललछाँहा, लाखी, लोहित, शोण, सुर्ख, सूहा।
red, reddish.

लालच *(पुं.)* तृष्णा, ललचाव, लालसा, लिप्सा, लोभ, लोलुपता, वासना।
greed, avarice, covetousness.

लालची *(वि.)* धन-पिशाच, धन-लोलुप, अर्थ-पिशाच, लिप्सु, लोभी, लोलुप।
greedy, covetous, avid.

लाव-लश्कर *(पुं.)* अमला, अनुचरवृंद, चेले-चपाटे, दलबल, परिजन, फौज, मंडली, सेना।

लावारिस *(वि.)* अस्वामिक, लावारिसी।
unclaimed.

लिंग *(पुं.)* लंड, लिंगेंद्रिय, लौड़ा, शिश्न।
penis.

लिखना *(क्रि.)* टाँकना, दर्ज करना, भाषाबद्ध करना, लिपिबद्ध करना।
to write, to enter in a register.

लिखा-पढ़ी *(स्त्री.)* लिखंत-पढ़ंत।
reduction to written form.

लिखित *(वि.)* कलमबद्ध, लिखा हुआ, लिपिबद्ध, लेखबद्ध।
written.

लिपटना *(क्रि.)* चिपकना, चिमटना, जुड़ना, सटना।
to cling, to cleave.

लिपिक *(पुं.)* करणिक, क्लर्क, बाबू, मुंशी, मुहर्रिर, लिपिकार।
clerk.

लुंगी *(स्त्री.)* तहबंद, तहमत।
Loin cloth.

लुकाछिपी *(स्त्री.)* आँख-मिचौनी, चोर-सिपाही का खेल।
hide and seek.

लुढ़कना *(क्रि.)* ढनमनाना, ढरकना।
to roll down.

लुप्त *(क्रि.)* गायब, खोया हुआ, लापता, विलुप्त।
missing.

लूट *(स्त्री.)* लूट-खसोट, लूट-पाट, लूट-मार।
loot, looting.

लेखक *(पुं.)* कलमजीवी, ग्रंथकर्ता, ग्रंथकार, प्रणेता, रचयिता, मसिजीवी, लिक्खाड़।
author, writer.

लेटना *(क्रि.)* पौढ़ना।
to lie, to lie and relax.

लेना *(सं.)* अंगीकार करना, ग्रहण करना, पकड़ना, परिग्रहण करना, प्राप्त करना, स्वीकार करना, हाथ में लेना।
to take, to accept.

लोक-परलोक *(पुं.)* दीन-दुनिया, स्वर्ग-नरक।
this world and the next, heaven and hell.

लोकप्रिय *(वि.)* जनप्रिय, सर्वप्रिय।
popular, loved by all.

लोकाचार *(पुं.)* दुनियादारी, प्रपंच।
social formality.

लोकोक्ति *(स्त्री.)* कहावत, जनप्रवाद, जनोक्ति, मसल।
popular saying, maxim.

लोचदार *(वि.)* लचकदार, लचीला।
elastic, flexible.

लौ *(स्त्री.)* 1. अग्निशिखा, जोत, ज्योति, ज्वाला, टेम, धधक, लपट, शिखा, शोला।
flame, blaze.
2. लगन *(दे.)*।

लौटना *(क्रि.)* घूम पड़ना, पलटना, फिरना, मुड़ना, लौट आना, वापस आना।
to return.

व

वंचित *(वि.)* महरूम, रहित, विहीन, हीन।
deprived.

वंदनीय *(वि.)* अभिवंदनीय, नमस्य, पूजनीय, पूज्य, प्रातः स्मरणीय।
deserving respect, revered.

वंशज *(पुं.)* औलाद, पानीदेवा, संतति, संतान।
descendant.

वंशवृक्ष *(पुं.)* वंशावली, शजरा।
genealogical table tree.

वकालत *(स्त्री.)* पक्षपोषण, पक्षसमर्थन, हिमायत।
advocacy.

वकील *(पुं.)* अधिवक्ता, एडवोकेट, न्यायिक, मुख्तार, सालिसिटर, विधिवेत्ता, बैरिस्टर।
barrister, advocate, vakil, solicitor.

वक्तव्य *(पुं.)* कथन, बयान, मंतव्य।
statement.

वक्ता *(पुं.)* तकरीर करनेवाला, बोलनेवाला, भाषणकर्ता, वाग्मी, व्याख्याता।
speaker.

वचन *(पुं.)* आश्वासन, करार, कौल, प्रतिज्ञा, प्रतिश्रुति, प्रश्रुति, वाग्दान, वादा, वायदा।
word of honour, promise, assurance, commitment, undertaking.

वचनबद्ध *(वि.)* प्रतिबद्ध, प्रतिश्रुत, वाग्बद्ध।
committed.

वचनभंग *(पुं.)* वादाखिलाफी।
breach of promise.

वज्रहृदय *(वि.)* पत्थरदिल, संगदिल।
stone-hearted.

वधू *(स्त्री.)* कुलवधू, दुलहन, दुल्हिन, नववधू, बहू।
bride, wife.

वन *(पुं.)* अरण्य, कानन, जंगल, विपिन।
forest, wood(s).

वनमानुष *(पुं.)* गोरिल्ला, चिंपांजी।
chimpanzee.

वयस्क *(पुं.)* बालिग, प्रौढ़, सयाना।
adult, major.

वरणीय *(वि.)* अधिमान्य, चयनीय, वरीय, वरेण्य।
worthy of choice, fit to be chosen.

वरदान *(पुं.)* वर।
boon, godsent.

वरीयता *(स्त्री.)* अधिमान, अधिमान्यता, तरजीह।
preference, weightage.

वर्ग *(पुं.)* प्रवर्ग, भेद, प्रभेद, कोटि, जमात, जाति, तबका, दरजा, तरह, प्रकार, प्रवर्ग, विभाग, श्रेणी।
class, category, sort, kind, order.

वर्गीकरण *(पुं.)* वर्ग-बंधन, विभाजन, श्रेणी-करण, श्रेणी-विभाजन।
classification.

वर्गीकृत *(वि.)* विभाजित, श्रेणीगत, श्रेणीबद्ध।
classified.

वर्जित *(वि.)* अवैध, निषिद्ध, प्रतिबंधित, प्रतिषिद्ध।
banned, forbidden, prohibited, contraband.

वर्तनी *(स्त्री.)* अक्षरी, स्पैलिंग, हिज्जे।
spelling.

वर्तमान *(वि.)* 1. उपस्थित, जीवित, प्रस्तुत, मौजूद, विद्यमान, समुपस्थित, सांप्रतिक।
present, alive.
2. प्रत्यक्ष *(दे.)*।

वर्तमानकाल *(पुं.सं.)* आधुनिक काल, आधुनिक युग, नवयुग, वर्तमान युग।
present, new era.

वर्तमानता *(स्त्री.)* उपस्थिति, जीवित अवस्था, मौजूदगी, विद्यमानता, समुपस्थिति।
presence.

वर्ष *(पुं.)* बरस, वत्सर, संवत्, सन्, साल।
year.

वर्षा *(स्त्री.)* झड़ी, बरसात, बारिश, मेंह, वृष्टि।
rain.

वसंत *(पुं.)* ऋतुराज, बसंत, बहार।
spring.

वसीयत *(स्त्री.)* दित्सा, विल।
will.

वस्तु *(स्त्री.)* चीज, जिंस, द्रव्य, पण्यवस्तु, पदार्थ, सामग्री, सामान।
thing, commodity.

वस्त्र-विक्रेता *(पुं.)* कपड़ा बेचनेवाला, बजाज, वस्त्र-व्यापारी।
cloth-merchant, cloth-dealer.

वहमी *(वि.)* संशयात्मा, संशयालु, संशयी।
prone to delusion, superstitious.

वहाँ *(क्रिवि.)* उधर, उस जगह, उस स्थान पर, तंत्र।
there.

वाक्पटु *(वि.)* वाक्चतुर, वाग्विदग्ध।
cleaver in talking.

वाक्य *(पुं.)* फिकरा।
sentence.

वाणी *(स्त्री.)* 1. बोलने की शक्ति, वाक्, वाक्शक्ति।
speech.
2. भाषा *(दे.)*।

वातावरण *(पुं.)* परिवेश, परिस्थिति, पर्यावरण, माहौल, वायुमंडल।
atmosphere, environment.

वाद *(पुं.)* दावा, नालिश, मुकदमा।
suit.

वाद-विवाद *(पुं.)* जिरह, तर्क-वितर्क, बहस, बहस-मुबाहिसा, मुबाहिसा, वाद-प्रतिवाद, शास्त्रार्थ।
discussion, cross-examination.

वादी *(पुं.)* अध्यर्थी, दावेदार, मुद्दई, हकदार।
claimant, plaintiff.

वायु *(स्त्री.)* पवन, बयार, वात, हवा, समीर।
air.

वायुयान *(पुं.)* विमान, हवाई जहाज।
aeroplane, aircraft.

वायुयान-चालक *(पुं.)* विमान-चालक, वैमानिक, हवाबाज।
pilot.

वार्षिक *(वि.)* सालाना।
yearly.

वास *(पुं.)* 1. आवास, निवास।
residence.
2. घर *(दे.)*।

वासी *(पुं.)* नागरिक, निवासी, बाशिंदा, रहनेवाला।
inhabitant, resident, dweller, citizen.

वास्तव में *(क्रिवि.)* दरअसल, निस्संदेह, बेशक, यथार्थतः, यथार्थ में, वस्तुतः, वाकई, सचमुच, हकीकत में।
really, indeed, actually.

वास्तविक *(वि.)* अकृत्रिम, असली, नैसर्गिक, प्राकृतिक, मूल, यथार्थ, यथार्थवादी, सच्चा, सहज, स्वाभाविक, हकीकी।
real, original, fundamental.

वास्तविकता *(स्त्री.)* असलियत, यथार्थता, वस्तुस्थिति, सच्चाई, सार, हकीकत।
reality.

वास्तुकार *(पुं.)* आर्किटेक्ट, भवन-निर्माता, वास्तुशास्त्री, स्थापति, स्थापत्य-विशेषज्ञ।
architect.

वाह-वाह *(स्त्री.)* जयध्वनि, धन्य-धन्य, वाहवाही।
applause, cheer.

विंदु *(पुं.)* नुक्ता, प्वाइंट, बिंदी।
1. point. 2. issue.

विकल *(वि.)* 1. अधीर, आकुल, आतुर, उद्विग्न, घबराया हुआ, परेशान, बेकरार, बेचैन, बेताब, विक्षुब्ध, व्यग्र, व्याकुल।
restless, agitated, perturbed.
2. चिंतित *(दे.)*।

विकलता *(स्त्री.)* अकुलाहट, अधीरता, अकुलाहट, आकुलता, आतुरता, उद्विग्नता, कुलबुलाहट, घबराहट, बेकरारी, बेचैनी, बेताबी, बेहाली, विक्षोभ, व्यग्रता, व्याकुलता।
restlessness, uneasiness.

विकलांग *(वि.)* अपंग, अपांग, अपाहिज, कनौड़ा, टुंडा, पंगु, बूचा, लँगड़ा-लूला, लुंज, लुंज-पुंज, लूला।
crippled, disabled, maimed, mutilated.

विकसित *(वि.)* अभिवर्धित, उन्नत, खिला हुआ, पल्लवित, पुष्पित, प्रस्फुटित, विकासशील, समुन्नत।
developed, bloomed, developing, blossomed.

विकास *(पुं.)* उन्नति, परिवर्धन, समुन्नति।
evolution, development, enlargement.

विकासशील *(वि.)* विकासमान।
developing.

विगत *(वि.)* गुज़रा हुआ, बीता हुआ, व्यतीत।
past.

विघटन *(पुं.)* टूट जाना, भंग, भंजन, विग्रह।
dissolution, disintegration, breaking up, split, disruption.

विघटनकारी *(वि.)* विघटनशील, विघटनात्मक, विध्वंसक, विध्वंसकारी, विध्वंसात्मक।
disruptive.

विघटित *(वि.)* तिड़ी-बिड़ी, तितर-बितर, विच्छिन्न, विशृंखलित।
disrupted, shattered, scattered.

विघ्न *(पुं.)* खलल, बाधा, रोड़ा, विघ्न-बाधा, व्यवधान।
impediment, obstruction.

विचार *(पुं.)* अवधारणा, ख्याल, आइडिया, धारणा, प्रत्यय, मत, मति, मनोगत, राय, संकल्पना, सम्मति, सोच, सोच-विचार, सोच-समझ।
idea, belief, concept, opinion, view.

विचारक *(पुं.)* चिंतक, तत्त्वज्ञ, तत्त्ववेत्ता, दर्शन-शास्त्री, दार्शनिक, नीतिज्ञ, सोचनेवाला।
thinker, ideologist, philosopher.

विचारणीय *(वि.)* गौरतलब, चिंतनीय।
worth considering.

विचारना *(क्रि.)* गौर करना, चिंतन करना, ध्यान देना, विचार करना, विमर्श करना, सोचना, सोचना-विचारना।
to think over.

विचारपूर्ण *(वि.)* विचारित, समझा-बूझा, सुविचारित, सोचा-समझा हुआ।
thoughtful, well-considered.

विचारशील *(वि.)* उद्बुद्ध, चिंतनशील, दूरदर्शी, प्रबुद्ध, बुद्धिमान, मननशील, मनीषी, विचारवान, विवेकशील।
thoughtful.

विचारशीलता *(स्त्री.)* चिंतनशीलता, दूरदर्शिता, प्रबुद्धता, विवेकशीलता।
thoughtfulness.

विचारहीन *(वि.)* चिंतनहीन, मननहीन, विचार-शून्य, बुद्धिहीन।
thoughtless.

विचित्र *(वि.)* अजब, अजीब, अजीबोगरीब, अद्भुत, अनोखा, अप्राकृतिक, असंगत, असाधारण, असामान्य, ऊटपटांग, ऊल-जलूल, कौतुकपूर्ण, बेडौल, बेढंगा, बेढब, विलक्षण, विसंगत।
unusual, curious, extraordinary, strange, peculiar, odd, queer, funy, abnormal, erratic, unnatural.

विचित्रता *(स्त्री.)* अजनबीपन, अनोखापन, असंगति, असामान्य लक्षण, ऊलजलूल-पन, निरालापन, बेडौलपन, बेढंगापन, बेढबपन, विलक्षणता, विसंगति।
strangeness, peculiarity, queerness.

विच्छेद्य *(वि.)* पृथक्करणीय, विभाज्य, वियोज्य।
separable.

विजय *(स्त्री.)* जय, जयश्री, जीत, फतह, फतेह।
victory, triumph, conquest.

विजयदशमी *(स्त्री.)* दशहरा, दसहरा, विजया।
the day on which Ram killed Ravan.

विजयी *(वि.)* जयंत, जयी, जीतनेवाला, जेता, फतेहयाब, विजेता, सर्वजेता।
victorious, conqueror

विजित *(वि.)* कब्जा किया हुआ, जीता हुआ, हथियाया हुआ।
conquered, won.

विज्ञप्ति *(स्त्री.)* बुलेटिन।
bulletin.

विज्ञानी *(पुं.)* वैज्ञानिक।
scientist.

विज्ञापन *(पुं.)* इश्तिहार।
advertisement, ad.

विदाई *(स्त्री.)* चलालची की बेला, रुखसती, विदा।
adieu, farewell.

विदीर्ण *(वि.)* चाक, तार-तार, फटा हुआ, विदारित।
torn.

विदूषक *(पुं.)* जोकर, भंड, भाँड़, नक्काल, मसखरा।
clown, jester, joker.

विदेश *(पुं.)* परदेस, परराष्ट्र, दिसावर।
foreign country.

विदेश में *(क्रिवि.)* अन्य मुल्कों में, देश से बाहर, परदेस में, बाहर के मुल्कों में।
abroad, out of the country in foreign lands, overseas.

विदेशी *(विपुं.)* परदेसी, परराष्ट्र, दिसावरी, विदेशीय।
foreign, foreigner.

विदेह *(वि.)* अनंग, अशरीरी, देहरहित।
bodyless, without body, incorporeal.

विद्ध *(वि.)* छिदा हुआ, पंचित, बिंदा हुआ।
pierced, perforated.

विद्यार्थी *(पुं.)* अध्येता, चेला (चेलिन), छात्र (छात्रा), शागिर्द, शिक्षार्थी (शिक्षार्थिन), शिक्षु, शिष्य (शिष्या)।
student, disciple, pupil, learner, reader.

विद्यालय *(पुं.)* पाठशाला, मकतब, मदरसा, विद्यापीठ, शिक्षालय, स्कूल।
school.

विद्युत्प्रवाह *(पुं.)* करेंट, बिजली की धारा, विद्युत्धारा।
current.

विद्रोह *(पुं.)* इनकलाब, क्रांति, गदर, द्रोह, बगावत, बलवा, विप्लव।
revolt, rebellion, mutiny, revolution.

विद्रोही *(विपुं.)* आतंकवादी, उग्रवादी, क्रांतिकारी, गद्दार, द्रोही, बगावती, बलवई, बलवाकारी, बागी, राजद्रोही, विप्लवकारी विप्लवी।
rebellious, insurgent, terrorist, mutineer, rioter, revolutionary.

विधर्मी *(विपुं.)* काफिर, धर्मच्युत, धर्मत्यागी, धर्मभ्रष्ट, म्लेच्छ।
infidel.

विधवा *(स्त्री.)* पतिहीना, बेवा, माँगजली, रंडी, राँड़।
widow.

विधाता *(पुं.)* निर्माता, बनानेवाला, ब्रह्मा, रचयिता, विधना, विधि, विरंचि, सृष्टिकर्ता, स्रष्टा।
the creator.

विधिक *(वि.)* 1. कानूनी।
lawful.
2. वैध *(दे.)*।

विधिवत् *(क्रिवि.)* बाकायदा, याथावत्, यथाविधि।
duly.

विनिमय *(पुं.)* अदल-बदल, अदला-बदली, लेन-देन।
exchange, barter, inter-change.

विनोदी *(पुं.)* चुहलबाज, ठठोल, ठिठोलिया, दिल्लगीबाज, परिहासप्रिय, मखौलिया, मजाकिया, विनोदप्रिय, विनोदशील, हँसोड़।
humorous, witty.

विपत्ति *(स्त्री.)* अनर्थ, अलाय-बलाय, आँच, आपदा, आफ़त, कहर, गलग्रह, जहमत, त्रासदी, दुर्घटना, बखेड़ा, बला, बिपता, मुसीबत, विपद, विपदा, शामत, संकट।
disaster, calamity, catastrophe, mishap, tragedy, adversity.

विफल *(वि.)* 1. अकृतकार्य, अनुत्तीर्ण, असफल, नाकाम, नाकामयाब, फेल, विफलमनोरथ।
unsuccessful, failed, futile, fruitless, abortive.
2. बेकार *(दे.)*।

विफल करना *(क्रिपद)* धूल में मिलाना, नाकाम करना, व्यर्थ करना/बनाना।
to undo.

विफलता *(स्त्री.)* असफलता, नाकामी, निष्फलता, निराशा, सत्यानाश, हार।
failure, misadventure, vain effort, fiasco.

विभाग *(पुं.)* 1. अनुभाग, प्रभाग, महकमा।
department.
2. अध्याय *(दे.)*।

विभाजित *(वि.)* अनुभाजित, खंडित, बँटा हुआ, विभक्त।
divided, partitioned.

विभिन्न *(वि.)* अन्यान्य, अलग-अलग, और-और, तरह-तरह का, नाना, भाँति-भाँति का, भिन्न-भिन्न, मुख्तलिफ, विविध।
diverse, different.

विमाता *(स्त्री.)* उपमाता, सौतेली माँ।
step-mother.

वियोग *(पुं.)* किनाराकशी, जुदाई, दूरी, बिछोड़ा, बिछोह, विच्छेद, विप्रलंभ, वियोजन, विसंयोग।
separation.

वियोगी *(वि.)* वियोगिन *(स्त्री.)*, विरहिणी *(स्त्री.)*, विरही।
separated from the loved one.

विरक्त *(वि.)* अनासक्त, निरपेक्ष, निर्लिप्त, निस्पृह, पराङ्मुख, विमुख, विरत, विरागी।
detached, averse, refrainer.

विरक्ति *(स्त्री.)* अनासक्ति, निरपेक्षता, निर्वेद, निस्पृहता, विमुखता, विरति, विराग।
detachment, unconcern, disinterestedness, desirelessness.

विरुद्ध *(वि.)* उलटा, खिलाफ, प्रतिकूल, विपरीत।
against, opposed to, adverse, opposite.

विरोध *(पुं.)* असंगति, आपत्ति, एतराज, चींचपड़, प्रतिरोध, मुखालिफत, विपर्यय, वैपरीत्य।
opposition, objection, protest.

विरोध करना *(क्रिपद)* आपत्ति करना, एतराज करना, मुखालिफत करना।
to oppose, to protest.

विरोधी *(विपुं.)* दुश्मन, प्रतिपक्षी, प्रतिवादी, प्रतिस्पर्धी, मुखालिफ, विपक्षी, वैरी, शत्रु।
adversary, foe, rival.

विलाप *(पुं.)* आर्तनाद, कराह, क्रंदन, चिल्लपों, रुदन, रुलाई, रोदन, रोना-कलपना, रोना-धोना, रोना-पीटना, हाय-तोबा, हाहाकार।
wailing, weeping, moan.

विवक्षा *(स्त्री.)* छवि, छिपा अर्थ, रंगत, लाग-लपेट।
implied meaning, implication.

विवरण *(पुं.)* कथानक, कार्य-विवरण, चिट्ठा, लेखा, वृत्तांत, ब्योरा, माजरा।
account.

विवर्ण *(वि.)* कुम्हलाया हुआ, बदरंग।
faded.

विवश *(वि.)* अवश, असहाय, निरुपाय, बाध्य, बेचारा, बेकस, बेबस, मजबूर, लाचार।
helpless.

विवशता *(स्त्री.)* अक्षमता, असमर्थता, असहायावस्था, निरुपायता, निस्सहायता, बाध्यता, बेकसी, बेचारगी, बेबसी, मजबूरी, लाचारी।
helplessness, duress.

विवश होकर *(क्रिवि.)* बाध्य होकर, मजबूर होकर, मजबूरी से, विवशतावश, विवशता से।
under compulsion.

विवाद करना *(क्रिपद)* झिकझिक करना, तर्क करना, बहस करना, हुज्जत करना।
to argue.

विवादग्रस्त *(वि.)* विवादात्मक, विवादास्पद, विवादित, विवाद्य।
controversial, disputable, arguable.

विवाह *(पुं.)* गठजोड़, निकाह, परिणय, पाणिग्रहण, फेरे, लावाँ-फेरे, ब्याह, मुताह, शादी।
wedding, marriage, nuptials.

विवाह-विच्छेद *(पुं.)* छुट्टा-छुट्टी, तलाक, विच्छेद।
divorce.

विवाहित *(वि.)* परिणीत, ब्याहा हुआ, शादी-शुदा।
married.

विवाहिता *(वि.स्त्री.)* परिणीता, ब्याही हुई, शादीशुदा।
married woman.

विविध *(वि.)* अनेक, चुटफुट, नाना, नानाविध, प्रकीर्ण, बहुविध, विभिन्न।
miscellaneous, various, sundry, diverse, mixed.

विविधता *(स्त्री.)* अनेकता, अनैक्य, नानात्व, विभिन्नता।

variety.

विवेक *(पुं.)* 1. तमीज़, परख, विवेकशीलता।

ability to judge correctly.

2. ज्ञान *(दे.)*।

विशेष *(वि.)* खास, गण्यमान्य, प्रतिष्ठित, महत्त्वपूर्ण, विशिष्ट।

special, distinguished.

विशेषतः *(क्रिवि.)* प्रधानतः, प्रधानतया, मुख्यतः, मुख्यतया, विशेषतया।

chiefly, specially.

विशेषता *(स्त्री.)* अच्छाई, अनोखापन, असाधारणता, खासियत, खूबी, गुण, विशिष्टता, वैशिष्ट्य।

speciality, highlight, singularity, characteristics, particularity.

विश्राम *(पुं.)* आराम, विराम।

rest.

विश्लेषण *(पुं.)* प्रतिपादन, प्रस्तुतीकरण, विन्यास।

analysis, treatment, exposition.

विश्लेषण करना *(क्रिपद)* पदच्छेद(न) करना, वाक्य-विच्छेद करना, विग्रह करना।

to analyse.

विश्वविजय *(स्त्री.)* दिग्विजय।

victory over the world.

विश्वविजयी *(वि.)* दिग्विजयी, विश्वविजेता।

conqueror of the whole world.

विश्वव्यापी *(वि.)* दिग्व्यापक, दिग्व्यापी, विश्वव्यापक, संसारख्यापक, संसारव्यापी।

all-pervading, world-wide.

विश्वसनीय *(वि.)* अचूक, निर्विवाद, निर्भ्रम।

reliable, trustworthy.

विश्वस्त *(वि.)* एतबारी, मातबर, राजदाँ, विश्वसनीय, विश्वासभाजन।

trustworthy, credible, trusted.

विश्वस्तता *(स्त्री.)* विश्वसनीयता।

reliability.

विश्वास *(पुं.)* आस्था, एतबार, दिलजमई, निष्ठा, प्रतीति, प्रत्यय, भरोसा, यकीन, साख।

confidence, belief, credence, faith, reliance, trust, credit, conviction.

विश्वासघात *(पुं.)* कपट, कृतघ्नता, गद्दारी, दगा, द्रोह, धोखा, धोखेबाजी, नमकहरामी, प्रवंचना, बेवफाई, मक्कारी।

betrayal, infidelity, unfaithfulness, treachery.

विश्वासघाती *(वि.)* 1. गद्दार, द्रोही, निष्ठाहीन, बेवफा।

disloyal, unfaithful.

2. धोखेबाज *(दे.)*।

विष *(पुं.)* गरल, जहर, माहुर।

poison, venom.

विषनाशक *(वि.)* प्रतिविष, विषमारक, विषहर, विषहन।

antidotal, antivenom.

विषय *(पुं.)* 1. प्रकरण, प्रसंग, मजमून, माजरा, मुद्दा, संदर्भ, हवाला।

matter, topic, context.

2. भोगविलास (दे.)।

विषय में *(क्रिवि.)* बाबत में, बारे में, संबंध में।

about.

विषयी *(वि.)* विलासी, विलासप्रिय, विषयरत, विषयलोलुप, सांसारिक।

engrossed in sensual pleasures, sensual, voluptuous.

विषादपूर्ण *(वि.)* अवसादकारक, विषादकारक, विषादमय, शोकजनक।

gloomy.

विषैला *(वि.)* जहर-बुझा, जहरी, जहरीला, विषाक्त।

poisonous, venomous.

विष्णु *(पुं.)* कमलाकांत, कमलापति, गरुड़ध्वज, चक्रपाणि, लक्ष्मीपति, वेंकटेश, शेषषायी, हरि।

Lord Vishnu.

विस्तार *(पुं.)* क्षेत्रफल, तूल, पसारा, प्रसार, फैलाव, रकबा, लंबाई, लंबाई-चौड़ाई, विस्तृति।

expansion, expanse, extent, extension.

विस्तृत *(वि.)* 1. तफसीलवार, ब्योरेवार।

detailed.

2. खुलता, खुला, प्रशस्त, प्रसरित, फैला हुआ, विशद, विस्तीर्ण।

broad, expansive.

विस्थापित *(विपुं.)* उद्वासित, मुहाजिर, शरणार्थी।

displaced person, refugee.

विस्फोट *(पुं.)* धड़ाका, धमाका, स्फोट।

explosion, bang, crash.

विस्मृति *(स्त्री.)* भुलक्कड़पन, भूल, विस्मरण, विस्मरणशीलता, स्मृतिक्षय, स्मृतिभ्रंश।

forgetfulness, oblivion.

वीर *(पुं.)* अवदान्य, जवाँमर्द, जाँबाज, दिलेर, पराक्रमी, प्रवीर, बहादुर, मर्दाना, महावीर, विक्रमी, विक्रांत, शूर, शूरवीर, शेरमर्द, साहसी।

brave, bold, daring, courageous.

वीरता *(स्त्री.)* जाँबाजी, पराक्रम, पुरुषार्थ, पौरुष, बहादुरी, मर्दानगी, मर्दानापन, विक्रम, शौर्य।

heroism, gallantry, valour, prowess.

वीर्य *(पुं.)* नुत्फा, शुक्र।

semen.

वृत्त *(पुं.)* गोला, घेरा, चक्र, दायरा, परिधि, मंडल, वलय।

circle.

वृत्ताकार *(वि.)* कुंडलाकार, चक्राकार, चक्रिल, मंडलाकार, वर्तुल।

circular, round.

वृद्धि *(स्त्री.)* अभिवर्धन, अभिवृद्धि, परिवर्धन, प्रवर्धन, बढ़ती, बढ़ाव, बढ़ोत्तरी, वर्धन, संवर्धन, संवृद्धि।

magnification, enlargement.

वेतन *(पुं.)* तनख्वाह, दिहाड़ी, नौकराना, पगार, पारिश्रमिक, मजदूरी।

pay, wages.

वेद *(पुं.)* आगम, निगम, श्रुति।

vedas.

वेधशाला *(स्त्री.)* मानमंदिर।

observatory.

वेश्या *(स्त्री.)* कसबी, कोठेवाली, गणिका, छिनाल, जनपदकल्याणी, तवायफ, नगर-नारी, नगर-वधू, पतुरिया, पुरनानी, बाईजी, बाजारू औरत, मंगलामुखी, रंडी, वारांगना, सामान्या।

prostitute, harlot.

वेश्यालय *(पुं.)* कसबीखाना, कोठा, चकला, रंडी का कोठा, रंडीखाना, वेश्यागृह।

brothel.

वेश्यावृत्ति *(स्त्री.)* कसब, बदकारी, छिनाला, रंडीबाजी, व्यभिचार।

prostitution.

वैध *(वि.)* न्यायोचित, विधिवत्, विधिविहित, विधिसम्मत, विहित।

legal, legitimate, valid.

वैधानिक *(वि.)* कानूनी, संविधिक, सवैधानिक।

legal, constitutional, statutory.

वैभव *(पुं.)* ऐश्वर्य, गरिमा, गौरव, प्रताप, विभूति, शान।

glory, grandeur, magnificence.

वैर *(पुं.)* अदावत, कटाकटी, गाँस, दुश्मनी, द्वेष, द्वेषभाव, विरोध, वैमनसय, वैर-भाव, रिपुता, शत्रुता।

enmity.

वैरागी *(विपुं.)* वीतराग।
recluse.

वैर *(पुं.)* अदावत, द्वेष, लागडाँट, विद्वेष, विरोध, वैमनस्य, शत्रुता।
enmity, hostility, anmosity.

वैरी *(विपुं.)* अनहितू, दुश्मन, प्रतिरोधी, द्वेषी, रिपु, विद्वेषी, विरोधी, शत्रु।
enemy, foe, adversary, opponent.

वैवाहिक *(वि.)* दांपतिक, दांपत्य।
matrimonial.

वैसा *(वि.)* उसके समान, उस तरह का, तादृश्य।
like that, same as.

व्यंग्यबान *(पुं.)* कटाक्ष, चर्री, ताना, तीर, फबती।
sarcastic remark.

व्यक्तिगत *(वि.)* जाती, निजी, वैयक्तिक।
personal, private.

व्यक्तित्व *(पुं.)* शख्सियत।
personality.

व्यतीत *(वि.)* गत, पिछला, पहले का, बीता हुआ, विगत।
past.

व्यभिचार *(पुं.)* अवैध संबंध, कुकर्म, चामचोरी, छिनाला, जारकर्म, जिना, जिनाकारी, परगमन, बदकारी, बदचलनी, रंडीबाजी, लंपटता, लफंगई, वेश्यागमन।
adultery.

व्यभिचारिणी *(स्त्री.)* कुलटा, छिनाल, जारिणी, दुश्चरित्र, परकीया, परगामिनी, परपुरुष-गामिनी, पापाचारिणी, पुंश्चली, फाहिशा, बदकार, बदचलन।
woman of easy morals, adulteress.

व्यभिचारी *(पुं.)* कुकर्मी, कुमार्गी, जार, दुराचारी, दुश्चरित्र, परगामी, परस्त्री-गामी, पापाचारी, बदकार, बदचलन, बदमाश, लंपट, लफंगा, लुगाईबाज, वेश्यागामी।
adulterer.

व्यय *(पुं.)* खर्च, खर्चा, परिव्यय, लागत।
expenditure, expense.

व्यर्थ *(वि.)* 1. नाहक, निरर्थक, निष्प्रयोज्य, निष्फल, नाकाम, परिणामशून्य, फुस, बेकार, वृथा।
in vain.
2. बेकार *(दे.)*।

व्यर्थता *(स्त्री.)* निरर्थकता, निष्फलता।
uselessness.

व्यवस्था *(स्त्री.)* 1. निजाम, डेवढ़, बंदोबस्त, प्रबंध, प्रशासन, शासन, शासन-प्रबंध।
management, administration, governance.
2. फतवा।
ruling.

व्यवस्थापक *(पुं.)* नियामक, प्रबंधक, प्रबंध-कर्ता, प्रशासक, मैनेजर, संचालक, संयोजक।
manager, administrator.

व्यवस्थित *(वि.)* क्रमबद्ध, तरतीबवार, विन्यस्त, शृंखलाबद्ध, सुव्यवस्थित।
organized, well-managed.

व्यवहार *(पुं.)* 1. इस्तेमाल, उपयोग, प्रयोग।
use.
2. आचरण, चाल-चलन, बर्ताव, रुसूख, रवैया, वर्तन, वास्ता, सलूक, हरकत, साबका।
conduct.
3. लेन-देन।
dealings.

व्यवहार करना *(क्रिपद)* इस्तेमाल करना, उपयोग करना, प्रयोग करना, भोग करना, सेवन करना।
to use, to consume.

व्यवहारकुशल *(वि.)* दुनियादार, दुनियासाज़, व्यवहारज्ञ, सयाना।
wordly wise, practical.

व्यवहृत *(वि.)* आसेवित, इस्तेमालशुदा, उपभुक्त, परिभुक्त, प्रयुक्त, भुक्त, सेवित।
used.

व्यस्त *(वि.)* काम में लगा हुआ, कार्यरत, तन्मय, तल्लीन, मग्न, मशगूल, मसरूफ।
busy, engaged, occupied.

व्याख्या *(स्त्री.)* टीका, निरूपण, निर्वचन, परिभाषा, प्रतिपादन, विवृत्ति, विवेचन, विवेचना, स्पष्टीकरण।
explanation, exposition, interpertation.

व्यापक *(वि.)* बहुमुखी, विस्तीर्ण, सर्वतोमुखी।
pervading, comprehensive, extensive, pervasive.

व्यापार *(पुं.)* उपक्रम, काम, कामकाज, काम-धंधा, काम-धाम, कारोबार, तिजारत, धंधा, पेशा, रोजगार, वाणिज्य, वृत्ति, व्यवसाय, सौदागिरी।
business, occupation, trade, vocation.

व्यापारी *(पुं.)* आढ़ती, कारोबारी, कामकाजी, पैकार, फेरीवाला, बनिया, वणिक, वणिज, सौदागर।
tradesman, trader, businessman, merchant, dealer.

व्याप्त *(वि.)* फैला हुआ, परिव्याप्त, व्यापित, रचा-बसा, रसा-बसा, संव्याप्त।
pervading, all-pervading.

व्यायाम *(पुं.)* कसरत, वर्जिश।
physical exercise.

व्यावहारिक *(वि.)* क्रियात्मक, प्रयोगात्मक, प्रयोज्य, प्रायोगिक।
practical.

व्युत्पत्ति *(स्त्री.)* निरुक्ति, निर्वचन।
etymology, derivation.

व्रत *(पुं.)* अनाहार, उपवास, फाका, रोजा।
fasting, going without food.

श

शंका *(स्त्री.)* भ्रम, वहम, शक, शुबहा, संदेह, संशय।
doubt, suspicion.

शंकालु *(वि.)* वहमी, शंकित, शक्की, शक्की-मिजाज, सशंक।
of a suspicious disposition, inclined to doubt.

शक्कर *(स्त्री.)* चीनी, शर्करा।
sugar.

शक्ति *(स्त्री.)* 1. ऊर्जा, ओज, कुव्वत, कूवत, जोर, ताकत, ताब, दम, दमखम, पराक्रम, पुरुषार्थ, बल-बूता, बिरता, शक्तिमत्ता, सबलता, सामर्थ्य, साहस, हिम्मत।
power, force, energy, might.
2. प्रभुता, प्रभुत्व, प्रभुसत्ता, सत्ता।
power, sovereignty.

शक्तिशाली *(वि.)* जीवटवाला, तगड़ा, ताकतवर, दमदार, बलवान, बलशाली, बली, महाबली, वीर्यवान, शक्तिमान, सबल, सशक्त, सामर्थ्यवान।
powerful, mighty, vigorous, forceful.

शक्ल *(स्त्री.)* आकृति, चेहरा, चेहरा-मोहरा, धाज, मुखमंडल, मुखाकृति, रूप, शक्ल-सूरत, सूरत।
countenance, looks.

शतवर्षीय *(वि.)* शतवार्षिक, शताब्दिक, शताब्दीय।
centennial.

शती *(स्त्री.)* जन्मशती, शताब्दी, सदी।
centenary.

शपथ *(स्त्री.)* कसम, दुहाई, शपथोक्ति, सौगंध, हलफ।
oath, swearing.

शब्द *(पुं.)* 1. आवाज, कूज, घोष, ध्वनि, नाद, निनाद, रव।
sound.
2. लफ्ज, पद।
word.

शब्दाडंबर *(पुं.)* लफ्फाजी, वाग्जाल, वाग्विस्तार, शब्दक्रीड़ा, शब्दजाल।
verbosity.

शय्याव्रण *(पुं.)* खटघाव।
bedsore.

शरण *(पुं.)* छत्रछाया, संरक्षण।
shelter.

शरणागत *(वि.)* प्रपन्न।
surrendering reverentially.

शरद *(पुं.)* खिजाँ, शरद ऋतु, शरदकाल।
fall, autumn.

शरबत *(पुं.)* ठंडई, मधुर पेय।
sweet drink.

शरम *(स्त्री.)* झेंप, मुँहचोरी, लज्जा, लजीलापन, लाज, लोकलाज, लोकलज्जा, शर्म, शर्मिंदगी, सकुचाहट।
shame, bashfulness.

शरमाना *(क्रि.)* झेंपना, पानी-पानी हो जाना, लजाना, लाज आना, लाज लगना, लाज से डूब जाना, लाज से मर जाना, शर्माना, संकुचित होना, सकुचाना, हया करना।
to feel shy, to blush, to be ashamed.

शरमीला *(वि.)* झेंपू, लज्जावान, लजालु, लज्जाशील, शर्मीला, संकोचशील, संकोची, सलज्ज, हयादार।
shy, bashful, hesitant.

शराब *(स्त्री.)* मदिरा, मद्य, वारुणी, सुरा।
wine, whiskey.

शराबी *(पुं.)* नशाखोर, नशेबाज, मदिरासेवी, मद्यप, मद्यपायी, शराबखोर।
drunkard, addict.

शरारत *(स्त्री.)* खुराफात, नटखटी, फितरत, बदमाशी।
mischief.

शरीर *(पुं.)* काया, गात, गात्र, जिस्म, तन, देह, पिंड, बदन, वपु।
body.

शर्त *(स्त्री.)* दाँव, पण, बाजी।
bet, stake.

शल्यक्रिया *(स्त्री.)* आपरेशन, शल्यकर्म, सर्जरी।
surgery, surgical operation.

शव *(पुं.)* मिट्टी, मुर्दा, मृतदेह, मृतशरीर, लाश, लोथ।
corpse.

शस्त्रागार *(पुं.)* अस्त्रागार, आयुधशाला, असलहखाना, आयुधागार, शस्त्रगृह, हथियारघर।
armoury, arsenal.

शस्त्रीकरण *(पुं.)* अस्त्रीकरण, हथियारबंदी।
armament.

शह *(स्त्री.)* किश्त।
in chess, a call made to an opponent indicating that his king is in check, check.

शहीद *(पुं.)* बलिदानी, हुतात्मा।
martyr.

शांत *(वि.)* अक्षुब्ध, अचंचल, अनुद्विग्न, आवेशहीन, गंभीर, ठंडा, धीर-गंभीर, प्रकृतिस्थ, प्रशांत, शांतचित्त, शांतिपूर्ण, शांतिमय, शालीन, सुचित्त, स्वस्थचित्त, स्थिरचित्त।
calm, peaceful, tranquil, quiet, serene.

शांत करना *(क्रिपद)* चुप कराना, ठंडा करना, प्रशमित करना, समझाना-बुझाना।
to pacify, to quieten, to compose, to cool.

शांत रहना *(क्रिपद)* चुप रहना, कुछ न बोलना, चुप्पी साधना, तरह दे जाना।
to keep calm.

शांति *(स्त्री.)* अमन, अमन-चैन, चैन, सुख-शांति।
peace, tranguility, calm.

शांतिप्रिय *(वि.)* अमनपसंद, शांतस्वभाव, शांतिप्रेमी।
peace-loving.

शांतिप्रियता *(स्त्री.)* अमनपसंदी, शांतिप्रेम।
peaceableness.

शाकाहारी *(विपुं.)* निरामिष, वैष्णव।
vegetarian, herbivorous.

शाखा *(स्त्री.)* 1. डाल, डाली, टहनी, शाख।
branch, twing.
2. (संस्था आदि की) ब्रांच।
branch.

शाप *(पुं.)* अभिशाप, कोप, बददुआ।
curse.

शापित *(वि.)* अभिशप्त, शापग्रस्त।
cursed, accursed.

शाबाश *(विस्मय.)* वाहवाह, साधु-साधु।
bravo!

शाबाशी *(स्त्री.)* वाहवाही, साधुवाद।
applause.

शाब्दिक *(वि.)* लफ्जी, शब्दकीय, शाब्दी।
literal.

शायद *(यो., क्रिवि.)* उम्मीद है कि कदाचित्, गालिबन, संभवतः, संभव है कि, स्यात्, हो सकता कि।
Perhaps, probably.

शारीरिक *(वि.)* कायिक, जिस्मानी, दैहिक, भौतिक, शारीर।
bodily, physical.

शाल *(पुं.)* रफल, लोई।
woollen wrapper, shawl.

शाश्वत *(वि.)* अनंत, अनश्वर, अनादि, अमर, अमर्त्य, अमिट, अविनाशी, कालजयी, चिरंतन, चिरस्थायी, ध्रुव, नित्य, मृत्यंजय, सतत, सनातन।
eternal, everlasting, perpetual.

शासक *(पुं.)* हाकिम।
ruler.

शासन *(पुं.)* 1. सरकार, हुकूमत।
government.
2. नियंत्रण, नियमन।
governance.

शास्त्रार्थ *(पुं.)* खंडन-मंडन, तर्क-वितर्क, बहस, वाद-विवाद।
debate, controversy.

शिकायत *(स्त्री.)* असंतोष, उपालंभ, उलाहना, गिला, चुगली, टाँच, ताना, भाँजी, शिकवा, शिकवा-शिकायत।
complaint, grouse, grumble.

शिकायत करना *(क्रिपद)* असंतोष व्यक्त करना, चुगली करना, चुगली खाना, बड़बड़ाना, शिकवा करना।
to complain, to grouse.

शिकार *(पुं.)* अहेर, आखेट, मृगया, हाँका।
1. hunt, 2. prey, game.

शिकारी *(पुं.)* अहेरी, चिड़ीमार, चोर-शिकारी, बहेलिया, व्याध, सैयाद।
hunter, fowler.

शिक्षक *(पुं.)* अध्यापक, अनुशिक्षक, इंस्ट्रक्टर, गुरु, टीचर, दीक्षक, प्रशिक्षक, मास्टर।
teacher, instructor, trainer.

शिक्षा *(स्त्री.)* 1. तालीम, पढ़ाई, पढ़ाई- लिखाई, विद्या, शिक्षा, दीक्षा।
education, learning.
2. उपदेश *(दे.)*।

शिक्षाप्रद *(वि.)* ज्ञानप्रद, ज्ञानवर्धक, बोधकारी, शिक्षणात्मक।
educative, instructive.

शिक्षित *(वि.)* तालीमयाफ्ता, पढ़ा-लिखा, पढ़ैला, प्रशिक्षित, विद्यासंपन्न, सुशिक्षित, लिखा-पढ़ा।
educated.

शिखा *(स्त्री.)* 1.चुटिया, चोटी।
a tuft of hair on the crown.
2. लौ *(दे.)*।

शिल्प *(पुं.)* दस्तकारी, शिल्पकौशल, शिल्पविद्या, हस्तशिल्प।
handicraft.

शिल्पी *(पुं.)* दस्तकार, शिल्पकार, शिल्पज्ञ।
craftsman, artisan.

शिव *(पुं.)* उमापति, कपाली, कापालिक, कामरिपु, काशीनाथ, कैलाशनाथ, कैलाशपति, गिरिजापति, चंद्रचूड़, चंद्रमौलि, चंद्रशेखर, जटाधर, त्रिपुरारि, त्रिलोचन, नंदीश्वर, नटराज, पशुपति, भूतनाथ, भोलानाथ, महेश, महेश्वर, रुद्र, विश्वनाथ, विश्वेश्वर।
Lord Shiva.

शिविर *(पुं.)* कैंप, चावड़ी, पड़ाव।
camp, halting place, halt.

शिष्ट *(वि.)* आर्य, नम्र, भद्र, विनयशील, विनयी, विनीत, शालीन, शीलवान, सभ्य, सलीकेदार, सुशील, सुसंस्कृत।
civilized, courteous, humble, polite, modest.

शिष्टता *(स्त्री.)* नम्रता, भद्रता, विनय, विनयशीलता, शालीनता, सभ्यता, सुशीलता, सुसंस्कार।
civility, courtesy.

शिष्टाचार *(पुं.)* अदब-कायदा, तकल्लुफ, तमीज, तहजीब, रस्म-रिवाज, शऊर, शिष्टता, सलीका, सुशीलता, सौजन्य।
etiquette, manners.

शीघ्र *(क्रिवि.)* अभी, अविलंब, चटपट, चुटकियों में, चुटकी बजाते, जल्द, जल्दी, जल्दी से, झटपट, तत्काल, तड़ाक से, तुरन्त, पलक झपकते, फट से, फौरन, मिनटों में।
immediately, soon, quickly, speedily.

शीर्षक *(पुं.)* सुर्खी, हैडिंग।
heading, headline, title.

शीशा *(पुं.)* आईना, आदर्श, आरसी, दर्पण, मुकुर।
looking glass, mirror.

शुद्ध *(वि.)* अमिश्रित, असल, असली, खरा, खालिस, टकसाली, निर्मल, पवित्र, पावन, विमल, विशुद्ध, सच्चा।
pure, genuine, chaste, spotless.

शुद्धता *(स्त्री.)* खरापन, निर्मलता, पवित्रता, बेमिलावट, विमलता, शुचिता।
purity, genuineness.

शुभ *(वि.)* उत्तम, मंगलकारी, मंगलदायक, मंगलप्रद, मांगलिक, मंगलमय, मुबारक।
auspicious, good, lucky, propitions.

शुभकामना *(स्त्री.)* बधाई, मंगलकामना, मुबारकबाद, सद्‌भावना।
good wishes.

शुभचिंतक *(विपुं.)* भलाई चाहनेवाला, खैरख्वाह, हितू, हितेच्छु, हितैषी।
well-wisher.

शून्य *(पुं.)* कुछ नहीं, जीरो, बिंदी, विंदु, सिफर, सुन्ना।
nothing, zero, cypher.

शून्यता *(स्त्री.)* खालीपन, रीतापन, शून्य।
voidness, vacuum.

शृंखला *(स्त्री.)* 1. कड़ी, लड़ी।
link, relationship.
2. जंजीर *(दे.)*।

शेर *(पुं.)* केसरी, बाघ, नाहर, शार्दूल, सिंह।
lion, tiger.

शेष *(वि.)* अवशिष्ट, परिशिष्ट, बकाया, बचा-खुचा, बचा हुआ, बाकी, रहा-सहा।
remainder, leftover, balance, rest.

शैक्षणिक *(वि.)* अकादमिक, शास्त्रीय, शैक्षिक।
academic, educational.

शोक *(पुं.)* मातम, सम्वेदना, सोग।
mourning.

शोकगीत *(पुं.)* अलानी, करुणगीत, मरसिया।
elegy.

शोकग्रस्त *(वि.)* शोकमग्न, शोकमय, शोक-विह्वल, शोकाकुल, शोकातुर।
bereaved, grief-stricken, sorrow-ful.

शोक मनाना *(क्रिपद)* मातम मनाना, सोग मनाना।
to mourn.

शोभायात्रा *(स्त्री.)* जुलूस, सवारी।
procession.

शोर *(पुं.)* ऊधम, कुहराम, कोलाहल, जनरव, कोहराम, कौआ-रोर, गलगंज, गुलगपाड़ा, चिल्लपों, चिल्लाहट, तूफान, टरटर, तहलका, तुमुल, धमा-चौकड़ी, धूम, बवेला, रोना-पीटना, रौला, शोरगुल, शोर-शराबा, हंगामा, हड़कंप, हरबोंग, हल्ला, हल्ला-गुल्ला, हायतोबा, हाहाकार, हाहा-हूहू, हुड़दंग, हुल्लड़, हो-हल्ला।
noise, uproar, clamour, furore, tumult, din, ballyhoo, roar, shout.

शोषण *(पुं.)* चूषण, स्वार्थ-साधन।
exploitation.

शौक *(पुं.)* चस्का, चाट, चाह, लत, व्यसन, शुगल, हाबी।
hobby, fondness.

श्मशान *(पुं.)* कब्रगाह, कब्रिस्तान, जलसाई, मरघट, मशान, मसान, समाधिस्थल।
burial place, graveyard.

श्रद्धा *(स्त्री.)* आदरभाव, निष्ठा, भक्ति, भक्ति-भाव, विश्वास, समादर।
reverence.

श्रमिक *(पुं.)* गिरमिटिया, मजदूर, श्रमजीवी।
lebourer.

श्रेणी *(स्त्री.)* अनुक्रम, कक्षा, कोटि, क्रम, दर्जा, वर्ग, सोपान-क्रम, स्तर।
class, grade, rank, order, scale.

श्रेय मिलना *(क्रिपद)* यश मिलना, सेहरा बँधना।
to get the credit.

श्रेष्ठ *(वि.)* उत्तम, अत्युत्तम, धुरंधर, धुरीन, बढ़िया, मूर्धन्य, सर्वश्रेष्ठ, सर्वोत्तम।
best, prominent.

श्रेष्ठता *(स्त्री.)* बड़प्पन, बड़ाई, महत्ता, महानता।
greatness, magnamimity.

श्वेत-श्याम *(वि.)* काला-सफेद।
black and white.

ष

षड्यंत्र *(पुं.)* कपट-योजना, कुचक्र, कूट-योजना, साज़िश।
plot, conspiracy.

षड्यंत्रकारी *(वि.)* कुचक्री, कूटकर्मी, षड्यंत्री, साज़िशी।
conspirator, plotter.

स

संकटकाल *(पुं.)* आपत्तिकाल, संकटावस्था।
period of crisis.

संकटग्रस्त *(वि.)* आपदाग्रस्त, आफत का मारा, खतरे में पड़ा हुआ, मुसीबत का मारा, विपदाग्रस्त।
harassed by adversity, struck by calamity.

संकीर्ण *(वि.)* कूपमंडूक, तंग, रूढ़िवादी, संकुचित, सँकरा।
having a narr7ow outlook, parochial.

संकेत *(पुं.)* 1. अता-पता, आभास, इंगित, इशारा, उल्लेख, झलक, निर्देश, भनक, संदर्भ, सुराग, सूत्र, हिंट।
hint, indication, clue.

2. चिह्न, प्रतीक।
symbol.

संक्रामक *(वि.)* छुतहा, संपर्कजनित, सांसर्गिक, स्पर्शजन्य।
contagious.

संक्षिप्त करना *(क्रिपद)* कम करना, काट- छाँट करना, काटना-छाँटना, घटाना, छाँटना, संक्षेप करना, संक्षेपण करना।
to abbreviate, to summarize, to condense, to shorten, to curtail, to diminish, to decrease, to lessen, to reduce, to cut down.

संगति *(स्त्री.)* अनुकूलता, अनुरूपता, एकरूपता, ऐक्य, सादृश्य, सुसंगति।
relevance, compatibility.

संगी *(पुं.)* 1. सहकर्मी, सहचर, सहयोगी, साथी।
companion.
2. मित्र *(दे.)*।

संगी-साथी *(पुं. बहु.)* मिलने-जुलनेवाले, यार-दोस्त, हवाली-मवाली।
companions and associates.

संगृहीत *(वि.)* एकत्र, एकत्रित, जमा, जोड़ा हुआ, संकलित।
accumulated, collected.

संग्रह *(पुं.)* संकलन, संचय, संचयन, समुच्चय।
collection, compilation.

संग्रहकर्ता *(पुं.)* जमाखोर, संकलनकर्ता, संग्राहक, संचयकर्ता, संचयी।
collector, compiler.

संग्रहणीय *(वि.)* संकलनयोग्य, संग्रहयोग्य।
worth collecting.

संग्रहालय *(पुं.)* अजायबघर, कौतुकागार, म्यूजियम।
museum.

संघ *(पुं.)* 1. अंजुमन, कंपनी, क्लब, ग्रुप, परिषद, परिसंघ, मंडल, महासंघ, मोर्चा, संगठन, संघटन, संस्था, समाज, समिति, समुदाय।
union, federation, organisation, confedration, committee.
2. असोसिएशन, गिरोह, जत्था, मंडल, मंडली, सभा, समुदाय।
association.

संघठित *(वि.)* अखंड, अविभक्त, अविभाजित, एकत्रित, संघबद्ध, संयुक्त, सम्मिलित, समन्वित, समूहबद्ध।
organized, united.

संघर्ष *(पुं.)* कशमकश, खींचतान, जद्दोजहद, जीवन-संग्राम, मुकाबला, रस्साकशी।
struggle, strike.

संघर्ष करना *(क्रिपद)* जूझना, भिड़ना, मुकाबला करना, युद्ध करना, लड़ना, लोहा लेना।
to struggle.

संत *(पुं.)* 1. देवता-पुरुष, धर्मात्मा, महात्मा, मुनि, साधु, साधु-पुरुष, सिद्ध, सिद्ध पुरुष।
2. ऋषि *(दे.)*।
saint

संतान *(स्त्री.)* अपत्य, औलाद, कच्चे-बच्चे, बच्चे, बाल-गोपाल, संतति।
child, children, issues.

संतति-निग्रह *(पुं.)* बर्थ-कंट्रोल, संतति-निरोध।
birth-control.

संतुलन *(पुं.)* तुल्यता, बराबरी, समतुलन।
balance, equilibrium.

संतुलित *(वि.)* तुल्य, बराबर, समतुलित।
balanced.

संतुष्ट *(वि.)* अघाया हुआ, आप्तकाम, तुष्ट, तृप्त, निहाल, परितुष्ट, पूर्णकाम, प्रसन्न, संतृप्त।
satisfied, gratified, appeased, pleased.

संतोष *(पुं.)* अघाव, अनुतोष, इतमिनान, तस्कीन, तुष्टि, तृप्ति, तोष, दिलजमई, परितुष्टि, परितोष, मनस्तोष, संतुष्टि, संतृप्ति।
satisfaction, gratification.

संतोषजनक *(वि.)* अनुतोषकारी, तसल्ली-बख्श, तुष्टिकारक, तृप्तिदायक, तोषणीय, परितोषणीय, संतोषप्रद।
satisfactory, satisfying, gratifying.

संदिग्ध *(वि.)* अनिश्चित, शंकनीय, संदेहजनक, संदेहपूर्ण, संदेहात्मक, संदेहास्पद, संशयपूर्ण।
doubtful, dubious, indefinite, vague.

संदेश *(पुं.)* पैगाम, संदेशा, संवाद।
message.

संधि *(स्त्री.)* मेल, मेल-मिलाप, संराधन, समझौता।
treaty, conciliation.

संध्या *(स्त्री.)* गोधूलि-वेला, झुटपुटा, शाम, संध्याकाल, साँझ, सायंकाल।
evening, dusk time.

संपत्ति *(स्त्री.)* जायदाद, दौलत, धन-दौलत, परिसंपत्ति, संपदा।
wealth, property, effects.

संपन्न *(वि.)* अमीर, दौलतमंद, धनवान, धनाढ्य, धनी, फला-फूला, रईस, संपत्तिवान, संपत्तिशाली, समृद्ध।
rich, affluent.

संपन्नता *(स्त्री.)* धन-दौलत, धनाढ्यता, समृद्धि।
plenty, affluence, prosperity.

संपूर्ण *(वि.)* अक्षुण्ण, अखंड, अखंडित, अखिल, कुल, तमाम, निखिल, पूरा, पूर्ण, समग्र, समूचा, साबुत, सारा, सालिम।
whole, total, intact.

संप्रदाय *(पुं.)* पंथ, फिरका, मत, मार्ग, शाखा।
sect, school of thought, community.

संबंध *(पुं.)* ताल्लुक, नाता, पाला, मेलजोल, रिश्ता, रिश्तेदारी, लगाव, वास्ता, संपर्क, संयोग, संसर्ग, सरोकार, साबिका, हितार्थ।
relation, relationship, connection, contact, affinity.

संबद्ध *(वि.)* अनुबद्ध, अन्योन्याश्रित, जुड़ा हुआ, तत्संबंधी, लिप्त, संपृक्त, संबंधित, सापेक्ष।
related, concerned, connected, affiliated.

संभलना *(क्रि.)* अक्ल ठिकाने हो जाना, सचेत हो जाना, सजग हो जाना, सावधान हो जाना, होश में आ जाना।
to come to one's senses.

संभव *(वि.)* मुमकिन, व्यवहार्य, शक्य, साध्य।
possible.

सँभालना *(क्रि.)* थामना, संभालकर रखना, सहेजकर रखना, सहेजना, सुरक्षित रखना, हिफाजत से रखना।
to take care of, to look after.

संभावना *(स्त्री.)* शक्यता।
possibility, feasibility, likelihood.

संभाव्य *(वि.)* प्रायिक, शक्य, संभावनीय, संभावित।
probable, likely.

संयत *(वि.)* अनुशासित, नियंत्रित, मर्यादित, संयमित।
restrained, disciplined, controlled.

संयम *(पुं.)* अनुशासन, आत्मसंयम, आत्मनिग्रह, इंद्रियनिग्रह, जितेंद्रियता, निग्रह, निवृत्ति, परहेज, मिताचारिता, विरति, विराग।
abstemiousness, restraint, discipline.

संयमी *(वि.)* आत्मसंयमी, इंद्रियनिग्रही, जितेंद्रिय, निग्रही, परहेजगार, मिताचारी, संयमशील।
abstemious, disciplined, moderate.

संयुक्त *(वि.)* जुड़ा हुआ, मिश्रित, मिला-जुला, यौगिक, लगा-बँधा, शिलष्ट, संबंधित, संबद्ध, संयुत, संयोजित, संलग्न, संश्लिष्ट, समन्वित, सम्मिलित।
joint, united.

संयोग *(पुं.)* इत्तफाक, दैवयोग, नौबत, भाग्य की बात।
chance.

संयोगवश *(क्रिवि.)* अकस्मात्, अचानक, इत्तफाक से, दैवयोग से, दैवात्, भाग्यवश, भाग्यवशात्, भाग्य से, संयोगवशात्, संयोग से।
by chance, by mere coincidence.

संरक्षक *(पुं.)* प्रायोजक, सरपरस्त।
patron, spensor.

संरक्षण *(पुं.)* 1. आरक्षण, परिरक्षण, बचाव, रक्षण, सरपरस्ती।
2. आश्रय, छत्रछाया, तत्त्वावधान।
patronage, protection, aegis, auspices of.

संलग्न *(वि.)* अनुबद्ध, आबद्ध, ग्रंथित, ग्रस्त, जुड़ा हुआ, नत्थीयुक्त, लगा हुआ, संयुक्त, संबद्ध, संसक्त, सटा हुआ।
attached, adjacent, adjoining, anexed, appended, tied up.

संलग्नता *(स्त्री.)* अनुबद्धता, जुड़ाव, बंधाव, लगाव, संयुक्तता, संयोजन, संबद्धता, संसक्ति, सटाव।
annex.

संवाददाता *(पुं.)* खबरनवीस, रिपोर्टर।
press reporter.

संशोधन *(पुं.)* दुरुस्ती, परिशोधन, परिष्करण, परिष्कार, भूल-सुधार, शोधन, सुधार।
amendment, correction, modification, revision, rectification.

संशोधित *(वि.)* परिवर्धित, परिशोधित, परिष्कृत, शोधित, सुधारा हुआ।
revised, modified, amended, improved.

संसार *(पुं.)* इहलोक, चराचर, जग, जगत, जहान, जीवलोक, दुनिया, भव, भवसागर, मृत्युलोक, लोक, विश्व, संसृति, सृष्टि, सचराचर।
world.

संस्कार *(पुं.)* अनुष्ठान, समारंभ, समारोह।
ceremony.

संस्तुति *(स्त्री.)* अनुशंसा, सिफारिश।
recommendation.

संस्था *(स्त्री.)* अधिष्ठान, आयोग, निकाय, निगम, प्रतिष्ठान, फर्म, संस्थान, सभा।
body, institution, institute, corporation, firm, commission.

संस्थापक *(पुं.)* जन्मदाता, जनक, प्रतिष्ठाता, प्रवर्तक, स्रष्टा।
founder.

संहार *(पुं.)* कत्लेआम, जनवध, नरवध, नरसंहार, नरहत्या।
massacre, mayhem.

सकारात्मक *(वि.)* धनक, धनात्मक, विधेयात्मक, सहिक।
positive.

सक्रिय *(वि.)* क्रियाशील, गतिमान, गतिशील, प्रवाहशील, रवानीदार, सचेष्ट।
active, quick, agile, sprightly, brisk, in motion.

सखी *(स्त्री.)* अली, आली, गुइयाँ, दोस्त, यार, संगिनी, सहचरी, सहेली, साथिन।
female friend.

सगा *(वि.)* आत्मीय, सहोदर।
sibling.

सगाई *(स्त्री.)* मँगनी, वाग्दान।
engagement, affiance.

सगुन *(पुं.)* शकुन, सगुनौती।
augury.

सघनता *(स्त्री.)* गाढ़ापन।
thickness.

सचमुच *(क्रिवि.)* 1. दरअसल, दरहकीकत, मूलतः, यथार्थतः, वस्तुतः, वास्तव में, हकीकत में।
in fact, in reality, indeed, fundamentally.
2. निस्संदेह *(दे.)*।

सच्चरित्र *(वि.)* आचारवान, निष्कलंक, नेक, नेकचलन, पवित्र, पाकदामन, पाक-साफ, पुण्यात्मा, विमलचरित्र, सदाचारी, सतवंती (स्त्री.), सती (स्त्री.), साधु, साधु-स्वभाव, साध्वी।
of good conduct, virtuous.

सच्चरित्रता *(स्त्री.)* नेकचलनी, नेकी, पवित्रता, सतीत्व।
good conduct.

सच्चा *(वि.)* 1. एकजबान, सत्यभाषी, सत्यवादी। truthful.
2. खरा, निश्छल, निष्कपट, सत्यनिष्ठ। honest, sincere.

सच्चे हृदय से *(क्रिवि.)* खुले दिल से, शुद्ध भाव से। with open heart, with open arms.

सजग *(वि.)* खबरदार, चैतन्य, चौकन्ना, चौकस, जागरूक, जाग्रत, सचेत, सतर्क, सावधान, होशियार। awake, wakeful, vigilant, awakened, consecious.

सजगता *(स्त्री.)* खबरदारी, चैतन्य, चौकन्नापन, चौकसी, जागरूकता, जागर्ति, जागृति, सचेतता, सतर्कता, सावधानता, सावधानी, होशियारी। vigilance, wakefulness, consciousness.

सजधज *(स्त्री.)* चटक-मटक, टिपटाप, टीप-टाप। embellishment, decoration.

सजना *(क्रि.)* कंघी-चोटी करना, तैयार होना, बनना-ठनना, शृंगार करना, सजना-सँवरना, सँवरना। to appear in make up.

सजातीय *(वि.)* एकवंशीय, सगोत्र, सपिंड। agnate.

सजा-धजा *(वि.)* चाक-चौबंद, बना-बैठा, बना-ठना, सजा-सँवरा, सज्जित। decorated.

सजाना *(क्रि.)* अलंकृत करना, बनाव-सिंगार करना, भूषित करना, विभूषित करना, शृंगार करना, सजाना-सँवारना, सँवारना, सजावट करना, सिंगार करना, सुशोभित करना। to decorate, to beautify, to be deck, to adorn, to embellish.

सजावट *(स्त्री.)* अलंकरण, टीप-टाप, बनाव-सिंगार, मेकअप, शृंगार, विभूषण, सजाव, सज्जा, सिंगार। decoration, ornamentation.

सजीव *(वि.)* चलता-फिरता, चेतन, जानदार, जीता-जागता, जीवंत, दमदार, प्राणवान, फुर्तीला, सचेतन, सप्राण, स्फूर्तिवान। living, having life, full of life, lively, animate, vivacious.

सजीवता *(स्त्री.)* चैतन्य, जान, जीवंतता, प्राणवत्ता, स्फूर्ति। liveliness, vivacity, animation.

सज्जन[1] *(पुं.)* इंसान, भला आदमी, भला मानस, मनुष्य, मानव, शरीफ आदमी। gentleman.

सज्जन[2] *(वि.)* भला, शरीफ, साधु। noble, gentlemanly.

सज्जनता *(स्त्री.)* इंसानियत, भलमनसत, भलमनसाहत, शराफत, मनुष्यता। gentlemanliness, goodness.

सज्जित *(वि.)* अलंकृत, आभूषित, मंडित, विभूषित, विमंडित, सजाया हुआ। decorated, adorned, embellished.

सट्टा *(पुं.)* फाटका, फाटकेबाजी, सट्टेबाजी। speculation.

सट्टेबाज *(पुं.)* फाटकेबाज, सटोरिया। stock-jobber, speculator.

सड़ना *(क्रि.)* गंधाना, गल जाना, प्रदूषित होना, बजबजाना, बसियाना, मुसना, विकृत होना, सड़-गल जाना। to putrefy, to decompose, to become rotten.

सताना *(क्रि.)* उत्पीड़ित करना, कष्ट देना, खोपड़ी खाना/चाटना, जलाना, जुल्म करना, तंग करना, तकलीफ देना, दिमाग चाटना, दुख देना, दुखी करना, परेशान करना, पीड़ा देना/पहुँचाना, विपत्ति में डालना, व्यथित करना, संकट में डालना, संतप्त करना। to oppress, to tyrannize.

सती *(स्त्री.)* सती-साध्वी, सती-सावित्री। a woman true to her husband, chaste woman.

सत्ता *(स्त्री.)* 1. आधिपत्य, नियंत्रण, प्रभुता, प्राधान्य, प्राबल्य, राजत्व, शासन, हुकूमत।
sovereignty.
2. अस्तित्व, वजूद।
being, existence.

सत्तारूढ़ *(वि.)* सत्ताधारी।
in power, in authority.

सत्य *(वि.)* तथ्यपूर्ण, फुर, यथार्थ, वास्तविक, सच्चा, सही।
true, real, factual.
(पुं.) यथार्थता, वास्तविकता, सच्चाई, सच्चापन, सत्यता, सदाकत।
truth, reality.

सत्यानाश *(पुं.)* सर्वनाश।
total ruination.

सत्संग *(पुं.)* सत्समागम।
religious assembly.

सदस्य *(पुं.)* मेंबर, सभासद।
member.

सदा *(क्रिवि.)* दिन-रात, नित्य, निरंतर, सदैव, सर्वदा, सदा-सर्वदा, हर समय, हमेशा।
always, ever, continually, constantly, consistently.

सधवा *(स्त्री.)* सुहागिन, सौभाग्यवती।
a woman whose husband is alive.

सनक *(स्त्री.)* उन्माद, खब्त, जनून, झक, तरंग, धुन, पागलपन, बहक, लहर, सिड़ीपन।
whim, crank, craze, obsession, ruling passion.

सनक चढ़ना *(क्रिपद)* अंधा हो जाना, धुन चढ़ना, धुन सवार होना, पागलपन सवार होना, पागल हो जाना, सनक जाना, सनकना।
to go crazy.

सनकी *(वि.)* औढर, औला-दौला, खब्ती, झक्की, तरंगी, तबीयतदार, धुनी, मनमौजी, मौजी, लहरी, सिड़ी, सिर-फिरा।
crazy, whimsical, eccentric, impulsive, temperamental, moody, capricious.

सप्ताह *(पुं.)* अठवारा (आठ दिनों का), हफ्ता (सात दिनों का)।
week.

सफल *(वि.)* 1. उत्तीर्ण, कामयाब, कृतकार्य, पूर्णकाम, सफल-मनोरथ, सफलीभूत, सिद्धकाम।
successful, having fulfilled one's object.
2. कार्यसाधक, फलोत्पादक, सार्थक।
fruitful.

सफलता *(स्त्री.)* कामयाबी, सिद्धि।
success, achievement, attainment.

सफाई *(स्त्री.)* झाड़-पोंछ, मार्जन।
cleaning.

सफेद *(वि.)* उजला, कपूरी, दूधिया, धवल, धवलित, धौरा, शुक्ल, शुभ्र।
white.

सफेदी *(स्त्री.)* दुधियापन, धवलता, धवलिमा, शुक्लता, शुभ्रता, श्वेतता।
whiteness.

सब *(वि.)* अखिल, कुल, पूरा, संपूर्ण, निखिल, सकल, समग्र, समस्त, सर्व, सारा।
all, total, whole.

सब-कुछ *(पुं.)* 1. माई-बाप, सर्वस्व।
2. लेई-पूँजी।
each and everything, all-in-all.

सब जगह *(क्रिवि.)* कण-कण में, कोने-कोने में, चप्पे-चप्पे में, चारों तरफ/ओर, सब कहीं, हर जगह, चप्पे।
every here, throughout.

सभा *(स्त्री.)* जनसमूह, परिषद, मजलिस, समागम, समाज।
assembly, council, gathering.

सभ्यता *(स्त्री.)* 1. तहजीब, संस्कृति।
civilization, culture.
2. शिष्टाचार *(दे.)*।

समंजन *(पुं.)* समायोजन।
adjustment.

समंजित *(वि.)* समायोजित।
Adjusted.

समकक्ष *(वि.)* जोड़ का, जोड़ीदार, तुल्य, बराबर, बराबरी का, सानी।
matched, on the same footing.

समकालीन *(वि.)* एककालीन, समकालिक, समवर्ती, समसामयिक, सहवर्ती।
synchronous, coeval, concurrent, contemporary.

समझौता *(पुं.)* अनुबंध, इकरार, करार, मेल, संधि, संविधा।
compromise, agreement, union.

समतल *(वि.)* चौरस, पटपर, बराबर, यकसाँ, हमवार।
level, even, plane.

समदृष्टि *(स्त्री.)* समबुद्धि, समभाव, समरसता।
equanimity.

समय *(पुं.)* काल, जमाना, जून, वक्त, वेला।
time, timing.

समयोचित *(वि.)* अवसरोचित, कालोचित।
timely, appropriate.

समर्थ *(वि.)* कार्यक्षम, क्षमतावाला, क्षमताशाली, योग्य, सक्षम, सुयोग्य।
competent, capable.

समर्थक *(पुं.)* तरफदार, पोषक, हिमायती।
supporter, deconder.

समर्थन *(पुं.)* अनुमोदन, हिमायत।
support, back-up.

समर्पण *(पुं.)* अभ्यर्षण, अर्पण, प्रत्यर्पण, शरणागति, सिपुर्दगी, स्वत्वत्याग।
dedication, surrender.

समर्पण करना *(क्रिपद)* आत्मसमर्पण करना, नत हो जाना, हथियार डाल देना।
to dedicate, to surrender, to submit, to yield.

समवयस्क *(वि.)* समवयसी, हमउम्र।
equal in age, of the same age, coeval.

समस्या *(स्त्री.)* उलझन, कठिनाई, गुत्थी, झमेला, परेशानी, प्रश्न, फँसावड़ा, मरहला, मसला।
problem, complicated, affair.

समाई *(स्त्री.)* औकात, गुंजाइश, ग्रहणशक्ति, धारिता।
capacity.

समागम *(पुं.)* मिलन, मेल, संपर्क, संसर्ग, सम्मेलन।
meeting.

समाचार *(पुं.)* खबर, पैगाम, संदेश, संदेशा, संवाद, सुनगुन, सूचना, हाल।
news, message.

समाचार-पत्र *(पुं.)* अखबार, पत्रिका, परचा।
newspaper, periodical.

समाधान *(पुं.)* निराकरण, निपटारा, निबेड़ा, निस्तार, हल।
solution, settlement.

समाधि *(स्त्री.)* दरगाह, मकबरा, मजार, रौजा।
tomb, mausoleum.

समान *(वि.)* अनुरूप, एक-जैसा, एकरूप, एक-सा, जोड़ का, जोड़-तोड़ का, तदनुरूप, तद्रूप, तद्वत्, तादृश, तुलनीय, तुल्य, पटतर, बराबर, मिलता-जुलता, सदृश, सम, समकक्ष, समरूप, सरिस, सरीखा, सानी, हमशक्ल।
equal, similar, alike, a kin, identical.

समानता *(स्त्री.)* अनुरूपता, एकरूपता, तद्रूपता, तद्वत्ता, पटतरी, बराबरी, समकक्षता, समता, समत्व, समरूपता, सादृश्य, साम्य।
equality, similarity, likeness.

समानधर्मी *(वि.)* समप्रकृति, समानधर्मा, हममजहब।
of same nature, of same religion.

समाना *(क्रि.)* अटना, भरना।
to occupy all space in.

समाप्त *(वि.)* खत्म, चुकता, तमाम, निःशेष, निष्पन्न, परिसमाप्त, पूर्ण, संपन्न, संपूर्ण।
finished, ended, liquidated.

समाप्त होना *(क्रिपद)* खत्म होना, चट हो जाना, चुकना, निखुटना, पूरा होना, पूर्ण होना, भोग पड़ना, संपन्न होना, संपूर्ण होना।
to be finished, to be concluded.

समाप्ति *(स्त्री.)* अंत, इतिश्री, खात्मा, निष्पत्ति, पटाक्षेप, पूर्ति, समापन।
end, finish, conclusion, eliminations, termination, nullification.

समावेश *(पुं.)* अंतर्ग्रहण, अंतर्भाव, सम्मिलन।
inclusion, incorporation.

समिति *(स्त्री.)* कमेटी।
committee.

समीप *(क्रिवि.)* आसन्न, करीब, निकट, निकटस्थ, निकटवर्ती, सन्निकट।
close by, very near, in close proximity.

समीपता *(स्त्री.)* आसन्नता, करीबी, नजदीकी, निकटता, नैकट्य, सन्निकटता, सन्निकर्ष, सन्निधि, सान्निध्य, सामीप्य।
nearness, proximity.

समीपी *(वि.)* आसन्न, करीबी, निकटवर्ती, निकटस्थ, नजदीकी, पार्श्ववर्ती, पासवाला, बगली, संलग्न, सटा, सन्निकट, समीपस्थ।
near, close, adjacent.

समीर *(स्त्री.)* धीमी हवा, नसीम, बयार।
breeze.

समुच्चय *(पुं.)* अंबार, ढेर, ढेरी, जखीरा, जमाव, पुंज, राशि, संग्रह, संचय, समाहार, समूह।
collection, pile, heap.

समुदाय *(पुं.)* कौम, जाति, संप्रदाय।
community, race.

समुद्र *(पुं.)* जलधि, जलनिधि, पयोधि, पारावार, वारिधि, वारिनिधि, सागर, समुंदर।
sea, ocean.

समुद्रयात्रा *(स्त्री.)* जलयात्रा।
voyage, sea-journey.

समूल *(क्रिवि.)* आमूल, जड़ से।
from the root.

समूह *(पुं.)* 1. गल्ला, जमात, झुंड, ठठ, यूथ, रेवड़, वृंद, रेला।
trongh, group, flock, band.
2. समुच्चय *(दे.)*।

समूहगान *(पुं.)* वृंदगान, समवेतगान, सहगान।
chorus.

समृद्ध *(वि.)* खुशहाल, संपन्न, समुन्नत।
prosperous, well-off.

समृद्धि *(स्त्री.)* खुशहाली, लहर-बहर, संपन्नता, समुन्नयन।
prosperity, affluence.

सम्मन *(पुं.)* आह्वान, तलबी.
summons.

सम्मानित *(वि.)* अभिनंदित, आदृत, महिमान्वित, महिमामंडित।
honoured, respected.

सम्मिलन *(पुं.)* शिरकत, जमावड़ा, संगम, सभा, समागम, सम्मेलन।
meeting, concurence.

सम्मिलित *(वि.)* संयुक्त, सामूहिक।
collective, joint.

सम्राट *(पुं.)* चक्रवर्ती, छत्रपति, जहाँगीर, शहंशाह।
emperor.

सयाना *(वि.)* 1. दुनियादार, दुनियासाज।
worldly wise, tactful.
2. चतुर *(दे.)*।

सयानापन *(पुं.)* 1. दुनियादारी, दुनियासाजी, सयानप।
worldly wisdom, tactfulness.
2. चतुरता *(दे.)*।

सरकना *(क्रि.)* खिसकना, घिसटना, रेंगना, सर्पण करना।
to creep, to crawl.

सरकार *(स्त्री.)* गवर्नमेंट, शासन।
government.

सरल *(वि.)* 1. अक्लिष्ट, आमफहम, आसान, सरलीकृत, सलीस, सहज, सहजप्राप्य,

सहजसाध्य, सहल, सादा, सीधा, सीधा-सादा, सुकर, सुगम, सुबोध, सुसाध्य।
simple, easy, facile, plain.
2. गऊ, छलहीन, निष्कपट, भला, सीधा-सादा।
gentle, unassuming.

सरलता *(स्त्री.)* 1. आसानी, सहजता, सादगी, सादापन, सिधाई, सुकरता, सुगमता, सुबोधता।
simplicity, naturalness, artlessness.
2. निष्कपटता, भलमनसत, सिधाई।
simplicity.

सरस *(वि.)* चुहचुहाता, मज़ेदार।
juicy, tasty.

सरसरी दृष्टि से *(क्रिवि.)* एक निगाह से, चलते-चलते, सरसरी तौर पर।
cursorily.

सरस्वती *(स्त्री.)* गिरा, वाग्देवी, वीणापाणि, शारदा।
goddess of Learning.

सर्दी *(स्त्री.)* 1. खुनकी, जाड़ा, जूड़ी, ठंड, ठंडक, ठार, ठिठुरन, शीत।
cold.
2. शीतकाल, हेमंत।
winter.

सर्वत्र *(क्रिवि.)* इधर-उधर, जगह-जगह, यहाँ-वहाँ, सब जगह, सब कहीं, हर जगह।
everywhere, at every place.

सर्वप्रकारेण *(क्रिवि.)* सब प्रकार से, हर हालत में।
in every respect.

सर्वप्रयोज्य *(वि.)* सर्वार्थ।
all-purpose.

सर्वेक्षण *(पुं.)* पर्यावलोकन, सिंहावलोकन।
survey.

सर्वोच्च *(वि.)* उच्चतम, चोटी का, परम, सबसे ऊँचा, सबसे बड़ा।
highest, supreme, uppermost, upmost.

सर्वोत्कृष्ट *(वि.)* अतिश्रेष्ठ, अत्युत्तम, बेहतरीन, शिरमौर, शिरोमणि, सरताज, सर्वश्रेष्ठ, सर्वोत्तम।
best, topping.

सशपथ *(क्रिवि.)* कसम खाकर, शपथपूर्वक।
on oath.

सशर्त *(वि.)* सोपाधि, सोपाधिक।
conditional.

सशस्त्र *(वि.)* अस्त्रसज्जित, शस्त्रसज्जित, सायुध, हथियारबंद।
armed, in-arms, equipped with arms.

सस्ता *(वि.)* 1. अल्पमूल्य, कम खर्चीला, कम दामवाला, किफायती।
low priced, inexpensive.
2. घटिया, घासलेटी, टकैया, निकम्मा, हलका।
cheap.

सह-अपराधी *(वि.)* सह-अभियुक्त।
co-accused.

सह-अस्तित्व *(पुं.)* सहभाव।
co-existence.

सहनशील *(वि.)* गमखोर, बर्दाश्त करनेवाला, मुरव्वती, सहिष्णु।
tolerant, forbearing, yielding, accommodating, obliging.

सहनशीलता *(स्त्री.)* कपोत-वृत्ति, ताब, तितिक्षा, बर्दाश्त, सहन, सहनशक्ति, सहिष्णुता।
tolerance, forbearance.

सहना *(क्रि.)* ओढ़ लेना, गवारा करना, झेलना, तरह देना, भुगतना, बर्दाश्त करना, भोगना, सहन करना, सहनशीलता दिखाना, सह लेना, सहिष्णुता दिखाना।
to endure, to bear, to tolerate, to stand, to undergo.

सहपाठी *(पुं.)* कक्षामित्र, क्लासफैलो, सहाध्यायी।
class-fellow.

सहबाला *(पुं.)* वरसखा।
bridesman.

सहयात्री *(पुं.)* सहपथिक, हमराह, हमराही, हमसफर।
co-traveller, going together.

सहरी *(स्त्री.)* सरगी, सहरगही।
meal taken at early dawn.

सहानुभूति *(स्त्री.)* सद्‌भावना, हमदर्द।
sympathy.

सहानुभूतिशील *(वि.)* सद्‌भावी, सहानुभूति दिखानेवाला, हमदर्द।
sympathiser.

सहायक *(विपुं.)* नायब, मददगार, मातहत, सहकारी, सहयोगी, हिमायती, हेल्पर।
helper, assistant, co-worker.

सहायता *(स्त्री.)* अनुदान, प्रश्रय, मदद, हिमायत।
aid, grant, support.

सहारा *(पुं.)* अवलंब, आश्रय, आसरा, टेक, ढासना, शरण, संबल।
support, mainstay.

सही *(वि.)* 1. टिचन, ठीक, दुरुस्त, परिशुद्ध, शुद्ध, सटीक।
right, accurate, precise, apt.
2. उचित *(दे.)*।

सहृदय *(वि.)* 1. अनुभूतिशील, दर्दमंद, संवेदनशील, सहानुभूतिशील।
sympathetic, warm-hearted.
2. रसिया *(दे.)*।

सह्य *(वि.)* गवारा, बर्दाश्त करने योग्य।
tolerable, bearable, endurable.

साँकल *(स्त्री.)* कुंडी।
chainlike hasp.

साँप *(पुं.)* कीड़ा, नाग, नागिन *(स्त्री.)*, पन्नग भुजंग, भुजंगिनी *(स्त्री.)*, माया, व्याल, सर्प, सर्पिन *(स्त्री.)*, साँपिन *(स्त्री.)*।
snake, serpent.

सांप्रदायिक *(वि.)* जातिवादी, फिरकापरस्त।
communal.

साँस *(स्त्री.)* उच्छ्वास, दम, निःश्वास, प्रश्वास, श्वास, साँस।
breath.

साँस फूलना *(क्रिपद)* दम उखड़ना, हाँफने लगना।
to be out of breath.

सांसारिक *(वि.)* इहलौकिक, ऐहिक, जागतिक, दुनियाई, दुनियावी, लौकिक, वैश्विक।
wordly, mundane, carnal.

सांसारिकता *(स्त्री.)* ऐहिकता, लौकिकता।
cornality.

साकी *(पुं.)* मदवितरक, मधुबाला *(स्त्री.)*।
server of wine.

साज-सामान *(पुं.)* टंट-घंट, ताम-झाम, लवाजमा, सरोसामान।
paraphernalia.

साझा *(पुं.)* पार्टनरशिप, भागीदारी, सहभागिता, साझेदारी।
partnership, affiliation.

साझेदार *(पुं.)* जोड़ीदार, पार्टनर, भागीदार, सहभागी।
ally, partner, accomplice.

सातत्य *(पुं.)* अटूटपन, अप्रतिहतता, अभग्नता, अविच्छिन्नता, अविरामता, निरंतरता, निर्विघ्नता।
continuity.

साथ *(पुं.)* संग, संग-साथ, संगति, साहचर्य, सुसंगति, सोहबत।
company, association.

साथ-साथ *(क्रिवि.)* एक साथ, कंधे से कंधा मिलाकर, संग-संग।
side by side, shoulder to shoulder, alongwith.

साथी *(पुं.)* 1. जोड़ीदार, सहकर्मी, साथिन *(स्त्री.)*।
companion, co-worker, collea-gue, associate.
2. मित्र *(दे.)*।

साधन *(पुं.)* जरिया, संसाधन।
means, resources.

साधारण *(वि.)* आम, मामूली, सामान्य।
ordinary, mediocre, common, minor.

साधारणतः *(क्रिवि.)* आम तौर पर, साधारणतया, साधारण रूप में, सामान्यतः, सामान्यतया।
ordinarily.

साधु *(पुं.)* दरवेश, तपस्वी, परिव्राजक, फकीर, बैरागी, यति, वैरागी, योगी, संन्यासी, साधक।
hermit, ascetic.

सानंद *(क्रिवि.)* आनंदपूर्वक, खुशी-खुशी, सुख से।
happily, joyfully.

सानना *(क्रि.)* गूँथना, मलना।
to knead.

सापेक्ष *(वि.)* अन्योन्याश्रित, परस्पर-संबद्ध।
correlative.

साप्ताहिक *(वि.)* हफ्तावारी।
weekly.

साफ करना *(क्रिपद)* 1. झाड़ना, पोंछना, बुहारना, सफाई करना।
to clean.
2. धोना, माँजना, मार्जन करना।
to cleanse.
3. चुनना, छाँटना, बिनना।
to separate out.

साफ-साफ कहना *(क्रिपद)* खरी-खोटी सुनाना, खरी बात कहना, सीधी-सीधी सुनाना।
to say plainly, to be out-spoken.

सामंजस्य *(पुं.)* अन्वय, एकता, एका, ऐक्य, ताल-मेल, मेल, मैत्री, संगति, समन्वय, समरसता।
concord, harmony, coordination.

सामंत *(पुं.)* जागीरदार, नवाब।
feudal, chieftain.

सामंतवाद *(पुं.)* सामंतशाही।
feudalism.

सामंती *(वि.)* जागीरी, नवाबी, सामंतवादी, सामंतशाही, सामंतिक।
feudalistic.

सामग्री *(स्त्री.)* चीज, द्रव्य, मसाला, वस्तु, सरंजाम, सामान, सौदा।
something, requisite.

सामना *(पुं.)* टक्कर, भिड़ंत, भेंट, मुकाबला, मुलाकात, मेल।
encounter, confrontation.

सामना करना *(क्रिपद)* बराबरी करना, मुकाबला करना, ललकारना, लोहा लेना।
to face, to challenge.

सामने *(क्रिवि.)* मुँह-दर-मुँह, मुँह पर, सम्मुख।
face to face, in the presence of, in front of, in presence.

सामयिक *(वि.)* अवसरोचित, कालोचित, यथा-समय होनेवाला, वक्ती, समयोचित।
timely.

सामर्थ्य *(स्त्री.)* औकात, क्षमता, तौफीक, धारिता, बित्ता, बिसात, माद्दा, शक्ति, समाई, हैसियत।
capacity, capability.

सामाजिक *(वि.)* समाजी।
social.

सामान *(पुं.)* असबाब, बोरिया-बिस्तर, टंट-घंट, मालपत्ता, साज-सामान, सामग्री।
luggase.

साम्यवादी *(विपुं.)* कम्यूनिस्ट।
1. comunist *(n)*.
2. communistic *(adj.)*.

साम्राज्यवादी *(पुं.वि.)* उपनिवेशवादी।
imperialist, colonist.

सायं *(स्त्री.)* गोधूलिवेला, झुटपुटा, धुँधलका, शाम, संध्या, सायंकाल।
twilight, evening.

सायत *(स्त्री.)* मंगल वेला, शुभ घड़ी, शुभ मुहूर्त, शुभ लगन।
auspicious moment.

सार *(पुं.)* उपसंहार, खुलासा, निचोड़, तत्त्व, पते की बात, मर्म, सत्त, सत्त्व, लबाब, लुब्बे-लबाब, संक्षेप, सारांश।
abstract, substance, essence, quintessence, summary, synopsis, digest, abridgment. abbreviation.

सारगर्भित *(वि.)* अर्थवान, तत्त्वपूर्ण, तात्त्विक, मर्मयुक्त, मार्मिक, विवक्षायुक्त, साभिप्राय, सारयुक्त, सार्थक।
pregnant with meaning, pithy.

सार्वजनिक *(वि.)* पंचायती, सार्वजनीन।
public, common.

सार्वभौम *(वि.)* वैश्वक, वैश्विक, विश्वजनीन, विश्वव्यापी, सर्वदेशीय, सार्वत्रिक, सार्वदेशिक, सार्वभौमिक, सार्विक।
universal, cosmopolitan.

सालना *(क्रि.)* कष्ट देना, तंग करना, दुख देना, दुखी करना, पीड़ा पहुँचाना, व्यथा पहुँचाना, व्यथित करना।
to cause pain.

सावधान *(वि.)* खबरदार, चौकन्ना, चौकस, जागरूक, सजग, सचेत, सतर्क, होशियार।
watchful, alert, careful, attentive, heedful, vigilant.

सावधानी *(स्त्री.)* एहतियात, चौकसी, जागरूकता, सचेतता, सजगता, सतर्कता, सावधानता, होशियारी।
carefulness, alertness, vigilance, caution, case.

साहस *(पुं.)* आत्मबल, इच्छाशक्ति, जिगरा, जीवट, जुर्रत, दिलेरी, धड़का, मजाल, मनोबल, महत्त्वाकांक्षा, शूरता, संकल्प-शक्ति, हिम्मत, हियाव, हौसला।
courage, nerve.

साहसिक *(वि.)* खतरनाक, जोखिम-भरा।
courageous.

साहसी *(वि.)* उद्यमी, उद्योगी, जीवटवाला, जोखिमी, दिलवाला, दिलावर, दिलेर, निडर, निर्भीक, बहादुर, बेधड़क, वीर, शूर, हिम्मतवर, हिम्मतवाला, हिम्मती।
courageous, enterprising, adventurous, feerless, chivalrous.

सिंगार करना *(क्रिपद)* बनाव-सिंगार करना, बन बैठना, मेकअप करना, शृंगार करना।
to make-up.

सिंहशावक *(पुं.)* बाघ का बच्चा, सिंघेला।
cub of a lion.

सिंहासनारूढ़ *(वि.)* गद्दीनशीन।
enthroned.

सिकुड़ जाना *(क्रिपद)* चुचुक जाना, चुचुकना, सिमट जाना, सिमटना।
to shrink, to contract.

सिद्ध *(वि.)* प्रमाणित, साबित।
proved, established.

सिद्धांतहीन *(वि.)* अनादर्श, असंयमी, आचरण-भ्रष्ट, बेउसूल।
without a principle.

सिनेमा *(पुं.)* चित्रमंदिर, छविगृह, छविघर, सिनेमाघर।
cinema.

सिपाही *(पुं.)* संतरी, सैनिक।
sepoy, constable, sentry, solidier.

सिफारिश *(स्त्री.)* संस्तुति।
recommendation, commendation.

सिर *(पुं.)* कपाल, खोपड़ी, शीश, सर।
head, skull.

सिर खपाना *(क्रिपद)* माथा खपाना, माथा-पच्ची करना।
to rack brain.

सिलवाना *(क्रि.)* गठवाना, टाँके लगवाना।
to get stitched.

सींग *(पुं.)* विषाण।
horn.

सींगवाला *(वि.)* शृंगयुक्त, शृंगी, सींगदार।
horned.

सीटी *(स्त्री.)* धूतू, बिगुल, भोंपू, सायरन।
whistle, siren.

सीढ़ी *(स्त्री.)* जीना, नसैनी, पैढ़ी, पौढ़ी, सोपान।
ladder, staircase.

सीधे *(क्रिवि.)* नाक की सीध में।
straight.

सीना *(क्रि.)* टाँके लगाना, गाँठना, टाँचना, टोंचना, तागना, तुपाई करना, तोपे लगाना, बखिया करना, सिलाई करना।
to sew to stitch.

सीमांकन *(पुं.)* हदबंदी।
demarcation.

सीमा *(स्त्री.)* उपांत, ओर-छोर, चौहद्दी, छोर, परिधि, प्राकार, सरहद, सिरा, सीमांत, सीमा-रेखा, हद।
limit, boundary.

सीमित *(वि.)* परमिति।
limited, finite.

सुँघनी *(स्त्री.)* नस्य, नास।
snuff.

सुंदर *(वि.)* अभिराम, कमनीय, खुशनुमा, खूबसूरत, चारु, चित्ताकर्षक, तरहदार, दर्शनीय, नयनाभिराम, नूर का पुतला, मंजु, मंजुल, मनमोहक, मनोहारी, मनोरम, मनोहर, रमणीक, रमणीय, रूपवंत, रूपवान, ललाम, ललित, शोभन, शोभनीय, शोभायमान, शोभित, सजीला, सलोना, सुदर्शन, सुभग, सुरम्य, सुष्ठु, सुहावना, हसीन।
beautiful, charming, comely, seemly, graceful, elegant.

सुंदरता *(स्त्री.)* अभिरामता, कमनीयता, कांति, खूबसूरती, चारुता, छटा, छवि, मंजुलता, मनोहरता, रमणीकता, रमणीयता, लालित्य, लावण्य, लुनाई, शोभा, सजीलापन, सौंदर्य, सौष्ठव, द्युति, सुभगता, सुषमा, हुस्न।
beauty, charm, loveliness, grace.

सुंदरी *(स्त्री.)* कामिनी, गुड़िया, पद्मिनी, मृगनयनी, मृगलोचनी, रमणी, रूपवती, रूपसी, ललना, वरांगना, हसीना।
beauty, pretty woman.

सुकर्म *(पुं.)* पुण्यकर्म, सुकृति, सुकृत्य।
good deed, virtuous act.

सुखद *(वि.)* आरामदेह, प्रीतिकर, सुखकर, सुखकारक, सुखदायक, सुख देनेवाला, सुखप्रद।
comfortable, delightful, pleasing, amiable, agreeable.

सुखाना *(क्रि.)* धुपाना, धूप दिखाना।
to dry.

सुखी *(वि.)* कमाऊ-खाऊ, प्रमुदित, प्रसन्न, मुदित, सानंद।
happy.

सुगंधित *(वि.)* खुशबूदार, सुरभित, सुवासित, सौंधा, सौरभिक।
fragrant, aromatic.

सुगठित *(वि.)* परिपुष्ट, सुघड़, सुडौल।
well-built.

सुझाव *(पुं.)* प्रस्ताव।
suggestion, offer.

सुध-बुध खोना *(क्रिपद)* सुधबुध न रह जाना, होश उड़ जाना, होश-हवास न रह जाना।
to lose one's bearings.

सुधार *(पुं.)* जीर्णोद्धार, तरमीम, नवीकरण, परिमार्जन, परिशोधन, परिष्कार, पुनरुद्धार, प्रगति, मरम्मत, शोधन, संपरिवर्तन, संशुद्धि, संशोधन।
reform, improvement, amendment, progress, modification, correction.

सुधारना *(क्रि.)* ठीक करना, दुरुस्त, करना, परिमार्जन करना, बेहतर बनाना, शुद्ध करना, संशोधन करना, संशोधित करना, सही करना, सुधार करना।
to improve, to reform, to correct, to rectify, to amend, to repair.

सुधि *(स्त्री.)* खबर, चेत, चेतना, होश।
consciousness.

सुनना *(क्रि.)* कान धरना, कान में पड़ना, श्रवण करना।
to hear, to listen, to heed.

सुनहरा *(वि.)* सुनहला, सुवर्ण जैसा, सोनल, स्वर्णिम।
golden.

सुन्न *(वि.)* चेतनाशून्य, संज्ञाहीन।
sensationless, benumbed.

सुन्न हो जाना *(क्रिपद)* झुनझुनाना।
to be benumbed.

सुन्नत *(स्त्री.)* खतना।
circumcision.

सुन्नत करना *(क्रिपद)* खतना करना, मुसलमानी करना।
to circumcise.

सुपुत्र *(पुं.)* सपूत, सुपूत।
dutiful son.

सुप्त *(वि.)* निद्रागत, निद्रामग्न, निद्रालीन, प्रसुप्त, शयित, सुषुप्त, सोया हुआ।
asleep, sleeping, dormant.

सुरक्षित *(वि.)* अभिरक्षित, आरक्षित, निरापद, महफूज, रक्षित, संरक्षित, सलामत, सही-सलामत।
safe, secure, immune, protected.

सुरीला *(वि.)* सुमधुर।
sweet, melodious.

सुरुचि *(स्त्री.)* नफासत।
good taste, refinement.

सुरुचिपूर्ण *(वि.)* सुरुचिकर।
full of good taste.

सुरुचिसंपन्न *(वि.)* नफासतपसंद।
having a refined taste.

सुलेख *(पुं.)* खुशखत।
beautiful handwriting.

सुलोचनी *(स्त्री.)* मीनाक्षी, मृगलोचनी, मृगाक्षी, सुनयनी।
a woman having beautiful eyes.

सुविधा *(स्त्री.)* छूट, रियायत, सहूलियत, सौख्य।
facility.

सुविधाजनक *(वि.)* सुकर, सुखदायक, सुखकर, सुखसाध्य।
convenient.

सुशील *(वि.)* नम्र, विनम्र, विनयशील, विनीत, शालीन, शिष्ट, शीलवान।
of good disposition, good-natured, well-behaved.

सुसमय *(पुं.)* अच्छा समय, अच्छे दिन, सुकाल।
favourable times, good days.

सुसमाचार *(पुं.)* अच्छी खबर, खुशखबरी, शुभ समाचार।
good news.

सुस्त *(वि.)* अकर्मण्य, अक्रिय, अनुद्योगी, अचेष्ट, आलसी, आरामतलब, काहिल, कामचोर, जांगरचोर, ठंडा, धीमा, नेस्ती, पलंगतोड़, फिसड्डी, मंथर, मंद, मंदगति, मंदा, मक्खीमार, मट्ठर, लद्धड़, लीचड़।
indolent, lazy, idle, lethargic, comfortseeking, easy-going, inactive, inert, dull, inert.

सुस्ताना *(क्रि.)* आराम करना, दम लेना, विश्राम करना, साँस लेना।
to take rest, to relax.

सुस्ती *(स्त्री.)* आलकस, आलस, आलस्य, आसकत, काहिली, ढिलाई, ढीलापन, शिथिलता, शैथिल्य।
laziness, idleness, indolence, sluggishness, slowness.

सुस्थित *(वि.)* सुप्रतिष्ठित, सुस्थिर।
well-established, well-placed. firmly settled, well-situated.

सुहाग *(पुं.)* अहिवात, सौभाग्य।

सुहाना *(क्रि.)* अनुकूल पड़ना, अच्छा लगना, प्रिय लगना, भाना।
to be pleasing, to be agreeable.

सुहावना *(वि.)* खुशनुमा, चमकदार, गुलजार, प्रीतिकर, मुग्ध कर लेनेवाला, मोदकारी, लुभावना, सुखकर, सुहाना।
gay, pleasant, delightful, pleasing.

सूँड़ *(स्त्री.)* गजनासा, शुंड।
trunk of an elephant.

सूक्ष्म *(वि.)* अतिलघु, बारीक, महीन।
fine, minute, tiny, subtle, very small.

सूक्ष्मता *(स्त्री.)* बारीकी।
minuteness, subtlety.

सूखा *(वि.)* खुश्क, जलहीन, निर्जल, प्यासा/प्यासी, रूक्ष, शुष्क।
dry.
(पुं.) अवर्षण, अवृष्टि, झूरा।
drought.

सूचक *(वि.)* अभिसूचक, द्योतक, परिचायक, लक्षक, वाचक, व्यंजक, संकेतक, संज्ञक, संसूचक।
signifying, introductory.

सूचना *(स्त्री.)* अधिसूचना, इत्तला, खबर, नोटिस, पैगाम, प्रज्ञप्ति, रुक्का, विज्ञापन, विज्ञप्ति, संज्ञापन, संदेश, संवाद।
notice, advertisement, meassage.

सूचना देना *(क्रिपद)* इत्तला करना/देना, खबर देना/भेजना, नोटिस देना/भेजना।
to inform, to notify, to intimate.

सूची *(स्त्री.)* अनुसूची, चिट्ठा, तालिका, नामावली, फेहरिस्त, सारणी।
catalogue, inventory.

सूजन *(स्त्री.)* उभार, फुलाव, फुलावट, शोथ।
swelling, inflammation.

सूजना *(क्रि.)* उभड़ना, उभरना, फूलना, सूजन होना।
to swell, to inflame.

सूजाक *(पुं.)* गनोरिया।
gonorrhoea, clap.

सूतक *(पुं.)* अशौच, सुद्धक।
state of temporary untouchability due to some birth or death in the family.

सूत्र *(पुं.)* अता-पता, सुराग।
clue.

सूद *(पुं.)* ब्याज।
interest.

सूदखोर *(पुं.)* ब्याज खानेवाला, ब्याजजीवी, ब्याजी।
usurer.

सूना *(वि.)* उजाड़, जनशून्य, जनहीन, निर्जन, विजन, सुनसान।
uninhabited, desolate.

सूनापन *(पुं.)* जनशून्यता, जनहीनता, निर्जनता, विजनता।
loneliness.

सूरज *(पुं.)* अंशुमाली, आदित्य, आफताब, दिनकर, दिनेश, दिवाकर, प्रभाकर, भानु, भास्कर, मरीचिमाली, मरीची, मार्तंड, मिहिर, रवि, सविता, सूर्य।
sun.

सृष्ट *(वि.)* रचित, विरचित, सर्जित, सृजित।
created.

सृष्टि *(स्त्री.)* रचना, संजन।
creation.
2. संसार *(दे.)*

सेंक *(पुं.)* टकोर, सिकाई।
formentation.

सेंकना *(क्रि.)* टकोर करना, सिकाई करना।
to foment.

सेंध लगाना *(क्रिपद)* नकब लगाना।
to break into the house.

से अधिक *(संबंधसूचक.)* से ज्यादा, से बढ़कर।
more.

सेना *(स्त्री.)* अनीक, कटक, चमू, फौज, पल्टन, लाम, सैन्य, सैन्यबल, लश्कर, वाहिनी।
army.

सेनापति *(पुं.)* सेनाधिकारी, सेनाधिपति, सेनाध्यक्ष, सेनानायक, सेनानी।
military officer, commander, general.

सेवक *(पुं.)* अनुगामी, अनुचर, किंकर, खादिम, खिदमतगार, गुलाम, चाकर, चेटा, चेरा,

टहलुआ, दास, दासानुदास, नौकर, परिचर, परिचारक, भृत्य, रामचेरा, सेवादार।
servant, slave.

सेवा *(स्त्री.)* खिदमत, चाकरी, टहल, तीमारदारी, नौकरी, परिवार, परिचर्या, सेवा-भाव, सेवा-सुश्रूषा।
service, lackeying, attendance.

सेवा करना *(क्रिपद)* खिदमत करना, टहल करना, तीमारदारी करना, परिचर्या करना, सेवा-टहल करना, सेवा-सुश्रूषा करना।
to nurse, to serve.

सैनिक *(पुं.)* जवान, फौजी।
soldier.

सैर *(स्त्री.)* चहलकदमी, टहलान, सैर-सपाटा।
stroll.

सोखना *(क्रि.)* अवशोषण करना, घूस लेना, जज्ब करना, प्रचूषण करना, सोख लेना।
to soak, to suck, to absorb, to consume.

सोचना *(क्रि.)* गुनना, गौर करना, चिंतन करना, ध्यान करना, भावना करना, मनन करना, विचार करना, विचारना, सोचना-विचारना, सोचना-समझना, स्मरण करना।
to think, to ponder, to consider.

सोच-विचार *(पुं.)* उधेड़बुन, ऊहापोह, चिंतन, जोड़-तोड़, मंत्रणा, विचारणा, विचार-विमर्श, विमर्श।
discussion, deliberation.

सोना[1] *(पुं.)* कंचन, कुंदन, कनक, स्वर्ण, हुन, हेम।
gold.

सोना[2] *(क्रि.)* नींद आना, निद्रामग्न होना, शयन करना, सोने जाना।
to sleep.

सौंदर्यप्रेमी *(पुं.)* सौंदर्यानुरागी, सौंदर्योपासक, हुस्नपरस्त।
aesthete.

सौंपना *(क्रि.)* थमाना, पकड़ाना, सिपुर्द करना, हवाले करना।
to entrust.

सौजन्य *(पुं.)* प्रेमभाव, भलमनसाहत, मित्र-भाव, सद्‌भाव, सौहार्द, स्नेहभाव।
courtesy, gentlemanliness, cordiality.

सौत *(स्त्री.)* सपत्नी, सौतिन।
co-wife.

सौभाग्य *(पुं.)* अहिवात, खुशकिस्मती, खुशनसीबी, सुहाग।
good fortune.

सौरी *(स्त्री.)* जापा, प्रसव।
delivery of child.

स्काउट *(पुं.)* बालचर।
boy-scout.

स्तंभ *(पुं.)* कालम।
column.

स्तन *(पुं.)* उरोज, कुच, छाती, पयोधर।
breast (of woman).

स्तर *(पुं.)* तल, धरातल।
level.

स्त्रियोचित *(वि.)* जनाना, स्त्रीसुलभ।
womanly, womanish, behoving woman.

स्त्री *(स्त्री.)* अंजना, औरत, कांता, कामिनी, चंद्रमुखी, तरुणी, तिय, तिया, तिरिया, नारी, बाई, बाला, बीवी, भामा, भामिनी, महिला, मृगनयनी, मृगलोचनी, मेमसाहब, मेहरारू, रमणी, ललना, लुगाई, वनिता, वामा, सुंदरी, हसीना।
woman, lady.

स्थगित *(वि.)* निलंबित, मुल्तवी।
postponed, suspended.

स्थगित करना *(क्रिपद)* टाल देना, मुल्तवी करना।
to postpone, to adjourn, to defer.

स्थान *(पुं.)* आलय, जगह, ठाँव, ठिकाना, ठिया, ठीहा, ठौर, ठौर-ठिकाना, थल, मुकाम, स्थल, स्थली।
place, station.

स्थानांतरण *(पुं.)* अंतरण, तबादला, बदली।
transfer.

स्थानापत्र *(वि.)* कार्यकारी।
acting.

स्थापित *(वि.)* संस्थापित, सुस्थापित।
installed, established, founded.

स्थायित्व *(पुं.)* टिकाऊपन, टिकाव, दृढ़ता, मजबूती, स्थिरता।
stability.

स्थायी *(वि.)* 1. चिरस्थायी, टिकाऊ, दृढ़, पक्का, पायदार, पुख्ता, मुस्तकिल, शाश्वत, सनातन।
permanent, stable, durable, perpetual.
2. स्थिर (दे.)।

स्थिति *(स्त्री.)* 1. दर्जा, पद, हैसियत।
position.
2. दशा, नौबत, परिस्थिति, हालत।
situation.

स्थिर *(वि.)* अचल, अटल, अडिग, अविचल, अलोल, अविचलित, गतिहीन, जड़, चित्रवत्, टस से मस न होनेवाला, दृढ़, डटा रहनेवाला, निश्चल, निस्पंद, सुस्थित, सुस्थिर, स्थावर।
firm, fixed, steady, immovable, stationary, motionless.

स्थिरता *(स्त्री.)* 1. अचलता, अविचलता, गतिहीनता, टिकाव, दृढ़ता, ठहराव, निश्चलता, सुस्थिरता, स्थायित्व।
fixedness, immovability.
2. स्थायित्व (दे.)।

स्नान *(पुं.)* नहान, नहाना, निमज्जन, मज्जन।
bath.

स्नानागार *(पुं.)* गुसलखाना, नहाने का कमरा, बाथरूम, स्नानगृह।
bath, bathroom.

स्पर्श *(पुं.)* छुआव, परस, संस्पर्श, सटाव।
touch.

स्पष्ट *(वि.)* जाहिर, ज्वलंत, प्रांजल, प्रकट, बुद्धिगम्य, भासमान, व्यक्त, साफ, सुव्यक्त, सुस्पष्ट, स्फुट, स्वतः स्पष्ट।
apparent, clear, evident, explicit, lucid, manifest, plain, obivious, self-evident.

स्पष्टतः *(क्रिवि.)* खोलकर, साफ-साफ, स्पष्ट रूप से।
clearly, evidently, plainly, explicitly.

स्पष्टवादिता *(स्त्री.)* खरापन।
outspokenness, straight forwardness.

स्पष्टवादी *(वि.)* खरतल, बेलाग, मुँहफट, स्पष्टभाषी, स्पष्टवक्ता।
frank, plain-spoken, candid, sincere.

स्पष्टीकरण *(पुं.)* कैफियत।
clarification, elucidation.

स्पष्टीकरण करना *(क्रिपद)* कैफियत देना।
to clarify, to explain.

स्फूर्ति *(स्त्री.)* कर्मठता, क्रियाशीलता, चंचलता, चपलता, फुर्ती, फुर्तीलापन, सक्रियता।
agility, activity, liveliness.

स्फूर्तिप्रद *(वि.)* उत्साहप्रद, अनुप्राणक, प्रेरणादायक, ब ।वा देनेवाला, शक्तिदायक, स्फूर्ति-दायक, हिम्मत बढ़ानेवाला।
encouraging, promising, inspiring.

स्फोटक *(वि.)* भड़कनेवाला।
explosive.

स्मरण *(पुं.)* याद, सुध, सुधि, स्मृति।
recollection, remembrance.

स्मरणीय *(वि.)* अविस्मरणीय, चिरस्मरणीय, याद रहनेवाला।
memorable, ever-memorable.

स्मारक *(पुं.)* कीर्तिस्तंभ, स्तूप।
monument.

स्मृति *(स्त्री.)* ख्याल, याददाश्त, सुध, सुरत, स्मरण-शक्ति, हाफिजा।
memory.

स्मृतिचिह्न *(पुं.)* चिन्हानी, यादगार।
keepsake, memento.

स्याही *(स्त्री.)* मसि, रोशनाई।
ink.

स्रष्टा *(पुं.)* रचनाकार, रचयिता, सृष्टिकर्ता।
creator, originator.

स्राव *(पुं.)* बहाव।
discharge.

स्रोत *(पुं.)* उद्भव, मूल, मूलस्थान।
source.

स्वच्छंद *(वि.)* उद्दाम, निरंकुश, मनमौजी, स्वच्छंदचारी, स्वच्छंदचारिणी *(स्त्री.)*, बेलगाम, स्वेच्छाचारी।
self-willed, uncontrolled, unbridled, uncurbed.

स्वच्छ *(वि.)* निर्मल, विमल, सफा, सफाचट, साफ, साफ-सुथरा, सुथरा।
clean, lucid, limpid.

स्वच्छता *(स्त्री.)* निर्मलता, विमलता, सफाई।
cleanliness, limpidness.

स्वतंत्र *(वि.)* आत्मशासित, आजाद, उन्मुक्त, निर्बंध, मुक्त, विमुक्त, विमोचित, स्वयं-शासित, स्वाधीन।
free, independent, selfgoverned, liberated, emancipated, released.

स्वतंत्रता *(स्त्री.)* आजादी, उन्मुक्ति, छूट, माफी, मुक्ति, स्वाधीनता।
independence, freedom.

स्वप्न *(पुं.)* ख्वाब, सपना।
dream.

स्वभाव *(पुं.)* प्रकृति, फितरत, मिजाज, शील।
nature, disposition.

स्वयं *(सर्व., क्रिवि.)* अपने आप, खुद, खुद-ब-खुद, स्वतः।
self, oneself.

स्वर *(पुं.)* बोलने का ढंग, लहजा।
tone, intonation.

स्वरूप *(पुं.)* आकार-प्रकार, चेहरा-मोहरा, रूप-रंग, शक्ल-सूरत।
shape.

स्वर्ग *(पुं.)* गोलोक, जन्नत, परमधाम, बहिश्त, बैकुंठ, सुरधाम, स्वर्गधाम, स्वर्गपुरी, स्वर्गलोक।
heaven.

स्वर्गीय *(वि.)* 1. परलोकवासी, मरहूम, स्वर्गस्थ।
late.
2. अलौकिक, दिव्य, देवोपम, बहिश्ती।
heavenly, divine, celestial.

स्वस्थ *(वि.)* अच्छा, चंगा, चुस्त-दुरुस्त, टंच, टनमना, टनाटन, ठीक, तंदुरुस्त, निरापद, निरामय, नीरोग, पाठा, पुष्ट, भला-चंगा, रोगमुक्त, हट्टा-कट्टा।
healthy, sound, stout.

स्वागत *(पुं.)* आगवनी, हस्तकबाल, खैरमकदम।
reception.

स्वाद *(पुं.)* चख, चाट, जायका, मजा, रमक।
relish, taste, flavour, liking.

स्वाद लेना *(क्रिपद)* आनंद लेना, मजा लेना, रस लेना।
to take interest, to perceive the flavour of.

स्वादिष्ट *(वि.)* चकाचक, चटपटा, मजेदार, जायकेदार, मसालेदार, लजीज, सुस्वादु, स्वादु।
tasteful, delicious, full of relish, enjoyable, condimental.

स्वाभाविक *(वि.)* अकृत्रिम, कुदरती, नैसर्गिक, प्रकृत, प्राकृत, प्राकृतिक, सहज।
natural, normal, spontaneous.

स्वाभाविकता *(स्त्री.)* अकृत्रिमता, नैसर्गिकता, सहजता।
naturalness, spontaneity.

स्वामित्व *(पुं.)* आधिपत्य, मिल्कियत, स्वत्व।
ownership.

स्वाभिमान *(पुं.)* आत्मगौरव, गर्व, गौरव।

स्वाभिमानी *(वि.)* उन्नत भाल, उन्नत मस्तक, गर्वोन्नत, गर्वीला, गैरतमंद।
self-respecting.

स्वामिनी *(स्त्री.)* गृहलक्ष्मी, गृहस्वामिनी, मालकिन।
mistress.

स्वामी *(पुं.)* अधिपति, अधिपुरुष, बंदापरवर, मालिक, मौला, सरकार, सर्वेसर्वा, साहब।
owner, boss, proprietor.

स्वायत्त *(वि.)* खुदमुख्तार।
autonomous.

स्वार्थसिद्धि *(स्त्री.सं.)* आपाधापी, मारामारी, लूटखसोट, स्वार्थसाधन, हितसाधन।
self-indulgence.

स्वार्थी *(वि.)* आत्मकेंद्रित, आत्मलीन, खुदगरज, मतलबी, स्वार्थपरायण, स्वार्थसाधक, स्वार्थांध।
selfish, selfseeker.

स्वास्थ्य *(पुं.)* आरोग्यता, तंदुरुस्ती।
health.

स्वीकार करना *(क्रिपद)* अंगीकार करना, अंगीकृत करना, अपनाना, ग्रहण करना, धारण करना, मंजूर करना, मंजूरी देना, मानना, शिरोधार्य करना, सहमति देना, स्वीकारना, स्वीकृति देना, हामी भरना।
to accept, to take, to adopt, to acknowledge.

स्वीकार्य *(वि.)* ग्राह्य, प्रतिग्राह्य, स्वीकरणीय।
acceptable.

स्वीकृत *(वि.)* अनुमतिप्राप्त, प्रतिगृहीत, मंजूर, मान्य, मान्यताप्राप्त, सकारा हुआ।
accepted.

स्वीकृति *(स्त्री.)* अनुमति, ग्रहण, प्रतिग्रहण, पुष्टि, मंजूरी, मान्यता, हामी।
acceptance, affirmation, approval.

स्वेच्छया *(क्रिवि.)* खुशी-खुशी, मन-मर्जी से, राजी-खुशी, स्वेच्छापूर्वक, स्वेच्छा से।
arbitrarily.

स्वेच्छाचार *(पुं.)* अपनी (करना), धाँधली, निरंकुशता, मनमानी, स्वेच्छाचारिता।
arbitrariness.

स्वेच्छाचारी *(वि.)* धाँधलीबाज, निरंकुश, मनमाना आचरण करनेवाला।
arbitrary.

ह

हंस *(पुं.)* मराल, राजहंस, सितपक्ष, सारंग।
swan.

हँसना *(क्रि.)* कहकहाना, कहकहा मारना/लगाना, किलकना, किलकिलाना, खिलखिलाना, ठठाकर हँसना, ठट्ठा मारना/लगाना, ठठाना, ठहाका मारना/ लगाना, दाँत निपोरना, बत्तीसी खिलना, मुस्कराना, मुस्काना, विहँसना।
to laugh.

हँसमुख *(वि.)* खुशमिजाज, प्रफुल्ल, प्रमुदित, प्रसन्न, प्रसन्नवदन, हँसने-हँसानेवाला।
jolly, cheery, cheerful.

हँसी *(स्त्री.)* 1. किलकारी, किलकिलाहट, खिल-खिलाहट, मुस्कान, मुस्कराहट, स्मिति।
smile, laugh.
2. चकल्लस, चुटकी, चुहुल, चुहुलबाजी, चोज, ठट्ठा, ठट्ठेबाजी, ठिठोली, ठीठी, दिल्लगी, भद्द, परिहास, मखौल, मखौलबाजी, मजाक, मजाकबाजी, मसखरी, विडंबना, विनोद, हँसी-ठट्ठा, हास-परिहास, हँसी-मजाक, हँसी-दिल्लगी, हास्य।
joke, jest, banter, wagging, wit.

हँसी उड़ाना *(क्रिपद)* चुटकी लेना, भद्द उड़ाना, मजाक उड़ाना, परिहास करना।
to laugh at, to ridicule.

हजामत *(स्त्री.)* क्षौरकर्म।
cutting.

हटना *(क्रि.)* अलग होना, खिसकना, टलना, बढ़ना।
to leave.

हट्टा-कट्टा *(वि.)* टंडैल, तगड़ा, दृढ़ांग, समर्थांग, हृष्टपुष्ट।
firm-bodied, able-bodied, sturdy.

हठ *(पुं.)* जिद, दुराग्रह, हठधर्मी, हमीर, हठ।
stubbornness, obstinacy, obduracy.

हठ करना *(क्रिपद)* अड़ना, जिद करना, दुराग्रह करना, हठधर्मी करना।
to hold, to stick, to cling, to abdurate.

हठी *(वि.)* अड़तल, अडिग, अड़ियल, अनुशासनप्रिय, जिद्दी, वट्टा, टस से मस न होनेवाला, मतांध, सिद्धांतवादी, हठधर्मी, हठीला।
stubborn, obstinate, obdurate.

हड़ताल *(स्त्री.)* कामबंदी, दुकानबंदी, बाजारबंदी।
strike.

हड़प लेना *(क्रिपद)* ठूँस लेना, पचा लेना, भकोस लेना, हजम कर जाना, हड़पना।
1. to devour, to polish off, to gobble, to gulp, to bolt. 2. to grab.

हड्डी *(स्त्री.)* अस्थि, हाड़।

हत *(वि.)* मृत, हलाक।
killed.

हतप्रभ *(वि.)* कांतिहीन, दीप्तिहीन, निष्प्रभ, बुझा हुआ।
lusterless.

हत्था *(पुं.)* डंडी, बेंट, मुट्ठा, मूठ, मुठिया, हैंडल।
handle.

हत्या *(स्त्री.)* कत्ल, खून, जीवहत्या, जीवहिंसा, नरवध, नरहत्या, वध, संहार, हनन, हिंसा।
killing, slaughter, murder, carnage, massacre.

हत्या करना *(क्रिपद)* कत्ल करना, खून करना, जान लेना, ढेर कर देना, प्राण लेना, मार डालना, वध करना, समाप्त करना, हनन करना, हिंसा करना।
to kill, to murder.

हत्यारा *(पुं.)* कातिल, खूनी, घातकी, वधिक, संहारक, हंता, हत्यारिन *(स्त्री.)*, हिंसक।
killer, assassin.

हथियार *(पुं.)* अस्त्रशस्त्र, आयुध, शस्त्र।
weapon, arms.

हद कर देना *(क्रिपद)* चरम सीमा तक पहुँच जाना, सीमा लाँघ जाना।
to cross limits.

हब्शी *(पुं.)* नीग्रो।
negro.

हमबिस्तर *(वि.)* शय्यासंगी, शय्यासंगिनी *(स्त्री.)*।
bed-fellow.

हर *(वि.)* प्रति, फी, हर एक।
each.

हर एक *(वि.)* प्रत्येक, हर कोई, सब।
each and every.

हर समय *(क्रिवि.)* उठते-बैठते, चौबीसों घंटे, दिन-रात, सुबह-शाम, सोते-जागते, हर घड़ी, हर पल।
all the time.

हरा *(वि.)* अंगूरी, तोतेई, धानी, सब्ज, हरित।
green.

हरा-भरा *(वि.)* तरोताजा, ताजा, सरसब्ज।
verdant, fresh.

हलका *(वि.)* गुलाबी, मंद, सुबुक, हलका-फुलका, हलुक, हल्का।
light, lightweight, underweight.

हलचल *(स्त्री.)* खलबली, तहलका, सनसनी, सरगर्मी।
stir, commotion.

हलचल पैदा करना *(क्रिपद)* उद्वेलित करना, सनसनी फैलाना, सरगर्मी लाना।
to create a stir, to cause a commotion.

हवाई *(वि.)* वायवीय, वायव्य।
aerial.

हवाई किले बनाना *(क्रिपद)* आकाश-कुसुम तोड़ना, ख्याली पुलाव पकाना, आसमान के तारे तोड़ना, मन के लड्डू खाना।
to build castles in the air.

हवाखोरी *(स्त्री.)* वायुसेवन, हवा खाना।
walking for pleasure.

हस्तक्षेप *(पुं.)* खलल, दखलंदाजी, दखल, दस्तंदाजी, मुदाखलत।
interference, meddling.

हस्तक्षेप करना *(क्रिपद)* खलल डालना, टाँग अड़ाना, दखलंदाजी करना, दखल देना, पाँव अड़ाना, बाधा डालना, मुदाखलत करना, व्यवधान डालना।
to interfere, to meddle.

हस्तलाघव *(पुं.)* हाथ की सफाई।
skill of hand.

हस्तलेख *(पुं.)* खत, लिखावट, हस्तलिपि।
handwriting.

हस्ताक्षर *(पुं.)* दस्तखत, सही, साईन, स्वाक्षर।
signature, sign.

हाँफना *(क्रि.)* दम फूलना, साँस चढ़ना, साँस फूलना, हँफनी होना, हाँफने लगना।
to pant.

हाँ में हाँ मिलाना *(क्रिपद)* जी हजूरी करना, सुर में सुर मिलाना।
to say aye to aye.

हाथ *(पुं.)* कर, दस्त, पाणि, हस्त।
hand.

हाथी *(पुं.)* कुंजर, गज, गयंद।
elephant.

हानि *(स्त्री.)* अकल्याण, अकाज, अनभला, अहित, क्षति, घाटा, चट्टी, चोट, जुर्माना, दंड, नुकसान, हर्ज, हर्जा।
loss, damage, injury.

हानिकर *(वि.)* अनिष्टकर, अनुपयोगी, अलाभकर, अलाभप्रद, क्षतिकर, क्षतिकारक, घातक, नुकसानदेह, हानिकारक, हानिप्रद।
harmful, injurious, hurtful.

हानि-लाभ *(पुं.)* ऊँच-नीच, नफा-नुकसान, भलाई-बुराई, भला-बुरा, हिताहित।
profit and loss.

हार *(स्त्री.)* असफलता, पराजय, पराभव, मात, विफलता, शिकस्त।
defeat, setback, licking, trouncing.

हार जाना *(क्रिपद)* पराजित होना, पराभूत होना, परास्त होना, मात खाना, शिकस्त खाना।
to be defeated.

हार्दिक *(वि.)* दिली, भावभीना, भावविभोर।
hearty, cordial.

हालचाल पूछना *(क्रिपद)* कुशल पूछना, खबर लेना, समाचार जानना, सुध लेना।
to enquire about.

हाव-भाव *(पुं.)* अंगभंगिमा, अंगभंगी, अंग-विक्षेप, चोचला, नखरा।
gestures and postures.

हिचक *(स्त्री.)* अकधक, अचकचाहट, आगा-पीछा, झिझक, धड़क, धड़का, पसोपेश, हिचर-मिचर।
hesitation, hitch.

हिचकना *(क्रि.)* अगर-मगर करना, जब-तब करना, झिझकना, टाल-मटोल करना, ठिठकना, पसोपेश में पड़ना, हिचकिचाना, हिचर-मिचर करना।
to hesitate, to dilly-dally.

हिचकी *(स्त्री.)* हिक्का।
hiccup.

हिदायत *(स्त्री.)* अनुदेश, नसीहत, सिखावन, सीख।
instruction, advice, instruction.

हिमपात *(पुं.)* हिमवर्षा।
snow-fall.

हिमालय *(पुं.)* गिरींद्र, गिरीश, नगपति, हिमाचल, हिमगिरि, हिमवान, हिमाद्रि।
Himalaya.

हिरन *(पुं.)* कुरंग, चीतल, मृग, साँभर, सारंग, हरिण।
deer.

हिलाना *(क्रि.)* आंदोलित करना, कँपा देना, झंझोड़ना, झकझोरना, झिंझोड़ना।
to shake.

हीनभावना *(स्त्री.)* हीनता, हीनत्व।
inferiority complex.

हुक *(पुं.)* अँकुड़ा।
hook.

हुक्का *(पुं.)* गड़गड़ा।
hooka, hubble-bubble.

हुज्जती *(वि.)* किचकिचिया, झाँव-झाँव करने-वाला, बहसी।
clamant.

हृदय *(पुं.)* उर, कलेजा, जी, दिल, हिय, हियरा, हिया, हीया।
heart.

हृदयविदारक *(वि.)* तड़पानेवाला, मर्मभेदी, मर्म-स्पर्शी, मार्मिक, संतापकारी, हृदयबेधी, हृदयस्पर्शी।
heart-breaking, agonizing, distressing, heart-rending.

हृष्टपुष्ट *(वि.)* 1. गठा, गठीला, तगड़ा।
well-built, stout, robust, sturdy.
2. मोटा (दे.)।

हेरफेर *(स्त्री.)* अदल-बदल, अदला-बदली, तूँबा-फेरी, फेरफार, हेराफेरी।
interchange.

हैजा *(पुं.)* कालरा, विसूचिका।
cholera.

होंठ *(पुं.)* अधर, ओठ, ओष्ठ, लब, होठ।
lip.

होनहार *(वि.)* उदीयमान, उन्नतिशील, प्रगति-शील, वृद्धिशील।
promising.

होली *(स्त्री.)* फाग, होलिका।
holi festival.

हौआ *(पुं.)* जूजू, बिजूखा।
bugaboo, bugbear.

ह्रास *(पुं.)* क्षय, क्षरण, छीजन, स्खलन।
decrease, decay, deviation.

द्वितीय खंड

विपर्याय कोश

अंगीकरण – अनंगीकरण (पुं.)
अंतःकरण – वहिःकरण (पुं.)
अंतिम – अनंतिम (वि.)
अंदर – बाहर (क्रिवि.)
अंधकार – प्रकाश (पुं.)
अँधेरा – उजाला (पुं.)
अकंटक – कंटकित (वि.)
अकेला – दुकेला (वि.)
अक्षत – विक्षत (वि.)
अक्षम – सक्षम (वि.)
अखंडनीय – खंडनीय (वि.)
अगम – सुगम (वि.)
अगला – पिछला (वि.)
अगवाड़ा – पिछवाड़ा (पुं.)
अगाड़ी – पिछाड़ी (स्त्री.)
अग्र – पश्च (वि.)
अग्रगामी – पश्चगामी; प्रतिगामी (वि.)
अचल – सचल, चल (वि.)
अच्छा – बुरा, खराब, मंदा (वि.)
अच्छाई – बुराई (स्त्री.)
अच्युत – च्युत (वि.)
अज्ञ – विज्ञ, सर्वज्ञ (वि.)
अहाता – विहाता, सर्वज्ञता (स्त्री.)
अटल – डाँवाडोल, ढुलमुल (वि.)
अतिक्रमण – अनतिक्रमण (पुं.)
अतुल – तुल्य (वि.)
अत्यधिक – अत्यल्प (वि.)
अथ – इति (पुं. स्त्री.)
अथाह – छिछला (वि.)
अदृश्य – दृश्य (वि.)
अद्यतन – अनद्यतन, पुरातन (वि.)
अद्वितीय – द्वितीय (वि.)
अधिक – न्यून, अल्प, थोड़ा (वि.)
अधिकतम – अल्पतम (वि.)
अधिकतर – कभी-कभी (क्रिवि.)
अधिकता – अल्पता (स्त्री.)

अधिकारक – अनधिकारक (वि.)
अधिकारी – अनधिकारी (वि.)
अधिकृत – अनधिकृत (वि.)
अधिगत – अनधिगत (वि.)
अधिगम्य – अनधिगम्य (वि.)
अधिमूल्यन – अवमूल्यन (पुं.)
अधिष्ठित – अनधिष्ठित (वि.)
अधीन – अनधीन, स्वतंत्र (वि.)
अअध्यवसाय – अनध्यवसाय (पुं.)
अध्यात्मवादी – जड़तावादी (पुं.)
अनंत – सांत, ससीम (वि.)
अनाजी – फलहारी (वि.)
अनाथ – सनाथ (वि.)
अनाहूत – आहूत (वि.)
अनिवार्य – निवार्य (वि.)
अनुकूल – अननुकूल, प्रतिकूल (वि.)
अनुकूलता – प्रतिकूलता (स्त्री.)
अनुक्रिया – प्रतिक्रिया (स्त्री.)
अनुभव – अनुभवहीनता (पुं., स्त्री.)
अनुभवी – अनुभवहीन (वि.)
अनुभूत – अननुभूत (वि.)
अनुमत– अननुमत (वि.)
अनुयायी – विरोधी (पुं.)
अनुरक्त – विरक्त (वि.)
अनुरक्ति – विरक्ति (स्त्री.)
अनुराग – विराग (पुं.)
अनुरूप – अननुरूप (वि.)
अनुलोम – प्रतिलोम (वि.)
अनुशासनबद्ध – अनुशासनहीन (वि.)
अन्यायी – न्यायी, न्यायशील (वि.)
अन्वय – अनन्वय (पुं.)
अन्वित – अनन्वित (वि.)
अन्विति – अनन्विति (स्त्री.)
अपकर्श – उत्कर्ष (पुं.)
अपना – पराया, बेगाना (वि.)
अपनापन – परायापन (पुं.)

अपराधी – निरपराध (वि.)
अपेक्षित – अनपेक्षित (वि.)
अभिज्ञ – अनभिज्ञ (स्त्री.)
अभिज्ञता – अनभिज्ञता (स्त्री.)
अभिनंदनीय – निंदनीय (वि.)
अभिप्रेत – अनभिप्रेत (वि.)
अभिमानी – निरभिमान, निरभिमानी (वि.)
अभिलषित – अनभिलषित (वि.)
अभिव्यक्त – अनभिव्यक्त (वि.)
अभिशाप – वरदान (पुं.)
अभिहित – अनभिहित (वि.)
अभीष्ट – अनभीष्ट (वि.)
अभ्यस्त – अनभ्यस्त (वि.)
अभ्यास – अनभ्यास (पुं.)
अमर – नश्वर, मृत (वि.)
अमित – परिमित (वि.)
अमीर – गरीब (वि.)
अमीरी – गरीबी (स्त्री.)
अमृत – विष (पुं.)
अर्जित – अनर्जित (वि.)
अर्थ – अनर्थ (पुं.)
अर्थवान – अर्थहीन, निरर्थक (वि.)
अर्पण – ग्रहण (पुं.)
अर्वाचीन – प्राचीन (वि.)
अर्हता – अनर्हता (स्त्री.)
अलंकृत – अनालंकृत, निरालंकृत (वि.)
अल्प – महा, बहु, दीर्घ (वि.)
अल्पकालीन – दीर्घकालीन (वि.)
अल्पज्ञ – बहुज्ञ, सर्वज्ञ (वि.)
अल्पप्राण – महाप्राण (वि.)
अल्पमत – बहुमत (पुं.)
अल्पसंख्यक – बहुसंख्यक (वि.)
अल्पायु – चिरजीवी (वि.)
अल्पावधि – दीर्घावधि (स्त्री.)
अवकाश – अनवकाश (पुं.)
अवगत – अनवगत (वि.)
अवगाह्य – अनवगाह्य (वि.)
अवर – प्रवर (वि.)
अवलंबित – अनवलंबित (वि.)
अवशेष – निःशेष (वि.)
अवसर – अनवसर (पुं.)
अवस्थित – अनवस्थित (वि.)
अवाक् – सवाक् (वि.)
अविचल – विचल, डाँवाडोल, ढुलमुल (वि.)
अविच्छिन्न – विच्छिन्न (वि.)
अविनाशी – विनाशी (वि.)
अविस्मरणीय – विस्मरणीय (वि.)
अव्यक्त – अभिव्यक्त (वि.)
अशक्त – सशक्त (वि.)
अशन – अनशन (वि.)
अश्लील – श्लील (वि.)
असली – नकली (वि.)
असीम – ससीम (वि.)
असुरता – देवत्व (स्त्री., पुं.)
असूया – अनसूया (स्त्री.)
अस्तित्व – अनस्तित्व (पुं.)
अहंकार – अनहंकार (पुं.)
अहंकारी – निरहंकारी (वि.)
आंतर – बाह्य (वि.)
आकर्शक – अनाकर्षक, अपकर्षक, विकर्षक (पुं.)
आक्रमण – अनाक्रमण (पुं.)
आक्रामक – आक्रांत (वि.)
आगत – अनागत, विगत (वि.)
आगा – पीछा (पुं.)
आगामी – विगत (वि.)
आगे – पीछे (क्रि. पुं.)
आग्रह – दुराग्रह (पुं.)
आचारवान – अनाचारी (वि.)
आच्छादित – अनाच्छादित (वि.)
आजाद – गुलाम (वि.)
आजादी – गुलामी (स्त्री.)

आज्ञाकारी – अनाज्ञाकारी, अवज्ञाकारी (वि.)
आज्ञापालन – अवज्ञा (पुं., स्त्री.)
आडंबर – सादगी (पुं. स्त्री.)
आडंबरपूर्ण – आडंबरहीन (वि.)
आतुर – अनातुर (वि.)
आत्मनिर्भर – अनुजीवी, परजीवी (वि.)
आत्मोन्मुखी – परोन्मुखी (वि.)
आदर – अनादर, निरादर (पुं.)
आदान – प्रदान (पुं.)
आदि – अंत (पुं.)
आदृत – अनादृत, निरादृत, तिरस्कृत (वि.)
आधा – पूरा, सारा (वि.)
आधिक्य – अनाधिक्य (पुं.)
आधुनिक – प्राचीन, पुराना, पारंपरिक (वि.)
आधुनिकता – परंपरा (स्त्री.)
आनंदमग्न – विषादमय, शोकमग्न (वि.)
आना – जाना (क्रि., पुं.)
आपसदारी – दुजायगी (स्त्री.)
आप्त – अनाप्त (वि.)
आबाद – 1. सूना, 2. बरबाद (वि.)
आभ्यंतर – बाह्य (वि.)
आमंत्रित – अनामंत्रित (वि.)
आमदनी – खर्च (स्त्री., पुं.)
आमिष – निरामिष (वि.)
आय – व्यय (स्त्री., पुं.)
आयात – निर्यात (पुं.)
आरंभ – अंत, समापन, समाप्ति (पुं., स्त्री.)
आरंभिक – अंतिम (वि.)
आराध्य – दुराराध्य (वि.)
आराम – तकलीफ (पुं., स्त्री.)
आरूढ़ – अनारूढ़ (वि.)
आरोह – अवरोह (पुं.)
आरोही – अवरोही (वि.)
आर्द्र – शुष्क, अनार्द्र (वि.)
आर्य – अनार्य (पुं.)
आर्ष – अनार्ष (वि.)
आलसी – कर्मठ, कर्मण्य (वि.)
आवर्तक – अनावर्तक (वि.)
आवर्षण – अनावर्षण (पुं.)
आवश्यक – अनावश्यक (वि.)
आविर्भाव – तिरोभाव, अवसान (पुं.)
आवृत – अनावृत (वि.)
आवृष्टि – अनावृष्टि (स्त्री.)
आवेशित – अनावेशित (वि.)
आशा – निराशा, दुराशा (स्त्री.)
आशावादी – निराशावादी (वि.)
आशीर्वाद – अभिशाप, शाप (पुं.)
आश्रित – अनाश्रित, बेसहारा (वि.)
आसक्त – अनासक्त, विरक्त (वि.)
आसान – मुश्किल (वि.)
आसानी – मुश्किल (स्त्री.)
आसीन – अनासीन (वि.)
आस्तिक – नास्तिक (वि.)
आस्तिकता – नास्तिकता (स्त्री.)
आस्था – अनास्था (स्त्री.)
आहत – अनाहत (वि.)
आहार्य – अनाहार्य (वि.)
आहूत – अनाहूत (वि.)
इकतरफा – दुतरफा (वि.)
इकरार – इनकार (पुं.)
इच्छा – अनिच्छा (स्त्री.)
इच्छित – अनिच्छित (वि.)
इच्छुक – अनिच्छुक (वि.)
इज्जत – बेइज्जती (स्त्री.)
इनकार – इकरार (पुं.)
इहलोक – परलोक (पुं.)
इहलौकिक – पारलौकिक (वि.)
ईप्सित – अनीप्सित (वि.)
ईमानदार – बेईमान (वि.)
ईमानदारी – बेईमानी (स्त्री.)
ईश्वरवादी – अनीश्वरवादी (वि.)
उक्त – अनुक्त (वि.)

उग्र – सौम्य, शांत, कोमल (वि.)
उचित – अनुचित (वि.)
उच्च – अनुच्च, निम्न (वि.)
उच्चरित – अनुच्चरित (वि.)
उच्छ्वास – निःश्वास (पुं.)
उजड़ना – बसना (पुं.)
उजाला – अँधेरा (पुं.)
उज्ज्वल – धूमिल (वि.)
उठाना – गिराना, बैठाना (क्रि.)
उतरना – चढ़ना (क्रि.)
उतार – चढ़ाव (पुं.)
उतराई – चढ़ाई (स्त्री.)
उत्कर्ष – अपकर्ष, पराभव (पुं.)
उत्कर्ष – अपकर्ष, पराभव (पुं.)
उत्कृष्ट – निकृष्ट (वि.)
उत्कृष्टता – निष्कृष्टता (स्त्री.)
उत्तम – अनुत्तम (वि.)
उत्तर – दक्षिण (पुं.)
उत्तरदायित्व – अनुत्तरदायित्व (पुं.)
उत्तरित – अनुत्तरित (वि.)
उत्तरी – दक्षिणी (वि.)
उत्तीर्ण – अनुत्तीर्ण (वि.)
उत्तेजन – प्रशमन (पुं.)
उत्तेजित – अनुत्तेजित, शांत (वि.)
उत्थान – पतन (पुं.)
उत्पत्ति – संहार (स्त्री.,पुं.)
उत्पन्न – अनुत्पन्न, मृत (वि.)
उत्पादक – अनुत्पादक, उपभोक्ता (वि.)
उत्पादन – उपभोग (पुं.)
उत्पीड़क – उत्पीड़ित (वि.)
उत्साह – अनुत्साह (पुं.)
उत्साही – अनुत्साही (वि.)
उत्सुक – अनुत्सुक (वि.)
उत्सुकता – अनुत्सुकता (स्त्री.)
उदग्र – अनुदग्र (वि.)
उदय – अस्त (पुं.)
उदात्त – अनुदात्त (वि.)
उदार – अनुदार, कृपण (वि.)
उदारता – अनुदारता, कृपणता (स्त्री.)
उदित – अस्त (वि.)
उद्धत – सौम्य (वि.)
उद्धृत – अनुद्धृत (वि.)
उद्भव – अवसान (पुं.)
उद्भूत – अनुद्भूत (वि.)
उद्यत – अनुद्यत (वि.)
उद्यम – आलस्य (पुं.)
उद्यमी – अनुद्यमी, आलसी (वि.)
उद्योगी – अनुद्योगी (वि.)
उद्विग्र – अनुद्विग्र, निरुद्विग्र (वि.)
उद्वेग – निरुद्वेग (पुं.)
उन्नत – अनुन्नत, अवनत (वि.)
उन्नति – अवनति, गिरावट (स्त्री.)
उन्मुख – विमुख (वि.)
उन्मूलन – रोपण, संवर्धन (पुं.)
उपकार – अपकार (पुं.)
उपकारक – अपकारक (वि.)
उपगत – अनुपगत (वि.)
उपयुक्त – अनुपयुक्त (वि.)
उपयुक्त – अनुपयुक्त (वि.)
उपयुक्तता – अनुपयुक्तता (स्त्री.)
उपयोग – अनुपयोग, दुरुपयोग, दुष्प्रयोग (पुं.)
उपयोगी – अनुपयोगी, निरुपयोगी (वि.)
उपरिलिखित – निम्नलिखित, अधोलिखित (वि.)
उपलब्ध – अनुपलब्ध (वि.)
उपलब्धि – अनुपलब्धि (स्त्री.)
उपवास – चरत (पुं.)
उपस्थित – अनुपस्थित (वि.)
उपस्थिति – अनुपस्थिति (स्त्री.)
उपादेय – अनुपादेय (वि.)
उपार्जित – अनुपार्जित (वि.)
उरला – परला (वि.)

उलझना – सुलझना (क्रि.)
उलटना – पलटना (क्रि.)
उलटा – सुलटा, पलटा (वि.)
उल्लंघन – अनुल्लंघन (पुं.)
उल्लास – विषाद (पुं.)
उष्ण – शीतल (वि.)
उष्णता – शीतलता (स्त्री.)
ऊँच – नीच (स्त्री.)
ऊँचा – नीचा (वि.)
ऊँचाई – गहराई (स्त्री.)
ऊपर – नीचे (क्रि. वि.)
ऊर्ध्व – निम्न (वि.)
ऊर्ध्वगति – अधोगति (स्त्री.)
ऋजु – वक्र (वि.)
ऋणग्रस्त – अनृत (वि.)
ऋतु – कुऋतु (स्त्री.)
एक – अेक (वि.)
एकता – अनेकता (स्त्री.)
एकत्र – विकीर्ण (वि.)
एकपक्षीय – बहुपक्षीय (वि.)
एका – फूट (पुं., स्त्री.)
एकाग्रचित्त – अन्यमनस्क, दुचित्ता (वि.)
एकार्थक – अनेकार्थक, द्वयर्थक (वि.)
एकांगी – सर्वांगी (वि.)
एकीकरण – विभाजन (पुं.)
ऐक्य – अनैक्य (वि.)
ऐच्छिक – अनैच्छिक (वि.)
ऐहिक – पारलौकिक (वि.)
औचित्य – अनौचित्य (पुं.)
औपचारिक – अनौपचारिक (वि.)
औपचारिकता – अनौपचारिकता (स्त्री.)
कंजूस – शाहखर्च (वि.)
कंटकाकीर्ण – निष्कंटक (वि.)
कंपित – अकंपित (वि.)
कटु – प्रिय, मधुर (वि.)
कठिन – सरल (वि.)
कठोर – मृदु, कोमल (वि.)
कड़वा – मीठा (वि.)
कड़ा – मुलायम, नरम (वि.)
कथनीय – अकथनीय (वि.)
कथित – अकथित (वि.)
कथ्य – अकथ्य (वि.)
कपटी – निष्कपट, निश्छल (वि.)
कभी-कभी – सदा, हमेशा (क्रि. वि.)
कम – ज्यादा, अधिक (वि.)
कमजोर – तगड़ा (वि.)
कमाना – गँवाना (क्रि.)
कमी – बेसी (स्त्री.)
करुणामय – निष्करुण (वि.)
कर्कश – मधुर (वि.)
कर्कशता – माधुर्य (स्त्री., पुं.)
कर्तव्य – अकर्तव्य (पुं.)
कर्ता – अकर्ता, भोक्ता (पुं.)
कर्म – अकर्म (पुं.)
कर्मण्य – अकर्मण्य (वि.)
कलंकित – निष्कलंक (वि.)
कलंकी – निष्कलंकी (वि.)
कलमी – बीजू (वि.)
कल्पनातीत – कल्पनीय (वि.)
कल्पनीय – अकल्पनीय, कल्पनातीत (वि.)
कल्पित – अकल्पित, यथार्थ (वि.)
कसा – ढीला (वि.)
कसूरवार – बेकसूर (वि.)
कहा – अनकहा (वि.)
कहीं-कहीं – सब जगह, सर्वत्र (क्रि. वि.)
काज – अकाज (पुं.)
काट्य – अकाट्य (वि.)
काबिल – नाकाबिल (वि.)
कामयाब – नाकामयाब (वि.)
कामयाबी – नाकामयाबी (स्त्री.)
कामी – अकाम, निष्काम (वि.)
काल – अकाल (पुं.)

काला – गोरा (वि.)
किस्मतवर – बदकिस्मत (वि.)
कीर्ति – अपकीर्ति (स्त्री.)
कीर्तिकर – अकीर्तिकर (वि.)
कुंठित – अकुंठित, तीखा, धारदार (वि.)
कुअवसर – सुअवसर (पुं.)
कुआँरी – ब्याही (वि., स्त्री.)
कुपरिणाम – सुपरिणाम (पुं.)
कुप्रथा – सुप्रथा (स्त्री.)
कुफल – सुफल (पुं.)
कुमारी – विवाहिता (स्त्री.)
कुमार्गी – संमार्गी (वि.)
कुलतारन – कुलबोरन (पुं.)
कुलीन – अकुलीन (वि.)
कुव्यवस्था – सुव्यवस्था (स्त्री.)
कुशल – अकुशल (वि.)
कुशलता – अकुशलता (स्त्री.)
कृत – अकृत (वि.)
कृतकार्य – अकृतकार्य, विफल-मनोरथ (वि.)
कृतज्ञ – अकृतज्ञ, कृतघ्न (वि.)
कृतज्ञता – अकृतज्ञता, कृतघ्नता (स्त्री.)
कर्तृत्व – भोक्तृत्व (पुं.)
कृत्रिम – अकृत्रिम, प्रकृत (वि.)
कृत्रिमता – अकृत्रिमता (स्त्री.)
कृपण – उदार (वि.)
कृपा – कोप (स्त्री., पुं.)
कृश – स्थूल (वि.)
कृष्ण – गौर, शुक्ल (वि.)
कृष्ट – अकृष्ट (वि.)
के अंदर – के बाहर (संबंधबोधक)
के नीचे – के ऊपर (संबंधबोधक)
कोमल – कठोर (वि.)
कोमलता – कठोरता (स्त्री.)
कोलाहल – शान्ति (पुं. स्त्री.)
क्रमिक – अक्रमिक (वि.)
क्रय – विक्रय (पुं.)
क्रांति – विद्रोह (स्त्री.)
क्षणिक – दीर्घजीवी, शाश्वत (वि.)
क्षत – अक्षत (वि.)
क्षम – अक्षम (वि.)
क्षम्य – अक्षम्य (वि.)
क्षुण्ण – अक्षुण्ण (वि.)
क्षुद्र – विशाल (वि.)
क्षुब्ध – अक्षुब्ध, शांत (वि.)
खंड-खंड – अखंडित (वि.)
खंडन – मंडन (पुं.)
खंडनीय – मंडनीय (वि.)
खंडित – अखंडित, अखंड (वि.)
खट्टा – मीठा (वि.)
खरा – खोटा (वि.)
खरापन – खोटापन (पुं.)
खरीद – बिक्री (स्त्री.)
खरीदना – बेचना (क्रि.)
खाद्य – अखाद्य (वि.)
खाली – भरा (वि.)
खिलना – मुरझाना (क्रि.)
खिला – मुरझाया (वि.)
खुदरा – थोक (वि.)
खुरदरा – चिकना (वि.)
खुला – बंद, अवरुद्ध (वि.)
खुशकिस्मत – बदकिस्मत (वि.)
खुशमिजाज – बदमिजाज (वि.)
खुशी – गम, गमी (स्त्री., पुं., स्त्री.)
खुशी-खुशी – बेमन से (क्रि. वि.)
खुश्की – तरी (स्त्री.)
खूबसूरत – बदसूरत (वि.)
खूबी – ख़ामी, खराबी (स्त्री.)
खेद – प्रसन्नता (पुं., स्त्री.)
खोना – पाना (क्रि.)
खोलना – बाँधना (क्रि.)
गंभीर – अगंभीर, छिछला (वि.)
गगनचुंबी – तलस्पर्शी (वि.)

गणनीय – अगणनीय, अगण्य (वि.)
गण्य – अगण्य, नगण्य (वि.)
गत – आगत (वि.)
गत – अनागत (पुं.)
गफ – झिल्लड़, झीना (वि.)
गमन – आगमन (पुं.)
नरम – गरम, ठंडा (वि.)
गरमी – सरदी; नरमी (स्त्री.)
गलत – सही (वि.)
गहरा – छिछला (वि.)
गाढ़ा – पतला (वि.)
गिराना – उठाना (क्रि.)
गीला – सूखा (वि.)
गुण – अवगुण, दोष (पुं.)
गुणवान – गुणहीन (वि.)
गुणी – निर्गुणी (वि.)
गुनाहगार – बेगुनाह (वि.)
गुप्त – प्रकट (वि.)
गुमसुम – बातूनी, बड़बड़िया (वि.)
गुरु – अगुरु, हलका (वि.)
गुलज़ार – वीरान (वि.)
गूढ़ – अगूढ़ (वि.)
गृहस्थ – संन्यासी (पुं.)
गेय – अगेय (वि.)
गौण – मुख्य (वि.)
ग्रस्त – मुक्त (वि.)
ग्रहण – त्याग, परित्याग (पुं.)
ग्रामीण – नागर, शहरी (वि.)
ग्राम्य – नागर, वन्य (वि.)
ग्राह्य – अग्राह्य, त्याज्य (वि.)
घटती – बढ़ती (स्त्री.)
घटना – बढ़ना (क्रि.)
घाटा – मुनाफा (पुं.)
घटित – अघटित (वि.)
घटोतरी – बढ़ोतरी (स्त्री.)
घृणा – प्रेम (स्त्री., पुं.)
घोषित – अघोषित (वि.)
चंचल – निश्चल (वि.)
चढ़ना – उतरना, गिरना (क्रि.)
चतुर – मूर्ख (वि.)
चपल – अचपल (वि.)
चर – अचर (वि.)
चरित्रवान – चरित्रहीन (वि.)
चल – अचल (वि.)
चालाक – सीधा, भोला (वि.)
चाहे – अनचाहे (क्रि., वि.)
चिंतनीय – अचिंतनीय (वि.)
चिंतित – अचिंतित (वि.)
चिंत्य – अचिंत्य (वि.)
चिकना – खुरदरा (वि.)
चिकित्स्य – अचिकित्स्य (वि.)
चित्त – पट (वि.)
चिन्मय – मृण्मय (वि.)
चिरजीवी – अल्पायु (वि.)
चिरस्थायी – अल्पस्थायी (वि.)
चुस्त – ढीला, लचर (वि.)
चेतन – अचेतन, जड़ (वि.)
चैन – बेचैनी (पुं., स्त्री.)
चोरी-छिपे – खुले आम (क्रि. वि.)
छली – निश्छल (वि.)
छिछला – गहरा (वि.)
छुटकारा – बंधन (पुं.)
छेद्य – अछेद्य (वि.)
छोटा – बड़ा, लंबा (वि.)
जटिल – सरल (वि.)
जंगम – स्थावर (वि.)
जड़ – चेतन (वि.)
जड़ता – चेतनता, चैतन्य (स्त्री., पुं.)
जन्म – मृत्यु (पुं. स्त्री.)
जमा – खर्च (वि.)
जय – पराजय (स्त्री.)
जरूरी – गैरजरूरी (वि.)

जवानी – बुढ़ापा (स्त्री., पुं.)
जल्दी – धीरे (क्रि. वि.)
जल्दी-जल्दी – धीरे-धीरे (क्रि. वि.)
जागना – सोना (क्रि.)
जाग्रत – सुप्त (वि.)
जानकार – अनजान (वि.)
जागरण – सुषुप्ति (पुं., स्त्री.)
जाति – विजाति (स्त्री.)
जानदार – बेजान (वि.)
जाना-पहचाना – अजनबी (वि.)
जारज – औरस (वि.)
जालिम – रहमदिल (वि.)
जिजीविषा – मुमूर्षा (स्त्री.)
जितेंद्रिय – अजितेंद्रिय (वि.)
जीत – हार (स्त्री.)
जीर्ण – अजीर्ण (वि.)
जीवन – मरण (पुं.)
जीवित – मृत, दिवंगत (वि.)
जुड़ा – बिछुड़ा, अलहदा (वि.)
जूस – ताक (वि.)
जेय – अजेय (वि.)
जोरदार – हलका (वि.)
ज्ञात – अज्ञात, अविज्ञान (वि.)
ज्ञान – अज्ञान, भ्रम (पुं.)
ज्ञानचक्षु – चर्मचक्षु (पुं.)
ज्ञानदृष्टि – चर्मदृष्टि (स्त्री.)
ज्ञानी – मूढ़, अज्ञानी (वि.)
ज्ञेय – अज्ञेय (वि.)
ज्येष्ठ – कनिष्ठ (वि.)
झिल्लड़ – गफ (वि.)
झीना – त्रफ (वि.)
झूठ – सच (पुं.)
ठंडा – गर्म (वि.)
ठोस – पोला, खोखला (वि.)
डरपोक – निडर (वि.)
तंदुरुस्त – कमजोर (वि.)
तकलीफ – आराम (स्त्री., पुं.)
तद्वत – अतद्वत (वि.)
तप – भोग (पुं.)
तप्त – शीतल (वि.)
तम – प्रकाश (पुं.)
तर – शुष्क (वि.)
तरल – ठोस (वि.)
तरुण – वृद्ध (वि.)
तर्क – विकर्त (पुं.)
तर्कसंगत – अतर्कसंगत (वि.)
ताकतवर – कमजोर (वि.)
तात्कालिक – दूरगामी, स्थायी (वि.)
ताप – शीत (पुं., स्त्री.)
तामसिक – सात्विक (वि.)
तारीफ – बुराई (स्त्री.)
तालीमयाफ्ता – जाहिल (वि.)
तिक्त – मधुर (वि.)
तिमिर – प्रकाश (पुं.)
तीव्र – मंद (वि.)
तुकांत – अतुकांत (वि.)
तुच्छ – महान (वि.)
तुल्य – अतुल्य (वि.)
तृप्त – अतृप्त (वि.)
तृप्ति – अतृप्ति (स्त्री.)
तेज – हलका, धीमा, मंद, नरम (वि.)
तेजी – मंदी, नरमी (स्त्री.)
तेजोमय – निस्तेज (वि.)
तेरा – मेरा (वि.)
त्याज्य – अत्याज्य (वि.)
त्रुटिपूर्ण – त्रुटिहीन (वि.)
थोक – खुदरा, फुटकर (पुं.)
थोड़ा – बहुत, अधिक (वि.)
दंड – पुरस्कार (पुं.)
दक्ष – अदक्ष (वि.)
दक्षता – अदक्षता (स्त्री.)
दक्षिण – वाम (वि.)

दब्बू – दबंग (वि.)
दमनीय – अदमनीय (वि.)
दयालु – निर्दय (वि.)
दरिद्र – धनाढ्य, धनी, सम्पन्न (वि.)
दरिद्रता – सम्पन्नता (स्त्री.)
दर्शनीय – अदर्शनीय (वि.)
दलित – अदलित (वि.)
दागी – बेदाग (वि.)
दाता – याचक, भिखारी (पुं.)
दास – प्रभु (पुं.)
दासता – प्रभुता (स्त्री.)
दाह्य – अदाह्य (वि.)
दिन – रात (पुं., स्त्री.)
दिनांकित – अदिनांकित (वि.)
दिनातीत – दिनाप्त (वि.)
दिलेर – कायर (वि.)
दिवंगत – जीवित (वि.)
दीर्घजीवी – क्षणिक (वि.)
दीर्घायु – अल्पायु (वि.)
दुआ – बद्दुआ (स्त्री.)
दुख – सुख (पुं.)
दुखद – सुखद (वि.)
दुखदायक – सुखदायक (वि.)
दुखमय – सुखमय (वि.)
दुराचार – सदाचार (पुं.)
दुराचारी – सदाचारी (वि.)
दुरुस्त – गलत (वि.)
दुर्गति – सुगति (स्त्री.)
दुर्बल – सबल (वि.)
दुर्लभ – सुलभ (वि.)
दुष्कर – सुकर (वि.)
दुष्कर्म – सत्कर्म (पुं.)
दुष्परिणाम – सुपरिणाम (पुं.)
दुष्प्रवृत्ति – सद्प्रवृत्ति (स्त्री.)
दूर – नजदीक, विकट, पास (क्रि. वि.)
दूरदर्शिता – अदूरदर्शिता (स्त्री.)
दूरदर्शी – अदूरदर्शी (वि.)
दूरदृष्टि – मंददृष्टि (वि., स्त्री.)
दृढ़ – अदृढ़ (वि.)
देखा – अनदेखा (वि.)
देना – लेना (पुं.)
देय – अदेय (वि.)
देव – दानव (पुं.)
देश – विदेश (पुं.)
देही – अदेह, विदेह (वि.)
दोष – गुण (पुं.)
दोषपूर्ण – दोषरहित, दोषविहीन (वि.)
दोषी – निर्दोष (वि.)
द्रुत – मंथर (वि.)
द्वेष – सद्भावना (पुं., स्त्री.)
द्वेषी – अद्वेषी, सद्भावी (वि.)
द्वैत – अद्वैत (वि.)
धन – ऋण (वि.)
धनाढ्य – दरिद्र (वि.)
धनी – निर्धन (वि.)
धर्म – अधर्म (पुं.)
धर्मी – अधर्मी (वि.)
धार्मिक – अधार्मिक (वि.)
धीर – अधीर (वि.)
धीरज – उतावली (पुं., स्त्री.)
धूप – छाँह (स्त्री.)
धृष्ट – विनम्र (वि.)
धैर्य – अधैर्य (पुं.)
ध्वंस – सृजन (पुं.)
नकारात्मक – सकारात्मक (वि.)
नजदीक – दूर (क्रि., वि.)
नगद – उधार (क्रि., वि.)
ननिहाल – ददिहाल (पुं.)
नपुंसक – पुंसत्ववान (वि.)
नफरत – मुहब्बत (स्त्री.)
नफा – नुकसान (पुं.)
नम्य – अनम्य (वि.)

नम्र – अनम्र (वि.)
नया – पुराना (वि.)
नरक – स्वर्ग (पुं.)
नराधम – नरपुंगव (वि.)
नरम – सख्त, कड़ा, कठोर (वि.)
नरमी – सख्ती (स्त्री.)
नवीन – प्राचीन (वि.)
नवीनता – प्राचीनता (स्त्री.)
नश्वर – अनश्वर, शाश्वत (वि.)
नसीबवर – बदनसीब (वि.)
नामवर – बदनाम (वि.)
नामी – बदनाम (वि.)
नाशवान – अविनाशी (वि.)
निंदनीय – अनिंदनीय, प्रशंसनीय, अभिनंदनीय (वि.)
निंदा – प्रशंसा, स्तुति (स्त्री.)
निकृष्ट – श्रेष्ठ (वि.)
निगलना – उगलना (क्रि., वि.)
निगुरा – सगुरा (वि.)
निडर – डरपोक (वि.)
नित्य – अनित्य (वि.)
निपुण – अनिपुण (वि.)
निमंत्रित – अनिमंत्रित (वि.)
नियंत्रित – अनियंत्रित (वि.)
नियत – अनियत (वि.)
नियमित – अनियमित (वि.)
नियामक – अनियामक (वि.)
निरक्षर – साक्षर (वि.)
निरर्थक – सार्थक (वि.)
निराकार – साकार (वि.)
निराधार – साधार (वि.)
निराश – आशावान (वि.)
निरुद्ध – अनिरुद्ध (वि.)
निर्गुण – सगुण (वि.)
निर्जल – सजल (वि.)
निर्जीव – सजीव (वि.)
निर्णय – अनिर्णय (वि.)
निर्णीत – अनिर्णीत (वि.)
निर्दय – सदय, दयालु (वि.)
निर्दिष्ट – अनिर्दिष्ट (वि.)
निर्दोष – सदोष (वि.)
निर्धारित – अनिर्धारित (वि.)
निर्बल – सबल, बलवान (वि.)
निर्भीक – भयभीत (वि.)
निर्मल – मलिन (वि.)
निर्माण – विनाश, ध्वंस (पुं.)
निर्वचनीय – अनिर्वचनीय (वि.)
निर्वाच्य – अनिर्वाच्य (वि.)
निश्चय – अनिश्चय (वि.)
निषिद्ध – विहित (वि.)
निषेधात्मक – विधेश्यात्मक (वि.)
निष्कंटक – कंटकाकीर्ण (वि.)
निष्काम – सकाम (वि.)
निष्क्रिय – सक्रिय (वि.)
निष्ठा – अनिष्ठा (स्त्री.)
निस्तेज – तेजोमय (वि.)
नीच – ऊँच (पुं.)
नीचा – ऊँचा (वि.)
नीचे – ऊपर (क्रि., वि.)
नीति – अनीति (स्त्री.)
नीरस – सरस (वि.)
नूतन – पुरातन (वि.)
नेक – बद (वि.)
नेकनामी – बदनामी (स्त्री.)
नेकी – बदी (स्त्री.)
नैसर्गिक – अनैसर्गिक (वि.)
न्याय – अन्याय (पुं.)
न्यायपूर्ण – अन्यायपूर्ण (वि.)
न्यायी – अन्यायी (वि.)
न्यून – अधिक (वि.)
पंडित – मूर्ख (वि.)
पकड़ना – छोड़ना (क्रि.)

पका – अधपका, कच्चा (वि.)
पक्का – कच्चा (वि.)
पक्व – अपक्व (वि.)
पक्षधर – विपक्षी (पुं.)
पक्षपात – 1. तटस्थता, 2. निष्पक्षता (पुं., स्त्री.)
पक्षपाती – 1. तटस्थ, 2. निष्पक्ष (वि.)
पटु – अपटु (वि.)
पठित – अपठित (वि.)
पढ़ा-लिखा – अनपढ़, बेपढ़ा, अँगूठा-छाप (वि.)
पतन – उत्थान (पुं.)
पतला – गाढ़ा (वि.)
पदस्थ – अपदस्थ, पदच्युत (वि.)
पद्य – गद्य (पुं.)
परकीय – स्वकीय (वि.)
परला – उरला (वि.)
पराजय – विजय (पुं.)
पराजित – अपराजेय (वि.)
पराधीन – स्वाधीन (वि.)
परार्थ – स्वार्थ (पुं.)
परिग्रही – अपरिग्रही (वि.)
परिचित – अपरिचित, अनजाना (वि.)
परिच्छिन्न – अपरिच्छिन्न (वि.)
परिणत – अपरिणत (वि.)
परिणीत – अपरिणीत (वि.)
परिपक्व – अपरिपक्व (वि.)
परिपुष्ट – अपरिपुष्ट (वि.)
परिपूर्ण – रिक्त (वि.)
परिमार्जित – अपरिमार्जित (वि.)
परिमित – अपरिमित (वि.)
परिवर्तनीय – अपरिवर्तनीय (वि.)
परिश्रमी – आलसी (वि.)
परिष्कृत – अपरिष्कृत (वि.)
परिसीमित – अपरिसीमित (वि.)
परिहार्य – अपरिहार्य (वि.)
परीक्षित – अपरीक्षित (वि.)
परुष – अपरुष, कोमल (वि.)
परोक्ष – अपरोक्ष, प्रत्यक्ष (वि.)
पर्याप्त – अपर्याप्त (वि.)
पवित्र – अपवित्र, दूषित (वि.)
पसंद – नापसंद, नापसंदगी (स्त्री.)
पहला – पिछला, आखिरी, बादवाला (वि.)
पहले – पीछे, बाद में (क्रि., वि.)
पहाड़ी – मैदानी (वि.)
पाक – नापाक (वि.)
पाच्य – अपाच्य (वि.)
पाठ्य – अपाठ्य (वि.)
पात्र – अपात्र, कुपात्र (पुं.)
पाना – खोना (क्रि.)
पाप – पुण्य (पुं.)
पापी – निष्पाप, पुण्यवान, पुण्यात्मा (वि.)
पारदर्शी – अपारदर्शी (वि.)
पार्थिव – अपार्थिव (वि.)
पाश्चात्य – पूर्वी (वि.)
पास – दूर (क्रि., वि.)
पिछला – अगला (वि.)
पीड़ित – पीड़क (वि.)
पुचकार – लताड़ (स्त्री.)
पुण्यवान – पापी (वि.)
पुण्यात्मा – पापात्मा (पुं.)
पुरस्कार – दंड (पुं.)
पुरस्कृत – दंडित (वि.)
पुरातन – नूतन (वि.)
पुरातनता – नूतनता (स्त्री.)
पुष्ट – अपुष्ट (वि.)
पुष्टि – अपुष्टि (स्त्री.)
पूत – अपूत (वि.)
पूरब – पश्चिम (पुं.)
पूरा – अधूरा (वि.)
पूरित – अपूरित (वि.)
पूर्ण – अपूर्ण, रहित, हीन (वि.)

पूर्णकालिक – अपूर्णकालिक (वि.)
पूर्वपद – उत्तरपद (पुं.)
पूर्वी – पश्चिमी (वि.)
पृथक् – संयुक्त (वि.)
पृथक्करणीय – अपृथक्करणीय (वि.)
पेय – अपेय (वि.)
पोषक – शोषक (वि.)
पोषण – शोषण (पुं.)
पौर्वात्य – पाश्चात्य (वि.)
पौरुषेय – अपौरुषेय (वि.)
प्रकट – अप्रकट, गुप्त, प्रच्छन्न (वि.)
प्रकाश – अंधकार (पुं.)
प्रकाशित – अप्रकाशित (वि.)
प्रकृत – अप्रकृत (वि.)
प्रकृतिस्थ – अप्रकृतिस्थ (वि.)
प्रखर – मंद (वि.)
प्रखर – मंद (वि.)
प्रगति – अवगति, विनाश (स्त्री., पुं.)
प्रगतिशील – अप्रगतिशील, दकियानूस, रूढ़िवादी (वि.)
प्रगल्भ – अप्रगल्भ (वि.)
प्रचलित – अप्रचलित (वि.)
प्रकट – गुप्त (वि.)
प्रचारित – अप्रचारित (वि.)
प्रचुर – अप्रचुर, विरल (वि.)
प्रच्छन्न – अप्रच्छन्न, प्रकट, प्रत्यक्ष (वि.)
प्रतिपन्न – अप्रतिपन्न (वि.)
प्रतिबद्ध – अप्रतिबद्ध (वि.)
प्रतिम – अप्रतिम (वि.)
प्रतिष्ठा – अप्रतिष्ठा (वि.)
प्रतिष्ठित – अप्रतिष्ठित (वि.)
प्रत्यक्ष – अप्रत्यक्ष, प्रच्छन्न, गुप्त (वि.)
प्रत्याशित – अप्रत्याशित (वि.)
प्रथम – अंतिम (वि.)
प्रधान – गौण (वि.)
प्रभावित – अप्रभावित (वि.)
प्रभावी – अप्रभावी, निष्प्रभावी, प्रभाव-शून्य (वि.)
प्रमाणित – अप्रमाणित (वि.)
प्रमाद – जागरूकता (पुं., स्त्री.)
प्रमुख – गौण (वि.)
प्रयुक्त – अप्रयुक्त (वि.)
प्रलय – सृष्टि (पुं., स्त्री.)
प्रवर – अवर (वि.)
प्रवृत्त – पनिवृत्त (वि.)
प्रवृत्ति – निवृत्ति (स्त्री.)
प्रवेश – निषेध (पुं.)
प्रशंसक – निंदक (वि.)
प्रशंसनीय – अप्रशंसनीय, निंदनीय (वि.)
प्रशंसा – निंदा, भर्त्सना (स्त्री.)
प्रशंसित – निंदित (वि.)
प्रशस्त – अप्रशस्त (वि.)
प्रश्न – उत्तर (पुं.)
प्रसन्न – अप्रसन्न, खिन्न, दुखी (वि.)
प्रसन्नता – अप्रसन्नता, खेद, दुख (स्त्री.,पुं.)
प्रसम – अप्रसम (वि.)
प्रसार – संकोच (पुं.)
प्रस्तुत – अप्रस्तुत (वि.)
प्रस्तुति – अप्रस्तुति (स्त्री.)
प्राकृत – अप्राकृत (वि.)
प्राकृतिक – अप्राकृतिक (वि.)
प्राचीन – नवीन (वि.)
प्राचीनता – नवीता (स्त्री.)
प्राच्य – पाश्चात्य (वि.)
प्राधिकृत – अप्राधिकृत (वि.)
प्राप्त – अप्राप्त (वि.)
प्राप्य – अप्राप्य, दुष्प्राप्य (वि.)
प्रामाणिक – अप्रामाणिक (वि.)
प्रायः – बहुधा, सदैव (क्रि., वि.)
प्रासंगिक – अप्रासंगिक, बेतुका (वि.)
प्रिय – अप्रिय (वि.)
प्रीति – द्वेष (स्त्री., पुं.)

प्रेम – घणा, वैर (पुं., स्त्री., पुं.)
प्रेमभाव – दुर्भाव (पुं.)
प्रेरित – अप्रेरित (वि.)
प्रौढ़ – अप्रौढ़ (वि.)
प्रौढ़ता – अप्रौढ़ता (स्त्री.)
फलाहारी – अनाजी (वि.)
फलित – अफलित (वि.)
फायदा – नुकसान (पुं.)
फूल – काँटा (पुं.)
फैलना – सिकुड़ना (क्रि.)
बंजर – चटियल (वि.)
बँटवारा – जुड़ाव (पुं.)
बंधन – मुक्ति, मोक्ष (पुं.)
बड़बड़िया – गुमसुम (वि.)
बढ़ना – घटना (क्रि.)
बढ़िया – घटिया (वि.)
बढ़ोतरी – घटोतरी (स्त्री.)
बदनाम – नेकनाम (वि.)
बद्ध – अबद्ध, मुक्त (वि.)
बध्य – अबध्य (वि.)
बनना – मिटना, बिगड़ना, टूटना (क्रि.)
बर्खास्त – बरकरार (वि.)
बर्बर – सभ्य (वि.)
बलवान – दुर्बल, निर्बल (वि.)
बसना – उजड़ना (क्रि.)
बहिरंग – अंतरंग (वि.)
बहिश्त – दोज़ख (स्त्री., पुं.)
बहुत – कम, थोड़ा (वि.)
बहुधा – यदाकदा (क्रि., वि.)
बाधक – अबाधक (वि.)
बाधित – अबाधित (वि.)
बाध्य – अबाध्य (वि.)
बार-बार – कभी-कभी (क्रि., वि.)
बाहर – अंदर, भीतर (क्रि., वि.)
बाह्य – आभ्यांतर (वि.)
बिगड़ना – बनना, सँवरना (क्रि.)
बिगाड़ना – सँवारना (क्रि.)
बीमार – चंगा, तंदुरुस्त (वि.)
बुद्धिमत्ता – मूर्खता (स्त्री.)
बुद्धिमत्तापूर्ण – मूर्खतापूर्ण (वि.)
बुद्धिमान – बुद्धिहीन, निर्बुद्धि, बुद्धू (वि.)
बीजू – कलमी, पेबंदी (वि.)
बुरा – भला (पुं.)
बुराई – भलाई, अच्छाई (स्त्री.)
बृहत् – लघु, संक्षिप्त (वि.)
बेचना – खरीदना (क्रि.)
बेजान – जानदार (वि.)
बेडौल – सुडौल (वि.)
बेदम – दमदार (वि.)
बेमेल – संगत (वि.)
बेशर्म – शर्मसार (वि.)
बेसुरा – सुरीला (वि.)
बोधगम्य – अबोधगम्य, गूढ़, दुरूह (वि.)
बोध्य – अबोध्य (वि.)
ब्याहा – अनब्याहा, कुँआरा (वि.)
भंगुर – अभंगुर (वि.)
भंजनीय – अभंजनीय (वि.)
भक्त – अभक्त (वि.)
भक्ष्य – अभक्ष्य (वि.)
भग्न – अभग्न, साबुत (वि.)
भद्र – अभद्र (वि.)
भद्रता – अभद्रता (स्त्री.)
भय – साहस (पुं.)
भयभीत – निर्भीक (वि.)
भरा – खाली, छूछा, रिक्त (वि.)
भला – बुरा, मंदा (वि., पुं.)
भलाई – बुराई (स्त्री.)
भव्य – साधारण, फूहड़ (वि.)
भाग्यवान – अभागा, बदकिस्मत, हतभाग्य (वि.)
भारी – हलका (वि.)
भारी-भरकम – हलका-फुलका (वि.)

भाव – अभाव, कुभाव, दुर्भाव (पुं.)
भावनीय – अभावनीय (वि.)
भिन्न – अभिन्न (वि.)
भीतर – बाहर (क्रि., वि.)
भीतरी – बाहरी (वि.)
भूतपूर्व – अभूतपूर्व
भूषण – दूषण (पुं.)
भेद्य – अभेद्य, दुर्भेद्य (वि.)
भोगी – योगी (पुं.)
भोग्य – अभोग्य (वि.)
भोज्य – अभोज्य (वि.)
भौतिक – अभौतिक, आध्यात्मिक (वि.)
भ्रांत – निभ्रांत (वि.)
मंगल – अमंगल (पुं.)
मंगलकारी – अमंगलकारी (वि.)
मंडन – खंडन (पुं.)
मजेदार – बेमजा (वि.)
मत्त – अमत्त (वि.)
मधुर – अमधुर, कटु, कर्कश, तीक्ष्ण (वि.)
मनुज – दनुज (वि.)
मनुष्य – पशु (पुं.)
ममत्व – परत्व (पुं.)
मरना – जीना (पुं.)
मर्यादित – अमर्यादित (वि.)
मलिन – निर्मल (वि.)
मसृण – रूक्ष (वि.)
महत् – लघु (वि.)
महत्ता – लघुता (स्त्री.)
महत्त्वपूर्ण – अमहत्त्वपूर्ण, गौण, असार, तुच्छ (वि.)
महात्मा – दुरात्मा (पुं.)
महान – तुच्छ, शूद्र (वि.)
महाशय – क्षुद्राशय (पुं.)
मान – अपमान (पुं.)
मानव – दानव (पुं.)
मानवीय – अमानवीय, दानवीय (वि.)
मान्य – अमान्य (वि.)
मिठास – खटास स्त्री.)
मितव्ययी – अपव्ययी (वि.)
मित्र – शत्रु (पुं.)
मिथ्या – सत्य (वि.)
मिलन – विच्छेद, बिछोह, विरह (पुं.)
मिलना – बिछुड़ना (क्रि.)
मिश्रित – अमिश्रित (वि.)
मीठा – नमकीन, फीका, खट्टा (वि.)
मुक्त – बँधा, बद्ध (वि.)
मुख्य – गौण (वि.)
मुग्ध – अमुग्ध (वि.)
मुनाफा – घाटा (पुं.)
मुनासिब – नामुनासिब (वि.)
मुलायम – कड़ा, कठोर, सख्त (वि.)
मूक – ज्ञानी (वि.)
मूर्ख – पंडित
मूर्च्छित – सचेत, सजग (वि.)
मूर्त – अमूर्त (वि.)
मृत – जीवित (वि.)
मृण्मय – चिन्मय (वि.)
मेरा – तेरा (वि.)
मेल – वैमनस्य, अनबन (पुं., स्त्री.)
मैत्री – अमैत्री (स्त्री.)
मैला – उजला (वि.)
मोटा -- पतला, महीन (वि.)
मोह – वैराग्य (पुं.)
मोहित – अमोहित (वि.)
मौका – बेमौका (पुं.)
मौके – बेमौके (क्रि., वि.)
मौखिक – लिखित (वि.)
मौन – वाचाल (वि.)
मौलिक – अमौलिक (वि.)
यथार्थ – अयथार्थ (वि.)
यथेष्ट – अयथेष्ट, कम (वि.)
यश – अपयश (पुं.)

यशस्वी – अयशस्वी (वि.)
यह – वह (वि.)
याचक – अयाचक (वि.)
याचित – अयाचित (वि.)
युक्तियुक्त – अयुक्तियुक्त (वि.)
युवा – वृद्ध (वि.)
योग – वियोग (पुं.)
योग्य – अयोग्य (वि.)
योग्यता – अयोग्यता (स्त्री.)
यौगिक – अयौगिक (वि.)
यौवन – वार्धक्य (पुं.)
रक्षक – भक्षक (वि.)
रक्षित – अरक्षित (वि.)
रचनात्मक – ध्वंसात्मक (वि.)
रचित – अरचित (वि.)
रत – विरत (वि.)
रति – विरति (स्त्री.)
रद्द – बहाल (वि.)
रसिक – अरसिक (वि.)
रसीला – रसहीन, नीरस (वि.)
रहमदिल – बेरहम (वि.)
रहित – सहित (वि.)
राग – द्वेष, विराग (पुं.)
राजा – रंक (पुं.)
रात – दिन (स्त्री., पुं.)
राष्ट्रभक्त – राष्ट्रद्रोही (वि.)
रिक्त – पूर्ण, भरा (वि.)
रुग्ण – निरोग, स्वस्थ (वि.)
रुचि – अरुचि (स्त्री.)
रुचिकर – अरुचिकर (वि.)
रुदन – ह्रास (वि.)
रूढ़िबद्ध – रूढ़िमुक्त (वि.)
रूपवान – कुरूप (वि.)
रोगी – निरोगी (वि.)
रोचक – अरोचक (वि.)
रोना – हँसना (क्रि.)
रौद्र – अरौद्र (वि.)
लंबा – ठिगना, नाटा (वि.)
लक्षित – अलक्षित (वि.)
लगातार – रुक-रुककर (क्रि., वि.)
लगाना – अलगाना, छुड़ाना (क्रि.)
लगाव – अलगाव (पुं.)
लघु – गुरु, प्रभु, विभु (वि.)
लघुता – गुरुता, प्रभुता, विभुता (स्त्री.)
लज्जावान – निर्लज्ज (वि.)
लभ्य – अलभ्य (वि.)
लापरवाह – सावधान (वि.)
लाभ – हानि, क्षति (पुं., स्त्री.)
लाभप्रद –अलाभकर, हानिप्रद (वि.)
लायक – नालायक (वि.)
लिखित – अलिखित (वि.)
लिप्त – अलिप्त, निर्लिप्त (वि.)
लुभावना – घिनौना (वि.)
लेना – देना (क्रि.)
लोक – परलोक (पुं.)
लोकप्रिय – अलोकप्रिय (वि.)
लोभी – निर्लोभ (वि.)
लोहित – अलोहित (वि.)
लौकिक – अलौकिक, पारलौकिक (वि.)
वक्र – सरल (वि.)
वचनबद्ध – अवचनबद्ध (वि.)
वफादार – बेवफा (वि.)
वयस्क – अवयस्क, अल्पवयस्क, नाबालिग (पुं.)
वरदान – अभिशाप (पुं.)
वर्णनीय – अवर्णनीय, वण्रनातीत (वि.)
वर्ण्य – अवर्ण्य (वि.)
वस्त्रधारी – वस्त्रहीन, निर्वस्त्र, नंगा, दिगंबर (वि.)
वांछनीय – अवांछनीय (वि.)
वांछित – अवांछित (वि.)
वाकिफ – नावाकिफ (वि.)

वाजिब – गैरवाजिब, नावाजिब (वि.)
वादी – प्रतिवादी (पुं.)
वारिस – लावारिस (वि.)
वास्तविक – अवास्तविक (वि.)
विकर्मी – दिव्यकर्मी (वि.)
वास्तविकता – अवास्तविकता (स्त्री.)
विकल – अविकल (वि.)
विकसित – अविकसित, पिछड़ा (वि.)
विकारी – अविकारी, निर्विकार (वि.)
विकास – विनाश, ह्रास (पुं.)
विकृत – अविकृत (वि.)
विक्षुब्ध – अविक्षुब्ध (वि.)
विख्यात – कुख्यात (वि.)
विख्याति – कुख्याति (स्त्री.)
विचलित – अविचलित (वि.)
विचारवान – अविचारी (वि.)
विचारित – अविचारित (वि.)
विच्छिन्न – अविच्छिन्न (वि.)
विजय – पराजय (स्त्री.)
विजयी – पराजित, परास्त (वि.)
विज्ञ – अविज्ञ (वि.)
विदग्ध – अविदग्ध (वि.)
विदित – अविदित (वि.)
विद्यमान – अविद्यमान (वि.)
विधवा – सधवा (स्त्री.)
विधि – निषेध (स्त्री., पुं.)
विधिक – अविधिक (वि.)
विधिसम्मत – विधिविरुद्ध (वि.)
विधेयात्मक – निषेधात्मक (वि.)
विनम्र – अविनम्र (वि.)
विनय – अविनय (पुं.)
विनयी – अविनय (वि.)
विनश्वर – अविनश्वर (वि.)
विनीत – अविनीत, दुर्विनीत (वि.)
विपन्न – अविपन्न, निरोग (वि.)
विबुध – अविबुध (वि.)
विभक्त – अविभक्त (वि.)
विभाजन – एकीकरण (वि.)
विमुख – उन्मुख (वि.)
वियोज्य – अवियोज्य (वि.)
विरल – सुलभ, सर्वसुलभ (वि.)
विराट – क्षुद्र (वि.)
विरोध – समर्थन (पुं.)
विवाहित – अविवाहित (वि.)
विवाहिता – अविवाहिता (वि.)
विवेकी – अविवेकी (वि.)
विषाद – उल्लास (पुं.)
विशिष्ट – सामान्य, साधारण (वि.)
विशुद्ध – अविशुद्ध (वि.)
विशेष – सामान्य, साधारण (वि.)
विशेषज्ञ – अविशेषज्ञ (वि.)
विश्वसनीय – अविश्वसनीय (वि.)
विश्वस्त – अविश्वस्त, विश्वासघाती (वि.)
विश्वास – अविश्वास, संशय (पुं.)
विश्वासी – अविश्वासी, संशयी (वि.)
विष – अमृत (पुं.)
विस्तीर्ण – अविस्तीर्ण (वि.)
विस्तृत – संकुचित, संक्षिप्त (वि.)
विस्मरणीय – अविस्मरणीय (वि.)
विहित – अविहित (वि.)
वृद्धि – ह्रास (स्त्री., पुं.)
वृष्टि – अनावृष्टि (स्त्री.)
वैज्ञानिक – अवैतनिक (वि.)
वैदिक – अवैदिक (वि.)
वैध – अवैध (वि.)
वैधानिक – अवैधानिक (वि.)
वैयक्तिक – सामूहिक (वि.)
वैर – प्रेम (पुं.)
वैषम्य – साम्य (पुं.)
व्यक्त – अव्यक्त (वि.)
व्यक्तिक – अव्यक्तिक (वि.)
व्यक्तिगत – समष्टिगत (वि.)

व्यग्र – अव्यग्र, अशांत (वि.)
व्यभिचारी – सदाचारी (वि.)
व्यर्थ – अव्यर्थ (वि.)
व्यवस्था – अव्यवस्था, कुव्यवस्था (स्त्री.)
व्यवस्थित – अव्यवस्थित (वि.)
व्यवहृत – अव्यवहृत (वि.)
व्यष्टि – समष्टि (पुं., स्त्री.)
व्यापक – अव्यापक (वि.)
व्याप्त – अव्याप्त (वि.)
व्याप्ति – अव्याप्ति (वि.)
व्याप्य – अव्याप्य (वि.)
व्यावहारिक – अव्यावहारिक (वि.)
शंकित – अशंकित (वि.)
शकुन – अपशकुन (पुं.)
शक्य – अशक्य (वि.)
शत्रु – मित्र (पुं.)
शरीरी – अशरीरी (वि.)
शम्रदार – बेशर्म (वि.)
शस्त्रीकरण – निशस्त्रीकरण (पुं.)
शहरी – देहाती, गँवार (वि.)
शांत – अशांत, उत्तेजित, उद्विग्न (वि.)
शांति – अशांति (वि.)
शानदार – शर्मनाक (वि.)
शाप – वरदान (पुं.)
शालीन – धृष्ट (वि.)
शाश्वत – क्षणिक (पुं.)
शासक – शासित (पुं.)
शास्त्रीय – अशास्त्रीय (वि.)
शिक्षित – अशिक्षित (वि.)
शिष्ट – अशिष्ट (वि.)
शीत – ताप (पुं.)
शीतल – उष्ण (वि.)
शीतलता – उष्णता (स्त्री.)
शुक्ल – कृष्ण (वि.)
शुक्लपक्षीय – कृष्णपक्षीय (वि.)
शुचि – अशुचि (वि.)
शुद्ध – अशुद्ध (वि.)
शुद्धता – अशुद्धता (वि.)
शुद्धि – अशुद्धि (स्त्री.)
शुभ – अशुभ (वि.)
शुष्क – सरस (वि.)
शूर – भीरु (वि.)
शूरता – भीरुता (स्त्री.)
शृंखलित – विशृंखलित (वि.)
शोक – हर्ष (पुं.)
शोधित – अशोधित (वि.)
शोचनीय – अशोचनीय (वि.)
शोभनीय – अशोभनीय (वि.)
शोषक – शोषित (वि.)
शोषण – पोषण (पुं.)
शोहरत – बदनामी (स्त्री.)
शौच – अशौच (पुं.)
श्रद्धा – अश्रद्धा (स्त्री.)
श्रांत – अश्रांत (वि.)
श्रीगणेश – इतिश्री (पुं., स्त्री.)
श्रुत – अश्रुत (वि.)
श्रुतिमधुर – कर्णकटु (वि.)
श्रेय – कलंक (पुं.)
श्रेष्ठ – निष्कृष्ट, अधर्म (वि.)
श्रेष्ठता – अधमता (स्त्री.)
श्लाघ्य – अश्लाघ्य (वि.)
श्लिष्ट – अश्लिष्ट (वि.)
श्वास – प्रश्वास (पुं.)
श्वेत – अश्वेत (वि.)
संकल्प – विकल्प (पुं.)
संकीर्ण – विस्तीर्ण, व्यापक, उदार (वि.)
संकीर्णता – व्यापकता, उदारता, खुलापन (स्त्री., पुं.)
संक्षिप्त – विस्तृत (वि.)
संक्षेप में – विस्तार से (क्रि., वि.)
संग – कुसंग (पुं.)
संगत – असंगत, बेमेल (वि.)

संगति – असंगति, विसंगति (स्त्री.)
संघटन – विघटन (पुं.)
संघटित – विघटित (वि.)
संतत – असंतत (वि.)
संतुलन – असंतुलन (पुं.)
संतुष्ट – असंतुष्ट (वि.)
संतुष्टि – असंतुष्टि (स्त्री.)
संतोष – असंतोष (पुं.)
संतोषजनक – असंतोषजनक (वि.)
संतोषी – असंतोषी (वि.)
संदिग्ध – असंदिग्ध (वि.)
संदेह – विश्वास (पुं.)
संधि – विग्रह (स्त्री., पुं.)
संपन्न – विपन्न (वि.)
संपन्नता – दरिद्रता, विपन्नता (स्त्री.)
संपृक्त – असंपृक्त (वि.)
संबद्ध – असंबद्ध (वि.)
संभव – असंभव (वि.)
संभावना – असंभावना (स्त्री.)
संभावित – असंभावित (वि.)
संभाव्य – असंभाव्य (वि.)
संभाषण – असंभाषण (पुं.)
संयत – असंयत (वि.)
संयम – असंयम (पुं.)
संयमी – असंयमी, व्यभिचारी (वि.)
संयुक्त – असंयुक्त (वि.)
संयोग – वियोग (वि.)
संलग्न – असंलग्न (वि.)
सँवरना – बिगड़ना (क्रि.)
संवाद – विवाद (पुं.)
सँवारना – बिगाड़ना (क्रि.)
संवृत – विवृत (वि.)
संशय – असंशय (पुं.)
संशयी – निःसंशयी (वि.)
संशोधित – असंशोधित (वि.)
संसारी – संन्यासी (पुं.)
संस्कृत – असंस्कृत (वि.)
संहत – असंहत (वि.)
सकाम – निष्काम (वि.)
सकामता – निष्कामता (स्त्री.)
सकारण – अकारण (क्रि., वि.)
सकारात्मक – नकारात्मक (वि.)
सक्रिय – अक्रिय, निष्क्रिय (वि.)
सक्रियता – अक्रियता, निष्क्रियता (स्त्री.)
सक्षम – अक्षम (वि.)
सख्त – नरम (वि.)
सगुण – निर्गुण (वि.)
सगुरा – निगुरा (वि.)
सच – झूठ (पुं.)
सचेत – अचेत, बेसुध, बेखबर, गाफिल (वि.)
सचेष्ट – अचेष्ट, निश्चेष्ट (वि.)
सच्चरित्र – दुश्चरित्र (वि.)
सच्चा – झूठा (वि.)
सजल – निर्जल (वि.)
सजातीय – विजातीय (वि.)
सजीव – निर्जीव (वि.)
सजीवता – निर्जीवता (स्त्री.)
सज्जन – दुर्जन, शठ, खल (पुं.)
सटा – हटा (वि.)
सत् – असत् (वि.)
सतर्क – असतर्क (वि.)
सतर्कता – असतर्कता (स्त्री.)
सत्कर्म – दुष्कर्म (पुं.)
सत्कर्मी – कुकर्मी, दुष्कर्मी (वि.)
सत्कार – तिरस्कार (पुं., स्त्री.)
सत्पात्र – कुपात्र (पुं.)
सत्प्रवृत्ति – दुष्प्रवृत्ति (स्त्री.)
सत्य – असत्य, मिथ्या (वि.)
सत्यवादी – असत्यवादी (वि.)
सत्यशील – असत्यशील, मिथ्यावादी (वि.)
सत्संग – कुसंग (पुं.)
सदय – निर्दय (वि.)

सदाचरण – दुराचरण (पुं.)
सदाचार – दुराचार (पुं.)
सदाचारी – दुराचारी (वि.)
सदुपयोग – दुरुपयोग (पुं.)
सद्गति – दुर्गति
सद्गुण – दुर्गुण (पुं.)
सद्प्रवृत्ति – दुष्प्रवृत्ति (स्त्री.)
सद्भाव – दुर्भाव (पुं.)
सद्भावना – दुर्भावना (स्त्री.)
सद्व्यवहार – दुर्व्यवहार (पुं.)
सधवा – विधवा (स्त्री.)
सन्निहित – असन्निहित (वि.)
सप्राण – निष्प्राण (वि.)
सफल – असफल, विफल, निष्फल (वि.)
सफलता – असफलता, विफलता (स्त्री.)
स्फूर्ति – आलस्य (स्त्री.)
सबल – दुर्बल, निर्बल (वि.)
सभ्य – असभ्य, उजड्ड, बर्बर (वि.)
समंजित – असमंजित (वि.)
सम – असम, विषम (वि.)
समग्र – इकाई (पुं.)
समझदार – बेसमझ, नासमझ, नादान (वि.)
समतल – असमतल, खुरदुरा (वि.)
समता – असमता, विषमता (स्त्री.)
समय – असमय, कुसमय (पुं.)
समरूप – असमरूप (वि.)
समर्थ – असमर्थ (वि.)
समर्थता – असमर्थता (स्त्री.)
समर्थक – विरोधी (वि., पुं.)
समर्थन – विरोध (पुं.)
समर्थिक – असमर्थित (वि.)
समष्टिगत – व्यक्तिगत (वि.)
समस्त – असमस्त (वि.)
समान – असमान (वि.)
समानता – असमानता, विषमता (स्त्री.)
समाप्त – असमाप्त (वि.)
समास – व्यास (पुं.)
समीप – दूर (क्रि., वि.)
समीपता – दूरी (स्त्री.)
समीपवर्ती – दूरवर्ती (वि.)
समीचीन – असमीचीन (वि.)
समीपस्थ – दूरस्थित (वि.)
समृद्धि – विनाश (स्त्री.)
सम्मत – असम्मत (वि.)
सम्मति – असम्मति (स्त्री.)
सम्मान – तिरसकार (पुं.)
सम्मानित – अपमानित, उपेक्षित (वि.)
सम्मुख – विमुख (वि.)
सरल – कठिन, कुटिल, जटिल (वि.)
सरलता – कठिनता, कुटिलता, जटिलता (स्त्री.)
सरल – नीरस, शुष्क (वि.)
सर्वज्ञ – अल्पज्ञ (वि.)
सर्वत्र – कहीं-कहीं (क्रि., वि.)
सलज्ज – निर्लज्ज (वि.)
सवर्ण – असवर्ण (वि.)
सवाल – जवाब (पुं.)
सशक्त – अशक्त (वि.)
सशस्त्र – निरस्त्र (वि.)
सशुल्क – निःशुल्क (वि.)
ससीम – असीम, निस्सीम (वि.)
सस्ता – महँगा (वि.)
सहज – कठिन (वि.)
सहनीय – असहनीय (वि.)
सहमत – असहमत (वि.)
सहमति – असहमति (स्त्री.)
सहयोगी – प्रतियोगी (वि.)
सहित – रहित, विहीन (वि.)
सहिष्णु – असहिष्णु (वि.)
सहिष्णुता – असहिष्णुता (स्त्री.)
सहित – रहित (वि.)
सही – गलत (वि.)

सहृदय – हृदयहीन (वि.)
सह्य – असह्य (वि.)
सांप्रदायिक – असांप्रदायिक (वि.)
सांसारिक – ईश्वरीय (वि.)
साकार – निराकार (वि.)
साक्षर – निरक्षर (वि.)
साक्षरता – निरक्षरता (स्त्री.)
सादा – भड़कीला; रंगीन (वि.)
साधक – बाधक (वि.)
साधार – निराधार (वि.)
साधारण – असाधारण, विशिष्ट, विलक्षण (वि.)
साधारणीकरण – विशेषीकरण (पुं.)
साधित – असाधित (वि.)
साधु – असाधु (वि.)
साधुता – असाधुता (स्त्री.)
साध्य – असाध्य (वि.)
साध्वी – असाध्वी (स्त्री.)
सापेक्ष – निरपेक्ष (वि.)
साफ – गंदा, मैला (वि.)
साबुत – टूटा, टूटा-फूटा (वि.)
साभास –निराभास (वि.)
सामंजस्य – असामंजस्य (पुं.)
सामयिक – असामयिक (वि.)
सामर्थ्य – असामर्थ्य (स्त्री.)
सामान्य – असामान्य, विशेष (वि.)
साम्य – वैषम्य (पुं.)
सारयुक्त – असार, निस्सार, थोथा (वि.)
सार्थक – निरर्थक (वि.)
सार्थकता – निरर्थकता (स्त्री.)
सार्वजनिक – वैयक्तिक, निजी (वि.)
सावधान – असावधान (वि.)
सावधानता – असावधानता
सावधानी – असावधानी (स्त्री.)
साहस – भीरुता (पुं., स्त्री.)
साहसी – भीरु (वि.)
सित – असित, काला (वि.)
सिद्ध – असिद्ध (वि.)
सिद्धि – असिद्धि (स्त्री.)
सिरहाना – पायँताना (पुं.)
सीधा – उलटा, टेढ़ा (वि.)
सीमित – असीमित (वि.)
सुंदर – असुंदर, कुरूप (वि.)
सुकर – दुष्कर (वि.)
सुकर्म – दुष्कर्म (पुं.)
सुकाल – दुष्काल (पुं.)
सुकीर्ति – अपकीर्ति (स्त्री.)
सुकृति – दुष्कृति (स्त्री.)
सुकृती – दुष्कृति (पुं.)
सूक्ष्म – विशाल (पुं.)
सुख – दुख (पुं.)
सुखद – दुखद (वि.)
सुखांत – दुखांत (वि.)
सुखान्वित – दुखान्वित (वि.)
सुखी – दुखी (वि.)
सुख्यात – कुख्यात (वि.)
सुगंध – दुर्गंध (स्त्री.)
सुगंधित – दुर्गंधित (वि.)
सुगति – दुर्गति (स्त्री.)
सुगम – दुर्गम, कठिन (वि.)
सुघड़ – अनगढ़, फूहड़ (वि.)
सुडौल – बेडौल (वि.)
सुधार्य – असुधार्य (वि.)
सुनी – अनुसुनी (वि.)
सुपथ – कुपथ (पुं.)
सुपरिणाम – दुष्परिणाम (पुं.)
सुपाच्य – कुपाच्य (वि.)
सुपात्र – कुपात्र (वि.)
सुपुत्र – कुपुत्र (पुं.)
सुपूत – कुपूत (पुं.)
सुप्त – जाग्रत (वि.)
सुप्रबंध – कुप्रबंध (पुं.)

सुप्रभाव – कुप्रीाव, दुष्प्रभाव (पुं.)
सुप्रयोग – कुप्रयोग (पुं.)
सुफल – कुफल (पुं.)
सुबुद्धि – दुर्बुद्धि (वि.)
सुबोध – दुर्बोध (वि.)
सुमार्ग – कुमार्ग (पुं.)
सुमुख – दुर्मुख (वि.)
सुयंत्रित – कुयंत्रित (वि.)
सुयश – अपयश (पुं.)
सुर – असुर (पुं.)
सुरक्षा – असुरक्षा (स्त्री.)
सुरति – निरति (स्त्री.)
सुरीला – बेसुरा (वि.)
सुलक्षण – कुलक्षण (वि.)
सुलभ – दुर्लभ (वि.)
सुविचार – कुविचार (पुं.)
सुविधा – असुविधा, दिक्कत (स्त्री.)
सुविधाजनक – असुविधाजनक, कष्टकर, दिक्कततलब (वि.)
सुव्यवस्था – अव्यवस्था, कुव्यवस्था, गड़बड़ी (स्त्री.)
सुशील – दुःशील (वि.)
सुषुप्ति – जागरण (स्त्री., पुं.)
सुसंगति – कुसंगति (स्त्री.)
सुसमय – कुसमय (पुं.)
सुसाध्य – दुःसाध्य (वि.)
सुस्त – तेज (वि.)
सूखा – गीला (वि.)
सुहागिन – दुहागिन (स्त्री.)
सृजन – विसृजन (पुं.)
सृष्टि – संहार, प्रलय (स्त्री., पुं.)
सेवक – स्वामी (पुं.)
सेवित – असेवित (वि.)
सोच – असोच (पुं.)
सोच-विचारकर – बिना सोचे-समझे (क्रि., वि.)
सोना – जागना (क्रि.)
सैद्धांतिक – असैद्धांतिक (वि.)
सौभाग्य – दुर्भाग्य (पुं.)
सौमनस्य – वैमनस्य (पुं.)
सौम्य – असौम्य (वि.)
स्खलित – अस्खलित (वि.)
स्तब्ध – अस्तब्ध (वि.)
स्तुति – निंदा (स्त्री.)
स्तुत्य – निंद्य (वि.)
स्थापन – विस्थापन (पुं.)
स्थावर – जंगम (वि.)
स्थिर – अस्थिर, चंचल (वि.)
स्थिरचित्त – अस्थिरचित्त (वि.)
स्थूल – कृश (वि.)
स्थैर्य – अस्थैर्य (पुं.)
स्निग्ध – अस्निग्ध (वि.)
स्नेही – वैरी (वि.)
स्थायी – अस्थायी (वि.)
स्थिर – अस्थिर (वि.)
स्थूल – सूक्ष्म (वि.)
स्पंदित – निष्पंद (वि.)
स्पर्धा – सहयोग (स्त्री., पुं.)
स्पष्ट – अस्पष्ट (वि.)
स्पष्टता – अस्पष्टता (स्त्री.)
स्पृश्य – अस्पृश्य (वि.)
स्फुट – अस्फुट (वि.)
स्फूर्ति – आलस्य (स्त्री.)
स्मरण – विस्मरण (पुं.)
स्मरणीय – विस्मरणीय (वि.)
स्याह – सफेद (वि.)
स्वच्छ – अस्वच्छ, मलिन (वि.)
स्वच्छता – अस्वच्छता (स्त्री.)
स्वतंत्र – परतंत्र (वि.)
स्वतंत्रता – परतंत्रता (स्त्री.)
स्वदेश – परदेश, विदेश (पुं.)
स्वर्गीय – नारकीय (वि.)
स्वस्थ – अस्वस्थ, रुग्ण, बीमार (वि.)

स्वस्थता – अस्वस्थता (स्त्री.)
स्वादिष्ट – स्वादहीन, निःस्वाद (वि.)
स्वाधीन – पराधीन (वि.)
स्वाधीनता – पराधीनता (स्त्री.)
स्वाभाविक – अस्वाभाविक (वि.)
स्वामी – दास, भृत्य, सेवक (पुं.)
स्वार्थ – परमार्थ (पुं.)
स्वावलंबी – परावलंबी (वि.)
स्वास्थ्यकर – अस्वास्थ्यकर (वि.)
स्वीकार्य – अस्वीकार्य (वि.)
स्वीकृत – अस्वीकृत (वि.)
स्वीकार करना – अस्वीकार करना (क्रिपद.)
स्वीकृति – अस्वीकृति (स्त्री.)
हँसना – रोना (क्रि.)
हँसाना – रुलाना (क्रि.)
हत – अहत (वि.)
हथियारबंद – निहत्था (वि.)
हमदर्द – बेदर्द (वि.)
हयादार – बेहया (वि.)
हर्ष – शोक (पुं.)
हलका – भारी (वि.)
हानि – लाभ (स्त्री., पुं.)
हार – जीत (स्त्री.)
हिंसक – अहिंसक (वि.)
हिंसा – अहिंसा (स्त्री.)
हित – अनहित, अहित (पुं.)
हितकर – अहितकर (वि.)
हितकारी – अहितकारी (वि.)
हुनरा – बेहुनरा (वि.)
हेय – उपादेय
होनी – अनहोनी (स्त्री.)
ह्रस्व – दीर्घ (वि.)

तृतीय खंड

पर्याय शब्दों की सूची

अंक (पुं.)
अंक दे. गोद
अंकगणित (पुं.)
अंकन (पुं.)
अंकन दे. चित्रण
अँकवार दे. गोद
अंकविद्या दे. अंकगणित
अंकित (वि.)
अंकित करना (क्रिपद)
अंकित करना दे. खींचना
अँकुड़ा दे. हुक
अंकुर (पुं.)
अँकुरना दे. अंकुरित होना
अंकुरित होना (क्रिपद)
अंकुश (पुं.)
अंकुश दे. 1 नियंत्रण,
2. प्रतिबंध
अँखुआ दे. अंकुर
अँखुआना दे. अंकुरित होना
अँखुआ फूटना दे. अंकुरित होना
अंग (पुं.)
अंगघात दे. पक्षाघात
अंगज दे. पुत्र
अंगजा दे. पुत्री
अंगड़-खंगड़ (पुं.)
अंगड़-खंगड़ दे. कबाड़
अँगड़ाई लेना दे. अँगड़ाना
अँगड़ाना (क्रि.)
अंग-प्रत्यंग (पुं.)
अंगभंगिमा दे. हाव-भाव
अंगलेट दे. काठी
अंग-विक्षेष दे. हाव-भाव
अंग-विच्छेदन दे. चीर-फाड़
अंग-संग दे. मैथुन
अंग-सौष्ठव दे. काठी

अंगारा हो जाना दे. गर्म हो जाना
अँगिया (स्त्री.)
अंगीकरण दे. धारण
अंगीकार करना दे. 1. मानना,
2. स्वीकार करना,
3. लेना
अंगीकार्य दे. मान्य
अंगीकृत करना दे. स्वीकार करना
अंगीठी दे. चूल्हा
अंगुष्ठ दे. अँगूठा
अँगूठा (पु.)
अँगूठा-छाप दे. निरक्षर
अँगूठी (स्त्री.)
अंगूर (पुं.)
अंगूरी दे. हरा
अंग्रेज (पुं.)
अंग्रेजी (स्त्री.)
अंचल दे. 1. क्षेत्र, 2. प्रदेश
अंजन दे. काजल
अंजना दे. स्त्री
अंजर-पंजर दे. अंग-प्रत्यंग
अंजाम दे. परिणाम
अंजुमन दे. संघ
अंट-शंट दे. अंड-बंड बकना
अंड दे. अंडकोश
अंडकोश (पुं.)
अंडबंड (वि.)
अंडबंड बकना (क्रिपद)
अंडाकार दे. गोल
अंतःकरण (पुं.)
अंतःकरण दे. मन
अंतःकालीन दे. 1. अस्थायी,
2. अंतरिम
अंतःपुर (पुं.)
अंत (पुं.)

अंत दे. 1. क्षय, 2. परिणाम,
3. नाश, 4. समाप्ति
अंत कर देना (क्रिपद)
अंतकाल (पुं.)
अंततः (क्रिवि.)
अंततम दे. अंतिम
अंततोगत्वा दे. अंततः
अंत में दे. अंततः
अँतड़ी दे. आँत
अंतरंग दे. घनिष्ठ
अंतरंगता दे. घनिष्ठता
अंतर (पुं.)
अंतरण (पुं.)
अंतरण दे. स्थानांतरण
अंतरतम दे. घनिष्ठ
अंतरदेशीय (वि.)
अंतरात्मा दे. आत्मा
अंतरराष्ट्रीय (वि.)
अंतराल (पुं.)
अंतराल दे. अंतर
अंतरिक्ष दे. आकाश
अंतरिम (वि.)
अंतरिम दे. अस्थायी
अंतरीप दे. द्वीप
अंतर्गत (वि.)
अंतर्गमन दे. प्रवेश
अंतर्ग्रहण करना दे. आत्मसात् करना
अंतर्दाह दे. जलन
अंतर्दृष्टि (स्त्री.)
अंतर्द्वंद्व दे. द्वंद्व
अंतर्धान (पु.)
अंतर्धान दे. गायब
अंतर्धान हो जाना (क्रिपद)
अंतर्ध्वंस दे. तोड़-फोड़
अंतर्निष्ठित दे. अंतर्गत

अंतर्भाव (पुं.)
अंतर्भाव दे. समावेश
अंतर्वर्ती दे. 1. अंतरिम, 2. अंतर्गत
अंतर्विरोधी दे. परस्पर-विरुद्ध
अंतर्हित दे. अंतर्गत
अंतस् दे. अंतःकरण
अंतस्तल दे. अंतःकरण
अंतहीन दे. अनंत
अंतिम (वि.)
अंतिम क्षण दे. अंतकाल
अंतिम संस्कार दे. अंत्येष्टि
अत्यंज दे. अछूत
अंत्यानुप्रास दे. तुक
अंत्येष्टि (स्त्री.)
अंदर (क्रिवि.)
अंदर जाना (क्रिपद)
अंदर जाना दे. घुसना
अंदरूनी दे. आंतरिक
अंदाज दे. अनुमान
अंदाजन दे. लगभग
अंदाज लगाना दे. भाँपना
अंदाजा दे. अनुमान
अंदेशा दे. आशंका
अंधकार (पुं.)
अंधकार दे. अज्ञान
अंधकारपूर्ण (वि.)
अंध-खोपड़ी दे. मूर्ख
अंधड़ दे. आँधी
अंधता दे. अंधापन
अंधा (वि.)
अंधा दे. 1. अंधकारपूर्ण 2. अविवेकी
अंधाकुप्प (पुं.)
अंधाधुंध (क्रिवि.)
अंधाधुंध दे. तेजी से

अंधानुकरण (पुं.)
अंधापन (पुं.)
अंधा हो जाना दे. सनक चढ़ना
अँधियारा दे. अंधकार
अँधियारी दे. अंधकार
अँधेर (पुं.)
अंधेर दे. 1. अन्याय, 2. अराजकता
अँधेर-खाता दे. 1. अंधेर, 2. अन्याय, 3. अराजकता
अंधेरगर्दी दे. अराजकता
अँधेरा दे. अंधकार
अंधे होकर दे. अंधाधुंध
अंबर दे. आकाश
अंबा दे. माता
अंबार दे. 1. ढेर, 2. समुच्चय
अंबार लगाना दे. ढेर लगाना
अंबिका दे. पार्वती
अंबिकेय दे. कार्तिकेय
अंबिकेश दे. कार्तिकेय
अंबिकेश दे. गणेश
अंबुज दे. कमल
अंश (पुं.)
अंश दे. टुकड़ा
अंशकालिक दे. अल्पकालीन
अंशदान (पु.)
अंशी दे. भागीदार
अंशु (सुधांशु) दे. किरण
अंशुमाली दे. सूरज
अकंटक (वि.)
अकंटक दे. बाधाहीन
अकच दे. गंजा
अकचकाना दे. चकित होना
अकटिबद्ध दे. अनुद्यत

अकड़ (स्त्री.)
अकड़ जाना दे. अकड़ना
अकड़ना (क्रि.)
अकड़-फूँ दे. अकड़
अकड़बाज (वि.)
अकड़ू दे. 1. अकड़बाज, 2. अभिमानी
अकथनीय (वि.)
अकथित (वि.)
अकथ्य दे. अकथनीय
अकधक दे. हिचक
अकरणीय दे. अनुचित
अकर्म दे. दुष्कर्म
अकर्मण्य दे. 1. आलसी, 2. सुस्त
अकलंक दे. 1. निर्दोष, 2. निष्कलंक
अकलुष दे. 1. निर्दोष, 2. निष्कलंक
अकलुषित दे. निष्कलंक
अकल्पनीय दे. 1. असंभव, 2. कल्पनातीत
अकल्याण दे. हानि
अकस्मात् दे. अचानक
अकाज दे. हानि
अकाट दे. अकाट्य
अकाट्य (वि.)
अकादमिक दे. शैक्षणिक
अकाम दे. अनिष्काम
अकाम्य दे. अनभीष्ट
अकारण (क्रिवि.)
अकारण दे. अनावश्यक
अकाल (पुं.)
अकाल दे. असामयिक
अकाल पुरुष दे. ईश्वर
अकालप्रसव होना दे. गर्भपात होना

अकालिक दे. असामयिक
अकिंचन दे. निर्धन
अकिंचनता दे. निर्धनता
अकीक दे. गोमेद
अकुंठ दे. पैना
अकुटिल दे. निष्कपट
अकुलाना (क्रि.)
अकुलाना दे. घबराना
अकुलाहट दे. 1. घबराहट, 2. चिंता, 3. विकलता
अकुलीन दे. कमीना
अकुशल (वि.)
अकुशल दे. अनाड़ी
अकुशलता (स्त्री.)
अकृत (वि.)
अकृत करना दे. रद्‍द करना
अकृत कार्य दे. विफल
अकृतज्ञ (वि.)
अकृतज्ञता (स्त्री.)
अकृतज्ञाता दे. कृतघ्नता
अकृत्रिम दे. 1. वास्तविक, 2. स्वाभाविक
अकृत्रिमता दे. स्वाभाविकता
अकेला (वि.)
अकेला दे. अद्वितीय
अकेलापन (पुं.)
अकेले (क्रिवि.)
अकेले दे. केवल
अकेशी दे. गंजा
अकेशीपन दे. गंजापन
अक्खड़ (वि.)
अक्खड़ दे. 1. अशिष्ट, 2. उद्धत
अक्खड़पन दे. उद्धतता
अक्रिय दे. 1. आलसी, 2.निश्चेष्ट, 3. सुस्त
अक्ल दे. बुद्धि
अक्ल ठिकाने हो जाना दे. संभलना
अक्लमंद दे. बुद्धिमान
अक्लमंदी दे. बुद्धिमत्ता
अक्ष (पुं.)
अक्षत (वि.)
अक्षत दे. चावल
अक्षत दे. पूरा
अक्षतयोनि (स्त्री.)
अक्षता दे. अक्षतयोनि
अक्षम दे. 1. अयोग्य, 2. दुर्बल
अक्षमता दे. 1. अयोग्यता, 2. विवशता
अक्षय दे. 1. अनंत, 2. अमर
अक्षतयोनि दे. कन्या
अक्षर (पुं.)
अक्षर दे. अमर
अक्षरमाला दे. वर्णमाला
अक्षरी दे. 1. अक्षर, 2. वर्तनी
अक्षि दे. वर्तनी
अक्षि दे. आँख
अक्षिरोम दे. बरौनी
अक्षुण्ण दे. संपूर्ण
अक्षुब्ध दे. शांत
अक्स दे. छाया
अकस्मात् दे. संयोगवश
अक्सर दे. प्रायः
अक्सरियत दे. अधिकता
अखंड दे. संपूर्ण
अखंडनीय दे. अकाट्य
अखंडित दे. 1. अक्षत, 2. संपूर्ण
अखंड्य दे. अकाट्य
अखड़ैत दे. पहलवान
अखबार दे. समाचार-पत्र
अखरना (क्रि.)
अखाड़ा (पुं.)
अखाड़िया दे. पहलवान
अखाड़ेबाज (पुं.)
अखाड़ेबाजी दे. दलबंदी
अखाद्य (वि.)
अखिल दे. 1. पूरा, 2. संपूर्ण
अखिलात्मा दे. ईश्वर
अखिलेश दे. ईश्वर
अख्यात दे. अप्रसिद्ध
अगड़म-बगड़म दे. अंगड़-खंगड़
अगणनीय दे. अनगिनत
अगणित दे. अनगिनत
अगण्य दे. अनगिनत
अगम्य (वि.)
अगम्य दे. दुर्गम
अगम्यागमन दे. बलात्कार
अगर (योजक)
अगर-मगर दे. बहानेबाज़ी
अगर-मगर करना दे. हिचकना
अगल-बगल दे. पास-पड़ोस
अगला (वि.)
अगला दे. आनेवाला
अगाध दे. 1. गहरा, 2. गंभीर
अगुआ दे. नेता
अगुआई दे. नेतृत्व
अगुआपन दे. नेतृत्व
अगुप्त दे. प्रकट
अगृहीत दे. अप्राप्त
अगेह (वि.)
अगोचर दे. 1. अंतर्धान, 2. अज्ञेय
अगोचर हो जाना दे. अंतर्धान हो जाना
अगोरना (क्रि.)
अग्नि दे. आग
अग्निकर्म दे. अंत्येष्टि

अग्निक्रिया दे. अंत्येष्टि
अग्निपरीक्षा दे. परीक्षा
अग्निवर्षा दे. बमबारी
अग्निशिखा दे. लौ
अग्निसंस्कार दे. अंत्येष्टि
अग्र दे. अगला
अग्रगामी दे. प्रगतिशील
अग्रज (पुं.)
अग्रणी दे. मुख्य
अग्रता दे. प्राथमिकता
अग्रवर्ती दे. अगला
अग्रसोची दे. दूरदर्शी
अग्राह्य दे. 1. आपत्तिजनक, 2. अवैध, 3. त्याज्य
अग्रिम (पुं.)
अग्रिम दे. 1. पेशगी, 2. बयाना
अग्रिम धन दे. पेशगी
अग्रिम राशि दे. अग्रिम
अघ दे. पाप
अघहीन दे. निरपराध
अघा जाना दे. अघाना
अघाना (क्रि.)
अघाना दे. छकना
अघाव दे. संतोष
अचंचल दे. शांत
अचंड दे. निस्तेज
अचंभा दे. 1. आश्चर्य, 2. चमत्कार
अचंभित दे. चकित
अचकचाहट दे. हिचक
अचरज दे. 1. आश्चर्य, 2. चमत्कार
अचर्चित दे. अकथित
अचल दे. 1. जड़, 2. दृढ़, 3. स्थिर
अचलता दे. दृढ़ता, 2. स्थिरता
अचला दे. भूमि
अचानक (क्रिवि.)
अचानक दे. संयोगवश
अचाह दे. अनिच्छा
अचाहा दे. अवांछित
अचिकित्स्य दे. असाध्य
अचीर दे. नंगा
अचूक (वि.)
अचूक दे. विश्वसनीय
अचेत (वि.)
अचेत दे. 1. असावधान, 2. मूर्च्छित, 3. सुस्त
अचेतता दे. असावधानता
अचेतन दे. जड़
अचेतनता (स्त्री.)
अच्छा (वि.)
अच्छा दे. स्वस्थ
अच्छाई दे. 1. गुण, 2. विशेषता
अच्छाई-बुराई (स्त्री.)
अच्छाई-बुराई दे. बुरा-भला
अच्छा करना (क्रिपद)
अच्छा-खासा दे. यथेष्ट
अच्छा न लगना दे. अखरना
अच्छापन दे. अच्छाई
अच्छा-बुरा दे. खरा-खोटा
अच्छा लगना दे. 1. भाना, 2. सुहाना
अच्छा समय दे. सुसमय
अच्छी खबर दे. सुसमाचार
अच्छे दिन दे. सुसमय
अछूत (वि. पुं.)
अछूता (वि.)
अछूता दे. अप्रभावित
अजनबी (वि. पुं.)
अजनबीपन दे. विचित्रता
अजन्मा (वि.)
अजब दे. विचित्र
अजस्र दे. अविच्छिन्न
अजात दे. अजन्मा
अजातशत्रु (वि.)
अजायब घर दे. संग्रहालय
अजित दे. अजेय
अजिर दे. आँगन
अजीज दे. प्यारा
अजीब दे. 1. आश्चर्यजनक, 2. विचित्र
अजीबोगरीब दे. विचित्र
अजीर्ण दे. अपच
अजीवित दे. मृत
अजूबा दे. 1. आश्चर्य, 2. करतब
अजेय (वि.)
अज्ञ दे. अशिक्षित
अज्ञता दे. अज्ञान
अज्ञात (वि.)
अज्ञात दे. अजनबी
अज्ञातनाम दे. अनाम
अज्ञातवास (पुं.)
अज्ञान (पुं.)
अज्ञान दे. 1. अंधकार, 2. अनजान, 3. मूर्ख
अज्ञानी दे. 1. अंधा, 2. मूर्ख
अज्ञेय (वि.)
अज्ञेय (वि.)
अज्ञेय दे. रहस्यपूर्ण
अज्वलनशील (वि.)
अटक दे. बाधा
अटक जाना दे. उलझना
अटकना दे. 1. उलझना, 2. ठहरना, 3. रुकना
अटकल दे. अनुमान
अटकलपच्चू दे. 1. अनुमानित, 2. कल्पित

अटकलबाजी दे. अनुमान
अटकल लगाना दे. भाँपना
अटकल से दे. लगभग
अटकाना दे. रोकना
अटकाव दे. बाधा
अटना (क्रि.)
अटना दे. 1. समाना, 2. पूरा पड़ना
अटपटा दे. 1. अप्रिय, 2. ऊट-पटांग
अटल दे. 1. दृढ़, 2. दृढ़निश्चयी, 3. निश्चित, 4. स्थिर
अटलता दे. दृढ़ता
अटाटूट दे. अनगिनत
अटारी दे. भवन
अटाला दे. ढेर
अटूट दे. 1. अविच्छिन्न, 2. लगातार
अटूटपन दे. सातत्य
अट्ट-सट्ट दे. अंड-बंड
अट्टहास (पुं.)
अट्टहास करना (क्रिपद)
अट्टालिका दे. भवन
अठखेली दे. क्रीड़ा
अठन्नी (स्त्री.)
अठवारा दे. सप्ताह
अठाई दे. नटखट
अड़ंगा दे. बाधा
अड़ंगा डालना दे. बाधा डालना
अड़ंगेबाज दे. बाधक
अड़ंगेबाजी दे. बाधा
अड़ दे. जिद
अड़चन दे. बाधा
अड़चन डालना दे. बाधा डालना
अड़तल दे. हठी
अड़ना दे. हठ करना

अड़बंगा दे. बेढब
अडिग दे. 1. जिद्दी, 2. दृढ़-निश्चयी, 3. स्थिर, 4. हठी
अड़ियल दे. जिद्दी
अड़ियलपन दे. जिद
अड़ोस-पड़ोस में दे. आस-पास
अड्डा (पुं.)
अढ़तिया दे. दलाल
अणु दे. कण
अतः (क्रिवि.)
अतः दे. 1. इसलिए, 2. फल-स्वरूप
अतएव दे. 1. अतः, 2. इसलिए
अतथ्यपूर्ण दे. गलत
अतल दे. गहरा
अता-पता दे. 1. पता, 2. संकेत, 3. सूत्र
अति दे. 1. अधिकता, 2. ज्यादती
अतिकाय दे. 1. बड़ा, 2. भारी-भरकम
अतिक्रमण दे. उल्लंघन
अतिक्रामी दे. उल्लंघनकर्ता
अतिचार दे. उल्लंघन
अतिचारी दे. उल्लंघनकर्ता
अतिथि (पुं.)
अतिथि-गृह दे. अतिथि-भवन
अतिथि-परायण दे. मेजबान
अतिथि-परायणता दे. अतिथि-सत्कार, 2. मेजबानी
अतिथि-भवन (पुं.)
अतिथिशाला दे. अतिथि-भवन
अतिथि-सत्कार (पुं.)
अतिथि-सत्कार दे. मेजबानी
अतिथि-सेवा दे. तिथि-सत्कार
अतिभोग दे. असंयम

अतिभोगी दे. असंयमी
अतिमानव दे. महामानव
अतिमानवीय दे. अलौकिक
अतिमानुषिक दे. अलौकिक
अतिरंजन (पुं.)
अतिरंजन करना (क्रिपद)
अतिरंजना दे. अतिरंजन
अतिरंजित करना दे. अतिरंजन करना
अतिरिक्त (वि.)
अतिरिक्त, के (परसर्ग)
अतिरेक दे. अधिकता
अतिलंघन दे. उल्लंघन
अतिलघु दे. सूक्ष्म
अतिवात दे. आँधी
अतिशय दे. अत्यधिक
अतिशयता दे. अधिकता
अतिशयोक्ति दे. 1.अतिरंजन, 2. डींग
अतिशयोक्ति करना दे. अतिरंजन करना
अतिश्रेष्ठ दे. 1. अत्युत्तम, 2. सर्वोत्कृष्ट
अतिसंवेदनशील दे. कोमल
अतिसंवेदनशीलता दे. कोमलता
अतिसार (पुं.)
अतिसार दे. दस्त
अतिसेवन दे. असंयम
अतिसेवी दे. असंयमी
अतीत दे. 1. गत, 2. पिछला, 3. भूत
अतीव दे. अत्यधिक
अतुलनीय दे. अद्वितीय
अतुल्य दे. अद्वितीय
अतृप्त दे. असंतुष्ट

अतृप्ति दे. असंतोष
अत्तार (पुं.)
अत्यंत दे. अत्यधिक
अत्यधिक (वि.)
अत्यधिकता (स्त्री.)
अत्यधिकता दे. ज्यादती
अत्यल्प (वि.)
अत्याचार (पुं.)
अत्याचारपूर्ण (वि.)
अत्याचारी (वि. पुं.)
अत्याचारी दे. उत्पीड़क
अत्यावश्यक (वि.)
अत्यावश्यक दे. आवश्यक
अत्युक्ति दे. 1. अतिरंजन, 2. डींग
अत्युक्ति करना दे. अतिरंजन करना
अत्युत्तम (वि.)
अत्युत्तम दे. 1. उत्तम, 2. भव्य, 3. श्रेष्ठ, 4. सर्वोत्कृष्ट
अथवा (योजक)
अथाह दे. गहरा
अदक्ष दे. 1. अकुशल, 2. अनाड़ी
अदक्षता दे. अकुशलता
अदत्ता दे. कन्या
अदद (पुं.)
अदना दे. छोटा
अदब दे. आदर
अदब-कायदा दे. शिष्टाचार
अदमनीय दे. 1. अजेय, 2. उत्कट
अदम्य दे. 1. अजेय, 2. उत्कट, 3. प्रबल
अदर्शन दे. अंतर्धान
अदर्शनीय दे. भद्दा

अदल-बदल दे. 1. परिवर्तन, 2. विनिमय, 3. हेरफेर
अदल-बदल करना दे. गोलमाल करना
अदला-बदली दे. 1. परिवर्तन, 2. विनिमय, 3. हेरफेर
अदला-बदली करना दे. बदलना
अदह्य दे. अज्वलनशील
अदा दे. 1. चुकता, 2. दत्त
अदा करना दे. चुकाना
अदाकार दे. 1. अभिनेता, 2. कलाकार
अदाकारा दे. अभिनेत्री
अदाकारी दे. अभिनय
अदायगी दे. भुगतान
अदालतबाजी दे. मुकदमेबाजी
अदालती दे. मुकदमेबाजी
अदालती दे. मुकदमेबाज
अदावत दे. वैर
अदाह्य दे. अज्वलनशील
अदीक्षित दे. निगुरा
अदूरदर्शिता (स्त्री.)
अदूरदर्शिता दे. अंधापन
अदूरदर्शी (वि.)
अदूरदर्शी दे. अविवेकी
अदूषित दे. अविकृत
अदृश्य दे. 1. अंतर्धान, 2. गायब
अदृश्य हो जाना दे. 1. अंतर्धान हो जाना, 2. गायब हो जाना
अदृष्ट दे. भाग्य
अद्‌भुत दे. 1. आश्चर्यजनक, 2. चमत्कारिक, 3. विचित्र
अद्यतन (वि.)
अद्यतन दे. नया
अद्यावधिक दे. अद्यतन

अद्वितीय (वि.)
अद्वितीय दे. 1. अकेला, 2. अपूर्व
अद्वैत दे. एकता
अधःपतन दे. पतन
अधःपात दे. पतन
अधःस्थ दे. निचला
अधकचरा दे. 1. अधूरा, 2. अप्रौढ़
अधपका दे. अप्रौढ़
अधबना दे. अधूरा
अधबीच दे. बीचोंबीच
अधम दे. 1. कमीना, 2. तुच्छ
अधमता दे. कमीनापन
अधमरा दे. बेदम
अधमर्ण दे. ऋणी
अधमाधम (वि.)
अधमाधम, नीचतम
अधमुआ दे. बेदम
अधरंग दे. पक्षाघात
अधर दे. 1. आकाश. 2. होंठ
अधरपान करना दे. चूमना
अधर्म दे. अन्याय
अधर्म दे. 1. अन्याय, 2. पाप
अधर्मी दे. 1. अन्यायी, 2. पापी
अधिक (वि.)
अधिक दे. बहुत
अधिकतम (वि.)
अधिकतर (वि.)
अधिकतर दे. प्रायः
अधिकता (स्त्री.)
अधिकता-अल्पता दे. घट-बढ़
अधिक नहीं दे. कम
अधिकरण दे. न्यायालय
अधिक से अधिक दे. अधिकतम
अधिकांश दे. अधिकतर
अधिकांशतः दे. प्रायः

अधिकार (पुं.)
अधिकार करना (क्रिपद)
अधिकार-क्षेत्र (पुं.)
अधिकारी (पुं.)
अधिकारी दे. पात्र
अधिकारी-तंत्र दे. नौकरशाही
अधिकृत (वि.)
अधिकृत दे. प्राप्त
अधिकृत करना दे. कुर्क करना
अधिक्रांत दे. आक्रांत
अधिक्षेत्र दे. 1. अधिकार क्षेत्र, 2. क्षेत्र
अधिगत दे. प्राप्त
अधिगम दे. पहुँच
अधिगम्य दे. प्राप्य
अधिग्रहण दे. प्राप्ति
अधिदेश दे. आज्ञा
अधिनायक (पुं.)
अधिनायकता (स्त्री.)
अधिनायकत्व दे. अधिनायकता
अधिनियम दे. नियम
अधिनिर्णय दे. निर्णय
अधिपति दे. स्वामी
अधिपुरुष दे. स्वामी
अधिमान दे. वरीयता
अधिमान्य दे. वरणीय
अधिमान्यता दे. वरीयता
अधिमास (पुं.)
अधिमिलन दे. मिलन
अधिवक्ता दे. वकील
अधिष्ठाता दे. अध्यक्ष
अधिष्ठान दे. संस्था
अधिसूचना दे. सूचना
अधिहरण करना दे. जब्त करना
अधिहृत दे. जब्त
अधीक्षण दे. निरीक्षण

अधीन (वि.)
अधीन करना दे. अधिकार करना
अधीनता (स्त्री.)
अधीनस्थ दे. अधीन
अधीर दे. 1. उतावला, 2. उत्सुक, 3. विकल
अधीरता दे. 1. उतावली, 2. उत्सुकता, 3. घबराहट, 4. विकलता
अधीर होना दे. 1. अकुलाना, 2. उत्सुक होना, 3. घबराना
अधुनातन दे. 1. अद्यतन, 2. नया
अधूरा (वि.)
अधूरा दे. अपूर्ण
अधूरापन (पुं.)
अधेला (पुं.)
अधेली दे. अठन्नी
अधैर्य दे. उतावली
अधोगति दे. पतन
अधोगमन दे. पतन
अधोगामी दे. पतित
अधोन्मुख दे. पतित
अधोमुख दे. औंधा
अधोमुखी दे. औंधा
अधोरेखित दे. रेखांकित
अधोलोक दे. 1. नरक, 2. पाताल
अधोवर्ती दे. निचला
अध्यक्ष (पुं.)
अध्यक्षता (स्त्री.)
अध्ययन (पुं.)
अध्ययन दे. पढ़ाई
अध्ययन-गोष्ठी दे. गोष्ठी
अध्यर्थन दे. अधिकार
अध्यर्थी दे. वादी

अध्यवसाय दे. 1. परिश्रम, 2. प्रयत्न
अध्यवसाय करना दे. परिश्रम करना
अध्यवसायी दे. 1. परिश्रमी, 2. प्रयत्नशील
अध्यात्म दे. दर्शन
अध्यादेश दे. आज्ञा
अध्यापक (पुं.)
अध्यापक दे. शिक्षक
अध्यापन (पुं.)
अध्यापिका (स्त्री.)
अध्याय (पु.)
अध्यापक दे. 1. पाठ, 2. विभाग
अध्यास दे. माया
अध्याहार (पुं.)
अध्येता दे. विद्यार्थी
अनंग दे. 1. कामदेव, 2. विदेह
अनंत (वि.)
अनंत दे. 1. असीम, 2. शाश्वत
अनंतिम दे. 1. अल्पकालीन, 2. अस्थायी
अनकमाया दे. अनर्जित
अनकहा दे. अकथित
अनख दे. क्रोध
अनगढ़ दे. 1. बेडौल, 2. भद्दा
अनगिनत (वि.)
अनगिना दे. अनगिनत
अनघ दे. निर्दोष
अनचाहा दे. 1. अनभीष्ट, 2. अवांछित
अनजान (वि.)
अनजान दे. अजनबी
अनजाना (वि.)
अनजाना दे. 1. अजनबी, 2. अज्ञात, 3. अपरिचित

अनजाने ही दे. अपने-आप
अनदेखी दे. 1. अवज्ञा, 2. उपेक्षा
अनदेखी करना दे. उपेक्षा करना
अनद्य दे. अखाद्य
अनधिक दे. अत्यल्प
अनधिकारी दे. अपात्र
अनधिकृत दे. अनाधिकारिक
अनधिगत दे. अप्राप्त
अनधिगम्य दे. अज्ञेय
अनध्याय दे. छुट्टी
अननुकूल दे. प्रतिकूल
अननुभूत दे. अज्ञात
अनन्य (वि.)
अनन्य दे. 1. अद्वितीय, 2. घनिष्ठ
अनन्यता दे. घनिष्ठता
अनपच दे. अपच
अनपढ़ (वि.)
अनपढ़ दे. निरक्षर
अनपढ़ दे. अशिक्षित
अनपराध दे. निर्दोष
अनबन दे. 1. झगड़ा, 2. मतभेद
अनबना (वि.)
अनभल दे. हानि
अनभिज्ञ दे. 1. अज्ञात, 2. अनजान, 3. मूर्ख
अनभिज्ञता दे. अज्ञान
अनभिप्रेत दे. अवांछित
अनभिलषित दे. 1. अनभीष्ट, 2. अवांछित
अनभिलाषी दे. इच्छाहीन
अनभीष्ट (वि.)
अनभीष्ट दे. अवांछित
अनभ्यस्त दे. अनाड़ी
अनमना दे. अन्यमनस्क
अनमनापन दे. अन्यमनस्कता
अनमिल दे. असंगत
अनमेल दे. असमान
अनमोल दे. अमूल्य
अनम्य दे. कड़ा
अनर्गल दे. 1. अंड-बंड, 2. अनियंत्रित, 3. ऊटपटाँग
अनर्जित (वि.)
अनर्थ दे. विपत्ति
अनर्थक दे. अनर्थकारी
अनर्थकारी (वि.)
अनर्थपूर्ण दे. अनर्थकारी
अनल्प दे. अत्यधिक
अनवगत दे. अज्ञात
अनवधान दे. अन्यमनस्क
अनवधानता दे. 1. अन्यमनस्कता, 2. असावधानता
अनवरत दे. अविच्छिन्न
अनवरुद्ध दे. 1. बाधाहीन, 2. लगातार
अनवलंबित दे. असहाय
अनवसर (पुं.)
अनवस्थित दे. अन्यमनस्क
अनशन दे. उपवास
अनश्वर दे. 1. अमर, 2. शाश्वत
अनसुनी दे. उपेक्षा
अनसुनी करना दे. उपेक्षा करना
अनहितू दे. वैरी
अनाकर्षक दे. भद्दा
अनाकर्षण दे. अरुचि
अनाकांक्षित दे. 1. अनभीष्ट 2. अनिच्छित
अनागत दे. अजन्मा
अनाचार दे. 1. अन्याय, 2. कुकर्म, 3. बुराई
अनाचारी दे. 1. अन्यायी, 2. कुकर्मी
अनाज दे. अन्न
अनाज्ञाकारिता दे. अवज्ञा
अनाड़ी (वि.)
अनाड़ी दे. 1. अनुभवहीन, 2. अकुशल
अनाड़ीपन (पुं.)
अनाड़ीपन दे. 1. अकुशलता, 2. मूर्खता
अनादर्श दे. सिद्धांतहीन
अनाथ (वि.)
अनाथता (स्त्री.)
अनाथालय (पुं.)
अनादर दे. 1. अपमान, 2. अवज्ञा
अनादर करना दे. अपमान करना
अनादरण दे. अवज्ञा
अनादरपूर्ण दे. अपमानजनक
अनादि दे. 1. अनंत, 2. शाश्वत
अनादृत दे. अपमानित
अनाधिकारिक (वि.)
अनाप-शनाप दे. अंड-बंड बकना
अनामंत्रित दे. अनाहूत
अनाम (वि.)
अनाम दे. अप्रसिद्ध
अनामिक दे. अनाम
अनामी दे. अनाम
अनायास (क्रिवि.)
अनार्य (वि.)
अनावरण दे. उद्‌घाटन
अनावरण करना दे. खोलना
अनावर्तक दे. अनावर्ती
अनावर्ती (वि.)
अनावश्यक (वि.)
अनावृत दे. 1. उद्‌घाटित, 2. खुला, 3. नंगा, 4. प्रकट,
अनावृत करना दे. खोलना
अनावृष्टि दे. सूखा
अनासक्त दे. 1. उदासीन,

2. तटस्थ, 3. विरक्त
अनासक्ति दे. 1. उदासीनता, 2. विरक्ति
अनास्था दे. अविश्वास
अनाहत दे. अक्षत
अनाहार दे. व्रत
अनाहूत (वि.)
अनिंदनीय दे. निर्दोष
अनिकेत दे. अगेह
अनिच्छा (स्त्री.)
अनिच्छा दे. अरुचि
अनिच्छापूर्वक (क्रिवि.)
अनिच्छित (वि.)
अनिच्छित दे. अनभीष्ट
अनिच्छुक दे. इच्छाहीन
अनित्य दे. 1. क्षणिक, 2. नाशवान
अनिद्र दे. उन्निद्र
अनिपुण दे. अकुशल
अनिमंत्रित दे. अनाहूत
अनिमेष दे. अपलक
अनियंत्रणीय दे. अजेय
अनियंत्रित (वि.)
अनियंत्रित दे. मनमाना
अनियत दे. 1. आकस्मिक, 2. अनिश्चित
अनियमित (वि.)
अनियमितता (स्त्री.)
अनिर्दिष्ट दे. अनिश्चित
अनिर्मित (वि.)
अनिर्वचनीय दे. अकथनीय
अनिर्वाच्य दे. अकथनीय
अनिवार्य (वि.)
अनिवार्य दे. आवश्यक
अनिवार्यता दे. आवश्यकता
अनिश्चयी दे. अस्थिर-चित्त

अनिश्चित (वि.)
अनिश्चित दे. संदिग्ध
अनिश्चितता (स्त्री.)
अनिष्टकर दे. 1. बुरा, 2. अशुभ, 3. हानिकर
अनिष्टकारी दे. घातक
अनिष्णात दे. अकुशल
अनिष्पन्न दे. अधूरा
अनिष्पन्नता दे. अधूरापन
अनी दे. नोक
अनीक दे. सेना
अनीति दे. 1. अन्याय, 2. ज्यादती, 3. दुष्कर्म
अनीतिवान दे. अन्यायी
अनीश्वरवाद दे. नास्तिकता
अनीश्वरवादी दे. नास्तिक
अनीह दे. इच्छाहीन
अनुकंपा दे. 1. कृपा, 2. दया
अनुकरण (पुं.)
अनुकरण दे. नकल
अनुकरण करना दे. नकल करना
अनुकरण-योग्य दे. अनुकरणीय
अनुकरणशील दे. नकलची
अनुकरणीय (वि.)
अनुकर्ता दे. नकलची
अनुकूल (वि.)
अनुकूल दे. उपयुक्त
अनुकूलता दे. 1. उपयुक्तता, 2. संगति
अनुकूल पड़ना दे. सुहाना
अनुकूल होना दे. मेल खाना
अनुकृति दे. 1. अनुकरण, 2. नकल
अनुक्रम दे. 1. क्रम, 2. परंपरा, 3. श्रेणी
अनुक्रिया दे. क्रिया

अनुगमन दे. 1. अनुकरण, 2. परंपरा, 3. श्रेणी
अनुक्रिया दे. क्रिया
अनुगमन दे. 1. अनुकरण, 2. अनुसरण
अनुगमन करना दे. 1. अनुसरण करना, 2. पीछा करना
अनुगमनीय दे. अनुकरणीय
अनुगम्य दे. आज्ञापालन
अनुगामी दे. 1. अनुयायी, 2. आज्ञाकारी, 3. पिछलग्गू, 4. सेवक
अनुगृहीत दे. कृतज्ञ
अनुग्रह दे. कृपा
अनुग्रहपूर्वक दे. कृपया
अनुचर दे. सेवक
अनुचरवृंद दे. 1. नौकर-चाकर, 2. लाव-लश्कर
अनुचित (वि.)
अनुचित दे. गलत
अनुचित काम दे. कुकर्म
अनुचित काम करनेवाला दे. कुकर्मी
अनुज्ञप्ति दे. अनुमति
अनुज्ञा दे. 1. आज्ञा, 2. अनुमति
अनुताप दे. पश्चाताप
अनुताप करना दे. पछताना
अनुतोष दे. 1. तुष्टि, 2. संतोष
अनुतोषकारी दे. संतोषजनक
अनुतोषण दे. तुष्टिकरण
अनुत्तरदायित्व (पुं.)
अनुत्तरदायित्वपूर्ण (वि.)
अनुत्तरदायी (वि. पुं.)
अनुत्तीर्ण दे. असफल
अनुत्पन्न दे. अजन्मा

अनुत्पादक दे. अनुपजाऊ
अनुदान दे. 1. उपहार, 2. दान, 3. सहायता
अनुदार (वि.)
अनुदार दे. 1. कट्टर, 2. रूढ़िवादी
अनुदित दे. प्रतिदिन
अनुदेश दे. 1. आज्ञा, 2. हिदायत
अनुद्‌भूत दे. अजन्मा
अनुद्योगी दे. 1. आलसी, 2. सुस्त
अनुद्विग्न दे. शांत
अनुनय दे. चिरौरी
अनुनय करना दे. चिरौरी करना
अनुनय-विनय दे. चिरौरी
अनुनाद दे. गूँज
अनुपजाऊ (वि.)
अनुपम दे. अद्वितीय
अनुपयुक्त (वि.)
अनुपयुक्त दे. अनुचित
अनुपयुक्तता दे. अनौचित्य
अनुपयोगी (वि.)
अनुपयोगी दे. 1. अनावश्यक, 2. बेकार, 3. हानिकर
अनुपलब्ध दे. अप्राप्त
अनुपलब्धता दे. कमी
अनुपस्थित (वि.)
अनुपस्थित दे. गायब
अनुपस्थिति (स्त्री.)
अनुपात (पुं.)
अनुपातहीन दे. बेडौल
अनुपार्जित दे. अनर्जित
अनुपालन (पुं.)
अनुपालन दे. पालन
अनुपूरक दे. पूरक
अनुप्रभाव दे. पश्चप्रभाव
अनुप्रस्थ दे. क्षैतिज
अनुप्राणक दे. स्फूर्तिप्रद
अनुप्राणन करना दे. अनुप्राणित करना
अनुप्राणित करना (क्रिपद)
अनुप्रास (पुं.)
अनुबंध (पुं.)
अनुबंध दे. समझौता
अनुबद्ध दे. 1. संबद्ध, 2. संलग्न
अनुबद्ध होना दे. जुड़ना
अनुबद्धता दे. संलग्नता
अनुभव (पुं.)
अनुभव दे. ज्ञान
अनुभव करना (क्रिपद)
अनुभवप्राप्त दे. अनुभवी
अनुभवहीन (वि.)
अनुभवहीन दे. मूर्ख
अनुभवी (वि.)
अनुभवी दे. ज्ञाता
अनुभाग दे. विभाग
अनुभाजन दे. बँटवारा
अनुभाजन करना दे. बाँटना
अनुभाजित करना दे. बाँटना
अनुभूत दे. ज्ञात
अनुभूत करना दे. अनुभव करना
अनुभूति (स्त्री.)
अनुभूति दे. अनुभव
अनुभूतिशील दे. सहृदय
अनुमति (स्त्री.)
अनुमति दे. स्वीकृति
अनुमतिप्राप्त दे. स्वीकृत
अनुमान (पुं.)
अनुमानतः दे. लगभग
अनुमान लगाना दे. भाँपना
अनुमानित (वि.)
अनुमित दे. कल्पित
अनुमोदक (पुं.)
अनुमोदन (पुं.)
अनुमोदन दे. समर्थन
अनुयायी (पुं.)
अनुयायी दे. पिछलग्गू
अनुरंजक दे. मनोरंजक
अनुरक्त दे. आसक्त
अनुरक्ति दे. 1. आसक्ति, 2. प्रेम
अनुरक्षण दे. पालन
अनुराग दे. प्रेम
अनुरागमय दे. प्यार-भरा
अनुरागी दे. प्यारा
अनुरूप (वि.)
अनुरूप दे. 1. उपयुक्त, 2. समान
अनुरूपता दे. 1. एकरूपता, 2. संगति, 3. समानता
अनुरोध (पुं.)
अनुर्वर दे. 1. अनुपजाऊ, 2. ऊसर
अनुलिपि दे. नकल
अनुवर्ती दे. आज्ञाकारी
अनुवाद (पुं.)
अनुवादक (पुं.)
अनुशंसा दे. संस्तुति
अनुशासन-प्रिय दे. हठी
अनुशासनबद्ध दे. आज्ञाकारी
अनुशासित दे. संयत
अनुशिक्षक दे. शिक्षक
अनुशीलन दे. अध्ययन
अनुष्ठाता दे. प्रवर्तक
अनुष्ठान दे. संस्कार
अनुसंधान (पुं.)
अनुसंधान दे. 1. आविष्कार, 2. खोज

अनुसंधान करना दे. 1. खोजना, 2. ढूँढ़ना
अनुसंधानकर्ता दे. आविष्कर्ता
अनुसंधायक दे. आविष्कर्ता
अनुसरण (पुं.)
अनुसरण दे. 1. अनुकरण, 2. पालन
अनुसरण करना (क्रिपद)
अनुसरण करना दे. पीछा करना
अनुसरणीय दे. अनुकरणीय
अनुसार, के (परसर्ग)
अनुसूचित (वि.)
अनुसूची दे. सूची
अनुहार दे. नकल
अनुहार करना दे. नकल करना
अनुहारी दे. अनुरूप
अनूठा दे. अद्वितीय
अनूढ़ दे. अविवाहित
अनूढ़ा दे. अविवाहिता
अनेक (वि.)
अनेक दे. 1. कई, 2. बहुत, 3. विविध
अनेकानेक दे. अनेक
अनेकार्थ (वि.)
अनैतिक (वि.)
अनोखा दे. 1. अद्वितीय, 2. आश्चर्यजनक, 3. विचित्र
अनोखापन दे. 1. विचित्रता, 2. विशेषता
अनौचित्य (पुं.)
अनौपचारिक (वि.)
अनौपचारिकता (स्त्री.)
अन्न (पुं.)
अन्न का दुश्मन दे. पेटू
अन्नागार दे. भंडार
अन्य (वि.)
अन्य दे. 1. दूसरा, 2. पराया
अन्यत्र (क्रिवि.)
अन्यथा (योजक)
अन्यथा करना दे. रद्द करना
अन्यमनस्क (वि.)
अन्यमनस्कता (स्त्री.)
अन्याय (पुं.)
अन्याय दे. अंधेर
अन्यायी (वि.)
अन्योन्य दे. पारस्परिक
अन्योन्याश्रित दे. 1. संबद्ध, 2. सापेक्ष
अन्वय दे. सामंजस्य
अन्वेषण दे. अनुसंधान
अन्वेषण करना दे. ढूँढ़ना
अपंग दे. विकलांग
अपकर्म (पुं.)
अपकर्म दे. 1. अपराध, 2. कुकर्म
अपकर्मी (वि.)
अपकर्मी दे. कुकर्मी
अपकर्ष दे. पतन
अपकीर्ति दे. 1. अपयश, 2. बदनामी
अपकृत्य दे. कुकर्म
अपक्व दे. 1. कच्चा, 2. अप्रौढ़
अपक्षय दे. क्षय
अपचार दे. 1. अपकर्म, 2. दुष्कर्म
अपचारी दे. अपकर्मी
अपटु दे. अकुशल
अपटुता दे. अकुशलता
अप-टू-डेट दे. अद्यतन
अपढ़ दे. निरक्षर
अपद दे. बेपैर
अपद्रव्य दे. मिलावट
अपना (वि.)
अपनाना (क्रि.)
अपनाना दे. स्वीकार करना
अपनापन (पुं.)
अपने-आप (क्रिवि.)
अपने-आप दे. 1. आप-से-आप, 2. स्वयं
अपने पैरों दे. पैदल
अपने यहाँ दे. यहाँ
अपभाषी दे. 1. कलजिब्भा, 2. बदजबान
अपमान (पुं.)
अपमान करना (क्रिपद)
अपमानजनक (वि.)
अपमानित (वि.)
अपमानित दे. कलंकित
अपमानित करना दे. अपमान करना
अपमार्गी दे. कुमार्गी
अपयश (पुं.)
अपयश दे. बदनामी
अपर दे. 1. अनंत, 2. प्रधान
अपराजित (वि.)
अपराजेय दे. अजेय
अपराध (पुं.)
अपराधी (वि. पुं.)
अपराधी ठहराना दे. अभियोग लगाना
अपराह्न में दे. दुपहर बाद
अपरिचय (पुं.)
अपरिचय दे. अज्ञान
अपरिचित (वि.)
अपरिचित दे. 1. अज्ञात, 2. अजनबी
अपरिणीता दे. अविवाहित
अपरिपक्व दे. 1. अप्रौढ़, 2. कच्चा
अपरिपुष्ट दे. कन्या
अपरिभाषेय दे. अकथनीय
अपरिमार्जित (वि.)
अपरिमित दे. 1. अनंत, 2. असीम

अप्रचलित (वि.)
अपरिवर्जनी दे. अनिवार्य
अपरिवर्तनशील (वि.)
अपरिहार्य दे. 1. अनिवार्य, 2. आवश्यक
अपरोक्ष दे. प्रकट
अपर्णा दे. पार्वती
अपर्याप्त दे. कम
अपलक (क्रिवि.)
अपवाद-स्वरूप दे. असामान्य
अपवादिक दे. असामान्य
अपवित्र (वि.)
अपव्यय (पुं.)
अपव्यय करना (क्रि.)
अपव्ययी (वि.)
अपव्ययी दे. उजाड़ू
अपशब्द दे. गाली
अपशब्द कहना दे. 1. अंड-बंड बकना, 2. गाली देना
अपसंचय दे. जमाखोरी
अपसंचयी दे. जमाखोर
अपस्मार दे. मिर्गी
अपहरण दे. चोरी
अपहरण करना (क्रिपद)
अपहरण करना दे. चुराना
अपहर्ता दे. चोर
अपाठ्य दे. अस्पष्ट
अपात्र (वि.)
अपात्र दे. अयोग्य
अपात्रता (स्त्री.)
अपात्रता दे. अयोग्यता
अपाद दे. बेपैर
अपार दे. 1. अत्यधिक, 2. अनगिनत, 3. असीम
अपारगम्य दे. दुर्गम
अपारणीय दे. अगम्य

अपार्थिव दे. 1. अलौकिक, 2. अशरीरी
अपावन दे. अपवित्र
अपाहिज दे. विकलांग
अपुष्ट दे. अविकसित
अपूर्ण (वि.)
अपूर्ण दे. अधूरा
अपूर्णता दे. अधूरापन
अपूर्व (वि.)
अपूर्व दे. 1. आश्चर्यजनक, 2. अद्वितीय
अपेक्षा दे. आवश्यकता
अपेक्षित दे. आवश्यक
अपौरुषेय (वि.)
अप्रकट (वि.)
अप्रकृट दे. गुप्त
अप्रकृत दे . कृत्रिम
अप्रतिकूल दे. अनुकूल
अप्रतिबंधित दे. अनियंत्रित
अप्रतिष्ठा दे. कुख्यात
अप्रतिष्ठित दे. बदनाम
अप्रतिहत दे. लगातार
अप्रत्याशित दे. आकस्मिक
अप्रत्याशित दे. आकस्मिक
अप्रत्याशित रूप में दे. अचानक
अप्रबल दे. निस्तेज
अप्रबुद्ध दे. 1. अशिक्षित, 2. मूर्ख
अप्रभावित (वि.)
अप्रभावी दे. 1. निष्प्रभावी, 2. प्रभावहीन
अप्रमाणित करना दे. असिद्ध करना
अप्रयोज्य दे. अनुपयोगी
अप्रवीण दे. अकुशल
अप्रवीणता दे. अकुशलता
अप्रशिक्षित दे. अनपढ़

अप्रसन्न (वि.)
अप्रसन्न दे. 1. असंतुष्ट, 2. क्रुद्ध
अप्रसन्नता दे. क्रोध
अप्रसन्न होना दे. 1. क्रुद्ध होना, 2. रूठना
अप्रसम दे. असामान्य
अप्रसिद्ध (वि.)
अप्रस्तुत दे. अनुद्यत
अप्राकृत दे. असामान्य
अप्राकृतिक दे. 1. कृत्रिम, 2. नकली
अप्राप्त (वि.)
अप्राप्य (वि.)
अप्राप्य दे. दुर्लभ
अप्राप्यता दे. दुर्लभता
अप्रासंगिक दे. 1. अनुचित, 2. असंगत, 3. ऊटपटाँग
अप्रिय (वि.)
अप्रिय लगना दे. अखरना
अप्रीतिकर दे. अप्रिय
अप्रौढ़ (स्त्री.)
अप्सरा (स्त्री.)
अप्सरा दे. परी
अफरातफरी दे. जल्दी
अफवाह (स्त्री.)
अफसर दे. अधिकारी
अफसाना दे. 1. उपन्यास, 2. कहानी
अफसानानवीस दे. कहानीकार
अफसोस दे. 1. दुख, 2. पश्चाताप
अफसोस करना दे. कलपना
अफसोसजनक दे. खेदजनक
अफसोसनाक दे. करुण
अफीमची दे. नशाखोर
अब (क्रिवि.)
अब-तब दे. कभी-कभी

अब-तब करना दे. हिचकना
अबद्ध (वि.)
अबद्ध दे. खुला
अबाध (वि.)
अबाध दे. 1. अनियंत्रित, 2. बाधाहीन, 3. लगातार
अबाधित दे. अनियंत्रित
अबेर दे. देरी
अबोध दे. 1. अनजान, 2. अविवेकी, 3. निरीह
अबोधता दे. निरीहता
अब्बा दे. पिता
अभंग दे. 1. अक्षुण्ण, 2. लगातार
अभक्ष्य दे. अखाद्य
अभग्न दे. 1. अक्षत, 2. लगातार
अभग्नता दे. सातत्य
अभद्र दे. अशिष्ट
अभद्रता दे. अशिष्टता
अभागा (वि.)
अभागा दे. भाग्यहीन
अभाव (पुं.)
अभाव दे. 1. कमी, 2. कष्ट
अभावग्रस्त दे. निर्धन
अभावग्रस्तता दे. निर्धनता
अभावप्रवण दे. अभावुक
अभावुक (वि.)
अभिकर्ता दे. प्रतिनिधि
अभिगम्य दे. गम्य
अभिचार दे. जादू
अभिजात दे. कुलीन
अभिजात वर्ग (वि.)
अभिज्ञान दे. पहचान
अभिदेश दे. आज्ञा
अभिदेशात्मक दे. आदेशात्मक
अभिधान दे. नाम
अभिधार्थ दे. अर्थ
अभिनंदनीय दे. 1. प्रशंसनीय, 2. वंदनीय
अभिनंदित दे. सम्मानित
अभिनय (पु.)
अभिनय करना (क्रिपद)
अभिनव दे. नया
अभिनवता दे. नयापन
अभिनिवेश दे. एकाग्रता
अभिनेता (पुं.)
अभिनेता दे. कलाकार
अभिनेत्री (स्त्री.)
अभिन्न दे. घनिष्ठ
अभिन्नता दे. 1. एकता, 2. घनिष्ठता
अभिपूरित दे. पूरा
अभिप्राय दे. अर्थ
अभिप्रेत दे. इच्छित
अभिभावक (पुं.)
अभिभाषण दे. भाषण
अभिमान (पुं.)
अभिमानी (वि.)
अभियाचना दे. 1. चिरौरी, 2. माँग
अभियाचना कराना दे. 1. चिरौरी करना, 2. माँगना
अभियान दे. यात्रा
अभियुक्त दे. अपराधी
अभियोक्ता दे. अभियोगी
अभियोगकर्ता दे. अभियोगी
अभियोग चलाना दे. दावा करना
अभियोग लगाना (क्रिपद)
अभियोगी (पुं.)
अभियोजन करना दे. अभियोग लगाना
अभिरक्षित दे. सुरक्षित
अभिराम दे. सुंदर
अभिरामता दे. सुंदरता
अभिरुचि दे. 1. झुकाव, 2. रुचि
अभिलाषा दे. इच्छा
अभिलाषी दे. इच्छुक
अभिवक्ता दे. 1. प्रवक्ता, 2. प्रतिनिधि
अभिवर्धन दे. वृद्धि
अभिवर्धित दे. विकसित
अभिवादन (पुं.)
अभिवादन दे. नमस्कार
अभिवाह दे. प्रवाह
अभिवृत्ति (स्त्री.)
अभिवृद्धि दे. वृद्धि
अभिव्यक्त दे. प्रत्यक्ष
अभिव्यक्ति दे. प्रकाशन
अभिशप्त दे. शापित
अभिशाप दे. शाप
अभिशाप देना दे. कोसना
अभिसमय दे. परंपरा
अभिसारिका दे. प्रेमिका
अभिसूचक दे. सूचक
अभिस्थायी दे. अल्पकालीन
अभिस्वीकृति दे. मान्यता
अभी (क्रिवि.)
अभी दे. 1. अब, 2. शीघ्र
अभी तक (क्रिवि.)
अभीष्ट दे. इच्छित
अभूतपूर्व दे. 1. अद्वितीय, 2. अपूर्व
अभेद दे. एकरूपता
अभेद्य दे. अजेय
अभोज्य दे. अखाद्य
अभौतिक दे. अशरीरी
अभ्यर्थन दे. अधिकार
अभ्यर्थन दे. 1. प्रार्थना, 2. माँग
अभ्यर्थी दे. प्रार्थी

अभ्यर्पण दे. समर्पण
अभ्यस्त (वि.)
अभ्यस्त होना दे. आदत पड़ना
अभ्यागत दे. अतिथि
अभ्यास (पुं.)
अभ्यास दे. आदत
अभ्युत्थान दे. उन्नति
अभ्युदय दे. 1. उत्कर्ष, 2. उन्नति
अभ्रंकष दे. गगनचुंबी
अमंगल दे. अशुभ
अमंगलकारी दे. 1. अशुभ, 2. बुरा
अमन दे. शांति
अमन-चैन दे. शांति
अमनपसंद दे. शांतिप्रिय
अमनपसंदी दे. शांतिप्रियता
अमनुष्योचित दे. अमानवीय
अमर (वि.)
अमर दे. 1. अनंत, 2. शाश्वत
अमरता (स्त्री.)
अमरत्व दे. अमरता
अमरपति दे. इंद्र
अमर्त दे. शाश्वत
अमर्यादित दे. असंयमी
अमर्ष दे. क्रोध
अमल दे. 1. खट्टा, 2. पालन
अमल दे. खटाई
अमलता दे. खटाई
अमला दे. लाव-लश्कर
अमांगलिक दे. अशुभ
अमानक दे. घटिया
अमानत (स्त्री.)
अमानत में खयानत दे. गबन
अमानवीय (वि.)
अमानुषिक दे. अमानवीय
अमान्य दे. अवैध

अमिट दे. शाश्वत
अमित दे. अनंत
अमिश्रित दे. शुद्ध
अमी दे. अमृत
अमीर दे. 1. धनी, 2. संपन्न
अमुक (वि.)
अमूमन दे. प्रायः
अमूर्त दे. 1. निराकार, 2. अशरीरी
अमूल्य (वि.)
अमृत (पुं.)
अमृतवेला में दे. तड़के
अमेय दे. अनंत
अमैथुनिक दे. अलैंगिक
अमोघ दे. अचूक
अमोल दे. अमूल्य
अम्मड़ी दे. माता
अम्माँ दे. माता
अम्हौरी दे. पित्ती
अम्लीय (वि.)
अयथार्थ दे. काल्पनिक
अयन दे. मार्ग
अयथार्थ दे. 1. असत्य, 2. गलत
अयथेष्ट दे. कम
अयथोचित दे. अनुपयुक्त
अयाचित दे. अनिच्छित
अयुक्त दे. अनुचित
अयुक्तता दे. अनौचित्य
अयुक्तियुक्त दे. अनुपयुक्त
अयोग्य (वि.)
अयोग्य दे. अनुपयुक्त
अयोग्यता (स्त्री.)
अयोग्यता दे. अपात्रता
अयोनिज दे. अजन्मा
अरंजक दे. वर्णहीन
अरज (स्त्री.)
अरथी (स्त्री.)

अरमान दे. इच्छा
अरविंद दे. कमल
अरहर (स्त्री.)
अराजक (वि.)
अराजकता (स्त्री.)
अराजक दे. अव्यवस्थित
अराजकता दे. अंधेर
अरुचि (स्त्री.)
अरुचि दे. नीरसता
अरुचिकर दे. नीरस
अरुचि दे. 1. अनिच्छा, 2. ऊब
अरुचिकर (वि.)
अरुचिकर दे. 1. अप्रिय, 2. घृणित
अरुण दे. लाल
अरूप दे. निराकार
अरोचक दे. 1. अरुचिकर, 2. नीरस
अरोचकता दे. नीरसता
अर्चक दे. पुजारी
अर्चना दे. 1. पूजा, 2. प्रार्थना, 3. भक्ति
अर्चना करना दे. पूजना
अर्चनीय दे. पूज्य
अर्चित दे. पूजित
अर्ज दे. 1. चौड़ाई, 2. प्रार्थना,
अर्जन दे. कमाई
अर्जन करना दे. कमाना
अर्जित दे. प्राप्त
अर्जित करना दे. कमाना
अर्जी दे. प्रार्थना-पत्र
अर्जुन (पुं.)
अर्जेन्ट दे. अत्यावश्यक
अर्थ (पुं.)
अर्थ दे. धन
अर्थदंड दे. दंड
अर्थपिशाच दे. लालची

अर्थवान दे. सारगर्भित
अर्थशून्य दे. अर्थहीन
अर्थशून्यता दे. अर्थहीनता
अर्थ-संबंधी दे. आर्थिक
अर्थहीन (वि.)
अर्थहीन दे. बेकार
अर्थहीनता (स्त्री.)
अर्थागम दे. कमाई
अर्थात् (क्रिवि.)
अर्धमृत दे. बेदम
अर्पण दे. समर्पण
अर्पित दे. दत्त
अर्बुद (पुं.)
अर्वाचीन दे. नया
अर्वाचीनता दे. नयापन
अर्हता दे. योग्यता
अर्हित दे. पूजित
अलंकरण दे. 1. उपाधि, 2. पदवी, 3. सजावट
अलंकार दे. गहना
अलंकृत (वि.)
अलंकृत दे. सज्जित
अलंकृत करना दे. सजाना
अलंघ्य दे. 1. अगम, 2. दुर्गम
अलक्षित दे. 1. अंतर्धान, 2. अज्ञात, 3. गुप्त
अलक्षित हो जाना दे. अंतर्धान हो जाना
अलक्ष्य हो जाना दे. गायब हो जाना
अलख निरंजन दे. ईश्वर
अलग (वि.)
अलग दे. 1. अन्य, 2. तटस्थ
अलग-अलग दे 1. अकेले, 2. विभिन्न
अलग-अलग करना दे. अलगाना
अलग-थलग दे. अलग
अलग करना दे. त्याग देना
अलग होना (क्रिपद)
अलग होना दे. 1. बिछुड़ना, 2. हटना
अलगाना (क्रि.)
अलगाव (पुं.)
अलगाव दे. 1. छँटनी, 2. बँटवारा
अलबेला दे. 1. छैला, 2. बाँका
अलबेलापन दे. छैलापन
अलभ्य दे. अप्राप्य
अलमस्त दे. 1. निश्चित, 2. बेफिकरा
अलसाना (क्रि.)
अलहदगी दे. तलाक
अलहदा होना दे. बिछुड़ना
अलापना दे. गाना
अलाभकर दे. 1. अशुभ, 2. हानिकर
अलाभकारी दे. 1. अशुभ, 2. हानिकर
अलाभप्रद दे. हानिकर
अलामत दे. चिह्न
अलाय-बलाय दे. 1. विपत्ति, 2. रोग
अलावा दे. अतिरिक्त
अलिंगी दे. अलैंगिक
अलि दे. भौंरा
अलैंगिक (वि.)
अलौकिक (वि.)
अलौकिक दे. 1. चमत्कारिक, 2. दिव्य, 3. स्वर्गीय
अल्प दे. 1. कम, 2. कुछ
अल्पकालिक दे. 1. अल्पकालीन, 2. क्षणिक
अल्पकालीन (वि.)
अल्पज्ञान दे. मूर्खता
अल्पता दे. कमी
अल्प दृष्टि दे. 1. अदूरदर्शी, 2. अदूरदर्शिता
अल्पभाषी दे. मितभाषी
अल्पमत दे. अल्पसंख्यक
अल्पमूल्य दे. सस्ता
अल्पवयस्क (पुं.)
अल्पवयस्कता (स्त्री.)
अल्पवयी दे. अल्पवयस्क
अल्पसंख्यक (वि.)
अल्पाहारी (वि.)
अल्लाह दे. ईश्वर
अल्हड़ दे. 1. अल्पवयस्क, 2. असावधान, 3. मूर्ख
अवकाश (पुं.)
अवकाश दे. 1. अंतराल, 2. अवसर, 3. गुंजाइश
अवकाश-प्राप्त दे. निवृत्त
अवक्रमण दे. पतन
अवगत दे. ज्ञात
अवगत कराना (क्रिपद)
अवगुंठन दे. 1. आवरण, 2. मुखौटा
अवगुण दे. 1. खराबी, 2. दुर्गुण, 3. दोष
अवज्ञा (स्त्री.)
अवज्ञा दे. 1. अपमान, 2. उपेक्षा, 3. धृष्टता
अवज्ञा करना (क्रिपद)
अवज्ञाकारी (वि.)
अवज्ञाकारी दे. धृष्ट
अवतरण (पुं.)
अवतरण दे. 1. उद्धरण, 2. आविर्भाव

अवतरित दे. आविर्भूत
अवतरित होना दे. 1. उतरना, 2. उत्पन्न होना
अवदान दे. अंशदान
अवधारणा दे. विचार
अवधि (स्त्री.)
अवनति दे. पतन
अवबोधन दे. अध्यापन
अवमान दे. अपमान
अवमान्य दे. तुच्छ
अवयव दे. 1. अंश, 2. अंग
अवयस्क दे. अल्पवयस्क
अवर (वि.)
अवरुद्ध (वि.)
अवरुद्ध दे. बंद
अवरोध दे. 1. गतिरोध, 2. प्रतिरोध, 3. बाधा
अवरोधक दे. बाधक
अवरोधी दे. बाधक
अवर्ण दे. वर्णहीन
अवर्णनीय दे. अकथनीय
अवर्णित दे. अकथित
अवर्ण्य दे. अकथनीय
अवर्तमान दे. अनुपस्थित
अवर्तमानता दे. अनुपस्थिति
अवर्धित दे. अविकसित
अवर्षण दे. सूखा
अवलंब दे. 1. आश्रय, 2. सहारा
अवलंबन दे. 1. अधीनता, 2. निर्भरता
अवलंबित (वि.)
अवलंबित दे. 1. अधीन, 2. निर्भर
अवली दे. पंक्ति
अवलेप दे. उबटन
अवलोकन करना दे. देखना
अवलोकना दे. देखना
अवलोकनीय दे. दर्शनीय
अवशिष्ट दे. 1. अतिरिक्त, 2. बकाया
अवशेष दे. खंडहर
अवशोषण करना दे. सोखना
अवश्यंभावी दे. 1. अनिवार्य, 2. निश्चित
अवश्य (क्रिवि.)
अवश्य दे. निस्संदेह
अवसन्न दे. 1. उदास, 2. दुखी
अवसन्नता दे. उदासी
अवसर (पुं.)
अवसरवादिता (स्त्री.)
अवसरवादी (वि.)
अवसरानुकूल दे. उचित
अवसरोचित दे. 1. प्रासंगिक, 2. सामयिक
अवसाद दे. उदासी
अवसादकारक दे. विषादपूर्ण
अवसान दे. 1. अंत, 2. मृत्यु
अवसान हो जाना दे. मरना
अवस्था (स्त्री.)
अवस्था दे. आयु
अवहेलना दे. 1. अपमान, 2. अवज्ञा, 3. उपेक्षा
अवहेलना करना दे. 1. अवज्ञा करना, 2. अपमान करना, 3. उपेक्षा करना
अवांछित (वि.)
अवाक् दे. मूक
अवाच्य दे. अस्पष्ट
अवाम दे. 1. जनता, 2. प्रजा
अवास्तविक दे. 1. काल्पनिक, 2. कृत्रिम, 3. दिखावटी
अविकसित (वि.)
अविकसित दे. 1. अवरुद्ध, 2. कच्चा
अविकारी दे. 1. अविकृत, 2. अपरिवर्तनशील
अविकृत (वि.)
अविकृत दे. शुद्ध
अविख्यात दे. अप्रसिद्ध
अविचक्षण दे. अविवेकी
अविचल दे. 1. दृढ़, 2. स्थिर
अविचलता दे. 1. दृढ़ता, 2. स्थिरता
अविचलित दे. स्थिर
अविचार दे. अदूरदर्शिता
अविचारणीय (वि.)
अविचारी (वि.)
अविचारी दे. अदूरदर्शी
अविच्छिन्न (वि.)
अविच्छिन्नता दे. 1. अक्षत, 2. लगातार
अविच्छिन्नता दे. सातत्य
अविज्ञ दे. अनजान
अविदित दे. अज्ञात
अविद्यमान दे. अनुपस्थित
अविद्यमानता दे. अनुपस्थिति
अविद्या दे. अज्ञान
अविनय दे. 1. उद्धतता, 2. धृष्टता
अविनयी दे. अशिष्ट
अविनाशी दे. शाश्वत
अविनीत दे. 1. अशिष्ट, 2. उद्धत, 3. धृष्ट
अविभक्त दे. 1. अखंड, 2. संघठित
अविभाजित दे. 1. अखंड, 2. संघठित
अविरल दे. 1. अविच्छिन्न, 2. निरंतर
अविरामता दे. निरंतरता

अविलंब दे. 1. तुरंत, 2. शीघ्र
अविलंबनीय दे. अत्यावश्यक
अविवादित (वि.)
अविवाद्य दे. अकाट्य
अविवाहित (वि.)
अविवाहिता (वि. स्त्री.)
अविवेकी (वि.)
अविवेकी दे. 1. अंधा, 2. मूर्ख
अविश्रुत दे. अप्रसिद्ध
अविश्वसनीय (वि.)
अविश्वास (पुं.)
अविश्वासी दे. नास्तिक
अविस्मरणीय (वि.)
अविस्मरणीय दे. स्मरणीय
अवैध (वि.)
अवैध दे. 1. अनियमित, 2. वर्जित
अवैध संबंध दे. व्यभिचार
अवैधानिक दे. 1. अनियमित, 2. अवैध
अव्यक्त दे. 1. अप्रकट, 2. गुप्त
अव्यवस्था (स्त्री.)
अव्यवस्था दे. 1. अंधेर, 2. अराजकता, 3. अशांति, 4. गड़बड़ी
अव्यवस्थित (वि.)
अव्यवस्थित रूप से (क्रि. वि.)
अव्यवहारिक (वि.)
अव्यावहारिक दे. काल्पनिक
अव्यवहृत दे. अप्रचलित
अव्वल दे. पहला
अशक्त (वि.)
अशक्त दे. 1. अयोग्य, 2. दुर्बल
अशक्तता दे. अयोग्यता
अशमनीय दे. असाध्य
अशरण दे. असहाय
अशरफी (स्त्री.)
अशरीरी (वि.)
अशरीरी दे. विदेह
अशांत (वि.)
अशांतचित्त दे. उद्विग्न
अशांति (स्त्री.)
अशांति दे. 1. अराजकता, 2. खलबली
अशिक्षा दे. अज्ञान
अशिक्षित (वि.)
अशिक्षित दे. 1. अनपढ़, 2. निरक्षर
अशिष्ट (वि.)
अशिष्ट दे. 1. अक्खड़, 2. धृष्ट
अशिष्टता (स्त्री.)
अशिष्टता दे. धृष्टता
अशुचि दे. अपवित्र
अशुद्ध दे. 1. अपवित्र, 2. असत्य, 3. गलत
अशुद्धता दे. मिलावट
अशुद्धि दे. 1. गलती, 2. त्रुटि, 3. भूल
अशुभ (वि.)
अशुभ दे. बुरा
अशुभसूचक दे. 1. अप्रिय, 2. भद्दा
अशोचनीय दे. कल्पनातीत
अशोभनीय दे. 1. अनुचित, 2. अनुपयुक्त, 3. अप्रिय, 4. अश्लील
अशोभनीयता दे. भद्दापन
अशौच दे. सूतक
अश्रु दे. आँसू
अश्रुपूर्ण (वि.)
अश्लील (वि.)
अश्लीलता (स्त्री.)
अश्व दे. घोड़ा
अश्वशाला (स्त्री.)
अश्वारोही दे. घुड़सवार
अष्टभुजा दे. दुर्गा
असंकर दे. शुद्ध
असंख्य दे. अनगिनत
असंगत (वि.)
असंगत दे. 1. अनुचित, 2. अनुपयुक्त, 3. परस्पर-विरुद्ध, 4. प्रतिकूल, 5. विचित्र
असंगति दे. 1. अनौचित्य, 2. विचित्रता, 3. विरोध
असंतुलित दे. असंयमी
असंतुष्ट (वि.)
असंतुष्ट दे. अप्रसन्न
असंतुष्ट दे. असंतोष
असंतृप्त दे. असंतुष्ट
असंतृप्ति दे. असंतोष
असंतोष (पुं.)
असंतोष दे. शिकायत
असंतोषजनक (वि.)
असंतोषप्रद दे. असंतोषजनक
असंदिग्ध दे. निर्विवाद
असंपृक्त दे. तटस्थ
असंबंधित दे. तटस्थ
असंबद्ध दे. 1. अनुचित, 2. अलग, 3. ऊटपटाँग, 4. तटस्थ
असंबद्धता दे. अनौचित्य
असंभव (वि.)
असंयम दे. 1. असंयमी, 2. मनमाना
असंयम (पुं.)
असंयमित दे. अनियंत्रित
असंयमी (वि.)
असंयमी दे. सिद्धांतहीन

असवैधानिक दे. 1. अनियमित, 2. अवैध
असतर्क दे. असावधान
असतर्कता दे. असावधानता
असत्य (वि.)
असत्य दे. 1. काल्पनिक, 2. गलत
असत्यभाषी दे. झूठा
असत्यवादी दे. झूठा
असत्यशील दे. झूठा
असत्य सिद्ध करना दे. असिद्ध करना
असफल (वि.)
असफल दे. विफल
असफलता (स्त्री.)
असफलता दे. विफलता
असफल होना दे. चूकना
असबाब दे. सामान
असभ्य (वि.)
असमंजस (पु.)
असमंजस दे. 1. उभयसंकट, 2. दुविधा
असम (वि.)
असमतल दे. असम
असमता दे. असमानता
असमय (क्रिवि.)
असमयोचित दे. असामयिक
असमरूप दे. असमान
असमर्थ दे. 1. अयोग्य, 2. दुर्बल
असमर्थता दे. 1. अयोग्यता, 2. विवशता
असमर्थ कर देना दे. बाध्य कर देना
असमान (वि.)
असमान दे. असंगत
असमानता (स्त्री.)
असमानता दे. अंतर

असमाप्त दे. 1. अधूरा, 2. अपूर्ण
असमाप्ति दे. अधूरापन
असमीचीन दे. 1. अनुचित, 2. आपत्तिजनक
असम्यक दे. अनुपयुक्त
असर दे. प्रभाव
असर डालना दे. प्रभावित करना
असली दे. 1. वास्तविक, 2. शुद्ध
असहज दे. कृत्रिम
असहनीय दे. असह्य
असहमति दे. 1. अस्वीकृति, 2. आपत्ति, 3. मतभेद
असहाय (वि.)
असहाय दे. 1. परित्यक्त, 2. विवश
असहाय बना देना दे. बाध्य कर देना
असहायावस्था दे. विवशता
असांसारिक दे. अलौकिक
असाक्षर दे. अशिक्षित
असाधारण दे. 1. असामान्य, 2. विचित्र
असाधारणता दे. विशेषता
असाध्य (वि.)
असामंजस्यपूर्ण दे. असंगत
असामयिक (वि.)
असामान्य (वि.)
असामान्य दे. विचित्र
असामान्य लक्षण दे. विचित्रता
असामी दे. ग्राहक
असार (वि.)
असावधान (वि.)
असावधानता (स्त्री.)
असावधानी दे. असावधानता
असि दे. 1. छुरा, 2. तलवार
असिद्ध दे. अवैध

असिद्ध करना (क्रि.)
असिद्ध ठहराना दे. खंडन करना
असीम (वि.)
असीम दे. 1. अनंत, 2. असंख्य
असीस दे. आशीर्वाद
असुंदर दे. भद्दा
असुविधा (स्त्री.)
असूया दे. ईर्ष्या
असूया रखना दे. ईर्ष्या करना
असुर दे. राक्षस
असोसिएशन दे. संघ
अस्तगमन दे. पतन
अस्तबल दे. तबेला
अस्तव्यस्त दे. अव्यवस्थित
अस्तव्यस्तता दे. अराजकता
अस्तित्व (पुं.)
अस्तित्व दे. सत्ता
अस्तित्व मिटा देना दे. अंत कर देना
अस्तु दे. इसलिए
अस्त्र-शस्त्र दे. हथियार
अस्त्र-सज्जित दे. सशस्त्र
अस्त्रागार दे. शस्त्रागार
अस्त्रीकरण दे. शस्त्रीकरण
अस्थायी (वि.)
अस्थायी दे. 1. क्षणिक, 2. नाशवान
अस्थि-पंजर दे. कंकाल
अस्थिर (वि.)
अस्थिर दे. 1. अशांत, 2. चंचल, 3. डाँवाँडोल
अस्थिरचित्त दे. अन्यमनस्क
अस्थिरता दे. चंचलता
अस्पताल (पुं.)
अस्पष्ट (वि.)
अस्पष्ट दे. धुँधला

अस्पृश्य दे. अछूत
अस्पृश्यता दे. छुआछूत
अस्पृष्ट दे. अछूता
अस्वस्थ (वि.)
अस्वस्थ दे. बीमार
अस्वाभाविक दे. 1. असामान्य, 2. कृत्रिम
अस्वामिक दे. लावारिस
अस्वीकार करना (क्रिपद)
अस्वीकार्य दे. अग्राह्य
अस्वीकृत (वि.)
अस्वीकृति (स्त्री.)
अहं (पुं.)
अहंकार दे. अभिमान
अहंकारी दे. अभिमानी
अहम दे. महत्त्वपूर्ण
अहमियत दे. महत्त्व
अहम्मन्यता दे. अहं
अहर्निश दे. रात-दिन
अहाता दे. प्रांगण
अहिंसा (स्त्री)
अहित दे. हानि
अहितकर दे. 1. अशुभ, 2. प्रतिकूल
अहिवात दे. सुहाग
अहीर दे. ग्वाला
अहेतुक दे. अकारण
अहेर दे. शिकार
अहेरी दे. शिकारी
अहरोत्र दे. रात-दिन
आँकड़ा दे. अंक
आँकना (क्रि.)
आँख (स्त्री.)
आँख दे. अंकुर
आँख झपकते दे. तुरंत
आँख झपकना दे. ऊँघना
आँख तरेरना दे. घूरना
आँख दिखाना दे. धमकाना
आँख बचाकर निकल जाना दे. कतराना
आँख-भौं चढ़ाना दे. घूरना
आँख-मिचौनी दे. लुका-छिपी
आँखें दिखाना दे. घूरना
आँखें फाड़-फाड़कर देखना दे. घूरना
आँखें फाड़े दे. एकटक
आँखों से खून टपकना दे. घूरना
आँगन (पुं.)
आंग्ल (वि.)
आंग्ल दे. अंग्रेजी
आंग्लदेशी दे. अंग्रेज
आँच आना (क्रिपद)
आँच न आने देना दे. बचाना
आँचल (पुं.)
आँड़ू दे. अंडकोश
आँत (स्त्री.)
आंतर दे. आंतरिक
आंत्र दे. आँत
आंतरिक (वि.)
आंदोलन (पुं.)
आंदोलन दे. खलबली
आंदोलनकारी (वि.)
आंदोलित दे. 1. कोंता हुआ, 2. उद्विग्न
आंदोलित करना दे. हिलाना
आँधी (स्त्री.)
आँधी-पानी दे. आँधी
आँव दे. दस्त
आँसू (पुं.)
आँसू बहाना दे. रोना
आइंदा दे. जीते जी
आइडिया दे. 1. कल्पना, 2. विचार
आकर्षक (वि.)
आकर्षक दे. रोचक
आकर्षक लगना दे. जँचना
आकर्षण (पुं.)
आकर्षित (वि.)
आकलन दे. गणना
आकस्मिक (वि.)
आकांक्षित दे. इच्छित
आकांक्षी दे. इच्छुक
आकार दे. आकृति
आकार (पुं.)
आकार-प्रकार दे. स्वरूप
आकारहीन दे. निराकार
आकाश (पुं.)
आकाश-कुसुम तोड़ना दे. हवाई किले बनाना
आकाश-गंगा (स्त्री.)
आकाशवाणी (स्त्री.)
आकाशी दे. गगनचुंबी
आकुल दे. 1. उतावला, 2. उत्सुक, 3. विकल
आकुलता दे. 1. उतावली, 2. उत्सुकता, 3. विकलता
आकुल होना दे. उत्सुक होना
आकृति (स्त्री.)
आकृति दे. शक्ल
आकृतिहीन दे. निराकार
आकृष्ट (वि.)
आकृष्ट करना दे. ललचाना
आकृष्ट कर लेना दे. रिझाना
आक्रंदन करना दे. रोना
आक्रमण (पुं.)
आक्रमण करना (क्रिपद)
आक्रमणकारी (वि.)
आक्रमित दे. आक्रांत
आक्रांत (वि.)

आक्रांत दे. पराजित
आक्रांता दे. आक्रमणकारी
आक्रामक (वि. पुं.)
आक्रामक दे. आक्रमणकारी
आक्रोश दे. क्रोध
आक्षेप दे. 1. अभियोग, 2. ताना
आक्षेप करना दे. 1. अभियोग लगाना, 2. ताना मारना
आखिरकार दे. अंततः
आखिर में दे. अंततः
आखिरी दे. अंतिम
आख्ता दे. बधिया
आख्यान दे. कहानी
आख्यायिका दे. कहानी
आगंतुक दे. अतिथि
आग (स्त्री.)
आगत दे. अतिथि
आग बबूला होना (क्रिपद)
आग-बबूला होना दे. गुस्साना
आग-भभूका दे. क्रुद्ध
आगत दे. उपस्थित
आगम दे. 1. कमाई, 2. वेद
आगमन (पुं.)
आगमन होना दे. आना
आग लग जाना दे. जल जाना
आग लगाना (क्रिपद)
आग लगाना दे. फुलझड़ी छोड़ना
आगवानी दे. स्वागत
आगा (पुं.)
आगा-पीछा दे. 1. असमंजस, 2. हिचक
आगामी दे. 1. अगला, 2. आनेवाला
आगाह करना दे. सचेत कराना
आगाही दे. चेतावनी
आगे (क्रिवि.)
आगे दे. पहले
आगे से दे. 1. जीते जी, 2. भविष्य में
आघात (पुं.)
आघात करना दे. मारना
आचमन करना दे. पीना
आचरण दे. व्यवहार
आचरणभ्रष्ट दे. कुमार्गी
आचार दे. नीति
आचारभ्रष्ट दे. सिद्धांतहीन
अचारवान दे. सच्चरित्र
आचारसम्मत दे. नैतिक
आचारिक दे. नैतिक
आचार्य दे. पंडित
आच्छादन दे. 1. आवरण, 2. परदा
आच्छादित दे. ढका हुआ
आच्छादित होना दे. छाना
आज-कल दे. अब
आज तक दे. अभी तक
आजन्म दे. 1. आजीवन, 2. जीते जी
आज़माना दे. परखना
आजमाया हुआ दे. परीक्षित
आजमूदा दे. परीक्षित
आजाद दे. स्वतंत्र
आजादी दे. 1. छुटकार, 2. स्वतंत्रता
आजीवन (क्रिवि.)
आजीवन दे. जीते जी
आजीविका दे. जीविका
आज्ञा (स्त्री.)
आज्ञाकारिता दे. आज्ञापालन
आज्ञाकारी (वि.)
आज्ञानुवर्तन दे. आज्ञापालन
आज्ञानुवर्ती दे. आज्ञाकारी
आज्ञापरता दे. आज्ञापालन
आज्ञापालक दे. आज्ञाकारी
आज्ञापालन (पुं.)
आज्ञाभंग दे. अवज्ञा
आज्ञासूचक दे. आदेशात्मक
आ टपकना दे. आना
आठों पहर दे. रात-दिन
आडंबर (पुं.)
आडंबर दे. 1. ढोंग, 2. तड़क-भड़क, 3. पाखंड
आडंबरपूर्ण (वि.)
आडंबरी दे. 1. ढोंगी, 2. पाखंडी
आड़ (स्त्री.)
आड़ दे. परदा
आड़ा दे. 1. टेढ़ा, 2. तिरछा
आड़े दे. बेड़े
आड़े बल दे. बेड़े
आढ़त (स्त्री.)
आढ़ती दे. व्यापारी
आतंक (पुं.)
आतंक दे. 1. डर, 2. रोब
आतंकवादी (वि.)
आतंकवादी दे. विद्रोही
आतंकित दे. भयभीत
आतंकी दे. आतंकवादी
आतप दे. धूप
आतिथेय दे. मेजबान
आतुर दे. 1. उत्सुक, 2. विकल,
आतुरता दे. 1. उत्सुकता, 2. विकलता
आतुर होना दे. उत्सुक होना
आत्मकथा (स्त्री.)
आत्मकेंद्रित दे. स्वार्थी
आत्मगाथा दे. आत्मकथा
आत्मगौरव दे. स्वाभिमान
आत्मघात दे. आत्महत्या

आत्मचरित दे. आत्मकथा
आत्मज दे. पुत्र
आत्मजा दे. पुत्री
आत्मज्ञान (पुं.)
आत्मज्ञान दे. अध्यात्म
आत्मज्ञानी (वि.)
आत्मतुष्ट दे. आत्मसंतुष्ट
आत्मतृप्त दे. आत्मसंतुष्ट
आत्मत्याग दे. बलिदान
आत्मनिग्रह दे. संयम
आत्मनियंत्रण (पुं.)
आत्मनिर्भर (वि.)
आत्मनिर्भरता (स्त्री.)
आत्मप्रशस्ति दे. डींग
आत्मबल दे. 1. चरित्रबल, 2. जीवनशक्ति, 3. साहस
आत्मबलि दे. बलिदान
आत्मलीन दे. स्वार्थी
आत्मविश्वासी दे. आशावान
आत्मवृत्त दे. आत्मकथा
आत्मवृत्तांत दे. आत्मकथा
आत्मशासित दे. स्वतंत्र
आत्मश्लाघा दे. डींग
आत्मश्लाघा करना दे. डींग हाँकना
आत्मश्लाघी दे. डींगमार
आत्मसंतुष्ट (वि.)
आत्मसंयम दे. 1. आत्म-नियंत्रण, 2. संयम
आत्मसंयमी दे. संयमी
आत्मसमर्पण करना दे. समर्पण करना
आत्मसम्मान दे. मान
आत्मसात करना (क्रिपद)
आत्मस्तुति करना दे. डींग हाँकना
आत्महत्या (स्त्री.)

आत्मा (स्त्री.)
आत्माराम दे. मन
आत्मिक (वि.)
आत्मीय दे. 1. अपना, 2. घनिष्ठ
आत्मीयता दे. पारस्परिकता
आत्मीयभाव दे. पारस्परिकता
आत्मोत्सर्ग दे. बलिदान
आदत (स्त्री.)
आदतन दे. प्रकृतिशः
आदत पड़ना (क्रिपद)
आदत्त दे. दत्त
आदमखोर दे. नरभक्षी
आदमियत दे. मनुष्यता
आदमी (पुं.)
आदमी दे. 1. पति, 2. मनुष्य
आदर (पुं.)
आदर दे. मान
आदर करना (क्रि.)
आदरणीय (वि.)
आदरभाव दे. 1. आदर, 2. श्रद्धा
आदर-सत्कार दे. आदर
आदर-सम्मान दे. आदर
आदर्श (पुं.)
आदर्शवादी (वि.)
आदान-प्रदान (पुं.)
आदि दे. 1. आरंभ, 2. पहला
आदि-अंत (पुं.)
आदिकालीन दे. पुराना
आदित्य दे. सूरज
आदिम दे. पुराना
आदिम निवासी दे. आदिवासी
आदिवासी (पुं.)
आदी दे. अभ्यस्त
आदी बनना दे. आदत पड़ना
आदृत दे. सम्मानित
आदेश दे. प्राप्य

आदेश दे. आज्ञा
आदेशात्मक (वि.)
आद्य दे. 1. आरंभिक, 2. पुराना
आद्योपांत (क्रिवि.)
आ धमकना दे. आना
आधा (वि.)
आधा-अधूरा दे. अपूर्ण
आधार (पुं.)
आधारभूत (वि.)
आधारभूत दे. मौलिक
आधारहीन (वि.)
आधारहीन दे. निराधार
आधारिक दे. 1. आधारभूत, 2. मौलिक
आधिकारिक दे. आदेशात्मक
आधिक्य दे. अधिकता
आधिपत्य दे. 1. अधिकार, 2. सत्ता
आधुनिक (वि.)
आधुनिक दे. नया
आधुनिककाल दे. वर्तमान
आधुनिकता दे. नयापन
आधुनिकतावादी दे. प्रगतिशील
आधुनिकयुग दे. वर्तमानकाल
आधे रास्ते में दे. बीचोंबीच
आनंद (पुं.)
आनंद दे. 1. प्रसन्नता, 2. रस
आनंद करना दे. मजा लेना
आनंददायक (वि.)
आनंदपूर्वक दे. 1. खुशी-खुशी, 2. सानंद
आनंदप्रद दे. 1. आनंददायक, 2. मनोरंजक
आनंदमग्न (वि.)
आनंद-मेला दे. उत्सव
आनंद लूटना दे. मजा लेना

आनंद लेना दे. मजा लेना
आनंदविभोर दे. आनंदमग्न
आनंदहीन (वि.)
आनंदाश्रु (पुं.)
आनंदित (वि.)
आनंदित दे. प्रसन्न
आनंदित करना दे. प्रसन्न करना
आनंदोत्सव दे. त्योहार
आनन दे. 1. चेहरा, 2. मुँह
आना (पुं.)
आना (क्रि.)
आना दे. आगमन
आनाकानी दे. बहानेबाजी
आना-जाना दे. आवागमन
आनी-जानी दे. नाशवान
आनुपातिक (वि.)
आनुमानिक दे. कल्पित
आनुवंशिक दे. पैतृक
आनेवाला (वि.)
आनेवाला दे. अगला
आपत्ति (स्त्री.)
आपत्ति दे. आपद
आपत्ति करना दे. विरोध करना
आपत्तिकाल दे. संकटकाल
आपत्तिजनक (वि.)
आपद (स्त्री.)
आपदग्रस्त दे. संकटग्रस्त
आपदा दे. आपद
आपन दे. अपना
आपबीती (स्त्री.)
आपबीती दे. आत्मकथा
आपरेशन दे. 1. चीर-फाड़, 2. शल्यक्रिया
आपस का दे. पारस्परिक
आपसदारी का दे. परस्परता
आपसी दे. पारस्परिक
आपसी संबंध दे. पारस्परिकता
आप-से-आप (क्रिवि.)
आप-से आप दे. अपने-आप
आ पहुँचना दे. आना
आपात्काल (पुं.)
आपादमस्तक (क्रिवि.)
आपाधापी दे. खींचतान
आपुन दे. अपना
आपूरक दे. पूरक
आपूरित दे. पूरा
आपूरित करना दे. भरना
आफत दे. 1. आपद, 2. विपत्ति
आफत कर देना दे. जल्दी मचाना
आफत का परकाला दे. 1. जल्द-बाज, 2. नटखट
आफत का मारा दे. संकटग्रस्त
आफताब दे. सूरज
आफिस दे. कार्यालय
आफिसर दे. अधिकारी
आबद्ध दे. संलग्न
आबद्ध करना दे. बाँधना
आबरू दे. प्रतिष्ठा
आबाद (वि.)
आबेहयात दे. अमृत
आबोहवा दे. जलवायु
आभा दे. चमक
आभार दे. कृतज्ञता
आभार-प्रदर्शन दे. कृतज्ञता प्रकाश
आभार-सहित दे. धन्यवादपूर्वक
आभारी दे. कृतज्ञ
आभास दे. संकेत
आभासी दे. दृश्यमान
आभीर दे. ग्वाला
आभूषण दे. गहना
आभूषित दे. 1. अलंकृत, 2. सज्जित
आभोज्य दे. खाद्य
आभ्यंतर दे. आंतरिक
आमंत्रण दे. निमंत्रण
आमंत्रित दे. निमंत्रित
आमंत्रित करना दे. 1. न्योता देना, 2. बुलाना
आम दे. साधारण
आमतौर पर दे. 1. प्रायः, 2. साधारणतः
आमने-सामने (क्रिवि.)
आमरण दे. 1. आजीवन, 2. जीते जी
आमादा दे. तैयार
आमाशय दे. पेट
आमिष दे. मांस
आमिषभोजी दे. मांसाहारी
आमुख दे. भूमिका
आमूल दे. समूल
आमोदकारी दे. मनोरंजक
आमोद-प्रमोद (पुं.)
आम्ल दे. अम्लीय
आय (स्त्री.)
आय दे. कमाई
आयताकार दे. चौकोर
आया-गया दे. अतिथि
आयाम दे. पक्ष
आयाराम गयाराम दे. दल-बदलू
आयास दे. 1. परिश्रम, 2. प्रयत्न
आयु (स्त्री.)
आयुध दे. हथियार
आयुधशाला दे. शस्त्रागार
आयुधागार दे. शस्त्रागार
आयुपर्यंत दे. आजीवन
आयुष्मान दे. चिरंजीव

आयुष्य दे. आयु
आयोग (पुं.)
आयोग दे. संस्था
आयोजक दे. संरक्षक
आयोजना दे. योजना
आयोजित (वि.)
आरंभ (पुं.)
आरंभ दे. पहल
आरंभ करना (क्रिपद)
आरंभकर्ता दे. प्रवर्तक
आरंभ में दे. पहले-पहल
आरंभ-समाप्ति दे. आदि-अंत
आरंभ से दे. 1. धीरे, 2. पुनः
आरंभ होना (क्रिपद)
आरंभिक (वि.)
आरक्त दे. लाल
आरक्षण दे. संरक्षण
आरक्षित (वि.)
आरक्षित दे. रक्षित
आरजी दे. अस्थायी
आरज़ू दे. इच्छा
आरण्य दे. वन
आरती (स्त्री.)
आरसी दे. शीशा
आराधक दे. 1. पुजारी, 2. भक्त
आराधन करना दे. पूजना
आराधना दे. 1. पूजा, 2. भक्ति
आराधित दे. पूजित
आराध्य दे. पूज्य
आराम दे. विश्राम
आराम करना दे. सुस्ताना
आरामतलब दे. सुस्त
आरामदेह दे. सुखद
आरूढ़ होना दे. चढ़ना
आरोग्यता दे. स्वास्थ्य
आरोप दे. अभियोग
आरोप लगाना दे. अभियोग लगाना
आरोपित करना दे. मढ़ना
आरोह (पुं.)
आरोह-अवरोह दे. उतार-चढ़ाव
आरोहण दे. उत्कर्ष
आर्किटेक्ट दे. वास्तुकार
आर्ट दे. कला
आर्टिस्ट दे. कलाकार
आर्डर दे. आज्ञा
आर्त दे. दुखी
आर्तनाद दे. पुकार
आर्थिक (वि.)
आर्द्र दे. गीला
आर्द्र करना दे. भिगोना
आर्द्रता दे. नमी
आर्य दे. 1. भारतीय, 2. शिष्ट
आर्यावर्त दे. भारत
आर्ष दे. पुराना
आलकस दे. सुस्ती
आलबाल दे. थाला
आलय दे. 1. आवास, 2. घर, 3. स्थान
आलस दे. सुस्ती
आलस करना दे. अलसाना
आलसी (वि.)
आलसी दे. 1. निकम्मा, 2. सुस्त
आलस्य दे. सुस्ती
आलस्य करना दे. अलसाना
आला दे. 1. उत्तम, 2. ताखा, 3. प्रधान
आलिंगन (पुं.)
आलिंगन करना (क्रिपद)
आलिंगन करना दे. गले लगाना
आलिंगित करना दे. आलिंगन करना
आलिप्त करना दे. लपेटना
आलिम-फाजिल दे. पंडित
आली दे. सखी
आलीशान दे. भव्य
आलेखन दे. अंकन
आलोक दे. प्रकाश
आलोकित दे. प्रकाशित
आलोचक (पुं.)
आलोचना (स्त्री.)
आलोड़न दे. मंथन
आलोड़न करना दे. मंथन करना
आलोड़ित करना दे. मंथन करना
आवन दे. आगमन
आवभगत दे. अतिथि-सत्कार
आवरण (पुं.)
आवरण दे. 1. खोल, 2. परदा
आवरण डालना दे. ढकना
आवरण-पृष्ठ (पुं.)
आवर्त दे. भँवर
आवश्यक (वि.)
आवश्यकता (स्त्री.)
आवश्यकता दे. 1. गरज, 2. परदा
आवाँ (पुं.)
आवागमन (पु.)
आवागमन दे. यातायात
आवाज़ दे. शब्द
आवाज़ देना दे. पुकारना
आवाजाही दे. आवागमन
आवारगी दे. आवारागर्दी
आवारा (वि. पुं.)
आवारा दे. 1. घुमक्कड़, 2. दुश्चरित्र
आवारागर्द दे. आवारा
आवारागर्दी (स्त्री.)
आवारागर्दी करना (क्रिपद)
आवारा घूमना दे. आवारागर्दी करना

आवास (पुं.)
आवास दे. 1. घर, 2. वास
आवास-स्थान दे. आवास
आवासिक (वि.)
आवासी दे. आवासिक
आवाहन दे. पुकार
आविर्भाव (पुं.)
आविर्भाव दे. उत्पत्ति
आविर्भूत (वि.)
आविर्भूत दे. उत्पन्न
आविर्भूत होना दे. उत्पन्न होना
आविष्कर्ता दे. आविष्कारक
आविष्कारक (पुं.)
आवृत दे. ढका हुआ
आवृत्ति (स्त्री.)
आवृत्ति करना (क्रिपद)
आवेग दे. 1. आवेश, 2. गति
आवेदक (पुं.)
आवेदक दे. प्रार्थी
आवेदन (पुं.)
आवेदन दे. प्रार्थना
आवेदन करना (क्रिपद)
आवेदनकर्ता दे. 1. आवेदक, 2. प्रार्थी
आवेदनपत्र (पुं.)
आवेदनपत्र दे. प्रार्थनापत्र
आवेदित करना दे. आवेदन करना
आवेश (पुं.)
आवेश दे. उत्तेजना
आवेशपूर्ण दे. उत्तेजित
आवेशहीन दे. शांत
आवेशित दे. उद्विग्न
आशंका (स्त्री.)
आशंका दे. डर
आशंकित दे. 1. चिंतित, 2. भयभीत

आशंकित होना दे. डरना
आशय दे. 1. अर्थ, 2. भाव
आशा (स्त्री.)
आशाजनक (वि.)
आशान्वित दे. आशावान
आशापूर्ण दे. आशाजनक
आशाप्रद दे. आशाजनक
आशावादी दे. आशावान
आशावान (वि.)
आशाहीन दे. निराश
आशियाना दे. घोंसला
आशीर्वाद (पुं.)
आश्चर्य (पुं.)
आश्चर्यचकित दे. चकित
आश्चर्यचकित होना दे. चकित होना
आश्चर्यजनक (वि.)
आश्चर्यजनक दे. चमत्कारिक
आश्चर्य में पड़ना दे. चकित होना
आश्चर्यान्वित दे. चकित
आश्रम (पुं.)
आश्रम दे. तपोवन
आश्रय (पुं.)
आश्रय दे. सहारा
आश्रयहीन दे. बेसहारा
आश्रित दे. 1. अवलंबित, 2. निर्भर
आश्वस्त दे. 1. आशावान, 2. निश्चिंत
आश्वासन दे. 1. ढारस, 2. वचन
आश्वासन देना दे. धैर्य बँधाना
आस दे. आशा
आसक्त (वि.)
आसक्त दे. मुग्ध
आसक्त कर लेना दे. 1. मुग्ध करना, 2. रिझाना

आसक्ति (स्त्री.)
आसक्ति दे. प्रेम
आस जगानेवाला दे. आशाजनक
आसन ग्रहण करना दे. बैठना
आसन जमाना दे. बैठना
आसन लगाना दे. बैठना
आसन्न दे. 1. अगला, 2. आने वाला, 3. निकट, 4. समीपी
आसन्नता दे. 1. निकटता, 2. समीपता
आस-पास (क्रिवि.)
आस बनाए रखनेवाला दे. आशाजनक
आसरा दे. 1. आश्रय, 2. सहारा
आसवन करना दे. निथारना
आसवित करना दे. निथारना
आसान दे. सरल
आसानी दे. सरलता
आसानी से दे. अनायास
आसीन होना दे. चढ़ना
आसेवित दे. व्यवहृत
आस्तिक (वि.)
आस्तिकता (स्त्री.)
आस्तिक्य दे. आस्तिकता
आस्था दे. विश्वास
आस्मान दे. आकाश
आस्मान के तारे तोड़ना दे. हवाई किले बनाना
आस्मानी दे. नीला
आह (स्त्री)
आहट दे. पदचाप
आहत दे. घायल
आहार दे. भोजन
आहारत्याग दे. उपवास
आहार्य दे. खाद्य
आहिस्ता दे. चुपचाप

आहूत दे. निमंत्रित
आहूत करना दे. 1. न्योता देना, 2. बुलाना
आहुति दे. बलिदान
आह्लाद दे. आनंद
आह्लादकारक दे. आनंददायक
आह्लादित दे. प्रसन्न
आह्वान दे. 1. चुनौती, 2. निमंत्रण, 3. पुकार, 4. सम्मान
आह्वान करना दे. 1. न्योता देना, 2. पुकारना, 3. बुलाना
इंगित दे. संकेत
इंग्लिस्तानी दे. अंग्रेज
इंजैक्शन दे. टीका
इंतजार करना दे. प्रतीक्षा करना
इंतिहा दे. अत्यधिकता
इंदिरा दे. लक्ष्मी
इंदीवर दे. कमल
इंदु दे. चंद्रमा
इंद्र (पुं.)
इंद्रजाल दे. 1. जादू, 2. बाजीगरी
इंद्रजालक दे. बाजीगर
इंद्रियग्राह्य (वि.)
इंद्रियनिग्रह दे. संयम
इंद्रियनिग्रही दे. संयमी
इंद्रियपरायण दे. कामुक
इंद्रियपरायणता दे. कामुकता
इंद्रियातीत दे. 1. अज्ञेय, 2. निराकार
इंसान दे. 1. आदमी, 2. मनुष्य, 3. सज्जन
इंसानियत दे. 1. मनुष्यता, 2. सज्जनता
इंसानी दे. मानवीय
इंस्ट्रक्टर दे. शिक्षक
इंस्पेक्टर दे. निरीक्षक
इकट्ठा (वि.)
इकट्ठा करना (क्रिपद)
इकट्ठा करना दे. बटोरना
इकट्ठा होना (क्रिपद)
इकतरफा दे. पक्षपातपूर्ण
इकन्नी दे. आना
इकबारगी दे. आकस्मिक
इकरार दे. समझौता
इकरुखा दे. पक्षपातपूर्ण
इकलौता दे. अकेला
इख्तियार दे. अधिकार
इच्छा (स्त्री.)
इच्छाहीन (वि.)
इच्छा होना दे. चाहना
इच्छित (वि.)
इच्छुक (वि.)
इजलास दे. बैठक
इजाजत दे. अनुमति
इज्जत दे. 1. आदर, 2. प्रतिष्ठा
इठलाना दे. इतराना
इतने में (क्रिवि.)
इतमिनान दे. संतोष
इतर दे. 1. अन्य, 2. दूसरा
इतरफरोश दे. अत्तार
इतराना (क्रि.)
इतराना दे. अकड़ना
इतराहट 1. अकड़, 2. ऐंठ
इतरेतर दे. परस्पर
इति दे. अंत
इतिश्री दे. 1. अंत, 2. समाप्ति
इतिश्री करना दे. बंद करना
इतिहास-पूर्व दे. पुराना
इत्तफाक दे. संयोग
इत्तफाक से दे. संयोगवश
इत्तला दे. सूचना
इत्तला करना दे. 1. अवगत कराना, 2. सूचना देना
इत्मीनान दे. ढारस
इधर-उधर दे. 1. यहाँ-वहाँ, 2. सर्वत्र
इधर-उधर का दे. बाहरी
इनकलाब दे. विद्रोह
इनाम दे. पुरस्कार
इनायत दे. कृपा
इने-गिने दे. कुछ
इन्कार दे. अस्वीकृति
इन्कार करना दे. अस्वीकार करना
इबादत दे. पूजा
इमारत दे. 1. भवन, 2. मकान
इम्तहान दे. जाँच
इरादा दे. उद्देश्य, 2. निश्चय
इरादा करना दे. निश्चय करना
इरादा बनाना दे. निश्चय करना
इलाका दे. 1. क्षेत्र, 2. जागीर, 3. प्रदेश
इलाकेदार दे. जागीरदार
इलाज दे. चिकित्सा
इल्जाम दे. अभियोग
इल्जाम लगाना दे. अभियोग लगाना
इशारा दे. संकेत
इश्कबाज दे. तितली
इश्तिहार दे. विज्ञापन
इस ओर दे. यही
इस कारण दे. अतः
इसके विपरीत दे. बल्कि
इस जगह दे. यहाँ
इस तरफ दे. यहाँ
इस प्रसंग में दे. इस विषय में
इस बारे में दे. इस संदर्भ में

इसलिए (योजक)
इसलिए दे. 1. अतः, 2. क्योंकि, 3. फलस्वरूप
इस वास्ते दे. इसलिए
इस विषय में दे. इस संदर्भ में
इस शर्त पर कि दे. बशर्ते कि
इस संदर्भ में (क्रिवि.)
इस समय दे. अब
इस समय तक दे. अभी तक
इस हेतु दे. इसलिए
इसी क्षण दे. शीघ्र
इसी दम दे. शीघ्र
इसी दौरान दे. इतने में
इसी बीच दे. इतने में
इस्तीफा दे. त्यागपत्र
इस्तेमाल दे. 1. उपयोग, 2. व्यवहार
इस्तेमाल करना दे. 1. प्रयोग करना, 2. व्यवहार करना
इस्तेमालशुदा दे. व्यवहृत
इस्पात (पुं.)
इहलोक दे. संसार
इहलौकिक दे. सांसारिक
ईंट-भट्ठा दे. आवाँ
ईजाद दे. आविष्कार
ईजादकर्ता दे. आविष्कर्ता
ईमान (पुं.)
ईमानदार (वि.)
ईमानदारी (स्त्री.)
ईमानदारी से (क्रिवि.)
ईर्ष्या (स्त्री.)
ईर्ष्या करना (क्रिपद)
ईर्ष्या करना दे. जलना
ईश्वर (पुं.)
ईश्वरवाद दे. आस्तिकता
ईश्वरवादी दे. आस्तिक
ईश्वरीय दे. 1. दिव्य, 2. दैवकृत
ईसा (पुं.)
ईसाई (पुं.)
ईसामसीह दे. ईसा
उँगली देना दे. छेड़ना
उँडेलना दे. डालना
उकता जाना दे. ऊबना
उकताना दे. ऊबना
उकतानेवाला दे. अरुचिकर
उकताया हुआ दे. उबा हुआ
उकताहट दे. ऊब
उकसाऊ दे. उत्तेजक
उकसाना (क्रि.)
उकसावा दे. प्रेरणा
उकसाहट दे. प्रेरणा
उकेरना (क्रि.)
उकेरना दे. नक्काशी करना
उक्ति (स्त्री.)
उक्ति दे. कथन
उखाड़ फेंकना दे. 1. अंत कर देना, 2. उन्मूलन करना, 3. नष्ट कर देना
उखाड़ना (क्रि.)
उगना (क्रि.)
उगलवाना (क्रि.)
उगाहना (क्रि.)
उगाहना दे. 1. इकट्ठा करना, 2. बटोरना
उगाही दे. प्राप्ति
उग्र (वि.)
उग्रता (स्त्री.)
उग्रवादी दे. 1. आतंकवादी, 2. विद्रोही
उघड़ा हुआ दे. नंगा
उघाड़ना दे. खोलना
उघाड़ा हुआ दे. प्रत्यक्ष
उचक लेना दे. छीनना
उचक्का दे. चोर
उचक्कागिरी दे. चोरी
उचट जाना दे. ऊबना
उचटा हुआ दे. ऊबा हुआ
उचाटपन दे. ऊब
उचित (वि.)
उचित दे. 1. ठीक, 2. न्याय-संगत, 3. सही
उचित रूप से दे. भलीभाँति
उच्च दे. 1. ऊँचा, 2. महान
उच्चकुलीय दे. कुलीन
उच्च कोटि का दे. महान
उच्चतम दे. सर्वोच्च
उच्चतर (वि.)
उच्चता दे. ऊँचाई
उच्चरित दे. कथित
उच्चवर्ग (पुं.)
उच्चवर्गीय दे. कुलीन
उच्चांक दे. कीर्तिमान
उच्चाकांक्षा दे. इच्छा
उच्चाकांक्षी दे. इच्छुक
उच्चारण (पुं.)
उच्चाशय दे. आदर्शवादी
उच्छिष्ट भोजन दे. जूठन
उच्छृंखल दे. उपद्रवी
उच्छृंखलता दे. नटखटी
उच्छेदन दे. नाश
उच्छेदित दे. उन्मूलित
उच्छ्वास दे. साँस
उछल-कूद (स्त्री.)
उछल-कूद मचाना दे. दौड़-धूप करना
उछलना दे. कूदना
उजड़ जाना दे. नष्ट हो जाना

उजड़ना (क्रि.)
उजड्ड दे. अक्खड़
उजला दे. 1. उज्ज्वल, 2. सफेद
उजलाना दे. रगड़ना
उजाड़ (पुं.)
उजाड़ दे. सूना
उजाड़ू (वि.)
उजाड़ू दे. 1. अपव्ययी, 2. नाशक
उजाड़ूपन दे. अपव्यय
उजाला दे. प्रकाश
उज्ज्वल (वि.)
उज्ज्वल दे. 1. चमकीला, 2. प्रकाशित
उज्र दे. आपत्ति
उठती जवानी दे. किशोरावस्था
उठते-बैठते दे. हर समय
उठापटक दे. लड़ाई
उठा ले जाना दे. अपहरण करना
उठाव दे. उत्कर्ष
उड़ती खबर दे. अफवाह
उड़ते हुए दे. तेजी से
उड़ जाना दे. गायब हो जाना
उड़ाउ दे. अपव्ययी
उड़ाऊ-खाऊ दे. अपव्ययी
उड़ाते हुए दे. तेजी से
उड़ा देना दे. 1. खा जाना, 2. चुराना, 3. नष्ट कर देना
उड़ान दे. कल्पना
उड़ा ले जाना दे. अपहरण करना
उड़ा लेना दे. चुराना
उढ़काना दे. रोकना
उतर जाना दे. मुरझाना
उतरना (क्रि.)
उतराना दे. तैरना
उतार दे. गिरावट
उतार-चढ़ाव (पुं.)
उतार-चढ़ाव आना दे. घटना-बढ़ना
उतारना दे. 1. इकट्ठा करना, 2. ठहराना
उतावला (वि.)
उतावला दे. जल्दबाज़
उतावली (स्त्री.)
उतार दे. कमी
उतारा (पुं.)
उतावलापन दे. जल्दी
उतावली (स्त्री.)
उत्कंठा दे. 1. उत्सुक, 2. जिज्ञासा
उत्कंठित दे. 1. उत्सुकता, 2. जिज्ञासा
उत्कंठित दे. 1. उत्सुक, 2. जिज्ञासु
उत्कंठित होना दे. 1. उत्सुक होना, 2. चाहना, 3. तरसना
उत्कट (वि.)
उत्कट दे. 1. उग्र, 2. घोर, 3. प्रबल
उत्कटता (स्त्री.)
उत्कटता दे. 1. उग्रता, 2. तेजी
उत्कर्ष (पुं.)
उत्कर्ष दे. उन्नति
उत्कीर्णन दे. नक्काशी
उत्कृष्ट दे. 1. अच्छा, 2. उत्तम
उत्कृष्टता दे. अच्छाई
उत्कृष्ट-निकृष्ट दे. खरा-खोटा
उत्कोच दे. रिश्वत
उत्कोचग्रहण दे. रिश्वतखोरी
उत्खनन दे. खुदाई
उत्तप्तता दे. गर्मी
उत्तम (वि.)
उत्तम दे. 1. अच्छा, 2. दिव्य, 3. श्रेष्ठ
उत्तम दे. अच्छाई
उत्तमर्ण दे. महाजन
उत्तमोत्तम दे. अत्युत्तम
उत्तर (पुं.)
उत्तरदायित्वहीन (पुं.)
उत्तरदायित्व दे. भार
उत्तरदायित्वहीन (वि.)
उत्तरदायी (वि.)
उत्तर-प्रत्युत्तर दे. प्रश्नोत्तर
उत्तराधिकार (पुं.)
उत्तराधिकारी (पुं.)
उत्तरोत्तर दे. क्रमबद्ध
उत्ताप दे. गर्मी
उत्तीर्ण दे. सफल
उत्तुंग दे. 1. ऊँचा, 2. उन्नत, 3. गगनचुंबी
उत्तेजक (वि.)
उत्तेजक दे. प्रेरणादायक
उत्तेजना (स्त्री.)
उत्तेजना दे. 1. आवेश, 2. तनाव, 3. प्रेरणा
उत्तेजना देना दे. प्रेरणा देना
उत्तेजनापूर्ण दे. 1. उत्तेजक, 2. उत्तेजित, 3. प्रेरणादायक
उत्तेजित (वि.)
उत्तेजित दे. 1. उद्विग्न, 2. क्रुद्ध
उत्तेजित करना दे. 1. उकसाना, 2. प्रेरणा देना
उत्तोलन दे. उत्कर्ष
उत्थान दे. उत्कर्ष
उत्थापन दे. उत्कर्ष
उत्पन्न दे. आविर्भूत
उत्पाटन करना दे. उखाड़ना
उत्पात दे. उपद्रव
उत्पादक दे. प्रवर्तक
उत्पादन (पुं.)
उत्साह (पुं.)
उत्साहजनक दे. आशाजनक

उत्साहपूर्वक (क्रिवि.)
उत्साहप्रद दे. स्फूर्तिप्रद
उत्साही (वि.)
उत्सुक (वि.)
उत्सुकता (स्त्री.)
उत्सुक होना (क्रिपद)
उथलना दे. उलटना
उथल-पुथल (स्त्री.)
उथल-पुथल दे. परिवर्तन
उथल-पुथल करना दे. बदलना
उथला दे. छिछला
उदय दे. उत्कर्ष
उदर दे. पेट
उदरापेशाच दे. पेटू
उदरस्थ करना दे. खाना
उदार (वि.)
उदार दे. दयालु
उदारचेता दे. उदार
उदारता (स्त्री.)
उदारता दे. दयालुता
उदारमना दे. उदार
उदारहृदय दे. दयालु
उदास (स्त्री.)
उदास दे. निराश
उदासी (स्त्री.)
उदासी दे. निराशा
उदासीन (वि.)
उदासीन दे. 1. उदास, 2. तटस्थ
उदासीनता (स्त्री.)
उदासीनता दे. 1. उदासी, 2. उपेक्षा, 3. तटस्थता
उदासीनता दिखलाना दे. उपेक्षा करना
उदाहरण (पुं.)
उदाहरण दे. आदर्श
उदाहरण के लिए दे. उदाहरणार्थ
उदाहरणार्थ (क्रिवि.)
उदीयमान (वि.)
उदीयमान दे. होनहार
उद्गम (पुं.)
उद्गार (पुं.)
उद्घाटन (पुं.)
उद्घाटक दे. प्रवर्तक
उद्घाटन दे. आरंभ
उद्घाटन करना दे. आरंभ करना
उद्घाटित (वि.)
उद्घाटित करना दे. खोलना
उद्घाटित होना दे. आरंभ होना
उद्घोषणा दे. घोषणा
उद्दंड दे. 1. उद्धत, 2. उपद्रवी
उद्दंडता दे. उद्धतता
उद्दाम दे. स्वच्छंद
उद्दीपक दे. उत्तेजक
उद्दीप्त दे. उत्तेजित
उद्दीप्त करना दे. प्रेरणा देना
उद्देश्य (पुं.)
उद्देश्यहीन (वि.)
उद्धत (वि.)
उद्धतता (स्त्री.)
उद्धरण (पुं.)
उद्धरण दे. उदाहरण
उद्धार (पुं.)
उद्धार दे. 1. छुटकारा, 2. रक्षा
उद्धारक दे. उद्धारकर्ता
उद्धार करना (क्रिपद)
उद्धार करना दे. बचाना
उद्धारकर्ता (पुं.)
उद्धार होना दे. छुटकारा मिलना
उद्धृतांश दे. उद्धरण
उद्बुद्ध दे. 1. प्रबुद्ध, 2. विचारशील
उद्बोधन दे. 1. चेतावनी, 2. प्रबोधन
उद्भट दे. 1. बड़ा, 2. महान
उद्भव दे. 1. उत्पत्ति, 2. उद्गम, 3. स्रोत
उद्भावना दे. उत्पन्न
उद्भूत होना दे. उत्पन्न होना
उद्भ्रांत दे. 1. उद्विग्न, 2. कुमार्गी
उद्यत (वि.)
उद्यत दे. तैयार
उद्यतता (स्त्री.)
उद्यम दे. 1. उद्योग, 2. कर्मठता, 3. प्रयत्न, 4. परिश्रम
उद्यम करना दे. परिश्रम करना
उद्यमी दे. 1. कर्मठ, 2. परिश्रमी, 3. प्रयत्नशील, 4. साहसी
उद्यान दे. बाग
उद्योग (पुं.)
उद्योग दे. 1. परिश्रम, 2. प्रयत्न
उद्योग करना दे. परिश्रम करना
उद्योगशाला दे. कारखाना
उद्योगशील दे. 1. कर्मठ, 2. परिश्रमी, 3. प्रयत्नशील
उद्योगी दे. 1. कर्मठ, 2. निर्माता, 3. परिश्रमी, 4. प्रयत्नशील, 5. साहसी
उद्योगशीलता दे. कर्मठता
उद्विग्न (वि.)
उद्विग्न दे. 1. अशांत, 2. उतावला, 3. चिंतित, 4. विकल
उद्विग्ता दे. 1. उतावली, 2. घबराहट, 3. विकलता
उद्विग्न होना दे. घबराना
उद्वेग दे. 1. असंतोष, 2. आवेश, 3. चिंता
उद्वेलित करना दे. हलचल पैदा करना

उत्पत्ति (स्त्री.)
उत्पत्ति दे. 1. आविर्भाव, 2. जन्म
उत्पत्ति-स्थल दे. उद्‌गम
उत्पन्न (वि.)
उत्पन्न करना (क्रिपद)
उत्पन्न करना दे. जनना
उत्पन्न होना (क्रिपद)
उत्पन्न होना दे. उपजना
उत्पल दे. कमल
उत्पाटन दे. उन्मूलन
उत्पात दे. 1. उपद्रव, 2. नटखटी
उत्पाती दे. उपद्रवी
उत्पाद दे. उपज
उत्पादक दे. निर्माता
उत्पादन दे. उपज
उत्पादनकर्ता दे. निर्माता
उत्पीड़क दे. अत्याचारी
उत्पीड़न (वि. पु.)
उत्पीड़क दे. अत्याचारी
उत्पीड़न (पुं.)
उत्पीड़न दे. 1. अत्याचार, 2. दमन
उत्पीड़ित करना दे. 1. दमन करना, 2. सताना
उत्फुल्ल दे. प्रसन्नचित्त
उत्फुल्लता दे. प्रसन्नता
उत्स दे. उद्‌गम
उत्सर्ग दे. 1. त्याग, 2. बलिदान
उत्सर्ग करना दे. त्याग देना
उत्सव (पुं.)
उत्सव दे. त्योहार
उत्साह (पुं.)
उत्साह बढ़ाना दे. प्रेरणा देना
उत्साह भंग करना दे. निराश करना
उत्साह भंग होना दे. निराश होना
उत्साहभंजक दे. निराशाजनक
उत्साहवर्धक दे. प्रेरणादायक
उत्साहित करना दे. प्रेरणा देना
उत्साही (वि.)
उत्सुक (वि.)
उत्सुकता (स्त्री.)
उत्सुक होना (क्रि. प्रद)
उत्सुक होना दे. तरसना
उत्सृष्ट होना दे. परित्यक्त
उथल-पुथल (स्त्री.)
उघड़ना (क्रि.)
उधेड़ना (क्रि.)
उधर दे. वहाँ
उधार (पुं.)
उधेड़-बुन दे. असमंजस
उन दिनों दे. पहले
उनींदा (वि.)
उन्नत (वि.)
उन्नत दे. 1. ऊँचा, 2. विकसित
उन्नतभाल दे. स्वाभिमानी
उन्नत मस्तक दे. स्वाभिमानी
उन्नति (स्त्री.)
उन्नति दे. 1. उत्कर्ष, 2. विकास
उन्नतशील (वि.)
उन्नतिशील दे. होनहार
उन्नतोदर दे. तोंदवाला
उन्नयन दे. 1. उत्कर्ष, 2. उन्नति
उन्मत्त दे. 1. कट्टर, 2. नशे में चूर, 3. पागल
उन्मत्तता दे. 1. कट्टरता, 2. पागलपन
उन्मत्त होकर दे. अंधाधुंध
उन्माद दे. 1. आवेश, 2. नशा, 3. पागलपन, 4. सनक
उन्मादक दे. नशीला
उन्मुक्त दे. स्वतंत्र
उन्मुक्तता दे. स्वतंत्रता
उन्मुख दे. 1. उद्यत, 2. प्रवृत्त
उन्मुखता दे. 1. उद्यतता, 2. झुकाव, 3. प्रवृत्ति, 4. रुचि
उन्मूलन (पुं.)
उन्मूलित (वि.)
उन्मोचन दे. 1. उद्‌घाटन, 2. छुटकारा
उपकरण (पुं.)
उपकरण दे. यंत्र
उपकार (पुं.)
उपकार दे. 1. कृतज्ञता, 2. दयालुता
उपकारक (वि.)
उपकारकर्ता दे. उपकारक
उपकारिता दे. उपयोगिता
उपकारी दे. उपकारक
उपकृत दे. कृतज्ञ
उपक्रम दे. 1. आरंभ, 2. तैयारी, 3. पहल, 4. व्यापार
उपक्रम करना दे. आरंभ करना
उपगम्य दे. गम्य
उपचार दे. चिकित्सा
उपचार्य दे. चिकित्स्य
उपज (स्त्री.)
उपज दे. कल्पना
उपजना (क्रि.)
उपजना दे. 1. अंकुरित होना, 2. उगना
उपजाऊ (वि.)
उपजीवी दे. निर्भर
उपज्ञा दे. आविष्कार
उपत्यका दे. घाटी
उपदेश (पुं.)
उपदेश दे. शिक्षा

उपदेशक (पुं.)
उपदेशात्मक (वि.)
उपद्रव (पुं.)
उपद्रव दे. 1. खलबली, 2. दंगा, 3. नटखटी
उपद्रवग्रस्त (वि.)
उपद्रवग्रस्त दे. अशांत
उपद्रवी (वि. पुं.)
उपद्रवी दे. दंगई
उपनाम (पुं.)
उपनिवेश दे. राज्य
उपनिवेशवादी दे. साम्राज्यवादी
उपन्यास (पुं.)
उपन्यासिका दे. उपन्यास
उपपति दे. यार
उपपत्नी दे. रखेल
उपबंध दे. प्रावधान
उपभुक्त दे. व्यवहृत
उपभोक्ता दे. ग्राहक
उपभोग दे. उपयोग
उपभोग करना दे. व्यवहार करना
उपभोगी दे. भोगी
उपभोग्य दे. खाद्य
उपमा दे. तुलना
उपमाता दे. विमाता
उपयुक्त (वि.)
उपयुक्त दे. 1. अनुकूल, 2. उचित
उपयुक्तता (स्त्री.)
उपभोग (पु.)
उपयोग दे. व्यवहार
उपयोग में लाना दे. बरतना
उपयोगिता (स्त्री.)
उपयोगिता दे. उपयुक्तता
उपयोगी (वि.)
उपयोगी दे. 1. कल्याणकारी, 2. लाभप्रद

उपरफट्टू दे. फालतू
उपरांत दे. पीछे
उपर्युक्त (वि.)
उपल दे. पत्थर
उपलब्ध दे. प्राप्त
उपलब्ध करना दे. प्राप्त करना
उपलब्ध होना दे. 1. पाना, 2. मिलना
उपलब्धि (स्त्री.)
उपला दे. गोहरा
उपवन दे. बाग
उपवास (पुं.)
उपवास दे. व्रत
उपशमन करना दे. दबाना
उपसंहार दे. 1. अंत, 2. निष्कर्ष
उपस्कर दे. उपकरण
उपस्थित (वि.)
उपस्थित दे. 1. प्रत्यक्ष, 2. वर्तमान
उपस्थित होना दे. आना
उपस्थिति (स्त्री.)
उपस्थिति दे. वर्तमानता
उपहार (पुं.)
उपहार दे. भेंट
उपहास (पुं.)
उपहास करना (क्रिपद)
उपहासपूर्ण (वि.)
उपहासास्पद (वि.)
उपहास्य दे. उपहासास्पद
उपांत दे. सीमा
उपाख्यान दे. कहानी
उपादेय दे. 1. उपयोगी, 2. लाभप्रद
उपादेयता दे. उपयोगिता
उपाधि (स्त्री.)
उपाय (पुं.)
उपाय दे. युक्ति

उपार्जन दे. कमाई
उपार्जन करना दे. कमाना
उपार्जन होना दे. पाना
उपार्जित करना दे. कमाना
उपार्जित होना दे. पाना
उपालंभ देना दे. 1. आपत्ति, 2. ताना, 3. शिकायत
उपालंभ दे. ताना मारना
उपासक दे. 1. पुजारी, 2. भक्त
उपासना दे. 1. पूजना, 2. पूजा, 3. भक्ति
उपासना-गृह दे. मंदिर
उपासनीय दे. पूज्य
उपास्य दे. पूज्य
उपाहार दे. 1. जलपान, 2. नाश्ता
उपाहार-गृह दे. जलपान-गृह
उपेक्षा (स्त्री.)
उपेक्षा दे. अवज्ञा
उपेक्षा करना (क्रिपद)
उपेक्षा करना दे. अवज्ञा करना
उपेक्षित (वि.)
उपेक्ष्य (वि.)
उपेक्ष्य दे. 1. उपेक्ष्य, 2. तुच्छ
उपोद्‌घात दे. भूमिका
उफनना दे. उबलना
उफनाना दे. उबालना
उफान दे. उद्‌गार
उफान आना दे. उबलना
उबटन (पुं.)
उबलना (क्रि.)
उबाऊ दे. 1. अरुचिकर, 2. नीरस
उबानेवाला दे. अरुचिकर
उबार दे. रक्षा
उबारना दे. बचाना
उबार लेना दे. उद्धार करना
उबाल दे. उद्‌गार

उबाल आना दे. उबलना
उबालना (क्रि.)
उबालना दे. पकाना
उभड़ना दे. 1. पनपना, 2. सूजना
उभय दे. दोनों
उभयचर दे. जल-स्थलचर
उभयसंकट (पुं.)
उभयसंकट दे. दुविधा
उभयापत्ति दे. उभयसंकट
उभयार्थक दे. द्वयर्थक
उभरता हुआ दे. उदीयमान
उभाड़ना दे. उकसाना
उभार दे. 1. उत्कर्ष, 2. सूजन
उमंग दे. उत्साह
उमंग-भरा दे. उत्साही
उमंग से दे. खुशी-खुशी
उमगना (क्रि.)
उमरा दे. अभिजात वर्ग
उमस दे. गर्मी
उमा दे. पार्वती
उमापति दे. शिव
उमेठना दे. मरोड़ना
उम्दगी दे. अच्छाई
उम्दा दे. अच्छा
उम्मीद दे. आशा
उम्मीदवार दे. 1. प्रत्याशी, 2. प्रार्थी
उम्मीद है कि दे. शायद
उम्र दे. आयु
उम्र भर दे. आजीवन
उर दे. 1. छाती, 2. मन, 3. हृदय
उरु दे. जंघा
उरेहना दे. 1. अंकित करना, 2. खींचना
उरेहा हुआ दे. अंकित
उरोज दे. स्तन

उर्फ दे. उपनाम
उर्मि दे. लहर
उर्वर दे. उपजाऊ
उर्स दे. पुण्यतिथि
उलझ जाना दे. उलझना
उलझट्टा दे. उलझन
उलझन (स्त्री.)
उलझन दे. 1. चिंता, 2. जटिलता, 3. पेचीदगी, 4. पहेली, 5. बाधा, 6. समस्या
उलझन डालना दे. बाधा डालना
उलझना (क्रि.)
उलझाना दे. लपेटना
उलझाव दे. 1. उलझना, 2. जटिलता, 3. पेचीदगी
उलझावदार दे. पेचीदा
उलझा हुआ दे. 1. चक्करदार, 2. जटिल
उलटना (क्रि.)
उलट-फेर दे. 1. उथल-पुथल, 2. परिवर्तन
उलट-फेर करना दे. बदलना
उलटा (वि.)
उलटा दे. 1. परस्पर-विरुद्ध, 2. प्रतिकूल, 3. विरुद्ध
उलटा-पलटा दे. 1. अव्यवस्थित, 2. उलटा
उलटा-सीधा दे. 1. अंडबंड, 2. अनुपयुक्त, 3. उलटा
उलटी (स्त्री.)
उलटे दे. बल्कि
उलटे क्रम से (क्रिवि.)
उलरना दे. झुकना
उलाहना दे. 1. ताना, 2. शिकायत
उलाहना देना दे. ताना मारना

उलीचना दे. फेंकना
उल्था दे. अनुवाद
उल्लंघन (पुं.)
उल्लंघनकर्ता (पुं.)
उल्लसित दे. 1. आनंदित, 2. प्रसन्न
उल्लास दे. 1. आनंद, 2. प्रसन्नता
उल्लासजनक दे. आनंददायक
उल्लिखित दे. उपर्युक्त
उल्लू (पुं.)
उल्लू दे. मूर्ख
उल्लेख दे. 1. चर्चा, 2. वर्णन, 3. संकेत
उल्लेखनीय दे. 1. उत्तम, 2. चर्चित, 3. महत्त्वपूर्ण, 4. मुख्य
उषाकाल दे. प्रातःकाल
उष्ण दे. गर्म
उष्णता दे. ताप
उस जगह दे. वहीं
उस जमाने में दे. पहले
उससना दे. तड़पना
उस स्थान पर दे. वहाँ
उसूल दे. नियम
उस्ताद दे. 1. अध्यापक, 2. चालाक
उस्तादी दे. 1. कौशल, 2. चालाकी
ऊँघ (स्त्री.)
ऊँघ दे. नींद
ऊँघता हुआ दे. उनींदा
ऊँघना (क्रि.)
ऊँघाई दे. ऊँघ
ऊँच-नीच दे. 1. अच्छाई-बुराई, 2. जात-पाँत, 3. हानि-लाभ

ऊँचा (वि.)
ऊँचा दे. उन्नत
ऊँचाई (स्त्री.)
ऊँचा करना दे. बढ़ाना
ऊँचान दे. ऊँचाई
ऊँचा-नीचा दे. असम
ऊँचा बोल दे. डींग
ऊँचा सुननेवाला दे. बहरा
ऊँचा होना दे. चढ़ना
ऊँचे लोग दे. कुलीन वर्ग
ऊखल (स्त्री.)
ऊटपटांग (वि.)
ऊटपटांग दे. विचित्र
ऊत दे. मूर्ख
ऊधम दे. 1. उपद्रव, 2. शोर
ऊधमी दे. उपद्रवी
ऊपर उठना दे. चढ़ना
ऊपर-नीचे दे. तरपर
ऊपरवाला दे. ईश्वर
ऊपर से नीचे तक दे. बिल्कुल
ऊपरी (वि.)
ऊपरी दे. अतिरिक्त
ऊपरी जानकारी दे. चंचु-प्रवेश
ऊब (स्त्री.)
ऊब जाना दे. ऊबना
ऊबड़-खाबड़ दे. असम
ऊबना (क्रि.)
ऊबा हुआ (वि.)
ऊर्जस्वी दे. परिश्रमी
ऊर्जा दे. 1. बल, 2. शक्ति
ऊर्णाच्छादित दे. रोएँदार
ऊर्ध्वगमन दे. उत्कर्ष
ऊलजलूल दे. अंड-बंड
ऊलजलूलपन दे. विचित्रता
ऊसर (वि.)
ऊसर दे. उजाड़
ऊसर दे. अनुपजाऊ
ऊहा करना दे. भाँपना
ऊहापूर्ण दे. कल्पित
ऊहापोह दे. दुविधा
ऊहापोह दे. असमंजस
ऋक्ष दे. रीछ
ऋण दे. उधार
ऋणक दे. नकारात्मक
ऋणी (वि.)
ऋणी दे. कर्जदार
ऋतु (स्त्री.)
ऋतुदर्शन दे. मासिक धर्म
ऋतुराज दे. बसंत
ऋषि (पुं.)
ऋषि दे. धर्मात्मा
एक ओंकार दे. ईश्वर
एक ओर दे. बगल में
एक करना दे. मिलाना
एककालीन दे. समकालीन
एक के बाद एक दे. तरपर
एक जबान दे. सच्चा
एक जान दे. एकाकार
एक जान हो जाना दे. मिल जाना
एकजुट दे. एकाकार
एकजुटता दे. एकता
एकटक (क्रिवि.)
एकटक दे. 1. अपलक, 2. टकटकी लगाकर
एकता (स्त्री.)
एकता दे. सामंजस्य
एकत्र दे. 1. इकट्ठा, 2. संगृहीत
एकत्र करना दे. इकट्ठा करना
एकत्र होना दे. इकट्ठा होना
एकत्रित दे. 1. इकट्ठा, 2. संघटित
एकत्रित करना दे. 1. इकट्ठा, 2. संगृहीत
एकत्रीकरण दे. एकीकरण
एकदंत दे. गणेश
एकदम दे. अचानक
एकनाम दे. नामराशि
एक निगाह से दे. सरसरी दृष्टि से
एकनिष्ठ दे. 1. अनन्य, 2. निष्ठावान
एक बार और दे. दुबारा
एकबारगी दे. अचानक
एक मत होकर दे. एक राय में
एकमात्र दे. अकेला
एकरंग दे. एक-सा
एकरस (वि.)
एकरस दे. 1. अपरिवर्तनशील, 2. एक-सा
एक राय से (क्रिवि.)
एकरूप दे. 1. संगति, 2. समानता
एकरूपता (स्त्री.)
एकरूपता दे. 1. एक-सा, 2. समाज
एकल दे. अकेला
एकवंशीय दे. सजातीय
एकसमान दे. एक-सा
एक-सा (वि.)
एक-सा दे. 1. अनुरूप, 2.समान
एक-साथ दे. साथ-साथ
एक साथ होनेवाला दे. युगपत
एकसार दे. एक-सा
एकसुरा दे. एकरस
एक हो जाना दे. इकट्ठा हो जाना
एकांत (वि.)
एकांत (पुं.)
एकांतता दे. एकांत
एकांतवास दे. 1. अकेलापन, 2. अज्ञातवास

एकांतिक दे. अनन्य
एका दे. 1. एकता, 2. सामंजस्य
एकाउंटेंट दे. मुनीम
एकाएक दे. अचानक
एकाकार (वि.)
एकाकी दे. अकेला
एकाकीपन दे. अकेलापन
एकाक्ष दे. काना
एकाग्र (वि.)
एकाग्रचित दे. एकाग्र
एकाग्रता (स्त्री.)
एकाग्रता दे. मग्नता
एकाग्र हो जाना दे. मग्न हो जाना
एकाधिकार (पुं.)
एकाधिकारी (पुं.)
एकाधिपति दे. अधिनायक
एकार्थक दे. पर्याय
एकाश्रमी दे. अनन्य
एकीकरण (पुं.)
एकीकृत दे. एकाकार
एकीकृत करना दे. बाँधना
एकीभूत दे. एकाकार
एक्सप्रेस दे. तेज
एजेंट दे. 1. कर्ता, 2. दलाल
एजेंडा दे. कार्यावली
एडवांस दे. 1. अग्रिम, 2. बयाना
एडवोकेट दे. वकील
एतबार दे. विश्वस्त
एतराज दे. आपत्ति
एतराज करना दे. विरोध करना
एलची दे. दूत
एलान दे. घोषणा
एलान करना दे. घोषणा करना
एलानिया दे. खुल्लमखुल्ला
एवं दे. और

एवमस्तु दे. तथास्तु
एषणा दे. इच्छा
एहतियात दे. सावधानी
एहसान दे. 1. उपकार, 2. कृतज्ञता
एहसानफरामोश दे. 1. अकृतज्ञ, 2. कृतघ्न
एहसानफरामोशी दे. अकृतज्ञता
एहसानमंद दे. कृतज्ञ
एहसानफरामोश दे. अकृतज्ञता
एहसानमंदी दे. कृतज्ञता
एहसास दे. अनुभव
ऐंचाताना दे. भेंगा
ऐंठ (स्त्री.)
ऐंठ दे. 1. अकड़, 2. नखरा
ऐंठ जाना दे. अकड़ना
ऐंठन (स्त्री.)
ऐंठना (क्रि.)
ऐंठना दे. 1. ठगना, 2. मरोड़ना
ऐंठ लेना दे. प्राप्त करना
ऐंठू दे. नखरेबाज
ऐंद्रजालिक दे. जादूगर
ऐकमत्य दे. ऐक्य
ऐक्टर दे. अभिनेता
ऐक्ट्रेस दे. अभिनेत्री
ऐक्य (पुं.)
ऐक्य दे. 1. एकता, 2. संगति, 3. सामंजस्य
ऐच्छिक (वि.)
ऐतिहाती दे. रक्षात्मक
ऐनक दे. चश्मा
ऐब दे. 1. कलंक, 2. दोष
ऐब लगाना दे. कलंक लगाना
ऐयार दे. जादूगर
ऐयारी दे. जादू
ऐयाश दे. कामुक

ऐयाशी दे. भोगविलास
ऐरा-गैरा दे. 1. अजनबी, 2. बाहरी
ऐश्वर्य (पुं.)
ऐश्वर्य दे. 1. ठाठ, 2. वैभव
ऐसा-वैसा दे. तुच्छ
ऐसा ही सही दे. तथास्तु
ऐसा हुआ तो दे. यदि
ऐसे (क्रिवि.)
ऐसे ही दे. अकारण
ऐहिक दे. सांसारिक
ऐहिकता दे. सांसारिकता
ओछा दे. 1. अनुचित, 2. कमीना, 3. छिछला, 4. तुच्छ
ओछपन दे. कमीनापन
ओज दे. शक्ति
ओजस्विता दे. तेज
ओझल दे. अंतर्धान
ओझल हो जाना दे. अंतर्धान हो जाना
ओझा दे. टोनहा
ओझाई दे. जादू-टोना
ओट दे. 1. आड़, 2. आश्रय, 3. परदा
ओठ दे. होंठ
ओढ़ना दे. आवरण
ओढ़नी (स्त्री.)
ओढ़ लेना दे. सहना
ओतप्रोत दे. 1. तर, 2. मिला-जुला
ओदा दे. गीला
ओर (स्त्री.)
ओर दे. दिशा
ओर-छोर दे. 1. आदि-अंत, 2. सीमा

ओल (पुं.)
ओला दे. पत्थर
ओषधि (स्त्री.)
ओष्ठ दे. होंठ
ओस (स्त्री.)
ओसाना (क्रि.)
ओहदा दे. पद
ओहदेदार दे. पदवीधारी
औंधा (वि.)
औंधा दे. उलटा
औंधा करना दे. उलटना
औकात दे. सामर्थ्य
औगी दे. चाबुक
औचित्य दे. 1. नीति, 2. मर्यादा
औचित्य सिद्ध करना दे. प्रमाणित करना
औजार दे. उपकरण
औझड़ दे. पागल
औझड़पन दे. पागलपन
औटना दे. उबालना
औद्धत्य दे. उद्धतता
औना-पौना दे. कम
औपचारिक (वि.)
औपचारिकता (स्त्री.)
और (योजक)
और दे. अन्य
और-और दे. विभिन्न
औरत दे. 1. पत्नी, 2. स्त्री
औरत-मर्द दे. दंपती
औलाद दे. संतान
औषध दे. ओषधि
औसत (स्त्री.)
कंकड़-पत्थर दे. कूड़ा-करकट
कंकण दे. चूड़ी
कंकाल (पुं.)
कंगन दे. चूड़ी

कंगाल (वि.)
कंगाल दे. निर्धन
कंघी-चोटी (स्त्री.)
कंघी-चोटी करना दे. सजना
कंचन दे. सोना
कंचुकी दे. चोली
कंज दे. कमल
कंजर दे. खानाबदोश
कंजूस (वि.)
कंजूसी (स्त्री.)
कंटकमय दे. कँटीला
कंटकाकीर्ण दे. कँटीला
कंटकित दे. कँटीला
कंटाग्र दे. नोक
कँटीला (वि.)
कंट्रेक्ट दे. ठेका
कंट्रेक्टर दे. ठेकेदार
कंट्रोल दे. नियंत्रण
कंठ (पुं.)
कंठ दे. गला
कंठ करना दे. रटना
कंठस्थ (वि.)
कंठस्थ करना दे. रटना
कंठाग्र करना दे. रटना
कंडा दे. गोहरा
कंडी दे. गोहरा
कंडु दे. दाद
कंत दे. प्रेमी
कंथा दे. गुदड़ी
कंदरा दे. गुफा
कंदर्प दे. कामदेव
कंदुक (पुं.)
कंदुक दे. गेंद
कंधा (पुं.)
कंप (पुं.)
कँपकँपी दे. कंपन

कंपन (पुं.)
कंटक दे. काँटा
कंटकित दे. कँटीला
कंपन दे. कंप
कंपनी दे. संघ
कंपाउंड दे. प्रांगण
कँपा देना दे. 1. झकझोरना, 2. हिलाना
कंपित दे. काँपता हुआ
कंपित होना दे. काँपना
कंबल (पुं.)
कई (वि.)
कई दे. अनेक
कई एक दे. कई
कई बार दे. बार-बार
ककहरा दे. वर्णमाला
कक्ष दे. कमरा
कक्षा (स्त्री.)
कक्षा दे. श्रेणी
कक्षामित्र दे. सहपाठी
कखौरी दे. गिल्टी
कगार दे. किनारा
कच दे. बाल
कचदिला दे. अशक्त
कचरना दे. 1. कुचलना, 2. खाना
कचरा दे. 1. कूड़ा, 2. गंदगी
कचहरी (स्त्री.)
कचहरी दे. न्यायालय
कचूमर दे. गूदा
कचोट दे. पीड़ा
कचोटना दे. अखरना
कच्चा (वि.)
कच्चा दे. 1. अप्रौढ़, 2. नाशवान, 3. अनुभवहीन
कच्चा जाना दे. गर्भपात होना

कच्चे-बच्चे दे. 1. बाल-बच्चे, 2. संतान
कछारी (वि.)
कछुआ (पुं.)
कछुए की चाल दे. धीमी चाल
कज दे. दोष
कजरारा दे. काला
कज्जल दे. काजल
कजा दे. मृत्यु
कजिया दे. झमेला
कटक दे. सेना
कटकीना दे. युक्ति
कटखना (वि.)
कट जाना दे. बीतना
कटना दे. बीतना
कटनी दे. उपज
कटनी करना दे. लवना
कटपीस दे. टुकड़ा
कटहा दे. कटखना
कटाई (स्त्री.)
कटाई करना दे. लवना
कटाई-छँटाई दे. काट-छाँट
कटाकटी दे. 1. रक्तपात, 2. वैर
कटाक्ष दे. 1. उपहास, 2. ताना
कटाक्ष करना दे. उपहास करना
कटा-फटा दे. फटा
कटामरी दे. रक्तपात
कटार (स्त्री.)
कटार दे. छुरा
कटारी दे. कटार
कटिंग दे. 1. काट, 2. छुरा
कटि दे. कमर
कटिबंध दे. 1. करधनी, 2. मेखला
कटिबद्ध दे. 1. उद्यत, 2. तैयार
कटिबद्धता (स्त्री.)

कटिबद्धता दे. 1. उद्यतता, 2. तैयारी
कटु दे. कड़वा
कटुता दे. कड़वाहट
कटुभाषी दे. बदजबान
कटौती दे. कमी
कट्टर (वि.)
कट्टर दे. हठी
कट्टरता (स्त्री.)
कट्टरपंथी दे. कट्टर
कट्टा दे. पिस्तौल
कठभाई दे. भाई
कठवैद्य दे. नीमहकीम
कठिन (वि.)
कठिनता दे. कठिनाई
कठिनाई (स्त्री.)
कठिनाई दे. 1. उलझन, 2. कष्ट, 3. समस्या
कठोर (वि.)
कठोर दे. 1. कठिन, 2. कड़ा, 3. कर्कश, 4. निर्दय
कठोरता दे. 1. कड़ाई, 2. निर्दयता
कड़क दे. गरज
कड़कदार दे. ऊँचा
कड़कना दे. गरजना
कड़वा (वि.)
कड़वापन दे. कड़वाहट
कड़वाहट (स्त्री.)
कड़ा (वि.)
कड़ा दे. 1. कठिन, 2. कठोर, 3. चूड़ी, 4. दृढ़
कड़ाई (स्त्री.)
कड़ाई दे. दृढ़ता
कड़ाका दे. उपवास
कड़ापन दे. दृढ़ता
कड़ा हो जाना दे. अकड़ना

कड़ी दे. 1. धरन, 2. शृंखला
कडुआ दे. 1. कड़वा, 2. तेज-तर्रार
कडुआहट दे. कड़वाहट
कढ़ाई (स्त्री.)
कण (पुं.)
कण दे. बूँद
कण-कण में दे. सब जगह
कणिका दे. कण
कतई दे. पूरा
कतई नहीं दे. बिल्कुल नहीं
कतरना दे. काटना
कतर-ब्योंत दे. काट-छाँट
कतरा दे. बूँद
कराकर निकल जाना दे. कतराना
कतराना (क्रि.)
कतवार दे. कूड़ा
कतार दे. पंक्ति
कतिपय दे. कई
कत्ती दे. छुरा
कत्थई दे. भूरा
कत्ल दे. हत्या
कत्ल करना दे. 1. गला काटना, 2. मारना, 3. हत्या करना
कत्लेआम दे. संहार
कथक्कड़ दे. कहानीकार
कथन (पुं.)
कथन दे. 1. उक्ति, 2. वक्तव्य
कथनीय (वि.)
कथरी दे. 1. गुदड़ी, 2. चिथड़ा
कथा दे. कहानी
कथाकार (पुं.)
कथाकार दे. कहानीकार
कथानक (पुं.)
कथानक दे. विवरण
कथावस्तु दे. कथानक

कथित (वि.)
कथोपकथन दे. बातचीत
कथ्य दे. कथनीय
कद दे. ऊँचाई
कदन्न (पुं.)
कदम दे. पग
कदम बढ़ाना दे. चलना
कदाचार दे. 1. कुकर्म, 2. दुष्कर्म
कदाचित दे. शायद
कदापि नहीं दे. शायद
कदापि नहीं दे. कभी नहीं
कदीम दे. पुराना
कद्रदान दे. 1. गुणग्राहक, 2. पारखी
कद्रदानी दे. गुणग्राहकता
कनकटा (वि.)
कनक दे. सोना
कनकनाहट दे. खुजली
कनकनी दे. खुजली
कनकौआ दे. गुड्डी
कनखजूरा दे. गोजर
कनखी दे. चितवन
कनिष्ठ दे. छोटा
कनी दे. कण
कनीज दे. नौकरानी
कनौड़ा दे. काना
कन्नी काटना दे. कतराना
कन्यका दे. कुमारी
कन्या (स्त्री.)
कन्या दे. 1. पुत्री. 2. लड़की
कन्यापक्ष दे. लड़कीवाला
कन्यारत्न दे. पुत्री
कन्याराशी दे. अभागा
कन्हाई दे. कृष्ण
कन्हैया दे. कृष्ण
कपट (पुं.)
कपट दे. 1. धोखा, 2. विश्वास-घात
कपट करना दे. धोखा करना
कपटजाल दे. कुचक्र
कपट-भरा दे. कूटनीतिक
कपटयोजना दे. 1. कुचक्र, 2. षड्यंत्र
कपटरूप दे. छद्मवेश
कपटलीला दे. कुचक्र
कपटवेश दे. छद्मवेश
कपटसंधि दे. कुचक्र
कपटी (वि.)
कपटी दे. 1. छली, 2. झूठा, 3. धूर्त, 4. धोखेबाज
कपड़गंध दे. दुर्गंध
कपड़ा (पुं.)
कपड़ा बेचनेवाला दे. वस्त्र विक्रेता
कपड़े दे. परिधान
कपाट दे. दरवाजा
कपाल दे. 1. खोपड़ी, 2. माथा, 3. सिर
कपाली दे. शिव
कपि दे. बंदर
कपिला दे. गाय
कपूरी दे. सफेद
कपोतवृत्ति दे. सहनशीलता
कपोल दे. गाल
कपोल-कल्पना दे. कल्पना
कपोलकल्पित दे. 1. कल्पित, 2. काल्पनिक
कप्तान दे. नायक
कफ (पुं.)
कफस दे. 1. कारागार, 2. पिंजरा
कबंध दे. धड़
कब (क्रिवि.)
कबाड़ (पुं.)
कबाड़वाला दे. कबाड़ी
कबाड़िया दे. कबाड़ी
कबाड़ी (पुं.)
कबीला दे. कुल
कबूल करना दे. मानना
कब्ज (स्त्री.)
कब्जा दे. अधिकार
कब्जा करना दे. अधिकार करना
कब्जियत दे. कब्ज
कब्जे में आना दे. मिलना
कब्जे में लाना दे. 1. अधिकार करना, 2. कुर्क करना
कब्रगाह दे. श्मशान
कब्र में डालना दे. दफनाना
कब्रिस्तान दे. श्मशान
कभी (क्रिवि.)
कभी-कभार दे. कभी-कभी
कभी-कभी (क्रिवि.)
कभी नहीं (क्रिवि.)
कभी नहीं दे. बिल्कुल नहीं
कभी भी (क्रिवि.)
कम (वि.)
कम करना दे. संक्षिप्त करना
कम खर्चीला दे. सस्ता
कम खानेवाला दे. अल्पाहारी
कमजोर दे. 1. अशक्त, 2. जर्जर, 3. दुर्बल
कमजोर हो जाना दे. दुबलाना
कमजोरी दे. 1. दुर्गुण, 2. दुर्बलता
कमती-बेसी होना दे. घटना-बढ़ना
कम दामवाला दे. सस्ता
कमनसीबी दे. दुर्भाग्य
कमनीय दे. 1. दर्शनीय, 2. सुंदर
कमनीयता दे. सुंदरता

कमनैत दे. तीरंदाज
कम-बेसी दे. थोड़ा-बहुत
कम बोलनेवाला दे. मितभाषी
कम बोलनेवाला दे. मितभाषी
कमर (स्त्री.)
कमरतोड़ दे. कठिन
कमरबंद दे. 1. करधनी, 2. पेटी
कमरा (पुं.)
कमल (पुं.)
कमला दे. लक्ष्मी
कमलाकांत दे. विष्णु
कमलापति दे. विष्णु
कमसिन दे. अल्पव्यस्क
कम सुननेवाला दे. बहरा
कम ही दे. कुछ
कम हो जाना दे. उतरना
कमाई (स्त्री.)
कमाई करना दे. कमाना
कमाऊ (वि.)
कमाऊ-खाऊ (वि.)
कमाऊ-खाऊ दे. सुखी
कमाना (क्रि.)
कमाना-धमाना दे. कमाना
कमानेवाला दे. अर्जक
कमाल दे. 1. करतब, 2. चमत्कार
कमाली दे. करतबी
कमासुत दे. कमाऊ
कमी (स्त्री.)
कमी दे. 1. अकाल, 2. अधूरापन, 3. कष्ट, 4. खराबी, 5. त्रुटि
कमीना (वि.)
कमीनापन (पुं.)
कमी-बेसी दे. 1. उतार-चढ़ाव, 2. घट-बढ़
कमीशन दे. 1. आयोग, 2. दलाली
कमीशन-एजेंट दे. दलाल
कमेटी दे. समिति
कम्बख्त दे. अभागा
कम्युनिस्ट दे. साम्यवादी
कयाम करना दे. रुकना
कयामत का दे. अत्यधिक
कर (पुं.)
कर दे. हाथ
करखा दे. कालिख
करण दे. उपकरण
करणिक दे. लिपिक
करतब (पुं.)
करतब दे. चमत्कार
करतबी (वि. पु.)
करतबी दे. जादूगर
करतलगत दे. प्राप्त
करतलगत करना दे. प्राप्त करना
करतल-ध्वनि दे. ताली
करतार दे. ईश्वर
करतूत दे. काम
करते-कराते दे. अंततः
करधनी (स्त्री.)
करनी दे. काम
करम दे. करतब
करवट दे. पहलू
करवाल दे. तलवार
करामात दे. 1. करतब, 2. चमत्कार
करामाती दे. 1. चमत्कारी, 2. करतबी
करार दे. 1. अनुबंध, 2. बचन, 3. समझौता
करारा (वि.)
करारा दे. जबरदस्त
कराल दे. भयानक
कराह दे. 1. आह, 2. विलाप
कराहना दे. 1.चीखना, 2. तड़पना
करिश्मा दे. 1. करतब, 2. चमत्कार
करीना दे. उपाय
करीब दे. 1. निकट, 2. समीप
करीब-करीब दे. लगभग
करीबन दे. लगभग
करीबी दे. 1. निकट, 2. निकटता
करुण (वि.)
करुणगीत दे. शोकगीत
करुणा दे. 1. दया, 2. दयालुता
करुणाजनक दे. 1. करुण, 2. दयनीय
करुणामय दे. दयालु
करुणार्द्र दे. दयालु
करेंट दे. विद्युत्प्रवाह
करौली दे. छुरा
कर्कश (वि.)
कर्कश दे. 1. क्रोधी, 2. बदजबान
कर्ज दे. उधार
कर्जदार (पुं.)
कर्जदार दे. ऋणी
कर्ण दे. कान
कर्णकटु दे. कर्कश
कर्णगोचर (वि.)
कर्णधार दे. मल्लाह
कर्णप्रिय (वि.)
कर्णप्रिय दे. मधुर
कर्णभेदी दे. कर्कश
कर्णमधुर दे. कर्णप्रिय
कर्णेंद्रिय दे. कान
कर्तव्य (पुं.)
कर्तव्य दे. धर्म

कर्तव्यच्युत (वि.)
कर्तव्यता दे. कर्मठता
कर्तव्यनिष्ठ दे. 1. आज्ञाकारी, 2. कर्तव्यपरायण
कर्तव्यपरायण (वि.)
कर्तव्यपरायण दे. आज्ञाकारी
कर्तव्यपरायणता दे. आज्ञापालन
कर्तव्यपालन दे. आज्ञापालन
कर्तव्यविमुख दे. कर्तव्यच्युत
कर्तव्यशील दे. 1. आज्ञाकारी, 2. कर्तव्यपरायण
कर्ता (पुं.)
कर्ता दे. 1. ईश्वर, 2. प्रतिनिधि
कर्ता-धर्ता दे. प्रतिनिधि
कर्तार दे. ईश्वर
कर्दम दे. कीचड़
कर्मचारी (पु.)
कर्मजला दे. अभागा
कर्मठ (वि.)
कर्मठ दे. 1. परिश्रमी, 2. प्रयत्नशील
कर्मठता (स्त्री.)
कर्मठता दे. स्फूर्ति
कर्मण्य दे. कर्मठ
कर्मनिष्ठ दे. 1. कर्तव्यपरायण, 2. परिश्रमी
कर्मफल दे. भाग्य
कर्मभूमि दे. कार्यक्षेत्र
कर्मयोगी दे. कर्मठ
कर्मवीर दे. 1. कर्मठ, 2. प्रयत्नशील
कर्मशाला दे. कारखाना
कर्मशील दे. कर्मठ
कर्मशीलता दे. कर्मठता
कर्महीन दे. अभागा
कर्मिष्ठ दे. कर्मठ
कर्मी दे. कर्मचारी
कलंक (पुं.)
कलंकरहित दे. निष्कलंक
कलंक लगाना (क्रिपद)
कलंकित (वि.)
कलंकित करना दे. कलंक लगाना
कलंकी दे. कलंकित
कलंदर दे. भिखारी
कलकंठ दे. कोयल
कल का नवाब दे. नवधनाढ्य
कलजिब्भा (वि.)
कल्पना (क्रि.)
कलम (स्त्री.)
कलमजीवी दे. लेखक
कलमबंद दे. लिखित
कलमुहाँ दे. कलजिब्भा
कलवरिया दे. मधुशाला
कलश दे. घड़ा
कलह दे. झगड़ा
कलह करना दे. झगड़ना
कलहप्रिय दे. झगड़ालू
कलही दे. झगड़ालू
कला (स्त्री.)
कला दे. 1. अंश, 2. कौशल, 3. ढंग
कलाई (स्त्री.)
कलाकार (पुं.)
कलाकार दे. अभिनेता
कलात्मक (वि.)
कलापूर्ण दे. कलात्मक
कलाबाज दे. 1. करतबी, 2. नट, 3. बाजीगर
कलाबाजी (स्त्री.)
कलाबाजी दे. बाजीगरी
कलाविद दे. कलाकार
कलिका दे. कली
कली (स्त्री.)
कली दे. अंकुर
कलीसिया दे. गिरजा
कलुषित दे. दूषित
कलूटा दे. काला
कलेजा दे. हृदय
कलेजे से लगाना दे. गले लगाना
कलेवर दे. काया
कलेवा दे. 1. जलपान, 2. नाश्ता
कलैया दे. कलाबाजी
कल्प दे. युग
कल्पतरु दे. कल्पवृक्ष
कल्पना (स्त्री.)
कल्पना दे. अनुमान
कल्पना-जगत दे. कल्पना-लोक
कल्पनातीत (वि.)
कल्पनालोक (पुं.)
कल्पना-शक्ति दे. अंतर्दृष्टि
कल्पनाशील दे. भावुक
कल्पित (वि.)
कल्पित दे. 1. काल्पनिक, 2. कृत्रिम
कल्याण (पुं.)
कल्याण दे. 1. उपकार, 2. लाभ
कल्याणकर दे. कल्याणकारी
कल्याणकारी (वि.)
कल्ला दे. अंकुर
कल्लोलिनी दे. नदी
कवक दे. कुकुरमुत्ता
कवच (पुं.)
कवचित (वि.)
कवर दे. आवरण
कवायद दे. अभ्यास
कवि (पुं.)
कवि-गोष्ठी दे. कवि-सम्मेलन

कविता (स्त्री.)
कवित्त दे. कविता
कवित्वपूर्ण दे. काव्यात्मक
कविवर दे. कवि
कवि-सम्मेलन (पुं.)
कवि-सुलभ दे. काव्यात्मक
कवीन्द्र दे. कवि
कश (पुं.)
कशमकश दे. 1. खींचतान, 2. संघर्ष
कशा दे. चाबुक
कशिश दे. आकर्षण
कष्ट (पुं.)
कष्ट दे. 1. आपद, 2. दुख, 3. पीड़ा
कष्टकर दे. कष्टदायक
कष्टदायक (वि.)
कष्ट देना दे. 1. टीसना, 2. सताना, 3. सालना
कष्टप्रद दे. कष्टदायक
कष्टसाध्य दे. कठिन
कस दे. कसौटी
कसक दे. 1. कष्ट, 2. पीड़ा
कसक उठना/होना दे. पीड़ा होना
कसदन दे. जान-बूझकर
कसना (क्रि.)
कसना दे. 1. घिसना, 2. परखना, 3. बाँधना
कसब दे. वेश्यावृत्ति
कसबा दे. नगर
कसबी दे. वेश्या
कसबीखाना दे. वेश्यालय
कसम दे. शपथ
कसम खाकर दे. सशपथ
कसर दे. 1. अभाव, 2. कमी
कसरत दे. व्यायाम
कसरती दे. 1. तगड़ा, 2. बलिष्ठ
कस लेना दे. पहनना
कसा दे. तंग
कसाई (पुं.)
कसाई दे. अत्याचारी
कसाईखाना (पुं.)
कसाला दे. पेचीदगी
कसाले का दे. पेचीदा
कसाव दे. तनाव
कसा हुआ दे. बँधा हुआ
कसूर दे. 1. अपराध, 2. गलती
कसूरवार दे. अपराधी
कसेरा दे. ठठेरा
कसौटी (स्त्री.)
कसौटी पर कसना दे. परखना
कहकहा दे. अट्टहास
कहकहा लगाना दे. अट्टहास करना
कहत दे. अकाल
कहना (क्रि.)
कहना दे. आज्ञा
कहर दे. 1. अत्याचार, 2. विपत्ति
कहानी (स्त्री.)
कहानीकार (पुं.)
कहावत दे. 1. उक्ति, 2. कथन, 3. लोकोक्ति
कहासुनी दे. झगड़ा
कहीं-कहीं दे. यहाँ-वहाँ
काँइयाँ दे. 1. चालाक, 2. चोर
काँइयाँपन दे. चालाकी
काँटा (पुं.)
काँटे का दे. कड़ा
काँटेदार दे. कँटीला
काँटों से रहित दे. अकंटक
कांड दे. 1. अध्याय, 2. घटना
कांत दे. प्रेमी
कांता दे. स्त्री
कांति दे. 1. चमक, 2. सुंदरता
कांतिमान दे. चमकीला
कांतिहीन दे. 1. निस्तेज, 2. पीला, 3. हतप्रभ
काँपता हुआ (वि.)
काँपना (क्रि.)
काँपना दे. डरना
काँपने लगना दे. डाँवाँडोल होना
काक दे. कौआ
काकभगोड़ा दे. हौआ
कागज-पत्र (पुं.)
कागज-पत्र दे. दस्तावेज
कागजात दे. 1. कागज-पत्र, 2. दस्तावेज
कागा दे. कौआ
काज दे. काम
काट (स्त्री.)
काट दे. खंडन
काट-कूट दे. काट-छाँट
काट-कूट करना दे. काटना
काट-छाँट (स्त्री.)
काट-छाँट करना दे. 1. काटना, 2. संक्षिप्त करना
काट देना दे. 1. बिताना, 2. रद्द करना
काटना (क्रि.)
काटना दे. 1. खंडन करना, 2. गुजारना, 3. बिता देना
काटना-छाँटना दे. संक्षिप्त करना
काटनेवाला दे. कटखना
काटपीट दे. काट-छाँट
काटा-कूटी दे. काट-छाँट
काटू दे. कटखना

काट्य दे. खंडनीय
काठ दे. लकड़ी
काठ-कबाड़ दे. अंगड़-खंगड़
काठ का उल्लू दे. मूर्ख
काठी (स्त्री.)
कातर दे. 1. कायर, 2. डरपोक
कातरता दे. डरपोकपन
कातिलाना दे. घातक
कातिल दे. हत्यारा
कान (पुं.)
कान का कच्चा दे. भोला
कान धरना दे. सुनना
कानन दे. 1. वन, 2. बाग
कानफोड़ू दे. कर्कश
कान में पड़ना दे. सुनना
काना (वि.)
कानाफूसी (स्त्री.)
कानाबाती दे. कानाफूसी
कानी कौड़ी दे. फूटी कौड़ी
कानून दे. नियम
कानून के अनुसार दे.नियमानुसार
कानूनी दे. विधिक
कानूनी तौर पर दे. नियमानुसार
कान्ह दे. कृष्ण
कापालिक दे. शिव
कापीराइट (पुं.)
कापुरुष दे. कायर
कापुरुषता दे. कायरता
काफिया दे. तुक
काफिर दे. विधर्मी
काफिला (पुं.)
काफी दे. 1. पर्याप्त, 2. यथेष्ट
काफी हाऊस दे. जलपानगृह
काफी होना दे. पूरा पड़ना

काफूर दे. अंतर्धान
काफूर हो जाना दे. गायब हो जाना
काबिल दे. योग्य
काबलियत दे. 1. पांडित्य, 2. योग्यता
काबू दे. 1. अंकुश, 2. नियंत्रण
काबू करना दे. 1. अधिकार करना, 2. नियंत्रण करना
काम (पुं.)
काम दे. 1. उद्योग, 2. कर्तव्य, 3. क्रिया
काम का दे. उपयोगी
काम-काज दे. 1. काम, 2. व्यापार
काम-काजी दे. व्यापारी
कामक्रीड़ा दे. मैथुन
कामगार दे. कर्मचारी
काम-चलाऊ दे. 1. अल्पकालीन, 2. अस्थायी, 3. पर्याप्त
कामचोर दे. 1. आलसी, 2. निकम्मा, 3. सुस्त
काम तमाम करना दे. मारना
कामदार कपड़ा दे. किमखाब
कामदेव (पुं.)
काम-धंधा दे. व्यापार
काम-धाम दे. 1. जीविका, 2. व्यापार
कामधेनु (स्त्री.)
कामना दे. इच्छा
कामना-रहित दे. निष्काम
कामपीड़ित दे. कामुक
कामबंदी दे. हड़ताल
काम भर का दे. पर्याप्त
काम में लाना दे. 1. उपलब्धि, 2. सफलता

कामरिपु दे. शिव
कामवासना दे. कामुकता
काम से हटाना दे. पदच्युत करना
कामांध दे. कामुक
कामांधता दे. कामुकता
कामाचार दे. भोगविलास
कामातुर दे. कामुक
कामार्त दे. कामुक
कामार्तता दे. कामुकता
कामासक्त दे. कामुकता
कामिनी दे. 1. सुंदरी, 2. स्त्री
कामिल दे. कुशल
कामी दे. कामुक
कामुक (वि.)
कामुकता (स्त्री.)
कामेच्छा दे. कामवासना
कामोत्तेजक दे. कामोद्दीपक
कामोद्दीपक (वि.)
कामोन्माद दे. कामुकता
काम्य दे. इच्छित
कायदा दे. 1. ढंग, 2. नियम, 3. परंपरा
कायदे का दे. उचित
कायर (वि.)
कायरता (स्त्री.)
कायांतर दे. परिवर्तन
काया (स्त्री.)
काया दे. शरीर
कायाकल्प (पुं.)
कायाकल्प दे. परिवर्तन
कायापलट दे. कायाकल्प
काया में देना दे. खाना
कायिक दे. शारीरिक
कार दे. गाड़ी
कारकुन दे. 1. कर्ता, 2. कर्मचारी

कारखाना (पुं.)
कारखानेदार (पुं.)
कारगर दे. 1. अचूक,
2. उपयोगी, 3. गुणकारी
कारगुज़ार दे. करतबी
कारगुजारी दे. 1. अपकर्म,
2. करतब, 3. काम
कारण (पुं.)
कारनामा दे. करतब
कारयित्री दे. रचनात्मक
कारवाँ दे. काफिला
कारस्तानी दे. चालाकी
कारा दे. कारागार
कारागार (पुं.)
कारागृह दे. कारागार
कारावास (पुं.)
कारावासी दे. कारागार
कारावास दे. बंदी
कारिंदा दे. 1. कर्ता, 2. कर्मचारी,
3. प्रतिनिधि
कारीगर (पुं.)
कारीगर दे. मिस्त्री
कारीगरी दे. कौशल
कारुणिक दे. करुण
कारोबार दे. व्यापार
कारोबारी दे. व्यापारी
कार्टून (पुं.)
कार्डबोर्ड दे. गत्ता
कार्तिकेय (पुं.)
कार्पण्य दे. मितव्ययिता
कार्पेट दे. कालीन
कार्य दे. 1. कर्तव्य, 2. काम,
3. क्रिया
कार्यकर्ता दे. 1. कार्यकारी,
2. प्रतिनिधि
कार्यकलाप दे. क्रियाकलाप

कार्यकारी (वि.)
कार्यकारी दे. स्थानापन्न
कार्यकाल दे. अवधि
कार्यकुशल दे. कुशल
कार्यक्रम (पुं.)
कार्यक्रम दे. कार्यावली
कार्यक्षम दे. 1. कुशल, 2. सक्षम
कार्यक्षेत्र (पुं.)
कार्यक्षेत्र दे. 1. अधिकार-क्षेत्र,
2. क्षेत्र
कार्य-पद्धति दे. ढंग
कार्य-प्रणाली दे. ढंग
कार्यभूमि दे. कार्यक्षेत्र
कार्यरत दे. व्यस्त
कार्यवाहक दे. कार्यवाई
कार्यवाही दे. कार्रवाही
कार्यविधि दे. ढंग
कार्यशाला दे. कारखाना
कार्य-संचालक दे. अधिकारी
कार्य-संचालन करना दे. चलाना
कार्यसाधक दे. 1. गुणकारी,
2. सफल
कार्यसूची दे. 1. कार्यक्रम,
2. कार्यावली
कार्याधिकारी दे. अधिकारी
कार्यान्वयन (पुं.)
कार्यान्वयन दे. पालन
कार्यान्वयन करना दे.
कार्यान्वित करना
कार्यान्वित करना (क्रिपद)
कार्यान्वित करना दे. 1. पालना,
2. पूरा करना, 3. प्रयोग
करना
कार्यालय (पुं.)
कार्यावली (स्त्री.)
कार्रवाई (स्त्री.)

काल दे. 1. युग, 2. समय
कालकवलित दे. मृत
काल कोठरी दे. कारागार
कालक्रम (पुं.)
कालक्षेप दे. कालयापन
कालजयी दे. शाश्वत
कालम दे. स्तंभ
कालयापण (पुं.)
कालयापन करना दे. बिताना
कालरा दे. हैजा
काला (वि.)
काला दे. अंधकारपूर्ण
काला-कलूटा दे. काला
कालातीत (वि.)
कालाधन दे. काली कमाई
कालानुक्रम दे. कालक्रम
काला पैसा दे. काली कमाई
कालावधि दे. अवधि
काला-सफेद दे. श्वेत-श्याम
काला-स्याह दे. काला
कालिख (स्त्री.)
कालिख दे. कलंक
काली दे. दुर्गा
काली कमाई (स्त्री.)
कालीन (पुं.)
कालोचित दे. 1. प्रासंगिक,
2. समयोचित, 3. सामयिक
काल्पनिक (वि.)
काव्य दे. कविता
काव्यसभा दे. कवि-सम्मेलन
काव्यात्मक (वि.)
काव्योचित दे. काव्यात्मक
काशनी दे. बैंगनी
काश्तकारी दे. कृषि
किंकनी दे. करधनी
किंकर दे. सेवक

किंकर्तव्यविमूढ़ (वि.)
किंकर्तव्यविमूढ़ता (स्त्री.)
किंकिणी दे. मेखला
किंतु दे. परंतु
किंतु-परंतु दे. बहानेबाजी
किंवदंती दे. अफवाह
किंवा दे. अथवा
किचन दे. रसोई-घर
किचकिच दे. झगड़ा
किचकिचा दे. झगड़ालू
किचकिचिया दे. हुज्जती
किटकिट दे. झगड़ा
किटकिट करना दे. लड़ना
किटकिटिया दे. झगड़ालू
किट्ट दे. तलछट
कितने बजे दे. कब
किताब दे. पुस्तक
किनारा (पुं.)
किनारा दे. सिरा
किनाराकशी दे. 1. अलगाव, 2. वियोग
किन्नरी दे. अप्सरा
किफायत (स्त्री.)
किफायतशार (वि.)
किफायतशारी (स्त्री.)
किफायतशारी दे. मितव्ययिता
किफायती दे. सस्ता
किमखाब (पुं.)
किया दे. काम
किया-कराया दे. 1. उपलब्धि, 2. बना-बनाया
किरकिरी दे. अपमान
किरकिरा कर देना दे. नष्ट कर देना
किरण (स्त्री.)
किरदार दे. 1. कलाकार, 2. पात्र
किरदारी दे. पात्रता
किराया (पुं.)
किरौना दे. कीड़ा
किलकना दे. हँसना
किलकारी दे. अट्टहास
किलकारी भरना दे. अट्टहास करना
किलकिलाना दे. 1. चहचहाना, 2. हँसना
किला (पुं.)
किलेबंदी (स्त्री.)
किलोल दे. क्रीड़ा
किल्लत दे. 1. अभाव, 2. कमी
किवाड़ दे. दरवाजा
किशोर (वि.)
किशोर दे. युवक
किशोरावस्था (स्त्री.)
किशोरावस्था दे. बचपन
किशोरी (स्त्री.)
किशोरी दे. युवती
किश्त दे. शह
किसलय दे. अंकुर
किस समय दे. कब
किसान (पुं.)
किसानी दे. कृषि
किसी तरह दे. येन-केन-प्रकारेण
किसी प्रकार दे. कैसे ही
किसी भी प्रकार से दे. कैसे ही
किस्त (स्त्री.)
किस्म दे. प्रकार
किस्मत दे. भाग्य
किस्मत का धनी दे. भाग्यशाली
किस्मत का फेर दे. दुर्भाग्य
किस्मत की मार दे. दुर्भाग्य
किस्मतवर दे. भाग्यवान
किस्मतवाला दे. भाग्यवान
किस्सा दे. कहानी
किस्सा-कोताह दे. थोड़े में
किस्सागो दे. कहानीकार
की कृपा से दे. की बदौलत
कीच दे. कीचड़
कीचड़ (पुं.)
कीचड़ दे. गिद
की जगह दे. के बजाए
कीट दे. कीड़ा
कीटनाशक (वि.)
कीटाणु दे. कीड़ा
कीटाणुनाशक दे. कीटनाशक
कीड़ा (पुं.)
कीड़ा दे. साँप
कीड़ा-मकोड़ा दे. कीड़ा
कीनना दे. खरीदना
कीना दे. ईर्ष्या
कीना करना दे. ईर्ष्या करना
की बदौलत (परसर्ग)
कीमत दे. मूल्य
कीमत बढ़ना दे. मूल्य बढ़ना
कीमती दे. 1. अमूल्य, 2. मँहगा, 3. मूल्यवान
की मार्फत दे. के द्वारा
कीर्तन (पुं.)
कीर्ति दे. यश
कीर्तिगान दे. कीर्तन
कीर्तिशाली (वि.)
कीर्तिशाली दे. यशस्वी
कीर्तिस्तंभ दे. स्मारक
कीला दे. खूँटा
कीली दे. अक्ष
की वजह से दे. के कारण
कुँअर दे. राजकुमार
कुँआरा दे. अविवाहित
कुँआरी दे. अविवाहिता

कुंचित दे. घुँघराला
कुंज (पुं.)
कुंजर दे. हाथी
कुंजी दे. ताली
कुंठ दे. भोथरा
कुंठा दे. निराशा
कुंठाग्रस्त दे. निराश
कुंठित दे. भोथरा
कुंडल (पुं.)
कुंडलाकार दे. वृत्ताकार
कुंडलिनी दे. कुंडली
कुंडली (स्त्री.)
कुंडी दे. साँकल
कुंडी खटखटाना दे. दरवाजा खटखटाना
कुंतल दे. 1. कुंडल, 2. बाल
कुंद दे. भोथरा
कुंदन दे. सोना
कुंभ दे. घड़ा
कुअवस दे. कुसमय
कुँआ (पुं.)
कुआँरापन (पुं.)
कुआँरी दे. कुमारी
कुकर्म (पुं.)
कुकर्म दे. 1. अपकर्म, 2. दुष्कर्म
कुकर्मी (वि.)
कुकर्मी दे. अपकर्मी
कुकुर दे. कुत्ता
कुकुरखाँसी दे. खाँसी
कुकुरमुत्ता (पुं.)
कुकृत्य दे. 1. कुकर्म, 2. दुष्कर्म
कुक्षि दे. पेट
कुख्यात (वि.)
कुख्यात दे. 1. कलंकित, 2. बदनाम

कुख्याति दे. 1. अपयश, 2. बदनामी
कुघात दे. आघात
कुच दे. स्तन
कुचक्र (पुं.)
कुचक्र रचनेवाला दे. कुचक्री
कुचक्री (वि.)
कुचक्री दे. षड्यंत्रकारी
कुचल देना दे. कुचलना
कुचलना (क्रि.)
कुचला हुआ दे. दलित
कुचाल दे. 1. कुकर्म, 2. कुरीति, 3. चालाकी, 4. दुष्टता, 5. बुराई
कुचाली दे. 1. कुकर्मी, 2. दुष्ट
कुचेष्टा दे. कुकर्म
कुछ (वि.)
कुछ दे. 1. कई. 2. कम
कुछ एक दे. कम
कुछ-न-कुछ दे. थोड़ा-बहुत
कुछ नहीं दे. शून्य
कुटना दे. 1. दलाल, 2. दूत
कुटनी दे. दूती
कुटिया दे. झोंपड़ी
कुटिल दे. 1. कपटी, 2. धूर्त, 3. टेढ़ा, 4. तिरछा, 5. द्वेषपूर्ण, 6. धोखेबाज
कुटिलता दे. 1. कपट, 2. धोखा
कुटी दे. झोंपड़ी
कुटीर दे. झोंपड़ी
कुटीर-उद्योग (पुं.)
कुटीरवासी दे. झोंपड़ीवाला
कुटुंब दे. परिवार
कुटेव दे. बुराई
कुठाँव (पुं.)
कुठार दे. 1. कुल्हाड़ी, 2. भंडार

कुठाराघात दे. आघात
कुठौर दे. कुठाँव
कुड़कीला दे. नाशवान
कुढंगा दे. 1. अशिष्ट, 2. बेढब
कुढंगी दे. कुमार्गी
कुढ़ते रहना दे. चिंतित रहना
कुढ़न दे. ईर्ष्या
कुढ़ना दे. 1. ईर्ष्या करना, 2. खीझना, 3. चिंतित रहना, 4. चिढ़ना, 5. जलना
कुतूहल दे. जिज्ञासा
कुतूहलजनक दे. आश्चर्यजनक
कुतूहली दे. जिज्ञासु
कुत्ता (पुं.)
कुत्सित दे. 1. घृणित, 2. निंदनीय
कुत्स्य दे. निंदनीय
कुदकड़ा दे. छलाँग
कुदरत दे. प्रकृति
कुदरती दे. 1. जन्मजात, 2. प्राकृतिक, 3. स्वाभाविक
कुदर्शन दे. भद्दा
कुदान दे. छलांग
कुदिन दे. कुसमय
कुदृष्टि दे. नजर
कुनकुना दे. गर्म
कुनबा दे. परिवार
कुनबापरस्ती दे. परिवारवाद
कुनाम दे. बदनाम
कुपंथ दे. कुमार्ग
कुपथ दे. कुमार्ग
कुपथगामी दे. कुमार्गी
कुपरंपरा दे. कुरीति
कुपरिणाम (पुं.)
कुपात्र दे. अपात्र
कुपित दे. 1. अप्रसन्न, 2. क्रुद्ध
कुपित होना दे. क्रुद्ध होना

कुपुत्र (पुं)
कुपूत दे. कुपुत्र
कुपोषित (वि.)
कुप्रथा दे. कुरीति
कुप्रबंध दे. कुव्यवस्था
कुप्रभाव दे. कुपरिणाम
कुप्रयोग करना दे. दुरुपयोग करना
कुप्रवृत्ति दे. कुरीति
कुप्रसिद्ध दे. कुख्यात
कुफल दे. कुपरिणाम
कुभाव दे. दुर्भावना
कुभाषी दे. कलजिब्भा
कुमारी (स्त्री.)
कुमार दे. 1. अविवाहित, 2. किशोर, 3. पुत्र
कुमारिका दे. 1. अविवाहिता, 2. कन्या, 3. किशोरी, 4. बच्ची
कुमार्ग (पुं.)
कुमार्गी (वि.)
कुमार्गी दे. 1. भ्रांत, 2. व्यभिचारी
कुम्हलाना दे. मुरझाना
कुम्हलाया हुआ दे. विवर्ण
कुमोग दे. कुसमय
कुरंग दे. हिरन
कुरकुरा दे. करारा
कुराह दे. कुमार्ग
कुरीति (स्त्री.)
कुरीति दे. बुराई
कुरूप दे. भद्दा
कुरूपता दे. भद्दापन
कुरेद-कुरेद कर पूछना दे. उगलवाना
कुर्क दे. जब्त
कुर्क करना (क्रिपद)
कुर्क करना दे. जब्त करना
कुर्ती दे. चोली
कुर्बान दे. बलि
कुर्बानी दे. बलिदान
कुल (पुं.)
कुल दे. 1. परिवार, 2. संपूर्ण, 3. सब
कुलगत दे. पैतृक
कुलटा दे. व्यभिचारिणी
कुलबुलाना दे. घबराना
कुलबुलाहट दे. 1. घबराहट, 2. विकलता
कुलवधू दे. वधू
कुलाँच दे. छलाँग
कुलागत दे. पारिवारिक
कुली (पुं.)
कुलीन (वि.)
कुलीन वर्ग दे. उच्चवर्ग
कुल्हाड़ी (स्त्री.)
कुल्हाड़ा दे. कुल्हाड़ी
कुवेला दे. कुसमय
कुव्यवस्था (स्त्री.)
कुव्वत दे. शक्ति
कुश (पुं.)
कुशल (वि.)
कुशल (पुं.)
कुशल दे. 1. कल्याण, 2. चतुर
कुशलक्षेम दे. 1. कुशल, 2. कल्याण
कुशल-क्षेम पूछना दे. हालचाल पूछना
कुशलता (स्त्री.)
कुशलता दे. 1. कुशल, 2. चतुरता, 3. योग्यता
कुशल पूछना दे. हालचाल पूछना
कुशल-मंगल दे. कुशल
कुशाग्रबुद्धि (वि.)
कुशाग्रबुद्धि दे. 1. प्रतिभाशाली, 2. बुद्धिमान
कुशाग्रमति दे. बुद्धिमान
कुश्ती (स्त्री.)
कुश्ती लड़नेवाला दे. पहलवान
कुष्ठ दे. कोढ़
कुष्ठी दे. कोढ़ी
कुसंग दे. कुसंगति
कुसंगति (स्त्री.)
कुसमय (पुं.)
कुसमय दे. अनवसर
कुसाइत दे. कुसमय
कुसुम दे. फूल
कुसुमायुध दे. कामदेव
कुसुमित दे. पुष्पित
कुहराम दे. शोर
कुहासा दे. कोहरा
कुहुकनी दे. कोयल
कूँचना दे. कूटना
कूँड दे. ऊखल
कूँडी दे. उखल
कूकर दे. कुत्ता
कूच दे. प्रस्थान
कूच कर जाना दे. 1. मरना, 2. जाना
कूचा दे. गली
कूजना दे. चहचहाना
कूट दे. नकली
कूटना (क्रि.)
कूटना दे. पीसना
कूटनीति दे. राजनीति
कूटनीतिक (वि.)
कूटनीतिज्ञ दे. राजनयिक
कूटरचना दे. जालसाजी
कुटुंब दे. कुल

कूड़मग्ज दे. मूर्ख
कूड़ा (पुं.)
कूड़ा-कचरा दे. 1. कूड़ा, 2. कूड़ा-करकट
कूड़ा-कबाड़ दे. कूड़ा-करकट
कूड़ा-करकट (पुं.)
कूड़ा-करकट दे. 1. अंगड़-खंगड़, 2. कूड़ा, 3. गंदगी
कूत दे. अनुमान
कूतकात दे. अनुमान
कूतना दे. 1. आँकना, 2. भाँपना
कृत्य दे. 1. करतब, 2. काम
कूद दे. छलाँग
कूद जाना (क्रिपद)
कूदना (क्रि.)
कूद-फाँद दे. उछल-कूद
कूद-फाँद करना दे. दौड़-धूप करना
कूपमंडूक दे. संकीर्ण
कूल दे. किनारा
कूल्हा दे. चूतड़
कूवत दे. शक्ति
कृत दे. निर्मित
कृतकार्य दे. सफल
कृतकृत्य दे. 1. प्रसन्न. 2. धन्य
कृतघ्न (वि.)
कृतघ्न दे. अकृतज्ञ
कृतघ्नता (स्त्री.)
कृतघ्नता दे. 1. अकृतज्ञता, 2. विश्वासघात
कृतज्ञ (वि.)
कृतज्ञता (स्त्री.)
कृतज्ञता-प्रकाश (पुं.)
कृतसंकल्प दे. 1. उद्धत, 2. दृढ़-निश्चयी, 3. निश्चयबद्ध
कृतार्थ दे. धन्य

कृति दे. 1. पुस्तक, 2. रचना
कृतिकार दे. निर्माता
कृतित्व दे. काम
कृती दे. निर्माता
कृत्य दे. 1. काम, 2. क्रिया, 3. धर्म
कृत्रिम (वि.)
कृत्रिम दे. नकली
कृपण दे. कंजूस
कृपणता दे. कंजूसी
कृपया (क्रिवि.)
कृपा (स्त्री.)
कृपा दे. 1. उदारता, 2. दया, 3. दयालुता
कृपा करके दे. कृपया
कृपाण दे. 1. कटारी, 2. छुरा
कृपादृष्टि दे. कृपा
कृपानिधान दे. कृपालु
कृपापात्र (पुं.)
कृपापूर्वक दे. कृपया
कृपालु (वि.)
कृपालु दे. 1. उदार, 2. दयालु
कृपालुता दे. दयालुता
कृमि दे. कीड़ा
कृमिनाशक दे. कीटनाशक
कृश दे. दुबला
कृशकाय दे. पतला
कृशांग दे. दुबला
कृषक दे. किसान
कृषि (स्त्री.)
कृषिकर्मी दे. किसान
कृषिकार दे. किसान
कृषिजीवी दे. किसान
कृषियोग्य दे. कृष्य
कृष्ण (पुं.)
कृष्ण दे. काला

कृष्य (वि.)
केंद्र (पुं.)
केंद्र में दे. बीचोंबीच
केंद्रबिन्दु दे. केंद्र
केंद्रस्थ दे. केंद्रित
केंद्रित (वि.)
केंद्रीकृत दे. केंद्रित
केंद्रीय (वि.)
के अतिरिक्त (परसर्ग)
के अलावा दे. के अतिरिक्त
के उपरांत दे. फिर
के कारण (परसर्ग)
के जरिए दे. के द्वारा
के द्वारा (परसर्ग)
के पश्चात दे. फिर
के पहले (परसर्ग)
के पेशतर दे. के पहले
के बजार (परसर्ग)
के बदले दे. के बजाए
के बाद दे. फिर
केबिन दे. कमरा
के बारे में (संबंधबोधक)
के मारे दे. के कारण
केलि दे. क्रीड़ा
के लिए (परसर्ग)
केवट दे. मल्लाह
केवल (क्रिवि.)
केवल दे. परम
के वास्ते दे. के लिए
केश दे. बाल
केशकर्म दे. कंघी-चोटी
केशर दे. केसर
केशव दे. कृष्ण
केशविन्यास दे. कंघी-चोटी
केशविहीन दे. गंजा
केशहीन दे. गंजा

केशहीनता दे. गंजापन
केसर (पुं.)
केसरिया (वि.)
केसरिया दे. पीला
केसरी दे. 1. शेर, 2. केसरिया
के सिवाय दे. के अतिरिक्त
के स्थान पर दे. के बजाय
के हस्ते दे. के द्वारा
के हाथ दे. के द्वारा
कैंडा दे. युक्ति
कैंप दे. शिविर
कैंसर दे. नासूर
कैंसिल करना दे. रद्द करना
कै (स्त्री.)
कै दे. उलटी
कैद दे. कारावास
कैद करना दे. पकड़ना
कैदखाना दे. कारागार
कैदी दे. बंदी
कैफियत दे. स्पष्टीकरण
कैफियत देना दे. स्पष्टीकरण करना
कैरेक्टर दे. चरित्र
कैलाशनाथ दे. शिव
कैलाशपति दे. मोक्ष
कैश दे. नकदी
कैशोर्य दे. किशोरावस्था
कैसे भी दे. कैसे ही
कैसे ही (क्रिवि.)
कोंचना दे. घुसेड़ना
कोंचा दे. अंकुश
कोंपल दे. अंकुर
कोई कोई दे. छिटपुट
कोख दे. पेट
कोचना दे. 1. छेड़ना, 2. छेदना, 3. परेशान करना

को छोड़कर दे. अतिरिक्त
कोट दे. किला
कोटि दे. 1. वर्ग, 2. श्रेणी
कोटिच्युति दे. पतन
कोटिशः दे. अनेकशः
कोठरी दे. कमरा
कोठा दे. 1. भंडार, 2. वेश्यालय
कोठार दे. गोदाम
कोठारी दे. भंडारी
कोठी दे. भवन
कोठीवाली दे. महाजनी
कोठेवाली दे. वेश्या
कोड़ा दे. चाबुक
कोड़ी (स्त्री.)
कोड़े लगाना दे. मारना
कोढ़ (पुं.)
कोढ़ी (पुं.)
कोताही दे. कमी
कोदंड दे. धनुष
कोना (पुं.)
कोने-कोने में दे. सब जगह
कोप दे. 1. क्रोध, 2. शाप
कोपी दे. क्रोधी
कोफ्त दे. खीझ
कोमल (वि.)
कोमलचित्त दे. भावुक
कोमलता (स्त्री.)
कोयल (स्त्री.)
कोर दे. 1. किनारा, 2. नोक
कोर-कसर दे. कमी
कोरम (पुं.)
कोरा दे. 1. अछूता, 2. नया
कोरापन दे. नयापन
कोर्ट दे. कचहरी
कोर्स दे. पाठ्यक्रम
कोलाहल दे. शोर

कोलाहलपूर्ण (वि.)
कोश (पुं.)
कोशपाल दे. भंडारी
कोशिश दे. प्रयत्न
कोशिश करना दे. दौड़-धूप करना
कोष (पुं.)
कोषागार (पुं.)
कोषाध्यक्ष (पुं.)
कोष्ठ दे. कमरा
कोष्ठक (पुं.)
कोष्ठबद्धता दे. कब्ज
कोसना (क्रि.)
कोसना दे. डाँटना
कोसाकाटी दे. गाली
कोह दे. पहाड़
कोहरा (पुं.)
कोहराम दे. शोर
कौटुंबिक दे. पारिवारिक
कौंध दे. 1. चकाचौंध, 2. चमक
कौआ (पुं.)
कौआ-रोर दे. शोर
कौड़ी दे. गिल्टी
कौतुक दे. 1. खेल, 2. चमत्कार, 3. तमाशा
कौतुकपूर्ण दे. विचित्र
कौतुकागार दे. संग्रहालय
कौतूहल दे. जिज्ञासा
कौतूहली दे. जिज्ञासु
कौन घड़ी दे. कब
कौन बेला दे. कब
कौन वक्त दे. कब
कौन समय दे. कब
कौपीन दे. लँगोटा
कौम दे. 1. जाति, 2. समुदाय
कौमार्य दे. 1. कुँआरापन, 2. बचपन

कौमी दे. जातीय
कौमुदी दे. चाँदनी
कौर (पुं.)
कौल दे. 1. प्रतिज्ञा, 2. वचन
कौशल (पुं.)
कौशल दे. 1. कला, 2. कुशलता, 3. चतुरता
कौशल-रहित दे. अनाड़ी
कौशेय दे. रेशमी
क्यास दे. अनुमान
क्यास करना दे. भाँपना
क्यू दे. पंक्ति
क्योंकि (योजक)
क्रंदन दे. 1. चीख, 2. विलाप
क्रम (पुं.)
क्रम दे. श्रेणी
क्रमबद्ध (वि.)
क्रमबद्ध दे. व्यवस्थित
क्रमशः (क्रिवि.)
क्रम संख्या दे. क्रमांक
क्रमांक (पुं.)
क्रमागत दे. क्रमबद्ध
क्रमिक दे. क्रमबद्ध
क्रमित दे. क्रमबद्ध
क्रय दे. खरीद
क्रय करना दे. खरीदना
क्रय-विक्रय दे. खरीद-फरोख्त
क्रांति दे. 1. उथल-पुथल, 2. परिवर्तन, 3. विद्रोह
क्रांतिकारी दे. विद्रोही
क्रिया (स्त्री.)
क्रिया दे. काम
क्रियाकर्म दे. अंत्येष्टि
क्रियाकलाप (पुं.)
क्रियात्मक दे. व्यावहारिक
क्रियान्वयन दे. 1. कार्यान्वयन, 2. पालन
क्रियान्वयन करना दे. कार्यान्वित करना
क्रियान्वित करना दे. कार्यान्वित करना
क्रियान्वित दे. कार्यान्वयन
क्रिया-पद्धति दे. ढंग
क्रियाविधि दे. ढंग
क्रियाशील दे. 1. कर्मठ, 2. सक्रिय
क्रियाशीलता दे. 1. कर्मठता, 2. फुर्ती, 3. स्फूर्ति
क्रिश्यिचन दे. ईसाई
क्रिस्तान दे. ईसाई
क्रीड़ांगण दे. क्रीड़ास्थल
क्रीड़ा (स्त्री.)
क्रीड़ा करना दे. खेलना
क्रीड़ास्थल (पुं.)
क्रीड़ास्थली दे. क्रीड़ास्थल
क्रीत (वि.)
क्रुद्ध (वि.)
क्रुद्ध होना (क्रिपद)
क्रुद्ध होना दे. गुस्साना
क्रूर दे.1. अत्याचारी, 2. कर्कश, 3. निर्दय
क्रूरता दे. निर्दयता
क्रूरतापूर्वक दे. निर्दयतापूर्वक
क्रेता दे. ग्राहक
क्रोड़ दे. गोद
क्रोध (पुं.)
क्रोधाग्नि दे. क्रोध
क्रोधाभिभूत होना दे. क्रुद्ध होना
क्रोधी (वि.)
क्लब दे. संघ
क्लर्क दे. लिपिक
क्लांति दे. थकावट
क्लाईमेट दे. जलवायु
क्लास दे. कक्षा
क्लासफैलो दे. सहपाठी
क्लिष्ट दे. कठिन
क्लिष्टता दे. कठिनाई
क्लीव दे. नपुंसक
क्लीवता दे. नपुंसकता
क्लेश दे. दुख
क्लेशकर दे. दुखद
क्लेशकारी दे. कष्टदायक
क्वाटर दे. घर
क्वालिटी दे. गुण
क्षण दे. पल
क्षणभंगुर दे. 1. क्षणिक, 2. नाशवान
क्षणस्थायी दे. क्षणिक
क्षणिक (वि.)
क्षणिक दे. 1. अल्पकालीन, 2. नाशवान
क्षत दे. घाव
क्षत-विक्षत दे. 1. चूरचूर, 2. टूटा-फूटा
क्षति दे. हानि
क्षतिकर दे. हानिकर
क्षतिकारक दे. हानिकारक
क्षतिपूर्ति (स्त्री.)
क्षतिहीन दे. अक्षत
क्षमता दे. 1. योग्यता, 2. सामर्थ्य
क्षमतावान दे. 1. योग्य, 2. समर्थ
क्षमताशाली दे. समर्थ
क्षमताहीन दे. दुर्बल
क्षमा (स्त्री.)
क्षमा कर देना दे. छोड़ देना
क्षमा करना (क्रिपद)
क्षमा माँगना (क्रिपद)
क्षमा-याचना करना दे. क्षमा माँगना

क्षम्य (वि.)
क्षय दे. 1. नाश, 2. ह्रास
क्षयशील दे. नाशवान
क्षरण दे. ह्रास
क्षिति दे. भूमि
क्षितिज (पुं.)
क्षिप्र दे. तेज
क्षिप्रगामी दे. तेज
क्षिप्रता दे. 1. तेजी, 2. फुर्ती
क्षीण दे. 1. अशक्त, 2. जर्जर, 3. दुबला, 4. दुर्बल
क्षीणकाय दे. 1. दुर्बल, 2. पतला
क्षीणता दे. दुर्बलता
क्षीण हो जाना दे. दुर्बल हो जाना
क्षीर दे. दूध
क्षुद्र दे. 1. कमीना, 2. तुच्छ
क्षुधा दे. भूख
क्षुधावर्धक (वि.)
क्षुधित दे. भूखा
क्षुप दे. पौधा
क्षुब्ध दे. 1. उत्तेजित, 2. उद्विग्न, 3. परेशान
क्षुब्ध होना दे. घबराना
क्षेत्र (पुं.)
क्षेत्र दे. 1. कार्यक्षेत्र, 2. भूखंड
क्षेत्रफल दे. विस्तार
क्षेत्रवाद (पुं.)
क्षेत्रीयता दे. क्षेत्रवाद
क्षेत्रीय (वि.)
क्षैतिज (वि.)
क्षोभ दे. 1. असंतोष, 2. उत्तेजना
क्षोभकारक दे. 1. असंतोषजनक, 2. चिंताजनक
क्षोभजनक दे. 1. असंतोषजनक, 2. चिंताजनक
क्षोभपूर्ण दे. उत्तेजक
क्षौरकर्म दे. हजामत
खंजर दे. 1. कटार, 2. छुरा
खंड दे. 1. अंश, 2. अध्याय, 3. टुकड़ा, 4. प्रदेश, 5. मंजिल
खंड-खंड. दे. 1. चूर-चूर, 2. टूटा-फूटा, 3. भग्न
खंडन (पुं.)
खंडन करना (क्रिपद)
खंडन-मंडन दे. शास्त्रार्थ
खंडनीय (वि.)
खंडहर (पुं.)
खंडिका दे. किस्त
खंडित दे. 1. टूटा, 2. भग्न, 3. विभाजित
खंडी दे. किस्त
खंदक दे. खाई
खंभा (पुं.)
खग दे. पक्षी
खगोल-विज्ञान दे. ज्योतिषशास्त्र
खगोल वेत्ता दे. ज्योतिर्विद
खग्रास (पुं.)
खचना दे. उकेरना
खचाखच (क्रिवि.)
खचित दे. जड़ाऊ
खजाँ दे. पतझड़
खजांची दे. 1. कोषाध्यक्ष, 2. भंडारी
खजाना दे. 1. कोश, 2. कोषागार, 3. भंडार
खटक दे. दोष
खटकना दे. चुभना
खटका दे. आशंका
खटकीड़ा दे. खटमल
खटघाव दे. शय्याव्रण
खटना दे. 1. कमाना, 2. परिश्रम करना
खटपट दे. झगड़ा
खटमल (पुं.)
खटराग दे. 1. झगड़ा, 2. झमेला
खटाई (स्त्री.)
खटाखट दे. 1. जल्दी, 2. तुरंत
खटास दे. खटाई
खटिया दे. चारपाई
खटोला दे. चारपाई
खट्टा (वि.)
खट्टापन दे. खटाई
खडमंडल दे. अव्यवस्थित
खड़ाऊँ (स्त्री.)
खड़े-खड़े दे. जल्दी
खड्ग दे. 1. छुरा, 2. तलवार
खड्ग हस्त दे. तैयार
खड्ड दे. गड्ढा
खत दे. 1. पत्र. 2. हस्तलेख
खतना दे. सुन्नत
खतना करना दे. सुन्नत करना
खतरनाक दे. 1. जोखिम-भरा, 2. भयानक, 3. साहसिक
खतरा दे. 1. जोखिम, 2. डर
खतरे में पड़ा हुआ दे. संकटग्रस्त
खता दे. गलती
खतावार दे. अपराधी
खत्ता (पुं.)
खत्ता दे. गड्ढा
खत्म (वि.)
खत्म कर देना दे. 1. अंत कर देना, 2. नष्ट कर देना
खत्म करना दे. 1. बंद करना, 2. मारना
खत्म हो जाना दे. 1. नष्ट हो जाना, 2. मरना

खत्म होना दे. समाप्त होना
खदबदाना (क्रिपद)
खदेड़ना (क्रि.)
खदेड़ना दे. भगाना
खद्दर (पुं.)
खनन दे. खुदाई
खनना दे. खोदना
खनिकर्म दे. खुदाई
खपत दे. बिक्री
खपना दे. परिश्रम करना
खप्पर दे. खोपड़ी
खफा दे. 1. अप्रसन्न, 2. क्रुद्ध
खफा होना दे. क्रुद्ध होना
खबर दे. 1. समाचार, 2. सुधि, 3. सूचना
खबर करना दे. अवगत कराना
खबरदार दे. 1. सजग, 2. सावधान
खबरदारी दे. 1. चेतावनी, 2. सजगता
खबर देना दे. 1. अवगत कराना, 2. सूचना देना
खबरनवीस दे. संवाददाता
खबर लेना दे. हालचाल पूछना
खबीस दे. अशिष्ट
खब्त दे. सनक
खब्त होना दे. धुन सवार होना
खब्ती दे. सनकी
खम दे. टेढ़ा
खमियाजा दे. कुपरिणाम
खयानत दे. बेईमानी
खर दे. गधा
खरतल दे. स्पष्टवादी
खरदिमाग दे. मूर्ख
खरबोटना दे. नोचना
खर-मिटाव दे. जलपान
खरल करना दे. कूटना
खरा दे. 1. ईमानदार, 2. निर्मल, 3. निष्कपट, 4. शुद्ध, 5. सच्चा
खरा-खोटा (वि.)
खरापन दे. 1. ईमानदारी, 2. शुद्धता, 3. स्पष्टवादिता
खराब (वि.)
खराब दे. 1. अप्रिय, 2. घटिया, 3. दयनीय, 4. बुरा
खराब कर देना दे. बिगाड़ना
खराब किस्म का दे. घटिया
खराब बर्ताव दे. दुर्व्यवहार
खराब हो जाना दे. बिगड़ना
खराबी (स्त्री.)
खराबी दे. 1. त्रुटि, 2. दोष, 3. बुराई
खरी-खोटी सुनाना दे. 1. डाँटना, 2. साफ-साफ कहना
खरीद (स्त्री.)
खरीदना (क्रि.)
खरीद-फरोख्त (स्त्री.)
खरीदार दे. ग्राहक
खरीदा हुआ दे. क्रीत
खरी बात कहना दे. साफ-साफ कहना
खरोंच दे. रगड़
खर्च (पुं.)
खर्च करना (क्रिपद)
खर्चा दे. व्यय
खर्ची (स्त्री.)
खर्चीलापन दे. अपव्यय
खर्राटा (पुं.)
खल दे. दुष्ट
खलबली (स्त्री.)
खलबली दे. 1. आतंक, 2. हलचल
खलल दे. 1. विघ्न, 2. हस्तक्षेप
खलल डालना दे. हस्तक्षेप करना
खलास दे. खाली
खलासी दे. छुटकारा
खल्वाट दे. गंजा
खसम दे. पति
खसम-जोरू दे. दंपती
खसरा दे. चेचक
खसी दे. बधिया
खसीस दे. कंजूस
खसीसी दे. कंजूसी
खसोटना दे. 1. छीनना, 2. चुराना, 3. नोचना
खसोटा-खसोटी दे. छीना-झपटी
खस्ता दे. 1. करारा, 2. जर्जर, 3. दयनीय
खाँग दे. काँटा
खाँटी दे. ठेठ
खाँड़ा दे. कटार
खाँसी (स्त्री.)
खाई (स्त्री.)
खाई दे. गड्ढा
खाऊ दे. पेटू
खाऊ-उड़ाऊ दे. अपव्ययी
खाऊपन दे. पेटूपन
खाक दे. 1. धूल, 2. मिट्टी
खाक उड़ाना दे. आवारागर्दी करना
खाकसार दे. नाचीज
खाक हो जाना दे. जल जाना
खाका दे. 1. मानचित्र, 2. रेखा-चित्र
खाकी (वि.)
खाकी दे. भूरा

खाज दे. दाद
खा जाना (क्रिपद)
खाट दे. चारपाई
खाट-खटोला दे. बोरिया-बिस्तर
खाट-खटोला उठाए दे. बोरिया-बिस्तर के साथ
खात दे. खाई
खाता-पीता दे. कमाऊ-खाऊ
खातिर दे. अतिथि-सत्कार
खातिर-तवाजा दे. अतिथि-सत्कार
खात्मा दे. 1. अंत, 2. दिवाला, 3. नाश, 4. समाप्ति
खात्मा कर देना दे. अंत कर देना
खादी दे. खद्दर
खाद्य (वि.)
खाद्य पदार्थ दे. भोजन
खाद्यान्न दे. अन्न
खानगी दे. रखेल
खानदानी दे. 1. कुलीन, 2. पैतृक
खान-पान दे. खाना-पीना
खानसामा दे. रसोइया
खाना (क्रि.)
खाना दे. भोजन
खाना खिलाना दे. खिलाना
खाना-पीना (पुं.)
खाना-पीना दे. भोज
खानाबदोश (पुं.)
खानाबदोश दे. 1. आवारा, 2. घुमक्कड़, 3. बंजारा
खानाबदोशी दे. 1. आवारागर्दी, 2. घुमक्कड़ी
खाना लगाना दे. परसना
खाने योग्य दे. खाद्य

खा-पका जाना दे. खा जाना
खा-पी जाना दे. खा जाना
खामी दे. दोष
खामोश दे. चुप
खामोशी दे. चुप्पी
खार दे. 1. ईर्ष्या, 2. काँटा
खार खाना दे. जलना
खारा दे. नमकीन
खारिश दे. खुजली
खाल दे. 1. चमड़ी, 2. त्वचा
खालिस दे. 1. निर्मल, 2. शुद्ध
खाली (वि.)
खाली दे. बेकार
खालीपन दे. शून्यता
खाली पेट दे. बासी मुँह
खाली वक्त दे. अवकाश
खाली हाथ दे. निरस्त्र
खाविंद दे. पति
खास दे. 1. घनिष्ठ, 2. ठेठ, 3. विशेष
खासा दे. यथेष्ट
खासियत दे. 1. गुण, 2. विशेषता
खिंचाव दे. 1. आकर्षण, 2. तनाव
खिंचा हुआ दे. आकृष्ट
खिचड़ी (स्त्री.)
खिचड़ी दे. मिश्रण
खिजलाना दे. झुँझलाना
खिजलाहट दे. खीझ
खिजाँ दे. शरद
खिझाना दे. 1. खीझना, 2. छेड़ना, 3. परेशान करना
खिझाहट दे. असंतोष
खिताब दे. 1. उपाधि, 2. पदवी
खित्ता दे. भूखंड
खिदमत दे. सेवा
खिदमत करना दे. सेवा करना

खिदमतगार दे. सेवक
खिन्न दे. 1. अप्रसन्न, 2. उदास, 3. क्रुद्ध, 4. दुखी
खिन्नता दे. 1. उदासी, 2. निराशा
खिलखिलाना दे. 1. अट्टहास करना, 2. हँसना
खिलखिलाहट दे. 1. अट्टहास, 2. ठहाका, 3. हँसी
खिलना (क्रि.)
खिलना दे. पनपना
खिलवाड़ करना दे. खेलना
खिलवाड़ी (वि.)
खिलवाड़ी दे. चंचल
खिलाना (क्रि.)
खिलाफ दे. विरुद्ध
खिलाफत दे. विरोध
खिला हुआ दे. 1. पुष्पित, 2. विकसित
खिल्ली दे. उपहास
खिल्ली उड़ाना दे. उपहास करना
खिसक जाना दे. 1. अंतर्धान हो जाना, 2. खिसकना, 3. गायब हो जाना, 4. भाग जाना, 5. सरकना
खिसकना (क्रि.)
खिसकना दे. हटना
खिसियाना दे. खीझना
खींचतान (स्त्री.)
खींचतान (क्रि.)
खींचना (क्रि.)
खींचना दे. मुग्ध करना
खींचनेवाला दे. आकर्षण
खींच लेना दे. ललचाना
खींचातानी दे. खींचतान
खीखी दे. ठहाका
खीज दे. 1. खीझ, 2. झुंझलाहट
खीज उठना दे. गुस्साना

खीझ (स्त्री.)
खीझ दे. 1. ऊब, 2. क्रोध
खीझ जाना दे. ऊबना
खीझना (क्रि.)
खीझना दे. चिढ़ना
खीली दे. बीड़ा
खीसा दे. जेब
खुंभी दे. कुकुरमुत्ता
खुक्ख दे. खाली
खुखड़ी दे. छुरा
खुचर दे. दोष
खुजलाना दे. मलना
खुजलाहट दे. खुजली
खुजली (स्त्री.)
खुटाई दे. 1. दुष्टता, 2. बुराई
खुट्टल दे. भोथरा
खुद दे. स्वयं
खुदकुशी दे. आत्महत्या
खुदगरज दे. स्वार्थ
खुदगरजी दे. स्वार्थी
खुदबखुद दे. स्वयं
खुदमुख्तार दे. स्वायत्त
खुदरा दे. फुटकर
खुदा दे. ईश्वर
खुदाई (स्त्री.)
खुदाई करना दे. खोदना
खुदापरस्त दे. आस्तिक
खुदापरस्ती दे. आस्तिकता
खुदावंद दे. ईश्वर
खुदी दे. अहं
खुनकी दे. सर्दी
खुनस दे. क्रोध
खुफिया दे. 1. गुप्त, 2. जासूस
खुफियागिरी दे. जासूसी
खुमारी दे. नशा
खुमी दे. कुकुरमुत्ता

खुरंड (पुं.)
खुरक दे. खुजली
खुरखुरा दे. खुरदरा
खुरचाली दे. 1. दुष्ट, 2. दुष्टता
खुरदरा (वि.)
खुरहरा दे. खुरदरा
खुराक (स्त्री.)
खुराकी दे. भत्ता
खुराफात दे. 1. छेड़खानी, 2. शरारत
खुराफाती दे. नटखट
खुर्राट दे. 1. चालाक, 2. धूर्त
खुलकर (क्रिवि.)
खुलना दे. प्रकट होना
खुला (वि.)
खुला दे. 1. अबद्ध, 2. निरभ्र, 3. प्रकट, 4. विस्तृत
खुले में दे. बाहर
खुलासा दे. 1. निष्कर्ष, 2. सार
खुला हुआ दे. प्रत्यक्ष
खुले दिल से दे. सच्चे हृदय से
खुले रूप में दे. खुल्लमखुल्ला
खुल्लमखुल्ला (क्रि.)
खुश दे. 1. आनंदित, 2. प्रसन्न
खुश करना दे. प्रसन्न करना
खुशकिस्मत दे. भाग्यवान
खुशकिस्मती दे. सौभाग्य
खुशखत दे. सुलेख
खुशखबरी दे. सुसमाचार
खुशतबीयत दे. मिलनसार
खुशदिल दे. प्रसन्नचित्त
खुशनसीब दे. भाग्यवान
खुशनसीबी दे. सौभाग्य
खुशनुमा दे. 1. सुंदर, 2. सुहावना
खुशबू दे. गंध
खुशबूदार दे. सुगंधित

खुशमिजाज दे. 1. प्रसन्नचित, 2. हँसमुख
खुशहाल दे. समृद्ध
खुशहाली दे. समृद्धि
खुशामद दे. 1. चापलूसी, 2. चिरौरी
खुशामद करना दे. चापलूसी करना
खुशामदी दे. चापलूसी
खुशी दे. 1. आनंद, 2. प्रसन्नता
खुशी-खुशी (क्रिवि.)
खुशी-खुशी दे. 1. सानंद, 2. स्वेच्छया
खुश्क दे. सूखा
खुसर-फुसर दे. कानाबाती
खूँखार (वि.)
खूँखार दे. 1. निर्दय, 2. बर्बर
खूँटा (पुं.)
खून दे. 1. रक्त, 2. हत्या
खू। करना दे. 1. मारना, 2. हत्या करना
खून का प्यासा दे. 1. खूँखार, 2. घोर शत्रु, 3. रक्तपिपासु
खून-खच्चर दे. रक्तपात
खून-खराबा दे. रक्तपात
खून से नहाया दे. रक्तरंजित
खून से लथपथ दे. रक्तरंजित
खूनी दे. 1. खूँखार, 2. लाल, 3. हत्यारा
खूब (क्रिवि.)
खूब दे. बहुत
खूब खाना दे. अघाना
खूबसूरत दे. सुंदर
खूबसूरती दे. सुंदरता
खूबी दे. 1. अच्छाई, 2. गुण, 3. विशेषता

खूसट दे. 1. उल्लू, 2. मनहूस, 3. मूर्ख
खेड़ी (स्त्री.)
खेतिहर दे. किसान
खेती दे. कृषि
खेती योग्य दे. कृष्य
खेती-बारी दे. कृषि
खेद दे. 1. दुख, 2. पश्चाताप
खेदकारक दे. खेदजनक
खेदजनक (वि.)
खेदजनक दे. दुखद
खेद व्यक्त करना दे. पछताना
खेप दे. किस्त
खेमा दे. तंबू
खेल (पुं.)
खेल दे. 1. क्रीड़ा, 2. तामाशा
खेल करना दे. खेलना
खेल का मैदान दे. क्रीड़ास्थल
खेलकूद दे. खेल
खेलना (क्रि.)
खेवनहार दे. मल्लाह
खेवैया दे. मल्लाह
खैर दे. कुशल
खैरख्वाह दे. शुभचिन्तक
खैर मकदम दे. स्वागत
खैरसल्ला दे. कल्याण
खैरा दे. भूरा
खैरात दे. 1. दान, 2. भीख
खैराती दे. 1. दातव्य, 2. धर्मार्थ
खैरियत दे. कुशल
खोंखों दे. खाँसी
खोंजा दे. विकलांग
खोंसना दे. घुसेड़ना
खोआ दे. खोया
खोखला (वि.)
खोखला दे. खाली
खोखा (पुं.)
खोज (स्त्री.)
खोज दे. 1. अनुसंधान, 2. आविष्कार, 3. ताक
खोजकर्ता दे. आविष्कर्ता
खोजना (क्रि.)
खोजना दे. ढूँढ़ना
खोज-बीन करना दे. खोजना
खो जाना दे. 1. गायब हो जाना, 2. मग्न होना
खोजी दे. आविष्कर्ता
खोट दे. 1. खराबी, 2. दोष, 3. नकली, 4. मिलावट
खोटा दे. 1. कमीना, 2. खराब, 3. दुष्ट, 4. बुरा
खोटाई दे. दुष्टता
खोदना (क्रि.)
खोदाई दे. खुदाई
खोना (क्रि.)
खोना दे. चुकना
खोपड़ा दे. नारियल
खोपड़ी (स्त्री.)
खोपड़ी दे. सिर
खोपड़ी खाना दे. सताना
खोपा दे. नारियल
खोया (पुं.)
खोया-खोया दे. अन्यमनस्क
खोयापन दे. अन्यमनस्कता
खोया हुआ दे. लुप्त
खोल (पुं.)
खोल दे. आवरण
खोलकर दे. स्पष्टतः
खोलना (क्रि.)
खोली दे. खोल
खोह दे. 1. गड्ढा, 2. गुफा
खौफ दे. डर
खौफ खाना दे. डरना
खौफनाक दे. भयानक
खौरहा दे. गंजा
खौलना दे. उबलना
खौलाना दे. उबालना
ख्यात दे. 1. प्रसिद्ध, 2. यशस्वी
ख्यातनाम दे. प्रसिद्ध
ख्याति दे. 1. प्रसिद्धि, 2. यश
ख्यातिप्रद दे. प्रसिद्ध
ख्यापन दे. घोषणा
ख्याल दे. विचार
ख्याल करना दे. रियायत करना
ख्याल रखना दे. ध्यान रखना
ख्याली दे. थोथा
ख्याली पुलाव दे. दिवास्वप्न
ख्याली पुलाव पकाना (क्रिपद)
ख्याली पुलाव पकाना दे. हवाई किले बनाना
ख्रिस्तान दे. ईसाई
ख्रीष्ट दे. ईसाई
खीस्त दे. ईसा
खीस्तगृह दे. गिरजा
ख्वाब दे. स्वप्न
ख्वार दे. परेशान
ख्वार करना दे. परेशान करना
ख्वारी दे. 1. अपमान, 2. परेशानी
ख्वाहमख्वाह दे. अकारण
ख्वाहिश दे. इच्छा
गंगा-जमुनी दे. 1. चितकबरा, 2. मिश्रित
गंगाराम दे. तोता
गंगालाभ दे. मृत्यु
गंज दे. 1. गंजापन, 2. बाजार, 3. मुहल्ला

गंजा (वि.)
गंजापन (पुं.)
गंजी दे. बनियान
गँजेड़ी दे. नशाखोर
गँदला दे. गंदा
गंदा (वि.)
गंदा दे. अश्लील
गंदा करना (क्रिपद)
गंदी नाली दे. नाला
गंदी बस्ती (स्त्री.)
गंदुमी दे. गेहुँआ
गंध (स्त्री.)
गंध निकलना दे. महकना
गंधहीन (वि.)
गंधाना दे. 1. महकना, 2. सड़ना
गंधी दे. अत्तार
गँधीला दे. बदबूदार
गंभीर (वि.)
गंभीर दे. 1. गहरा, 2. चिंता-जनक, 3. महान, 4. शांत
गंभीरता (स्त्री.)
गंभीरता दे. गहराई
गँवई दे. देसी
गँवा देना दे. नष्ट कर देना
गँवार दे. 1. अक्खड़, 2. अनाड़ी, 3. देहाती, 4. असभ्य
गँवारपन दे. अनाड़ीपन
गंस दे. ईर्ष्या
गऊ दे. 1. गाय, 2. सरल
गगन दे. आकाश
गगनचर दे. पक्षी
गगनचुंबी (वि.)
गगनभेदी दे. गगनचुंबी
गगनस्पर्शी दे. गगनचुंबी
गगरा दे. घड़ा
गच्चा देना दे. धोखा देना
गज दे. हाथी
गजनासा दे. सूँड़
गजब दे. 1. आश्चर्य, 2. अत्याचार
गजब का दे. 1. आश्चर्यजनक, 2. अत्यधिक
गजबदन दे. गणेश
गजबाग दे. अंकुश
गजमुख दे. गणेश
गजरा दे. माला
गजराज (पुं.)
गजानन दे. गणेश
गजेंद्र दे. गजराज
गझिन दे. घना
गटकना दे. 1. खाना, 2. पीना
गटपट दे. 1. घनिष्ठता, 2. मित्रता
गट्टा दे. कलाई
गठजोड़ दे. 1. मिलन, 2. मेल, 3. विवाह
गठन दे. 1. काठी, 2. निर्माण, 3. बनावट
गठबंधन दे. 1. मिलन, 2. मेल
गठरी (स्त्री.)
गठरी दे. पुलिंदा
गठा दे. हृष्टपुष्ट
गठित दे. निर्मित
गठिया (पु.)
गठीला (वि.)
गठीला दे. 1. गाँठदार, 2. हृष्ट-पुष्ट
गड़गड़ा दे. हुक्का
गड़गड़ाहट दे. गरज
गड़ना दे. चुभना
गड़पना दे. खाना
गड़प्पा दे. गड्ढा
गड़बड़ दे. 1. अव्यवस्थित, 2. खलबली, 3. गड़बड़ी, 4. भूल
गड़बड़ करना दे. गोलमाल करना
गड़बड़-घोटाला दे. गड़बड़ी
गड़बड़-झाला दे. 1. गड़बड़ी, 2. घोटाला
गड़बड़ा जाना दे. बिगड़ना
गड़बड़ी (स्त्री.)
गड़बड़ी दे. 1. खलबली, 2. दंगा
गड़हा दे. गड्ढा
गड़ाना दे. 1. छेदना, 2. घुसेड़ना, 3. चुभाना
गड़ू दे. भारी
गड़ेरिया दे. चरवाहा
गड्ड दे. ढेर
गड्डमड्ड दे. अव्यवस्थित
गड्डमड्ड हो जाना दे. मिल जाना
गड्ढा (पुं.)
गढ़ दे. किला
गढ़ना दे. 1. काटना, 2. बनाना
गढ़बंदी दे. किलेबंदी
गढ़ा दे. गड्ढा
गढ़ा-गढ़ाया दे. बना-बनाया
गढ़ा हुआ दे. कृत्रिम
गढ़ी दे. किला
गणतंत्र दे. 1. जनतंत्र, 2. प्रजातंत्र
गणतांत्रिक दे. प्रजातांत्रिक
गणन दे. गणना
गणना (स्त्री.)
गणना करना दे. गिनना
गणनातीत दे. अनगिनत
गणनीय (वि.)
गणपति दे. गणेश
गणपूर्ति दे. कोरम
गणिका दे. वेश्या
गणित दे. अंकगणित
गणित-ज्योतिषी दे. ज्योतिर्विद
गणेश (पुं.)
गण्य दे. गणनीय

गण्यमान्य दे. 1. प्रतिष्ठित, 2. विशेष
गत (वि.)
गत दे. 1. पिछला, 2. व्यतीत
गतप्राण दे. मृत
गतप्राय दे. गत
गत हो जाना दे. मरना
गतात्मा दे. मृतक
गतानुगतिक दे. परंपरागत
गति (स्त्री.)
गति दे. लय
गति बढ़ाना दे. तेज करना
गतिमान दे. सक्रिय
गतिरुद्ध दे. बंद
गतिरोध (पुं.)
गतिरोध दे. बाधा
गतिरोध उत्पन्न करना दे. बाधा डालना
गतिविधि दे. 1. क्रियाकलाप, 2. चरित्र
गतिशील (वि.)
गतिशील दे. 1. चालू, 2. सक्रिय
गतिशून्य दे. जड़
गतिहीन दे. स्थिर
गतिहीनता दे. स्थिरता
गत्ता (पुं.)
गत्यावरोध दे. 1. गतिरोध, 2. बाधा
गत्यात्मक दे. गतिशील
गत्वर दे. गतिशील
गदर दे. विद्रोह
गदराना दे. फूलना
गदाई दे. कमीना
गद्दा (पुं.)
गद्दार दे. 1. विद्रोही, 2. विश्वासघाती
गद्दारी दे. विश्वासघात
गद्दीनशीन दे. सिंहासनारूढ़
गधा (पुं.)
गधापचीसी दे. यौवन
गनीमत दे. अच्छाई
गनोरिया दे. सूजाक
गप (स्त्री.)
गपड़चौथ दे. गड़बड़ी
गपबाजी दे. बातचीत
गपशप दे. 1. गप, 2. बातचीत
गपशप करना दे. बातचीत करना
गप हाँकना (क्रिपद)
गपोड़ दे. गप्पी
गपोड़ा दे. 1. गप, 2. झूठा
गपोड़ी दे. बातूनी
गप्प दे. गप
गप्पी (पुं.)
गफ़ दे. 1. घना, 2. सघन
गफ़लत दे. असावधानता
गफलती दे. असावधान
गबन (पुं.)
गबन दे. 1. बेईमानी, 2. घोटाला
गम दे. दुख
गमक दे. गंध
गम खाना दे. शांत रहना
गमखोर दे. सहनशील
गमगीन दे. 1. उदास, 2. दुखी
गमन दे. प्रस्थान
गमन करना दे. जाना
गमनागमन दे. आवागमन
गमी दे. मृत्यु
गम्य (वि.)
गयंद दे. हाथी
गया-गुजरा दे. 1. पुराना, 2. बेकार
गया-बीता दे. बेकार
गर दे. 1. अगर, 2. यदि
गरक दे. नष्ट
गरक कर देना दे. नष्ट कर देना
गरज (स्त्री.)
गरज दे. 1. आवश्यकता, 2. स्वार्थ
गरजना (क्रि.)
गरजू दे. जरूरतमंद
गरदा दे. धूल
गरम दे. गर्म
गरमजोशी दे. उत्साह
गरमागरम दे. गर्म
गरममिजाज दे. क्रोधी
गरमागरमी दे. झगड़ा
गरमाना दे. उबालना
गरमाहट दे. 1. गर्मी, 2. ताप
गरल दे. विष
गरिमा दे. 1. तेज, 2. प्रताप, 3. महत्त्व, 4. वैभव
गरिमापूर्ण दे. महत्त्वपूर्ण
गरिमामय दे. 1. प्रतापी, 2. भव्य
गरियाना दे. गाली देना
गरीब दे. निर्धन
गरीबखाना दे. घर
गरीबनिवाज दे. दयालु
गरीबी दे. निर्धनता
गरुड़ध्वज दे. विष्णु
गरूर दे. अभिमान
गर्जन दे. गरज
गर्जन करना दे. गरजना
गर्त दे. गड्ढा
गर्द दे. धूल
गर्दन (स्त्री.)
गर्भ (पुं.)
गर्भच्युत दे. गर्भपात

गर्भझिल्ली दे. खेड़ी
गर्भ ठहरना (क्रिपद)
गर्भधारण दे. गर्भाधान
गर्भपात (पुं.)
गर्भपात होना (क्रिपद)
गर्भवती (वि.,स्त्री.)
गर्भवती होना दे. गर्भ ठहरना
गर्भस्थापन दे. गर्भाधान
गर्भस्राव दे. गर्भपात
गर्भस्राव होना दे. गर्भपात होना
गर्भाधान (पुं.)
गर्भिणी दे. गर्भवती
गर्भित दे. अंतर्गत
गर्म (वि.)
गर्म हो जाना (क्रिपद)
गर्म होना दे. क्रुद्ध होना
गर्मी (स्त्री.)
गर्मी दे. ताप
गर्रा दे. अभिमान
गर्व दे. 1. अभिमान, 2. स्वाभिमान
गर्वहीन दे. निरभिमान
गर्वित दे. अभिमानी
गर्वीला दे. 1. अभिमानी, 2. स्वाभिमानी
गर्वोक्ति दे. डींग
गर्वोन्नत दे. स्वाभिमानी
गर्हणा दे. घृणा
गर्हणीय दे. घृणित
गर्हित दे. 1. घृणित, 2. निंदनीय
गर्ह्य दे. घृणित
गल जाना दे. सड़ना
गलत (वि.)
गलत दे. 1. अनुचित, 2. असत्य
गलत इस्तेमाल करना दे. दुरुपयोग करना
गलत काम दे. 1. अपकर्म, 2. कुकर्म, 3. दुष्कर्म
गलत काम करनेवाला दे. कुकर्मी
गलत जगह दे. बेठिकाने
गलत प्रयोग करना दे. दुरुपयोग करना
गलतफहमी दे. भ्रांति
गलत मौका दे. अनवसर
गलत रास्ता दे. कुमार्ग
गलत समय दे. कुसमय
गलत साबित करना दे. असिद्ध करना
गलतियाँ ढूँढ़ना दे. छिद्रान्वेषण
गलती (स्त्री.)
गलती दे. 1. त्रुटि, 2. भूल
गलना दे. पिघलना
गलबाँही दे. आलिंगन
गलबा दे. प्रभुत्व
गला (पुं.)
गला दे. कंठ
गला काटना (क्रिपद)
गला फाड़ना दे. चिल्लाना
गला रेतना दे. गला काटना
गलियारा दे. गली
गली (स्त्री.)
गली दे. मार्ग
गलीचा दे. कालीन
गलीज दे. गंदा
गलेबाज दे. गायक
गले लगाना (क्रिपद)
गले लगाना दे. आलिंगन करना
गल्प दे. कहानी
गल्पकार दे. कहानीकार
गल्ला दे. 1. अन्न, 2. झुंड, 3. समूह
गवर्नमेंट दे. सरकार
गवाक्ष दे. 1. ताखा, 2. रोशनदान
गवारा दे. सहना
गवाह (पुं.)
गवाही (स्त्री.)
गवेषणा दे. 1. अनुसंधान, 2. खोज
गवेषणा करना दे. 1. खोजना, 2. ढूँढ़ना
गवैया दे. गायक
गश दे. 1. अचेतनता, 2. मूर्च्छा
गश्त दे. 1. दौरा, 2. पहरा
गश्ती चिट्ठी दे. परिपत्र
गस्सा दे. कौर
गहन दे. 1. कठिन, 2. गंभीर, 3. रहस्यपूर्ण
गहनता दे. गंभीरता
गहना (पुं.)
गहमह दे. चहल-पहल
गहमागहमी दे. चहल-पहल
गहरा (वि.)
गहरा दे. 1. अंतरंग, 2. घनिष्ठ, 3. गंभीर, 4. तेज
गहराई (स्त्री.)
गहराई दे. गंभीरता
गहरी दोस्ती दे. घनिष्ठता
गहरी पैठवाला दे. कुशाग्र-बुद्धि
गहरी साँस दे. आह
गौज दे. ढेर
गाँजना दे. ढेर लगाना
गाँठ (स्त्री.)
गाँठ दे. 1. गिल्टी, 2. जोड़
गाँठकतरा दे. जेबकतरा
गाँठदार (वि.)
गाँठना दे. 1. फुसलाना, 2. सीना

गाँव (पुं.)
गाँस दे. वैर
गाईड दे. मार्गदर्शक
गाज दे. बिजली
गाड़ देना दे. दफ़नाना
गाड़ना (क्रि.)
गाड़ी (स्त्री.)
गाढ़ा (वि.)
गाढ़ापन (पुं.)
गात दे. 1. काया, 2. शरीर
गाथा दे. कहानी
गाद दे. तलछट
गाना (पुं.)
गाना (क्रि.)
गाना-बजाना दे. गाना
गानेवाली दे. गायिका
गाभिन दे. गर्भवती
गाय (स्त्री.)
गायक (पुं.)
गायन दे. गाना
गायन करना दे. गाना
गायब (वि.)
गायब दे. अंतर्धान
गायब हो जाना (क्रिपद)
गायब हो जाना दे. अंतर्धान हो जाना
गायिका (स्त्री.)
गारंटी दे. जमानत
गारत दे. नष्ट
गारत कर देना दे. नष्ट कर देना
गारद दे. टुकड़ी
गारना दे. निचोड़ना
गार्डन दे. बाग
गाल (पुं.)
गाल बजाना दे. डींग हाँकना
गाला दे. ढेला
गालिबन दे. शायद
गाली (स्त्री.)
गाली-गलौज दे. गाली
गाली-गलौज करना दे. 1. अंड-बंड बकना, 2. गाली देना
गाली-गुफ्ता दे. गाली
गाली देना (क्रिपद)
गाली देना दे. अंड-बंड बकना
गाली बकना दे. गाली देना
गालू दे. डींगमार
गावदी दे. मूर्ख
गाहक दे. ग्राहक
गाहे-बगाहे दे. कभी-कभी
गिचपिच (स्त्री.)
गिचपिच दे. अस्पष्ट
गिचरपिचर दे. गिचपिच
गिजगिजा (वि.)
गिजा दे. खुराक
गिटपिट दे. अंग्रेजी
गिट्टी दे. रोड़ी
गिड़गिड़ाना दे. चिरौरी करना
गिड़गिड़ाहट दे. चिरौरी
गिद (स्त्री.)
गिद्धदृष्टि दे. दूरदृष्टि
गिनती दे. गणना
गिनती करना दे. गिनना
गिनती के दे. कुछ
गिनना (क्रि.)
गिनने-योग्य दे. गणनीय
गिने-चुने दे. कुछ
गिफ्ट दे. उपहार
गिरजा (पु.)
गिरजा दे. मंदिर
गिरजाघर दे. गिरजा
गिर जाना दे. ध्वस्त होना
गिरना (क्रि.)
गिरना दे. झड़ना
गिर पड़ना दे. गिरना
गिरफ्तार करना (क्रिपद)
गिरफ्तार करना दे. पकड़ना
गिरफ्तारी (स्त्री.)
गिरमिटिया दे. श्रमिक
गिरवी दे. अमानत
गिरवी-बट्टा दे. महाजनी
गिरह दे. गाँठ
गिरा दे. सरस्वती
गिरा देना दे. फेंकना
गिराना (क्रि.)
गिराना दे. फेंकना
गिरावट (स्त्री.)
गिरावट दे. पतन
गिरा हुआ दे. 1. च्युत, 2. पतित
गिरि दे. पहाड़
गिरिजा दे. पार्वती
गिरिजापति दे. शिव
गिरिधारी दे. कृष्ण
गिरिपथ दे. दर्रा
गिरिफ्त दे. पकड़
गिरिसंकट दे. दर्रा
गिरिसुता दे. पार्वती
गिरींद्र दे. हिमालय
गिरीश दे. हिमालय
गिरोह (पुं.)
गिरोह दे. संघ
गिलगिला दे. गिजगिजा
गिलबिलाना (क्रि.)
गिलम दे. कालीन
गिला दे. शिकायत
गिलाफ दे. शिकायत
गिलाफ दे. खोली
गिलौरी (स्त्री.)
गिल्टी (स्त्री.)
गींजना दे. कुचलना

गीत दे. कविता
गीतकार दे. 1. कवि, 2. गायक
गीदड़ (पुं.)
गीदड़-भभकी दे. धमकी
गीर्वाण दे. देवता
गीला (वि.)
गीला करना दे. भिगोना
गीलापन दे. नमी
गुँगुआना दे. गिलबिलाना
गुंचा दे. कली
गुंजाइश (स्त्री.)
गुंजाइश दे. समाई
गुंजाइश निकालना दे. रियायत करना
गुंजायमान दे. गुंजित
गुंजित (वि.)
गुंडई (स्त्री.)
गुंडा (पुं.)
गुंडा दे. आवारा
गुंडागर्दी दे. गुंडई
गुंडापन दे. गुंडई
गुंफ दे. गुच्छा
गुइयाँ दे. 1. मित्र, 2. सखी
गुच्छा (पुं.)
गुजर जाना दे. 1. बीतना, 2. मरना
गुजरना दे. बीतना
गुजर-बसर दे. 1. जीविका, 2. निर्वाह
गुजर-बसर करना दे. गुजारा
गुजार देना दे. बिताना
गुजारना (क्रि.)
गुजारना दे. बिताना
गुजारा दे. 1. खर्ची, 2. जीविका 3. निर्वाह
गुजारा करना (क्रिपद)
गुजारा करना दे. गुजारना
गुजारिश दे. प्रार्थना
गुज्झा दे. गुप्त
गुट दे. 1. गिरोह, 2. दल
गुटका दे. पुस्तिका
गुट निरपेक्ष दे. तटस्थ
गुटबंदी दे. दलबंदी
गुटबाजी दे. दलबंदी
गुटिका दे. पुस्तिका
गुट्ठल दे. 1. गाँठदार, 2. भोथरा
गुड़िया (स्त्री.)
गुड़िया दे. सुंदरी
गुड्डी (स्त्री.)
गुण (पुं.)
गुण दे. 1. अच्छाई, 2. विशेषता
गुणकथन दे. कीर्तन
गुणकारी (वि.)
गुणकारी दे. उपयोगी
गुणवान (पुं.)
गुणगान दे. 1. कीर्तन, 2. प्रशंसा
गुणग्राहक (पुं.)
गुणग्राहकता (स्त्री.)
गुणज्ञ दे. गुणग्राहक
गुणग्राहक दे. गुणग्राहकता
गुणधर्म दे. गुण
गुणनिधान दे. गुणी
गुणवत्ता दे. गुण
गुणवान दे.1. गुणी, 2. योग्य
गुणहीन (वि.)
गुणाकर दे. गुणी
गुणानुवाद दे. 1. कीर्तन, 2. प्रशंसा
गुणार्थ दे. अर्थ
गुणी (वि.)
गुणी दे. 1. अनुभवी, 2. योग्य
गुत्थम-गुत्था दे. मारपीट
गुत्थी दे. 1. उलझन, 2. पहेली, 3. पेचीदगी, 4. समस्या
गुदगुदा दे. कोमल
गुदगुदाहट दे. गुदगुदी
गुदगुदी (स्त्री.)
गुदड़साई दे. भिखारी
गुदड़ी (स्त्री.)
गुदा (स्त्री.)
गुदा-द्वार दे. गुदा
गुनगुनाना दे. गाना
गुनना दे. सोचना
गुनाह दे. 1. अपराध, 2. पाप
गुनाहगार दे. 1. अपराधी, 2. पापी
गुपचुप दे. चुपचाप
गुप्त (वि.)
गुप्तचर (पुं.)
गुप्तचर दे. जासूस
गुप्तचरी दे. जासूसी
गुप्तचर्या (स्त्री.)
गुप्तचर्या दे. जासूसी
गुप्तनाम दे. अनाम
गुप्त रूप में दे. चुपचाप
गुप्तवास दे. अज्ञातवास
गुब्बारा (पुं.)
गुफा (स्त्री.)
गुफ्तगू दे. बातचीत
गुम दे. अंतर्धान
गुमटा दे. गिल्टी
गुमटी दे. खोखा
गुमनाम दे. अनाम
गुमराह दे. 1. कुमार्गी, 2. मार्ग-भ्रष्ट, 3. भ्रांत
गुमराह करना दे. बहकाना
गुमराह होना दे. भटकना
गुमसुम दे. चुप्पा

गुम हो जाना दे. 1. खोना, 2. गायब हो जाना
गुमान दे. अभिमान
गुमानी दे. अभिमानी
गुमाश्ता दे. 1. कर्ता, 2. प्रतिनिधि
गुर दे. 1. उपाय, 2. मंत्र, 3. युक्ति
गुरगा दे. चमचा
गुरिया दे. मनका
गुरिल्ला युद्ध दे. छापामार लड़ाई
गुरु दे. 1. अध्यापक, 2. भारी, 3. शिक्षक
गुरुकुल दे. आश्रम
गुरुघंटाल दे. धूर्त
गुरुता (स्त्री.)
गुरुता दे. 1. गंभीरता, 2. महत्त्व
गुरुत्व दे. गुरुता
गुरुद्वारा दे. मंदिर
गुरुमंत्र दे. मंत्र
गुरुमंत्र देना दे. दीक्षा देना
गुरेरना दे. घूरना
गुर्राना दे. गरजना
गुर्राहट दे. गरज
गुल दे. फूल
गुलगपाड़ा दे. शोर
गुलगुला दे. कोमल
गुलछर्रा दे. मौज-मस्ती
गुलछर्रे दे. मौज-मस्ती
गुलछर्रे उड़ाना दे. मजा लेना
गुलज़ार दे. सुहावना
गुलदस्ता (पुं.)
गुलमा दे. गिल्टी
गुलशन दे. बाग
गुलाबी (वि.)
गुलाबी दे. हलका
गुलाम दे. 1. दास, 2. सेवक
गुलामी दे. 1. नौकरी, 2. दासता

गुल्म दे. 1. अर्बुद, 2. झाड़ी, 3. झुरमुट
गुसलखाना दे. स्नानागार
गुस्ताख दे. 1. अक्खड़, 2. उद्धत, 3. धृष्ट
गुस्ताखी दे. 1. उद्धतता, 2. धृष्टता
गुस्साना (क्रि.)
गुस्सावर दे. क्रोध
गुस्सा होना दे. क्रुद्ध होना
गुस्से में आना दे. गुस्साना
गुस्से से भरा दे. क्रुद्ध
गुस्सैल दे. क्रोधी
गुहार दे. पुकार
गुह्य दे. 1. अज्ञेय, 2. गुप्त, 3. रहस्यमय
गूँगा (वि.)
गूँगापन दे. मूकता
गूँज (स्त्री.)
गूँथना दे. पिरोना
गूँधना (क्रि.)
गूँधना दे. सानना
गू (पुं.)
गूजर दे. ग्वाला
गूढ़ दे. 1. कठिन, 2. गुप्त, 3. जटिल, 4. रहस्यपूर्ण
गूढ़ता दे. 1. कठिनाई, 2. जटिलता
गूढ़ार्थ दे. रहस्य
गूदड़ दे. चिथड़ा
गूदड़साई दे. 1. फटीचर, 2. भिखारी
गूदा (पुं.)
गूमड़ दे. गिल्टी
गू-मूत (पुं.)
गूह दे. गू

गृह दे. 1. घर, 2. मकान
गृह-उद्योग दे. कुटीर-उद्योग
गृहलक्ष्मी दे. स्वामिनी
गृहस्थ (वि. पुं.)
गृहस्थी (स्त्री.)
गृहस्वामिनी दे. 1. पत्नी, 2. स्वामिनी
गृहहीन दे. बेघर
गृहागत दे. अतिथि
गृहासक्त (वि.)
गृही दे. गृहस्थ
गृहीत दे. प्राप्त
गृह्य दे. पालतू
गेंद (पुं.)
गेटकीपर दे. द्वारपाल
गेसू दे. लट
गेहुँआ (वि.)
गैया दे. गाय
गैर दे. 1. दूसरा, 2. पराया, 3. बाहरी
गैर-कानूनी दे. अवैध
गैरज़रूरी दे. अनावश्यक
गैर-जानकारी दे. अज्ञान
गैर-ज़िम्मेदार दे. उत्तरदायित्वहीन
गैर-ज़िम्मेदारी दे. अनुत्तरदायित्व
गैरत दे. प्रतिष्ठा
गैरतमंद दे. स्वाभिमानी
गैरमामूली दे. असामान्य
गैरमुनासिब दे. अनुचित
गैरमुमकिन दे. असंभव
गैरमौजूद दे. अनुपस्थित
गैरवाजिब दे. अनुचित
गैरहाजिर दे. अनुपस्थित
गैरहाजिरी दे. अनुपस्थिति
गैल दे. गली
गैलरी दे. दर्शक-दीर्घिका

गोंदीला दे. चिपचिपा
गो दे. गाय
गोइंदा दे. गुप्तचर
गो कि दे. यद्यपि
गोकुशी दे. गोहत्या
गोघात दे. गोहत्या
गोचर (स्त्री.)
गोचर दे. इंद्रियग्राह्य
गोचरभूमि दे. चारागाह
गोटियाचाल दे. युक्ति
गोठिल दे. भोथरा
गोड़ दे. पैर
गोडाउन दे. गोदाम
गोता दे. डुबकी
गोत्र दे. परिवार
गोद (स्त्री.)
गोद का बच्चा दे. दुधमुँहा बच्चा
गोदना दे. 1. छेदना, 2. घुसेड़ना
गोद लेना दे. दत्तक लेना
गोदाम (पुं.)
गोदाम दे. भंडार
गोदी दे. 1. गोद, 2. बंदरगाह
गोधूलि वेला दे. संध्या
गोप दे. 1. ग्वाला, 2. चरवाहा
गोपन दे. छिपाव
गोपनीय दे. गुप्त
गोपाल दे. 1. कृष्ण, 2. ग्वाला
गोपी दे. ग्वालिन
गोबरगणेश दे. मूर्ख
गोबरी दे. गोहरा
गोमेद (पुं.)
गोया दे. जैसे
गोरखधंधा दे. 1. पहेली, 2. झमेला, 3. भूलभुलैया
गोरस दे. दूध

गोरा (वि.)
गोरा दे. 1. अंग्रेज, 2. फिरंगी
गोरिल्ला दे. वनमानुष
गोल (वि.)
गोल दे. 1. गिरोह, 2. झुंड
गोल कर जाना दे. चुराना
गोल-मटोल दे. गोल
गोलमाल दे. 1. गड़बड़ी, 2. घोटाला
गोलमाल करना (क्रिपद)
गोला दे. 1. गिल्टी, 2. गेंद, 3. वृत्त
गोलाकार दे. गोल
गोलाबारी (स्त्री.)
गोलाबारी दे. बमबारी
गोले बरसना दे. बमबारी
गोलोक दे. स्वर्ग
गोलोकवासी दे. मृत
गोवध दे. गोहत्या
गोविंद दे. कृष्ण
गोश्त दे. मांस
गोश्तखोर दे. मांसाहारी
गोष्ठी (स्त्री.)
गोहत्या (स्त्री.)
गोहरा (पुं.)
गोहराना दे. पुकारना
गोहरी दे. गोहरा
गोहार दे. पुकार
गौं दे. स्वार्थ
गौंखा दे. ताखा
गौ दे. गाय
गौनहारिन दे. गायिका
गौना (पुं.)
गौर दे. गोरा
गौर करना दे. 1. विचारना, 2. सोचना
गौरतलब दे. विचारणीय

गौरव दे. 1. महत्त्व, 2. मान, 3. यश, 4. वैभव, 5. स्वाभिमान
गौरवपूर्ण दे. 1. भव्य, 2. महत्त्वपूर्ण
गौरवर्ण दे. गोरा
गौरवशाली दे. भव्य
गौरवान्वित दे. प्रतापी
गौरांग दे. अंग्रेज
गौरा दे. पार्वती
गौरी दे. पार्वती
गौरीसुत दे. गणेश
ग्रंथ दे. पुस्तक
ग्रंथकर्ता दे. लेखक
ग्रंथकार दे. 1. रचयिता, 2. लेखक
ग्रंथालय दे. पुस्तकालय
ग्रंथावली (स्त्री.)
ग्रंथित दे. संलग्न
ग्रंथी दे. पुरोहित
ग्रस्त (वि.)
ग्रस्त दे. संलग्न
ग्रहण दे. धारण
ग्रहण करना दे. 1. पकड़ना, 2. लेना, 3. स्वीकार करना
ग्रहणशक्ति दे. समाई
ग्रहविद्या दे. ज्योतिश शास्त्र
ग्रहिणी दे. 1. अतिसार, 2. दस्त
ग्राम दे. गाँव
ग्रामीण दे. देहाती
ग्राम्य दे. देहाती
ग्रास दे. कौर
ग्राह दे. मगर
ग्राहक (पुं.)
ग्राह्य दे. 1. मान्य, 2. स्वीकार्य
ग्राह्यता दे. पात्रता

ग्रीवा दे. गर्दन
ग्रुप दे. 1. गिरोह, 2. दल, 3. संघ
ग्लानि दे. पश्चाताप
ग्वाल दे. ग्वाला
ग्वाला (पुं.)
ग्वाला दे. दूधवाला
ग्वालिन (स्त्री.)
घघरा दे. लहँगा
घट दे. घड़ा
घटक दे. टुकड़ा
घटघटवासी दे. ईश्वर
घटती दे. 1. कमी, 2. गिरावट
घटती-बढ़ती दे. उतार-चढ़ाव
घटती-बढ़ती होना दे. 1. घटना-बढ़ना, 2. घट-बढ़
घटना (स्त्री.)
घटना (क्रि.)
घटना दे. उतरना
घटना-क्रम (पुं.)
घटना-चक्र दे. घटना-क्रम
घटना-बढ़ना (क्रिपद)
घट-बढ़ (पुं.)
घट-बढ़ जाना दे. घटना-बढ़ना
घटा (स्त्री.)
घटाटोप दे. घटा
घटाना दे. संक्षिप्त करना
घटा-बढ़ी दे. घट-बढ़
घटाव-बढ़ाव होना दे. घटना-बढ़ना
घटित होना दे. घटना
घटिया (वि.)
घटिया दे. 1. कमीना, 2. खराब, 3. तुच्छ, 4. सस्ता
घटियापन दे. कमीनापन
घटी दे. कमी

घड़ा (पुं.)
घड़ियाल दे. मगर
घड़ी दे. पल
घन दे. बादल
घनघोर दे. घोर
घनश्याम दे. कृष्ण
घना (वि.)
घना दे. 1. गहरा, 2. गाढ़ा
घनापन दे. गाढ़ापन
घनिष्ठ (वि.)
घनिष्ठता (स्त्री.)
घनिष्ठता दे. पारस्परिकता
घनिष्ठता हो जाना दे. परचना
घनीभूत दे. गाढ़ा
घपला दे. 1. गड़बड़ी, 2. घोटाला
घपला करना दे. गोलमाल करना
घपलेबाज (वि.)
घबरा जाना दे. घबराना
घबराना (क्रि.)
घबराना दे. 1. अकुलाना, 2. ऊबना
घबराया हुआ दे. विकल
घबराहट (स्त्री.)
घबराहट दे. 1. ऊब, 2. विकलता
घमंड दे. अभिमान
घमंडी दे. अभिमानी
घमासान दे. उत्कट
घमौरी दे. पित्ती
घर (पुं.)
घर दे. 1. आवास, 2. घोंसला, 3. छिद्र, 4. मकान
घर-गँवाऊ दे. उजाड़ू
घर-घालू दे. उजाड़ू
घर-घुस्सू दे. गृहासक्त
घर-द्वार दे. गृहस्थी
घर-फूँकू दे. उजाड़ू

घरवाला दे. मेज़बान
घरवाली दे. पत्नी
घराती दे. लड़कीवाला
घराना दे. परिवार
घरेलू संबंध दे. परस्परता
घरौंदा दे. 1. घर, 2. घोंसला
घर्राटा दे. खर्राटा
घर्षण करना दे. रगड़ना
घर्षित करना दे. घिसना
घलुआ दे. बख्शीश
घलुए में दे. मुफ्त में
घसील दे. 1. अस्पष्ट, 2.गिच-पिच
घसीटा-घसीटी दे. खींचतान
घाऊघप दे. 1. खाऊ, 2. पेटू
घाघ दे. धूर्त
घाघरी दे. लहँगा
घाटा दे. हानि
घाटी (स्त्री.)
घात दे. ताक
घातक (वि.)
घातक दे. 1. नाशक, 2. हानिकर
घातकी दे. हत्यारा
घाम दे. धूप
घामड़ दे. मूर्ख
घायल (वि.)
घालक दे. घातक
घालना दे. बिगाड़ना
घालमेल दे. 1. गड़बड़ी, 2. घनिष्ठता, 3. मिलावट
घालमेल करना दे. मिलना
घाव (पुं.)
घास-पात दे. कूड़ा-करकट
घास-फूस दे. 1. कूड़ा, 2. कूड़ा-करकट
घासलेटी दे. 1. खराब, 2. सस्ता

घिंघियाना दे. चिरौरी करना
घिन दे. घृणा
घिनाना दे. घृणा करना
घिनौना दे. घृणित
घिरना (क्रि.)
घिसघिस दे. देरी
घिसटना दे. सरकना
घिसना (क्रि.)
घिसपिस दे. घनिष्ठता
घिसा-पिटा दे. 1. जर्जर, 2. पुराना, 3. रूढ़
घिसा-फटा दे. जर्जर
घी-खिचड़ी होना दे. परचना
घी-तेल (पुं.)
घुँघराला (वि.)
घुंडी दे. 1. उलझन, 2. गाँठ
घुग्घू दे. 1. उल्लू, 2. मूर्ख
घुटन (स्त्री.)
घुटा हुआ दे. अनुभवी
घुड़कना दे. 1. डाँटना, 2. धमकाना
घुड़की (स्त्री.)
घुड़की दे. 1. डाँट, 2. धमकी
घुड़की देना दे. डाँटना
घुड़चढ़ा दे. घुड़सवार
घुड़सवार (पुं.)
घुड़सार दे. तबेला
घुन दे. कीड़ा
घुन्ना दे. चुप्पा
घुमंतू दे. घुमक्कड़
घुमक्कड़ (वि. पुं.)
घुमक्कड़ दे. आवारा
घुमक्कड़पन दे. आवारगर्दी
घुमक्कड़ी (स्त्री.)
घुमटा दे. चक्कर
घुमरी दे. चक्कर

घुमाई दे. परिक्रमा
घुमाना (क्रि.)
घुमाना दे. मरोड़ना
घुमाना-फिराना दे. घुमाना
घुमाव (पुं.)
घुमाव दे. पेचीदगी
घुमावदार दे. 1. चक्करदार, 2. टेढ़ा-मेढ़ा, 3. पेचीदा
घुमाव-फिराव दे. 1. चक्कर, 2. पेचीदगी
घुमाव-फिराववाला दे. चक्कर-दार
घुमेरी दे. चक्कर
घुसना (क्रि.)
घुसना दे. 1. अंदर जाना, 2. चुभना
घुसपैठ दे. उल्लंघन
घुसपैठ करना दे. घुसना
घुसपैठिया दे. 1. उल्लंघनकर्ता, 2. गुप्तचर, 3. जासूस
घुसेड़ना (क्रि.)
घुसेड़ना दे. 1. चुभाना, 2. डालना
घूँघट (पुं.)
घूँघट दे. 1. परदा, 2. पल्ला
घूँघट करना (क्रिपद)
घूँघट करनेवाली दे. परदानशीन
घूँघट दे. कुंडल
घूँट (पुं.)
घूँटना दे. पीना
घूँट भरना दे. पीना
घूँसा दे. मुक्का
घूँसेबाज दे. मुक्केबाज
घूँसेबाजी दे. 1. धौल-धप्पड़, 2. मुक्केबाजी
घूमते रहना दे. आवारागर्दी करना

घूमना (क्रि.)
घूमना दे. चलना
घूमना-फिरना दे. 1. घूमना, 2. टहलना
घूम पड़ना दे. लौटना
घूम-फिरकर दे. पुनः-पुनः
घूरना (क्रि.)
घूस दे. रिश्वत
घूसखोर दे. रिश्वतखोर
घूसखोरी दे. रिश्वतखोरी
घृणा (स्त्री.)
घृणा करना (क्रिपद)
घृणास्पद दे. घृणित
घृणित (वि.)
घृणित दे. तुच्छ
घेरघार करना दे. घेरना
घेरना (क्रि.)
घेर लेना दे. घेरना
घेरा दे. 1. चहारदीवारी, 2. वृत्त
घेरा डालना दे. घेरना
घेराव दे. 1. घेरेबंदी, 2. धरना
घेराव करना दे. घेरना
घेरेबंदी (स्त्री.)
घेरेबंदी करना दे. घेरना
घेरेबंदी होना दे. घिरना
घोंघा (पुं.)
घोंघा-बसंत दे. मूर्ख
घोंट जाना दे. पीना
घोंट लेना दे. रटना
घोंटना दे. पीसना
घोटा (पुं.)
घोटा लगाना दे. रटना
घोटाला (पुं.)
घोटाला दे. गड़बड़ी
घोटालेबाज दे. घपलेबाज
घोटालेवाला दे. घपलेबाज

घोड़ा (पुं.)
घोपना दे. 1. छेदना, 2. चुभाना
घोर दे. 1. अत्यधिक, 2. अनर्थकारी, 3. उग्र, 4. उत्कट, 5. भयानक
घोर शत्रु (पुं.)
घोल दे. मिश्रण
घोष दे. 1. नारा, 2. शब्द
घोषणा (स्त्री.)
घोषणा करना (क्रिपद)
घोसी दे. दूधवाला
घौद दे. गुच्छा
चंगा दे. स्वस्थ
चंगुल दे. पकड़
चंचल (वि.)
चंचल दे. अस्थिर
चंचलता (स्त्री.)
चंचलता दे. स्फूर्ति
चंचला दे. लक्ष्मी
चंचु दे. चोंच
चंचु-प्रवेश (पुं.)
चंट दे. 1. चालाक, 2. धूर्त
चंटई दे. 1. चालाकी, 2. धूर्तता
चंटपना दे. धूर्तता
चंडवात दे. आँधी
चंडूबाज दे. नशाखोर
चंडूल दे. भद्दा
चंद दे. कुछ
चंदन (पुं.)
चँदराना दे. बगताना
चँदला दे. गंजा
चँदवा दे. तंबू
चंदा दे. चंद्रमा
चँदोवा दे. तंबू
चंद्र दे. चंद्रमा
चंद्रचूड़ दे. शिव
चंद्रप्रभा दे. चाँदनी
चंद्रभाल दे. शिव
चंद्रमा (पुं.)
चंद्रमुखी दे. स्त्री
चंद्रमौलि दे. शिव
चंद्रशेखर दे. शिव
चंद्रहास दे. चाँदनी
चंद्रिका दे. चाँदनी
चंपई दे. पीला
चंपत दे. गायब
चंपत हो जाना दे. उड़ जाना
चंपत हो जाना दे. 1. खिसकना, 2. भाग जाना
चंपी दे. मालिश
चँवर (स्त्री.)
चकचूर दे. चूरचूर
चकती लगाना दे. थिगली लगाना
चकत्ता दे. दाद
चकनाचूर दे. 1. चूरचूर, 2. भग्न
चकपकाना दे. 1. चकित होना, 2. घबराना
चकफेरी दे. दौरा
चकमा दे. धोखा
चकमा देना दे. धोखा देना
चकराया हुआ दे. चकित
चकला दे. वेश्यालय
चकल्लस दे. झमेला
चकाचक दे. 1. खूब, 2. बहुत
चकाचौंध (स्त्री.)
चकास दे. चकाचौंध
चकित (वि.)
चकित होना (क्रिपद)
चकुला दे. चेंटुआ
चक्कर (पुं.)
चक्कर दे. 1. उलझन, 2. घुमाव, 3. परिक्रमा, 4. भूलभुलैया
चक्करदार (वि.)
चक्करदार दे. 1. टेढ़ा-मेढ़ा, 2. पेचीदा
चक्कर में आना दे. फेर में आना
चक्कर लगाना दे. घूमना
चक्का दे. ढेला
चक्र दे. 1. पहिया, 2. परिक्रमा, 3. वृत्त
चक्रपाणि दे. विष्णु
चक्रवर्ती दे. सम्राट
चक्रवात दे. आँधी
चक्रव्यूह दे. भूलभुलैया
चक्राकार दे. 1. चक्रदार, 2.वृत्ताकार
चक्रिल दे. 1. गोल, 2. वृत्ताकार
चक्षु दे. आँख
चक्षुक दे. चश्मा
चक्षुगोचर दे. प्रकट
चक्षुहीन दे. अंधा
चख दे. स्वाद
चखचख दे. झगड़ा
चखना (क्रि.)
चखना दे. खाना
चघड़ दे. 1. चालाक, 2. धूर्त
चघड़पन दे. धूर्तता
चटक दे. 1. गहरा, 2. चमकीला, 3. तेज, 4. दरार
चटकना-मटकना दे. इतराना
चटक-मटक दे. तड़क-भड़क
चट कर जाना दे. खत्म कर देना
चटकीला दे. 1. तेज, 2. रंगीन
चटखना दे. टूटना
चटपट दे. 1. जल्दी, 2. तुरंत, 3. शीघ्र
चटपटा दे. 1. मसालेदार, 2. स्वादिष्ट

चटपटी दे. जल्दी
चटशाला दे. विद्यालय
चटपट दे. तुरंत
चटियल दे. तुरंत
चटियल दे. ऊसर
चटोरा दे. पेटू
चटिया दे. चेला
चट्टा दे. चेला
चट्टान (स्त्री.)
चट्टी दे. 1. खड़ाऊँ, 2. हानि
चढ़ जाना दे. आक्रमण करना
चढ़त (स्त्री.)
चढ़त दे. चढ़ावा
चढ़ाई दे. 1. आक्रमण, 2. आरोह, 3. चढ़ाव
चढ़ाई करना दे. आक्रमण करना
चढ़ाई करनेवाला दे. आक्रामक
चढ़ा-ऊपरी दे. प्रतिद्वंद्विता
चढ़ान दे. 1. आरोह, 2. चढ़ाव
चढ़ाना (क्रि.)
चढ़ा लेना दे. पहनना
चढ़ाव (पुं.)
चढ़ाव दे. उत्कर्ष
चढ़ावा (पुं.)
चतुर (वि.)
चतुर दे. 1. कुशल, 2. चालाक, 3. तेज, 4. बद्धिमान, 5. सयाना
चतुरता (स्त्री.)
चतुरता दे. 1. कौशल, 2. चालाकी
चतुराई दे. 1. चतुरता, 2. चालाकी
चतुरानन दे. ब्रह्मा
चतुर्थ दे. चौथा
चतुर्दिक दे. चौतरफा
चतुर्भुजाकार दे. चौकोर
चतुर्विध दे. चौतरफा
चतुष्कोण दे. चौकोर
चतुष्पद दे. 1. चौपाया, 2. पशु
चद्दर दे. चादर
चपकुलिश दे. लड़ाई
चपटा (वि.)
चपत (स्त्री.)
चपत देना दे. चपतियाना
चपतबाजी दे. धौल-धप्पड़
चपतियाना (क्रि.)
चपना दे. दबना
चपरगट्टू दे. मूर्ख
चपल दे. चंचल
चपलता दे. 1. चंचलता, 2. स्फूर्ति
चपाती दे. रोटी
चपेटना दे. लपेटना
चप्पल दे. जूता
चप्पे-चप्पे दे. सब जगह
चबर-चबर दे. बकबक
चबाना (क्रि.)
चबूतरा (पुं.)
चमक (स्त्री.)
चमक दे. तेज
चमक उठना दे. 1. पनपना, 2. भड़कना
चमकता हुआ दे. चमकीला
चमक-दमक दे. 1. ठाठ, 2. तड़क-भड़क
चमकदार दे. 1. चमकीला, 2. सुहावना
चमकना (क्रि.)
चमकना दे. पीड़ा होना
चमकाना (क्रि.)
चमकाना दे. रगड़ना
चमकारा दे. चमक
चमकी (स्त्री.)
चमकीला (वि.)
चमचम दे. 1. उज्ज्वल, 2. चमकीला
चमचम करना दे. चमकाना
चमचमा देना दे. चमकाना
चमचमाना दे. चमकना
चमचमाता हुआ दे. चमकीला
चमचा (पुं.)
चमड़ा दे. त्वचा
चमड़ी (स्त्री.)
चमड़ी दे. त्वचा
चमत्कार (पुं.)
चमत्कार दे. आश्चर्य
चमत्कारपूर्ण दे. 1. आश्चर्यजनक, 2. चमत्कारिक
चमत्कारिक (वि.)
चमत्कारी दे. चमत्कारिक
चमत्कृत दे. चकित
चमाचम दे. चमकीला
चमू दे. सेना
चमेली (स्त्री.)
चयन दे. चुनाव
चयन करना दे. चुनना
चयनित (वि.)
चयनित करना दे. चुनना
चयनीय दे. वरणीय
चर दे. जासूस
चरका दे. धोखा
चरण दे. पैर
चरणमाल (पुं.)
चरणचिह्न दे. पदचिह्न
चरणदासी दे. जूता
चरणस्पर्श (पुं.)
चरपरा दे. 1. तिक्त, 2. तीखा
चरपराहट दे. 1. तिक्तता, 2. तीखापन

चरबी (स्त्री.)
चरम दे. परम
चरम बिंदु दे. पराकाष्ठा
चरमसीमा तक पहुँचा देना दे. हद कर देना
चरमावस्था दे. पराकाष्ठा
चरमोत्कर्ष दे. पराकाष्ठा
चरवाहा (पुं.)
चरागाह (स्त्री.)
चराचर (वि.)
चराचर स्वामी दे. ईश्वर
चरित दे. जीवनी
चरितार्थ करना दे. कार्यान्वित करना
चरित्र (पुं.)
चरित्र दे. पात्र
चरित्रबल (पुं.)
चरित्रभ्रष्ट दे. चरित्रहीन
चरित्रवान (वि.)
चरित्रहीन (वि.)
चरी दे. चरागाह
चर्च दे. मंदिर
चर्चा (स्त्री.)
चर्चा दे. वर्णन
चर्चित (वि.)
चर्चित दे. प्रसिद्ध
चर्या दे. 1. क्रियाकलाप, 2. क्रम, 3. दिनचर्या
चर्वण करना दे. चबाना
चल दे. चलता
चलचित्त दे. 1. अशांत, 2. अस्थिर चित्त
चलता (वि.)
चलता करना दे. टालना
चलता पुर्जा दे. 1. तेज, 2. धूर्त
चलता-फिरता दे. 1. अजनबी, 2. सजीव
चलता बनना दे. खिसकना
चलता हुआ दे. चालू
चलतू दे. चलता
चलते-चलते दे. सरसरी दृष्टि से
चल देना दे. 1. छूटना, 2. जाना
चलन (पुं.)
चलन दे. 1. ढंग, 2. परंपरा
चलना (क्रि.)
चलनेवाला दे. टिकाऊ
चल पड़ना दे. जाना
चल बसना दे. मरना
चल-विचल दे. अस्थिर
चलाऊ दे. टिकाऊ
चलाए चलना दे. गुजारा करना
चलाचल दे. चराचर
चलाना (क्रि.)
चलाना दे. दायर करना
चलायमान दे. 1. अस्थिर, 2. डाँवाँडोल
चलित दे. चालू
चश्म दे. आँख
चश्मदीद दे. गवाह
चश्मा (पुं.)
चश्मा दे. झरना
चषक दे. प्याला
चसना दे. चिपकना
चस्का दे. 1. आदत, 2. शौक
चहकना दे. चहचहाना
चहचहाना (क्रि.)
चहलकदमी दे. सैर
चहल-पहल (स्त्री.)
चहला दे. कीचड़
चहारदीवारी (स्त्री.)
चहारदीवारी दे. प्राचीर
चहुँटना दे. चिपकना
चहुँदिश दे. चारों तरफ
चहेता दे. 1. कृपापात्र, 2. प्रेमी
चांचल्य दे. चंचलता
चाँटा दे. चपत
चाँटा जड़ना दे. चपतियाना
चाँड़ (स्त्री.)
चांडाल दे. 1. दुष्ट, 2. राक्षस
चाँद दे. चंद्रमा
चाँदना दे. प्रकाश
चाँदनी (स्त्री.)
चाँदी (स्त्री.)
चाँदी का जूता दे. रिश्वत
चाइयाँ दे. 1. चोर, 2. धूर्त
चाईं दे. धूर्त
चाक दे. 1. पहिया, 2. विदीर्ण
चाक-चौबंद दे. सजा-धजा
चाकर दे. 1. कर्मचारी, 2. सेवक
चाकरी दे. 1. नौकरी, 2. सेवा
चाकलेटी दे. भूरा
चाट दे. स्वाद
चाटुकार दे. चापलूस
चाटुकारिता दे. चापलूसी
चाटुकारी दे. चापलूसी
चाटुकारी करना दे. चापलूसी करना
चातुरी दे. चालाकी
चातुर्य दे. 1. कौशल, 2. चालाकी
चादर (स्त्री.)
चाप दे. धनुष
चापना दे. दबाना
चापलूस (वि.)
चापलूसी (स्त्री.)
चापलूसी करना (क्रिपद)
चापल्य दे. चंचलता
चाबी दे. ताली

चाबुक (पुं.)
चामचोरी दे. व्यभिचार
चामुंडा दे. दुर्गा
चाय-पानी दे. जलपान
चारण (पुं.)
चारपाई (स्त्री.)
चार पैरोंवाला दे. चौपाया
चार सौ बीसी करना दे. छलना
चारा (पुं.)
चारा डालना दे. ललचाना
चारित्रिक दृढ़ता दे. चरित्रबल
चारु दे. 1. आकर्षक, 2. रमणीय, 3. सुंदर
चारुता दे. 1. रमणीयता, 2. सुंदरता
चारों ओर (क्रिवि.)
चारों तरफ दे. 1. चारों ओर, 2. सब जगह
चार्ज दे. प्रभार
चाल दे. 1. गति, 2. चालाकी, 3. युक्ति, परंपरा
चालक (पुं.)
चाल-चलन (पुं.)
चाल-चलन दे. चरित्र
चाल-ढाल दे. चरित्र
चालन (पुं.)
चालना (क्रि.)
चालबाज दे. 1. चालाक, 2. धूर्त
चालबाजी दे. 1. कपट, 2. चालाकी, 3. धूर्तता
चाला दे. प्रस्थान
चालाक (वि.)
चालाक दे. 1. कपटी, 2. चतुर, 3. बुद्धिमान
चालाकी (स्त्री.)
चालाकी दे. 1. चतुरता, 2. धोखा
चालाकी-भरा दे. कूटनीतिक
चालू (वि.)
चाव दे. 1. उत्साह, 2. रुचि, 3. शौक
चावड़ी दे. शिविर
चाव-भरा दे. उत्साही
चावल (पुं.)
चाव से दे. खुशी-खुशी
चाशनी दे. नमूना
चाह दे. 1. इच्छा, 2. प्रवृत्ति, 3. प्रेम
चाहत दे. इच्छा
चाहना (क्रि.)
चाहनेवाला दे. इच्छुक
चाह होना दे. चाहना
चाहा हुआ दे. इच्छित
चाहे जैसा दे. वैसा ही
चिंगारी (स्त्री.)
चिंघाड़ना दे. गरजना
चिंतक (पुं.)
चिंतक दे. विचारक
चिंतन (पुं.)
चिंतन दे. 1. ध्यान, 2. सोच-विचार
चिंतन करना दे. 1. विचारना 2. सोचना
चिंतनरत दे. मग्न
चिंतनशील दे. विचारशील
चिंतनशीलता दे. विचारशीलता
चिंतन-शैली दे. अभिवृत्ति
चिंतनहीन दे. विचारहीन
चिंतनीय दे. 1. चिंताजनक, 2. विचारणीय
चिंता (स्त्री.)
चिंता दे. ध्यान
चिंताग्रस्त दे. चिंतित
चिंतित (वि.)
चिंतित दे. विकल
चिंतित रहना (क्रिपद)
चिंपांजी दे. वनमानुष
चिक (स्त्री)
चिकनई दे. घी-तेल
चिकना (वि.)
चिकनाई दे. चिकनाहट
चिकना-चुपड़ा दे. चिकना
चिकनाना दे. चमकाना
चिकना पदार्थ दे. घी-तेल
चिकनापन दे. चिकनाहट
चिकनाहट (स्त्री.)
चिकनी-चुपड़ी बातें दे. चापलूसी
चिकवा दे. कसाई
चिकित्सा (स्त्री.)
चिकित्सालय (पुं.)
चिकित्स्य (वि.)
चिकुर दे. बाल
चिक्कट दे. गंदा
चिचियाना दे. चिल्लाना
चिचोरना दे. पीना
चिट दे. पुर्जा
चिटकना दे. 1. टूटना, 2. फटना
चिटकनी (स्त्री.)
चिट्टे लड़ाना दे. आग लगाना
चिट्ठी दे. पत्र
चिट्ठी-पत्री दे. पत्राचार
चिट्ठीरसाँ दे. डाकिया
चिड़चिड़ा (वि.)
चिड़चिड़ाना दे. चिढ़ना
चिड़चिड़ापन (पुं.)
चिड़चिड़ाहट दे. चिड़चिड़ापन
चिड़ियाखाना दे. चिड़ियाघर
चिड़ियाघर (पुं.)
चिड़ीमार दे. शिकारी

चिढ़ (स्त्री.)
चिढ़ दे. 1. ऊब, 2. घृणा
चिढ़ना (क्रि.)
चिढ़ना दे. 1. खीझना, 2. घृणा करना
चिढ़ होना दे. ऊबना
चिढ़ाना दे. 1. छेड़ना, 2. परेशान करना
चिढ़ौनी दे. चिढ़
चितकबरा दे. रंगीन
चित करना दे. गिराना
चितरना दे. खींचना
चितवन (स्त्री.)
चितवन दे. दृष्टि
चितवना दे. देखना
चितेरा दे. चित्रकार
चित्त दे. 1. अंतःकरण, 2. मन
चित्तचोर दे. 1. आकर्षक, 2. प्रेमी
चित्तविभ्रम दे. पागलपन
चित्तहारी दे. आकर्षक
चित्ताकर्षक दे. आकर्षक
चित्तीदार दे. चितकबरा
चित्र (पुं.)
चित्रकर्मी दे. चित्रकार
चित्रकार (पुं.)
चित्रण (पुं.)
चित्रण दे. 1. अंकन, 2. वर्णन
चित्रण करना दे. अंकित करना
चित्रमंदिर दे. सिनेमा
चित्रलेखन दे. अंकन
चित्रवत् दे. स्थिर
चित्र-विचित्र दे. रंग-बिरंगा
चित्रांकन दे. 1. अंकन, 2. चित्रण
चित्रित दे. अंकित
चित्रित करना दे. खींचना
चिथड़ा (पुं.)
चिथड़ा दे. 1. थिगली, 2. फटा
चिथड़े उड़ाना दे. चिथड़े करना
चिथड़े करना (क्रिपद)
चिनक दे. टीस
चिनकना दे. टीसना
चिनगारी (स्त्री.)
चिनगी दे. चिनगारी
चिन्मय दे. चेतन
चिन्ह दे. चिह्न
चिन्हानी (स्त्री.)
चिन्हानी दे. 1. निशानी, 2. स्मृति-चिह्न
चिपकना (क्रि.)
चिपकना दे. लिपटना
चिपकाना दे. जोड़ना
चिपका लेना दे. आलिंगन करना
चिपकाव दे. प्रेम
चिपचिपा (वि.)
चिपचिपा दे. गिजगिजा
चिपचिपाहट (स्त्री.)
चिपटा लेना दे. आलिंगन करना
चिपरी दे. गोहरा
चिबुक दे. ठुड्डी
चिमटना दे. लिपटना
चिरंजीव (वि.)
चिरंतन दे. 1. अनंत, 2. अमर, 3. पुराना, 4. शाश्वत
चिकुट दे. चिथड़ा
चिरचिर करना दे. चहचहाना
चिरजीवी दे. चिरंजीव
चिटना दे. फटना
चिरनूतन दे. नया
चिरनूतनता दे. नयापन
चिरपरिचित दे. परिचित
चिरयुवा (वि.)
चिरस्थायी दे. 1. अमर, 2. शाश्वत, 3. स्थायी
चिरस्मरणीय दे. 1. अविस्मरणीय, 2. स्मरणीय
चिराग दे. दीया
चिरायँध दे. दुर्गंध
चिरायु दे. चिरंजीव
चिरौरी (स्त्री.)
चिरौरी दे. 1. प्रार्थना, 2. मिन्नत
चिरौरी करना (क्रिपद)
चिलक दे. 1. चकाचौंध, 2. टीस
चिलकना दे. टीसना
चिलन दे. चिक
चिलबिला दे. चंचल
चिलबिलापन दे. चंचलता
चिल्लड़ दे. रेजगारी
चिल्लपों दे. शोर
चिल्ला दे. कठोर
चिल्ला उठना दे. बौखलाना
चिल्लाना (क्रि.)
चिल्लाना दे. 1. चीखना, 2. बौखलाना
चिल्लाहट दे. चीख
चिहुँक उठना दे. चौंकना
चिह्न (पुं.)
चिह्न दे. संकेत
चींटी की चाल दे. धीमी चाल
चीकट दे. गंदा
चीख (स्त्री.)
चीखना (क्रि.)
चीखना दे. चिल्लाना
चीज (स्त्री.)
चीज दे. 1. पनीर, 2. वस्तु, 3. सामग्री
चीतल दे. हिरन
चीत्कार दे. चीख

चीत्कार करना दे. चीखना
चीनी दे. शक्कर
चीन्हना दे. 1. जानना, 2. पहचानना
चीन्ह लेना दे. पहचानना
चीफ दे. प्रधान
चीमड़ दे. कठोर
चीरना (क्रि.)
चीरना दे. काटना
चीर-फाड़ (स्त्री.)
चीर-फाड़ करना दे. चीरा लगाना
चीरा लगाना (क्रिपद)
चील-झपट्टा दे. झपट्टा
चीथड़ा दे. चिथड़ा
चीस दे. टीस
चीसना दे. टीसना
चुंगी दे. कर
चुंदी दे. चोटी
चुंधा (वि.)
चुंबन (पुं.)
चुंबन करना दे. चूमना
चुंबन लेना दे. चूमना
चुआना दे. निथारना
चुकता (वि.)
चुकता दे. 1. दत्त, 2. समाप्त
चुकता करना दे. चुकाना
चुकना दे. समाप्त होना
चुकाना (क्रि.)
चुकाना दे. देना
चुक्कड़ दे. पुरवा
चुगद दे. मूर्ख
चुगलखोर दे. निंदक
चुगली दे. निंदा
चुगली खाना दे. निंदा करना
चुगलखोरी करना दे. निंदा करना
चुचुक जाना दे. सिकुड़ जाना

चुटकियों में दे. 1. तुरंत, 2. शीघ्र
चुटकी दे. हँसी
चुटकी बजाते दे. 1. एकाएक, 2. तुरंत, 3. शीघ्र
चुटकी भर दे. मुट्ठी-भर
चुटकी लेना दे. 1. ताना मारना, 2. हँसी उड़ाना
चुटकुला (पुं.)
चुटफुट दे. विविध
चुटिया दे. शिखा
चुटियाबाला (वि.)
चुटीला दे. 1. उपहासपूर्ण, 2. घायल
चुटैल दे. घायल
चुड़ैल (स्त्री.)
चुदाई दे. मैथुन
चुनचुनाहट दे. जलन
चुनचुन दे. 1. गुदगुदी, 2. जलन
चुनट (स्त्री.)
चुनट दे. चुनन
चुनना (क्रि.)
चुनरी दे. चादर
चुनवाँ दे. चयनित
चुनाँचे दे. अतः
चुनाव (पुं.)
चुनाव करना दे. चुनना
चुनिंदा दे. चयनित
चुनौती (स्त्री.)
चुन्नट दे. चुनन
चुन्नी दे. माणिक
चुप (वि.)
चुप दे. गूँगा
चुप कराना दे. शांत करना
चुपके से दे. चुपचाप
चुपचाप (क्रिवि.)
चुपचुपाते दे. चुपचाप

चुपड़ना (क्रि.)
चुप रहना (क्रिपद)
चुप रहना दे. शांत रहना
चुप्पा (वि.)
चुप्पी (स्त्री.)
चुप्पी दे. मूकता
चुप्पी साधना दे. 1. चुप रहना, 2. शांत रहना
चुभता हुआ दे. उपहासपूर्ण
चुभन दे. जलन
चुभना (क्रि.)
चुभना दे. 1. अखरना, 2. दुखना
चुभाना (क्रि.)
चुभोना दे. घुसेड़ना
चुम्मा दे. चुंबन
चुम्मा लेना दे. चूमना
चुम्मी दे. चुंबन
चुरना दे. 1. उबलना, 2. पकना
चुराना (क्रि.)
चुराना दे. पकाना
चुरा लेना दे. छिपाना
चुल दे. गुदगुदी
चुलचुलाहट दे. गुदगुदी
चुलबुला दे. 1. खिलवाड़ी, 2. चंचल
चुलबुलापन दे. चंचलता
चुलबुली दे. 1. क्रीड़ा, 2. तितली
चुल्लू-भर दे. मुट्ठी-भर
चुस्की दे. घूँट
चुस्त दे. 1. तंग, 2. फुर्तीला
चुस्त-दुरुस्त दे. स्वस्थ
चुस्ती दे. फुर्ती
चुहल दे. 1. क्रीड़ा, 2. छेड़खानी, 3. नटखनी
चुहल करना दे. छेड़ना
चुहलबाज दे. विनोदी

चुहलबाजी दे. 1. क्रीड़ा,
2. छेड़खानी
चूँकि दे. क्योंकि
चूक दे. 1. गलती, 2. त्रुटि,
3. भूल
चूक जाना दे. 1. चूकना,
2. भूलना
चूकना (क्रि.)
चूड़ांत दे. पराकाष्ठा
चूड़ी (स्त्री.)
चूड़ीवाला (पुं.)
चूत दे. योनि
चूतड़ (पुं.)
चूना (क्रि.)
चूना दे. झड़ना
चूमना (क्रि.)
चूम लेना दे. चूमना
चूरचूर (वि.)
चूरचूर करना दे. तोड़ना
चूर-चूर होना दे. टूटना
चूरा दे. चूर्ण
चूर्ण (पुं.)
चूर्ण करना दे. पीसना
चूल्हा (पुं.)
चूषण दे. शोषण
चूस लेना दे. सोखना
चूहा (पुं.)
चेंचें करना दे. चहचहाना
चेंज दे. रेजगारी
चेक-अप दे. जाँच
चेचक (स्त्री.)
चेंटुआ (पुं.)
चेरा दे. सेवक
चेटी दे. नौकरानी
चेत दे. सुधि
चेत धराना दे. याद दिलाना
चेतन (वि.)
चेतन दे. सजीव
चेतना (स्त्री.)
चेतना दे. सुधि
चेतनारहित दे. 1. अचेत, 2. जड़
चेतनाशून्य दे. 1. अचेत,
2. मूर्च्छित, 3. सुन्न
चेतनाहीन (वि.)
चेतनाहीन दे. अचेत
चेताना (क्रि.)
चेताना दे. याद दिलाना
चेतावनी (स्त्री.)
चेतावनी दे. घुड़की
चेतावनी देना दे. 1. चेताना,
2. धमकाना, 3. याद
दिलाना
चेप दे. चिपचिपाहट
चेपदार दे. चिपचिपा
चेयरमैन दे. अध्यक्ष
चेयरमैनी दे. अध्यक्षता
चेरा दे. सेवक
चेरी दे. नौकरानी
चेला (पुं.)
चेला-चाँटा दे. चेला
चेले-चपाटे दे. लाव-लश्कर
चेष्टा दे. 1. क्रियाकलाप,
2. परिश्रम, 3. प्रयत्न
चेहरा (पुं.)
चेहरा दे. 1. मुँह, 2. शक्ल
चेहरा-मोहरा (पुं.)
चेहरा-मोहरा दे. 1. नाक-नक्शा,
2. शक्ल, 3. स्वरूप
चैतन्य दे. 1. आत्मा, 2. चेतना,
3. सजगता
चैतन्य होना दे. जागना
चैतन्यशून्यता दे. मूर्च्छा
चैन दे. जंजीर
चोंच (स्त्री.)
चोंधर दे. चुंधा
चोखा दे. पैना
चोगा दे. लबादा
चोचलहाया दे. नखरेबाज
चोचला दे. 1. नखरा, 2. हाव-भाव
चोचले दिखाना दे. इतराना
चोचलेबाजी दे. नखरा
चोज दे. हँसी
चोट दे. 1. आघात, 2. घाव,
3. हानि
चोट करना दे. मारना
चोट-चपेट दे. घाव
चोटी (स्त्री.)
चोटी दे. शिखा
चोटीदार (वि.)
चोट्टा दे. चोर
चोट्टापन दे. चोरी
चोदन दे. मैथुन
चोबदार दे. द्वारपाल
चोर (पुं.)
चोर दे. बेईमान
चोर-शिकारी दे. शिकारी
चोर-सिपाही दे. लुका-छिपी
चोरी (स्त्री.)
चोरी दे. 1. गबन, 2. बेईमानी
चोरी करना दे. चुराना
चोरी-छिपे दे. चुपचाप
चोला दे. लबादा
चोला छोड़ना दे. मरना
चोली (स्त्री.)
चौंक उठना दे. 1. चकित होना,
2. भौंकना, 3. भड़कना
चौंकना (क्रि.)
चौंकना दे. भड़कना

चौंकानेवाला दे. आश्चर्यजनक
चौंतरा दे. चबूतरा
चौंध दे. चकाचौंध
चौंधियाहट दे. चमक-दमक
चौक दे. 1. आँगन, 2. चौराहा
चौकड़ी भरना दे. कूद जाना
चौकन्ना दे. 1. सजग,
2. सावधानी
चौकन्नापन दे. सजगता
चौकस दे. 1. सजग, 2. सावधान
चौकस होना दे. 1. जागना
चौकसी दे. 1. देखरेख,
2. सजगता, 3. सावधानी
चौकसी करना दे. अगोरना
चौकी (स्त्री.)
चौकी दे. थाना
चौकीदार दे. पहरेदार
चौकीदारी दे. देख-रेख
चौकीदारी करना दे. अगोरना
चौकोना दे. चौकोर
चौकोर (वि.)
चौगड्डा दे. चौराहा
चौड़ा (वि.)
चौड़ाई (स्त्री.)
चौड़ाई दे. अरज
चौड़ान दे. 1. अरज, 2. चौड़ाई
चौतरफा (वि.)
चौतरफा दे. चारों ओर
चौथा (वि.)
चौथाई दे. चौथा
चौधराहट दे. नेतृत्व
चौधरी दे. नेता
चौधरीपन दे. नेतृत्व
चौपट दे. नष्ट
चौपट करना दे. नष्ट कर देना
चौपट करनेवाला दे. अनर्थकारी

चौपटाहा दे. अनर्थकारी
चौपाया (पुं.)
चौबीसों घंटे दे. हर समय
चौबीसों घड़ी दे. रात-दिन
चौमुखी दे. चौतरफा
चौरस दे. 1. चपटा, 2. चौकोर,
3. समतल
चौराहा (पुं.)
चौहट्टा दे. चौराहा
चौहद्दी दे. सीमा
च्युत (वि.)
च्युत दे. पतित
च्युति दे. भूल
छंगा (वि.)
छँटनी (स्त्री.)
छँटाई दे. 1. चुनाव, 2. छँटनी
छँटाव दे. चुनाव
छंदोबद्ध दे. लयात्मक
छकड़ा (पुं.)
छकना (क्रि.)
छकना दे. अघाना
छक्का-पंजा दे. चालाकी
छगन दे. बच्चा
छगनमगन दे. बच्चा
छज्जा दे. बारजा
छटपटाना दे. तड़पना
छटपटाहट दे. तड़पन
छटपटी दे. 1. उत्सुकता,
2. तड़फन
छटा दे. सुंदरता
छटा हुआ दे. मुख्य
छठे-छमासे दे. कभी-कभी
छड़ (पुं.)
छड़ा दे. युवक
छड़ी (स्त्री.)
छड़ी दे. युवती

छत (स्त्री.)
छतना दे. छाना
छतरी दे. छाता
छत्तीसा दे. चालाक
छत्र दे. छाता
छत्रक दे. कुकुरमुत्ता
छत्रपति दे. सम्राट
छद्मनाम दे. उपनाम
छद्मवेश (पुं.)
छद्मवैद्य दे. नीमहकीम
छद्मवरण दे. छद्मवेश
छनक-मनक दे. झंकार
छपरी दे. झोंपड़ी
छपाई (स्त्री.)
छपाई दे. मुद्रण
छपाईखाना दे. मुद्रणालय
छप्पर (पुं.)
छप्पर दे. छत
छप्पर छाना दे. छाना
छबीला दे. 1. छैला, 2. बाँका
छबीलापन दे. छैलापन
छबीली दे. तितली
छमकना दे. इतराना
छमक्को दे. तितली
छमछम दे. रुनझुन
छरकीला दे. पतला
छरछराहट दे. जलन
छरद दे. कै
छरहरा दे. पतला
छर्दन दे. उलटी
छल दे. 1. कपट, 2. धूर्तता
छलक जाना दे. छलकना
छलकना (क्रि.)
छल-कपट दे. 1. कपट, 2. धोखा
छलछंद दे. धोखा
छलछंदी दे. धोखेबाज

छलछद्म दे. धोखा
छलछलाना दे. छलकना
छलछिद्रण दे. दोषदर्शन
छलछिद्री दे. 1. दोषदर्शी, 2. धोखेबाज
छलना (क्रि.)
छलना दे. 1. चुराना, 2. ठगना, 3. मुग्ध करना
छलपूर्ण दे. कूटनीतिक
छलबल दे. 1. धूर्तता, 2. धोखा
छलबल करना दे. छलना
छलरहित दे. निष्कपट
छलहाया दे. धोखेबाज
छलहीन दे. 1. निष्कपट, 2. सरल
छलाँग (स्त्री.)
छलाँग दे. पद
छलाँगना दे. कूदना
छलाँग भरना दे. हाँकना
छलाँग लगाना दे. कूद जाना
छलावा दे. 1. भ्रांति, 2. मृग-मरीचिका
छलिया दे. 1. कपटी, 2. छली, 3. धूर्त, 4. धोखेबाज
छली (वि. पुं.)
छली दे. 1. कपटी, 2. धूर्त, 3. धोखेबाज
छल्ला दे. अँगूठी
छल्लेदार दे. घुँघराला
छवि दे. 1. मुद्रा, 2. सुंदरता
छविगृह दे. सिनेमा
छविघर दे. सिनेमा
छाँगुर दे. छंगा
छाँट दे. 1. चुनाव, 2. छँटनी
छाँटना दे. 1. अलगाना, 2. काटना, 3. चुनना, 4. संक्षिप्त करना, 5. साफ करना

छाँव दे. छाया
छाँह दे. छाया
छाक (स्त्री.)
छाछ दे. मट्ठा
छाजन दे. छत
छाजन छाना दे. छाना
छाता (पुं.)
छाती (स्त्री.)
छाती दे. स्तन
छाती से लगाना दे. 1. आलिंगन करना, 2. गले लगाना
छात्र दे. विद्यार्थी
छान दे. छत
छानना दे. 1. चालना, 2. निथारना
छानबीन दे. 1. खोज, 2. जाँच, 3. निरीक्षण, 4. पूछताछ
छानबीन करना दे. खोजना
छाना (क्रि.)
छाप (स्त्री.)
छाप दे. प्रभाव
छाप छोड़ना दे. प्रभाव डालना
छापना (क्रि.)
छापा दे. आक्रमण
छापाखाना (पुं.)
छापा मारना दे. आक्रमण करना
छापामार लड़ाई (स्त्री.)
छाया (स्त्री.)
छायानुवाद दे. अनुवाद
छायापथ दे. आकाश-गंगा
छाल (स्त्री.)
छाला (पुं.)
छिकना दे. घिरना
छिक्कनी दे. गोजर
छिछला (वि.)
छिछली जानकारी दे. चंचु-प्रवेश

छिछोरा दे. 1. कमीना, 2. नटखट, 3. मनचला
छिछोरापन दे. 1. कमीनापन, 2. नटखटी
छिटकना दे. बिखरना
छिटपुट (वि.)
छिटपुट दे. यहाँ-वहाँ
छिड़कना (क्रि.)
छिड़कना दे. बिखेरना
छिड़काव करना दे. छिड़कना
छिड़ना दे. आरंभ होना
छितरा जाना दे. बिखरना
छितरा देना दे. खदेड़ना
छितराना दे. बिखेरना
छितराव दे. बिखराव
छिदना (क्रि.)
छिदा हुआ दे. विद्ध
छिद्र (पुं.)
छिद्र दे. दोष
छिद्र करना दे. छेदना
छिद्रान्वेषण (पुं.)
छिद्रान्वेषण दे. 1. दोषदर्शन, 2. निंदा
छिद्रान्वेषी (वि.)
छिद्रान्वेषी दे. 1. दोषदर्शी, 2. निंदक
छिद्रित दे. छिद्रिल
छिद्रिल (वि.)
छिनरा दे. रंडीबाज
छिनाल दे. 1. दुश्चरित्र, 2. वेश्या, 3. व्यभिचारिणी
छिनाला दे. 1. वेश्यावृति, 2. व्यभिचार
छिन्न-भिन्न (क्रिवि.)
छिपकर दे. चुपचाप
छिप जाना दे. छिपना

छिपना (क्रि.)
छिपाना दे. ढकना
छिपाया हुआ दे. ढका हुआ
छिपाव (पुं.)
छिपाव दे. दुराव
छिपा हुआ दे. गुप्त
छिया दे. गू
छिलका (पुं.)
छिलका दे. छाल
छिलन दे. रगड़
छींटदार दे. चितकबरा
छींटना दे. बिखेरना
छींटा दे. 1. उपहास, 2. ताना, 3. बूँदाबाँदी
छीछालेदार दे. दुर्दशा
छीज दे. क्षय
छीजन दे. 1. क्षय, 2. ह्रास
छीन-झपट दे. छीनाझपटी
छीनना (क्रि.)
छीनाझपटी (स्त्री.)
छीना-झपटी दे. झपट्टा
छीना-झपटी करना दे. छीनना
छीन लेना दे. छीनना
छीलना दे. काटना
छुआछूत (स्त्री.)
छुटकारा (पुं.)
छुटकारा दे. उद्धार
छुटकारा दिलाना दे. 1. उद्धार करना, 2. बचाना
छुटकारा मिलना (क्रिपद)
छुटपन दे. बचपन
छुटभैया दे. पिछलग्गू
छुटाई (स्त्री.)
छुट्टा दे. 1. घुमक्कड़, 2. रेजगारी
छुट्टा-छुट्टी दे. विवाह-विच्छेद
छुट्टी (स्त्री.)
छुट्टी दे. छुटकारा
छुट्टी मिलना दे. छुटकारा मिलना
छुट्टी हो जाना दे. छुटकारा मिलना
छुतहा दे. संक्रामक
छुरा (पुं.)
छुरी दे. कटार
छूछा दे. खाली
छूट दे. 1. रियायत, 2. सुविधा, 3. स्वतंत्रता
छूट देना दे. रियायत करना
छूटना (क्रि.)
छूटना दे. 1. चलना, 2. जाना, 3. प्रस्थान करना
छूत की बीमारी दे. महामारी
छूतछात दे. छुआछूत
छूत छुड़ाना दे. पीछा छुड़ाना
छूना (क्रि.)
छू-मंतर हो जाना दे. 1. अंतर्धान हो जाना, 2. भाग जाना
छेंकना दे. 1. घेरना, 2. रोकना
छेड़ दे. चिढ़
छेड़खानी (स्त्री.)
छेड़खानी करना दे. छेड़ना
छेड़छाड़ दे. 1. छेड़खानी, 2. नटखटी
छेड़छाड़ करना दे. 1. छेड़ना, 2. परेशान करना
छेड़ना (क्रि.)
छेड़ना दे. 1. आरंभ करना, 2. उपहास करना, 3. परेशान करना
छेद (पुं.)
छेद दे. छिद्र
छेद करना दे. छेदना
छेदना (क्रि.)
छेदहा दे. छिद्रिल
छेदा जाना दे. छिदना
छेना दे. पनीर
छैल-छबीला दे. 1. छैला, 2. रसिया
छैला (वि. पुं.)
छैला दे. बाँका
छैलापन (पुं.)
छोई दे. छिलका
छोकरा दे. 1. पुत्र, 2. बच्चा
छोकरी दे. बच्ची
छोटा (वि.)
छोटा दे. 1. तंग, 2. नाटा
छोटा-मोटा दे. तुच्छ
छोड़ देना (क्रिपद)
छोड़ देना दे. त्याग देना
छोड़ना दे. छोड़ देना
छोड़ने योग्य दे. त्याज्य
छोड़ा हुआ दे. परित्यक्त
छोर दे. 1. किनारा, 2. सीमा
छोरा दे. 1. पुत्र, 2. बच्चा, 3. लड़का
छोरी दे. 1. बच्ची, 2. लड़की
छोलदारी दे. तंबू
छोह दे. प्रेम
छौंकना (क्रि.)
छौंक लगाना दे. छाँकना
छौना दे. बच्चा
जंग दे. लड़ाई
जंगल दे. वन
जंगली (वि.)
जंगलीपन दे. बर्बरता
जंगी जहाज (पुं.)
जंघा (स्त्री.)
जँचता दे. उपयुक्त
जँचना दे. भाना
जँचा-तुला दे. नपा-तुला

जंजाल दे. झमेला
जंजालिया दे. दुष्ट
जंजीर (स्त्री.)
जंतर दे. 1. गंडा, 2. तावीज
जंतु दे. 1. जीव, 2. पशु
जंतुशाला दे. चिड़िया-घर
जँवाई दे. दामाद
जईफ दे. बूढ़ा
जईफी दे. बुढ़ापा
जकड़ दे. पकड़
जकड़ना दे. 1. कसना, 2. बाँधना
जकड़ा हुआ दे. बँधा हुआ
ज़खीरा दे. 1. भंडार, 2. समुच्चय
ज़खीरेबाज दे. जमाखोर
ज़खीरेबाजी दे. जमाखोरी
ज़ख्म दे. घाव
ज़ख्मी दे. घायल
ज़ग दे. संसार
जगत दे. संसार
जगतपिता दे. ईश्वर
जगदंबा दे. दुर्गा
जगदंबिका दे. दुर्गा
जगदीश दे. ईश्वर
जगदीश्वर दे. ईश्वर
जगदीश्वरी दे. दुर्गा
जगना दे. जागना
जगन्नाथ दे. ईश्वर
जगन्नियंता दे. ईश्वर
जगमग दे. 1. चमकीला, 2. प्रकाशित
जगमगा देना दे. चमकाना
ज़गमगाना दे. चमकाना
जगमगाहट दे. प्रकाश
जगह दे. 1. गुंजाइश, 2. स्थान
जगह-जगह दे. सर्वत्र

जगाना दे. चेताना
जघन्य दे. निंदनीय
जज़्बात दे. भाव
जज़्बाती दे. भावुक
जज़ीरा दे. 1. टापू, 2. द्वीप
ज़ज्ब करना दे. सोखना
जटना दे. 1. छलना, 2. ठगना
जटा-जूट दे. बाल
जटाधर दे. शिव
जटित दे. जड़ाऊ
जटिल (वि.)
जटिल दे. 1. कठिन, 2. पेचीदा
जटिलता (स्त्री.)
जटिलता दे. 1. उलझन, 2. कठिनाई, 3. पेचीदगी
जठर दे. पेट
जठरता दे. बुढ़ापा
जड़ (वि.)
जड़ दे. 1. निश्चेष्ट, 2. स्थिर
जड़-जंगम दे. चराचर
जड़ता (स्त्री.)
जड़ना दे. उकेरना
जड़वत् दे. निश्चेष्ट
जड़ से दे. समूल
जड़ से उखाड़ना दे. उन्मूलन करना
जड़ाऊ (वि.)
जड़ाऊ दे. रत्नजड़ित
जड़ाना दे. काँपना
जड़िमा दे. जड़ना
जड़ी-बूटी दे. ओषधि
जतन दे. प्रयत्न
जतलाना दे. 1. कहना, 2. बतलाना
जताना दे. 1. अवगत कराना, 2. चेताना

जत्था दे. 1. टुकड़ी, 2. गिरोह, 3. संघ
जत्थेबंदी दे. गुटबंदी
जदा दे. ग्रस्त
जद्दी दे. पैतृक
जद्दोजहद दे. संघर्ष
जन (पुं.)
जन दे. मनुष्य
जनक दे. 1. पिता, 2. प्रवर्तक, 3. संस्थापक
जनकल्याण दे. जनहित
जनखा दे. नपुंसक
जनगणना (स्त्री.)
जनजाति दे. कुल
जनतंत्र (पुं.)
जनतंत्र दे. प्रजातंत्र
जनतांत्रिक दे. प्रजातांत्रिक
जनता (स्त्री.)
जनता दे. प्रजा
जनता जनार्दन दे. जनता
जनना (क्रि.)
जनना दे. उत्पन्न करना
जननायक दे. नेता
जननिर्देश दे. जनमत-संग्रह
जनपद दे. जिला
जनपदकल्याणी दे. वेश्या
जनप्रवाद दे. लोकोक्ति
जनप्रिय दे. लोकप्रिय
जनभाषा दे. भाषा
जनमत (पुं.)
जनमत-संग्रह (पुं.)
जनमना दे. उत्पन्न होना
जनरव दे. 1. अफवाह, 2. शोर
जनवध दे. संहार
जनशून्य दे. सूना
जनशून्यता दे. सूनापन

जनश्रुति दे. अफवाह
जनसमूह दे. 1. जमघट, 2. भीड़, 3. सभा
जनसाधारण दे. जनता
जनहित (पुं.)
जनहीन दे. सूना
जनहीनता दे. सूनापन
जनाकीर्ण दे. 1. आबाद, 2. भीड़-भरा
जनाजा दे. अरथी
जनानखाना दे. अंतःपुर
जनाब-ए-आली दे. महानुभाव
जर्नादन दे. कृष्ण
जनून दे. सनक
जनून दे. पागल
जनेऊ दे. यज्ञोपवीत
जनोक्ति दे. लोकोक्ति
जनोपयोगी दे. उपयोगी
जन्नत दे. स्वर्ग
जन्म (पुं.)
जन्म दे. 1. आविर्भाव, 2. उत्पत्ति
जन्मकुंडली दे. कुंडली
जन्मगत दे. जन्मजात
जन्मगाँठ (स्त्री.)
जन्मजात (वि.)
जन्मदाता (पुं.)
जन्मदाता दे. 1. पिता, 2. प्रवर्तक, 3. संस्थापक
जन्म देना दे. 1. उत्पन्न करना, 2. जनना
जन्मना दे. उत्पन्न होना
जन्मपत्री दे. कुंडली
जन्मभूमि (स्त्री.)
जन्मभूमि दे. मातृभूमि
जन्म-मरण (पुं.)
जन्मरहित दे. अजन्मा
जन्म लेना दे. उत्पन्न होना
जन्मशती दे. शती
जन्मसिद्ध दे. जन्मजात
जन्मस्थान दे. मातृभूमि
जन्मा दे. उत्पन्न
जब (क्रिवि.)
जब देखो तब दे. रात-दिन
जबर दे. 1. कठोर, 2. तगड़ा
जबरई दे. अत्याचार
जबरदस्त (वि.)
जबरदस्त दे. 1. कठोर, 2. तगड़ा
जबरदस्ती (क्रिवि.)
जबरदस्ती दे. 1. अत्याचार, 2.उत्पीड़न, 3. ज्यादती, 4. दमन
जबरदस्ती करना दे. दमन करना
जबरन दे. जबरदस्ती
जबह करना दे. गला काटना
जबान दे. जीभ
जबानदराज दे. तेजतर्रार
जबानी दे. मौखिक
जबानी याद करना दे. रटना
जब्त (वि.)
जब्त करना (क्रिपद)
जभी दे. जब
जमघट (पुं.)
जमघट दे. 1. भीड़, 2. राशि
जम जाना दे. बैठना
जमना दे. 1. अंकुरित होना, 2. इकट्ठा होना, 3. बैठना
जमा दे. 1. इकट्ठा, 2. पूँजी, 3. संग्रहीत
जमाई दे. दामाद
जमा करना दे. 1. इकट्ठा करना, 2. बटोरना
जमाखोर (पुं.)
जमाखोर दे. संग्रहकर्ता
जमाखोरी (स्त्री.)
जमा-जथा दे. जमा-पूँजी
जमा-जमाया दे. प्रतिष्ठित
जमात दे. कक्षा
जमानत (स्त्री.)
जमाना दे. 1. युग, 2. समय
जमानेसाज दे. अवसरवादी
जमानेसाजी दे. अवसरवादिता
जमा-पूँजी (स्त्री.)
जमा-पूँजी दे. पूँजी
जमाव दे. 1. राशि, 2. समुच्चय
जमावड़ा दे. 1. जमघट, 2. भीड़
जमींदार (पुं.)
जमींदार दे. जागीरदार
जमीन दे. 1. जागीर, 2. भूमि, 3. पृथ्वी
जमीनदोज दे. भूमिगत
जमीन सुँघाना दे. पछाड़ना
जमीर दे. चेतना
जम्हूरियत दे. प्रजातंत्र
जमैयत दे. परिषद
जयंत दे. विजयी
जयंती दे. उत्सव
जय दे. 1. विजय, 2. जीत
जयकारा दे. नारा
जयघोष दे. नारा
जयध्वनि दे. वाहवाह
जय-पराजय (स्त्री.)
जयश्री दे. विजय
जयी दे. विजयी
ज़र दे. धन
ज़रखेज दे. उपजाऊ
जरठ दे. बूढ़ा
ज़रब दे. घाव

ज़रा (क्रिवि.)
जराग्रस्त (वि.)
जराजीर्ण दे. जराग्रस्त
जरा-जीर्णता दे. बुढ़ापा
जरा भी (क्रिवि.)
जरा-सा (वि.)
जरा-सा दे. अत्यन्त
जराहीन दे. चिरयुवा
जरिया दे. साधन
जरीदार कपड़ा दे. किमखाब
जरूर दे. 1. अवश्य, 2. निस्संदेह
जरूर-जरूर दे. अवश्य
जरूरत दे. आवश्यकता
जरूरतमंद (वि.)
जरूरी दे. आवश्यक
जर्जर (वि.)
जर्जरित दे. जर्जर
जर्द दे. पीला
जर्रा दे. कण
जल (पुं.)
जल उठना दे. जलना
जलकुंड दे. जलाशय
जलज दे. कमल
जल-जलपान दे. जलपान
जलजला दे. भूकंप
जलजात दे. कमल
जल जाना (क्रिपद)
जलद दे. बादल
जलधर दे. बादल
जलधि दे. समुद्र
जलन (स्त्री.)
जलन दे. ईर्ष्या
जलना (क्रि.)
जलना दे. 1. ईर्ष्या करना, 2. गर्म हो जाना
जलनिधि दे. समुद्र

जलपान (पुं.)
जलपान दे. नाश्ता
जलपान-गृह (पुं.)
जलप्रपात दे. झरना
जलभुन जाना दे. क्रुद्ध होना
जल-भूमिचर दे. जल-स्थलचर
जलयात्रा दे. समुद्रयात्रा
जलयान दे. जहाज
जलवायु (स्त्री.)
जलसा दे. 1. उत्सव, 2. बैठक
जलस्थ दे. कछारी
जल-स्थलचर (वि.)
जल-स्थलचरी दे. जल-स्थलचर
जलहीन दे. सूखा
जलाना (क्रि.)
जलाना दे. सताना
जला-भुना दे. क्रुद्ध
जलाल दे. प्रताप
जलावतनी दे. देश-निकाला
जलावर्त दे. भँवर
जलाशय (पुं.)
जला हुआ दे. दग्ध
जलीय दे. तरल
जलील दे. अपमानित
जलील करना दे. अपमान करना
जलोढ़ दे. कछारी
जल्दी (क्रिवि.)
जल्दी से दे. 1. तुरंत, 2. शीघ्र
जल्दबाज (पुं.)
जल्दबाजी दे. उतावला
जल्दबाजी दे. 1. उतावली, 2. जल्दी
जल्दबाजी करना दे. जल्दी मचाना
जल्दबाज़ी-भरा दे. उतावली-भरा

जल्दी मचाना (क्रिपद)
जल्दी मचानेवाला दे. जल्दबाज
जल्पना दे. बकना
जल्लाद दे. निर्दय
जव दे. जौ
जवाँमर्द दे. वीर
जवान (वि.)
जवान दे. 1. युवक, 2. सैनिक
जवानी (स्त्री.)
जवानी दे. यौवन
जवाब दे. उत्तर
जवाब दे देना दे. निकाल देना
जवाबदेह दे. उत्तरदायी
जवाबदेही दे. 1. उत्तरदायित्व, 2. भार
जवाब-सवाल दे. प्रश्नोत्तर
जवाल दे. पतन
जवाहर दे. रत्न
जशन दे. उत्सव
जहमत दे. झमेला
जहर दे. विष
जहरबाद दे. नासूर
जहर-बुझा दे. विषैला
जहरीला दे. विषैला
जहरी दे. विषैला
जहाँगीर दे. सम्राट
जहाज (पुं.)
जहालत दे. निरक्षरता
जहीन वि. 1. कुशाग्रबुद्धि, 2. तेज
जहेज दे. दहेज
जाँगर दे. बल
जाँगरचोर दे. 1. आलसी, 2. सुस्त
जाँगरतोड़ दे. परिश्रमी
जाँच (स्त्री.)
जाँच दे. निरीक्षण

जाँचकर्ता दे. निरीक्षक
जाँचना दे. परखना
जाँच-पड़ताल दे. 1. जाँच, 2. निरीक्षण, 3. पूछताछ
जाँच-पड़ताल करना दे. ढूँढ़ना
जाँच-परख दे. जाँच
जाँचा-परखा दे. परीक्षित
जाँबाज दे. वीर
जाँबाजी दे. वीरता
जाकेट दे. बंडी
जाग उठना दे. जागना
जाग जाना दे. जागना
जागतिक दे. सांसारिक
जागना (क्रि.)
जागरण (पुं.)
जागरूक दे. 1. सजग, 2. सावधान
जागरूकता दे. 1. सजगता, 2. सावधानी
जागा दे. जागरण
जागीर (स्त्री.)
जागीरदार (पुं.)
जागीरदार दे. 1. जमींदार, 2. सामंत
जागीरी दे. सामंती
जागृति दे. सजगता
जाग्रत दे. 1. चेतन, 2. सजग
जाग्रति दे. सजगता
जाज्वल्यमान दे. 1. चमकीला, 2. प्रकाशित
जाड़ा दे. सर्दी
जात दे. उत्पन्न
जातक दे. 1. पुत्र, 2. बच्चा
जातकी दे. बच्ची
जात-पाँत (स्त्री.)
जाति (स्त्री.)
जाति दे. 1. वर्ग, 2. समुदाय
जाति-भेद दे. जात-पाँत
जातियता दे. जातिवाद
जातिवाद (पुं.)
जाति-व्यवस्था दे. जात-पाँत
जाती दे. 1. अपना, 2. व्यक्तिगत
जातीय (वि.)
जातुधान दे. राक्षस
जादुई दे. चमत्कारिक
जादू (पुं.)
जादू दे. चमत्कार
जादूगर (पुं.)
जादूगरी दे. जादू
जादू-टोना (पुं.)
जादू-टोना दे. जादू
जान दे. 1. जीवन, 2. प्राण, 3. सजीवता
जानकार दे. ज्ञाता
जानकारी दे. 1. ज्ञान, 2. पहचान, 3. पता, 4. परिचय
जानकारी प्राप्त करना दे. पूछताछ करना
जानकारी होना दे. जानना
जान का वैरी दे. घोर शत्रु
जानकीनाथ दे. राम
जान चली जाना दे. मरना
जान जाना दे. मरना
जान डालना दे. 1. अनुप्राणित करना, 2. जिलाना
जानदार दे. सजीव
जानना (क्रि.)
जान पड़ना दे. लगना
जान-पहचान दे. परिचय
जान-पहचानी दे. परिचित
जान बचाना दे. पीछा छुड़ाना
जान-बूझकर (क्रिवि.)
जान लड़ाना दे. परिश्रम करना
जान लेना दे. 1. ताड़ना, 2. मारना, 3. हत्या करना
जानलेवा दे. मारक
जानवर दे. 1. चौपाया, 2. जीव, 3. पशु
जानवरपन दे. पाशविकता
जानवराना दे. पाशविक
जानवरों-जैसा दे. पाशविक
जान होम करना दे. परिश्रम करना
जाना (क्रि.)
जाना दे. प्रस्थान करना
जाना-पहचाना दे. परिचित
जाना-माना दे. प्रतिष्ठित
जानी दुश्मन दे. घोर शत्रु
जापा दे. सौरी
जाफत दे. भोज
जाफरान दे. केसर
जाफरानी दे. केसरिया
जाब्ता दे. नियम
जाम दे. 1. अवरुद्ध, 2. प्याला, 3. बंद
जामा दे. लबादा
जामाता दे. दामाद
जामुनी दे. बैंगनी
जायका दे. स्वाद
जायका लेना दे. चखना
जायकेदार दे. स्वादिष्ट
जायज दे. उचित
जायदाद दे. संपत्ति
जाया दे. नष्ट
जाया करना दे. नष्ट कर देना
जार दे. व्यभिचारी
जारकर्म दे. व्यभिचार

जारज (वि. पुं.)
जारज दे. दोगला
जारिणी दे. व्यभिचारिणी
जारी दे. 1. चालू, 2. प्रचलित, 3. लगातार
जाल (पुं.)
जाल दे. उलझन
जालसाज (पुं.)
जालसाज दे. कपटी
जालसाजी (स्त्री.)
जालिम दे. 1. अत्याचारी, 2. अन्यायी, 3. निर्दय
जालिमाना दे. 1. घातक, 2. अत्याचारपूर्ण
जालिया दे. 1. कपटी, 2. जालसाज
जाली दे. 1. कृत्रिम, 2. नकली
जासूस (पुं.)
जासूस दे. गुप्तचर
जासूसी (स्त्री.)
जासूसी दे. गुप्तचर्या
जाहिर दे. 1. प्रत्यक्ष, 2. स्पष्ट
जाहिर होना दे. प्रकट होना
जाहिरा दे. देखने में
जाहिल दे. अनपढ़
जिंदगानी दे. जीवन
जिंदगी दे. जीवन
जिंदगी बिताना दे. जीना
जिंदा दे. जीवित
जिंदादिल दे. 1. मिलनसार, 2. प्रसन्नचित्त
जिंदा रहना दे. जीना
जिंस दे. 1. चीज, 2. वस्तु
जिक्र दे. 1. चर्चा, 2. वर्णन
जिगरा दे. साहस
जिगरी दे. घनिष्ठ
जिगीषु दे. लड़ाकू
जिच दे. गतिरोध
जिज्ञासा (स्त्री.)
जिज्ञासु (वि.)
जितात्मा दे. जितेंद्रिय
जितेंद्रिय (वि.)
जितेंद्रिय दे. संयमी
जितेंद्रियता दे. संयम
जिद (स्त्री.)
जिद दे. हठ
जिद करना दे. हठ करना
जिद्दी (वि.)
जिद्दी दे. हठी
जिन दे. 1. भूत, 2. महावीर
जिना दे. व्यभिचार
जिनाकारी दे. व्यभिचार
जिनेंद्र दे. महावीर
जिमाना दे. खिलाना
जिम्मा दे. 1. उत्तरदायित्व, 2. कर्तव्य, 3. भार
जिम्मेदार दे. उत्तरदायी
जिम्मेदारी दे. उत्तरदायित्व
जिया दे. अंतःकरण
जिरह दे. वाद-विवाद
जिरह-बख्तर दे. कवच
जिला (पुं.)
जिलाना (क्रि.)
जिल्दसाज दे. दफ्तरी
जिल्लत दे. अपमान
जिस समय दे. जब
जिससे (योजक)
जिससे दे. ताकि
जिस्म दे. 1. काया, 2. शरीर
जिस्मानी दे. शारीरिक
जिह्वा दे. जीभ
जी दे. 1. अंतःकरण, 2. हृदय
जी करना दे. चाहना
जी जान से (क्रिवि.)
जीट दे. डींग
जीत (स्त्री.)
जीत दे. विजय
जीतना (क्रि.)
जीतने योग्य दे. जेय
जीत-हार दे. जय-पराजय
जीता-जागता दे. 1. जीवित, 2. सजीव
जीता हुआ दे. विजित
जीते जी (क्रिवि.)
जी तोड़कर दे. जी-जान से
जीना (क्रि.)
जीना दे. सीढ़ी
जीना-मरना दे. जन्म-मरण
जी बहलाना दे. दिल बहलाना
जीभ (स्त्री.)
जी भर जाना दे. अघाना
जीमना दे. खाना
जी मिचलाना (क्रिपद)
जीरो दे. शून्य
जीर्ण दे. 1. जर्जर, 2. पुराना, 3. फटा
जीर्णशीर्ण दे. फटा
जीर्णोद्धार दे. 1. परिवर्तन, 2. सुधार
जीवंत दे. 1. चेतन, 2. जीवित, 3. सजीव
जीवंतता दे. 1. ताजगी, 2. सजीवता
जीवंत बनाना दे. अनुप्राणित करना
जीव दे. पशु
जीव-जंतु दे. पशु
जीवट दे. 1. चरित्रबल, 2. साहस

जीवटवाला दे. 1. शक्तिशाली, 2. साहसी
जीव (पुं.)
जीवधारी दे. जीव
जीवन (पुं.)
जीवन दे. प्राण
जीवन-कथा दे. जीवनी
जीवनकाल में दे. जीते जी
जीवनचरित्र दे. जीवनी
जीवनदान दे. बलिदान
जीवन पर्यंत दे. जीते जी
जीवन-बसर करना दे. गुजारा करना
जीवन भर दे. आजीवन
जीवनयापन करना दे. 1. गुजारा करना, 2. जीना
जीवन-शक्ति दे. प्राण
जीवन-संग्राम दे. संघर्ष
जीवन-साधन दे. जीविका
जीवनी (स्त्री.)
जीवनी दे. आत्मकथा
जीवनी शक्ति (स्त्री.)
जीवलोक दे. संसार
जीवहत्या दे. हत्या
जीवात्मा दे. आत्मा
जीविका (स्त्री.)
जीविका चलाना (क्रिपद)
जीविकाहीन दे. बेकार
जीविकोपार्जन करना दे. जीविका चलाना
जीवित (वि.)
जीवित दे. वर्तमान
जीवित अवस्था दे. वर्तमानता
जीवित करना दे. जिलाना
जीवित रहना दे. जीना
जीवहिंसा दे. हत्या
जी-हुजूर दे. पिछलग्गू
जी-हुजूरी दे. चापलूसी
जुआ (पुं.)
जुकाम (पुं.)
जुगत दे. उपाय
जुगाड़ दे. उपाय
जुगाली करना दे. चबाना
जुगुप्सा दे. घृणा
जुगुप्सित दे. घृणित
जुझारू दे. लड़ाकू
जुझारूपन दे. लड़ाकूपन
जुट दे. 1. गिरोह, 2. जोड़ा
जुटना दे. इकट्ठा होना
जुटाना दे. 1. इकट्ठा करना, 2. प्रबंध करना
जुड़ना (क्रि.)
जुड़ना दे. 1. चिपकना, 2. लिपटना
जुड़वाँ (क्रि.)
जुड़ाव दे. 1. एकता, 2. संलग्नता
जुड़ा हुआ दे. 1. संयुक्त, 2. संबद्ध, 3. संलग्न
जुतिऔवल दे. जूता-पैजार
जुतियाना दे. डाँटना
जुदा दे. अलग
जुदाई दे. अलगाव
जुदा होना दे. बिछुड़ना
जुनून दे. 1. आवेश, 2. पागलपन
जुन्हाई दे. चाँदनी
जुर्म दे. अपराध
जुर्माना दे. दंड
जुर्माना करना दे. दंड देना
जुर्रत दे. साहस
जुल दे. धोखा
जुलबाजी दे. धोखा
जुलाब (पुं.)
जुलाहा दे. बुनकर
जुल्फ दे. लट
जुल्म दे. 1. अत्याचार, 2. अन्याय
जुल्मी दे. अत्याचारी
जुस्तजू दे. खोज
जुहार दे. अभिवादन
जूजू दे. हौआ
जूझना दे. संघर्ष करना
जूठ दे. जूठन
जूठन (स्त्री.)
जूठा दे. अपवित्र
जूड़ी दे. सर्दी
जूत-पैजार दे. जूता-पैजार
जूता (पुं.)
जूता-पैजार (पुं.)
जूती दे. जूता
जूती-पैजार दे. जूता-पैजार
जून दे. समय
जूनियर दे. छोटा
जूही दे. चमेली
जेठ दे. बड़ा
जेता दे. विजयी
जेब (पुं.)
जेबकतरा (पु.)
जेय (वि.)
जेर दे. खेड़ी
जेरी दे. खेड़ी
जेल (स्त्री.)
जेल दे. कारागार
जेलखाना दे. जेल
जेवनार दे. भोज
जेवर दे. गहना
जेहन दे. बुद्धि
जैकेट (स्त्री.)
जैव दे. चेतन

जैसा कि दे. मानो
जैसे (योजक)
जैसे-तैसे दे. येनकेन-प्रकारेण
जैसे ही दे. जब
जोकर दे. 1. भाँड़, 2. मसखरा, 3. विदूषक
जोकरी दे. मसखरापन
जोखिम (पुं.)
जोखिम-भरा (वि.)
जोखिम-भरा दे. साहसिक
जोखिमी दे. साहसी
जोगड़ा दे. तपस्वी
जोगिन दे. तपस्विनी
जोगी दे. तपस्वी
जोड़ (पुं.)
जोड़ दे. 1. एकीकरण, 2. गाँठ
जोड़ का दे. समकक्ष
जोड़-तोड़ दे. अंग-प्रत्यंग
जोड़-तोड़ का दे. समान
जोड़दार (वि.)
जोड़ना (क्रि.)
जोड़ना दे. इकट्ठा करना
जोड़ लगाना (क्रिपद)
जोड़ लगाना दे. थिगली लगाना
जोड़ा (पुं.)
जोड़ा हुआ दे. संगृहीत
जोड़ी दे. जोड़ा
जोड़ीदार दे. 1. मित्र, 2. समकक्ष, 3. साझेदार, 4. साथी
जोड़ों का दर्द दे. गठिया
जोत दे. लौ
जोतने-बोने योग्य दे. कृष्य
जोर (पुं.)
जोर दे. 1. बल, 2. शक्ति
जोर की हँसी दे. अट्टहास
जोर-जबरदस्ती दे. 1. अत्याचार, 2. उत्पीड़न, 3. बल-प्रयोग
जोर-जुल्म दे. उत्पीड़न
जोरदार दे. 1. उग्र, 2. कड़ा, 3. प्रबल
जोर-शोर दे. उत्साह
जोर से हिलाना दे. झकझोरना
जोराजोरी दे. ज्यादती
जोरू दे. पत्नी
जोरू का गुलाम दे. पत्नीव्रती
जोश दे. 1. आवेश, 2. उत्तेजना, 3. उत्साह
जोश-खरोश दे. उत्साह
जोश-खरोश से दे. खुशी-खुशी
जोश दिलाना दे. उकसाना
जोश-भरा दे. उत्तेजित
जोशीला दे. 1. उत्तेजक, 2. उत्साही
जोहना दे. देखना
जौ (पुं.)
जौहर दे. 1. करतब, 2. बलिदान
जौहरी दे. पारखी
ज्ञात (वि.)
ज्ञात दे. परिचित
ज्ञातव्य दे. ज्ञेय
ज्ञात होना दे. प्रतीत होना
ज्ञाता (वि. पुं.)
ज्ञान (पुं.)
ज्ञान दे. 1. पता, 2. पांडित्य
ज्ञानप्रद दे. शिक्षाप्रद
ज्ञानवर्धक दे. शिक्षाप्रद
ज्ञानवान दे. पंडित
ज्ञान होना दे. जानना
ज्ञानी दे. 1. ज्ञाता, 2. पंडित
ज्ञानेप्सा दे. जिज्ञासा
ज्ञेय (वि.)
ज्यादती (स्त्री.)
ज्यादती दे. अत्याचार
ज्यादा दे. अधिक
ज्यादातर दे. 1. अधिकतर, 2. प्रायः
ज्यादा से ज्यादा दे. अधिकतम
ज्येष्ठ दे. बड़ा
ज्योंही दे. जब
ज्योति दे. लौ
ज्योतित दे. दीप्त
ज्योतिर्मय दे. प्रकाशित
ज्योतिर्बिंद (पुं.)
ज्योतिष (पुं.)
ज्योतिषशास्त्र (पुं.)
ज्योतिषी (पुं.)
ज्योतिषी दे. भविष्यवक्ता
ज्योत्स्ना दे. चाँदनी
ज्योनार दे. भोज
ज्वर (पुं.)
ज्वर दे. तापमान
ज्वरग्रस्त दे. बीमार
ज्वलंत दे. 1. महत्त्वपूर्ण, 2. स्पष्ट
ज्वलनशील दे. दाह्य
ज्वाला दे. लौ
झंकार (स्त्री.)
झंझट दे. 1. कष्ट, 2. झगड़ा, 3. झमेला, 4. परेशानी
झंझटी दे. कठिन
झंझा दे. आँधी
झंझावात दे. आँधी
झंझी दे. फूटी कौड़ी
झंझोड़ना दे. हिलाना
झंडा (पुं.)
झँसना दे. ठगना
झँस लेना दे. छीनना
झक दे. सनक

झकझोरना (क्रि.)
झकझोरना दे. हिलाना
झकाझक दे. 1. उज्ज्वल, 2. चमकीला
झकोरा दे. झोंका
झकोरा देना दे. झकझोरना
झकोला दे. झोंका
झक्की दे. सनकी
झगड़ना (क्रि.)
झगड़ना दे. लड़ना
झगड़ा (पुं.)
झगड़ा दे. 1. दंगा, 2. द्वंद्व
झगड़ा करना दे. 1. झगड़ना, 2. लड़ना
झगड़ा-टंटा दे. झगड़ा
झगड़ा-झमेला दे. खलबली
झगड़ालू (पुं.)
झट दे. तुरंत
झटक जाना दे. दुबलाना
झटकना दे. 1. छीनना, 2. ठगना
झटका दे. आघात
झटपट दे. 1. तुरंत, 2. शीघ्र
झड़ना (क्रि.)
झड़प दे. झगड़ा
झड़पाझड़पी दे. झगड़ा
झड़ाझड़ दे. लगातार
झड़ी दे. वर्षा
झड़ी लगा देना दे. बौछार करना
झनक दे. झंकार
झनझन दे. झंकार
झनझनाहट दे. झंकार
झपकी दे. ऊँघ
झपकी लेना दे. ऊँघना
झपझपाना दे. टिमटिमाना
झपटना (क्रि.)
झपटना दे. छीनना
झपट पड़ना दे. झपटना
झपट लेना दे. छीनना
झपट्टा (पुं.)
झपट्टा मारना दे. 1. आक्रमण करना, 2. झपटना
झमाझम पानी बरसना दे. मूसलाधार पानी बरसना
झमेला (पुं.)
झमेला दे. 1. उलझन, 2. उपद्रव, 3. पेचीदगी, 4. परेशानी, 5. समस्या
झमेलिया दे. झगड़ालू
झमेले का दे. पेचीदा
झरझर दे. लगातार
झरझरा दे. छिद्रिल
झरना (पुं.)
झरना दे. झड़ना
झराझर दे. तेजी से
झलक (स्त्री.)
झलक दे. संकेत
झलका दे. छाला
झलझल दे. चमकीला
झलझल करना दे. चमकना
झलझल करने लगना दे. चमकना
झलझलाना दे. चमकाना
झलाझल दे. चमकीला
झल्ल दे. पागलपन
झल्ला दे. पागल
झल्ला उठना दे. 1. गुस्साना, 2. बौखलाना
झल्लाना दे. 1. कल्पना, 2. गुस्साना, 3. चीखना, 4. बौखलाना
झल्लाहट दे. बौखलाहट
झाँकी दे. झलक
झाँड़-फूँक दे. 1. जादू-टोना, 2. टोना
झाँड़-फूँक करनेवाला दे. टोनहा
झाँपना दे. ढकना
झाँवझाँव दे. झगड़ा
झाँवझाँव करनेवाला दे. हुज्जती
झाँसा दे. धोखा
झाँसा देना दे. धोखा देना
झाग दे. फेन
झागदार (वि.)
झागवाला दे. झागदार
झाड़-झंखाड़ दे. झाड़ी
झाड़ना दे. साफ करना
झाड़-पोंछ दे. सफाई
झाड़ी (स्त्री.)
झाड़ू (पुं.)
झाड़ूतारा दे. पुच्छल तारा
झाड़ू देना (क्रिपद)
झाड़ू लगाना दे. झाड़ू देना
झापड़ दे. चपत
झाल दे. तीखापन
झालदार दे. 1. तिक्त, 2. तीखा
झिंझोड़ना दे. 1. झकझोरना, 2. हिलाना
झिकझिक दे. झगड़ा
झिकझिक करना दे. 1. लड़ना, 2. विवाद करना
झिझक दे. 1. असमंजस, 2. हिचक
झिझकना दे. हिचकना
झिड़क दे. डाँट
झिड़कना दे. डाँटना
झिड़की दे. 1. घुड़की, 2. डाँट
झिरी दे. छेद

झिलमिला दे. झीना
झिलमिलाना दे. टिमटिमाना
झिल्लड़ दे. झीना
झींसी दे. बूँदाबाँदी
झीखना दे. झुँझलाना
झीना (वि.)
झीना दे. महीन
झील दे. जलाशय
झुँझला उठना दे. गुस्साना
झुँझलाना (क्रि.)
झुँझलाहट (स्त्री.)
झुँझलाहट दे. खीझ
झुंड (पुं.)
झुंड दे. 1. गिरोह, 2. समूह
झुकना (क्रि.)
झुकाव (पुं.)
झुकाव दे. प्रवृत्ति
झुका हुआ दे. 1. तिरछा, 2.नत, 3. प्रवृत्त
झुग्गी दे. झोंपड़ी
झुग्गीवाला दे. झोंपड़ीवाला
झुटपुट दे. 1. संध्या, 2. सायं
झुनझुन दे. 1. झंकार, 2. रुनझुन
झुनझुनाना दे. सुन्न हो जाना
झुरकुट दे. पतला
झुरमुट (पुं.)
झुरमुट दे. झाड़ी
झुराना दे. मुरझाना
झुर्री (स्त्री.)
झुलस जाना दे. मुरझाना
झुलसा हुआ दे. दग्ध
झुलाना दे. परेशान करना
झूँटा दे. पेंग
झूठ बोलनेवाला दे. झूठा
झूठमूठ (क्रिवि.)
झूठा (वि.)
झूठा दे. 1. आधारहीन, 2. असत्य, 3. काल्पनिक, 4. नकली
झूठा सिद्ध करना दे. असिद्ध करना
झूठा ठहराना दे. असिद्ध करना
झूठी प्रशंसा दे. चापलूसी
झूठों दे. झूठमूठ
झूम उठना दे. नाचना
झूमना (क्रि.)
झूमना दे. नाचना
झूरा दे. सूखा
झूलना दे. लटकना
झूला (पुं.)
झेंप दे. शर्म
झेंपना दे. 1. मूँदना, 2. शर्माना
झेंपू दे. शर्मीला
झेलना दे. सहना
झोंक दे. आवेश
झोंका (पुं.)
झोंझों दे. झगड़ा
झोंटा दे. बाल
झोंटा-झोंटी दे. मारपीट
झोंपड़-पट्टी दे. गंदी बस्ती
झोंपड़ी (स्त्री.)
झोंपड़ीवाला (पुं.)
झोरना दे. खाना
झोल दे. रस
टंक दे. कुल्हाड़ी
टँगड़ी दे. टाँग
टँगना दे. लटकना
टँगिया दे. कुल्हाड़ी
टँच दे. 1. धूर्त, 2. स्वस्थ
टंट-घंट दे. 1. साज-सामान, 2. सामान
टंटा दे. झगड़ा
टंटेबाज दे. झगड़ालू
टँडैल दे. हट्टा-कट्टा
टकटकी बाँधे दे. एकटक
टकटकी लगाए दे. 1. अपलक, 2. एकटक
टकटकी लगाकर (क्रिवि.)
टकरा जाना दे. टकराना
टकराना (क्रि.)
टकराना दे. लड़ना
टकरा दे. टक्कर
टकसाली दे. मानक
टकोर दे. सेंक
टकोर करना दे. सेंकना
टकोरना दे. ताना मारना
टक्कर (स्त्री.)
टक्कर खाना दे. टकराना
टक्कर मारना दे. टकराना
टघरना दे. पिघलना
टटका दे. ताजा
टटोलना दे. छूना
टट्टी दे. 1. आड़, 2. गू, 3. विष्ठा
टट्टी-पेशाब दे. गू-मूत
टनमना दे. स्वस्थ
टन्न दे. नशे में चूर
टपक दे. टीस
टपकना दे. 1. चूना, 2. झड़ना, 3. टीसना
टपक पड़ना दे. गिरना
टपकाटपकी दे. बूँदाबाँदी
टपकेबाज दे. धूर्त
टपकेबाजी दे. धूर्तता
टपटपाना दे. चूना
टपना दे. कूदना
टप्पा दे. भूखंड
टमटम दे. बग्घी
टरटर दे. शोर
टर्रा दे. 1. उद्धत, 2. जिद्दी

टिकाव दे. ठहराव
टर्राना दे. चिल्लाना
टलना दे. हटना
टल्लेनवीस दे. आवारा
टल्लेनवीसी दे. आवारागर्दी
टल्लेनवीसी करना दे. टालना
टल्लो दे. टहनी
टसक जाना दे. 1. खिसकना, 2. भाग जाना
टसकना दे. भाग जाना
टस से मस न होनेवाला दे. 1. स्थिर, 2. हठी
टसुआ दे. आँसू
टहकना दे. टीसना
टहटहा दे. ताजा
टहनी (स्त्री.)
टहनी दे. शाखा
टहल दे. सेवा
टहल करना दे. सेवा करना
टहलना (क्रि.)
टहलना दे. 1. घूमना, 2. चलना
टहलान दे. सैर
टहलाना दे. घुमाना
टहलुआ दे. सेवक
टही दे. मुक्ति
टाँकना दे. 1. जोड़ लगाना, 2. लिखना
टाँका लगवाना दे. सिलवाना
टाँके लगाना दे. सीना
टाँग (स्त्री.)
टाँग दे. पैर
टाँग अड़ाना दे. हस्तक्षेप करना
टाँचना दे. सीना
टाँडा दे. काफिला
टाट उलट देना दे. दिवाला निकाल देना

टापना दे. कूदना
टापू (पुं.)
टापू. दे. द्वीप
टाल दे. ढेर
टाल जाना (क्रिपद)
टाल-टूल दे. बहानेबाजी
टालटूल करना दे. टालना
टालना (क्रिपद)
टाल देना दे. स्थगित करना
टालमटोल दे. बहानेबाजी
टालमटोल करना दे. 1. टालना, 2. हिचकना
टिकटी दे. अरथी
टिकड़ा दे. रोटी
टिकना दे. ठहरना
टिकाऊ (वि.)
टिकाऊ दे. स्थायी
टिकाऊपन (पुं.)
टिकाऊपन दे. स्थायित्व
टिकाना दे. 1. ठहराना, 2. रोकना
टिकैत दे. राजकुमार
टिकैया दे. सस्ता
टिचन दे. सही
टिटिंबा दे. झमेला
टिप दे. बख्शीश
टिपटाप दे. सजधज
टिपटिप दे. बूँदाबाँदी
टिप्पण दे. टीका
टिप्पणी दे. टीका
टिमटिमाना (क्रि.)
टिमटिमाना दे. जलना
टीका (पुं.)
टीकाकार (पुं.)
टीका-टिप्पणी दे. टीका
टीप दे. पुकार

टीप-टाप दे. 1. तड़क-भड़क, 2. सजावट
टीपन दे. कुंडली
टीपना दे. दबाना
टीबा दे. टीला
टीबी दे. तपेदिक
टीमटाम दे. 1. ठाठ, 2. सजधज
टीला (पुं.)
टीस (स्त्री.)
टीस दे. 1. कष्ट, 2. पीड़ा
टीसना (क्रि.)
टीसना दे. पीड़ा होना
टुंडा दे. विकलांग
टुक दे. जरा
टुकड़खोर दे. परजीवी
टुकड़गदाई दे. 1. निर्धन, 2. भिखारी
टुकड़तोड़ दे. परजीवी
टुकड़ा (पुं.)
टुकड़ा दे. अंश
टुकड़ी (स्त्री.)
टुकड़ी दे. 1. टुकड़ा, 2. दल
टुकड़े-टुकड़े दे. 1. चूर-चूर, 2. छिन्न-भिन्न, 3. टूटा-फूटा
टुकड़े-टुकड़े करना दे. तोड़ना
टुकड़े-टुकड़े होना दे. टूटना
टुक्कड़ दे. टुकड़ा
टुच्चा दे. चुत्छ
टुटपुँजिया दे. निर्धन
टुटहा दे. भग्न
टूँगना दे. खाना
टूक दे. टुकड़ा
टूक-टूक हो जाना दे. टूटना
टूटकर गिरना दे. झड़ना
टूट जाना दे. ध्वस्त होना

टूटना (क्रि.)
टूटना-फूटना दे. टूटना
टूट पड़ना दे. 1. आक्रमण करना, 2. झपटना
टूट-फूट जाना दे. टूटना
टूटा-फूटा (वि.)
टूटा-फूटा सामान दे. कबाड़
टूटा हुआ दे. भग्न
टूम दे. गहना
टेंटें करना दे. चहकना
टेंडर दे. निविदा
टें बोलना दे. मरना
टेक दे. 1. चाँड़, 2. जिद्द, 3. हठ
टेकी दे. जिद्दी
टेढ़ा (वि.)
टेढ़ा दे. 1. कठिन, 2. तिरछा
टेढ़ापन (पु.)
टेढ़ा-मेढ़ा (क्रि.)
टेढ़ा-मेढ़ा दे. पेचीदा
टेम दे. लौ
टेर दे. 1. भेंगा, 2. पुकार
टेरना दे. 1. पुकारना, 2. बुलाना
टेव दे. आदत
टेवना दे. तेज करना
टेवा दे. कुंडली
टेस्ट दे. जाँच
टेढ़ा करना दे. ऐंठना
टैक्स दे. कर
टोंटी दे. चोंच
टोकना दे. बात काटना
ठोक-बजाकर देखना दे. परखना
टोटका दे. 1. टोना, 2. युक्ति
टोटल करना दे. जोड़ लगाना
टोटली दे. बिल्कुल
टोटा दे. 1. अभाव, 2. कमी
टोडी दे. कमीना
टोनहा (पुं.)
टोना (पुं.)
टोना दे. जादू
टोला दे. 1. गली, 2. मुहल्ला
टोली दे. 1. गिरोह, 2. टुकड़ी
टोह दे. खोज
टोहना दे. 1. खोजना, 2. छूना, 3. ढूँढ़ना
ट्यून दे. तान
ट्यूमर दे. 1. अबुर्द, 2. नासूर
ट्रस्ट दे. न्यास
ट्रस्टी दे. न्यासी
ट्रेजरी दे. कोषागार
ट्रिब्युनल दे. आयोग
ठंड (स्त्री.)
ठंड दे. सर्दी
ठंडई दे. शरबत
ठंडक (स्त्री.)
ठंडक दे. सर्दी
ठंडा (वि.)
ठंडा दे. शांत
ठंडा करना दे. शांत करना
ठकुरसुहाती दे. चापलूसी
ठग दे. 1. चोर, 2. छली, 3. धूर्त
ठगई दे. 1. ठगी, 2. धूर्तता
ठगना (क्रि.)
ठगना दे. 1. चुराना, 2. छलना, 3. धोखा देना
ठगपना दे. 1. चोरी, 2. ठगी, 3. धोखा
ठगवृत्ति दे. धूर्तता
ठगा-सा दे. चकित
ठगी (स्त्री.)
ठगी दे. 1. चोरी, 2. धूर्तता, 3. धोखा
ठगी करना दे. धोखा देना
ठट्ठ दे. समूह
ठट्ठा दे. 1. उपहास, 2. हँसी
ठट्ठा करना दे. उपहास करना
ठट्ठा मारना दे. 1. अट्टहास करना, 2. हँसना
ठट्ठेबाजी दे. हँसी
ठठरी दे. 1. अरथी, 2. कंकाल, 3. ढाँचा
ठठाकर हँसना दे. हँसना
ठठाना दे. हँसना
ठठेरा (पुं.)
ठठोल दे. विनोदी
ठनठन गोपाल दे. निर्धन
ठनना दे. आरंभ होना
ठप दे. बंद
ठप्पा (पुं.)
ठप्पा दे. छाप
ठमकाना दे. रुकना
ठवन दे. मुद्रा
ठस दे. कंजूस
ठसक दे. 1. ऐंठ, 2. नखरा
ठसका दे. नखरा
ठसकेदार दे. नखरेबाज
ठसपन दे. कंजूसी
ठसाठस दे. खचाखच
ठस्सा दे. नखरा
ठहर-ठहरकर दे. कभी-कभी
ठहरना (क्रि.)
ठहरना दे. रुकना
ठहराना (क्रि.)
ठहराव दे. 1. समझौता, 2. स्थिरता
ठहरौनी दे. समझौता
ठहाका (पुं.)
ठहाका दे. अट्टहास
ठहाका मारना दे. 1. अट्टहास करना, 2. हँसना

ठाँठ दे. सूखा
ठाँय-ठाँय दे. झगड़ा
ठाँव दे. स्थान
ठाकुर दे. ईश्वर
ठाट (पुं.)
ठाठ दे. आडंबर, 2. ढाँचा, 3. ढोंग
ठाठदार दे. भव्य
ठाठ-बाट दे. 1. आडंबर, 2. ठाठ, 3. प्रदर्शन
ठान लेना दे. निश्चय करना
ठार दे. सर्दी
ठाला दे. 1. अभाव, 2. कमी
ठिकाना दे. 1. गंतव्य, 2. स्थान
ठिगना दे. 1. छोटा, 2. बौना
ठिठुरना दे. काँपना
ठिठोलिया दे. 1. मसखरा, 2. विनोदी
ठिठोलियापन दे. भड़ैती
ठिठोली दे. 1. उपहास, 2. ताना, 3. हँसी
ठिठोली करना दे. 1. उपहास करना, 2. ताना मारना
ठिया दे. 1. अड्डा, 2. स्थान
ठीक (वि.)
ठीक दे. 1. उचित, 2. सही, 3. स्वस्थ
ठीक करना दे. 1. अच्छा करना, 2. सुधारना
ठीक-ठाक दे. 1. ठीक, 2. भली-भाँति
ठीक-ठिकाना दे. गंतव्य
ठीक तरह से दे. भली-भाँति
ठीक बैठना दे. मेल खाना
ठीकम-ठीक दे. ठीक
ठीकरा दे. टुकड़ा

ठीका दे. ठेका
ठीकेदार दे. ठेकेदार
ठीठी दे. हँसी
ठीहा दे. स्थान
ठुँसाव दे. पेटूपन
ठुकाई दे. मार
ठुकाई करना दे. मारना
ठुड्डी (स्त्री.)
ठुनकना दे. रोना
ठुनठुन करना दे. रोना
ठुसकना दे. रोना
ठुसकी दे. पाद
ठूँसना दे. 1. खाना, 2. भरना
ठूँस लेना दे. हड़प लेना
ठूँसू दे. पेंटू
ठेंगा दे. अँगूठा
ठेका (पुं.)
ठेका दे. अनुबंध
ठेकेदार (पुं.)
ठेठ (वि.)
ठेलना दे. ढकेलना
ठेलपेल दे. धक्कम-धक्का
ठेला दे. छकड़ा
ठेस दे. आघात
ठोंकना दे. 1. दायर करना, 2. मारना
ठो दे. अदद
ठोकर दे. बाधा
ठोड़ी दे. ठुड्डी
ठोस दे. 1. मूर्त, 2. सघन
ठोसा दे. अँगूठा
ठौर दे. स्थान
ठौर-ठिकाना दे. स्थान
डंक (पुं.)
डंका दे. ढोल
डंगर दे. पशु

डंडा दे. छड़ी
डंडी दे. हत्था
डकैत दे. चोर
डकैती दे. चोरी
डग दे. पग
डग भरना दे. 1. चलना, 2. पग बढ़ाना
डगमग दे. 1. अस्थिर, 2. डाँवाँ-डोल
डगमग होना दे. डाँवाँडोल होना
डगमगाना दे. 1. डाँवाँडोल होना, 2. लड़खड़ाना
डगमगाहट दे. कंपन
डगर दे. मार्ग
डटा रहनेवाला दे. स्थिर
डपटना दे. डाँटना
डपोरशंख दे. 1. डींगमार, 2. मुखर
डफ (स्त्री.)
डफली दे. डफ
डर (पुं.)
डर दे. आशंका
डरना (क्रि.)
डरपोक (वि.)
डरपोक दे. कायर
डरपोकपन (पुं.)
डरपोकपन दे. कायरता
डराना (क्रि.)
डराना-धमकाना दे. डराना
डरावना दे. भयानक
डरावा दे. 1. डर, 2. धमकी
डरा हुआ दे. भयभीत
डला दे. टुकड़ा
डहकना दे. फूलना
डहडहा दे. ताजा
डहर दे. मार्ग

डाँक दे. उलटी
डाँकना (क्रि.)
डाँकना दे. पुकारना
डाँट (स्त्री.)
डाँट-डपट दे. डाँट
डाँटना (क्रि.)
डाँटना-फटकारना दे. डाँटना
डाँट पिलाना दे. डाँटना
डाँड दे. दंड
डाँडी दे. हत्था
डाँवाँडोल (वि.)
डाँवाँडोल दे. 1. अस्थिर, 2. चिंताजनक
डाँवाँडोल होना (क्रिपद)
डाँवाँडोल होना दे. लड़खड़ाना
डांस करना दे. नाचना
डाक दे. पुकार
डाकना दे. डाँकना
डाका दे. चोरी
डाकाजनी दे. चोरी
डाकिनी दे. चुड़ैल
डाकिया (पुं.)
डाकू दे. चोर
डाभ दे. कुश
डायन दे. चुड़ैल
डायस दे. चबूतरा
डाल दे. 1. गुड़िया, 2. टहनी, 3. शाखा
डाल देना दे. फेंकना
डालना (क्रि.)
डालना दे. घुसेड़ना
डाली दे. 1. उपहार, 2. शाखा
डाह दे. ईर्ष्या
डाह करना दे. 1. ईर्ष्या करना, 2. जलना
डिक्शनरी दे. कोश

डिक्टेटर दे. अधिनायक
डिक्टेटरी दे. अधिनायकता
डिगना दे. डाँवाँडोल होना
डिग्री दे. उपाधि
डींग (स्त्री.)
डींगमार (वि.)
डींग हाँकना (क्रिपद)
डीठ दे. दृष्टि
डील-डौल दे. 1. आकार-प्रकार, 2. काठी
डुबकी (स्त्री.)
डूब जाना दे. मग्न होना
डूबा हुआ दे. मग्न
डेरा दे. 1. अड्डा, 2. आवास, 3. घर, 4. पड़ाव
डेरा-डंडा दे. बोरिया-बिस्तर
डेरा-डंडा लिए दे. बोरिया-बिस्तर के साथ
डेवढ़ दे. 1. योजना, 2. व्यवस्था
डेहरी दे. दहलीज
डैना दे. पंख
डैम दे. बाँध
डोर दे. धागा
डोरा दे. धागा
डोरी दे. धागा
डोलना दे. नाचना
डोलने लगना दे. डाँवाँडोल होना
डौल दे. 1. काठी, 2. ढाँचा
डौल-डाल दे. युक्ति
ड्यूटी दे. कर्तव्य
ड्राइवर दे. चालक
ड्रिल दे. अभ्यास
ड्रेस दे. पोशाक
ड्रेसिंग दे. मरहम-पट्टी
ढंग (पुं.)
ढंग दे. युक्ति

ढंगी दे. धूर्त
ढई दे. धरना
ढकना (क्रि.)
ढक लेना दे. छिपाना
ढका-तुपा दे. ढका हुआ
ढका हुआ (वि.)
ढकेलना (क्रि.)
ढकोसला दे. 1. आडंबर, 2. ढोंग, 3. पाखंड
ढकोसलेबाज दे. 1. ढोंगी, 2. पाखंडी
ढचरा दे. कंकाल
ढड्ढा दे. ढाँचा
ढनमनाना दे. लुढ़कना
ढब दे. ढंग
ढरकना दे. लुढ़कना
ढलान दे. ढाल
ढहना दे. गिरना
ढाई दे. चीख
ढाँचा (पुं.)
ढाँचा दे. 1. काया, 2. रचना, 3. रेखाचित्र
ढाँपना दे. ढकना
ढाह दे. चीख
ढाढस दे. ढारस
ढाढ़स देना दे. धैर्य बाँधना
ढारस (पु.)
ढाल (स्त्री.)
ढाल देना दे. डालना
ढालवाँ (वि.)
ढालुआँ दे. तिरछा
ढालू दे. ढालवाँ
ढाहना दे. गिराना
ढिंढोरा दे. घोषणा
ढिठाई दे. 1. उद्धतता, 2. जिद, 3. धृष्टता, 4. निर्लज्जता

ढिमका दे. अमुक
ढिलढिला दे. ढीला
ढिलाई दे. ढील
ढींचूँ-ढींचूँ दे. रेंक
ढीठ दे. 1. उद्धत, 2. जिद्दी
ढील (स्त्री.)
ढील देना दे. रियायत करना
ढीला (वि.)
ढीला दे. धीमा
ढीला-ढाला दे. ढीला
ढुंढि दे. गणेश
ढुलमुल दे. 1. अस्थिर, 2. डाँवाँडोल
ढुलाई दे. भाड़ा
ढूँढ़ दे. खोज
ढूँढ़-खोज दे. खोज
ढूँढ़ना (क्रि.)
ढूह दे. टीला
ढेर (पुं.)
ढेर दे. 1. राशि, 2. समुच्चय
ढेर कर देना दे. हत्या करना
ढेर लगाना (क्रिपद)
ढेर लगाना दे. 1. इकट्ठा करना, 2. बटोरना
ढेर हो जाना दे. गिरना
ढेरी दे. समुच्चय
ढेरों दे. 1. अत्यधिक, 2. खूब, 3. बहुत
ढेला (पुं.)
ढेलेबाजी दे. पथराव
ढोंका दे. ढेला
ढोंग (पुं.)
ढोंग दे. पाखंड
ढोंगबाजी दे. ढोंग
ढोंगी (वि. पुं.)
ढोंगी दे. 1. छली, 2. धूर्त, 3. पाखंडी
ढोर दे. पशु
ढोल (पुं.)
ढोला दे. दुल्हा
तंग (वि.)
तंग दे. संकीर्ण
तंग करना दे. 1. छेड़ना, 2. परेशान करना, 3. सताना, 4. सालना
तंगहाल दे. तंग
तंगी दे. अभाव
तंडुल दे. चावल
तंतु (पुं.)
तंत्र (पुं.)
तंत्र-मंत्र दे. टोना
तंदुरुस्त दे. स्वरूप
तंदुरुस्त बनाना दे. अच्छा करना
तंदुरुस्ती दे. स्वास्थ्य
तंदेही दे. परिश्रम
तंद्रा दे. नींद
तंद्रालु दे. उनींदा
तंबीह दे. चेतावनी
तंबु (पुं.)
तास्सुब दे. पूर्वग्रह
तक (क्रिवि.)
तकदीर दे. भाग्य
तकदीरवर दे. भाग्यवान
तकना दे. देखना
तकमा दे. पदक
तकरार दे. झगड़ा
तकरीबन दे. लगभग
तकरीर दे. भाषण
तकरीर करना दे. भाषण करना
तकलीफ दे. 1. कष्ट, 2. पीड़ा
तकलीफ देना दे. सताना
तकलीफदेह दे. कष्टदायक
तकल्लुफ दे. 1. औपचारिकता, 2. शिष्टाचार
तकाजा दे. माँग
तकिया कलाम (पुं.)
तक्र दे. मट्ठा
तक्षक दे. बढ़ई
तक्षण दे. बढ़ईगीरी
तखमीना दे. अनुमान
तखमीना लगाना दे. भाँपना
तखल्लुफ दे. उपनाम
तख्त दे. चौकी
तख्ती (स्त्री.)
तख्ता (पुं.)
तगड़ा (वि.)
तगड़ा दे. 1. जबरदस्त, 2. जोरदार
तगड़ी दे. 1. करधनी, 2. मेखला
तगमा दे. पदक
तजना दे. 1. छोड़ देना, 2. त्याग देना
तजरुबेकार दे. अनुभवी
तजवीज दे. प्रस्ताव
तजुर्बा दे. अनुभव
तट दे. किनारा
तटस्थ (वि.)
तरिणी दे. नदी
तड़कना दे. 1. छौंकना, 2. टूटना, 3. फटना
तड़क-भड़क (स्त्री.)
तड़क-भड़क दे. 1. आडंबर, 2. ठाठ
तड़का दे. प्रातःकाल
तड़का देना दे. छौंकना
तड़के (क्रिवि.)
तड़के दे. प्रातः

तड़पड़ाना दे. टूटना
तड़पन दे. 1. तड़फन, 2. पीड़ा
तड़पना (क्रि.)
तड़पानेवाला दे. हृदयविदारक
तड़पड़ दे. तुरंत
तड़फड़ाना दे. तड़पना
तड़फन (स्त्री.)
तड़ाक दे. शीघ्र
तड़ाक-फड़ाक दे. तुरंत
तड़ाग दे. जलाशय
तड़ातड़ दे. 1. जल्दी, 2. तुरंत
तड़ातड़ी दे. जल्दी
तड़ित दे. बिजली
तड़ी दे. 1. चपत, 2. धूर्तता
तड़ीबाज दे. धूर्त
ततैया दे. बर्रे
तत्काल दे. 1. तुरंत, 2. शीघ्र
तत्क्षण दे. 1. तुरंत, 2. शीघ्र
तत्तोथंबो दे. मध्यस्थता
तत्त्व (पुं.)
तत्त्व दे. सार
तत्त्वज्ञ दे. 1. दार्शनिक, 2. विचारक
तत्त्वज्ञान दे. 1. आत्मज्ञान, 2. दर्शन
तत्त्वज्ञानी दे. 1. द्वार्शनिक, 2. विचारक
तत्त्वपूर्ण दे. सारगर्भित
तत्त्ववेत्ता दे. विचारक
तत्त्वहीन दे. 1. असार 2. बेकार
तत्पर दे. उद्यत
तत्परता दे. उद्यतता
तत्पश्चात (क्रिवि.)
तत्र दे. वहाँ
तत्वावधान दे. देख-रेख
तत्संबंधी दे. संबद्ध
तथा दे. और
तथापि दे. तो भी
तथास्तु (पदबंध)
तथ्य (पुं.)
तथ्यहीन दे. 1. असार, 2. काल्पनिक, 3. कल्पित
तथ्यान्वेषण दे. जाँच
तदनंतर दे. 1. तत्पश्चात, 2. पीछे
तदनुरूप दे. समान
तदनुसार दे. फलस्वरूप
तदवीर दे. उपाय
तदर्थी दे. पर्याय
तदाकार दे. अनुरूप
तदुपरांत दे. 1. तत्पश्चात, 2. पीछे
तद्यपि दे. तो भी
तद्रूप दे. 1. अनुरूप, 2. समान
तद्रूपता दे. समानता
तद्वत दे. समान
तद्वपता दे. समानता
तन दे. शरीर
तनकीह दे. जाँच
तनख्वाह दे. वेतन
तनज्जुली दे. पतन
तन-बदन को आग लग जाना दे. जल जाना
तनय दे. पुत्र
तनया दे. पुत्री
तनाज़ा दे. झगड़ा
तनातनी दे. 1. खींचतान, 2. तनाव
तनाव (पुं.)
तनाव दे. उत्तेजना
तनाव-भरा दे. उत्तेजित
तनिक दे. 1. कुछ, 2. कम, 3. ज़रा
तनी दे. धागा
तनुजा दे. पुत्री
तन्मय दे. मग्न
तन्मयता दे. मग्नता
तन्य दे. लचीला
तन्यता दे. लचीलापन
तन्हा दे. अकेला
तन्हाई दे. अकेलापन
तप (पुं.)
तप जाना दे. गर्म हो जाना
तपन दे. गर्मी
तपना दे. गर्म हो जाना
तपश्चर्या दे. तप
तपसी दे. 1. तपस्विनी, 2. तपस्वी
तपस्थली दे. तपोवन
तपस्या दे. तप
तपस्विनी (स्त्री.)
तपस्वी (पुं.)
तपस्वी दे. साधु
तपाक से दे. खुशी-खुशी
तपित दे. गर्म
तपिश दे. गर्मी
तपेदिक (पुं.)
तपोभूमि दे. तपोवन
तपोवन (पुं.)
तपोवन दे. आश्रम
तप्त दे. गर्म
तफतीश दे.1. जाँच, 2. पूछताछ
तफरीह दे. मनोरंजन
तफसील दे. ब्योरा
तफसीलवार दे. ब्योरेवार
तबका दे. वर्ग
तबदीली दे. 1. अंतराल, 2. परिवर्तन

तबदीली करना दे. बदलना
तबादला दे. 1. अंतरण,
2. स्थानांतरण
तबाह दे. नष्ट
तबाह होना दे. 1. उजड़ना,
2. ध्वस्त होना
तबाही दे. नाश
तबाही करनेवाला दे. नाशक
तबीयत दे. मनोदशा
तबीयतदार दे. 1. सनकी,
2. दसिया
तबेला (पुं.)
तमंचा दे. पिस्तौल
तम दे. अंधकार
तमक उठना दे. क्रुद्ध होना
तमतमा उठना दे. क्रुद्ध होना
तमन्ना दे. इच्छा
तमाचा दे. चपत
तमाचा मारना दे. चपतियाना
तमाम दे. 1. कुल, 2. संपूर्ण,
3. समाप्त
तमावरण दे. अंधाकुप्प
तमाशबीन दे. दर्शक
तमाशा (पुं.)
तमाशा दे. करतब
तमाशाई दे. दर्शक
तमीचर दे. राक्षस
तमीज दे. 1. शिष्टाचार,
2. विवेक
तमोगुणी (वि.)
तय दे. नियत
तय करना दे. निपटाना
तरंग दे. 1. लहर, 2. सनक
तरंगी दे. सनकी
तर (वि.)
तर दे. गीला

तर करना दे. 1. चुपड़ना,
2. छिड़कना
तरकश (पुं.)
तरकारी (स्त्री.)
तरकीब दे. 1. उपाय, 2. युक्ति
तरक्की दे. उन्नति
तरक्कीपसंद दे. उन्नतिशील
तरखान दे. बढ़ई
तरजना दे. डाँटना
तरजीह दे. वरीयता
तरणी दे. नाव
तरतीब दे. क्रम
तरतीबवार दे. 1. क्रमबद्ध,
2. व्यवस्थित
तरद्दुद दे. 1. चिंता, 2. परेशानी
तरन्नुम दे. 1. तान, 2. लय
तरपर (क्रिवि.)
तरफ दे. 1. ओर, 2. दिशा
तरफदार दे. पक्षपाती
तरफदारी दे. पक्षपात
तरबतर दे. गीला
तरमीम दे. सुधार
तरल (वि.)
तरस दे. दया
तरस खानेवाला दे. दयालु
तरसना (क्रि.)
तरसना दे. 1. उत्सुक होना,
2. चाहना
तरसाना दे. ललचाना
तरह दे. 1. प्रकार, 2. वर्ग
तरह-तरह का दे. 1. पँचमेल,
2. रंगारंग, 3. विभिन्न
तरहदार दे. सुंदर
तरह दे जाना दे. शांत रहना
तरह देना दे. सहना
तराना दे. गाना

तराबोर दे. गीला
तरावट दे. ठंडक
तराश दे. काट
तराशना दे. 1. काटना,
2. नक्काशी करना
तरी दे. 1. नमी, 2. ठंडक,
3. नाव
तरीका दे. उपाय
तरु दे. पेड़
तरुण दे. 1. किशोर, 2. जवान
तरुणाई दे. 1. किशोरावस्था,
2. जवानी, 3. यौवन
तरुणी दे. 1. किशोरी, 2. युवती,
3. स्त्री
तरेड़ दे. दरार
तरेरना दे. घूरना
तरैला दे. पुत्र
तरोताजा दे. हरा-भरा
तर्क (पुं.)
तर्क करना दे. 1. झगड़ना,
2. विवाद करना
तर्क देना (क्रिपद)
तर्क-वितर्क दे. वाद-विवाद
तर्कसंगत (वि.)
तर्कसंगत दे. युक्तियुक्त
तर्कसम्मत दे. 1. तर्कसंगत,
2. युक्तियुक्त
तर्कसिद्ध दे. तर्कसंगत
तर्ज़ दे. ढंग
तर्जन दे. धमकी
तर्जन करना दे. 1. डाँटना,
2. डराना
तर्जना दे. 1. डराना, 2. डाँटना,
3. धमकाना, 4. धमकी देना
तर्जुमा दे. अनुवाद
तर्जुमान दे. अनुवादक

तल (पुं.)
तलक दे. तक
तलघर दे. तहखाना
तलछट (स्त्री.)
तलटीप दे. पादटिप्पणी
तलपट दे. पक्का चिट्ठा
तलफी दे. उल्लंघन
तलफ्फुज दे. उच्चारण
तलब दे. 1. इच्छा, 2. नियंत्रण
तलबगार दे. इच्छुक
तलब करना दे. 1. बुलाना, 2. माँगना
तलबाना दे. दंड
तलबी दे. सम्मन
तलवार (स्त्री.)
तलवे चाटना दे. चिरौरी करना
तलहटी दे. घाटी
तला दे. तल
तलाक (पुं.)
तलाब दे. जलाशय
तलाश दे. खोज
तलाश करना दे. 1. खोजना, 2. ढूँढ़ना
तलैया दे. जलाशय
तलौंछ दे. तलछट
तल्ख दे. कड़वा
तल्खी दे. कड़वाहट
तल्ला दे. मंजिल
तल्लीन दे. 1. मग्न, 2. व्यस्त
तल्लीनता दे. मग्नता
तल्लीन हो जाना दे. मग्न हो जाना
तवक्को दे. प्रत्याशा
तवज्जोह दे. ध्यान
तवायफ दे. वेश्या
तवालत दे. 1. झमेला, 2. परेशानी
तशरीफ लाना दे. आना
तशरीफ ले जाना दे. जाना
तसदीक दे. पुष्टि
तसबीह दे. माला
तसलीम दे. अभिवादन
तसल्ली दे. ढारस
तसल्ली देना दे. धैर्य बँधाना
तसल्लीबख्श दे. संतोषजनक
तस्कर (पुं.)
तस्करी दे. चोरी
तस्कीन दे. संतोष
तस्वीर दे. चित्र
तह दे. परत
तहकीकात दे. 1. खोज, 2. जाँच, 3. पूछताछ
तहखाना (पुं.)
तहजीब दे. शिष्टाचार
तहत दे. नियंत्रण
तहबंद दे. लुंगी
तहमत दे. लुंगी
तहरी दे. खिचड़ी
तहलका दे. 1. खलबली, 2. शोर, 3. हलचल
तहस-नहस दे. नष्ट
तहस-नहस कर देना दे. नष्ट कर देना
तहसीलना दे. इकट्ठा करना
ताँता दे. क्रम
ताँता लगा देना दे. बौछार करना
तांत्रिक दे. 1. जादूगर, 2. टोनहा
ताईद दे. अनुमोदन
ताईद करनेवाला दे. अनुमोदक
ताक (स्त्री.)
ताक-झाँक (स्त्री.)
ताकत दे. 1. बल, 2. शक्ति
ताकतवर दे. शक्तिशाली
ताकना दे. देखना
ताक लगाना दे. प्रतीक्षा करना
ताकि (योजक)
ताकि दे. जिससे
ताकीद दे. अनुरोध
ताखा (पुं.)
ताजा दे. हरा-भरा
ताजापन दे. ताजगी
ताजिंदगी दे. आजीवन
ताज्जुब दे. आश्चर्य
ताज्जुब होना दे. चकित होना
ताड़न दे. धिक्कार
ताड़ना (क्रि.)
ताड़नीय दे. दंडनीय
ताड़ लेना दे. ताड़ना
तात दे. पिता
तातील दे. छुट्टी
तात्कालिक (वि.)
तात्क्षणिक दे. तात्कालिक
तात्विक (वि.)
तात्विक दे. 1. आधारभूत, 2. मौलिक, 3. सारगर्भित
तात्पर्य दे. अर्थ
तादाद दे. अंक
तादृश दे. 1. समान, 2. वैसा
तान (स्त्री.)
ताना (पुं.)
ताना मारना (क्रिपद)
तानारीरी दे. बकबक
तानाशाह दे. 1. अत्याचारी, 2. अधिनायक
तानाशाही दे. 1. अत्याचार, 2. अधिनायकता

ताप (पुं.)
ताप दे. 1. गर्मी, 2. ज्वर
तापना (क्रि.)
तापमान (पुं.)
तापस दे. तपस्वी
तापसी दे. तपस्विनी
ताब दे. सहनशीलता
ताबड़तोड़ दे. 1. अत्यधिक, 2. जल्दी, 3. लगातार
ताबूत दे. अरथी
ताबेदार दे. आज्ञाकारी
ताबेदारी दे. आज्ञापालन
तामचीनी दे. मीनाकारी
तामझाम दे. साज-सामान
तामसिक दे. तमोगुणी
तामसी दे. तमोगुणी
तामिस्र दे. अंधकार
तामील करना दे. पालना
तार दे. क्रम
तारक दे. 1. उद्धारकर्ता,
तारतम्य दे. क्रम
तार-तार दे. 1. छिन्न-भिन्न, 2. विदीर्ण
तार-तार करना दे. चिथड़े करना
तारा (पुं.)
तारिका दे. अभिनेत्री
तारीख दे. दिनांक
तारीफ दे. प्रशंसा
तारुण्य दे. यौवन
तार्किक दे. झगड़ालू
तार्य दे. लंघनीय
ताल दे. 1. जलाशय, 2. लय
तालबद्ध दे. लयात्मक
ताल-बेताल दे. बेसुरा
तालमेल (पुं.)
तालमेल दे. 1. ऐक्य, 2. सामंजस्य
तालाक दे. विवाह-विच्छेद
तालाबंदी दे. बंदी
तालाब दे. जलाशय
तालिका दे. सूची
ताली (स्त्री.)
तालीम दे. शिक्षा
तालीमयाफ्ता दे. शिक्षित
तालुका दे. जागीर
तालुकेदार दे. जागीरदार
ताल्लुक दे. संबंध
ताव दे. क्रोध
ताव खा जाना दे. भड़कना
तावदार दे. रोबीला
ताव दिलाना दे. उकसाना
तावान दे. दंड
तावीज (पुं.)
तावीज दे. गंडा
तासीर दे. प्रभाव
तास्सुब दे. कट्टरता
तास्सुबी दे. कट्टर
ताहम दे. तो भी
तिकड़म दे. धूर्तता
तिकड़मबाज दे. 1. चालाक, 2. धूर्त
तिकड़मबाजी दे. धूर्तता
तिकड़मी दे. 1. चालाक, 2. धूर्त
तिक्त दे. तीखा
तिक्तता दे. तीखापन
तिखारना दे. बतलाना
तिजारत दे. 1. उद्योग, 2. व्यापार
तिड़ी कर देना दे. चुराना
तिड़ी-बिड़ी दे. विघटित
तितर-बितर दे. 1. अव्यवस्थित, 2. विघटित
तितर-बितर करना दे. 1. खदेड़ना, 2. बिखेरना
तितली (स्त्री.)
तिताई दे. तिक्तता
तितिक्षा दे. सहनशीलता
तिथि दे. दिनांक
तिथिक्रम दे. कालक्रम
तिनकना दे. 1. क्रुद्ध होना, 2. चिढ़ना
तिनका (पुं.)
तिमिर दे. अंधकार
तिय दे. स्त्री
तिरछा (वि.)
तिरछा दे. टेढ़ा
तिरछी नजर दे. चितवन
तिरपट दे. तिरछा
तिरपटा दे. भेंगा
तिरस्करणीय दे. 1. उपेक्ष्य, 2. निंदनीय
तिरस्कार दे. 1. अवज्ञा, 2. अपमान, 3. उपेक्षा
तिरस्कार करना दे. 1. अवज्ञा करना, 2. अपमान करना
तिरस्कारपूर्ण दे. अपमानजनक
तिरस्कृत दे. अपमानित
तिरिया दे. स्त्री
तिरोधान दे. 1. अंतर्धान, 2. मृत्यु
तिरोधान हो जाना दे. गायब हो जाना
तिरोभाव दे. अंतर्धान
तिरोभूत दे. अंतर्धान
तिरोभूत हो जाना दे. अंतर्धान हो जाना
तिरोहित दे. अंतर्धान
तिरोहित हो जाना दे. 1. अंतर्धान हो जाना, 2. गायब हो जाना
तिर्यक दे. 1. टेढ़ा, 2. तिरछा
तिलक दे. टीका

तिल-चावला दे. चितकबरा
तिल मात्र भी दे. जरा भी
तिलमिलाना दे. क्रुद्ध
तिलमिलाहट दे. क्रोध
तिल का ताड़ करना (क्रिपद)
तिलमिल दे. चकाचौंध
तिलमिली दे. चकाचौंध
तिलांजलि देना दे. छोड़ देना
तिलिस्म दे. जादू
तिलौंछ दे. दुर्गंध
तीक्ष्ण दे. 1. कर्कश, 2. तीखा, 3. नुकीला, 4. पैना
तीक्ष्ण करना दे. तेज करना
तीक्ष्णता दे. तीखापन
तीक्ष्णबुद्धि दे. 1. कुशाग्रबुद्धि, 2. तेज, 3. बुद्धिमान
तीक्ष्णाग्र दे. नुकीला
तीखा (वि.)
तीखा दे. तिक्त
तीखा करना दे. तेज करना
तीखापन (पुं.)
तीता दे. तीखा
तीतापन दे. तिक्तता
तीमारदारी दे. सेवा
तीमारदारी करना दे. सेवा करना
तीरंदाज (पुं.)
तीरंदाजी (स्त्री.)
तीर (पुं.)
तीर दे. किनारा
तीर्थाटन दे. यात्रा
तीव्र दे. 1. उग्र, 2. उत्कट, 3. जोरदार, 4. तीखा
तीव्रगति दे. तेज
तीव्रगामी दे. 1. तेज, 2. द्रुतगामी

तीव्रता दे. 1. उग्रता, 2. उत्कटता, 3. तीखापन, 4. तेजी
तुंग दे. ऊँचा
तुंगता दे. ऊँचाई
तुंदिल दे. तोंदवाला
तुक (स्त्री.)
तुकबंद दे. तुक्कड़
तुकबंदी (स्त्री.)
तुक्कड़ (पुं.)
तुक्कड़ दे. कवि
तुक्का दे. अनुमान
तुच्छ (वि.)
तुच्छ दे. 1. कमीना, 2. उपेक्ष्य
तुच्छता दे. कमीनापन
तुड़वाना दे. भुनाना
तुड़ाना दे. भुनाना
तुतलाना (क्रि.)
तुनुकमिजाज दे. 1. क्रोधी, 2. चिड़चिड़ा
तुनुकमिजाजी दे. 1. क्रोध, 2. चिड़चिड़ापन
तुपाई करना दे. सीना
तुमुल दे. 1. उग्र, 2 कोलाहल-पूर्ण
तुरंग दे. घोड़ा
तुरंत (क्रिवि.)
तुरंत दे. 1. जल्दी, 2. शीघ्र
तुरंती दे. अत्यावश्यक
तुरत-फुरत दे. जल्दी
तुर्रा दे. चोरी
तुर्शी दे. खटाई
तुलना (स्त्री.)
तुलना दे. उपमा
तुलनीय दे. समान
तुलाई दे. गद्दा
तुल्य दे. समान

तुल्यता दे. 1. एकरूपता, 2. संतुलन, 3. समानता
तुषार दे. ओला
तुष्ट दे. संतुष्ट
तुष्टि (स्त्री.)
तुष्टि दे. संतोष
तुष्टिकारक दे. संतोषजनक
तुष्टिकरण (पुं.)
तुहिन दे. कोहरा
तूणीर दे. तरकश
तूतू-मैंमैं करना दे. झगड़ना
तूतू-मैंमैं दे. झगड़ा
तूफ़ान दे. 1. आँधी, 2. शोर
तूफानी दे. 1. उपद्रवी, 2. कोलाहलपूर्ण, 3. तेज
तूम-तड़ाम दे. तड़क-भड़क
तूमना दे. धुनना
तूमार दे. तूल
तूल (पुं.)
तृण दे. तिनका
तृप्त दे. संतुष्ट
तृप्त हो जाना दे. 1. अघाना, 2. छकना
तृप्ति दे. संतोष
तृप्तिदायक दे. संतोषजनक
तृप्ति होना दे. 1. अघाना, 2. छकना
तृषा दे. प्यास
तृषातुर दे. 1. उत्सुक, 2. प्यासा
तृषातुर होना दे. उत्सुक होना
तृषार्त दे. प्यासा
तृषालु दे. प्यासा
तृषित दे. प्यासा
तृष्णा दे. 1. इच्छा, 2. लालच
तेग दे. 1. छुरा, 2. तलवार
तेगा दे. छुरा

तेज (वि.)
तेज दे. 1. ऊँचा, 2. उग्र, 3. कुशल, 4. तिक्त, 5. तीखा
तेज (पुं.)
तेज दे. 1. तीखा, 2. प्रताप
तेज करना (क्रिपद)
तेज करना दे. बढ़ाना
तेजतर्रार (वि.)
तेज दिमाग दे. कुशाग्रबुद्धि
तेजपूर्ण दे. चमकीला
तेजमिजाज दे. 1. क्रोधी, 2. चिड़चिड़ा, 3. तेजतर्रार
तेजरफ्तार दे. द्रुतगामी
तेजस्वी दे. प्रतापी
तेजस्विता दे. 1. तेज, 2. प्रताप
तेजाबी दे. अम्लीय
तेजी (स्त्री.)
तेजी दे. 1. उग्रता, 2. उत्कटता, 3. तीखापन, 4. फुर्ती
तेजी से (क्रिवि.)
तेजोदीप्त दे. चमकीला
तेवर दे. दृष्टि
तैनात दे. नियुक्त
तैयार (वि.)
तैयार दे. उद्यत
तैयारी (स्त्री.)
तैयारी दे. उद्यतता
तैयार करना दे. 1. पकाना, 2. बनाना
तैयार होना दे. सजना
तैरना (क्रि.)
तैलचित्र दे. चित्र
तैश दे. 1. उत्तेजना, 2. क्रोध
तोंद दे. पेट
तोंदवाला (वि.)
तोड़ दे. बार
तोड़-जोड़ दे. युक्ति
तोड़ डालना दे. तोड़ना
तोड़ना (क्रि.)
तोड़ना-मरोड़ना दे. ऐंठना
तोड़-फोड़ (स्त्री.)
तोड़-मरोड़ दे. विकृति
तोड़ लेना (क्रिपद)
तोड़ा दे. कमी
तोता (पुं.)
तोताचश्म दे. निर्मोही
तोतेई दे. हरा
तोपना दे. ढकना
तोपे लगाना दे. सीना
तोबड़ा दे. मुँह
तोबा करना दे. बाज आना
तो भी (योजक)
तोरण दे. 1. दरवाजा, 2. बंदनवार
तोलना (क्रि.)
तोश दे. गद्दा
तोशक दे. गद्दा
तोष दे. संतोष
तोषणीय दे. संतोषजनक
तोहफा दे. उपहार
तोहमत दे. 1. अभियोग, 2. कलंक
तौंस दे. गर्मी
तौफीक दे. सामर्थ्य
तौर दे. ढंग
तौर-तरीका दे. 1. चाल-चलन, 2. ढंग, 3. परम्परा
तौल दे. परिणाम
तौहीन दे. अपमान
तौहीनी दे. अपमान
त्यक्त दे. परित्यक्त
त्याग (पुं.)
त्याग दे. बलिदान
त्याग देना (क्रिपद)
त्याग देना दे. छोड़ देना
त्यागना दे. छोड़ देना
त्यागपत्र (पुं.)
त्याज्य (वि.)
त्योरी चढ़ाना दे. 1. आग बबूला होना, 2. गुस्साना, 3. घूरना
त्योहार (पुं.)
त्योहार दे. उत्सव
त्योहारी दे. बख्शीश
त्रयी (स्त्री.)
त्रस्त दे. 1. दुखी, 2. भयभीत
त्रस्त होना दे. डरना
त्राण दे. 1. उद्धार, 2. रक्षा
त्राणकर्ता दे. उद्धारकर्ता
त्राण दिलाना दे. बचाना
त्राता दे. 1. उद्धारकर्ता, 2. रक्षक
त्रास दे. 1. आतंक, 2. डर
त्रासकारक दे. 1. कष्टदायक, 2. भयानक
त्रासदिक दे. दुखद
त्रासदी दे. विपत्ति
त्रासमान दे. भयभीत
त्राहि-त्राहि दे. चीख-पुकार
त्रिक दे. त्रयी
त्रिपुरारी दे. शिव
त्रिभुवन दे. त्रैलोक्य
त्रिलोक दे. त्रैलोक्य
त्रिलोकीनाथ दे. 1. ईश्वर, 2. कृष्ण
त्रिलोचन दे. शिव
त्रुटि (स्त्री.)
त्रुटि दे. 1. कमी, 2. खराबी, 3. गलती, 4. दोष, 5. भूल
त्रुटिपूर्ण दे. खराब

त्रैलोक्य (पुं.)
त्वचा (स्त्री.)
त्वचा दे. फुर्ती
त्वरित दे. 1. तेज, 2. फुर्तीला
थंब दे. खंभा
थक जाना दे. थकना
थकना (क्रि.)
थकान दे. थकावट
थकान महसूस करना दे. थकना
थकाना (क्रि.)
थकानेवाला दे. अरुचिकर
थका-माँदा दे. थका हुआ
थकावट (स्त्री.)
थकावट लगना दे. थकना
थका-हारा दे. 1. थका हुआ, 2. बेदम
थका हुआ (वि.)
थकित दे. 1. थका हुआ, 2. मुग्ध
थक्का दे. ढेला
थपकना (क्रि.)
थपकी देना दे. 1. थपकना, 2. पीठ ठोंकना
थपड़ी दे. गोहरा
थपथपाना दे. थपकना
थपेड़ा दे. 1. आघात, 2. झोंका
थपोड़ी दे. ताली
थप्पड़ दे. चपत
थप्पड़ मारना दे. चपतियाना
थमना दे. रुकना
थमा दे. बंद
थमाना दे. सौंपना
थर दे. परत
थरथर दे. 1. कँपन, 2. काँपता हुआ
थरथराना दे. काँपना
थरथराहट दे. कंपन
थरथरी दे. कँपन
थर्राना दे. डरना
थल दे. स्थान
थवई दे. राजगीर
थाती दे. अमानत
थाना (पुं.)
थापा दे. छाप
थामना दे. 1. पकड़ना, 2. संभालना
थाला (पुं.)
थाली लगाना दे. परसना
थाह दे. गहराई
थिगली (स्त्री.)
थिगली लगाना (क्रिपद)
थियेटर दे. नाटकशाला
थिरकना दे. नाचना
थुक्का-फजीहत दे. झगड़ा
थुड़दिल दे. डरपोक
थुड़ी दे. 1. धिक्कार, 2. बदनामी
थुथकार दे. बदनामी
थुलथुल दे. 1. भारी-भरकम, 2. मोटा
थुलथुलपन दे. मोटापन
थूक (स्त्री.)
थूथन (स्त्री.)
थूथन दे. मुँह
थूथू दे. बदनामी
थूनी दे. चाँड़
थूरना दे. खाना
थूनी दे. खंभा
थोड़ा दे. कम
थोड़ा बहुत (वि.)
थोड़ा-सा दे. जरा-सा
थोड़े दे. कई
थोड़े में (क्रिवि.)
थोड़े से दे. कुछ
थोथा (वि.)
थोथा दे. 1. असार, 2. खोखला
थोपना दे. मढ़ना
थोबड़ा दे. 1. थूथन, 2. मुँह
दंग दे. चकित
दंगई (वि. पुं.)
दंगई दे. उपद्रवी
दंग रह जाना दे. चकित होना
दंगल दे. कुश्ती
दंगा (पुं.)
दंगा दे. उपद्रव
दंगाग्रस्त दे. अशांत
दंगापीड़ित दे. उपद्रवग्रस्त
दंड (पुं.)
दंड दे. छड़ी
दंड देना (क्रिपद)
दंडनीय (वि.)
दंडवत दे. नमस्कार
दंडित करना दे. दंड देना
दंड्य दे. दंडनीय
दंतकथा दे. कहानी
दंपती (पुं.)
दंभ दे. अभिमान
दंभी दे. 1. छली, 2. डींगमार
दई दे. भाग्य
दई का मारा दे. अभागा
दकियानूस दे. 1. परंपरावादी, 2. रूढ़िवादी
दक्ष दे. 1. कुशल, 2. योग्य
दक्षता दे. 1. कुशलता, 2. कौशल, 3. चतुरता, 4. योग्यता
दक्षिणा दे. पुरस्कार
दखलंदाज दे. हस्तक्षेपी
दखलंदाजी दे. हस्तक्षेप
दखल दे. 1. अधिकार, 2. हस्तक्षेप
दखल देना दे. हस्तक्षेप करना

दगा दे. 1. धोखा, 2. विश्वास-घात
दगा देना दे. धोखा देना
दगाबाज दे. 1. धूर्त, 2. धोखेबाज
दगाबाजी दे. 1. धूर्तता, 2. धोखा
दगाबाजी करना दे. धोखा देना
दग्ध (वि.)
दचक दे. आघात
दचकना दे. दबना
दढ़ियल (वि.)
दत्त (वि.)
दत्तक (पुं.)
दत्तक लेना (क्रिपद)
दत्तचित्त दे. 1. एकाग्र, 2. मग्न
दत्तचित्तता दे. एकाग्रता
दद्रु दे. दाद
दधि दे. दही
दनादन दे. लगातार
दफन करना दे. दफनाना
दफनाना (क्रि.)
दफनाना दे. गाढ़ना
दफा दे. 1. नियम, 2. बार
दफा होना दे. जाना
दफ्तर (पुं.)
दफ्तर दे. कार्यालय
दफ्तरशाह दे. नौकरशाह
दफ्तरशाही दे. नौकरशाही
दफ्ती दे. गत्ता
दबंग (वि.)
दबंग दे. रोबीला
दबदबा दे. 1. प्रभाव, 2. प्रभुत्व, 3. रोब
दबना (क्रि.)
दबा देना दे. गाड़ना
दबाना (क्रि.)
दबाना दे. छीनना
दबा लेना दे. 1. छिपाना, 2. छीनना
दबाव (पुं.)
दबाव दे. प्रभाव
दबाव डालना दे. दबाना
दबा हुआ दे. दमित
दबैल दे. दब्बू
दबोच लेना दे. पकड़ना
दब्बू (वि.)
दब्बू दे. कायर
दब्बूपन दे. कायरता
दम दें. 1. कश, 2. शक्ति, 3. साँस
दम उखड़ना दे. साँस फूलना
दमक दे. चमक
दमकता हुआ दे. चमकीला
दमकना दे. चमकना
दमकला दे. चूल्हा
दमकाना दे. चमकाना
दमखम दे. 1. जीवनी-शक्ति, 2. शक्ति
दमघुटी दे. घुटन
दमचूल्हा दे. चूल्हा
दम-झाँसा दे. धोखा
दमटुट दे. अशक्त
दम तोड़ देना दे. मरना
दमदार दे. 1. शक्तिशाली, 2. सजीव
दमदारी दे. टिकाऊपन
दम-दिलासा दे. ढारस
दमन (पुं.)
दमन दे. 1. उत्पीड़न, 2. नियंत्रण
दमन करना (क्रिपद)
दमन करना दे. दबाना
दमनकारी दे. 1. अत्याचारी, 2. उत्पीड़क
दमनचक्र दे. दमन
दमनचक्र चलाना दे. दमन करना
दमबुता दे. धोखा
दम फूलना दे. हाँफना
दम लेना दे. सुस्ताना
दमा (पुं.)
दमादम दें. लगातार
दमामा दे. ढोल
दमित (वि.)
दयनीय (वि.)
दयनीय दे. करुण
दया (स्त्री.)
दया दे. 1. उदारता, 2. दयालुता
दया करके दे. कृपया
दया-दृष्टि दे. दया
दयानत दे. ईमानदारी
दयानतदार दे. ईमानदार
दयानिधान दे. दयालु
दयानिधि दे. दयालु
दयालु (वि.)
दयालु दे. 1. उदार, 2. कृपालु
दयालुता (स्त्री.)
दयालुता दे. उदारता
दयावंत दे. दयालु
दयावान दे. 1. उदार, 2. दयालु
दयाशील दे. दयालु
दयासागर दे. दयालु
दयाहीन दे. निर्दय
दयाहीनता दे. निर्दयता
दर दे. 1. भाव, 2. मूल्य
दरअसल दे. 1. वास्तव में, 2. सचमुच
दरकना दे. 1. टूटना, 2. फटना
दरकार दे. आवश्यकता
दरज दे. संधि
दरकारी दे. आवश्यकता

दरकिनार दे. परे
दरगाह दे. 1. दहलीज, 2. मंदिर, 3. समाधि
दरजा दे. वर्ग
दर-दर दे. दरवाजे-दरवाजे
दरना दे. पीसना
दरबार दे. कचहरी
दरबारी (पुं.)
दरमियान दे. औसत
दरवाजा (पुं.)
दरवाजा खटखटाना (क्रिपद)
दरवाजे-दरवाजे (क्रिवि.)
दरवेश दे. साधु
दरशाना दे. दिखाना
दरस दे. दर्शन
दरहकीकत दे. सचमुच
दरार (स्त्री.)
दरार दे. छेद
दरिंदा दे. मांसाहारी
दरिद्र दे. निर्धन
दरिद्रता दे. निर्धनता
दरिया दे. नदी
दरियादिल दे. उदार
दरियादिली दे. उदारता
दरियाफ्त करना दे. पूछताछ करना
दरी दे. घाटी
दरीबा दे. बाजार
दर्ज करना दे. लिखना
दर्जा दे. 1. कक्षा, 2. पद, 3. श्रेणी, 4. स्थिति
दर्द दे. 1. कष्ट, 2. पीड़ा
दर्द उठना दे. पीड़ा होना
दर्द करना दे. टीसना
दर्दनाक दे. 1. करुण, 2. दुखद
दर्द-भरा दे. करुण
दर्दमंद दे. पीड़ित
दर्दमय दे. सहृदय
दर्प दे. अभिमान
दर्पहीन दे. निरभिमान
दर्भ दे. कुश
दर्रा (पुं.)
दर्शक (पुं.)
दर्शक दे. देखने वाला
दर्शक-दीर्घिका (स्त्री.)
दर्शन (पुं.)
दर्शन करना दे. देखना
दर्शन कराना दे. दिखाना
दर्शनशास्त्री दे. विचारक
दर्शनीय (वि.)
दर्शनीय दे. सुंदर
दर्शी दे. दर्शक
दल (पुं.)
दल दे. पत्र
दलक दे. 1. कंप, 2. पीड़ा
दलकता हुआ दे. काँपता हुआ
दलकना दे. काँपना
दलदल दे. कीचड़
दलन दे. दमन
दलन करना दे. दमन करना
दलना दे. पीसना
दलबंदी (स्त्री.)
दलबदलू (पुं.)
दलबदलू दे. अवसरवादी
दलबल दे. लाव-लश्कर
दलबादल दे. घटा
दलहीन दे. पत्रहीन
दलादली दे. दलबंदी
दलाल (पुं.)
दलाली (स्त्री.)
दलाली दे. आढ़त
दलित (वि.)
दलित दे. पीड़ित
दलित दे. 1. दमित, 2. पद-दलित
दलील दे. तर्क
दलील देना दे. तर्क देना
दलेल दे. अभ्यास
दवा दे. 1. ओषधि, 2. चिकित्सा
दवा-दारू दे. 1. ओषधि, 2. चिकित्सा
दशक (पुं.)
दशरथनंदन दे. राम
दशरथसुत दे. राम
दशहरा दे. विजयदशमी
दशा दे. 1. अवस्था, 2. स्थिति
दशाब्द दे. दशक
दशाब्दी दे. दशक
दशी दे. दशक
दसनंबरी दे. अपराधी
दसहरा दे. विजयदशमी
दस्तंदाज दे. हस्तक्षेप
दस्तंदाजी दे. हस्तक्षेप
दस्त (पुं.)
दस्त दे. हाथ
दस्तक देना दे. दरवाजा खटखटाना
दस्तकार दे. 1. कारीगर, 2. शिल्पी
दस्तकारी दे. शिल्प
दस्त की बीमारी दे. अतिसार
दस्तखत दे. हस्ताक्षर
दस्ता दे. 1. टुकड़ी, 2. हत्या
दस्तावर (वि.)
दस्तावर दे. रेचक
दस्तावेज (पुं.)
दस्तावेज दे. कागज-पत्र
दस्तूर दे. 1. ढंग, 2. परम्परा

दस्तूरी दे. बख्शीश
दस्यु दे. चोर
दस्युता दे. चोरी
दस्युवृत्ति दे. चोरी
दहकना दे. जलना
दहकाना दे. भड़काना
दहना दे. जलना
दहनीय दे. दाह्य
दहलना दे. डरना
दहलाना दे. डराना
दहलीज (स्त्री.)
दहशत दे. 1. आतंक, 2. डर
दहाड़ दे. गरज
दहाड़ना दे. गरजना
दही (पुं.)
दहेज (पुं.)
दाँत (पुं.)
दाँत किटकिटाना दे. आग बबूला होना
दांता-किटकिट दे. झगड़ा
दांपतिक दे. वैवाहिक
दांपत्य दे. वैवाहिक
दांभिक दे. डींगमार
दाँव (पुं.)
दाँव दे. 1. युक्ति, 2. शर्त
दाँवपेच दे. युक्ति
दाँवपेच वाला दे. कूटनीतिक
दाईं ओर दे. दाहिने
दाई (स्त्री.)
दाऊ 1. अंग्रेज, 2. भाई
दाएँ दे. दाहिने
दाक्षिण्य दे. कौशल
दाख दे. अंगूर
दाखिल दे. प्रविष्ट
दाखिल होना दे. घुसना
दाखिला दे. प्रवेश

दाग दे. कलंक
दागी दे. कलंकित
दाढ़ीवाला दे. दढ़ियल
दातव्य (पुं.)
दाता (पुं.)
दाता दे. उदार
दातार दे. दाता
दाद (स्त्री.)
दाद दे. प्रशंसा
दादा (स्त्री.)
दादागिरी दे. गुंडई
दादी (स्त्री.)
दान (पुं.)
दान दे. 1. उपहार, 2. भीख
दानव दे. राक्षस
दानवी दे. अत्याचारपूर्ण
दानवीर दे. दानी
दानशील दे. 1. उदार, 2. दानी
दाना दे. 1. बीज, 2. मनका
दानाई दे. बुद्धिमत्ता
दाना-पानी दे. जीविका
दानी (वि.)
दानी दे. 1. उदार, 2. दाता
दाब दे. दबाव
दाम दे. मूल्य
दाम ठहराना दे. मोल-भाव करना
दामन दे. 1. आँचल, 2. पल्ला
दाम बढ़ाना दे. मूल्य बढ़ाना
दामाद (पुं.)
दामिनी दे. बिजली
दामी दे. महँगा
दामोदर दे. कृष्ण
दाय दे. दहेज
दायज दे. दहेज
दायर करना (क्रिपद)

दायरा दे. वृत्त
दायाँ दे. दाहिना
दायाधिकार दे. उत्तराधिकार
दायाधिकारी दे. उत्तराधिकारी
दायित्व दे. 1. उत्तरदायित्व, 2. कर्तव्य, 3. प्रभार, 4. भार
दायित्वहीन दे. 1. उत्तरदायित्वहीन, 2. कर्तव्यहीन
दारोमदार दे. निर्भरता
दारा दे. पत्नी
दारिद्र्य दे. निर्धनता
दारुण दे. 1. उग्र, 2. भयानक
दारुणता दे. 1. उग्रता, 2. उत्कटता
दारू दे. 1. बारूद, 2. शराब
दारोमदार दे. निर्भरता
दार्शनिक (पुं.)
दाल-रोटी दे. जीविका
दावत दे. 1. निमंत्रण, 2. प्रीति-भोज, 3. भोज
दावा दे. 1. अधिकार, 2. अभियोग, 3. वाद
दावा करना (क्रिपद)
दावेदार दे. वादी
दावेदारी दे. अधिकार
दास (पुं.)
दास दे. सेवक
दासता (स्त्री.)
दासता दे. नौकरी
दासानुदास दे. सेवक
दासी दे. नौकरानी
दास्ताँ दे. कहानी
दास्तान दे. कहानी
दाह दे. 1. अंत्येष्टि, 2. जलन
दाहकर्म दे. अंत्येष्टि
दाहक्रिया दे. अंत्येष्टि

दाहना दे. जलाना
दाहसंस्कार दे. अंत्येष्टि
दाहिना (वि.)
दाहिने (क्रिवि.)
दाह्य (वि.)
दिक् दे. दिशा
दिक दे. परेशान
दिक करना दे. परेशान करना
दिक्कत दे. 1. कष्ट, 2. झमेला, 3. परेशानी
दिक्कततलब दे. कष्टदायक
दिखना दे. प्रतीत होना
दिखाई देना (क्रिपद)
दिखाई पड़ना दे. 1. प्रतीत होना, 2. लगना
दिखाऊ दे. आडंबरपूर्ण
दिखाना (क्रि.)
दिखावट दे. 1. आडंबर, 2. प्रदर्शन
दिखावटबाजी दे. ढोंग
दिखावटी (वि.)
दिखावटी दे. 1. आडंबरपूर्ण, 2. कृत्रिम
दिखावा दे. 1. आडंबर, 2. ढोंग, 3. पाखंड, 4. प्रदर्शन
दिखौआ दे. आडंबरपूर्ण
दिगंत दे. क्षितिज
दिग्गज दे. महान
दिग्दर्शन कराना दे. दिखाना
दिग्भ्रम दे. दिशाभ्रम
दिग्विजय दे. विश्वविजय
दिग्विजयी दे. विश्वविजयी
दिग्व्यापी दे. विश्वव्यापी
दिन (पुं.)
दिनकर दे. सूरज
दिन काटना दे. गुजारा करना
दिन चढ़ते ही दे. प्रातः
दिन चढ़े दे. 1. तड़के, 2. प्रातः
दिनचर्या (स्त्री.)
दिनचर्या दे. 1. कार्यक्रम, 2. क्रम
दिन निकालना दे. गुजारा करना
दिन बिताना दे. गुजारा करना
दिन-रात दे. 1. रात-दिन, 2. सदा, 3. हर समय
दिनांक (पुं.)
दिनांध (वि.)
दिनी दे. पुराना
दिनेश दे. सूरज
दिमाग दे. 1. अभिमान, 2. बुद्धि, 3. मस्तिष्क
दिमागचट दे. बकवादी
दिमाग चाटना दे. सताना
दिमागदार दे. 1. अभिमानी, 2. बुद्धिमान, 3.योग्य
दिमाग लड़ाना दे. माथापच्ची करना
दिमागी दे. मानसिक
दियासलाई (स्त्री.)
दिल दे. 1. अंतःकरण, 2. मन, 3. हृदय
दिलकश दे. आकर्षक
दिलकश लगना दे. जँचना
दिल की लगी दे. आसक्ति
दिल को छूनेवाला दे. आकर्षक
दिल खोलकर दे. खुशी-खुशी
दिलगीर दे. दुखी
दिलचस्प दे. 1. आकर्षक, 2. रोचक
दिलजमई दे. 1. ढारस, 2. संतोष
दिलजोई दे. ढारस
दिल टूट जाना दे. निराश होना
दिल तोड़ देना दे. निराश करना
दिल दहलाने वाला दे. करुण
दिलदार दे. 1. उदार, 2. रसिया
दिलदारी दे. उदारता
दिलपसंद दे. आकर्षक
दिलफेंक दे. मनचला
दिलबर दे. प्रेमी
दिल बहलाना (क्रिपद)
दिल बहलानेवाला दे. मनोरंजक
दिल-बहलाव दे. मनोरंजक
दिलरुबा दे. 1. प्रेमिका, 2. प्रेमी
दिलवाला दे. साहसी
दिल से दे. खुशी-खुशी
दिल से लगाना दे. गले लगाना
दिलावर दे. साहसी
दिलासा दे. ढारस
दिलासा देना दे. धैर्य बँधाना
दिली दे. 1. घनिष्ठ, 2. हार्दिक
दिलेर दे. 1. दबंग, 2. निडर, 3. वीर, 4. साहसी
दिलेरी दे. साहस
दिल्लगी दे. 1. उपहास, 2. हँसी
दिल्लगी उड़ाना दे. उपहास करना
दिल्लगीबाज दे. विनोदी
दिवंगत दे. भूत
दिवस दे. दिन
दिवांध दे. दिनांध
दिवाकर दे. सूरज
दिवाला (पुं.)
दिवाला निकाल देना (क्रिपद)
दिवालिया दे. 1. कंगाल, 2. निर्धन
दिवालियापन दे. दिवाला
दिवास्वप्न (पुं.)
दिवास्वप्न दे. कल्पना

दिव्य (वि.)
दिव्य दे. 1. अलौकिक, 2. उत्तम, 3. चमत्कारिक, 4. स्वर्गीय
दिशांत दे. क्षितिज
दिशा (स्त्री.)
दिशाभ्रम (पुं.)
दिसावर दे. विदेश
दिसावरी दे. विदेशी
दिहाड़ी (स्त्री.)
दिहाड़ी दे. 1. दिन, 2. वेतन
दीक्षक दे. शिक्षक
दीक्षा देना (क्रिपद)
दीक्षित करना दे. दीक्षा देना
दीठ दे. 1. आँख, 2. दृष्टि
दीदा दे. 1. आँख, 2. दृष्टि
दीदार दे. दर्शन
दीदी दे. बहन
दीन दे. 1. दब्बू, 2. नम्र, 3. निर्धन
दीनता दे. 1. नम्रता, 2. निर्धनता
दीनदार दे. भक्त
दीन-दुनिया दे. लोक-परलोक
दीनभाव दे. नम्रता
दीनहीन दे. 1. असहाय, 2. दब्बू
दीनानाथ दे. ईश्वर
दीनार दे. मोहर
दीप दे. दीया
दीपक दे. दीया
दीपदान दे. आरती
दीपस्तंभ दे. प्रकाशगृह
दीपाधार दे. दीयट
दीपावली दे. दीवाली
दीपित दे. दीप्त
दीपोत्सव दे. दीवाली
दीप्त (वि.)
दीप्ति दे. 1. चमक, 2. प्रकाश
दीप्तिमान दे. चमकीला
दीप्तिहीन दे. 1. निस्तेज, 2. हतप्रभ
दीमक दे. कीड़ा
दीयट (पुं.)
दीया (पुं.)
दीर्घ दे. लंबा
दीर्घजीवी दे. चिरंजीव
दीर्घसूत्रता (स्त्री.)
दीर्घसूत्री दे. धीमा
दीर्घाकार दे. लंबा
दीर्घायु दे. चिरंजीव
दीवट दे. दीयट
दीवा दे. दीया
दीवान दे. 1. कवि सम्मेलन, 2. बैठक, 3. मंत्री
दीवानगी दे. 1. पागलपन, 2. प्रेम
दीवाना दे. 1. कट्टर, 2. पागल
दीवानापन दे. कट्टरता
दीवाली (स्त्री.)
दुआ दे. 1. आशीर्वाद, 2. प्रार्थना
दुआ सलाम दे. परिचय
दुकड़हा दे. कमीना
दुकड़हापन दे. कमीनापन
दुकान (स्त्री.)
दुकानबंदी दे. हड़ताल
दुकूल दे. कपड़ा
दुख (पुं.)
दुख दे. 1. कष्ट, 2. पश्चात्ताप
दुखड़ा दे. आपबीती
दुखड़ा रोना दे. रोना
दुखद (वि.)
दुखदायी दे. 1. कष्टदायक, 2. दुखद
दुख देना दे. 1. सताना, 2. सालना
दुखना (क्रि.)
दुखना दे. 1. टीसना, 2. पीड़ा होना
दुखप्रद दे. दुखद
दुखांत (वि.)
दुखित दे. 1. दुखी, 2. पीड़ित
दुखिया दे. दुखी
दुखी (वि.)
दुखी दे. 1. परेशान, 2. पीड़ित
दुखी करना दे. 1. परेशान करना, 2. सताना, 3. सालना
दुखी रहना दे. चिंतित रहना
दुखी होना दे. 1. कलपना, 2. पछताना
दुगना (वि.)
दुगाना दे. गाना
दुग्ध दे. दूध
दुग्धशाला दे. डेरी
दुचित्ता दे. अन्यमनस्क
दुटूक दे. स्पष्ट
दुत्कार दे. डाँट
दुत्कार देना दे. अपमान करना
दुत्कारना दे. डाँटना
दुदिला दे. अन्यमनस्क
दुधमुँहा बच्चा (पुं.)
दुधारू गाय दे. लवेरी
दुधियापन दे. सफेदी
दुनिया दे. संसार
दुनियादार दे. 1. गृहस्थ, 2. सयाना
दुनियादारी दे. 1. लोकाचार, 2. सयानापन
दुनियावी दे. सांसारिक
दुनियासाज दे. 1. अनुभवी, 2. सयाना, 3. व्यवहार-कुशल

दुनियासाजी दे. सयानापन
दुपट्टा दे. चादर
दुपहर (स्त्री.)
दुपहर बाद (क्रिवि.)
दुबक जाना दे. छिपना
दुबला (वि.)
दुबलाना (क्रि.)
दुबला-पतला दे. 1. दुबला, 2. दुर्बल
दुबारा (क्रिवि.)
दुम दे. पूँछ
दुमछल्ला दे. पिछलग्गू
दुम दबाकर भागना (क्रिपद)
दुमदार तारा दे. पुच्छल तारा
दुमहिलाऊ दे. आज्ञाकारी
दुम हिलाना दे. चिरौरी करना
दुमुँहा (वि.)
दुमेला दे. दोगला
दुरंगा दे. दुमुँहा
दुरभिसंधि दे. कुचक्र
दुरवस्था दे. दुर्दशा
दुराग्रह दे. 1. जिद, 2. हठ
दुराग्रह करना दे. हठ करना
दुराग्रही दे. 1. कट्टर, 2. जिद्दी
दुराचरण दे. दुष्कर्म
दुराचार दे. 1. अन्याय, 2. अपकर्म, 3. कुकर्म, 4. दुष्कर्म, 5. बुराई
दुराचारपूर्ण दे. अनैतिक
दुराचारी दे. 1. अपकर्मी, 2. अन्यायी, 3. कुकर्मी, 4. चरित्रहीन, 5. व्यभिचारी
दुरात्मा दे. 1. कमीना, 2. चरित्रहीन, 3. दुष्ट
दुराना दे. 1. छिपाना, 2. ढकना
दुरारोह दे. ढालवाँ

दुराव (पुं.)
दुराशय दे. द्वेष
दुरुखा दे. दुमुँहा
दुरुपयोग करना (क्रिपद)
दुरुस्त दे. 1. ठीक, 2. सही
दुरुस्त करना दे. सुधारना
दुरुस्ती दे. संशोधन
दुरूह दे. 1. अस्पष्ट, 2. कठिन
दुरूहता दे. कठिनता
दुर्गंध (स्त्री.)
दुर्गंध दे. गंध
दुर्गंधि दे. दुर्गन्ध
दुर्गंधित दे. बदबूदार
दुर्ग दे. किला
दुर्गति दे. दुर्दशा
दुर्गबंदी दे. किलेबंदी
दुर्गम (वि.)
दुर्गम दे. 1. अगम्य, 2. कठिन
दुर्गमता दे. कठिनाई
दुर्गा (स्त्री.)
दुर्गीकरण दे. किलेबंदी
दुर्गुण (पुं.)
दुर्गुणी (वि.)
दुर्घटना (स्त्री.)
दुर्घटना दे. 1. घटना, 2. विपत्ति
दुर्जन दे. 1. कमीना, 2. दुष्ट
दुर्जेय दे. अजेय
दुर्ज्ञेय दे. कठिन
दुर्ज्ञेयता दे. कठिनाई
दुर्दमनीय दे. अजेय
दुर्दम्य दे. अजेय
दुर्दशा (स्त्री.)
दुर्दशा करना (क्रिपद)
दुर्दशाग्रस्त (वि.)
दुर्दिन दे. कुसमय
दुर्दुराना दे. भगाना

दुर्नम्य दे. कड़ा
दुर्नाम दे. बदनाम
दुर्बल (वि.)
दुर्बल दे. अशक्त
दुर्बलता (स्त्री.)
दुर्बलता दे. दुर्गुण
दुर्बल हो जाना (क्रिपद)
दुर्बुद्धि दे. मूर्ख
दुर्बोध दे. कठिन
दुर्बोधता दे. कठिनाई
दुर्भर दे. भारी
दुर्भाग्य (पुं.)
दुर्भाग्यशाली दे. अभागा
दुर्भाव दे. 1. दुर्भावना, 2. द्वेष
दुर्भावना (स्त्री.)
दुर्भावना दे. द्वेष
दुर्भावनाकृत दे. द्वेषपूर्ण
दुर्भावनापूर्ण दे. द्वेषपूर्ण
दुर्भिक्ष दे. अकाल
दुर्भेद्य दे. अजेय
दुर्मति दे. मूर्ख
दुर्मुख दे. 1. कलजिब्भा, 2. बदजबान
दुर्लंघ्य दे. दुर्गम
दुर्लभ (वि.)
दुर्लभ दे. अप्राप्य
दुर्लभता (स्त्री.)
दुर्वचन दे. गाली
दुर्वचन कहना दे. 1. अंड-बंड बकना, 2. गाली देना
दुर्वह दे. भारी
दुर्वृत्त दे. 1. चरित्रहीन, 2. दुष्ट
दुर्वृत्ति दे. दुष्टता
दुर्व्यवस्था दे. बेतरतीबी
दुर्व्यवहार (पुं.)
दुर्व्यवहार दे. अशिष्टता

दुर्व्यसन दे. आदत
दुलराना दे. दुलारना
दुलहेरा दे. प्रेम
दुलारना (क्रि.)
दुलारा दे. 1. प्यारा, 2. प्रिय
दुल्हा (पु.)
दुल्हा-दुलहिन दे. दंपती
दुल्हिन (स्त्री.)
दुल्हिन दे. वधू
दुविधा (स्त्री.)
दुविधा दे. असमंजस
दुश्चरित्र दे. 1. चरित्रहीन, 2. व्यभिचारी
दुश्मन (पुं.)
दुश्मन दे. वैरी
दुश्मनी दे. वैर
दुश्वार दे. कठिन
दुश्वारी दे. कठिनाई
दुष्कर दे. कठिन
दुष्कर्म (पुं.)
दुष्कर्म दे. 1. अपकर्म, 2. कुकर्म, 3. पाप
दुष्कर्मी दे. 1. अपकर्मी, 2. कुकर्मी, 3. पापी
दुष्काल दे. 1. अकाल, 2. कुसमय
दुष्कीर्ति दे. अपयश
दुष्कृत्य दे. कुकर्म
दुष्चक्र दे. कुचक्र
दुष्ट (वि.)
दुष्ट दे. नंगा
दुष्टता (स्त्री.)
दुष्टात्मा दे. दुष्ट
दुष्प्रकृति दे. दुष्ट
दुष्प्रयोग करना दे. दुरुपयोग करना
दुष्प्राप्य दे. 1. अनुप्राप्त, 2. दुर्लभ
दुष्प्राप्यता दे. दुर्लभता
दुसराना दे. आवृत्ति करना
दुस्तर दे. दुर्गम
दुस्सह दे. असह्य
दुस्साहसिक दे. कठिन
दुस्साहसी दे. दबंग
दुहराना दे. आवृत्ति करना
दुहराव दे. आवृत्ति
दुहाई दे. पुकार
दुहिता दे. पुत्री
दूजा दे. दूसरा
दूत (पु.)
दूतिका दे. दूती
दूती (स्त्री.)
दूध (पुं.)
दूधवाला (पुं.)
दूधवाला दे. ग्वाला
दूधवाली दे.ग्वालिन
दूधिया दे. सफेद
दून दे. घाटी
दूना दे. दुगना
दूबदू दे. आमने-सामने
दूभर दे. असह्य
दूरंदेश दे. दूरदर्शी
दूरंदेशी दे. दूरदृष्टि
दूर (वि.)
दूर (क्रिवि.)
दूर करना (क्रिपद)
दूर करना दे. भगाना
दूरगामी (वि.)
दूरत्व दे. अंतर
दूरदर्शिता दे. 1. दूरदृष्टि, 2. बुद्धिमान, 3. विचारशीलता
दूरदर्शी (वि.)
दूरदर्शी दे. 1. चतुर, 2. बुद्धिमान, 3. विचारशील
दूरदृष्टि (स्त्री.)
दूरप्रभावी दे. दूरगामी
दूरवर्ती दे. दूर
दूरव्यापी दे. दूरगामी
दूरस्थ दे. दूर
दूरस्थित दे. दूर
दूरी दे. 1. अंतर, 2. अलगाव, 3. वियोग
दूल्हा दे. दुल्हा
दूषण दे. 1. कलंक, 2. दोष
दूषण लगाना दे. कलंक लगाना
दूषित (वि.)
दूषित दे. गंदा
दूसरा (वि.)
दूसरा दे. 1. अन्य, 2. पराया
दूसरी बार दे. दुबारा
दूसरे दर्जे का दे. दोयम
दृगंबु दे. आँसू
दृग दे. आँख
दृढ़ (वि.)
दृढ़ दे. 1. पक्का, 2. स्थायी, 3. स्थिर
दृढ़ता दे. (स्त्री.)
दृढ़ता दे. 1. स्थायित्व, 2. स्थिरता
दृढ़त्व दे. दृढ़ता
दृढ़निश्चय दे. 1. धुनी, 2. निश्चय
दृढ़निश्चयी (वि.)
दृढ़प्रतिज्ञ दे. 1. धुनी, 2. निश्चयबद्ध
दृढ़संकल्प दे. धुनी
दृढ़ांग दे. हट्टा-कट्टा
दृश्य (पुं.)
दृश्य दे. 1. प्रकट, 2. प्रत्यक्ष

दृश्यमान (वि.)
दृश्यमान दे. प्रत्यक्ष
दृश्यावली दे. दृश्य
दृष्टांत दे. उदाहरण
दृष्टि (स्त्री.)
दृष्टिकोण (पुं.)
दृष्टिकोण दे. अभिवृत्ति
दृष्टिक्षेप दे. दृष्टिपात
दृष्टिगत दे. प्रत्यक्ष
दृष्टिगत होना दे. दिखाई पड़ना
दृष्टिगोचर दे. प्रत्यक्ष
दृष्टिपात (पुं.)
दृष्टिपात करना दे. देखना
दृष्टिबंध दे. जादू
दृष्टि फेर लेना दे. उपेक्षा करना
दृष्टिबिन्दु दे. दृष्टिकोण
दृष्टिहीन दे. अंधा
दृष्टिहीनता दे. अंधापन
देखनहार दे. दर्शक
देखना (क्रि.)
देखना-भालना दे. देखना
देखने में (क्रिवि.)
देखनेवाला (वि.)
देखने योग्य दे. दर्शनीय
देखनेवाला दे. दर्शक
देख-भाल दे. देख-रेख
देख-भाल करना दे. अगोरना
देख-रेख (स्त्री.)
देख-रेख दे. निरीक्षण
देख-रेख करना दे. अगोरना
देखादेखी दे. 1. अनुकरण, 2. दर्शन, 3. नकल
देखादेखी करना दे. नकल करना
देदीप्यमान दे. चमकीला
देन दे. उपहार

देनदार दे. ऋणी
देनदारी दे. देयता
देना (क्रि.)
देना-पावना दे. देना-लेना
देना-लेना (पुं.)
देनेवाला दे. दाता
देय दे. बकाया
देयता (स्त्री.)
देयता दे. उत्तरदायित्व
देयादेय दे. देना-लेना
देर दे. देरी
देर लगानेवाला दे. धीमा
देरी (स्त्री.)
देव दे. देवता
देवकीनंदन दे. कृष्ण
देवगृह दे. मंदिर
देवता (पुं.)
देवतापुरुष दे. संत
देवदूत (पुं.)
देवपति दे. इंद्र
देवप्रतिमा दे. मूर्ति
देवबाला दे. अप्सरा
देवभोग दे. चढ़ावा
देवराज दे. इंद्र
देवर्षि दे. ऋषि
देववाणी दे. आकाशवाणी
देवविग्रह दे. मूर्ति
देवस्थान दे. मंदिर
देवांगना दे. 1. अप्सरा, 2. परी
देवाधिप दे. इंद्र
देवाल दे. दाता
देवालय दे. मंदिर
देवी (स्त्री.)
देवेन्द्र दे. इंद्र
देवेश दे. इंद्र
देवोपम दे. स्वर्गीय

देश (पुं.)
देशज दे. देसी
देश-निकाला (पुं.)
देशप्रेम दे. देशभक्ति
देशप्रेमी दे. देशभक्त
देशभक्त (पुं.)
देशभक्ति (स्त्री.)
देश से बाहर दे. विदेश में
देशांतरगमन दे. प्रवास
देशी दे. देसी
देश्य दे. देसी
देसावरी दे. देसी
देसी (वि.)
देह दे. 1. काया, 2. शरीर
देहत्याग दे. मृत्यु
देहत्राण दे. कवच
देहरहित दे. विदेह
देहांत दे. मृत्यु
देहांत हो जाना दे. मरना
देहात दे. गाँव
देहाती (वि.)
देहाती दे. अनाड़ी
देहावसान दे. मृत्यु
देहिक दे. शारीरिक
दैत्य दे. राक्षस
दैत्याकार दे. बड़ा
दैन्य दे. निर्धनता
दैया दे. भाग्य
दैव दे. भाग्य
दैवकृत (वि.)
दैवज्ञ दे. 1. ज्योतिषी, 2. भविष्य-वक्ता
दैवयोग दे. संयोग
दैवयोग से दे. संयोगवश
दैववश दे. संयोगवश
दैवात दे. संयोगवश

दैवी दे. 1. अलौकिक, 2. दैवकृत
दो-अर्थी दे.
दोगला (वि.)
दोगला दे. जारज
दोचित्ती दे. अन्यमनस्कता
दोजख दे. नरक
दोतरफा दे. पारस्परिक
दो नंबर का दे. दोयम
दोना (पुं.)
दोनों (वि.)
दोनों पक्ष दे. पक्ष-विपक्ष
दोपहर दे. दुपहर
दोबारा दे. पुनः
दोयम (वि.)
दोला दे. झूला
दोलायमान दे. 1. अस्थिर, 2. डाँवाँडोल
दो शब्द दे. भूमिका
दोष (पु.)
दोष दे. 1. अपराध, 2. कलंक, 3. खराबी, 4. गलती, 5. त्रुटि, 6. दुर्गुण, 7. बुराई
दोषदर्शन (पुं.)
दोषदर्शन दे. 1. छिद्रान्वेषण, 2. निन्दा
दोषदर्शी (वि.)
दोषपूर्ण दे. खराब
दोष बतलाना दे. निन्दा करना
दोषमुक्त दे. निर्दोष
दोषमुक्त करना दे. रिहा करना
दोष लगाना दे. 1. अभियोग लगाना, 2. कलंक लगाना
दोषाग्राही दे. छिद्रान्वेषी
दोषान्वेषक दे. निन्दक
दोषान्वेषी दे. 1. छिद्रान्वेषी, 2. निन्दक
दोषारोप दे. अभियोग
दोषारोपक दे. अभियोगी
दोषी दे. अपराधी
दोषी ठहराना दे. अभियोग लगाना
दोस्त दे. 1. मित्र, 2. सखी
दोस्ताना दे. मित्रता
दोस्ती दे. मित्रता
दोहता दे. नाती
दोहित्र दे. नाती
दौंचना दे. मारना
दौड़-धूप (स्त्री.)
दौड़-धूप दे. प्रयत्न
दौड़-धूप करना (क्रिपद)
दौड़ना (क्रि.)
दौड़ने-धूपने वाला दे. दौड़ने वाला
दौड़नेवाला (पुं.)
दौड़भाग दे. 1. दौड़-धूप, 2. भागदौड़
दौड़ादौड़ी दे. जल्दी
दौर (पुं.)
दौर दे. युग
दौरा (पुं.)
दौरान दे. चक्कर
दौराना दे. बीच
दौर्बल्य दे. दुर्बलता
दौलत दे. 1. धन, 2. संपत्ति
दौलतखाना दे. घर
दौलतमंद दे. 1. धनी, 2. संपन्न
दौलतमंदी दे. धनाढ्यता
द्युति दे. 1. चमक, 2. प्रकाश
द्यूत दे. जुआ
द्यूत-क्रीड़ा दे. जुआ
द्योतक दे. सूचक
द्रवरूप दे. तरल
द्रवित होना दे. पिघलाना
द्रवीभूत होना दे. पिघलना
द्रव्य दे. सामग्री
द्रष्टा दे. दर्शक
द्राक्षा दे. अंगूर
द्रुत दे. तेज
द्रुतगति दे. 1. तेजी, 2. द्रुतगामी
द्रुतगति से दे. तेजी से
द्रुतगामी (वि.)
द्रुतगामी दे. तेज
द्रुम दे. पेड़
द्रोह दे. 1. विद्रोह, 2. विश्वासघात
द्रोही दे. 1. विद्रोही, 2. विश्वासघाती
द्वंद्व (पुं.)
द्वंद्व दे. झगड़ा
द्वारक दे. छेद
द्वारकाधीश दे. कृष्ण
द्वार-द्वार दे. दरवाजे-दरवाजे
द्वारपाल (पु.)
द्वि-अर्थक (वि.)
द्विगुणित दे. दुगुना
द्विज दे. ब्राह्मण
द्वितीय दे. दोयम
द्विधार्थक दे. द्वयर्थक
द्विनेत्री दे. चश्मा
द्विपक्षीय दे. पारस्परिक
द्विमुख दे. दुमुँहा
द्विरागमन दे. गौना
द्वीप (पुं.)
द्वीपपुंज (पुं.)
द्वीपमंडल दे. द्वीपपुंज
द्वीपसमूह दे. द्वीपपुंज
द्वेष (पुं.)
द्वेष दे. वैर

द्वेषपूर्ण (वि.)
द्वेषभाव दे. वैर
द्वेषी दे. वैरी
द्वैसाप्ताहिक दे. पाक्षिक
द्वयर्थक (वि.)
द्वयर्थक दे. अस्पष्ट
धंधा दे. 1. उद्योग, 2. व्यापार
धँसना दे. चुभना
धँसान दे. गड्ढा
धँसाना दे. 1. घुसेड़ना, 2. छेदना
धकधक दे. धड़कन
धकधक करना दे. धड़कना
धकधकाहट दे. धड़कन
धकपक दे. 1. आशंका, 2. दुविधा
धकापेल दे. धक्कम-धक्का
धक्कम-धक्का (पुं.)
धक्का (पुं.)
धक्का दे. आघात
धक्का देना दे. 1. ढकेलना, 2. निकाल देना
धगड़ा दे. यार
धगड़ी दे. रखैल
धचका दे. 1. आघात, 2. धक्का
धज दे. शक्ल
धजदार दे. छैला
धज्जियां उड़ाना दे. चिथड़े करना
धड़ (पुं.)
धड़क दे. 1. धड़कन, 2. हिचक
धड़कन (स्त्री.)
धड़कना (क्रि.)
धड़का दे. साहस
धड़धड़ करना दे. धड़कना
धड़धड़ाना दे. धड़कना
धड़ल्ले से (क्रिवि.)
धड़ से दे. अचानक
धड़ा दे. 1. गिरोह, 2. दल, 3. पासंग
धड़ाका दे. विस्फोट
धड़ेबंदी दे. दलबंदी
धता करना दे. भगाना
धता बताना दे. भगाना
धता होना दे. अंतर्धान हो जाना
धधक दे. लौ
धधकना दे. जलना
धधकाना दे. भड़काना
धन (पुं.)
धनक दे. सकारात्मक
धनकुबेर दे. धनी
धन-दौलत दे. 1. धन, 2. संपन्नता, 3. संपत्ति
धनपति दे. महाजन
धनपिशाच दे. लालची
धनलोलुप दे. लालची
धनवंत दे. धनी
धनवान दे. 1. धनी, 2. संपन्न
धन-संबंधी दे. आर्थिक
धनहीन दे. निर्धन
धनाढ्य दे. 1. धनी, 2. संपन्न
धनाढ्यता (स्त्री.)
धनाढ्यता दे. संपन्नता
धनात्मक दे. सकारात्मक
धनाना दे. गर्भ ठहरना
धनार्जन दे. कमाई
धनिक दे. धनी
धनी (वि.)
धनी दे. संपन्न
धनी-धोरी दे. 1. अभिभावक, 2. पूछनेवाला
धनी-मानी दे. 1. धनी, 2. महाजन
धनुर्धर दे. 1. तीरंदाज, 2. धनुषधारी
धनुर्विद्या दे. तीरंदाजी
धन्नासेठ दे. सेठ
धन्य (वि.)
धन्य दे. 1. प्रशंसनीय, 2. भाग्यवान
धन्य-धन्य दे. वाहवाह
धन्यवाद (पुं.)
धन्यवादपूर्वक (क्रिवि.)
धन्यवाद-प्रकाश दे. कृतज्ञता-प्रकाश
धन्वी दे. तीरंदाज
धपधपाना दे. बजाना
धब्बा दे. कलंक
धमकाना (क्रि.)
धमकाना दे. डराना
धमकी (स्त्री.)
धमकी देना दे. 1. डराना, 2. धमकाना
धमनी दे. नाड़ी
धमाका दे. विस्फोट
धमाकेदार दे. जोरदार
धमाचौकड़ी दे. 1. उछल-कूद, 2. शोर
धमाधम दे. लगातार
धरणी दे. भूमि
धरता दे. ऋणी
धरती दे. 1. पृथ्वी, 2. भूमि
धरन (स्त्री.)
धरना (पुं.)
धरना दे. पकड़ना
धरनी दे. धरन
धर-पकड़ दे. गिरफ्तारी
धर लेना दे. पकड़ना
धरहरा दे. मीनार

धरा दे. भूमि
धराशायी (वि.)
धराशायी करना दे. गिराना
धरेला दे. यार
धरेली दे. रखैल
धरोहर दे. अमानत
धर्म (पुं.)
धर्म दे. कर्तव्य
धर्मकर्म दे. कर्म
धर्मच्युत दे. विधर्मी
धर्मत्यागी दे. विधर्मी
धर्मध्वजी दे. ढोंगी
धर्मनिष्ठ दे. 1. ईमानदार, 2. धर्मात्मा, 3. धार्मिक
धर्मनिष्ठा दे. ईमान
धर्मपत्नी दे. 1. पत्नी, 2. पतिव्रता
धर्मपरायण दे. 1. कर्तव्यपरायण, 2. धर्मात्मा, 3. धार्मिक
धर्मपाल दे. धर्मात्मा
धर्मप्रचारक (पुं.)
धर्मप्राण दे. धार्मिक
धर्मबहन दे. बहन
धर्मभावना दे. ईमान
धर्मभ्रष्ट दे. विधर्मी
धर्मयुद्ध दे. जेहाद
धर्मविमुख दे. कर्तव्यच्युत
धर्मविरुद्ध दे. अनैतिक
धर्मविश्वास दे. आस्तिकता
धर्मविश्वासी दे. आस्तिक
धर्मशाला दे. अतिथि-भवन
धर्मशील दे. 1. धार्मिक, 2. धर्मात्मा
धर्मसंकट दे. 1. उभयसंकट, 2. दुविधा
धर्मांधि दे. कट्टर
धर्मांधता (स्त्री.)
धर्मांधता दे. 1. कट्टरता, 2. धर्मोन्माद
धर्मात्मा (वि.)
धर्मात्मा (पुं.)
धर्मात्मा दे. संत
धर्मानुयायी दे. धार्मिक
धर्मार्थ (वि.)
धर्मार्थ दे. दातव्य
धर्मिष्ठ दे. धर्मात्मा
धर्मी दे. 1. ईमानदार, 2. धार्मिक, 3. धर्मात्मा
धर्मोन्मत्त दे. कट्टर
धर्मोन्माद दे. कट्टरता
धवल दे. 1. उज्ज्वल, 2. चमकीला, 3. सफेद
धसक दे. खाँसी
धसका दे. खाँसी
धसाना दे. चुभाना
धाँधली दे. 1. घोटाला, 2. स्वेच्छाचार
धाँधलीबाज दे. 1. कपटी, 2. स्वेच्छाचारी
धाक दे. रोब
धाकड़ दे. 1. कुशल, 2. जोरदार, 3. रोबीला
धागा (पुं.)
धाड़ दे. चीख
धाड़ मारना दे. चीखना
धात्री दे. 1. दाई, 2. धाय
धानी दे. हरा
धान्य दे. अन्न
धाम दे. 1. घर, 2. मंदिर
धाय (स्त्री.)
धाय दे. दाई
धार दे. तीखापन
धारण (पुं.)
धारण करना दे. 1. पकड़ना, 2. पहनना, 3. स्वीकार करना
धारण दे. अनुमान
धार चढ़ाना दे. तेज करना
धारदार दे. 1. तीखा, 2. तेज, 3. पैना
धार लगाना दे. तेज करना
धारा दे. 1. नदी, 2. नियम, 3. प्रवाह
धाराप्रवाह (वि.)
धारावाहिक दे. कहानी
धारिता दे. 1. गुंजाइश, 2. समाई, 3. सामर्थ्य
धरोष्ण दे. ताजा
धार्मिक (वि.)
धावक दे. दौड़नेवाला
धावना दे. दौड़ना
धावमान दे. चालू
धावा दे. आक्रमण
धावा बोलना दे. आक्रमण करना
धावा बोलनेवाला दे. आक्रामक
धिक्कार (स्त्री.)
धिक्कार दे. डाँट
धिक्कारना दे. डाँटना
धिग्दंड दे. डाँट
धींगाधींगी दे. 1. जबरदस्ती, 2. ज्यादती
धींगामुश्ती दे. 1. अत्याचार, 2. जबरदस्ती, 3. ज्यादती
धी दे. पुत्री
धीमा (वि.)
धीमा दे. 1. आलसी, 2. सुस्त
धीमान दे. 1. कुशाग्र बुद्धि, 2. बुद्धिमान

धीमी चाल (स्त्री.)
धीमी रफ्तार दे. धीमी चाल
धीमे दे. धीरे
धीमे-धीमे दे. धीरे-धीरे
धीर दे. 1. गंभीर, 2. धैर्यवान
धीर-गंभीर दे. शांत
धीरज दे. ढारस
धीरज बँधाना दे. धैर्य बँधाना
धीरता दे. ढारस
धीरे (क्रिवि.)
धीरे चलनेवाला दे. धीमा
धीरे-धीरे दे. धीरे
धुंध दे. कोहरा
धुँधलका दे. सायं
धुँधला (वि.)
धुँधला दे. अस्पष्ट
धुआँ (पुं.)
धुआँधार दे. 1. तेज, 2. धारा-प्रवाह
धुआयँध दे. दुर्गंध
धुकधुक करना दे. धड़कना
धुकधुकी दे. धड़कन
धुकधुकी लगना दे. धड़कना
धुकड़-पुकड़ दे. 1. असमंजस, 2. घबराहट
धुकर-पुकर दे. धड़कन
धुकर-पुकर करना दे. धड़कना
धुत दे. नशे में चूर
धुन दे. 1. लगन, 2. सनक
धुनकना दे. धुनना
धुन का पक्का दे. धुनी
धुन चढ़ना दे. सनक चढ़ना
धुनना (क्रि.)
धुनना दे. मारना
धुन सवार होना (क्रिपद)
धुनाई करना दे. मारना

धुनी (वि.)
धुनी दे. सनकी
धुपाना दे. सुखाना
धुप्पल दे. धोखा
धुप्पल देना दे. धोखा देना
धुप्पलबाज दे. धोखेबाज
धुप्पलबाजी दे. धोखा
धुप्पस दे. घुड़की
धुरंधर दे. 1. बड़ा, 2. महान
धुर दे. अत्यधिक
धुरा (वि.)
धुरी दे. धुरा
धुर्रा दे. कण
धुर्रे उड़ाना दे. चिथड़े करना
धुस्स दे. 1. टीला, 2.बाँध
धूतू दे. सीटी
धूप (स्त्री.)
धूम दे. धुँआ
धूमकेतू दे. पुच्छल तारा
धूम-धड़क्का दे. तड़क-भड़क
धूम-धाम दे. 1. चहल-पहल, 2. तड़क-भड़क
धूमिल दे. 1. अस्पष्ट, 2. धुँधआ
धूर्त (वि.)
धूर्त दे. 1. कपटी, 2. छली, 3. धोखेबाज, 4. पाखंडी
धूर्तता (स्त्री.)
धूर्तता दे. 1. ठगी, 2. धोखा, 3. पाखंड, 4. कपट
धूर्ततापूर्ण दे. कूटनीतिक
धूल (स्त्री.)
धूल दे. मिट्टी
धूल-धक्कड़ दे. गंदा
धूल में मिलाना दे. विफल करना
धूल सुँघाना दे. पछाड़ना

धूलि दे. धूल
धूसर दे. 1. खाकी, 2. मटमैला
धृति दे. धारण
धृष्ट (वि.)
धृष्ट दे. 1. अक्खड़, 2. उद्धत, 3. निर्लज्ज
धृष्टता (स्त्री.)
धृष्टता दे. 1. उद्धतता, 2. निर्लज्जता
धेनु दे. गाय
धेला दे. अधेला
धैर्य (पुं.)
धैर्य दे. 1. गंभीरता, 2. ढारस
धैर्य बँधाना (क्रिपद)
धैर्यवान (वि.)
धोखा (पुं.)
धोखा दे. 1. धूर्तता, 2. विश्वासघात
धोखा देना (क्रिपद)
धोखा देना दे. छलना
धोखाधड़ी दे. 1. कपट, 2. धूर्तता
धोखाधड़ी करना दे. धोखा देना
धोखेबाज (वि.)
धोखेबाज दे. 1. कपटी, 2. झूठा, 3. धूर्त
धोखेबाजी दे. 1. धूर्तता, 2. धोखा
धोना (क्रि.)
धोना दे. साफ करना
धौंकनी (स्त्री.)
धौंस दे. 1. धमकी, 2. रोब
धौंसपट्टी दे. घुड़की
धौरा दे. सफेद
धौल दे. चपत
धौल जमाना दे. चपतियाना

धौल-धप्पड़ (पुं.)
धौल-धप्पड़ दे. लड़ाई
ध्यान (पुं.)
ध्यान न देना दे. उपेक्षा करना
ध्यानमग्न (वि.)
ध्यानमग्न दे. मग्न
ध्यानमग्नता दे. एकाग्रता
ध्यान रखना (क्रिपद)
ध्यान से उतर जाना दे. भूलना
ध्यानस्थ दे. मग्न
ध्यानावस्थित दे. 1. मग्न, ध्यानमग्न
ध्येय दे. उद्देश्य
ध्रुव दे. 1. निश्चित, 2. शाश्वत
ध्वंस दे. 1. क्षय, 2. नाश
ध्वंसना दे. बिगाड़ना
ध्वंसावशेष दे. 1. खंडहर, 2. मलबा
ध्वज दे. झंडा
ध्वजभंग दे. नपुंसकता
ध्वजा दे. झंडा
ध्वनि दे. शब्द
ध्वस्त दे. नष्ट
ध्वस्त कर देना दे. नष्ट कर देना
ध्वस्त हो जाना दे. नष्ट हो जाना
ध्वस्त होना (क्रिपद)
नंगई दे. 1. अश्लीलता 2. गुंडई, 3. दुष्टता
नंग-धड़ंग दे. नंगा
नंगा (वि.)
नंगा दे. 1. अश्लील, 2. दुष्ट
नंगापन दे. 1. अश्लीलता, दुष्टता
नंगा-बूचा दे. 1. कंगाल, 2. निर्धन
नंगा-भूखा दे. 1. कंगाल, 2. निर्धन

नंगा-लुच्चा दे. दुष्ट
नंदकिशोर दे. कृष्ण
नंदनंदन दे. कृष्ण
नंदलाल दे. कृष्ण
नंदीश्वर दे. शिव
नंबर दे. अंक
नंबरदार दे. मुखिया
नंबरदार दे. क्रमबद्ध
नंबर दो का पैसा दे. काली कमाई
नंबर वन दे. उत्तम
नंबरी दे. 1. प्रसिद्ध, 2. मुख्य
न दे. नहीं
नई ब्याही दे. नवविवाहिता
नए युग का दे. नया
नए सिरे से दे. पुनः
नककटा दे. निर्लज्ज
नकचढ़ा दे. नखरेबाज
नकद-नारायण दे. नकदी
नकदी (स्त्री.)
नकब लगाना दे. सेंध लगाना
नकल (स्त्री.)
नकल दे. अनुकरण
नकल उतारना (क्रिपद)
नकल करना (क्रिपद)
नकलची (पुं.)
नकलबाज दे. नकलची
नकली (वि.)
नकली दे. कृत्रिम
न कहने योग्य दे. अकथनीय
नकाब दे. मुखौटा
नकारना दे. अस्वीकार करना
नकारा दे. बेकार
नकारात्मक (वि.)
नकारापन दे. निकम्मापन
नकियाना (क्रि.)

नक्काल दे. 1. नकलची, 2. विदूषक
नक्काशी (स्त्री.)
नक्की दे. पक्का
नक्र दे. मगर
नक्शा दे. मानचित्र
नक्शेबाज दे. नखरेबाज
नक्शेबाजी दे. नखरा
नक्षत्र (पुं.)
नक्षत्र-विज्ञान दे. ज्योतिषशास्त्र
नक्षत्री दे. भाग्यवान
नक्सलवादी दे. आतंकवादी
नक्सली दे. आतंकवादी
नख दे. नाखून
नखत दे. नक्षत्र
नखरा (पुं.)
नखरा दे. हाव-भाव
नखरा-तिल्ला दे. नखरा
नखरा दिखाना दे. इतराना
नखरीला दे. नखरेबाज
नखरेबाज (वि.)
नखलिस्तान दे. मरुद्यान
नखास दे. बाजार
नग दे. रत्न
नगण्य दे. 1. उपेक्ष्य, 2. तुच्छ
नगदी दे. नकदी
नगपति दे. 1. पहाड़, 2. हिमालय
नगर (पुं.)
नगर-नारी दे. वेश्या
नगरवासी (पुं.)
नगरी दे. नगर
नगाड़ा दे. ढोल
नगीना दे. रत्न
नग्न दे. नंगा
नग्मा दे. गाना
नचना दे. नाचनेवाला

नचनी दे. नाचनेवाली
नचाना दे. परेशान करना
नजदीक दे. निकट
नजदीक दे. 1. निकट,
2. समीपी
नजदीकी दे. 1. निकटता,
2. समीपता
नजरंदाज दे. उपेक्षित
नजरंदाजी दे. उपेक्षा
नजरंदाजी दे. उपेक्षा करना
नजर (स्त्री.)
नजर दे. 1. उपहार, 2. दृष्टि
नजर आना दे. देखना
नजरबंद दे. बंदी
नजरबंदी दे. 1. कारावास,
2. गिरफ्तारी
नजरबाजी दे. ताक-झाँक
नजराना दे. उपहार
नजरिया दे. दृष्टिकोण
नजला दे. जुकाम
नजाकत दे. कोमलता
नजात दे. छुटकारा
नजारा दे. दृश्य
नजीर दे. उदाहरण
नजूम दे. ज्योतिष
नजूमी दे. 1. ज्योतिषी,
2. भविष्यवक्ता
नज्म दे. गीत
नट (पुं.)
नट दे. 1. अभिनेता,
2. बाजीगर
नटई दे. 1. कंठ, 2. गला
नटखट (वि.)
नटखट दे. 1. खिलवाड़ी,
2. चंचल
नटखटपन दे. चंचलता
नटखटी (स्त्री.)
नटखटी दे. 1. चंचलता,
2. शरारत
नट जाना दे. मुकुरना
नटत्व दे. बाजीगरी
नटना दे. मुकुरना
नटनी दे. अभिनेत्री
नटपना दे. बाजीगरी
नटराज दे. शिव
नटी दे. अभिनेत्री
नत (वि.)
नतमस्तक दे. नत
नतमस्तक होना दे. झुकना
नत होना दे. झुकना
नति दे. 1. झुकाव, 2. प्रवृत्ति
नतीजा दे. परिणाम
नत्थी करना दे. जोड़ना
नत्थी होना दे. जुड़ना
नथुना दे. थूथन
नद दे. नदी
नदारद दे. अंतर्धान
नदारद हो जाना दे. गायब हो जाना
नदी (स्त्री.)
ननुनच दे. आपत्ति
नन्हा दे. छोटा
नन्हा-सा दे. बौना
नपा-तुला (वि.)
नपा-तुला दे. मर्यादित
नपुंसक (स्त्री.)
नफरत दे. घृणा
नफरत करना दे. घृणा करना
नफरी दे. दिहाड़ी
नफा दे. लाभ
नफा-नुकसान दे. 1. बुरा-भला,
2. हानि-लाभ
नफाखोर दे. मुनाफाखोर
नफाखोरी दे. मुनाफाखोरी
नफासत दे. सुरुचि
नफासतपसंद दे. सुरुचिसंपन्न
नफीस दे. 1. अच्छा, 2. उत्तम
नबी दे. देवदूत
नब्ज दे. नाड़ी
नभ दे. आकाश
नम दे. 1. अश्रुपूर्ण, 2. गीला
नमक-मिर्च लगाकर कहना
दे. अतिरंजन करना
नमक-मिर्चवाला दे. मसालेदार
नमकहराम दे. 1. अकृतज्ञ,
2. कृतघ्न
नमकहरामी दे. 1. अकृतज्ञता,
2. विश्वासघात
नमकहलाल दे. 1. कृतज्ञ,
2. निष्ठावान
नमकीन (वि.)
नमदा दे. कंबल
नमन (पुं.)
नमना दे. झुकना
नमस्कार (पुं.)
नमस्कार दे. अभिवादन
नमस्ते दे. नमस्कार
नमस्य दे. 1. आदरणीय,
2. वंदनीय
नमित दे. नत
नमित होना दे. झुकना
नमी (स्त्री.)
नमुदार दे. प्रकट
नमूना (पुं.)
नमूना दे. 1. आदर्श, 2. उदाहरण
नम्य दे. लचीला
नम्यता दे. लचीलापन
नम्र (वि.)
नम्र दे. 1. शिष्ट, 2. सुशील

नम्रता (स्त्री.)
नम्रता दे. शिष्टता
नय दे. नीति
नयन दे. आँख
नयन-नक्शा दे. नाक-नक्शा
नयनाभिराम दे. 1. दर्शनीय, 2. सुन्दर
नया (वि.)
नयाचार दे. राजनीति
नया नकोर दे. नया
नयापन (पुं.)
नया ब्याहा दे. नवविवाहित
नया रईस दे. नवधनाढ्य
नर दे. मनुष्य
नरक (पुं.)
नरत्व दे. पौरुष
नरपति दे. राजा
नरपुंगल (पुं.)
नरभक्षी (वि. पुं.)
नरम दे. 1. आलसी, 2. कोमल
नरमदिली द. नरमी
नरमी (स्त्री.)
नरमी दे. 1. कोमलता, 2. ढील
नरवध दे. 1. संहार, 2. हत्या
नरश्रेष्ठ दे. नरपुंगव
नरसंहार दे. 1. रक्तपात, 2. संहार
नरहत्या दे. 1. संहार, 2. हत्या
नराच दे. तीर
नरेश दे. राजा
नरशोचित दे. राजसी
नरोत्तम दे. नरपुंगव
नर्तक दे. नाचनेवाला
नर्तकी दे. नाचनेवाली
नर्तन दे. नाच
नर्तन करना दे. नाचना
नर्म दे. कोमल
नर्मी बरतना दे. रियायत करना
नर्स दे. दाई
नलिन दे. कमल
नव दे. नया
नवचेतना दे. पुनर्जागरण
नवछात्र दे. नौसिखुआ
नवजागरण दे. पुनर्जागरण
नवजात (वि.)
नवता दे. नयापन
नवधनाढ्य (वि.)
नवधनिक दे. नवधनाढ्य
नवधनी दे. नवधनाढ्य
नवना दे. झुकना
नवनिर्मित दे. आविष्कृत
नवनीत दे. मक्खन
नवमल्लिका दे. चमेली
नवयुग दे. वर्तमानकाल
नवयुगीन दे. 1. आधुनिक, 2. नया
नवयुवक दे. 1. किशोर, 2. युवक
नवयुवती दे. 1. किशोरी, 2. युवती
नवरचित दे. आविष्कृत
नवल दे. नया
नवलता दे. नयापन
नववधू दे. दुल्हिन
नवविवाहित (वि.)
नवविवाहिता (स्त्री.)
नवसुधारक दे. प्रगतिशील
नवागंतुक दे. अतिथि
नवाब दे. 1. जागीरदार, 2. सामंत
नवाबी दे. सामंती
नवीकरण दे. नवीनीकरण
नवीन दे. नया
नवीनता दे. नयापन
नवीनीकरण (पुं.)
नवीयन दे. नवीनीकरण
नवेद दे. निमंत्रण पत्र
नवेली दे. युवती
नवोढ़ दे. नवविवाहिता
नवोढ़ा दे. नवविवाहिता
नवोत्पन्न दे. नवजात
नवोदित दे. नया
नव्य दे. नया
नशई दे. शराबी
नशा (पुं.)
नशाखोर (वि.)
नशाखोर दे. शराबी
नशाखोरी (स्त्री.)
नशाबंदी दे. मद्यनिषेध
नशीला (वि.)
नशेबाज दे. 1. नशाखोर, 2. शराबी
नशेबाजी दे. नशाखोरी
नशे में चूर (वि.)
नशे में बुत दे. नशे में चूर
नश्तर लगाना दे. चीरा लगाना
नश्वर दे. 1. नाशवान, 2. मर्त्य
नष्ट (वि.)
नष्ट कर देना (क्रिपद)
नष्ट करना दे. बिगाड़ना
नष्टप्राय दे. नष्ट
नष्ट-भ्रष्ट दे. नष्ट
नष्ट हो जाना (क्रिपद)
नष्ट हो जाना दे. जल जाना
नस दे. नाड़ी
नसीब दे. भाग्य
नसीबजला दे. अभागा
नसीबवर दे. भाग्यवान
नसीम दे. समीर

नसीहत दे. 1. उपदेश, 2. हिदायत
नसूड़िया दे. अशुभ
नसैनी दे. सीढ़ी
नस्य दे. सुँघनी
नहान दे. स्नान
नहाना (क्रि.)
नहाना दे. स्नान
नहाना-धोना दे. नहाना
नहाने का कमरा दे. स्नानागार
नहार मुँह दे. बासी मुँह
नहिक दे. नकारात्मक
नहीं (निपात)
नहूसत दे. उदासी
ना दे. नहीं
नाइंसाफी दे. अन्याय
नाइत्तेफाकी दे. मतभेद
नाई (पुं.)
नाउम्मीद दे. निराश
नाउम्मीदी दे. निराशा
नाक (स्त्री.)
नाक-नक्शा (पुं.)
नाक की सीध में दे. सीधे
नाकवाला दे. प्रतिष्ठित
नाक से बोलना दे. नकियाना
नाका दे. थाना
नाकाफ़ी दे. कम
नाकाबिल दे. 1. अपात्र, 2. अयोग्य
नाकाबलियत दे. 1. अपात्रता, 2. अयोग्यता
नाकाम दे. 1. असफल, 2. विफल, 3. व्यर्थ
नाकाम करना दे. विफल करना
नाकामयाब दे. असफलता

नाकामी दे. 1. असफलता, 2. विफलता
नाकिस दे. 1. खराब, 2. बेकार
नाकेबंदी दे. घेरेबंदी
नाकों दम करना दे. परेशान करना
नाखुदा दे. 1. नास्तिक, 2. मल्लाह
नाखुश दे. अप्रसन्न
नाखून (पुं.)
नाग दे. साँप
नागरिक दे. नगरवासी
नागवार दे. 1. अप्रिय, 2. असह्य
नागा दे. अनुपस्थिति
नाच (पुं.)
नाचघर दे. 1. नाट्यशाला, 2. नृत्यशाला
नाचना (क्रि.)
नाचनेवाला (वि. पुं.)
नाचनेवाली (स्त्री.)
नाचीज (पुं.)
नाचीज दे. तुच्छ
नाज दे. 1. अभिमान, 2. नखरा
नाज-नखरा दे. नखरा
नाजायज दे. 1. अवैध, 2. जारज
नाजुक दे. 1. कोमल, 2. चिंता-जनक
नाजुकमिजाज दे. चिड़चिड़ा
नाटक करना दे. अभिनय करना
नाटकीयता दे. अभिनय
नाटा (वि.)
नाटा दे. छोटा
नाट्यशाला (स्त्री.)
नाड़ी (स्त्री.)
ना तजुर्बेकार दे. अनुभवहीन
नाता दे. संबंध

नाती (पुं.)
नातेदार दे. रिश्तेदार
नाथ दे. पति
नाद दे. शब्द
नादान दे. 1. अनजान, 2. मूर्ख
नादिरशाही दे. 1. अत्याचार, 2. अत्याचारपूर्ण
नाना दे. 1. अनेक, 2. विभिन्न, 3. विविध
नानार्थ दे. रंग-बिरंगा
नानाविध दे. 1. रंगारंग, 2. विविध
ना-नुकुर (स्त्री.)
ना-नुकर दे. अस्वीकृति
नाप दे. 1. परिमाण, 2. माप
नापसंद करना दे. अस्वीकार करना
नापसंदी दे. अरुचि
नापास दे. असफल
नापास करना दे. अस्वीकार करना
नापित दे. नाई
नाबदान दे. नाला
नाबालिग दे. अल्पवयस्क
नाबालिगी दे. अल्पवयस्कता
नाबूद दे. नष्ट
नामंजूर दे. अस्वीकृत
नामंजूर करना दे. अस्वीकार करना
नामंजूरी दे. अस्वीकृति
नाम (पुं.)
नाम दे. यश
नामक (वि.)
नाम का दे. 1. अत्यल्प, 2. जरा-सा
नामजद करना दे. मनोनीत करना

नामजदगी दे. मनोनयन
नाम-धाम दे. पता
नामधारी दे. नामक
नाममात्र का दे. अत्यल्प
नामरासी (पुं.)
नामर्द दे. नपुंसक
नामर्दी दे. नपुंसकता
नामवर दे. यशस्वी
नामवरी दे. 1. प्रसिद्धि, 2. यक्ष
नामवाला दे. नामक
नामहीन दे. अनाम
नामांकन दे. मनोनयन
नामांकन करना दे. मनोनीत करना
नामांकित करना दे. मनोनीत करना
नामांतर दे. पर्याय
नामालूम दे. अज्ञात
नामावली दे. सूची
नामी दे. 1. नामक, 2. प्रसिद्ध, 3. यशस्वी
नामी-गरामी दे. प्रसिद्ध
नामुमकिन दे. असंभव
नामुराद दे. अभागा
नामूसी दे. बदनामी
नामौजूद दे. अनुपस्थित
नामौजूदगी दे. अनुपस्थिति
नायक (पुं.)
नायक दे. 1. अभिनेता, 2. नेता
नायकत्व दे. नेतृत्व
नायब दे. सहायक
नायाब दे. 1. अप्राप्य, 2. उत्तम
नायिका दे. 1. अभिनेत्री, 2. प्रेमिका
नारकी दे. पापी

नारा (पुं.)
नाराज दे. अप्रसन्न
नाराजगी दे. क्रोध
नाराज हो जाना दे. क्रुद्ध होना
नाराज होना दे. रूठना
नारायण दे. ईश्वर
नाराजी दे. क्रोध
नारियल (पुं.)
नारी दे. स्त्री
नारेबाज दे. आंदोलनकारी
नाला (पुं.)
नालायक दे. अयोग्य
नालायक बेटा दे. कुपुत्र
नालायकी दे. अयोग्यता
नालिश दे. 1. अभियोग, 2. वाद
नालिश करना दे. दावा करना
नाली (स्त्री.)
नाव (स्त्री.)
नावाकफियत दे. अज्ञान
नावाकिफ़ दे. अज्ञात
नाविक दे. मल्लाह
नावेल दे. उपन्यास
नाश (पुं.)
नाश दे. क्षय
नाशक (वि.)
नाशक दे. घातक
नाशना दे. बिगाड़ना
नाशवान (वि.)
नाशाद दे. दुखी
नाशुक्रा दे. कृतघ्न
नाशुक्रापन दे. कृतघ्नता
नाश्ता (पुं.)
नाश्ता दे. जलपान
नास दे. सुँघनी
नासना दे. बिगाड़ना
नासमझ दे. 1. अनजान, 2. मूर्ख

नासा दे. नाक
नासाज दे. अस्वस्थ
नासिका दे. नाक
नासिक्य (वि.)
नासूर (पुं.)
नास्तिक (वि. पुं.)
नास्तिकता (स्त्री.)
नास्य दे. नासिक्य
नाहक दे. 1. बेकार, 2. व्यर्थ
नाह-नूदे. ना-नुकर
नाहर दे. शेर
निंदक (वि.)
निंदनीय (वि.)
निंदा (स्त्री.)
निंदा दे. बदनामी
निंदा करना (क्रिपद)
निंद्य दे. 1. अनैतिक, 2. तुच्छ, 3. निंदनीय
निःशंक दे. दबंग
निःशब्दता दे. चुप्पी
निःशेष दे. समाप्त
निःसंशय दे. निःसंदेह
निःसत्व दे. निर्जीव
निःस्तब्धता दे. चुप्पी
निःस्पृह दे. 1. निष्काम, 2. निस्वार्थ
निःस्वार्थ (वि.)
निकट (वि.)
निकट (क्रिवि.)
निकट दे. 1. बगल में, 2. समीप
निकटता (स्त्री.)
निकटता दे. समीपता
निकटवर्ती दे. समीप
निकटस्थ दे. 1. निकट, 2. समीपी
निकट ही दे. पड़ोस में

निकम्मा (वि.)
निकम्मा दे. 1. आलसी,
2. बेकार, 3. सस्ता
निकम्मापन (पु.)
निकम्मापन दे. अयोग्यता
निकल जाना दे. बीतना
निकलना दे. 1. अंकुरित होना,
2. बीत जाना
निकष दे. कसौटी
निकष पर चढ़ाना दे. परखना
निकाय दे. 1. परिषद, 2. संस्था
निकाल देना (क्रिपद)
निकाल देना दे. 1. छोड़ देना,
2. पदच्युत करना, 3. बेचना
निकाला हुआ दे. 1. त्यक्त,
2. परित्यक्त
निकाह दे. विवाह
निकुंज दे. कुंज
निकेत दे. घर
निकेतन दे. घर
निकृष्ट दे. 1. कमीना, 2. खराब,
3. घटिया, 4. तुच्छ
निकृष्टता दे. कमीनापन
निखट्टू दे. बेकार
निखरचे दे. मुफ्त में
निखरना दे. देखना
निखारना दे. धोना
निखिल दे. 1. पूरा, 2. संपूर्ण,
3. सब
निखुटना दे. समाप्त होना
निगड़ दे. बेड़ी
निगम दे. 1. परिषद, 2. वेद,
3. संस्था
निगरानी दे. देख-रेख
निगरानी करना दे. अगोरना
निगलना दे. खाना

निगाह दे. 1. आँख, 2. दृष्टि
निगाहबान दे. रक्षक
निगुरा (वि.)
निगूढ़ दे. 1. कठिन, 2. गुप्त,
3. रहस्यपूर्ण
निगोड़ा दे. 1. अभागा, 2.निकम्मा
निग्रह दे. 1. दमन, 2. नियंत्रण,
3. रोकथाम, 4. संयम
निग्रह करना दे. 1. दमन करना,
2. नियंत्रण करना
निग्रही दे. संयमी
निघंटु दे. कोश
निघर-घट दे. 1. घुमक्कड़, 2. बेघर
निघरा दे. बेघर
निचला (वि.)
निचोड़ दे. 1. खुलासा, 2. निष्कर्ष
निचोड़ना (क्रि.)
निचौहाँ दे. निचला
निछद्म दे. एकांत
निछावर दे. 1. उतारा,
2. बलिदान
निछावर करना दे. बलि देना
निज का दे. अपना
निजत्व दे. अपनापन
निजात दे. छुटकारा
निजात दिलाना दे. उद्धार करना
निजात मिलना दे. छुटकारा
मिलना
निजाम दे. व्यवस्था
निजी दे. 1. अपना, 2. व्यक्तिगत
निठल्ला दे. 1. निकम्मा, 2. बेकार
निठल्लापन दे. निकम्मापन
निडर (वि.)
निडर दे. 1. दबंग, 2. साहसी
निडर होकर दे. 1. धड़ल्ले से,
2. बेखटके

निढाल दे. थका हुआ
नितंब दे. चूतड़
नितनियम दे. क्रम
नितांत दे. 1. अत्यधिक,
2. बिल्कुल
नित्य (क्रिवि.)
नित्य दे. 1. अमर, 2. शाश्वत,
3. सदा
नित्यकर्म दे. दिनचर्या
नित्यचर्या दे. दिनचर्या
नित्यप्रति दे. 1. नित्य,
2. प्रतिदिन
निथारना (क्रि.)
निदर्शन दे. उदाहरण
निदान दे. चिकित्सा
निदानगृह दे. चिकित्सालय
निदानशाला दे. चिकित्सालय
निदेश दे. आज्ञा
निदेशात्मक दे. आदेशात्मक
निद्रा दे. नींद
निद्रागत दे. सुप्त
निद्रामग्न दे. सुप्त
निद्रामग्न होना दे. सोना
निद्रारहित दे. सुप्त
निद्रालु दे. उनींदा
निद्रित दे. सुप्त
निधड़क दे. निडर
निधन दे. मृत्यु
निधन हो जाना दे. मरना
निधान दे. कोश
निधि दे. कोष
निधिभवन दे. कोषागार
निनाद दे. शब्द
निपट दे. बिल्कुल
निपटाना (क्रि.)
निपटाना दे. चुकाना

निपटारा (पुं.)
निपटारा दे. समाधान
निपटारा करना दे. निपटाना
निपात दे. पतन
निपुण दे. 1. कुशल, 2. चतुर, 3. योग्य
निपुणता दे. 1. कुशलता, 2. कौशल, 3. चतुरता, 4. योग्यता
निपूता दे. निस्संतान
निपूति दे. बाँझ
निपेटा दे. भूखा
निबंध (पुं.)
निबंधन दे. पंजीयन
निबंधित दे. पंजीकृत
निबटाना दे. निपटाना
निबद्ध दे. बँधा हुआ
निबाह दे. निर्वाह
निबेड़ा दे. समाधान
निभना (क्रि.)
निभाना दे. गुजारना
निभाव दे. निर्वाह
निभाव होना दे. निभना
निभृत दे. एकांत
निमंत्रण (पुं.)
निमंत्रण देना दे. न्योता देना
निमंत्रण-पत्र (पुं.)
निमंत्रित (वि.)
निमंत्रित करना दे. 1. न्योता देना, 2. बुलाना
निमग्न दे. 1. मग्न, 2. तन्मय
निमग्नता दे. 1. तन्मयता, 2. मग्नता
निमज्जन दे. स्नान
निमज्जन करना दे. नहाना
निमाना दे. दब्बू
निमित्त दे. 1. उद्देश्य, 2. कारण
निमीलित दे. बंद
निम्न दे. निचला
निम्नलिखित (वि.)
निम्नस्तरीय दे. घटिया
निम्नांकित दे. निम्नलिखित
नियंत्रण (पुं.)
नियंत्रण दे. 1. अंकुश, 2. दमन, 3. सत्ता
नियंत्रण करना (क्रिपद)
नियंत्रित (वि.)
नियंत्रित दे. संयत
नियंत्रित करना दे. 1. दमन करना, 2. नियंत्रण करना
नियत (वि.)
नियत दे. निश्चित
नियति दे. भाग्य
नियतिवादी दे. भाग्यवादी
नियम (पुं.)
नियम दे. क्रम
नियमनिष्ठ (वि.)
नियमपालक दे. नियमनिष्ठ
नियमविरुद्ध दे. 1. अनियमित, 2. अनैतिक, 3. अवैध, 4. प्रतिकूल
नियमानुसार (क्रिवि.)
नियमित (वि.)
नियाज दे. कृपा
नियामक दे. व्यवस्थापक
नियामत दे. कृपा
नियुक्त (वि.)
नियुक्ति (स्त्री.)
नियोजन दे. नियुक्ति
नियोजित दे. नियुक्त
निरंकुश दे. 1. मनमाना, 2. स्वच्छंद, 3. स्वेच्छाचारी
निरंकुशता दे. 1. अत्याचार, 2. मनमानी, 3. स्वेच्छाचार
निरंकुश शासक दे. अधिनायक
निरंतर (वि.,क्रिवि.)
निरंतर दे. 1. अविच्छिन्न, 2. लगातार, 3. सदा
निरंतरता (स्त्री.)
निरंतरता दे. सातत्य
निरक्षर (वि.)
निरक्षरता (स्त्री.)
निरक्षर भट्टाचार्य दे. अशिक्षित
निरत दे. मग्न
निरन्न दे. निराहार
निरपराध दे. निर्दोष
निरपराध ठहराना दे. रिहा करना
निरपराधी दे. निर्दोष
निरपेक्ष दे. 1. तटस्थ, 2. परम, 3. विरक्त
निरपेक्षता दे. 1. तटस्थता, 2. विरक्ति
निरबंसी दे. निःसंतान
निरभिमान (वि.)
निरभिलाष दे. 1. इच्छाहीन, 2. निष्काम
निरभ्र (वि.)
निरर्थक दे. 1. अनावश्यक, 2. अर्थहीन, 3. असार, 4. बेकार, 5. व्यर्थ
निरर्थकता दे. 1. अर्थहीनता, 2. व्यर्थता
निरवलंब दे. असहाय
निरसन करना दे. रद करना
निरस्त (वि.)
निरस्त करना दे. 1. अस्वीकार करना, 2. रद करना

निरस्त्र (वि.)
निरस्त्रीकृत दे. निरस्त्र
निरहंकार दे. निरभिमान
निरा दे. 1. केवल, 2. बिल्कुल
निराकरण दे. 1. खंडन, 2. समाधान
निराकरण करना दे. 1. अस्वीकार करना, 2. खंडन करना
निराकरणीय दे. खंडनीय
निराकार (वि.)
निराकृत दे. निरस्त
निराकृत करना दे. 1. खंडन करना, 2. रद्द करना
निरादर दे. अपमान
निरादर करना दे. अपमान करना
निरादृत दे. अपमानित
निराधार (वि.)
निराधार दे. 1. आधारहीन, 2. काल्पनिक
निरापद दे. 1. सुरक्षित, 2. स्वस्थ
निरामिष (विपुं.)
निराला दे. 1. एकांत, 2. अद्वितीय
निरालापन दे. विचित्रता
निरावरण दे. 1. उद्घाटन, 2. खुला, 3. नंगा
निरावृत्त दे. खुला.
निराश (वि.)
निराश करना (क्रिपद)
निराश होना (क्रिपद)
निराशा (स्त्री.)
निराशा दे. विफलता
निराशाजनक (वि.)
निराश्रय दे. असहाय
निराहार (वि.)
निराहार दे. भूखा

निरीक्षक (पुं.)
निरीक्षण करना दे. देखना
निरीश्वरवाद दे. नास्तिकता
निरीश्वरवादी दे. नास्तिक
निरीह (वि.)
निरीह दे. 1. असहाय, 2. इच्छा-हीन
निरीहता (स्त्री.)
निरुक्ति दे. व्युत्पत्ति
निरुत्तर दे. चुप्प
निरुत्साह दे. 1. उदासीनता, 2. निराशा
निरुत्साह करना दे. निराश करना
निरुत्साहित करना दे. निराश करना
निरुत्साही दे. उदासीन
निरुद्देश्य दे. उद्देश्यहीन
निरुद्ध दे. अवरुद्ध
निरुपम दे. अद्वितीय
निरुपाय दे. 1. असहाय, 2. विवश
निरुपायता दे. विवशता
निरूपण दे. 1. टीका, 2. व्याख्या
निरोग दे. स्वस्थ
निरोध दे. 1. दमन, 2. नियंत्रण, 3. रोकथाम
निरोध करना दे. दमन करना
निर्ख दे. भाव
निर्गंध दे. गंधहीन
निर्गुण दे. गुणहीन
निर्जन दे. 1. एकांत, 2. सूना
निर्जनता दे. सूनापन
निर्जन स्थान दे. एकांत
निर्जल दे. सूखा
निर्जीव (वि.)

निर्जीव दे. 1. जड़, 2. मृत
निर्जीवता दे. जड़ता
निर्झर दे. झरना
निर्णय (पुं.)
निर्णयात्मक दे. निश्चयात्मक
निर्णायक (वि.)
निर्णायक दे. पंच
निर्णीत (वि.)
निर्दय (वि.)
निर्दय दे. अत्याचारी
निर्दयता (स्त्री.)
निर्दयतापूर्वक (क्रिवि.)
निर्दयी दे. निर्दय
निर्दल दे. 1. तटस्थ, 2. पत्रहीन
निर्दिष्ट दे. निश्चित
निर्देश दे. 1. आज्ञा, 2. संकेत
निर्देशात्मक दे. आदेशात्मक
निर्दोष (वि.)
निर्दोष दे. 1. निरपराध, 2. निर्मल
निर्द्वंद होकर दे. 1. खुलकर, 2. धड़ल्ले से
निर्धन (वि.)
निर्धनता (स्त्री.)
निर्धारण (पुं.)
निर्धारित दे. 1. नियत, 2. मर्यादित
निर्निमेष दे. अपलक
निर्बंध दे. खुला
निर्बल दे. 1. अशक्त, 2. दुर्बल
निर्बाध (वि.)
निर्बाध दे. 1. अनियंत्रित, 2. खुला, 3. बाधाहीन
निर्बुद्धि दे. 1. बुद्धिहीन, 2. मूर्ख
निर्मम दे. 1. दबंग, 2. निडर
निर्मम होकर दे. 1. खुलकर, 2. धड़ल्ले से

निर्भर (वि.)
निर्भर दे. 1. अधीन, 2. अवलंबित
निर्भरता (स्त्री.)
निर्भरता दे. अधीनता
निर्भीक दे. 1. दबंग, 2. निडर
निर्भ्रम दे. 1. निर्विवाद,
2. विश्वसनीय
निर्भ्रांत दे. भ्रमरहित
निर्मम दे. 1. निर्दय, 2. निर्मोही
निर्ममता से दे. निर्दयतापूर्वक
निर्मल (वि.)
निर्मल दे. 1. शुद्ध, 2. स्वच्छ
निर्मलता दे. 1. शुद्धता,
2. स्वच्छता
निर्मल हृदय दे. निष्कपट
निर्माण (पुं.)
निर्माण दे. रचना
निर्माण करना दे. बनाना
निर्माणशाला दे. कारखाना
निर्माणशील दे. रचनात्मक
निर्माता (पुं.)
निर्माता दे. 1. रचयिता,
2. विधाता
निर्मालय दे. चढ़त
निर्मित (वि.)
निर्मित करना दे. बनाना
निर्मूल दे. 1. आधारहीन,
2. निराधार
निर्मूलन दे. उन्मूलन
निर्मूलित दे. उन्मूलित
निर्मेघ दे. निरभ्र
निर्मोही (वि.)
निर्मोही दे. निर्दय
निर्लज्ज (वि.)
निर्लज्ज दे. उद्धत
निर्लज्जता (स्त्री.)
निर्लज्जता दे. उद्धतता
निर्लिप्त दे. 1. तटस्थ, 2. विरक्त
निर्वंश दे. निःसंतान
निर्वचन दे. व्याख्या
निर्वर्ण दे. वर्णहीन
निर्वसन दे. नंगा
निर्वस्त्र दे. नंगा
निर्वहण दे. 1. चालन, 2. पालन
निर्वहण करना दे. पालना
निर्वाक दे. चुप
निर्वाचक दे. मतदाता
निर्वाचन दे. चुनाव
निर्वाचन करना दे. चुनना
निर्वाचित दे. चयनित
निर्वाचित करना दे. चुनना
निर्वाण दे. मोक्ष
निर्वासन दे. देश-निकाला
निर्वाह (पुं.)
निर्वाह दे. पालन
निर्वाह करना दे. पालन करना
निर्वाह-भत्ता दे. खर्ची
निर्वाह-व्यय दे. खर्ची
निर्वाह होना दे. निभाना
निर्विकार दे. 1.अपरिवर्तनशील,
2. अविकृत, 3. जड़
निर्विघ्न दे. 1. अकंटक,
2. अबाध, 3. निबाध,
4. बाधाहीन, 5. लगातार
निर्विघ्नता दे. सातत्य
निर्विरोध दे. निर्बाध
निर्विवाद (वि.)
निर्विवाद दे. विश्वसनीय
निर्विवाद रूप में दे. अवश्य
निर्वीय दे. अशक्त
निर्वेद दे. विरक्ति
निलंबन (पुं.)
निलंबित (वि.)
निलंबित दे. स्थगित
निलय दे. घर
निवारण (पुं.)
निवारण दे. 1. निषेध,
2. खंडन, 3. छुटकारा
निवार्य दे. परिहार्य
निवाला दे. कौर
निवास दे. 1. आवास, 2. घर,
3. वास
निवास-स्थान दे. आवास
निवासी (पुं.)
निविड़ दे. 1. गहरा, 2. घना
निविदा (स्त्री.)
निविष्ट दे. प्रविष्ट
निविष्टि दे. प्रविष्टि
निवृत्त (वि.)
निवृत्ति (स्त्री.)
निवृत्ति दे. 1. छुटकारा, 2. संयम
निवेदक दे. प्रार्थी
निवेदक दे. 1. आवेदन,
2. प्रार्थना
निवेदन करना दे. 1. आवेदन
करना, 2. कहना, 3. बतलाना
निवेदनकर्ता दे. आवेदक
निवेश दे. 1. घर, 2. प्रवेश,
3. मुहल्ला
निशांधकार दे. अंधकार
निशा दे. रात
निशाखातिर दे. निश्चिंतता
निशाचर दे. राक्षस
निशान दे. 1. चिह्न, 2. झंडा
निशान (पुं.)
निशानी (स्त्री.)
निशानी दे. चिन्हानी
निशि दे. रात

निशि-दिन दे. रात-दिन
निश्चय (पुं.)
निश्चय करना (क्रिपद)
निश्चयन दे. निर्धारण
निश्चयात्मक (वि.)
निश्चयात्मक दे. निश्चित
निश्चयात्मकता दे. निश्चितता
निश्चल दे. 1. जड़, 2. दृढ़, 3. स्थिरता
निश्चायक दे. निर्णायक
निश्चिंत (वि.)
निश्चिंतता (स्त्री.)
निश्चित (वि.)
निश्चित दे. नियत
निश्चित रूप से दे. 1. अवश्य, 2. निस्संदेह
निश्चितता (स्त्री.)
निश्चित दे. निश्चितता
निश्चेतक दे. चेतनाहार
निश्चेष्ट (वि.)
निश्चेष्ट दे. 1. आलसी, 2. जड़, 3. मूर्छित
निश्छल दे. 1. ईमानदार, 2. निष्कपट, 3. सच्चा
निश्छलता दे. ईमानदारी
निष्पाप दे. निर्दोष
निश्वास दे. साँस
निषिद्ध (वि.)
निषिद्ध दे. 1. अग्राह्य, 2. वर्जित
निषेध (पुं.)
निषेध दे. 1. खंडन, 2.निवारण, 3. बहिष्कार
निषेध करना (क्रिपद)
निषेध करना दे. खंडन करना
निष्कंटक दे. 1. अकंटक, 2. बाधाहीन

निष्कपट (वि.)
निष्कपट दे. 1. सच्चा, 2. सरल
निष्कपटता दे. सरलता
निष्करुण दे. निर्दय
निष्करुणता दे. निर्दयता
निष्ठा दे. विश्वास
निष्ठापूर्ण दे. विश्वासपूर्ण
निष्ठापूर्वक दे. ईमानदारी से
निष्पक्ष दे. तटस्थ
निष्पक्षता दे. तटस्थता
निष्पत्ति (स्त्री.)
निष्पत्ति दे. 1. परिणाम, 2. समाप्ति
निष्पन्न (वि.)
निष्पन्न दे. 1. निर्मित, 2. समाप्त
निष्पादन दे. 1. निष्पत्ति, 2. पालन
निष्पादित दे. 1. निर्मित, 2. निष्पन्न
निष्पाप दे. 1. निरपराध, 2. निर्दोष, 3. निष्कपट
निष्प्रभ (वि.)
निष्प्रभ दे. 1. निसतेज, 2. हतप्रभ
निष्प्रभ होना दे. मुरझाना
निष्प्रभावी (वि.)
निष्प्रभावी दे. 1. तटस्थ, 2. प्रभावहीन
निष्प्रभावी करना दे. रद करना
निष्प्रयोजन (क्रिवि.)
निष्प्रयोजन दे. 1. अनावश्यक, 2. बेकार
निष्प्राण दे. मृत
निष्फल दे. 1. निष्प्रभावी, 2. बेकार, 3. व्यर्थ

निष्फलता दे. 1. विफलता, 2. व्यर्थता
निसत्त्व दे. निस्सार
निसर्ग दे. प्रकृति
निसार करना दे. बलि देना
निसोच दे. निश्चित
निस्तब्ध दे. 1. जड़, 2. निश्चेष्ट
निस्तार दे. 1. उद्धार, 2. छुटकारा, 3. समाधान
निस्तार करना दे. 1. उद्धार करना, 2. बचना
निस्तार पाना दे. पीछा छुड़ाना
निस्तार होना दे. छुटकारा मिलना
निस्तेज (वि.)
निस्तेज दे. 1. निर्जीव, 2. निष्प्रभ, 3. पीला
निस्पंद दे. जड़
निस्पृह दे. 1. इच्छाहीन, 2. निस्वार्थ, 3. विरक्त
निस्पृहता दे. विरक्ति
निष्प्राण दे. निर्जीव
निस्बत दे. तुलना
निस्संकोच दे. धड़ल्ले से
निस्संग दे. अकेला
निस्संतान (वि.)
निस्संतान दे. बाँझ
निस्संदेह (क्रिवि.)
निस्संदेह दे. 1. अवश्य, 2. वास्तव में, 3. सचमुच
निस्सहाय दे. असहाय
निस्सहायता दे. विवशता
निस्सार दे. 1. अर्थहीन, 2. असार, 3. थोथा
निस्सीम दे. 1. अनंत, 2. असीम

निस्वार्थ (वि.)
निहत्था दे. निरस्त्र
निहायत दे. अत्यधिक
निहारना दे. देखना
निहाल दे. संतुष्ट
निहित दे. अंतर्गत
निहुरना दे. झुकना
निहोरा दे. 1. कृतज्ञता,
2. चिरौरी
निहोरा करना दे. चिरौरी करना
नींद (स्त्री.)
नींद आना दे. सोना
नींद से उठना दे. जागना
नींव दे. आधार
नीक दे. अच्छा
नीका दे. अच्छा
नीग्रो दे. हब्शी
नीच दे. कमीना
नीचतम (वि.)
नीचता दे. कमीनापन
नीचाशय दे. दुष्ट
नीचे (क्रिवि.)
नीचे आना दे. उतरना
नीचे आ पड़ना दे. गिरना
नीचे लिखा दे. निम्नांकित
नीचेवाला दे. निचला
नीड़ दे. घोंसला
नीति (स्त्री.)
नीतिकुशल दे. चतुर
नीतिज्ञ दे. 1. राजनयिक,
2. विचारक
नीतिभ्रष्ट दे. भ्रांत
नीतिविरुद्ध दे. अनैतिक
नीतिसंगत दे. नैतिक
नीतिसम्मत दे. उचित
नीबू-निचोड़ दे. कंजूस

नीम हकीम (पुं.)
नीम हकीम दे. मूर्ख
नीम हकीमी दे. मूर्खता
नीर दे. जल
नीरज दे. कमल
नीरवता दे. चुप्पी
नीरस (वि.)
नीरस दे. 1. अरुचिकर,
2. एकरस
नीरसता (स्त्री.)
नीरांजन दे. आरती
नीरोग दे. स्वस्थ
नीरोग करना दे. अच्छा करना
नीला (वि.)
नीहार दे. कोहरा
नुकीला (वि.)
नुकीला दे. 1. तीखा, 2. पैना
नुकीला करना दे. तेज करना
नुकीलापन दे. तीखापन
नुक्कड़ दे. कोना
नुक्ता दे. बिंदी
नुक्ताचीन दे. 1. छिद्रान्वेषी,
2. दोषदर्शी
नुक्ताचीनी दे. 1. छिद्रान्वेषण,
2. दोषदर्शन
नुक्स दे. दोष
नुक्सान दे. हानि
नुक्सानदेह दे. 1. नाशक,
2. हानिकर
नुत्फा दे. वीर्य
नुनखरा दे. नमकीन
नुमाइंदा दे. प्रतिनिधि
नुमाइश दे. 1. प्रदर्शन,
2. प्रदर्शनी
नुमाइशी दे. 1. आडंबरपूर्ण,
2. दिखावटी

नुस्खा दे. पुर्जा
नूतन दे. नया
नूतनता दे. नयापन
नूर दे. प्रकाश
नृत्य दे. नाच
नृत्य करना दे. नाचना
नृत्यगृह दे. नृत्यशाला
नृत्यशाला (स्त्री.)
नृप दे. राजा
नृपति दे. राजा
नृशंस दे. 1. अत्याचारी,
2. निर्दय
नृशंसता दे. 1. अत्याचार,
2. निर्दयता
नृशंसतापूर्वक दे. निर्दयतापूर्वक
नेक दे. 1. अच्छा, 2. धर्मात्मा,
3. सच्चरित्र
नेकचलन दे. सच्चरित्र
नेकचलनी दे. सच्चरित्र
नेकनाम दे. 1. प्रसिद्ध,
2. यशस्वी
नेकनामी दे. 1. प्रशंसा,
2. प्रसिद्धि, 3. यश
नेकनीयत दे. ईमानदार
नेकनीयती दे. ईमानदारी
नेकी दे. उपकार
नेकी-बदी दे. अच्छाई-बुराई
नेग दे. उपहार
नेजा दे. 1. बरछा, 2. भाला
नेता (पुं.)
नेता दे. नायक
नेतागिरी दे. नेतृत्व
नेतृत्व (पुं.)
नेत्रजल दे. आँसू
नेत्र-ज्योति दे. दृष्टि
नेत्रहीन दे. अंधापन

नेत्रांजन दे. काजल
नेम दे. 1. दिनचर्या, 2. परंपरा
नेमी दे. नियमनिष्ठ
नेवाला दे. कौर
नेवी ब्लू दे. नीला
नेस्ती दे. सुस्त
नेस्तोनाबूद होना दे. उजड़ना
नैकट्य दे. 1. निकटता, 2. समीपता
नैतिक (वि.)
नैराश्य दे. निराशा
नैवेद्य दे. चढ़त
नैसर्गिक दे. 1. प्राकृतिक, 2. वास्तविक, 3. स्वाभाविक
नैसर्गिकता दे. स्वाभाविकता
नैहर दे. मायका
नोक (स्त्री.)
नोक-झोंक दे. झगड़ा
नोकदार दे. नुकीला
नोच-खसोट दे. छीना-झपटी
नोचना (क्रि.)
नोचना दे. छीनना
नोच लेना दे. छीनना
नोचानोची दे. छीना-झपटी
नोटिस दे. 1. चेतावनी, 2. सूचना
नोटिस देना दे. सूचना देना
नौकर दे. 1. कर्मचारी, 2. सेवक
नौकर-चाकर (पुं.)
नौकरशाह (पुं.)
नौकरशाह दे. अधिकारी
नौकरशाही (स्त्री.)
नौकराना दे. वेतन
नौकरानी (स्त्री.)
नौकरी (स्त्री.)
नौकरी दे. सेवा
नौका दे. नाव
नौचा दे. युवक
नौची दे. युवती
नौजवान दे. युवक
नौजवानी दे. यौवन
नौ दो ग्यारह होना दे. 1. अंतर्धान हो जाना, 2. गायब हो जाना, 3. भाग जाना
नौनिहाल दे. उदीयमान
नौबत दे. 1. अवसर, 2. संयोग, 3. स्थिति
नौशा दे. दुल्हा
नौशी दे. दुल्हिन
नौसर दे. धूर्तता
नौसरबाज़ दे. धूर्त
नौसरबाजी दे. धूर्तता
नौसरिया दे. धूर्त
नौसिखुआ (पुं.)
नौसिखुआ दे. अनुभवहीन
न्याय (पुं.)
न्याय दे. फैसला
न्यायकर्ता दे. 1. पंच, 2. न्यायी
न्यायपरायण दे. न्यायी
न्यायपूर्ण दे. न्यायसंगत
न्यायप्रिय दे. न्यायी
न्यायवान दे. न्यायी
न्यायविद दे. वकील
न्यायविरुद्ध दे. अनैतिक
न्यायशील दे. न्यायी
न्यायसंगत (वि.)
न्यायसंगत दे. तर्कसंगत
न्यायसंगत ठहराना दे. प्रमाणित करना
न्यायाधिकरण दे. न्यायालय
न्यायालय (पुं.)
न्यायालय दे. कचहरी
न्यायी (वि.)
न्यायोचित दे. 1. न्यायसंगत, 2. वैध
न्यायोचित ठहराना दे. प्रमाणित करना
न्यारा दे. 1. द्वितीय, 2. अलग
न्यास (पुं.)
न्यास दे. कोष
न्यासधारी दे. न्यासी
न्यासी (पुं.)
न्यून दे. कम
न्यूनता दे. 1. अभाव, 2. कमी
न्यूनपद दे. अध्याहार
न्यूनपोषित दे. कुपोषित
न्यूनाधिक दे. थोड़ा-बहुत
न्योतना दे. 1. न्योता देना, 2. बुलाना
न्योता दे. निमंत्रण
न्योता देना (क्रिपद)
पंक दे. कीचड़
पंकज दे. कमल
पंकिल दे. गंदा
पंक्ति (स्त्री.)
पंख (पुं.)
पंखुड़ी दे. पत्ता
पंगत दे. पंक्ति
पंगु दे. विकलांग
पंच (पुं.)
पंचकल्याणी दे. धूर्त
पंचतत्त्व दे. पंचभूत
पंचतत्त्व को प्राप्त करना दे. मरना
पंचनिर्णय दे. निर्णय
पंचभूत (पुं.)
पंचमेल (वि.)
पंचमेल दे. रंग-बिरंगा

पंचरंगा दे. रंग-बिरंगा
पंचशर दे. कामदेव
पंचाट दे. निर्णय
पंचायत दे. मध्यस्थता
पंचायती दे. सार्वजनिक
पंछी दे. पक्षी
पंजा दे. पकड़
पंजी (स्त्री.)
पंजीकृत (वि.)
पंजीयन (पुं.)
पंडा दे. 1. पुरोहित, 2. मार्ग दर्शक
पंडित (पुं.)
पंडित दे. ज्ञाता
पंथ दे. 1. जाति, 2. मार्ग, 3. सम्प्रदाय
पंथी दे. यात्री
पँवाड़ा दे. झमेला
पकड़ (स्त्री.)
पकड़ दे. नियंत्रण
पकड़-धकड़ दे. गिरफ्तारी
पकड़ना (क्रि.)
पकड़ना दे. 1. कुर्क करना, 2. लेना
पकड़ा-धकड़ी दे. गिरफ्तारी
पकड़ाना दे. सौंपना
पकना (क्रि.)
पकवान दे. मिठाई
पकाना (क्रि.)
पकाना दे. उबालना
पक्का (वि.)
पक्का दे. 1. घनिष्ठ, 2. ठेठ, 3. दृढ़, 4. दृढ़निश्चयी, 5. निश्चित, 6. स्थायी
पक्का चिट्ठा (पुं.)
पक्व दे. 1. पक्का, 2. प्रौढ़

पक्कवता दे. प्रौढ़ता
पक्ष (पुं.)
पक्ष दे. 1. अंग, 2. पंख, 3. पखवाड़ा
पक्षधर दे. पक्षपाती
पक्षधरता दे. पक्षपात
पक्षपात (पुं.)
पक्षपातपूर्ण (वि.)
पक्षपातहीनता दे. तटस्थता
पक्षपाती (वि.)
पक्षपोषण दे. वकालत
पक्ष-विपक्ष (पुं.)
पक्ष-समर्थन दे. वकालत
पक्षाघात (पुं.)
पक्षी (पुं.)
पख दे. 1. दोष, 2. पखवाड़ा
पखवाड़ा (पुं.)
पखारना दे. धोना
पखेरू दे. पक्षी
पग (पुं.)
पगडंडी दे. पटरी
पगड़ी (स्त्री.)
पगध्वनि दे. पदचाप
पग बढ़ाना (क्रि.)
पगला दे. पागल
पगलाना (क्रि.)
पगार दे. 1. चहारदीवारी, 2. वेतन
पचड़ा दे. झमेला
पचना (क्रि.)
पचाना (क्रि.)
पचा लेना दे. 1. आत्मसात करना, 2. हड़प लेना
पचाव दे. पाचन
पच्चर (स्त्री.)
पच्चीकारी दे. नक्काशी

पछताना (क्रि.)
पछताना दे. कलपना
पछतावा दे. पश्चात्ताप
पछवाँ दे. पश्चिमी
पछाँही दे. पश्चिमी
पछाड़ना (क्रि.)
पछोरना दे. 1. ओसाना, 2. चालना
पट दे. 1. कपड़ा, 2. परदा
पटक देना दे. पछाड़ना
पटकना दे. गिराना
पटकनी देना दे. पछाड़ना
पटतर दे. समान
पटतरी दे. समानता
पटना दे. 1. निभना, 2. मेल खाना
पटपर दे. अनुपजाऊ
पटरा दे. तख्ता
पटरानी (स्त्री.)
पटरी (स्त्री.)
पटरी दे. मार्ग
पटरी खाना दे. निभना
पटरी बैठना दे. निभना
पटसन (पुं.)
पटाका दे. 1. चपत, 2. पटाखा
पटाक्षेप दे. समाप्ति
पटाखा (पुं.)
पटापट दे. जल्दी
पटीलना दे. राजी करना
पटु दे. 1. कुशल, 2. चतुर
पटुआ दे. पटसन
पटुता दे. 1. कौशल, 2. चतुरता
पटेल दे. मुखिया
पट्ट दे. औंधा
पट्टमहिषी दे. पटरानी

पट्ठा (पुं.)
पट्टीदार दे. भागीदार
पट्टीदारी दे. भागीदारी
पट्टी पढ़ाना दे. बहकाना
पट्ठा दे. जवान
पठन दे. 1. अध्ययन, 2. पाठ, 3. पढ़ाई
पठाना दे. भेजना
पठित (वि.)
पड़ता दे. लागत
पड़ताल करनेवाला दे. निरीक्षक
पड़तालना दे. खोजना
पड़ती दे. ऊसर
पड़दादा दे. परदादा
पड़ाव (पुं.)
पड़ाव दे. शिविर
पड़ोस (पुं.)
पड़ोस में (क्रिवि.)
पड़ोसी (पुं.)
पढ़ना दे. 1. अध्ययन, 2. पढ़ाई
पढ़नेवाला दे. पाठक
पढ़ाई (स्त्री.)
पढ़ाई दे. 1. अध्ययन, 2. शिक्षा
पढ़ाई-लिखाई दे. शिक्षा
पढ़ाना (क्रि.)
पढ़ाना दे. अध्यापन
पढ़ा-लिखा दे. शिक्षित
पढ़ा हुआ दे. पठित
पण दे. 1. दाँव, 2. शर्त
पण्यवस्तु दे. वस्तु
पतंग दे. 1. कीड़ा, 2. गुड्डी
पतंगा दे. कीड़ा
पत दे. प्रतिष्ठा
पत उतारना दे. अपमान करना
पतझड़ (पुं.)
पतन (पुं.)
पतन दे. गिरावट
पत-पानी दे. प्रतिष्ठा
पतला (वि.)
पतला दे. 1. दुबल, 2. महीन
पतला-दुबला दे. पतला
पतवार (स्त्री.)
पता (पुं.)
पता दे. गंतव्य
पताका दे. झंडा
पता-ठिकाना दे. गंतव्य
पता लगाना दे. 1. खोजना, 2. ढूँढ़ना
पता होना दे. जानना
पति (पुं.)
पतित (वि.)
पतित दे. 1. कमीना, 2. च्युत, 3. तुच्छ
पतितपावन दे. उद्धारकर्ता
पति-पत्नी दे. दंपती
पतिव्रता (स्त्री.)
पतिहीना दे. विधवा
पतुरिया दे. वेश्या
पते की बात दे. सार
पतोखा दे. दोना
पतोहू दे. बहू
पत्तन दे. 1. नगर, 2. बंदरगाह
पत्तल लगाना दे. परसना
पत्ता दे. पर्ण
पत्तातोड़ भागना दे. दुम दबाकर भागना
पत्ती दे. 1. अंश, 2. पत्ता
पत्थर (पुं.)
पत्थर दे. ओला
पत्थरदिल दे. वज्रहृदय
पत्थर-सा दे. जड़
पत्थरा जाना दे. अकड़ना
पत्नी (स्त्री.)
पत्नीव्रती (पुं.)
पत्र (पुं.)
पत्रक दे. पत्ता
पत्रवाह दे. डाकिया
पत्रवाहक दे. डाकिया
पत्र-व्यवहार दे. पत्राचार
पत्रहीन (वि.)
पत्राचार (पुं.)
पत्रिवा (स्त्री.)
पत्री दे. 1. कुंडली, 2. पत्र
पथ दे. मार्ग
पथच्युत होना दे. भटकना
पथप्रदर्शक दे. 1. नेता, 2. मार्गदर्शक
पथप्रदर्शन करना दे. मार्गदर्शन करना
पथभ्रष्ट दे. 1. कुमार्गी, 2. भ्रांत, 3. मार्गभ्रष्ट
पथभ्रष्ट होना दे. भटकना
पथराव (पुं.)
पथिक दे. यात्री
पद (पुं.)
पद दे. 1. शब्द, 2. स्थिति
पदक (पुं.)
पदचाप (स्त्री.)
पदचिह्न (पुं.)
पदच्छेदन करना दे. विश्लेषण करना
पदच्युत (वि.)
पदच्युत दे. पतित
पदच्युत करना (क्रिपद)
पदच्युत करना दे. निकाल देना
पदच्युति (स्त्री.)
पददलित (वि.)
पददलित दे. 1. दलित, 2. पतित

पददलित करना दे. कुचलना
पदयोजना (स्त्री.)
पदलोप दे. अध्याहार
पदवी (स्त्री.)
पदवी दे. 1. उपाधि, 2. पद
पद से हटाना दे. पदच्युत करना
पदाधिकारी (पु.)
पदाधिकारी दे. अधिकारी
पदाना दे. थकाना
पदाभिलाषी दे. प्रार्थी
पदारविंद दे. चरणकमल
पदारूढ़ दे. पदासीन
पदावनति दे. पतन
पदार्थ दे. वस्तु
पदार्पण दे. आगमन
पदार्पण होना दे. आना
पदासीन (वि.)
पदोन्नति दे. उन्नति
पद्धति दे. 1. ढंग, 2. तंत्र
पद्म दे. कमल
पद्मरागमणि दे. माणिक
पद्मिनी दे. सुंदरी
पद्य दे. कविता
पधारना दे. आना
पनपना (क्रि.)
पनपना दे. 1. खिलना, 2. चमकना, 3. फलना-फूलना
पनहा दे. अरज
पनही दे. जूता
पनाली दे. नाला
पनाह दे. आश्रय
पनिहा दे. तरल
पनीर (पुं.)
पन्ना (पुं.)
पपड़ी दे. खुरंड

पपोटा दे. पलक
पप्पी दे. चुंबन
पय दे. दूध
पयोधर दे. 1. बादल, 2. स्तन
पयोधि दे. समुद्र
परंतु (योजक)
परंपरा (स्त्री.)
परंपरा दे. क्रम
परंपरागत (वि.)
परंपरानिष्ठ दे. कट्टर
परंपरानुसार दे. यथारीति
परंपरावादी (वि.)
पर दे. 1. अन्य, 2. दूसरा, 3. पंख, 4. परंतु
परकाजी दे. उपकारक
परकीय दे. पराया
परकीया दे. व्यभिचारिणी
परकोटा दे. चहारदीवारी
परखा दे. 1. कसौटी, 2. पहचान, 3. विवेक
परखचा दे. कण
परखना (क्रि.)
परखा हुआ दे. परीक्षित
परगना दे. गाँव
परगमन दे. व्यभिचार
परगामिनी दे. व्यभिचारिणी
परगामी दे. व्यभिचारी
परचना (क्रि.)
परचम दे. झंडा
परचा (पुं.)
परचा दे. समाचार-पत्र
परछाँवाँ दे. छाया
परछाहीं दे. छाया
परजीवी (वि.)
परजीवी दे. निर्भर
परतंत्र दे. अधीन

परतंत्रता दे. अधीनता
परदा (पुं.)
परदा दे. 1. आड़, 2. घूँघट
परदा करना दे. घूँघट करना
परदा खोलना दे. भंडा फोड़ना
परदा डालना दे. 1. छिपाना, 2. ढकना
परदादा (पुं.)
परदानशीन (वि.)
परदाफाश करना दे. भंडा फोड़ना
परदे के पीछे दे. चुपचाप
परदेदारी दे. छिपाव
परदे में रहना दे. घूँघट करना
परदे में रहनेवाली दे. परदानशीन
परदेस दे. विदेश
परदेस में दे. विदेश में
परदेसी दे. विदेशी
परपीड़क दे. 1. अत्याचारी, 2. उत्पीड़क
परपीड़न दे. 1. अत्याचार, 2. दमन
परपुरुषगामिनी दे. व्यभिचारिणी
परब दे. उत्सव
परबाल दे. बरौनी
परब्रह्म दे. ईश्वर
परम (वि.)
परमगति दे. मोक्ष
परमधाम दे. स्वर्ग
परमपिता दे. ईश्वर
परमाणु दे. कण
परमात्मा दे. ईश्वर
परमादेश दे. आज्ञा
परमानंद दे. आनन्द
परमार्थ दे. उपकार
परमार्थवादी दे. उपकारक
परमुखापेशी दे. अवलंबित

परमेश्वर दे. ईश्वर
परराष्ट्र दे. विदेश
परले सिरे का दे. अत्यधिक
परलोकगमन दे. मृत्यु
परलोकवास दे. मृत्यु
परलोकवासी दे. स्वर्गीय
परलोक सिधारना दे. मरना
परवर दे. पालक
परवरदिगार दे. ईश्वर
परवरिश दे. पालन
परवर्ती दे. पिछला
परवश दे. अधीन
परवशता दे. अधीनता
परवान दे. सीमा
परवाना दे. आज्ञा
परवाह दे. ध्यान
परवाह न करना दे. अवज्ञा करना
परशु दे. कुल्हाड़ी
परस दे. स्पर्श
परसना (क्रि.)
परसना दे. छूना
परस्त्रीगामी दे. 1. व्यभिचारी, 2. रंडीबाज
परस्पर (क्रिवि.)
परस्परता (स्त्री.)
परस्पर-विरुद्ध (वि.)
परस्पर-विरोधी दे. उलटा
परहित दे. उपकार
परहेज दे. संयम
परहेजगार दे. संयमी
पराकाष्ठा (स्त्री.)
पराक्रम दे. 1. बल, 2. वीरता,
पराङ्मुख दे. 1. उदासीन, 2. विरक्त
पराजय (स्त्री.)
पराजय दे. हार
पराजित (वि.)
पराजित करना दे. पछाड़ना
पराजित होना दे. हार जाना
पराठा दे. रोटी
पराधीन दे. अधीन
पराधीनता दे. 1. अधीनता, 2. दासता
पराभव दे. 1. नाश, 2. पतन, 3. पराजय
पराभव दे. पराजित
पराभूत करना दे. जीतना
पराभूत होना दे. हार जाना
परामर्श (पुं.)
परामर्श दे. मंत्रणा
परामर्श करना (क्रिपद)
परामर्शदाता (पुं.)
परामर्शदाता दे. मंत्री
पराया (वि.)
पराया दे. 1. अन्य, 2. बाहरी
परार्थ दे. उपकार
पराश्रय दे. अधीनता
पराश्रित दे. 1. अधीन, 2. अवलंबित, 3. निर्भर
परास दे. मार
परास्त दे. पराजित
परास्त करना दे. 1. जीतना, 2. पछाड़ना
परास्त होना दे. हार जाना
परिंदा दे. पक्षी
परिकथा दे. कहानी
परिकलन करना दे. गिनना
परिकल्पना दे. 1. अनुमान, 2. कल्पना
परिकल्पना करना दे. भाँपना
परिकल्पित दे. अनुमानित
परिक्रमण दे. परिक्रमा
परिक्रमा (स्त्री.)
परिक्रमा दे. चक्कर
परिगणन करना दे. गिनना
परिगणित दे. अनुसूचित
परिग्रहण करना दे. लेना
परिचय (पुं.)
परिचय होना दे. जानना
परिचर दे. सेवक
परिचर्या दे. सेवा
परिचर्या करना दे. सेवा करना
परिचर्या-गोष्ठी दे. गोष्ठी
परिचायक दे. सूचक
परिचार दे. सेवा
परिचारिका दे. नौकरानी
परिचालन दे. चालन
परिचालन करना दे. चलाना
परिचालित करना दे. चलाना
परिचित (वि.)
परिच्छन्न दे. ढका हुआ
परिच्छेद दे. अध्याय
परिजन दे. 1. नौकर-चाकर, 2. लाव-लश्कर
परिणत दे. परिवर्तित
परिणति दे. परिणाम
परिणय दे. विवाह
परिणाम (पुं.)
परिणाम दे. 1. अंत, 2. निष्कर्ष
परिणामतः दे. फलस्वरूप
परिणामशून्य दे. व्यर्थ
परिणीत दे. विवाहित
परिणीता दे. दुल्हिन
परितः दे. चारों ओर
परितप्त दे. क्रुद्ध
परिताप दे. क्रोध
परितुष्ट दे. तुष्ट

परितुष्ट करना दे. प्रसन्न करना
परितुष्टि दे. संतोष
परितोष दे. 1. तुष्टि, 2. संतोष
परितोषण दे. तुष्टीकरण
परितोषणीय दे. संतोषजनक
परित्यक्त (वि.)
परित्याग दे. त्याग
परित्याग करना दे. छोड़ देना
परित्यागना दे. छोड़ देना
परित्यजन दे. त्याग
परित्याज्य दे. त्याज्य
परित्राण दे. 1. उद्धार, 2. छुटकारा, 3. रक्षा
परित्राता दे. उद्धारकर्ता
परिदृश्य दे. दृश्य
परिधान (पुं.)
परिधि दे. सीमा
परिनिष्ठित दे. 1. प्रामाणिक, 2. मानक
परिपक्व दे. प्रौढ़
परिपक्वता दे. प्रौढ़ता
परिपक्व होना दे. पकना
परिपत्र (पुं.)
परिपाटी दे. 1. ढंग, 2. परंपरा
परिपार्श्व दे. पड़ोस
परिपालन दे. पालन
परिपुष्ट दे. सुगठित
परिपुष्टि दे. अनुमोदन
परिपूर्ण दे. पूर्ण
परिपूर्णता दे. पूर्णता
परिपृच्छा दे. पूछताछ
परिप्रश्न दे. पूछताछ
परिप्रेक्ष्य दे. परिवेश
परिप्रेषक दे. भेजनेवाला
परिबद्ध दे. बँधा हुआ

परिभाषा दे. व्याख्या
परिभुक्त दे. व्यवहृत
परिमल दे. गंध
परिमाण (पुं.)
परिमाणात्मक (वि.)
परिमाप दे. परिमाण
परिमार्जन दे. सुधार
परिमार्जन करना दे. सुधारना
परिमार्जित वि. 1. परिष्कृत, 2. मानक
परिमित दे. 1. कम, 2. मर्यादित, 3. सीमित
परियोजना दे. योजना
परिरंभण दे. आलिंगन
परिरक्षण दे. संरक्षण
परिरक्षित दे. रक्षित
परिरूप दे. रूपरेखा
परिरेखा दे. रूपरेखा
परिवर्जन दे. परिहार
परिवर्तन (पुं.)
परिवर्तन करना दे. बदलना
परिवर्तनकारी दे. परिवर्तनशील
परिवर्तनशील (वि.)
परिवर्तनीय (वि.)
परिवर्तित (वि.)
परिवर्तित करना दे. बदलना
परिवर्त्य दे. परिवर्तनीय
परिवर्धन दे. 1. विकास, 2. वृद्धि
परिवर्धित दे. संशोधित
परिवहन दे. यातायात
परिवार (पुं.)
परिवार दे. कुल
परिवारवाद (पुं.)
परिवेश (पुं.)
परिवेश दे. वातावरण
परिव्यय दे. 1. खर्च, 2. व्यय

परिव्याप्त दे. व्याप्त
परिव्राजक दे. साधु
परिशयन दे. नींद
परिशीलन दे. अध्ययन
परिशुद्ध दे. 1. परम, 2. सही
परिशुद्धि दे. प्रायश्चित
परिशोधन दे. 1. संशोधन, 2. सुधार
परिशोधन करना दे. चुकना
परिशोधित दे. 1. चुकता, 2. परिष्कृत, 3. संशोधित
परिशोधित करना दे. चुकाना
परिश्रम (पुं.)
परिश्रम दे. 1. कर्मठता, 2. प्रयत्न
परिश्रम करना (क्रिपद)
परिश्रमशील दे. परिश्रमी
परिश्रमी (वि.)
परिश्रमी दे. 1. कर्मठ, 2. प्रयत्न-शील
परिश्रांत दे. थका हुआ
परिश्रांति दे. थकावट
परिषद (स्त्री.)
परिषद दे. 1. संघ, 2. सभा
परिष्करण दे. संशोधन
परिष्कार दे. 1. संशोधन 2. सुधार
परिष्कृत (वि.)
परिष्कृत दे. संशोधित
परिसंघ दे. संघ
परिसंपत्ति दे. संपत्ति
परिसंवाद-गोष्ठी दे. गोष्ठी
परिसमापन दे. दिवाला
परिसमाप्त दे. समाप्त
परिसर दे. आँगन
परिसीमन (पुं.)
परिसेवन दे. पूजा

परिस्थिति दे. 1. अवस्था, 2. परिवेश, 3. वातावरण, 4. स्थिति

परिहार (पुं.)

परिहार दे. 1. खंडन, 2. निवारण

परिहार करना दे. टालना

परिहार्य (वि.)

परिहास दे. 1. उपहास, 2. हँसी

परिहास करना दे. हँसी उड़ाना

परिहासप्रिय दे. विनोदी

परी (स्त्री.)

परी दे. अप्सरा

परीक्षण दे. जाँच

परीक्षण करना दे. परखना

परीक्षा दे. जाँच

परीक्षा करना दे. परखना

परीक्षित (वि.)

परुष दे. 1. कठोर, 2. कर्कश

परे दे. दूर

परे करना दे. 1. भागना, 2. दूर करना

परेशान (वि.)

परेशान दे. 1. अशांत, 2. चिंतित, 3. विकल

परेशान करना (क्रिपद)

परेशान करना दे. 1. छेड़ना, 2. सताना

परेशान रहना दे. चिंतित रहना

परेशान होना दे. 1. अकुलाना, 2. घबराना

परेशानी (स्त्री.)

परेशानी दे. 1. कठिनाई, 2. कष्ट, 3. घबराहट, 4. झमेला, 5. समस्या

परे हटाना दे. भगाना

परोपकार दे. 1. उपकार, 2. दयालुता

परोपकारी दे. 1. उपकारक 2. दयालु

परोपदेश दे. उपदेश

परोसना दे. परसना

पर्चा दे. पुर्जा

पर्ची दे. पुर्जा

पर्णकुटी दे. झोपड़ी

पर्णरहित दे. पत्रहीन

पर्णशाला दे. 1. कुंज, 2. झोपड़ी

पर्यक दे. चारपाई

पर्यंत दे. तक

पर्यटक दे. 1. घुमक्कड़, 2. यात्री

पर्यटन दे. यात्रा

पर्यटन करना दे. घूमना

पर्यवलोकन दे. सर्वेक्षण

पर्यवसान दे. अंत

पर्यवेक्षक दे. निरीक्षक

पर्यवेक्षण दे. निरीक्षण

पर्याप्त (वि.)

पर्याप्त दे. यथेष्ट

पर्याप्तता (स्त्री.)

पर्याप्त होना दे. पूरा पड़ना

पर्याय (पुं.)

पर्यायवाचक दे. पर्याय

पर्यायवाची दे. पर्याय

पर्यालोचन दे. निरीक्षण

पर्यावरण दे. 1. परिवेश, 2. वातावरण

पर्व दे. 1. अध्याय, 2. उत्सव, 3. त्योहार

पर्वत दे. पहाड़

पर्वतमाला (स्त्री.)

पर्वत-शृंखला दे. पर्वतमाला

पर्वत-श्रेणी दे. पर्वतमाला

पलंग दे. चारपाई

पलंगतोड़ दे. 1. आलसी, 2. गृहासक्त, 3. सुस्त

पल (पुं.)

पलक (स्त्री.)

पलक झपकते ही दे. शीघ्र

पलक लगना दे. ऊँघना

पलटना दे. 1. उलटना, 2. लौटना

पलटा दे. कलाबाजी

पलटा खाना दे. पीछे मुड़ना

पलड़ा दे. पल्ला

पलायक दे. 1. फरार, 2. भगोड़ा

पलायन करना दे. भाग जाना

पलायन करनेवाला दे. फरार

पलायमान हो जाना दे. भाग जाना

पल्टन दे. सेना

पल्लवग्राहिता दे. चंचु-प्रवेश

पल्लवित दे. विकसित

पल्लवित होना दे. 1. खिलना, 2. फलना-फूलना

पल्ला (पुं.)

पल्ला दे. 1. आँचल, 2. घूँघट, 3. पटरा

पल्ला करना दे. घूँघट करना

पल्ली दे. गाँव

पल्लू दे. 1. आँचल, 2. घूँघट

पल्लेदार दे. मजदूर

पल्ले पड़ना दे. मिलना

पवन दे. वायु

पवित्र (वि.)

पवित्र दे. 1. शुद्ध, 2. सच्चरित्र

पवित्रता (स्त्री.)

पवित्रता दे. 1. शुद्धता, 2. सच्चरित्रता

पशु (पुं.)
पशु दे. 1. चौपाया, 2. जीव
पशुता दे. 1. पाशविकता, 2. बर्बरता
पशुत्व दे. बर्बरता
पशुपति दे. शिव
पशुप्रवृत्ति दे. पशुता
पश्चगमन करना दे. पीछे मुड़ना
पश्चप्रभाव (पुं.)
पश्चवर्ती दे. पिछला
पश्चात दे. पीछे
पश्चाताप (पुं.)
पश्चाताप करना दे. 1. कलपना, 2. पछताना
पश्चिम (पुं.)
पश्चिमी (वि.)
पस्त करना दे. दबाना
पस्तहिम्मत दे. 1. कायर, 2. निराश
पस्तहिम्मती दे. कायरता
पहचानना (क्रि.)
पहचानना दे. जानना
पहचान लेना दे. 1. ताड़ना, 2. पहचानना
पहनना (क्रि.)
पहनावा दे. पोशाक
पहर (पुं.)
पहरा (पुं.)
पहरा देना दे. अगोरना
पहरुआ दे. पहरेदार
पहरेदार (पुं.)
पहरेदार दे. रक्षक
पहरेदारी दे. देख-रेख
पहल (स्त्री.)
पहलवान (पुं.)
पहलवानी दे. कुश्ती

पहला (वि.)
पहलू (पु.)
पहलू दे. 1. अंग, 2. पक्ष
पहले (क्रिवि.)
पहले का दे. 1. पिछला, 2. पूर्ववर्ती, 3. व्यतीत
पहले-पहल (क्रिवि.)
पहलौटा दे. पहला
पहाड़ (पुं.)
पहाड़ी दे. पहाड़
पहिया (पुं.)
पहुँच (स्त्री.)
पहुँचना दे. आना
पहुँचा दे. कलाई
पहेली (स्त्री.)
पाँख दे. पंख
पांडित्य (पुं.)
पांडित्य दे. ज्ञान
पांडित्यपूर्ण (वि.)
पाँत दे. पंक्ति
पाँति दे. पंक्ति
पाँय दे. पैर
पाँव दे. पैर
पाँव अड़ाना दे. हस्तक्षेप करना
पाँव-पाँव दे. पैदल
पाक दे. 1. पवित्र, 2. मिठाई
पाकदामन दे. सच्चरित्र
पाकशाला दे. रसोई-घर
पाक-साफ दे. 1. निर्दोष, 2. सच्चरित्र
पाकस्थली दे. पेट
पाकीजा दे. निरपराध
पाकेट दे. जेब
पाकेटमार दे. जेबकतरा
पाक्षिक (वि.)
पाखंड (पु.)

पाखंड दे. 1. ढोंग, 2. धूर्तता
पाखंडी (वि. पु.)
पाखंडी दे. 1. ढोंगी, 2. धूर्त
पाख दे. पखवारा
पाखाना दे. विष्ठा
पाग दे. मिठाई
पागल (विपुं.)
पागलपन (पुं.)
पागलपन दे. सनक
पागलपन सवार होना दे. 1. धुन सवार होना, 2. सनक चढ़ना
पागलों की तरह दे. अंधाधुंध
पाचक (वि.)
पाचन (पुं.)
पाचनशक्ति दे. पाचन
पाछा दे. चूतड़
पा जाना दे. प्राप्त करना
पाजी दे. 1. दुष्ट, 2. नटखट
पाजीपन दे. 1. दुष्टता, 2. नटखटी
पाट दे. अरज
पाटन दे. छत
पाटना दे. 1. छाना, 2. भरना
पाठ (पुं.)
पाठ दे. उपदेश
पाठक (पुं.)
पाठचर्या दे. पाठ्यक्रम
पाठन दे. अध्यापन
पाठशाला दे. विद्यालय
पाठा दे. स्वस्थ
पाठ्यक्रम (पुं.)
पाणि दे. हाथ
पाणिग्रहण दे. विवाह
पाणिगृहीता दे. दुल्हिन
पातक दे. 1. अपराध, 2. पाप
पातकी दे. 1. अपराधी, 2. पापी

पाताल (पुं.)
पातिव्रत्य (पुं.)
पाती दे. पत्र
पात्र (पुं.)
पात्र दे. 1. अभिनेता, 2. बरतन
पात्रता (स्त्री.)
पात्रता दे. उपयुक्तता
पात्री दे. अभिनेत्री
पाथेय दे. रसद
पाद (पुं.)
पाद दे. अध्याय
पादटिप्पणी (स्त्री.)
पादप दे. पौधा
पादरी दे. पुरोहित
पादशाह दे. राजा
पादुका दे. खड़ाऊँ
पाधा दे. पुरोहित
पान करना दे. पीना
पाना (क्रि.)
पाना दे. मिलना
पानी दे. जल
पानी गिरना दे. बरसना
पानी-देवा दे. वंशज
पानी पड़ना दे. बरसना
पानी-पानी हो जाना दे. शर्माना
पाप (पुं.)
पाप दे. 1. अपराध, 2. दुष्कर्म
पापकर्म दे. पाप
पापचारिणी दे. व्यभिचारिणी
पापाचारी दे. व्यभिचारी
पाप-परिमार्जन दे. प्रायश्चित
पापपूर्ण दे. अनैतिक
पापमय दे. अनैतिक
पापा दे. पिता
पापाचार दे. 1. दुष्कर्म, 2. पाप
पापी (वि. पुं.)

पापी दे. दुष्ट
पाबंदी दे. 1. प्रतिबंध, 2. बंधन, 3. रोकथाम
पामर दे. कमीना
पामा दे. दाद
पामाल दे. पददलित
पायदार दे. 1. टिकाऊ, 2. स्थायी
पायदारी दे. टिकाऊपन
पायस दे. दूध
पाया (पुं.)
पाया दे. खंभा
पारंगत दे. कुशल
पारंपरिक दे. परंपरागत
पारंपरीण दे. परंपरागत
पार उतरना दे. लाँघना
पार करना दे. 1. डाँकना, 2. लाँघना
पारखती देना दे. छोड़ देना
पारखी (पुं.)
पारखी दे. ज्ञाता
पार जाना दे. लाँघना
पारणीय दे. 1. गम्य, 2. लंघनीय
पारदर्शक (वि.)
पारदर्शी दे. पारदर्शक
पारलौकिक दे. अलौकिक
पारसा दे. पवित्र
पारसाई दे. पवित्रता
पारस्परिक (वि.)
पारस्परिकता (स्त्री.)
पारायण दे. पठन
पारावार दे. 1. समुद्र, 2. सीमा
पारितोषिक दे. 1. उपहार, 2. पुरस्कार
पारिवारिक (वि.)
पारिश्रमिक (पुं.)
पारिश्रमिक दे. 1. कमाई, 2 वेतन

पारी दे. बारी
पार्ट दे. 1. अंश, 2. भूमिका
पार्टनर दे. साझेदार
पार्टनरशिप दे. साझा
पार्टी दे. दल
पार्टीबाजी दे. दलबंदी
पार्थक्य दे. 1. अंतर, 2. अलगाव
पार्थक्य दिखलाना दे. अलगाना
पार्थिव दे. भौतिक
पार्वती (स्त्री.)
पार्श्व दे. 1. अंग, 2. पक्ष, 3. पहलू
पार्श्व में दे. बगल में
पार्श्ववर्ती दे. 1. निकट, 2. समीपी
पालक (पुं.)
पालक दे. अभिभावक
पालट दे. दत्तकपुत्र
पालट बनाना दे. दत्तक लेना
पालतू (वि.)
पालन (पुं.)
पालन दे. निर्वाह
पालन करना दे. पालना
पालनकर्ता दे. पालक
पालन-पोषण दे. पालन
पालन-पोषण करना दे. पालना
पालना (क्रि.)
पालना-पोसना दे. पालना
पालनेवाला दे. पालक
पाला दे. कोहरा
पालागन दे. चरणस्पर्श
पाला हुआ दे. पालतू
पालित दे. पालतू
पालिटिक्स दे. राजनीति
पाली दे. बारी
पावक दे. आग

पावती दे. 1. पहुँच, 2. रसीद
पावन दे. 1. पवित्र, 2. शुद्ध
पावनता दे. पवित्रता
पावर दे. बल
पावस (पुं.)
पावा दे. पाया
पाश दे. जाल
पाशबद्ध करना दे. फँसाना
पाशविक (वि.)
पाशविक दे. 1. अमानवीय, 2. निर्दय, 3. बर्बर
पाशविकता (स्त्री.)
पाशविकता दे. बर्बरता
पाश्चात्य दे. पश्चिमी
पाषाण दे. पत्थर
पासंग (पुं.)
पास दे. निकट
पास का दे. समीपी
पास-पड़ोस में दे. आस-पास
पासवान दे. रक्षक
पासवानी दे. रक्षा
पास में दे. बगल में
पासवाला दे. निकट
पास ही दे. 1. पड़ोस में, 2. बगल में
पास होना दे. बीतना
पाहन दे. पत्थर
पाहुन दे. अतिथि
पिंक दे. गुलाबी
पिंजना दे. धुनना
पिंजरा (पुं.)
पिंड दे. शरीर
पिंड छुड़ाना दे. पीछा छुड़ाना
पिक दे. कोयल
पिक्चर दे. चित्र
पिघलना (क्रि.)

पिचकना दे. दबना
पिचपिचा दे. चिपचिपा
पिछलग्गू (पुं.)
पिछलग्गू दे. अनुयायी
पिछला (वि.)
पिछला दे. 1. अंतिम, 2. व्यतीत
पिछवाड़े दे. पीछे
पिट जाना दे. नष्ट हो जाना
पिटपिटाना दे. रोना
पिटाई दे. मार
पिटाई करना दे. मारना
पिट्ठू दे. पिछलग्गू
पिड़कना दे. रोना
पितर दे. पूर्वज
पिता (पुं.)
पितामह दे. दादा
पितामही दे. दादी
पितृभूमि दे. जन्मभूमि
पित्तामार दे. कठिन
पित्ती (स्त्री.)
पिनक दे. नशा
पिनपिनाना दे. रोना
पिनाक दे. धनुष
पिपासा दे. प्यास
पिपासु दे. प्यासा
पिय दे. 1. पति, 2. प्रेमी
पियक्कड़ दे. नशाखोर
पिया दे. 1. पति, 2. प्रेमी
पिरोना (क्रि.)
पिशाच दे. 1. कमीना, 2. प्रेत, 3. राक्षस
पिशुन दे. निन्दक
पिशुनता दे. निन्दा
पिष्टोक्ति दे. घिसी-पिटी बात
पिसना दे. दबना
पिसराज दे. मिस्त्री

पिस्तौल (स्त्री.)
पीछा दे. अनुसरण
पीछा करना (क्रिपद)
पीछा करना दे. अनुसरण करना
पीछा छुड़ाना (क्रिपद)
पीछे (क्रिवि.)
पीछे दे. 1. तत्पश्चात्, 2. फिर
पीछे की ओर दे. पीछे
पीछे चलना दे. अनुसरण करना
पीछे दौड़ना दे. अनुसरण करना
पीछे पड़ना दे. अनुसरण करना
पीछे-पीछे जाना दे. पीछा करना
पीछे मुड़ना (क्रिपद)
पीछेवाला दे. पिछला
पीछे हट जाना दे. बाज आना
पीछे हटना (क्रिपद)
पीछे हटना दे. मुकुरना
पीठ ठोंकना (क्रिपद)
पीठ ठोंकना दे. थपकना
पीठ सहलाना दे. पीठ ठोंकना
पीठाधीश दे. महंत
पीड़क दे. अत्याचारी
पीड़ा (स्त्री.)
पीड़ा दे. 1. कष्ट, 2. दुख
पीड़ाकारक दे. कष्टदायक
पीड़ादायक दे. दुखद
पीड़ा देना दे. 1. टीसना, 2. सताना
पीड़ा देनेवाला दे. कष्टदायक
पीड़ा होना (क्रिपद)
पीड़ित (वि.)
पीड़ित दे. 1. ग्रस्त, 2. दुखी, 3. परेशान
पीड़ित करनेवाला दे. कष्टदायक
पीढ़ी दे. पुश्त
पीत दे. पीला

पीन दे. मोटा
पीना (क्रि.)
पीयूष दे. 1. अमृत, 2. पेउस
पीर दे. पीड़ा
पीला (वि.)
पीस दे. नग
पीस डालना दे. कुचलना
पीसना (क्रि.)
पीसना दे. कूटना
पुंगव दे. उत्तम
पुंज दे. 1. ढेर, 2. समुच्चय
पुंजीभूत दे. इकट्ठा
पुंजीभूत करना दे. इकट्ठा करना
पुंडरीक दे. कमल
पुंश्चली दे. व्यभिचारिणी
पुंसत्व दे. पौरुष
पुकार दे. चीख
पुकारना (क्रि.)
पुकारना दे. बुलाना
पुख्ता दे. 1. टिकाऊ, 2. दृढ़, 3. पक्का, 4. स्थायी
पुचकार दे. प्रेम
पुचकारना दे. दुलारना
पुच्छल तारा (पुं.)
पुच्छल्ला दे. पिछलग्गू
पुच्छहीन (वि.)
पुजारी (पुं.)
पुजारी दे. भक्त
पुजारी दे. मूर्तिपूजक
पुट्ठा दे. चूतड़
पुण्यकर्म दे. सुकर्म
पुण्यकार्य दे. कर्तव्य
पुण्यकाल दे. मुहूर्त
पुण्यतिथि (स्त्री.)
पुण्य-प्रताप दे. प्रताप
पुण्यवान दे. प्रतापी

पुण्यश्लोक दे. चरित्रवान
पुण्यात्मा दे. 1. ईमानदार, 2. धर्मात्मा, 3. सच्चरित्र
पुत्र (पुं.)
पुत्रबधु दे. बहू
पुत्रिका दे. पुत्री
पुत्री (स्त्री.)
पुत्री दे. लड़की
पुनः (क्रिवि.)
पुनः दे. दुबारा
पुनःपुनः (क्रि.)
पुनःपुनः दे. बार-बार
पुनरावृत्ति दे. आवृत्ति
पुनरावृत्ति दे. आवृत्ति करना
पुनरीक्षण दे. पुनर्विचार
पुनरुत्थान दे. पुनर्जागरण
पुनरुद्धार दे. 1. कायाकल्प, 2. सुधार
पुनर्जागरण (पुं.)
पुनर्प्रतिष्ठित करना दे. बहाल करना
पुनर्विचार (पुं.)
पुनस्र्थापित करना दे. बहाल करना
पुनि दे. पुनः
पुनि-पुनि दे. पुनःपुनः
पुनोत दे. पवित्र
पुनीतता दे. पवित्रता
पुरंदर दे. इंद्र
पुरखे दे. पूर्वज
पुरजन दे. नगरवासी
पुरनम दे. अश्रुपूर्ण
पुरनारी दे. वेश्या
पुरवा (पुं.)
पुरवा दे. गाँव
पुरवासी दे. नगरवासी

पुरसाहाल दे. पूछनेवाला
पुरस्कार (पुं.)
पुरा दे. 1. गाँव, 2. मुहल्ला
पुराकालीन दे. पुराना
पुराणपंथी दे. 1. कट्टर, 2. परंपरावादी
पुरातत्वविद दे. पुराविद
पुरातन दे. पुराना
पुराना (वि.)
पुराने जमाने में दे. पहले
पुरारि दे. शिव
पुराविद (पुं.)
पुरी दे. नगर
पुरीष दे. गू
पुरुष दे. 1. आदमी, 2. मनुष्य
पुरुषत्व दे. पौरुष
पुरुषार्थ दे. 1. पौरुष, 2. वीरता
पुरुषोत्तम दे. कृष्ण
पुरुषोत्तम मास दे. अधिमास
पुरोधा दे. 1. नेता, 2. पुरोहित
पुरोहित (पुं.)
पुर्जा (पुं.)
पुर्जी दे. पुर्जा
पुल (पुं.)
पुलक दे. रोमांच
पुलकित दे. 1. प्रसन्न, 2. रोमांचित
पुलकित दे. रोमांच होना
पुलिंदा (पुं.)
पुलिंदा दे. गठरी
पुलिन दे. किनारा
पुश्त दे. पीढ़ी
पुश्ता दे. बाँध
पुश्तैनी दे. पैतृक
पुश्तैनी हक दे. उत्तराधिकार
पुष्कर दे. जलाशय

पुष्कल दे. अधिक
पुष्ट दे. 1. दृढ़, 2. बदलाव, 3. पक्का
पुष्टता दे. दृढ़ता
पुष्टि (स्त्री.)
पुष्टि दे. 1. अनुमोदन, 2. स्वीकृति
पुष्टि करनेवाला दे. अनुमोदक
पुष्टिकारक दे. पौष्टिक
पुष्टीकरण दे. अनुमोदन
पुष्प दे. फूल
पुष्पगुच्छ दे. गुलदस्ता
पुष्पधन्वा दे. कामदेव
पुष्पमाला दे. माला
पुष्पवाटिका (स्त्री.)
पुष्पित (वि.)
पुष्पित दे. विकसित
पुष्पाद्यान दे. पुष्पवाटिका
पुस्तक (स्त्री.)
पुस्तकालय (पुं.)
पुस्तिका (स्त्री.)
पूँछ (स्त्री.)
पूँजी (स्त्री.)
पूँजीपति (पुं.)
पूछ दे. आदर
पूछ-गीछ दे. जाँच
पूछताछ (स्त्री.)
पूछताछ करना (क्रिपद)
पूछताछ करना दे. ढूँढ़ना
पूछना दे. पूछताछ करना
पूछनेवाला (पुं.)
पूछापाछी दे. पूछताछ
पूजन दे. पूजा
पूजना (क्रि.)
पूजनीय दे. 1. आदरणीय, 2. पूजनीया, 3. वंदनीय

पूजा (स्त्री.)
पूजा दे. भक्ति
पूजा करना दे. पूजना
पूजागृह दे. मंदिर
पूजाघर दे. मंदिर
पूजास्थान दे. मंदिर
पूजित (वि.)
पूज्य (वि.)
पूज्य दे. 1. आदरणीय, 2. वंदनीय
पूज्यपाद दे. आदरणीय
पूज्यभाव दे. भक्ति
पूत दे. 1. पवित्र, 2. पुत्र
पूरक (वि.)
पूरना दे. भरना
पूरब दे. पूर्व
पूरबी दे. पूर्वी
पूरा (वि.)
पूरा दे. 1. अक्षत, 2. कुल, 3. सब
पूरा करना (क्रिपद)
पूरा पड़ना (क्रिपद)
पूरा पड़ना दे. अटना
पूरा होना दे. 1. बीतना, 2. समाप्त होना
पूरी तरह से दे. 1. बिल्कुल, 2. बोरिया-बिस्तर के साथ
पूरी शक्ति से दे. जी जान से
पूरे का पूरा दे. बिल्कुल
पूर्ण दे. 1. खत्म, 2. परम, 3. पूरा, 4. संपूर्ण, 5. समाप्त
पूर्ण करना दे. पूरा करना
पूर्णकाम दे. 1. संतुष्ट, 2. सफल
पूर्णग्रास दे. खग्रास
पूर्णतः दे. बिल्कुल
पूर्णतया दे. बिल्कुल

पूर्णता (स्त्री.)
पूर्ण हो जाना दे. समाप्त होना
पूर्णाधिकार दे. कापीराईट
पूर्ति (स्त्री.)
पूर्ति दे. समाप्ति
पूर्व (पुं.)
पूर्वकाल में दे. पहले
पूर्वकालिक दे. पुराना
पूर्वकालीन दे. 1. आरंभिक, 2. पुराना
पूर्वगत दे. पूर्ववर्ती
पूर्वगामी दे. पूर्ववर्ती
पूर्वग्रह (पुं.)
पूर्वग्रह दे. पक्षपात
पूर्वग्रही दे. कट्टर
पूर्वज (पुं.)
पूर्वता दे. प्राथमिकता
पूर्वनिर्धारित दे. निश्चित
पूर्वनिश्चित दे. नियत
पूर्ववर्ती (पुं.)
पूर्ववर्ती दे. पिछला
पूर्वाभ्यास दे. अभ्यास
पूर्वी (वि.)
पूला दे. पुलिंदा
पृच्छा दे. प्रश्न
पृथक् दे. अलग
पृथक दे. अलग
पृथक करना दे. अलगाना
पृथकता दे. अलगाव
पृथक होना दे. बिछुड़ना
पृथक्करण दे. 1. छँटनी, 2. बँटवारा
पृथक्करणीय दे. विच्छेद्य
पृथ्वी (स्त्री.)
पृथ्वी दे. भूमि
पृष्ठ दे. पन्ना

पृष्ठभाग दे. 1. चूतड़, 2. तल
पृष्ठभूमि दे. भूमिका
पेंग (स्त्री.)
पेउस (पुं.)
पेऊसी दे. पेउस
पेखना दे. देखना
पेंच दे. 1. पेचीदगी, 2. बल
पेंटर दे. चित्रकार
पेंटिंग दे. चित्र
पेंदा दे. तल
पेचदार दे. 1. चक्करदार, 2. पेचीदा
पेचिस दे. दस्त
पेचीदगी (स्त्री.)
पेचीदा (वि.)
पेचीदा दे. 1. कठिन, 2. चक्करदार, 3. जटिल
पेचीला दे. 1. चक्करदार, 2. पेचीदा, 3. जटिल
पेचीलापन दे. 1. जटिलता, 2. पेचीदगी
पेज दे. पन्ना
पेट दे. रंग
पेट (पुं.)
पेट गिर जाना दे. गर्भपात होना
पेट गिरना दे. गर्भपात होना
पेट पूजा करना दे. अघाना
पेट में डालना दे. खाना
पेट में बच्चा ठहरना दे. गर्भवती होना
पेटसंग दे. गर्भवती
पेट से होना दे. गर्भवती होना
पेटिका दे. पेटी
पेटी (स्त्री.)
पेटी दे. मेखला
पेटीकोट दे. लहँगा
पेटीवाला दे. तोंदवाला

पेटू (वि.)
पेटू दे. खाऊ
पेटूपन (पुं.)
पेड़ (पुं.)
पेन दे. कलम
पेपर दे. निबंध
पेलना दे. ढकेलना
पेवस दे. पेउस
पेश दे. उपस्थित
पेशकश दे. प्रयत्न
पेशगी (स्त्री.)
पेशगी दे. बयाना
पेशबंद दे. पेटी
पेशराज दे. मिस्त्री
पेशवा दे. नेता
पेशा दे. 1. उद्योग, 2. व्यापार
पेशानी दे. माथा
पेशाब करना दे. मूतना
पैखाना दे. गू
पैगंबर दे. देवदूत
पैगाम दे. 1. संदेश, 2. सूचना
पैठ दे. पहुँच
पैठना दे. अंदर जाना
पैढ़ी दे. सीढ़ी
पैतृक (वि.)
पैदल (क्रिवि.)
पैदल चलकर दे. पैदल
पैदा दे. उत्पन्न
पैदाइश दे. 1. उत्पत्ति, 2. जन्म
पैदाइशी दे. जन्मजात
पैदा करना दे. 1. उत्पन्न करना, 2. कमाना, 3. जनना
पैदा करनेवाला दे. पिता
पैदावार दे. उपज
पैदा होना दे. 1. उपजना, 2. उत्पन्न होना

पैना (वि.)
पैना दे. तीखा
पैना करना दे. तेज करना
पैनापन दे. थिगली
पैबंद लगाना दे. थिगली लगाना
पैया दे. पैर
पैर (पुं.)
पैर पड़ना दे. आना
पैर भारी होना दे. गर्भ ठहरना
पैरीपौना दे. चरणस्पर्श
पैरों का चक्कर दे. घुमक्कड़ी
पैरों पड़ना दे. चिरौरी करना
पैशुन्य दे. निन्दा
पैसा दे. धन
पोंगापंथी दे. ढोंगी
पोंछना दे. साफ करना
पोखरा दे. जलाशय
पोच दे. 1. खराब, 2. कमीना
पोचपन दे. कमीनापन
पोटली दे. 1. गठरी, 2. पुलिंदा
पोत दे. जहाज
पोतना दे. मलना
पोता दे. अंडकोश
पोथा दे. पुस्तक
पोथी दे. पुस्तक
पोपला दे. खोखला
पोल दे. रहस्य
पोल खुलना दे. रहस्य खुलना
पोल खोलना दे. भंडा फोड़ना
पोला दे. 1. खाली, 2. खोखला
पोशाक (स्त्री.)
पोशाक दे. 1. कपड़ा, 2. परिधान
पोशीदा दे. गुप्त
पोषक दे. 1. पालक, 2. पौष्टिक, 3. समर्थक
पोषण दे. पालन

पोषण करना दे. पालना
पोषणशील दे. पौष्टिक
पोस दे. प्रेम
पोस्टमैन दे. डाकिया
पोस्ती दे. नशाखोर
पोहना दे. पिरोना
पौड़ना दे. तैरना
पौढ़ना दे. लेटना
पौधा (पुं.)
पौ फटना दे. प्रातःकाल
पौ फटे दे. तड़के
पौरा दे. आगमन
पौराणिक दे. पुराना
पौरातनिक दे. पुराना
पौरुष (पुं.)
पौरुष दे. वीरता
पौर्वात्य दे. पूर्वी
पौष्टिक (वि.)
प्याजी दे. गुलाबी
प्यार दे. प्रेम
प्यार-भरा (वि.)
प्यारा (वि.)
प्यारी दे. प्रेमिका
प्याला (पुं.)
प्यास (स्त्री.)
प्यासा (वि.)
प्यासा दे. सूखा
प्रकंप दे. कंपन
प्रकंपन दे. कंपन
प्रकंपित दे. काँपता हुआ
प्रकट (वि.)
प्रकट दे. 1. कथित, 2. प्रत्यक्ष, 3. स्पष्ट
प्रकट करना दे. बतलाना
प्रकटन दे. 1. आविर्भाव, 2. प्रकाशन
प्रकट रूप से दे. देखने में
प्रकट होना (क्रिपद)
प्रकट होना दे. 1. उत्पन्न होना, 2. घटना
प्रकटित दे. प्रकट
प्रकटीकरण दे. 1. आविर्भाव, 2. प्रकाशन
प्रकरण दे. 1. अध्याय, 2. विषय
प्रकर्ष दे. उन्नति
प्रकर्षण दे. आकर्षण
प्रकल्पना दे. कल्पना
प्रकल्पित दे. कल्पित
प्रकांड दे. 1. बड़ा, 2. महान
प्रकार (पुं.)
प्रकार दे. 1. ढंग, 2. वर्ग
प्रकार्य दे. 1. कर्तव्य, 2. कार्य
प्रकाश (पुं.)
प्रकाशगृह (पुं.)
प्रकाशन (पुं.)
प्रकाशमान दे. 1. चमकीला, 2. प्रकाशित
प्राकशरेखा दे. किरण
प्रकाशित (वि.)
प्रकाशित दे. 1. कथित, 2. दीप्त
प्रकाशित करना दे. छापना
प्रकीर्ण दे. 1. पँचमेल, 2. विविध
प्रकृत दे. स्वाभाविक
प्रकृति (स्त्री.)
प्रकृति दे. स्वभाव
प्रकृतिशः (क्रिवि.)
प्रकृतिस्थ दे. शांत
प्रकोप दे. क्रोध
प्रकोष्ठ दे. कमरा
प्रक्रम दे. ढंग
प्रक्रिया दे. ढंग
प्रक्षालन दे. धोना
प्रक्षालन करना दे. धोना
प्रक्षालित करना दे. धोना
प्रक्षिप्त करना दे. फेंकना
प्रक्षेत्र दे. क्षेत्र
प्रखंड दे. टुकड़ा
प्रखर दे. तीखा
प्रखरता दे. तेजी
प्रखरबुद्धि दे. तेज
प्रख्यात दे. प्रसिद्ध
प्रख्यापन दे. घोषणा
प्रगट दे. प्रकट
प्रगति दे. 1. उन्नति, 2. सुधार
प्रगतिवादी दे. उन्नतिशील
प्रगतिविरोधी दे. प्रतिक्रियावादी
प्रगतिशील (वि.)
प्रगतिशील दे. 1. उन्नतिशील, 2. होनहार
प्रगल्भ दे. 1. अक्खड़, 2. उद्धत, 3. धृष्ट, 4. मुखर
प्रगल्भता दे. 1. उद्धतता, 2. डींग, 3. धृष्टता
प्रगाढ़ दे. 1. घना, 2. घनिष्ठ
प्रगाढ़ता दे. घनापन
प्रगीत दे. कविता
प्रचंड दे. 1. अत्यधिक 2. उग्र, 3. उत्कट, 4. घोर, 5. जबरदस्त, 6. जोरदार
प्रचंडता दे. 1. उग्रता, 2. उत्कटता, 3. तेजी
प्रचलन दे. चलन
प्रचलित (वि.)
प्रचलित दे. 1. चलता, 2. चालू
प्रचार (पुं.)
प्रचालक दे. चालक
प्रचुर दे. 1. अधिक, 2. पर्याप्त, 3. यथेष्ट

प्रचुरता दे. अधिकता
प्रचूषण करना दे. सोखना
प्रच्छन्न दे. गुप्त
प्रछन्नता दे. छिपाव
प्रच्छन्न रखना दे. छिपाना
प्रच्छादन दे. आवरण
प्रजनक दे. पिता
प्रजा (स्त्री.)
प्रजा दे. जनता
प्रजातंत्र (पुं.)
प्रजातंत्र दे. जनतंत्र
प्रजातांत्रिक (वि.)
प्रजाति दे. जाति
प्रज्ञ दे. बुद्धिमान
प्रज्ञप्ति दे. सूचना
प्रज्ञा दे. 1. प्रतिभा, 2. बुद्धि, 3. बुद्धिमत्ता
प्रज्ञाचक्षु दे. अंधा
प्रज्ञान दे. ज्ञान
प्रज्ञावान दे. बुद्धिमान
प्रज्वलित दे. 1. दीप्त, 2. प्रकाशित
प्रज्वलित करना दे. जलाना
प्रज्वलित होना दे. जलना
प्रण दे. प्रतिज्ञा
प्रणत दे. नत
प्रणतपाल दे. रक्षक
प्रणत होना दे. झुकना
प्रणति दे. 1. अभिवादन, 2. नमन
प्रणम्य दे. वंदनीय
प्रणय दे. प्रेम
प्रणयन दे. 1. निर्माण, 2. रचना
प्रणयी दे. प्रेमी
प्रणाम दे. नमस्कार
प्रणाली दे. 1. ढंग, 2. तंत्र
प्रणिधान दे. चिंतन
प्रणीत दे. निर्मित
प्रणेता दे. 1. निर्माता, 2. रचयिता, 3. लेखक
प्रतनु दे. पतला
प्रताड़ना दे. 1. डाँट, 2. धिक्कार
प्रताप (पुं.)
प्रताप दे. 1. ऐश्वर्य, 2. ठाठ, 3. तेज, 4. मान, 5. वैभव
प्रतापवान दे. प्रतापी
प्रतापी (वि.)
प्रति दे. हर
प्रतिकार दे. बदला
प्रतिकूल (वि.)
प्रतिकूल दे. 1. परस्पर-विरुद्ध, 2. विरुद्ध
प्रतिकूलता (स्त्री.)
प्रतिक्रमात दे. उलटे क्रम से
प्रतिक्रिया दे. क्रिया
प्रतिक्रियावादी (वि.)
प्रतिगृहीत दे. स्वीकृत
प्रतिग्रहण दे. स्वीकृति
प्रतिग्राह्य दे. स्वीकार्य
प्रतिच्छाया दे. छाया
प्रतिज्ञा (स्त्री.)
प्रतिज्ञा दे. वचन
प्रतिज्ञा करना दे. निश्चय करना
प्रतिदान दे. भुगतान
प्रतिदिन (क्रिवि.)
प्रतिदिन दे. नित्य
प्रतिद्वंद्वात्मक (वि.)
प्रतिद्वंद्विता (स्त्री.)
प्रतिद्वंद्वी (वि. पुं.)
प्रतिध्वनि दे. गूँज
प्रतिध्वनित दे. गुंजित
प्रतिनिधि (पुं.)
प्रतिपक्षी दे. 1. प्रतिद्वंद्वी, 2. विरोधी
प्रतिपादन दे. 1. विश्लेषण, 2. व्याख्या
प्रतिपालक दे. पालक
प्रतिपालन दे. पालन
प्रतिपालन करना दे. पालना
प्रतिफल दे. 1. पारिश्रमिक, 2. पुरस्कार, 3. बदला
प्रतिबंध (पुं.)
प्रतिबंध दे. 1. बंधन, 2. रोकथाम
प्रतिबद्ध दे. वचनबद्ध
प्रतिबाधित दे. वर्जित
प्रतिबिंब दे. छाया
प्रतिभा (स्त्री.)
प्रतिभाशाली (वि.)
प्रतिभासंपन्न दे. प्रतिभाशाली
प्रतिभूति दे. जमानत
प्रतिमा दे. मूर्ति
प्रतिमान दे. आदर्श
प्रतिमापूजक दे. मूर्तिपूजक
प्रतिमापूजक दे. मूर्तिपूजा
प्रतिमाविनाशक दे. मूर्तिभंजक
प्रतियोगिता दे. प्रतिद्वंद्विता
प्रतियोगितामूलक दे. प्रतिद्वंद्वात्मक
प्रतियोगी दे. प्रतिद्वंद्वी
प्रतिरूप दे. मूर्ति
प्रतिरोध (पुं.)
प्रतिरोध दे. 1. दमन, 2. विरोध
प्रतिरोधी दे. वैरी
प्रतिलिपि दे. नकल
प्रतिलोम दे. उलटा
प्रतिलोमतः दे. उलटे क्रम से
प्रतिवचन दे. उत्तर
प्रतिवर्तित करना दे. उलटना
प्रतिवाद दे. खंडन
प्रतिवाद करना दे. खंडन करना

प्रतिवादी (पुं.)
प्रतिवादी दे. विरोधी
प्रतिवादी दे. पड़ोसी
प्रतिविष दे. विषनाशक
प्रतिवेश दे. पड़ोस
प्रतिवेशी दे. पड़ोसी
प्रतिशोध दे. बदला
प्रतिश्याय दे. जुकाम
प्रतिश्रुत दे. वचनबद्ध
प्रतिश्रुति दे. वचन
प्रतिषिद्ध दे. वर्जित
प्रतिषेध दे. 1. खंडन, 2. निषेध
प्रतिषेध करना दे. 1. खंडन करना, 2. निषेध करना
प्रतिष्ठा (स्त्री.)
प्रतिष्ठा दे. 1. मान, 2. यश
प्रतिष्ठाता दे. 1. जन्मदाता, 2. संस्थापक
प्रतिष्ठान दे. संस्था
प्रतिष्ठित (वि.)
प्रतिष्ठित दे. 1. विशेष, 2. यशस्वी
प्रतिस्पर्धा दे. प्रतिद्वंद्विता
प्रतिस्पर्धात्मक दे. प्रतिद्वंद्वात्मक
प्रतिस्पर्धी दे. प्रतिद्वंद्वी
प्रतिहिंसा दे. बदला
प्रतीक दे. संकेत
प्रतीक्षा करना (क्रिपद)
प्रतीक्षालय (पुं.)
प्रतीत होना (क्रिपद)
प्रतीत होना दे. 1. अनुभव करना, 2. लगना
प्रतीति दे. विश्वास
प्रतीत दे. प्रतिकूल
प्रतीयमान दे. दृश्यमान
प्रत्यक्ष (वि.)
प्रत्यक्ष दे. 1. प्रकट, 2. वर्तमान
प्रत्यक्षदर्शी दे. गवाह
प्रत्यक्ष होना दे. प्रकट होना
प्रत्यय दे. 1. विचार, 2. विश्वास
प्रत्यर्पण दे. समर्पण
प्रत्यावर्तन करना दे. पीछे हटना
प्रत्याशा (स्त्री.)
प्रत्याशा दे. आशा
प्रत्याशी (पु.)
प्रत्युत दे. बल्कि
प्रत्युत्तर दे. उत्तर
प्रत्येक दे. हर एक
प्रथम दे. पहला
प्रथमता दे. प्राथमिकता
प्रथा दे. 1. चलन, 2. ढंग, 3. परंपरा
प्रथागत दे. परंपरागत
प्रथानुसार दे. यथारीति
प्रदत्त दे. दत्त
प्रदर्शन (पुं.)
प्रदर्शन दे. आडंबर
प्रदर्शनात्मक दे. दिखावटी
प्रदर्शनी (स्त्री.)
प्रदर्शनी दे. प्रदर्शन
प्रदाता दे. दाता
प्रदान करना दे. देना
प्रदानकर्ता दे. दाता
प्रदाय दे. पूर्ति
प्रदाह दे. जलन
प्रदीप दे. दीया
प्रदीप्त दे. चमकीला
प्रदूषण दे. गंदगी
प्रदूषित दे. गंदा
प्रदूषित होना दे. सड़ना
प्रदेश (पुं.)
प्रदेश दे. 1. क्षेत्र, 2. भूखंड
प्रदेशीय दे. क्षेत्रीय
प्रधान (वि.)
प्रधान दे. 1. अध्यक्ष, 2. नेता, 3. मुखिया, 4. मुख्य
प्रधानतः दे. विशेषतः
प्रधानतया दे. विशेषतः
प्रधानता (स्त्री.)
प्रधानता दे. 1. अध्यक्षता, 2. महत्त्व
प्रपंच दे. 1. झमेला, 2. लोकाचार
प्रपठन दे. पठन
प्रपत्र (पुं.)
प्रपात दे. झरना
प्रपीड़ित दे. पददलित
प्रफुल्ल दे. 1. आनंदित, 2. प्रसन्न
प्रफुल्लता दे. 1. आनंद, 2. प्रसन्नता
प्रफुल्लित दे. 1. आनंदित, 2. प्रसन्न
प्रफुल्लित होना दे. 1. उमगना, 2. खिलना
प्रबंध दे. 1. निबंध, 2. व्यवस्था
प्रबंधक दे. व्यवस्थापक
प्रबंध करना (क्रिपद)
प्रबंधकर्ता दे. व्यवस्थापक
प्रबल (वि.)
प्रबल दे. 1. उत्कट, 2. जोरदार
प्रबलता दे. उत्कटता
प्रबुद्ध (वि.)
प्रबुद्ध दे. 1. ज्ञाता, 2. पंडित, 3. बुद्धिमान, 4. विचारशील
प्रबुद्धता दे. विचारशीलता
प्रबोधन (पुं.)
प्रबोधन दे. 1. चेतावनी, 2. ढारस
प्रभविष्णु दे. 1. प्रबल, 2. प्रभावपूर्ण

प्रभा दे. प्रकाश
प्रभाकर दे. सूरज
प्रभाग दे. 1. अंश, 2. टुकड़ा, 3. विभाग
प्रभात दे. प्रातःकाल
प्रभार (पुं.)
प्रभार दे. भार
प्रभारी दे. कार्यकारी
प्रभाव (पुं.)
प्रभाव दे. 1. छाप, 2. दबाव, 3. परिणाम
प्रभाव डालना दे. प्रभावित करना
प्रभावपूर्ण (वि.)
प्रभावपूर्ण दे. भव्य
प्रभावशाली दे. 1. जोरदार, 2. प्रभावपूर्ण, 3. भव्य, 4. शक्तिशाली
प्रभावशीलता दे. प्रभाव
प्रभावहीन (वि.)
प्रभावहीन दे. निष्प्रभावी
प्रभावित करना (क्रि. पद)
प्रभावी दे. प्रभावपूर्ण
प्रभावी होना दे. लागू होना
प्रभावोत्पादक दे. प्रभावपूर्ण
प्रभु दे. ईश्वर
प्रभुता दे. 1. शक्ति, 2. सत्ता
प्रभुत्व (पुं.)
प्रभुत्व दे. 1. अधिकार, 2. शक्ति
प्रभुसत्ता दे. 1. प्रभुत्व, 2. शक्ति
प्रभूत दे. 1. अधिक, 2. यथेष्ट
प्रभेद दे. 1. अंतर, 2. वर्ग
प्रमत्त दे. नशे में चूर
प्रमाद दे. 1. असावधानी, 2. गलती
प्रमाण (पुं.)
प्रमाणक दे. प्रमाणपत्र
प्रमाणपत्र (पुं.)
प्रमाणित (वि.)
प्रमाणित करना (क्रिपद)
प्रमाणीकृत दे. प्रमाणित
प्रमाप दे. माप
प्रमुख दे. 1. अध्यक्ष, 2. प्रधान, 3. मुख्य
प्रमुखता दे. प्रधानता
प्रमुदित दे. 1. आनंदित, 2. प्रसन्न, 3. सुखी
प्रमोद दे. 1. आनंद, 2. प्रसन्नता, 3. मनोरंजन
प्रमोदकारी दे. मनोरंजक
प्रयत्न (पुं.)
प्रयत्न दे. परिश्रम
प्रयत्न करना दे. 1. दौड़-धूप करना, 2. परिश्रम करना
प्रयत्नशील (वि.)
प्रयाण दे. प्रस्थान
प्रयास दे. प्रयत्न
प्रयुक्त (वि.)
प्रयुक्त दे. व्यवहृत
प्रयोक्ता दे. भोगी
प्रयोग दे. 1. अभ्यास, 2. उपयोग, 3. व्यवहार
प्रयोग करना (क्रिपद)
प्रयोग करना दे. 1. बरतना, 2. व्यवहार करना
प्रयोगकर्ता दे. भोगी
प्रयोगात्मक दे. व्यावहारिक
प्रयोजन दे. 1. उद्देश्य, 2. कारण
प्रयोजनहीन दे. उद्देश्यहीन
प्रयोजनीय दे. उपयोगी
प्रयोज्य दे. व्यावहारिक
प्रलयंकर दे. नाशक
प्रलय दे. नाश
प्रलयंकारी दे. नाशक
प्रलाप दे. बकबक
प्रलाप करना दे. बकना
प्रलापी दे. 1. बकवादी, 2. बातूनी
प्रलेख दे. 1. कागज-पत्र, 2. दस्तावेज
प्रलोभक दे. आकर्षक
प्रलोभन दे. आकर्षण
प्रलोभन देना दे. ललचाना
प्रवंचक दे. धोखेबाज
प्रवंचना दे. 1. धोखा, 2. विश्वासघात
प्रवक्ता दे. अध्यापक
प्रवचन दे. 1. उपदेश, 2. कथन
प्रवणता दे. 1. झुकाव, 2. रुचि
प्रवरण करना दे. चुनना
प्रवर्ग दे. वर्ग
प्रवर्तक (पुं.)
प्रवर्तक दे. 1. जन्मदाता, 2. संस्थापक
प्रवर्तन दे. आरंभ
प्रवर्तन करना दे. आरंभ करना
प्रवर्तन होना दे. आरंभ होना
प्रवर्तित करना दे. आरंभ करना
प्रवर्तित होना दे. 1. आरंभ होना, 2. लागू होना
प्रवर्धन दे. वृद्धि
प्रवाद दे. अफवाह
प्रवास (पुं.)
प्रवाह (पुं.)
प्रवाहपूर्ण दे. गतिशील
प्रवाहशील दे. सक्रिय
प्रवाहिका दे. अतिसार
प्रवाहित करना दे. बहाना
प्रविष्ट (वि.)
प्रविष्ट होना दे. 1. अंदर जाना, 2. घुसना

प्रविष्ट (स्त्री.)
प्रवीण दे. 1. कुशल, 2. चतुर
प्रवीणता दे. 1. कुशलता, 2. कौशल, 3. चतुरता
प्रवीर दे. वीर
प्रवृत्त (वि.)
प्रवृत्त दे. तन्मय
प्रवृत्त करना दे. उकसाना
प्रवृत्ति (स्त्री.)
प्रवृत्ति दे. 1. आदत, 2. झुकाव, 3. मग्नता, 4. रुचि
प्रवेश (पुं.)
प्रवेश दे. पहुँच
प्रवेश करना दे. 1. अंदर जाना, 2. घुसना
प्रवेशित दे. प्रविष्ट
प्रव्रजन दे. प्रवास
प्रशंसनीय (वि.)
प्रशंसा (स्त्री.)
प्रशमन (पुं.)
प्रशमित करना दे. शांत करना
प्रशस्त दे. विस्तृत
प्रशस्ति दे. प्रशंसा
प्रशांत दे. 1. धीर, 2. शांत
प्रशासन दे. व्यवस्था
प्रशिक्षक दे. 1. अध्यापक, 2. शिक्षक
प्रशिक्षण दे. अध्यापन
प्रशिक्षित दे. शिक्षित
प्रश्न (पुं.)
प्रश्न दे. समस्या
प्रश्नकर्ता दे. जिज्ञासु
प्रश्नपत्र दे. परचा
प्रश्नशीलता दे. जिज्ञासा
प्रश्नोत्तर (पुं.)
प्रश्नोत्तरी दे. पहेली
प्रश्य दे. सहायता
प्रश्वास दे. साँस
प्रसंग दे. विषय
प्रसंगोचित दे. प्रासंगिक
प्रसन्न (वि.)
प्रसन्न दे. 1. आनंदित, 2. संतुष्ट, 3. सुखी
प्रसन्न करना (क्रिपद)
प्रसन्न कर लेना दे. राजी कर लेना
प्रसन्नचित्त (वि.)
प्रसन्नचित्त दे. आनंदित
प्रसन्नचित्तता दे. आनंद
प्रसन्नता (स्त्री.)
प्रसन्नता दे. आनंद
प्रसन्नतादायक दे. आनंददायक
प्रसन्नतापूर्वक दे. खुशी-खुशी
प्रसन्नवदन दे. 1. प्रसन्नचित्त, 2. हँसमुख
प्रसन्न हो उठना (क्रिपद)
प्रसन्न होना दे. उमगना
प्रसरित दे. विस्तृत
प्रसव दे. सौरी
प्रसव करना दे. 1. उत्पन्न करना, 2. जनना
प्रसव होना दे. उत्पन्न होना
प्रसाद दे. 1. उपहार, 2. कृपा
प्रसादन दे. 1. तुष्टि, 2. तुष्टीकरण
प्रसार दे. 1. प्रचार, 2. विस्तार
प्रसिद्ध (वि.)
प्रसिद्ध दे. यशस्वी
प्रसिद्धि (स्त्री.)
प्रसिद्धि दे. यश
प्रसुप्त दे. सुप्त
प्रसूत दे. उत्पन्न
प्रसून दे. फूल
प्रस्तर दे. पत्थर
प्रस्ताव (पुं.)
प्रस्ताव दे. सुझाव
प्रस्तावना दे. भूमिका
प्रस्तावित दे. आयोजित
प्रस्तुत दे. 1. उद्यत, 2. उपस्थित, 3. तैयार, 4. वर्तमान
प्रस्तुत करना दे. बनाना
प्रस्तुति दे. उद्यतता
प्रस्तुतीकरण दे. विश्लेषण
प्रस्तोता दे. प्रवर्तक
प्रस्थान (पुं.)
प्रस्थान करना दे. 1. चलना, 2. छूटना
प्रस्फुटन दे. आविर्भाव
प्रस्फुटित दे. 1. पुष्पित, 2. विकसित
प्रस्फुटित होना दे. अंकुरित होना
प्रस्वेद दे. पसीना
प्रहर दे. पहर
प्रहरी दे. 1. द्वारपाल, 2. रक्षक
प्रहर्षित दे. आनंदित
प्रहार दे. 1. आक्रमण, 2. आघात
प्रहरी दे. पहरेदार
प्रहेलिका दे. पहेली
प्रांगण (पुं.)
प्रांगण दे. आँगन
प्रांजल दे. स्पष्ट
प्रांत दे. 1. क्षेत्र, 2. प्रदेश
प्रांतीय दे. क्षेत्रीय
प्रांतीयता दे. क्षेत्रवाद
प्राकट्य दे. 1. आविर्भाव, 2. उत्पत्ति
प्राकलन दे. गणना
प्राकाश्य दे. आविर्भाव

प्राकार दे. सीमा
प्राकृत दे. 1. प्राकृतिक, 2. स्वाभाविक
प्राकृतिक (वि.)
प्राकृतिक दे. 1. अपौरुषेय, 2. जन्मजात, 3. वास्तविक, 4. स्वाभाविक
प्राक्कथन दे. भूमिका
प्राक्कलन दे. अनुमान
प्राक्कल्पना दे. अनुमान
प्राक्कालीन दे. पुराना
प्राक्तन दे. पुराना
प्राक्रमी दे. वीर
प्रागैतिहासिक दे. पुराना
प्राग्भूत दे. पूर्ववर्ती
प्राचीन दे. पुराना
प्राचीन काल दे. भूत
प्राचीर (स्त्री.)
प्राचीर दे. 1. चहारदीवारी, 2. दीवार
प्राचुर्य दे. 1. अधिकता, 2. प्रर्याप्तता
प्राण (वि.)
प्राण दे. जीवन
प्राणघातक दे. घातक
प्राण डालना दे. जिलाना
प्राणदंड दे. फाँसी
प्राणदान दे. बलिदान
प्राणनाथ दे. 1. पति, 2. प्रेमी
प्राण-प्यारा दे. प्रिय
प्राणप्रिय दे. 1. प्रिय, 2. प्रेमी
प्राण फूँकना दे. जिलाना
प्राण लेना दे. 1. मारना, 2. हत्या करना
प्राणवत्ता दे. 1. जीवनी-शक्ति, 2. सजीव
प्राणवल्लभ दे. प्रेमी
प्राणवान दे. 1. चेतन, 2. सजीव
प्राणहीन दे. निर्जीव
प्राणांत दे. मृत्यु
प्राणांतक दे. घातक
प्राणांत होना दे. मरना
प्राणाधार दे. प्रेमी
प्राणायाम (पुं.)
प्राणाहुति दे. बलिदान
प्राणी दे. 1. जीव, 2. पशु
प्राणेश दे. पति
प्राणेश्वर दे. प्रेमी
प्राणेश्वरी दे. प्रेमिका
प्राणोत्सर्ग दे. बलिदान
प्रातः (क्रिवि.)
प्रातःकाल (पुं.)
प्रातःकाल दे. प्रातः
प्रात दे. प्रातःकाल
प्रातराश दे. 1. जलपान, 2. नाश्ता
प्राथमिक दे. आरंभिक
प्राथमिकता (स्त्री.)
प्रादुर्भाव दे. 1. आविर्भाव, 2. उत्पत्ति
प्रादुर्भूत दे. आविर्भूत
प्रादेश दे. आज्ञा
प्रादेशिकता दे. क्षेत्रवाद
प्राधान्य दे. 1. प्रधानता, 2. सत्ता
प्राधिकरण दे. आयोग
प्राधिकार दे. अधिकार
प्राधिकारी दे. अधिकारी
प्राधिकृत दे. अधिकृत
प्राध्यापक दे. अध्यापक
प्रापोगंडा दे. प्रचार
प्राप्त (वि.)
प्राप्त करना (क्रिपद)
प्राप्तव्य दे. प्राप्य
प्राप्त करना दे. लेना
प्राप्त होना दे. 1. पाना, 2. मिलना
प्राप्ति (स्त्री.)
प्राप्ति दे. 1. उपलब्धि, 2. लाभ
प्राप्ति होना दे. मिलना
प्राप्य (वि.)
प्राबल्य दे. सत्ता
प्रामाणिक (वि.)
प्रायः (क्रिवि.)
प्रायः दे. लगभग
प्रायशः दे. प्रायः
प्रायश्चित (पुं.)
प्रायिक दे. संभाव्य
प्रायोगिक दे. व्यावहारिक
प्रायोजक दे. दाता
प्रायोजना दे. योजना
प्रारंभ दे. 1. आरंभ, 2. पहल
प्रारंभ करना दे. आरंभ करना
प्रारंभिक दे. आरंभिक
प्रारब्ध दे. भाग्य
प्रारूप दे. 1. प्रालेख, 2. रेखाचित्र
प्रार्थना (स्त्री.)
प्रार्थना दे. आवेदन
प्रार्थना करना दे. आवेदन करना
प्रार्थना-पत्र (पुं.)
प्रार्थना-पत्र दे. आवेदन पत्र
प्रार्थना-भवन दे. मंदिर
प्रार्थी (पुं.)
प्रार्थी दे. आवेदक
प्रालेख (पुं.)
प्रावधान (पुं.)
प्रासंगिक (वि.)
प्रासंगिक दे. उपयुक्त
प्रासाद दे. महल
प्रिंटिंग दे. मुद्रण

प्रिंटिंग प्रेस दे. मुद्रणालय
प्रिय (वि.)
प्रिय दे. 1. कर्णप्रिय, 2. प्यारा
प्रियतम दे. 1. पति, 2. प्रेमी
प्रिय लगना दे. 1. जँचना, 2. सुहाना
प्रियात्मा दे. प्रेमिका
प्रीति दे. प्रेम
प्रीतिकर दे. 1. सुखद 2. सुहावना
प्रीतिभाजन दे. प्रिय
प्रीतिभोज (पुं.)
प्रीतिभोज दे. भोज
प्रीतियुक्त दे. प्यार-भरा
प्रेक्षक दे. दर्शक
प्रेक्षागार दे. रंगमंच
प्रेक्षागृह (पुं.)
प्रेक्षागृह दे. रंगमंच
प्रेत (पुं.)
प्रेत दे. भूत
प्रेतलोक दे. पाताल
प्रेतात्मा दे. भूत
प्रेम (पुं.)
प्रेमपात्र दे. प्रिय
प्रेमबाला दे. तितली
प्रेमभाव दे. 1. प्रेम, 2. सौजन्य
प्रेमालिंगन दे. आलिंगन
प्रेमासक्त दे. कामुक
प्रेमिका (स्त्री.)
प्रेमी (पुं.)
प्रेमी दे. यार
प्रेमपात्र दे. कृपापात्र
प्रेमभाजन दे. कृपापात्र
प्रेमोन्मत्त दे. कामुक
प्रेमोन्माद दे. प्रेम
प्रेयसी दे. प्रेमिका

प्रेरणात्मक दे. प्रेरणादायक
प्रेरणादायक (वि.)
प्रेरणादायी दे. प्रेरणादायक
प्रेरणा (स्त्री.)
प्रेरणा देना (क्रिपद)
प्रेरणा देना दे. उकसाना
प्रेरणास्पद दे. प्रेरणादायक
प्रेरित करना दे. 1. उकसाना, 2. प्रेरणा देना
प्रेषक दे. भेजनेवाला
प्रेषण करना दे. भेजना
प्रेषित करना दे. भेजना
प्रेस दे. मुद्रणालय
प्रैक्टिस दे. अभ्यास
प्रैजेंट दे. उपहार
प्रोग्राम दे. कार्यक्रम
प्रोडक्शन दे. उत्पादन
प्रोत्साहक दे. प्रेरणादायक
प्रोत्साहन दे. प्रेरणा
प्रोत्साहन देना दे. प्रेरणा देना
प्रोत्साहित करना दे. 1. उकसाना, 2. प्रेरणा देना
प्रोन्नत दे. उन्नत
प्रोन्नति दे. उन्नति
प्रोफेसर दे. अध्यापक
प्रौढ़ (वि.)
प्रौढ़ दे. वयस्क
प्रौढ़ता (स्त्री.)
प्लांट दे. 1. कारखाना, 2. यंत्र
प्लाट दे. भूखंड
प्लान दे. योजना
प्लेटफार्म दे. 1. चबूतरा, 2. मंच
प्वाइंट दे. बिन्दु
फंड दे. कोश
फंदा दे. 1. उलझन, 2. जाल
फँस जाना दे. उलझना

फँसना दे. घिरना
फँसवाड़ा दे. उलझन
फँसाना (क्रि.)
फँसाना दे. 1. रोकना, 2. लपेटना
फँसावड़ा दे. समस्या
फँसावड़े में आना दे. फेर में आना
फकत दे. 1. अकेला, 2. केवल
फक से दे. तुरन्त
फकीर दे. 1. निर्धन, 2. भिखारी, 3. साधु
फकीरिन दे. तपस्विनी
फकीरी दे. निर्धनता
फक्कड़ दे. मुखर
फख दे. अभियान
फजल दे. कृपा
फजीता दे. दुर्दशा
फजीहत दे. 1. अपमान, 2. दुर्दशा
फजूल दे. 1. अनावश्यक, 2. बेकार
फजूलखर्च दे. अपव्ययी
फजूलखर्ची दे. अपव्यय
फटकना दे. 1. ओसाना, 2. चालना
फटकार दे. 1. डाँट, 2. धिक्कार
फटकारना दे. डाँटना
फट जाना दे. 1. टूटना, 2. भर्राना
फटना (क्रि.)
फटना दे. टूटना
फट से दे. शीघ्र
फटा (वि.)
फटा हुआ दे. विदीर्ण
फटे-पुराने कपड़े दे. गुदड़ी
फटेहाल दे. 1. दुर्दशाग्रस्त, 2. निर्धन
फटेहाली दे. निर्धनता

फड़क दे. धड़कन
फतवा दे. व्यवस्था
फतह दे. 1. जीत, 2. विजय
फतह करना दे. जीतना
फतहयाब दे. विजयी
फतूर दे. झगड़ा
फतूरिया दे. झगड़ालू
फतूरी दे. झगड़ालू
फतूही दे. 1. जैकेट, 2. बंडी
फन दे. 1. कला, 2. कौशल
फनकार दे. कलाकार
फना दे. नष्ट
फन्नी दे. पच्चर
फफकना दे. रोना
फफोला दे. छाला
फबता दे. उपयुक्त
फबती दे. उपहास
फबना दे. जाँचना
फरजी दे. कृत्रिम
फरफंद दे. धूर्तता
फरफंदी दे. धूर्त
फरफर दे. तेजी से
फरमान दे. आज्ञा
फरहरा दे. झंडा
फरागत दे. छुटकारा
फरार (पुं.)
फरार हो जाना दे. भाग जाना
फरिश्ता दे. देवदूत
फरेब दे. धोखा
फरेब करना दे. धोखा देना
फरेबी दे. 1. कपटी, 2. धोखेबाज
फरोख्त दे. बिक्री
फरोख्त करना दे. बेचना
फर्क दे. अंतर
फर्ज दे. 1. कर्तव्य, 2. धर्म
फर्जी दे. नकली
फर्माइश दे. अनुरोध
फर्राटे से दे. 1. जल्दी, 2. तेजी से
फल दे. परिणाम
फलक दे. पक्ष
फलतः दे. फलस्वरूप
फलद दे. फलदार
फलदायक दे. फलदार
फलदायी दे. फलदार
फलदार (वि.)
फलना-फूलना (क्रिपद)
फलना-फूलना दे. पनपना
फलप्रद दे. फलदार
फलभोग दे. कुपरिणाम
फलस्वरूप (योजक)
फलाँ दे. अमुक
फलाँगना दे. कूद जाना
फलाना दे. अमुक
फला-फूला दे. संपन्न
फलोत्पादक दे. 1. गुणकारी, 2. सफल
फसल दे. उपज
फसल काटना दे. लवना
फसली दे. मौसमी
फसाद दे. 1. खलबली, 2. झगड़ा, 3. दंगा
फसादी दे. 1. उपद्रवी, 2. झगड़ालू, 3. दंगई
फसाना दे. कहानी
फाँस दे. दुविधा
फाइन दे. दंड
फाश होना दे. प्रकट होना
फुलवारी दे. बाग
फुलिंग दे. चिंगारी
फुल दे. व्यर्थ
फूँक दे. कश
फूँकताप देना दे. नष्ट कर देना
फूँकना (क्रि.)
फूट दे. मतभेद
फूट जाना दे. टूटना
फूटना दे. जाना
फूटी कौड़ी (स्त्री.)
फूल (पुं.)
फूल उठना दे. प्रसन्न हो उठना
फूलना (क्रि.)
फूलना दे. 1. खिलना, 2. सूजना
फूला हुआ दे. मोटा
फूहड़ दे. 1. अक्खड़, 2. अनाड़ी, 3. अश्लील, 4. असभ्य
फूहड़पन दे. अनाड़ीपन
फेंक देना दे. फेंकना
फेंकना (क्रि.)
फेट दे. उत्सव
फेन (स्त्री.)
फेनयुक्त दे. झागदार
फेनस दे. पेउस
फेनिल दे. झागदार
फेफड़ा (पुं.)
फेर दे. 1. चक्कर, 2. झमेला, 3. भूल-भूलैया
फेरदार दे. चक्करदार
फेरना दे. घुमाना
फेरदार दे. 1. परिवर्तन, 2. फेरफेर
फेर में आना (क्रिपद)
फेरा दे. चक्कर
फेरी दे. 1. चक्कर, 2. दौरा, 3. परिक्रमा
फेरे दे. विवाह
फेल दे. 1. असफल, 2. विफल
फेहरिस्त दे. सूची
फैक्टरी दे. कारखाना
फैल्सूफ दे. अपव्यय
फैलाना (क्रि.)

फैलाव दे. विस्तार
फैला हुआ दे. 1. विस्तृत, 2. व्यापक
फैलाव दे. आकार-प्रकार
फैशनपरस्त दे. छैला
फैशनपरस्ती दे. छैलापन
फैशनबाज दे. छैला
फैशनबाजी दे. छैलापन
फैसला दे. निर्णय
फोकट में दे. मुफ्त में
फोटो दे. चित्र
फोड़ देना दे. तोड़ना
फोड़ना दे. तोड़ना
फोड़ लेना दे. तोड़ लेना
फोता दे. अंडकोश
फौज दे. 1. लाव-लश्कर, 2. सेना
फौजी दे. सैनिक
फौरन दे. 1. जल्दी, 2. तुरंत, 3. शीघ्र
फौरी दे. 1. तात्कालिक, 2. तुरंत
फौलाद दे. इस्पात
बंजर दे. 1. उजाड़, 2. अनुपजाऊ, 3. ऊसर
बंजारा (पुं.)
बँटवारा (पुं.)
बँटाई दे. बँटवारा
बंडल दे. 1. गठरी, 2. पुलिंदा
बंडा दे. पुच्छहीन
बंडी (स्त्री.)
बंद (वि.)
बंद करना (क्रिपद)
बंदगी दे. 1. अभिवादन, 2. नमस्कार, 3. मनुष्यता
बंदनवार (स्त्री.)
बंदर (पुं.)
बंदरगाह (स्त्री.)
बंदरघुड़की दे. 1. घुड़की, 2. धमकी
बंदरबाँट दे. बँटवारा
बंदर-भभकी दे. घुड़की
बंदरिया दे. बंदरी
बंदरी (स्त्री.)
बंद होना (क्रिपद)
बंद होना दे. 1. मुँदना, 2. रुकना
बंदा दे. मनुष्य
बंदापरवर दे. स्वामी
बंदिश दे. 1. प्रतिबंध, 2. रोक-थाम
बंदी (स्त्री.)
बंदी (पुं.)
बंदी दे. 1. चारण 2. निषेध
बंदीखाना दे. कारागार
बंदीगृह दे. 1. कारागार, 2. जेल
बंदी बनाना दे. गिरफ्तार करना
बंदूकची (पुं.)
बंदूकधारी दे. बंदूकची
बंदोबस्त दे. व्यवस्था
बंध दे. बाँध
बंधक दे. अमानत
बंधन दे. जाल
बंधनविहीन दे. खुला
बंधनहीन दे. खुला
बंधनी दे. कोष्ठक
बंधना दे. बाँध
बंधान दे. 1. परंपरा, 2. प्रावधान
बंधाव दे. संलग्नता
बँधा हुआ (वि.)
बंधु दे. 1. भाई, 2. मित्र
बँधुआ दे. दास
बंधुता दे. भाईचारा
बंधुत्व दे. भाईचारा
बंधुपोषण दे. परिवारवाद
बंधु-बांधव दे. भाई-बंधु
बंधुभाव दे. परंपरा
बंधा दे. बाँझ
बंसी दे. बाँसुरी
बक दे. बगुला
बकझक दे. बकबक
बकझक करना दे. 1. बकना, 2. झगड़ना
बकना (क्रि.)
बकबक (स्त्री.)
बकबक करना दे. बकना
बकबकी दे. गप्पी
बकवाद करना दे. बकना
बकवादी (वि.)
बकवादी दे. गप्पी
बकवास दे. बकबक
बकवास करना दे. बकना
बकवास करनेवाला दे. गप्पी
बकवृत्ति दे. पाखंड
बकायदा दे. नियमानुसार
बकाया (पुं.)
बकाया दे. शेष
बकोटना दे. नोचना
बक्कल दे. छाल
बक्की दे. बकवादी
बखान दे. वर्णन
बखार दे. 1. खत्ता, 2. भंडार
बखिया उघेड़ना दे. भंडा फोड़ना
बखिया करना दे. सीना
बखेड़ा दे. 1. उपद्रव, 2. झमेला
बखेड़िया दे. 1. उपद्रवी, 2. झगड़ालू
बख्शना दे. क्षमा करना
बख्शीश (स्त्री.)
बगटुट भागना दे. दुम दबाकर भागना

बगल में (क्रिवि.)
बगल में दे. पड़ोस में
बगलवाला दे. निकट
बगला (पुं.)
बगलाभगत दे. धूर्त
बगलाभगती दे. धूर्तता
बगावत दे. विद्रोह
बगावती दे. विद्रोही
बगिया दे. बाग
बगीचा दे. बाग
बगुला दे. बगला
बगुलाभगत दे. पाखंडी
बगैर दे. बिना
बग्घी (स्त्री.)
बघार लगाना दे. छौंकना
बघारना दे. छौंकना
बचकर निकल जाना दे. कतराना
बचकाना दे. बाल-सुलभ
बचकानापन दे. बचपना
बच निकलना दे. भाग जाना
बचपन (पुं.)
बचपना (पुं.)
बचा-खुचा दे. 1. अतिरिक्त, 2. शेष
बचाना (क्रि.)
बचाना दे. उद्धार करना
बचाव दे. 1. उद्धार, 2. रक्षा, 3. संरक्षण
बचावी दे. रक्षात्मक
बच्चा (पुं.)
बच्चा गिर जाना दे. गर्भपात होना
बच्चा देना दे. जनना
बच्ची (स्त्री.)
बच्चे दे. संतान
बछड़ा (पुं.)

बजबजाना दे. सड़ना
बजरा दे. नाव
बजा दे. उचित
बजाज दे. वस्त्र-विक्रेता
बजाना (क्रि.)
बजा लाना दे. पालना
बझना दे. उलझना
बटन (पुं.)
बटना दे. उबटन
बटमार दे. चोर
बटमारी दे. चोरी
बटु दे. लड़का
बटुक दे. 1. बच्चा, 2. लड़का
बटेरी दे. प्रदर्शनी
बटोरन दे. कूड़ा
बटोरना (क्रि.)
बटोरना दे. इकट्ठा करना
बटोही दे. यात्री
बट्टा दे. 1. कलंक, 2. दलाली
बड़ दे. डींग
बड़क दे. डींग
बड़प्पन दे. 1. महत्त्व, 2. श्रेष्ठता
बड़बड़ दे. बड़बड़
बड़बड़ाना दे. झुँझलाना
बड़बड़ाहट दे. झुँझलाहट
बड़बड़िया दे. 1. बकवादी, 2. बातूनी
बड़बोला दे. 1. अक्खड़, 2. बातूनी, 3. मुखर
बड़भागी दे. भाग्यवान
बड़ हाँकना दे. डींग हाँकना
बड़हार दे. भोज
बड़ा (वि.)
बड़ा दे. महान
बड़ाई दे. 1. प्रशंसा, 2. महत्त्व, 3. श्रेष्ठता

बड़ा घर दे. कारागार
बड़ा बोल दे. डींग
बड़े दिलवाला दे. उदार
बढ़ई (पुं.)
बढ़ई का काम दे. बढ़ईगीरी
बढ़ईगीरी (स्त्री.)
बढ़ता हुआ (वि.)
बढ़ती दे. वृद्धि
बढ़ना दे. 1. पनपना, 2. फलना-फूलना, 3. हटना
बढ़ने न देना दे. रोकना
चढ़ा-बढ़ा दे. उत्तम
बढ़ा-चढ़ाकर कहना दे. अतिरंजन करना
बढ़ाना (क्रि.)
बढ़ाव दे. वृद्धि
बढ़ावा दे. प्रेरणा
बढ़ावा देना दे. 1. उकसाना, 2. प्रेरणा देना
बढ़ावा देनेवाला दे. स्फूर्तिप्रद
बढ़िया दे. 1. अच्छा, 2. उत्तम, 3. श्रेष्ठ
बढ़िया-घटिया दे. खरा-खोटा
बढ़ोत्तरी दे. वृद्धि
बतकही दे. बातचीत
बतक्कड़ दे. बातूनी
बतलाना (क्रि.)
बतलाना दे. कहना
बताना दे. 1. अवगत कराना, 2. कहना
बत्ती दे. दीया
बत्ती जलाना दे. जलाना
बत्तीसी निकालना दे. हँसना
बद दे. बुरा
बदअमनी दे. अँधेर
बदइंतजामी दे. कुव्यवस्था

बदकार दे. 1. व्यभिचारिणी, 2. व्यभिचारी
बदकारी दे. 1. वेश्यावृत्ति, 2. व्यभिचार
बदकिस्मत दे. 1. अभागा, 2. भाग्यहीन
बदकिस्मती दे. दुर्भाग्य
बदचलन दे. 1. कुकर्मी, 2. दुश्चरित्र, 3. व्यभिचारिणी, 4. व्यभिचारी
बदचलनी दे. 1. कुकर्म, 2. व्यभिचार

बदज़बान (वि.)

बदजबान दे. कलजिब्भा
बदजात दे. 1. कमीना, 2. दुष्ट
बदजाती दे. कमीनापन
बदतमीज दे. 1. अक्खड़, 2. अशिष्ट, 3. धृष्ट
बदतमीजी दे. 1. अशिष्टता, 2. धृष्टता
बदतर दे. बुरा
बदन दे. 1. काया, 2. मुँह, 3. शरीर
बदनसीब दे. अभागा
बदनसीबी दे. दुर्भाग्य

बदनाम (वि.)

बदनाम दे. 1. कलंकित, 2. कुख्यात

बदनामी (स्त्री.)

बदनामी दे. अपयश
बदनिगाह दे. नजर
बदनीयत दे. बेईमान
बदनीयती दे. दुर्भावना
बदपरहेज दे. असंयमी
बदपरहेजी दे. असंयम
बदबू दे. दुर्गन्ध

बदबूदार (वि.)

बदबू देना दे. महकना
बदमाश दे. 1. गंडा, 2. चरित्रहीन, 3. दुश्चरित्र, 4. दुष्ट, 5. व्यभिचारी
बदमाशी दे. 1. गुंडई, 2. दुष्टता
बदमिजाज दे. 1. चिड़चिड़, 2. तेजतर्रार
बदमिजाजी दे. चिड़चिड़ापन
बदरंग दे. विवर्ण
बदरा दे. बादल

बदलना (क्रि.)

बदलने योग्य दे. परिवर्तनीय
बदलनेवाला दे. परिवर्तनशील

बदला (पुं.)

बदलाव दे. परिवर्तन
बदला हुआ दे. परिवर्तित
बदली दे. 1. बादल, 2. परिवर्तन, 3. स्थानान्तरण
बदली करना दे. बदलना
बदलौअल दे. परिवर्तन
बदलौअल करना दे. बदलना
बदशक्ल दे. भद्दा
बदसुलूकी दे. दुर्व्यवहार
बदसूरत दे. भद्दा
बदस्तूर दे. यथारीति
बदहजमी दे. अपच
बदहवास दे. किंकर्तव्यविमूढ़
बदहवासी दे. किंकर्तव्यविमूढ़ता
बदाबदी दे. प्रतिद्वंद्विता
बदी दे. 1. कुकर्म, 2. बुराई
बददुआ दे. शाप
बद्ध दे. बँधा हुआ
बद्धपरिकर दे. तैयार
बद्धी दे. बधिया

बधाई (स्त्री.)

बधाई दे. शुभकामना
बधावा दे. उपहार

बधिया (वि.)

बधिर दे. बहिरा
बधिरता दे. बहिरापन
बनना दे. 1. निभना, 2. पकना
बनना-ठनना दे. सजना
बन-बैठना दे. सिंगार करना
बनमाली दे. कृष्ण
बना-ठना दे. 1. छैला, 2. सजा-धजा

बनाना (क्रि.)

बनाना दे. 1. उपहास करना, 2. पकाना
बनानेवाला दे. 1. निर्माता, 2. विधाता

बना-बनाया (वि.)

बनाया हुआ दे. निर्मित

बनावट (स्त्री.)

बनावटी दे. 1. कृत्रिम, 2. दिखावटी, 3. नकली
बनाव-सिंगार दे. सजावट
बनाव-सिंगार करना दे. सिंगार करना
बनिया दे. व्यापारी

बनियान (स्त्री.)

बनैला दे. जंगली
बन्ना दे. दुल्हा
बन्नी दे. दुल्हिन
बपौती दे. उत्तराधिकार
बफारा दे. भाप
बबूला दे. बुलबुला
बमकना दे. डींग हाँकना
बमचख दे. झगड़ा

बमपुलिस (पुं.)

बमबार दे. बमवर्षक

बमबारी (स्त्री.)
बमवर्षक (पुं.)
बमवर्षा दे. गोलाबारी
बयान दे. 1. वक्तव्य, 2. वर्णन
बयान करना दे. कहना
बयान से बाहर दे. अकथनीय
बयाना (पुं.)
बयार दे. 1. वायु, 2. समीर
बरकत दे. अधिकता
बरछा (पुं.)
बरछा दे. भाला
बरजना दे. निषेध करना
बरजोर दे. उत्पीड़क
बरजोरी दे. उत्पीड़न
बरतन (पुं.)
बरतना (क्रि.)
बरतनेवाला दे. भोगी
बरताव दे. व्यवहार
बरपटे करना दे. निपटाना
बरबस दे. जबरदस्ती
बरस दे. वर्ष
बरसगाँठ दे. जन्मगाँठ
बरसना (क्रि.)
बरसना दे. बौखलाना
बरसात (स्त्री.)
बरसात दे. 1. पावस, 2. वर्षा
बरसात होना दे. बरसना
बरसी दे. पुण्यतिथि
बराए नाम दे. कण
बरात दे. बारात
बराती दे. लड़केवाला
बराना दे. चुनना
बराबर दे. 1. प्रायः, 2. लगातार, 3. समकक्ष, 4. समतल, 5. समान
बराबर में दे. साथ-साथ
बराबरी दे. 1. संतुलित, 2. समानता
बराबरी करना दे. सामना करना
बराबरी का दे. 1. कड़ा, 2. समकक्ष
बरामद करना दे. कुर्क करना
बरी दे. मुक्त
बरी करना दे. 1. छोड़ देना, 2. रिहा करना
बरौनी (स्त्री.)
बर्खास्त दे. 1. त्यक्त, 2. पदच्युत, 3. परित्यक्त
बर्खास्त करना दे. 1. निकाल देना, 2. पदच्युत करना
बर्खास्तगी दे. पदच्युति
बर्थ-कंट्रोल दे. संतति-निग्रह
बर्थडे दे. जन्मगाँठ
बर्दाश्त दे. सहनशीलता
बर्दाश्त करना दे. सहना
बर्दाश्त करने योग्य दे. सह्य
बर्दाश्त करनेवाला दे. सहनशील
बर्दाश्त के बाहर दे. असह्य
बर्फानी दे. बर्फीला
बर्फीला (वि.)
बर्बर (वि.)
बर्बर दे. 1. जंगली, 2. निर्दय
बर्बरता (स्त्री.)
बर्बरता दे. निर्दयता
बर्बतापूर्वक दे. निर्दयतापूर्वक
बर्बाद दे. नष्ट
बर्बाद होना दे. ध्वस्त होना
बर्बादी दे. नाश
बर्रे (पुं.)
बल (पुं.)
बल दे. 1. ऐंठन, 2. झुर्री, 3. पहलू, 4. शक्ति
बलकना दे. खदबदाना
बल खाना दे. कफ
बलना दे. जलना
बलप्रयोक्ता दे. उत्पीड़क
बलप्रयोग (पुं.)
बलप्रयोग दे. 1. उत्पीड़न, 2. दमन
बलप्रयोग द्वारा दे. जबरदस्ती
बलबूता दे. 1. बल, 2. शक्ति
बलम दे. पति
बलवई दे. 1. उपद्रवी, 2. दंगई, 3. विद्रोही
बलवा दे. 1. दंगा, 2. विद्रोह
बलवाकारी दे. विद्रोही
बलवान (वि.)
बलवान दे. शक्तिशाली
बलशाली दे. शक्तिशाली
बलहीन दे. दुर्बल
बला दे. 1. आपद, 2. विपत्ति
बलाघात दे. बल
बलात् दे. जबरदस्ती
बलात् ले जाना दे. अपहरण करना
बलात्कार (पुं.)
बलात्कार दे. उत्पीड़न
बलात्कार करना (क्रिपद)
बलात्कारी दे. उत्पीड़क
बलि (पुं.)
बलि दे. बलिदान
बलिदान (पुं.)
बलिदानी दे. शहीद
बलि देना (क्रिपद)
बलिष्ठ (वि.)
बलिष्ठ दे. 1. तगड़ा, 2. बलवान
बली दे. 1. बलवान, 2. शक्तिशाली

बल्कि (योजक)
बल्लम दे. 1. बरछा, 2. भाला
बल्ली दे. धरन
बवंडर दे. आँधी
बवाल दे. 1. झमेला, 2. दंगा
बवाली दे. दंगई
बवेला दे. 1. खलबली, 2. झमेला
बशर्ते कि (योजक)
बसंतर दे. आग
बसंती दे. पीला
बस दे. केवल
बस का दे. नियंत्रित
बस के बाहर दे. अनियंत्रित
बसाना दे. महकना
बसा हुआ दे. आबाद
बसियाना दे. सड़ना
बहकाना (क्रि.)
बहन (स्त्री.)
बहरा (वि.)
बहरापन (पुं.)
बहाना (क्रि.)
बहानेबाज (स्त्री.)
बहानेबाजी (स्त्री.)
बहाल करना (क्रिपद)
बहिष्कार (पुं.)
बहिष्कृत दे. 1. त्यक्त, 2. परित्यक्त
बहुत (वि. पुं.)
बहुभोजी दे. पेटू
बहुरूपियापन दे. छद्मवेश
बहू (स्त्री.)
बाँका (वि.)
बाँझ (वि.)
बाँटना (क्रि.)
बाँध (पुं.)
बाँधना (क्रि.)
बाँसुरी (स्त्री.)
बाँह (स्त्री.)
बाग (पुं.)
बाग दे. लगाम
बागडोर दे. लगाम
बागी दे. विद्रोही
बाघ दे. शेर
बाघ का बच्चा दे. सिंह शावक
बाज आना (क्रिपद)
बाजार (पुं.)
बाजारबंदी दे. हड़ताल
बाजारू औरत दे. वेश्या
बाजी दे. शर्त
बाजीगर (पुं.)
बाजीगर दे. नट
बाजीगरी (स्त्री.)
बाजू दे. 1. पहलू 2. बाँह
बाजूबंद (पुं.)
बाट जोहना दे. प्रतीक्षा करना
बाट देखना दे. प्रतीक्षा करना
बाटी दे. रोटी
बाड़ा दे. प्रांगण
बाड़ी दे. काठी
बाढ़ (स्त्री.)
बाण दे. तीर
बात करना (क्रिपद)
बात-चीत (स्त्री.)
बात-चीत करना (क्रिपद)
बात बदल देना दे. मुकरना
बातूनी (वि.)
बातूनी दे. गप्पी
बाथरूम दे. स्नानागार
बाथरूम जाना दे. मूतना
बाद का दे. पिछला
बाद को दे. पीछे
बाद में दे. 1. आगे, 2. तत्पश्चात, 3. पीछे, 4. फिर
बादल (पुं.)
बादलों से छाया हुआ दे. मेघाच्छन्न
बादलों से ढका हुआ दे. मेघाच्छन्न
बादवाला दे. 1. अगला, 2. आनेवाला, 3. पिछला
बादशाह दे. राजा
बादशाहत दे. राज्य
बादशाही दे. 1. राजसी, 2. राज्य
बादामी दे. भूरा
बाधक (वि.)
बाधा (स्त्री.)
बाधा दे. 1. परेशानी, 2. प्रतिरोध, 3. विघ्न
बाधा खड़ी करना दे. बाधा डालना
बाधा डालना (क्रिपद)
बाधा डालना दे. हस्तक्षेप करना
बाधाहीन (वि.)
बाध्य कर देना (क्रिपद)
बाध्यता दे. 1. गतिरोध, 2. विवशता
बाध्य होकर दे. विवश होकर
बान दे. आदत
बानक दे. परिवेश
बानगी दे. नमूना
बान पड़ना दे. आदत पड़ना
बाना दे. 1. खोलना, 2. पोशाक
बानैत दे. तीरंदाज
बाप दे. पिता
बाप-दादा दे. पूर्वज
बाप-दादा का दे. पैतृक
बाप-महतारी दे. माता-पिता

बापुरो दे. असहाय
बापू दे. पिता
बाबत दे. विषय में
बाबा दे. दादा
बाबुल दे. पिता
बाबू दे. 1. पिता, 2. लिपिक
बायकाट दे. बहिष्कार
बायन दे. उपहार
बायस दे. कौआ
बायाँ (वि.)
बारंबार दे. बार-बार
बार (स्त्री.)
बार दे. बारी
बारजा (पुं.)
बारबरदारी दे. भाड़ा
बार-बार (क्रिवि.)
बार-बार दे. पुनःपुनः
बारात (स्त्री.)
बारहबाट दे. नष्ट
बारिश दे. वर्षा
बारी (स्त्री.)
बारी दे. क्रम
बारीक दे. 1. तीखा, 2. महीन, 3. सूक्ष्म
बारीकी दे. सूक्ष्मता
बारूद (पुं.)
बारे में (क्रिवि.)
बारे में दे. विषय में
बाल (पुं.)
बाल दे. 1. बच्चा, 2. लड़का
बालक दे. 1. बच्चा, 2. लड़का
बालकपन दे. बचपन
बालकाल दे. बचपन
बालगोपाल दे. 1. बाल-बच्चे, 2. संतान
बालचर दे. स्काउट

बालना दे. जलाना
बालपेन दे. कलम
बाल-बच्चे (पुं. बहु.)
बालब्रह्मचारिणी दे. अविवाहिता
बालब्रह्मचारी दे. अविवाहित
बालम दे. पति
बालवृंद दे. बाल-बच्चे
बालसुलभ (वि.)
बाला दे. 1. किशोरी, 2. बच्ची, 3. लड़की
बालानशीन दे. उत्तम
बालापन दे. बचपन
बालावस्था दे. बचपन
बालिका दे. 1. बच्ची, 2. लड़की
बालिग दे. 1. प्रौढ़, 2. वयस्क
बालिश्त दे. बित्ता
बालिश्य दे. दुर्बलता
बाली उम्र दे. जवानी
बालुका दे. रेत
बालुकामय दे. रेतीला
बालू दे. रेत
बालोचित दे. बाल-सुलभ
बाल्य दे. बाल-सुलभ
बाल्यकाल दे. बचपन
बाल्यावस्था दे. बचपन
बावरची दे. रसोइया
बावरचीखाना दे. रसोईघर
बावरा दे. पागल
बावला दे. पागल
बावेला दे. शोर
बाशिंदा दे. निवासी
बास दे. गंध
बासीमुँह (क्रिवि.)
बासी हो जाना दे. बुसना
बाहर (क्रिवि.)
बाहर करना दे. निकाल देना

बाहरी (वि.)
बाहरी दे. 1. अजनबी, 2. अतिरिक्त
बाहु दे. बाँह
बाहुपाश दे. आलिंगन
बाहुल्य दे. अधिकता
बाहों में कस लेना दे. आलिंगन करना
बाहों में भर लेना दे. गले लगना
बाह्य दे. बाहरी
बिन्दी (स्त्री.)
बिंदी दे. 1. विंदु, 2. शून्य
बिंधना दे. छिदना
बिंधा हुआ दे. विद्ध
बिंब दे. चित्र
बिकसना दे. खिलना
बिक्री (स्त्री.)
बिक्री करना दे. बेचना
बिखरना (क्रि.)
बिखरना दे. छलकना
बिखराव (पुं.)
बिखरा हुआ दे. अव्यवस्थित
बिखेरना (क्रि.)
बिगड़ना (क्रि.)
बिगड़ना दे. डाँटना
बिगड़ी दे. दुर्दशा
बिगड़ैल दे. क्रोधी
बिगाड़ना (क्रि.)
बिगुल (पुं.)
बिगुल दे. सीटी
बिचला (वि.)
बिचला दे. अंतरिम
बिचवई दे. 1. पंच, 2. मध्यस्थता
बिचौलिया दे. पंच
बिछावन दे. बिस्तर

बिछुड़ना (क्रि.)
बिछुड़ा हुआ दे. परित्यक्त
बिछोड़ा दे. वियोग
बिछोह दे. बिस्तर
बिजली (स्त्री.)
बिजूखा दे. हौआ
बिटिया दे. पुत्री
बिताना (क्रि.)
बिताना दे. गुजारना
बित्ता (पुं.)
बित्ता दे. सामर्थ्य
बिदकना दे. 1. डरना, 2. भड़कना
बिध दे. मेल
बिधना दे. 1. ब्रह्मा, 2. भाग्य
बिध बैठना दे. मेल खाना
बिनकहा दे. अकथित
बिनन दे. बुनावट
बिनना दे. 1. चुनना, 2. साफ करना
बिनबुलाया दे. अनाहूत
बिनब्याहा दे. अविवाहित
बिनब्याही दे. अविवाहिता
बिनमाँगा दे. अविच्छिन्न
बिना (क्रिवि.)
बिना उद्योग के दे. अनायास
बिना आँख झपके दे. अपलक
बिना कठिनाई के दे. अनायास
बिना चमक का दे. निस्तेज
बिना तैयारी का दे. अनुद्यत
बिना पलक गिराए दे. अपलक
बिना पैसे का दे. मुफ्त
बिना प्रयत्न के दे. अनायास
बिना बतलाए दे. चुपचाप
बिना मतलब दे. अकारण
बिना विचारे दे. अंधाधुंध
बिना शब्द किए दे. चुपचाप

बिपता दे. विपत्ति
बिफरना दे. क्रुद्ध होना
बिया दे. बीज
बियाबान दे. एकांत
बिरंचि दे. ब्रह्मा
बिरवा दे. पौधा
बिराजना दे. बैठना
बिराजमान होना दे. बैठना
बिरादरी दे. कुल
बिल दे. छेद
बिलखना दे. रोना
बिलगाना दे. अलगाना
बिलगाव दे. अलगाव
बिलट जाना दे. 1. नष्ट हो जाना, 2. बिगड़ना
बिलफर्ज दे. मानो
बिलोना दे. मंथन करना
बिल्कुल (क्रिवि.)
बिल्कुल नहीं (क्रिवि.)
बिल्ली (स्त्री.)
बिसर जाना दे. भूलना
बिसात दे. सामर्थ्य
बिसायंध दे. दुर्गन्ध
बिस्तर (पुं.)
बिस्तर से उठना दे. जागना
बिस्मिल्ला दे. आरंभ
बींधना दे. 1. घुसेड़ना, 2. छेदना
बीच (पुं.)
बीचधारा दे. मँझधार
बीच-बचाव दे. मध्यस्थता
बीच-बीच में दे. कभी-कभी
बीच में बोलना दे. बात काटना
बीचवाला दे. बिचला
बीचोंबीच (क्रिवि.)
बीज (पुं.)
बीजारोपण दे. आरंभ

बीड़ा (पुं.)
बीड़ा दे. गिलौरी
बीतना (क्रि.)
बीता वक्त दे. भूत
बीता समय दे. भूत
बीता हुआ दे. 1. कालातीत, 2. गत, 3. पिछला, 4. विगत, 5. व्यतीत
बीनाई दे. दृष्टि
बीवी दे. 1. पत्नी, 2. स्त्री.
बीवी का चाकर दे. पत्नीव्रती
बीभत्स दे. घृणित
बीमार (वि.)
बीमार दे. अस्वस्थ
बीमारी दे. रोग
बीसी दे. कौड़ी
बीहड़ दे. कठिन
बुंदकी दे. बिंदी
बुंदकीदार दे. चितकबरा
बुकचा दे. गठरी
बुकनी दे. चूर्ण
बुखार दे. 1. ज्वर, 2. तापमान
बुजदिल दे. 1. कायर, 2. डरपोक
बुजदिली दे. 1. कायरता, 2. डरपोकपन
बुजुर्ग दे. बूढ़ा
बुझाना (क्रि.)
बुझा हुआ दे. 1. निस्तेज, 2. हतप्रभ
बुझौअल दे. पहेली
बुड़बक दे. मूर्ख
बुड़भस दे. बुढ़ापा
बुड्ढी दे. बूढ़ा
बुढ़ापा (पुं.)
बुढ़ौती दे. बुढ़ापा
बुत दे. मूर्ति

बुतपरस्त दे. मूर्तिपूजक
बुतपरस्ती दे. मूर्तिपूजा
बुतशिकन दे. मूर्तिभंजक
बुताना दे. बुझाना
बुताम दे. बटन
बुत्ता दे. धोखा
बुदबुदाना दे. 1. खदबदाना, 2. झुँझलाना
बुदबुदाहट दे. झुँझलाहट
बुद्धि (स्त्री.)
बुद्धिकौशल दे. बुद्धि
बुद्धिगम्य दे. स्पष्ट
बुद्धिजीवी (पुं.)
बुद्धिबल दे. बुद्धि
बुद्धिमत्ता (स्त्री.)
बुद्धिमान (वि.)
बुद्धिमान दे. 1. चतुर, 2. विचारशील
बुद्धिमानी दे. बुद्धिमत्ता
बुद्धिवादी दे. बुद्धिजीवी
बुद्धिविहीन दे. बुद्धिहीन
बुद्धिशील दे. कुशाग्रबुद्धि
बुद्धिहीन (वि.)
बुद्धिहीन दे. 1. मूर्ख, 2. विचारहीन
बुद्धू दे. बुद्धिहीन
बुनकर (पुं.)
बुनाई दे. बुनावट
बुनावट (पुं.)
बुनाई दे. बुनावट
बुनावट (स्त्री.)
बुनियाद दे. आधार
बुनियादी दे. 1. आधारभूत, 2. मौलिक
बुभुक्षा दे. भूख
बुभुक्षावर्धक दे. क्षुधावर्धक
बुभुक्षित दे. भूखा
बुर दे. भग
बुरा (वि.)
बुरा दे. 1. अनैतिक, 2. कमीना, 3. खराब, 4. घातक, 5. दयनीय, 6.दूषित
बुराई (स्त्री.)
बुराई दे. 1. कुकर्म, 2. खराबी, 3. दोष, 4. निंदा
बुराई करना दे. निन्दा करना
बुरा काम दे. अपकर्म
बुरा जमाना दे. कुसमय
बुरा नतीजा दे. कुपरिणाम
बुरा बरताव दे. अशिष्टता
बुरा-भला (पुं.)
बुरा-भला कहना दे. डाँटना
बुरा लगना दे. अखरना
बुरा वक्त दे. कुसमय
बुरी नजर दे. नजर
बुरा समय दे. आपात्काल
बुरी संगत दे. कुसंगति
बुरे से बुरा दे. नीचतम
बुरी सोहबत दे. कुसंगति
बुर्ज दे. मीनार
बुलंद दे. ऊँचा
बुलंदी दे. ऊँचाई
बुलबुला (पुं.)
बुलाना (क्रि.)
बुलाना दे. 1. न्योता देना, 2. पुकारना
बुला भेजना दे. बुलाना
बुलावा दे. निमंत्रण
बुलावा भेजना दे. बुलाना
बुलाहट दे. निमंत्रण
बुलेटिन दे. विज्ञप्ति
बुल्ला दे. बुलबुला
बुसना (क्रि.)
बुसाना दे. महकना
बुहारन दे. कूड़ा
बुहारना दे. 1. झाड़ू देना, 2. साफ करना
बुहारिन दे. कूड़ा
बुहारी दे. झाड़ू
बूँद (स्त्री.)
बूँदाबाँदी (स्त्री.)
बू दे. गंध
बूकना दे. पीसना
बूचड़ दे. कसाई
बूचड़खाना दे. कसाईखाना
बूचा दे. 1. कनकटा, 2. विकलांग
बूझना दे. जानना
बूट दे. जूता
बूटा दे. पौधा
बूढ़ा (वि. पुं.)
बूता दे. बल
बू-बास दे. गुण
बृहत् दे. बड़ा
बृहत्काय दे. भारी-भरकम
बेंट दे. हत्था
बेंत दे. छड़ी
बेंत लगाना दे. मारना
बेअंत दे. अत्यधिक
बेअक्ली दे. मूर्ख
बेअदब दे. 1. अशिष्ट, 2. धृष्ट
बेअदबी दे. 1. अशिष्टता, 2. धृष्टता
बेआब दे. निस्तेज
बेआबरू दे. अपमानित
बेआबरू करना दे. अपमान करना
बेइंतहा दे. अनगिनत

बेइंसाफ दे. अन्यायी
बेइंसाफी दे. अन्याय
बेइज्जत दे. अपमानित
बेइज्जत करना दे. अपमान करना
बेइज्जती दे. 1. अपमान, 2. बदनामी
बेइज्जती करना दे. अपमान करना
बेईमान (वि.)
बेईमान दे. 1. छली, 2. धोखेबाज
बेईमानी (स्त्री.)
बेईमानी दे. गबन
बेईमानी करना दे. छलना
बेउसूल दे. 1. चरित्रहीन, 2. सिद्धांतहीन
बेएतबार दे. अविश्वसनीय
बेएतबारी दे. अविश्वास
बेऐब दे. 1. निर्दोष, 2. निष्कलंक
बेऔलाद दे. 1. निस्संतान, 2. बाँझ
बेकद्री दे. अपमान
बेकमाया दे. अनर्जित
बेकरार दे. 1. उतावला, 2. उद्विग्न, 3. चिंतित, 4. विकल
बेकरारी दे. 1. उतावली, 2. विकलता
बेकल दे. उद्विग्न
बेकस दे. 1. असहाय, 2. विवश
बेकसी दे. विवशता
बेकसूर दे. 1. निरपराध, 2. निर्दोष
बेकहा दे. अवज्ञाकारी
बेकाबू दे. अनियंत्रित
बेकाम दे. बेकार
बेकायदा दे. अनियंत्रित
बेकायदगी दे. अनियमितता
बेकार (वि., क्रि. वि.)
बेकार दे. 1. अतिरिक्त, 2. अनावश्यक, 3. अनुपयोगी, 4. असार, 5. घटिया, 6. फालतू, 7. व्यर्थ
बेकारी (स्त्री.)
बेकारी दे. निकम्मापन
बेखटके दे. धड़ल्ले में
बेखबर दे. 1. अचेत, 2. असावधान
बेखबरी दे. असावधान
बेखौफ दे. धड़ल्ले से
बेगम दे. रानी
बेगाना दे. पराया
बेगार दे. परिश्रम
बेगुनाह दे. निर्दोष
बेगैरत दे. निर्लज्ज
बेघर (वि.)
बेचना (क्रि.)
बेचारगी दे. विवशता
बेचारा दे. 1. असहाय, 2. निरीह, 3. विवश
बेचैन दे. 1. अशांत, 2. उतावला, 3. उद्विग्न, 4. चिंतित, 5. विकल
बेचैन होना दे. 1. अकुलाना, 2. तरसना
बेचैनी दे. 1. चिंता, 2. विकलता
बेजबान दे. गूँगा
बेजा दे. 1. अनुचित, 2. असत्य
बेजान दे. 1. निर्जीव, 2. बेदम, 3. मृत
बेजाबता दे. अनियमित
बेजार दे. ऊबा हुआ
बेजोड़ दे. अद्वितीय
बेटा दे. पुत्र
बेटा बनाना दे. दत्तक लेना
बेटी दे. पुत्री
बेठन दे. आवरण
बेठिकाने (क्रिवि.)
बेठीक दे. अनुपयुक्त
बेड़ी (स्त्री.)
बेड़े (क्रिवि.)
बेड़े बल दे. बेड़े
बेडौल (वि.)
बेडौल दे. 1. भद्दा, 2. विचित्र
बेडौलपन दे. विचित्रता
बेढंगा दे. 1. अनाड़ी, 2. अनुचित, 3. बेढब, 4. विचित्र
बेढंगापन दे. 1. अनाड़ीपन, 2. विचित्रता
बेढका दे. खुला
बेढब (वि.)
बेढब दे. 1. अनाड़ी, 2. विचित्र
बेढबपन दे. विचित्रता
बेतकल्लुफ दे. अनौपचारिक
बेतकल्लुफी दे. अनौपचारिकता
बेतरतीब दे. अव्यवस्थित
बेतरतीबी दे. 1. अव्यवस्था, 2. कुव्यवस्था
बेतरह दे. अत्यधिक
बेतरीके दे. अव्यवस्थित रूप से
बेतहाशा दे. 1. उतावला, 2. चिन्तित
बेताबी दे. 1. उतावली, 2. विकलता
बेतुका दे. 1. अंडबंड, 2. अनुचित, 3. अर्थहीन, 4. उपहासास्पद, 5. ऊटपटाँग, 6. बेकार

बेतुकापन दे. 1. अनौचित्य, 2. अर्थहीनता
बेदम (वि.)
बेदम दे. 1. अशक्त, 2. असार, 3. निर्जीव, 4. मृत
बेदर्द दे. निर्दय
बेदर्दी से दे. निर्दयतापूर्वक
बेदाग दे. 1. निर्दोष, 2. निष्कलंक
बेदिल दे. निर्दय
बेदिलचस्प दे. अरुचिकर
बेदिली से दे. अनिच्छापूर्वक
बेदुम दे. 1. दुमकटा, 2. पुच्छहीन
बेधंधी दे. बेकार
बेधड़क दे. 1. दबंग, 2. निडर, 3. धड़ल्ले से, 4. साहसी
बेधना दे. छेदना
बेधा जाना दे. छिदना
बेधार दे. भोथरा
बेधुला दे. गंदा
बेनजीर दे. अभूतपूर्व
बेनागा दे. नित्य
बेनाम दे. अनाम
बेपंखुड़ी दे. पत्रहीन
बेपढ़ा दे. 1. अनपढ़, 2. अशिक्षित
बेपढ़ा-लिखा दे. निरक्षर
बेपनाह दे. असहाय
बेपर की उड़ान दे. गप हाँकना
बेपरद दे. नंगा
बेपरवाह दे. असावधान
बेपरवाही दे. असावधानी
बेपरवाही बरतना दे. उपेक्षा करना
बेपैंदी का लोटा दे. अस्थिर
बेपैर (वि.)
बेफायदा दे. 1. अनावश्यक, 2. बेकार
बेफिकरा दे. निश्चिंत
बेफिक्री दे. निश्चिंतता
बेबस दे. 1. असहाय, 2. विवश
बेबाक दे. चुकता
बेबुनियाद दे. 1. काल्पनिक, 2. निराधार
बेमकसद दे. उद्देश्यहीन
बेमजा दे. नीरस
बेमतलब दे. 1. अकारण, 2. अनावश्यक, 3. अर्थहीन, 4. झूठमूठ, 5. निष्प्रयोजन
बेमन से दे. अनिच्छापूर्वक
बेमर्जी दे. अनिच्छा
बेमसरफ दे. 1. अनुपयोगी, 2. बेकार
बेमानी दे. 1. अर्थहीन, 2. बेकार
बेमिलावट दे. शुद्धता
बेमिसाल दे. अद्वितीय
बेमुरौवती दे. उपेक्षा
बेमेल दे. 1. अनुचित, 2. असंगत, 3. असमान
बेमौका दे. अनवसर
बेमौके दे. असमय
बेमौके का दे. असामयिक
बेरंग दे. 1. निस्तेज, 2. वर्णहीन
बेरहम दे. निर्दय
बेरहमी दे. निर्दयता
बेरहमी से दे. निर्दयतापूर्वक
बेरुखी दे. 1. उपेक्षा, 2. रुखाई
बेरुखी दिखाना दे. उपेक्षा करना
बेरोक दे. 1. अनियंत्रित, 2. अबाध
बेरोजगार दे. बेकार
बेरोजगारी दे. बेकारी
बेरौनक दे. निस्तेज
बेल दे. 1. जमानत, 2. लता
बेलगाम दे. अनियंत्रित
बेलाग दे. 1. ईमानदार, 2. तटस्थ, 3. स्पष्टवादी, 4. स्वच्छ
बेलिहाज दे. अवज्ञाकारी
बेली दे. मित्र
बेलौस दे. निस्वार्थ
बेवकूफ दे. मूर्ख
बेवकूफी दे. मूर्खता
बेवक्त दे. 1. अनवसर, 2. असमय
बेवजह दे. 1. अकारण, 2. निष्प्रयोजन
बेवफा दे. विश्वासघाती
बेवफाई दे. विश्वासघात
बेवा दे. विधवा
बेशऊर दे. अनाड़ी
बेशउरी दे. अनाड़ीपन
बेशक दे. 1. निस्संदेह, 2. वास्तव में
बेशकीमती दे. 1. अमूल्य, 2. मूल्यवान
बेशक्ल दे. निराधार
बेशर्म दे. निर्लज्ज
बेशर्मी दे. निर्लज्जता
बेशी दे. अधिक
बेशुमार दे. 1. अत्यधिक, 2. अनगिनत
बेसब्र दे. उतावला
बेसब्री दे. 1. असंतोष, 2. उतावली
बेसमझ दे. 1. अनजान, 2. मूर्ख
बेसलीका दे. अनाड़ी
बेसहारा (पुं.)
बेसहारा दे. असहाय

बेसाख्ता दे. आप से आप
बेसिर पैर का दे. 1. अनुचित, 2. अर्थहीन, 3. ऊटपटाँग
बेसुध दे. 1. अचेत, 2. असावधान, 3. नशे में चूर, 4. मूर्छित
बेसुधी दे. 1. अचेतनता, 2. असावधानता
बेसुरा (वि.)
बेस्वाद दे. नीरस
बेहतर दे. अच्छा
बेहतर बनाना दे. सुधारना
बेहतरी दे. अच्छाई
बेहतरीन दे. 1. उत्तम, 2. सर्वोत्कृष्ट
बेहथियार दे. निरस्त्र
बेहद दे. 1. अत्यधिक, 2. अनन्त, 3. अनगिनत, 4. असीम
बेहया दे. निर्लज्ज
बेहयाई दे. निर्लज्जता
बेहाल दे. 1. उद्विग्न, 2. दुखी
बेहिचक दे. धड़ल्ले से
बेहिसाब दे. 1. अत्यधिक, 2. अनगिनत
बेहुनर दे. 1. अकुशल, 2. अनाड़ी
बेहूदगी दे. दुष्कर्म
बेहूदा दे. 1. अनुचित, 2. अर्थहीन, 3. अश्लील, 4. उपहास्पद
बेहूदापन दे. 1. अनौचित्य, 2. अर्थहीनता
बेहोश दे. 1. अचेत, 2. मूर्छित
बेहोशी दे. 1. अचेतनता, 2. मिर्गी, 3. मूर्च्छा
बैगनी (वि.)
बैकुंठ दे. स्वर्ग
बैकुंठ सिधारना दे. मरना
बैठकबाज दे. अखाड़ेबाज
बैठ जाना दे. 1. बैठना, 2. ध्वस्त होना
बैठक (स्त्री.)
बैठना (क्रि.)
बैठा हुआ दे. अवरुद्ध
बैठे-बैठाए दे. अचानक
बैताल दे. प्रेत
बैरागिनी दे. तपस्विनी
बैरागी दे. साधु
बैरिस्टर दे. वकील
बैलगाड़ी दे. 1. गाड़ी, 2. छकड़ा
बोका दे. मूर्ख
बोझ दे. भार
बोझा दे. भार
बोझिल दे. भारी
बोतली दे. नीला
बोदा दे. 1. कायर, 2. भद्दा, 3. मूर्ख
बोदापन दे. 1. कायरता, 2. भद्दापन
बोध दे. 1. अनुभव, 2. ज्ञान
बोधकारी दे. शिक्षाप्रद
बोधन दे. प्रबोधन
बोध होना दे. अनुभव करना
बोर दे. ऊबा हुआ
बोरसी दे. चूल्हा
बोर हो जाना दे. ऊबना
बोरिया बिस्तर (पुं.)
बोरिया-बिस्तर दे. सामान
बोरिया बिस्तर के साथ (क्रि. वि.)
बोर्ड दे. परिषद
बोलती दे. जीभ
बोलना दे. कहना
बोलना-चालना दे. बातचीत करना
बोलने का ढंग दे. स्वर
बोलने की शक्ति दे. वाणी
बोलनेवाला दे. वक्ता
बोलबाला दे. प्रभुत्व
बोली दे. 1. ताना, 2. भाषा
बोली मारना दे. ताना कसना
बोसा दे. चुंबन
बोसा लेना दे. चूमना
बौखला उठना दे. भड़कना
बौखलाना (क्रि.)
बौखलाना दे. चिल्लाना
बौखलाहट (स्त्री.)
बौछार (स्त्री.)
बौछार करना (क्रिपद)
बौड़म दे मूर्ख
बौद्धिक दे. 1. कुशाग्र-बुद्धि, 2. बुद्धिजीवी, 3. मानसिक
बौन (वि.)
बौना दे. नाटा
बौरहा दे. पागल
बौराना दे. पगलाना
बौराहा दे. पागल
ब्याज दे. सूद
ब्याज खानेवाला दे. सूदखोर
ब्याजजीवी दे. सूदखोर
ब्याह दे. विवाह
ब्याहा हुआ दे. विवाहिता
ब्याही हुई दे. विवाहित
ब्योंत दे. उपाय
ब्योरा (पुं.)
ब्योरेबार (वि.)
ब्रदर दे. भाई
ब्रह्म दे. ईश्वर
ब्रह्मचर्य दे. कुआँरापन
ब्रह्मज्ञान दे. 1. अध्यात्म, 2. आत्मज्ञान, 3. दर्शन

ब्रह्मज्ञानी दे. 1. आत्मज्ञानी, 2. दार्शनिक
ब्रह्मविचार दे. दर्शन
ब्रह्मवेला में दे. तड़के
ब्रह्मा (पुं.)
ब्रह्मा दे. विधाता
ब्रांच दे. शाखा
ब्रादर दे. भाई
ब्राह्मण (पुं.)
ब्राह्मण दे. पंडित
ब्रिटिश दे. आंग्ल
ब्रितानवी (वि.)
ब्रितानी दे. आंग्ल
ब्रैकट दे. कोष्ठक
ब्रोकेड दे. किमखाब
ब्लाक दे. ठप्पा
ब्लैक दे. काला
ब्लैक आऊट दे. अंधाकुप्प
ब्लैक मनी दे. काली कमाई
ब्लैक मार्किटियर दे. मुनाफाखोर
भंग दे. विघटन
भंग करना दे. तोड़ना
भंगुर दे. नाशवान
भंगेड़ी दे. नशाखोर
भंजन दे. विघटन
भंटई दे. बैगनी
भंड दे. विदूषक
भंडा फोड़ना (क्रिपद)
भंडार (पुं.)
भंडार दे. गोदाम
भंडारगृह दे. गोदाम
भंडारा दे. भोज
भंडारी (पु.)
भंडारी दे. रसोइया
भँडेहर दे. सजावट
भँड़ैती (स्त्री.)

भँड़ैती दे. मसखरापन
भँड़ैती करना दे. नकल उतारना
भँवर (पुं.)
भइया दे. भाई
भकुआ दे. मूर्ख
भकुआना दे. चकित होना
भकुरना दे. क्रुद्ध होना
भकोस लेना दे. हड़प लेना
भकोसना दे. खाना
भकोसू दे. पेटू
भक्त (पुं.)
भक्त दे. मूर्तिपूजक
भक्ति (स्त्री.)
भक्ति दे. 1. पूजा, 2. श्रद्धा
भक्तिभाव दे. श्रद्धा
भक्षक दे. खाऊ
भक्षण करना दे. खाना
भक्ष्य दे. खाद्य
भग (स्त्री.)
भग दे. योनि
भगत दे. भक्त
भगदड़ दे. भागदौड़
भगल दे. धोखा
भगवती दे. 1. दुर्गा, 2. देवी
भगवा दे. पीला
भगवान दे. ईश्वर
भगाना (क्रि.)
भगाना दे. दूर करना
भगा ले जाना दे. अपहरण करना
भगिनी दे. बहन
भगोड़ा (पुं.)
भगोड़ा दे. फरार
भग्गू दे. कायर
भग्गूपन दे. कायरता

भग्न (वि.)
भग्न दे. टूटा-फूटा
भग्न होना दे. 1. टूटना, 2. ध्वस्त होना
भग्नावशेष दे. 1. खंडहर, 2. मलबा
भग्नाश दे. निराश
भचकना दे. लँगड़ाना
भजना दे. रटना
भजनानंदी दे. भजनीक
भजनीक (पुं.)
भजनोपदेशक दे. भजनीक
भटई दे. चापलूसी
भटक जाना दे. भटकना
भटकते फिरना दे. आवारागर्दी करना
भटकना (क्रि.)
भटका हुआ दे. भ्रांत
भट्ट दे. चारण
भट्ठा दे. आवाँ
भड़क उठना दे. गुस्साना
भड़कदार दे. 1. आडंबरपूर्ण, 2. चमकीला, 3. दिखावटी
भड़कना (क्रि.)
भड़कना दे. 1. जलना, 2. चमकना
भड़काऊ दे. उत्तेजक
भड़कानेवाला दे. स्फोटक
भड़कीला दे. 1. आडंबरपूर्ण, 2. चमकीला, 3. दिखावटी
भड़भड़ दे. बकबक
भड़भड़िया दे. बकवादी
भड़साई दे. भाड़
भड़ास दे. उद्गार
भड़ुआ दे. दलाल
भतार दे. पति

भत्ता (पुं.)
भदंत दे. आदरणीय
भदेश दे. बेडौल
भद्द दे. 1. अपमान, 2. बदनामी, 3. हँसी
भद्द उड़ाना दे. हँसी उड़ाना
भद्दा (वि.)
भद्दा दे. 1. अश्लील, 2. बेडौल
भद्दापन (पुं.)
भद्र दे. 1. अच्छा, 2. शिष्ट
भद्रता दे. शिष्टता
भद्रलोक दे. कुलीनवर्ग
भद्रा उतारना दे. मारना
भनक दे. संकेत
भनित दे. कथित
भब्भड़ दे. भीड़
भभक दे. भीड़
भभक दे. गंध
भभकना दे. जलना
भभकी दे. घुड़की
भभके से उतारना दे. निथारना
भभूत दे. राख
भयंकर दे. भयानक
भय दे. 1. आशंका, 2. डर
भयग्रस्त दे. भयभीत
भयजनक दे. भयानक
भय दिखलाना दे. धमकाना
भयप्रद दे. भयानक
भयभीत (वि.)
भयभीत करना दे. डराना
भयभीत होना दे. डरना
भयाकुल दे. भयभीत
भयाक्रांत दे. भयभीत
भयातुर दे. भयभीत

भयानक (वि.)
भयानक दे. 1. अनर्थकारी, 2. उग्र, 3. घोर
भयानकता दे. उग्रता
भयाभिभूत दे. भयभीत
भयावना दे. भयानक
भयावह दे. 1. अनर्थकारी, 2. उग्र, 3. भयानक
भर जाना दे. ऊबना
भरझाई दे. भाबी
भरण-पोषण दे. पालना
भरण-पोषण करना दे. पालन
भर देना दे. चुकाना
भरना (क्रि.)
भरना दे. समाना
भरपाई दे. 1. क्षतिपूर्ति, 2. पूर्ति, 3. रसीद
भरपूर दे. 1. पर्याप्त, 2. बहुत
भरमार दे. अत्यधिकता
भरमार कर देना दे. बौछार लगा देना
भरसक (क्रिवि.)
भरा दे. पूरा
भरा-पटा दे. 1. अत्यधिक, 2. खचाखच
भरा-पूरा दे. पूरा
भरोसा (पुं.)
भरोसा दे. विश्वास
भर्ता दे. पति
भर्ती दे. प्रवेश
भर्त्सना दे. 1. डाँट, 2. धिक्कार
भर्त्सना करना दे. डाँटना
भर्राटे से दे. तेजी से
भर्राना (क्रि.)
भलमनसत दे. 1. नरमी, 2. सज्जनता, 3. सरलता

भलमनसाहत दे. 1. सज्जनता, 2. सौजन्य
भला दे. 1. अच्छा, 2. उपकार, 3. कल्याण, 4. चरित्रवान, 5. धर्मात्मा, 6. सज्जन, 7. सरल
भला आदमी दे. सज्जन
भलाई दे. 1. अच्छाई, 2. उपकार, 3. कल्याण, 4. कुशल
भलाई करनेवाला दे. उपकारक
भलाई-बुराई दे. हानि-हानि
भला-चंगा दे. स्वस्थ
भला-बुरा दे. 1. अच्छाई-बुराई, 2. हानि-लाभ
भला लगना दे. 1. जँचना, 2. भाना
भली-भाँति (क्रिवि.)
भले ही दे. यद्यपि
भल्लूक दे. रीछ
भव दे. संसार
भवजाल दे. झमेला
भवन (पुं.)
भवन दे. 1. घर, 2. मकान
भवन-निर्माता दे. वास्तुकार
भवसागर दे. संसार
भवानी दे. पार्वती
भवानीनंदन दे. गणेश
भवितव्य (वि.)
भवितव्यता दे. 1. भविष्य, 2. भाग्य
भविष्य (पुं.)
भविष्यकथन दे. ज्योतिष
भविष्य में दे. जीते जी
भविष्यवक्ता (पुं.)
भव्य (वि.)
भव्य दे. 1. उत्तम, 2. कलात्मक

भस्म दे. राख
भस्म कर देना दे. फूँकना
भस्म करना दे. जलाना
भस्म हो जाना दे. जल जाना
भहराना दे. गिरना
भाँजी (स्त्री.)
भाँड (पुं.)
भाँड दे. 1. चारण, 2. बरतन
भाँड दे. 1. बंदी, 2. मसखरा, 3. विदूषक
भाँडपन दे. मसखरापन
भांडार दे. भंडार
भाँति दे. प्रकार
भाँति-भाँति का दे. विभिन्न
भाँपना (क्रि.)
भाँपना दे. ताड़ना
भाँप लेना दे. ताड़ना
भाँवर दे. परिक्रमा
भाई (पुं.)
भाईचारा (पुं.)
भाईचारा दे. संबंध
भाईबंदी दे. भाईचारा
भाई-बंध दे. भाई-बंधु
भाई-बंधु (पुं.)
भाई-भतीजावाद (पुं.)
भाखना दे. कहना
भाग दे. 1. अंश, 2. अध्याय, 3. अवयव
भाग करना दे. बाँटना
भाग खड़े होना दे. 1. खिसकना, 2. भाग जाना
भाग जाना (क्रिपद)
भागदौड़ (स्त्री.)
भागदौड़ दे. दौड़धूप
भागना दे. दौड़ना
भाग निकलना दे. भाग जाना
भागमभाग दे. 1. दौड़धूप, 2. भागदौड़
भागाभागी दे. भागदौड़
भागी दे. भागीदार
भागीदार (पुं.)
भागीदार दे. साझेदार
भागीदारी (स्त्री.)
भागीदारी दे. साझा
भाग्य (पुं.)
भाग्य का धनी दे. भाग्यवान
भाग्य की बात दे. संयोग
भाग्य में बदा दे. भवितव्य
भाग्यवश दे. संयोगवश
भाग्यवशात दे. संयोगवश
भाग्यवादी (वि.)
भाग्यवान (वि.)
भाग्यशाली दे. भाग्यवान
भाग्य से दे. संयोगवश
भाग्यहीन (वि.)
भाग्यहीन दे. अभागा
भाजन दे. 1. पात्र, 2. बरतन
भाजना दे. भाना
भाजी दे. तरकारी
भाट दे. कवि
भाड़ (पुं.)
भाड़ा (पुं.)
भाड़ा दे. किराया
भाथा दे. तरकश
भाथी दे. धौंकनी
भान दे. चेतना
भाना (क्रि.)
भाना दे. सुहाना
भानु दे. सूरज
भाप (स्त्री.)
भापा दे. पिता
भाबी (स्त्री.)
भामा दे. स्त्री
भामिनी दे. स्त्री
भायप दे. भाईचारा
भार (पुं.)
भार दे. प्रभार
भारत (पुं.)
भारतखंड दे. भारत
भारतवर्ष दे. भारत
भारतवर्षीय दे भारतीय
भारतवासी दे. भारतीय
भारवाहक दे. कुली
भारतीय (वि.)
भारी (वि.)
भारी दे. 1. अरुचिकर, 2. उत्कट, 3. कठोर, 4. महान
भारीपन दे. गुरुता
भारी-भरकम (वि.)
भारी-भरकम दे. मोटा
भारी मन से दे. अनिच्छापूर्वक
भारी हो जाना दे. भर्राना
भार्या दे. पत्नी
भाल दे. माथा
भाला (पुं.)
भाला दे. बरछा
भालू दे. रीछ
भाव (पुं.)
भाव दे. 1. अर्थ, 2. मूल्य
भावज दे. भाभी
भाव-ताव दे. मोल-भाव
भावना दे. 1. कल्पना, 2. भाव
भावनाशून्य दे. जड़
भावप्राण दे. भावुक
भावप्रवणता दे. भावुकता
भाव बढ़ना दे. मूल्य बढ़ना
भावभीना दे. हार्दिक

भावमग्नता दे. ध्यान
भावमयता दे. ध्यान
भावविभोर दे. हार्दिक
भावशून्य दे. 1. अभावुक, 2. निर्मोही
भावार्थ दे. अर्थ
भावावेश दे. 1. आवेश, 2. उत्साह
भावी दे. 1. अगला, 2. आनेवाला, 3. भविष्य
भावुक (वि.)
भावुक दे. रसिया
भावुकता (स्त्री.)
भावोन्मत्त दे. भावुक
भावोन्मत्तता दे. भावुकता
भाषण (पुं.)
भाषणकर्ता दे. वक्ता
भाषण देना (क्रिपद)
भाषांतर दे. अनुवाद
भाषांतरकार दे. अनुवादक
भाषा (स्त्री.)
भाषाबद्ध करना दे. लिखना
भाषायी (वि.)
भाषाविज्ञानी दे. भाषाविद
भाषाविद (पुं.)
भाषाशास्त्री दे. भाषाविद
भाषिक दे. भाषायी
भाषीय दे. भाषायी
भाष्य दे. टीका
भाष्यकार दे. टीकाकार
भासना दे. प्रतीत होना
भासमान दे. 1. दृश्यमान, 2. स्पष्ट
भासित होना दे. 1. प्रतीत होना, 2. लगना
भास्कर दे. सूरज
भास्वर दे. चमकीला

भिक्षा दे. 1. भीख, 2. दान
भिक्षार्थी दे. भिखारी
भिक्षुक दे. भिखारी
भिखमंगा दे. 1. निर्धन, 2. भिखारी
भिखारी (पुं.)
भिगोना (क्रि.)
भिड़ंत दे. टक्कर
भिड़ंत होना दे. टकराना
भिड़ दे. बर्रे
भिड़ जाना दे. टकराना
भिड़ना दे. 1. टकराना, 2. झगड़ना, 3. लड़ना, 4. संघर्ष करना
भिदुर दे. नाशवान
भिन्न दे. अन्य
भिन्नता दे. अंतर
भिन्न-भिन्न दे. विभिन्न
भींचना दे. 1. कसना, 2. बंद करना
भीख (स्त्री.)
भीख दे. दान
भीगा हुआ दे. 1. गीला, 2. बंद, 3. लथपथ
भीटा दे. टीला
भीड़ (स्त्री.)
भीड़ दे. जमघट
भीड़ देना दे. बंद करना
भीड़-भड़क्का दे. भीड़
भीड़-भब्बड़ दे. भीड़
भीड़-भरा (वि.)
भीतर दे. अंदर
भीतर जाना दे. अंदर जाना
भीतरी दे. आंतरिक
भीति दे. डर
भीरु दे. 1. कायर, 2. डरपोक

भीरुता दे. 1. कायरता, 2. डरपोकपन
भीषण दे. 1. उग्र, 2. भयानक
भीषणता दे. उग्रता
भीषिका दे. आतंक
भीष्म दे. भयानक
भुक्खड़ दे. 1. पेटू, 2. भूखा
भुक्खड़पन दे. पेटूपन
भुक्त दे. व्यवहृत
भुक्तभोगी दे. भोगी
भुखमरा दे. भूखा
भुगतना दे. सहना
भुगतना (पुं.)
भुगतान (पुं.)
भुगतान करना दे. चुकाना
भुजंग दे. साँप
भुज दे. बाँह
भुजदंड दे. बाँह
भुजपाश दे. आलिंगन
भुजपाश में लेना दे. गले लगाना
भुजबंद दे. बाजूबंद
भुजा दे. बाँह
भुजाओं में भरना दे. गले लगाना
भुजाली दे. कटार
भुनभुनाना दे. झुँझलाना
भुनभुनाहट दे. झुँझलाहट
भुनवाना दे. भुनाना
भुनाना (क्रि.)
भुरकना दे. बिखेरना
भुरकस दे. गूदा
भुरभुरा दे. नाशवान
भुर्था दे. गूदा
भुलक्कड़ (वि.)
भुलक्कड़पन दे. विस्मृति
भुलावा दे. धोखा
भुलावा देना दे. धोखा देना

भुलावे में आना दे. फेर में आना
भुवन दे. संसार
भू दे. भूमि
भूकंप (पुं.)
भूकना दे. कूटना
भूक्षेत्र दे. 1. क्षेत्र, 2.भूखंड
भूखंड (पु.)
भूखंड दे. क्षेत्र
भूख (स्त्री.)
भूख बढ़ानेवाला दे. क्षुधावर्धक
भूखा (वि.)
भूगत दे भूमिगत
भूगर्भित दे. भूमिगत
भूगृह दे. तहखाना
भूचाल दे. भूकंप
भूत (पुं.)
भूत दे. गत
भूत दे. प्रेत
भूतकाल दे. भूत
भूतनाथ दे. शिव
भूत-प्रेत दे. भूत
भूतल दे. तल
भूदेव दे. ब्राह्मण
भूधर दे. पहाड़
भूपाल दे. राजा
भूभल दे. राख
भूभाग दे. 1. क्षेत्र, 2. प्रदेश, 3. भूखंड
भूभागीय दे. क्षेत्रीय
भूमि (स्त्री.)
भूमिसात दे. धराशायी
भूमिका (स्त्री.)
भूमिगत (वि.)
भूमिगत दे. गुप्त
भूमिसात करना दे. गिराना
भूमिहार दे. किसान
भूरा (वि.)
भूरि-भूरि दे. अत्यधिक
भूल (स्त्री.)
भूल दे. 1. गलती, 2. त्रुटि, 3. विस्मृति
भूल-चूक दे. भूल
भूल जाना दे. भूलना
भूल जानेवाला दे. भुलक्कड़
भूलना (क्रि.)
भूल-भूलैया (स्त्री.)
भूल-सुधार दे. संशोधन
भूला-भटका दे. मार्गभ्रष्ट
भूले-भटके दे. कभी-कभी
भूषण दे. गहना
भूषित दे. अलंकृत
भूषित करना दे. सजाना
भू-संपत्ति दे. जागीर
भूसी दे. छिलका
भूसुर दे. ब्राह्मण
भूस्वामी दे. जमींदार
भृकुटि दे. भौंह
भृकुटि चढ़ाना दे. गुस्साना
भृकुटि-विलास (पुं.)
भृत्य दे. 1. कर्मचारी, 2. सेवक
भेंगा (वि.)
भेंट (स्त्री.)
भेंट दे. 1. उपहार, 2. दर्शन
भेंट करना दे. देना
भेंट-मुलाकात दे. भेंट
भेड़ना दे. बंद करना
भेजना (क्रि.)
भेजनेवाला (पुं.)
भेजा दे. 1. बुद्धि, 2. मस्तिष्क
भेड़चाल दे. 1. अंधानुकरण, 2. नकल
भेड़िया (पुं.)
भेड़िया-धसान दे. अनुकरण
भेद दे. 1. अंतर, 2. रहस्य, 3. वर्ग
भेदन करना दे. छेदना
भेदभाव दे. 1. अंतर, 2. पक्षपात
भेदभावपूर्ण दे. पक्षपातपूर्ण
भेदिया दे. 1. गुप्तचर, 2. जासूस
भेदी दे. जासूस
भेला दे. टुकड़ा
भेषज दे. टुकड़ा
भेषज दे. ओषधि
भेस दे. 1. छद्मवेश, 2. पोशाक
भैया दे. भाई
भोंकना दे. घुसेड़ना
भोंड़ा दे. 1. बडौल, 2. भद्दा
भोड़ापन दे. भद्दापन
भोंदू दे. मूर्ख
भोंपू दे. 1. बिगुल, 2. सीटी
भोकना दे. चुभाना
भोक्ता दे. ग्राहक
भोग दे. 1. उपयोगी, 2. चढ़ावा
भोग करना दे. 1. मज़ा लेना, 2. व्यवहार करना
भोग डालना दे. बंद करना
भोगना दे. सहना
भोग पड़ना दे. समाप्त होना
भोग-विलास (पुं.)
भोग-विलास दे. 1. आमोद-प्रमोद, 2. मैथुन, 3. मौज-मस्ती
भोगी (पुं.)
भोज (पुं.)
भोज दे. प्रीतिभोज
भोजन (पुं.)
भोजन करना दे. खाना
भोजन कराना दे. खिलाना

भोज्य दे. खाद्य
भोथरा (वि.)
भोर दे. प्रातःकाल
भोर में दे. 1. तड़के, 2. प्रातः
भोला (वि.)
भोला दे. 1. निरीह, 2. निष्कपट
भोलापन दे. निरीहता
भोला-भाला दे. 1. निष्कपट, 2. भोला
भोलेनाथ दे. शिव
भौं दे. भौंह
भौंचक्का दे. चकित
भौंचक्का हो जाना दे. चकित हो जाना
भौंरा (पुं.)
भौंह (स्त्री.)
भौंहे टेढ़ी करना दे. घूरना
भौजाई दे. भाभी
भौजी दे. भाभी
भौतिक (वि.)
भौतिक दे. शारीरिक
भ्रम दे. 1. अंधकार, 2. भ्रांति, 3. माया, 4. शंका
भ्रमण दे. 1. घुमक्कड़ी, 2. यात्रा
भ्रमण करना दे. घूमना
भ्रमणशील दे. 1. खानाबदोश, 2. घुमक्कड़
भ्रमपूर्ण दे. भ्रांत
भ्रमर दे. भौंरा
भ्रमरहित (वि.)
भ्रमरहित दे. निर्विवाद
भ्रमित दे. भ्रांत
भ्रमित करना दे. बहकाना
भ्रमित होना दे. 1. चकित होना, 2. भटकना
भ्रष्ट होना दे. 1. अनैतिक, 2. अश्लील, 3. कमीना, 4. खराब, 5. चरित्रहीन, 6. दुश्चरित्र, 7. दूषित, 8. पतित
भ्रष्टाचार दे. 1. कुकर्म, 2. बेईमानी
भ्रष्टाचारी दे. 1. कुकर्मी, 2. चरित्रहीन, 3. दुश्चरित्र
भ्रांत (वि.)
भ्रांत दे. 1. असत्य, 2. मार्गभ्रष्ट
भ्रांतचित्त दे. अन्यमनस्क
भ्रांतचित्तता दे. अन्यमनस्कता
भ्रांत होना दे. चकित होना
भ्रांति (स्त्री.)
भ्रांति दे. 1. अंधकार, 2. माया
भ्रांतिजनक दे. भ्रांत
भ्रांतिमूलक दे. भ्रांत
भ्राता दे. भाई
भ्रातृ दे. भाई
भ्रातृत्व दे. भाईचारा
भ्रातृभाव दे. भाईचारा
भ्रामक दे. प्रांत
भ्रू दे. भौंह
भ्रूण दे. गर्भ
भ्रूणपात दे. गर्भपात
भ्रू-भंगिमा दे. भृकुटि-विलास
मँगता दे. भिखारी
मँगनी दे. सगाई
मंगल दे. 1. कल्याण, 2. कुशल
मंगलकामना दे. 1. बधाई, 2. शुभकामना
मंगलकारी दे. शुभ
मंगलदायक दे. शुभ
मंगलप्रद दे. शुभ
मंगलमय दे शुभ
मंगलवेला दे. सायत
मंगलामुखी दे. वेश्या
मँगेतर (पुं.)
मंच (पुं.)
मंच दे. चबूतरा
मंजर दे. दृश्य
मंजरी दे. कली
मंजिल (स्त्री.)
मंजिल दे. गंतव्य
मंजु दे. सुंदर
मंजुल दे. सुंदर
मंजुलता दे. सुंदरता
मंजूर दे. स्वीकृत
मंजूर करना दे. स्वीकार करना
मंजूरी दे. 1. अनुमति, 2. स्वीकृति
मंजूरी देना दे. स्वीकार करना
मँझधार (स्त्री.)
मँझला दे. बिचला
मंडन दे. अनुमोदन
मँडराना दे. छाना
मंडल दे. 1. क्षेत्र 2. वृत्त, 3. संघ
मंडलाकार दे. 1. गोल, 2. वृत्ताकार
मंडली दे. 1. गिरोह, 2. लाव-लश्कर, 3. संघ
मंडित दे. 1. अलंकृत, 2. सज्जित
मंतव्य दे. 1. उद्देश्य, 2. मत, 3. वक्तव्य
मंत्र (पुं.)
मंत्रणा (स्त्री.)
मंत्रणा दे. 1. परामर्श, 2. सोच-विचार
मंत्रणा करना दे. परामर्श करना
मंत्रणाकार दे. परामर्शदाता
मंत्र-तंत्र दे. जादू-टोना
मंत्रद्रष्टा दे. ऋषि
मंत्रमुग्ध दे. मुग्ध

मंत्रमुग्ध करना दे. मुग्ध करना
मंत्रिपरिषद दे. मंत्रिमंडल
मंत्रिमंडल (पुं.)
मंत्री (पुं.)
मंथन (पुं.)
मंथन दे. चिंतन
मंथन करना (क्रि.)
मंथर दे. 1. धीमा, 2. सुस्त
मंथरगति दे. धीमा
मंथर गति दे. धीमी चाल
मंथरता दे. 1. दीर्घसूत्रता, 2. देरी
मंद दे. 1. धीमा, 2. निस्तेज, 3. मंदा, 4. सुस्त, 5. हलका
मंदगति दे. 1. धीमा, 2. सुस्त
मंदगति दे. धीरे
मंदगति दे. धीमा
मंदबुद्धि दे. 1. बुद्धिहीन, 2. मूर्ख
मंदभाग्य दे. 1. अभागा, 2. भाग्यहीन
मंदगति दे. मूर्ख
मंदवर्ण दे. निष्प्रभ
मंदा (वि.)
मंदा दे. 1. ढीला, 2. सुस्त
मंदाकिनी दे. आकाश-गंगा
मंदित दे. अवरुद्ध
मंदिर (वि.)
मंदी दे. गिरावट
मंद्र दे. गहरा
मंशा दे. उद्देश्य
मंसबदार दे. अधिकारी
मंसूख करना दे. रद्द करना
मकतब दे. विद्यालय
मकबरा दे. समाधि
मकरंद दे. गंध
मकरध्वज दे. कामदेव
मकसद दे. उद्देश्य

मकान (पुं.)
मकान दे. घर
मकुना दे. छोटा
मकैनिक दे. 1. कारीगर, 2. मिस्त्री
मक्कार दे. 1. कपटी, 2. धूर्त, 3. धोखेबाज
मक्कारी दे. 1. कपट, 2. धूर्तता, 3. धोखा, 4. विश्वासघात
मक्कारी करना दे. धोखा देना
मक्खन (पुं.)
मक्खन लगाना दे. चापलूसी करना
मक्खी (स्त्री.)
मक्खीचूस दे. कंजूस
मक्खीमार दे. सुस्त
मक्षिका दे. मक्खी
मख दे. यज्ञ
मखमली दे. कोमल
मखौल दे. 1. उपहास, 2. हँसी
मखौल उड़ाना दे. उपहास करना
मखौलिया दे. 1. मसखरा, 2. विनोदी
मगर (पुं.)
मगरब दे. पश्चिम
मगरमच्छ दे. मगर
मगरिबी दे. पश्चिमी
मगरूर दे. अभिमान
मगरूरी दे. अभिमानी
मग्ज दे. 1. बुद्धि, 2. मस्तिष्क
मग्जपच्ची (स्त्री.)
मग्जमारी दे. मग्जपच्ची
मग्न (वि.)
मग्न दे. 1. तन्मय, 2. व्यस्त
मग्नता (स्त्री.)

मग्न होना (क्रिपद)
मघवा दे. इंद्र
मचना दे. आरंभ होना
मचला दे. चुप्पा
मच्छ दे. मछली
मछली (स्त्री.)
मजदूर (पुं.)
मजदूर दे. 1. कुली, 2. श्रमिक
मजदूरी दे. 1. नौकरी, 2. पारिश्रमिक, 3. वेतन
मजबूत दे. 1. टिकाऊ, 2. दृढ़, 3. पक्का, 4. बलवान
मजबूती दे. 1. दृढ़ता, 2. स्थायित्व
मजबूर दे. 1. असहाय, 2. विवश
मजबूर कर देना दे. बाध्य कर देना
मजबूरी (स्त्री.)
मजबूरी दे. विवशता
मजबूरी से दे. विवश होकर
मजमा दे. भीड़
मजमून दे. विषय
मजम्मत दे. 1. डाँट, 2. निन्दा
मजलिस दे. सभा
मजहबी दे. धार्मिक
मजा दे. 1. आनन्द, 2. प्रसन्नता, 3. रस, 4. स्वाद
मजाक दे. 1. उपहास, 2. चुटकुला
मजाक उड़ाना दे. 1. उपहास करना, 2. हँसी उड़ाना
मजाक करना दे. छेड़ना
मजाकिया दे. 1. मसखरा, 2. विनोदी
मजार दे. समाधि
मजाल दे. साहस

मजा लेना (क्रिपद)
मजा लेना दे. चखना
मजेदार दे. 1. आनन्ददायक, 2. मधुर, 3. मनोरंजक, 4. स्वादिष्ट
मजे से दे. खुशी-खुशी
मज्जन दे. स्नान
मज्जा दे. गुदा
मझला दे. मध्यवर्ती
मझोला दे. मध्यवर्ती
मटकना दे. इतराना
मटका दे. घड़ा
मटकौअल दे. नखरा
मटमैला दे. खाकी
मटरगश्त दे. घुमक्कड़
मटरगश्ती दे. 1. घुमक्कड़ी, 2. यात्रा
मटियामेट कर देना दे. 1. नष्ट कर देना, 2. बिगाड़ना
मटियामेट होना दे. उजड़ना
मट्ठर दे. 1. धीमा, 2. सुस्त
मट्ठा (पुं.)
मठाधिपति दे. महंत
मठाधीश दे. महंत
मठाध्यक्ष दे. महंत
मड़ई दे. झोपड़ी
मढ़ना (क्रि.)
मणि दे. रत्न
मत (पुं.)
मत दे. 1. विचार, 2. संप्रदाय
मतदाता (पुं.)
मत-भिन्नता दे. मतभेद
मतभेद (पुं.)
मत-मतांतर दे. मतभेद
मतलब दे. अर्थ
मतलबी दे. स्वार्थी
मतली दे. कै
मतवाला दे. नशे में चूर
मतवालापन दे. मस्ती
मतांध दे. 1. कट्टर, 2. जिद्दी, 3. हठी
मतांधता दे. कट्टरता
मताग्रही दे. जिद्दी
मतानुयायी दे. अनुयायी
मतावलंबी दे. 1. अनुयायी, 2. धार्मिक
मति दे. 1. बुद्धि, 2. मत, 3. विचार
मतिमान दे. बुद्धिमान
मतिहीन दे. मूर्ख
मतैक्य दे. ऐक्य
मत्त दे. नशे में चूर
मत्तता दे. 1. नशा, 2. मस्ती
मत्था दे. माथा
मत्सर दे. ईर्ष्या
मत्स्य दे. मछली
मथना दे. मंथन करना
मथानी (स्त्री.)
मद दे. 1. अभिमान, 2. नग, 3. नशा, 4. प्रविष्टि
मदकची दे. नशाखोर
मदगर्वित दे. अभिमानी
मदद दे. सहायता
मददगार दे. सहायक
मदन दे. कामदेव
मदनगोपाल दे. कृष्ण
मदनमोहन दे. कृष्ण
मदमत्त दे. नशे में चूर
मदरसा दे. विद्यालय
मदवितरक दे. साकी
मदहोश दे. नशे में चूर
मदांध दे. अभिमानी
मदांधता दे. अभिमान
मदारी दे. 1. जादूगर, 2. नट, 3. बाजीगर
मदारीपन दे. बाजीगरी
मदिरा दे. शराब
मदिरापन (पुं.)
मदिरासेवी दे. शराबी
मदिरोन्मत्तता दे. मस्ती
मदोन्मत्त दे. 1. आभमानी, 2. नशे में चूर
मद्धिम दे. निस्तेज
मद्यनिषेध (पुं.)
मद्यप दे. 1. नशाखोर, 2. शराबी
मद्यपता दे. मस्ती
मद्यपान दे. 1. नशाखोरी, 2. मदिरापान
मद्यपायी दे. शराबी
मद्यशाला (स्त्री.)
मद्यसेवन दे. मदिरापन
मधु (पुं.)
मधुकर दे. भौंरा
मधुप दे. भौंरा
मधुपात्र दे. प्याला
मधुबाला (स्त्री.)
मधुबाला दे. साकी
मधुमक्खी (स्त्री.)
मधुमक्षिका दे. मधुमक्खी
मधुर (वि.)
मधुर दे. कर्णप्रिय
मधुरता दे. मिठास
मधुरभाषी (वि.)
मधुरालाप दे. बातचीत
मधुरिमा दे. मिठास
मधुसूदन दे. कृष्ण
मध्य दे. 1. बिचला, 2. बीच
मध्यकालीन दे. अंतरिम
मध्यम दे. अंतरिम

मध्यम दे. बिचला
मध्यमान दे. औसत
मध्य में दे. बीचोबीच
मध्यवर्ती (वि.)
मध्यवर्ती दे. 1. अंतरिम, 2. केन्द्रीय, 3. बिचला
मध्यबिन्दु दे. केन्द्र
मध्यस्थ दे. पंच
मध्यस्थता (स्त्री.)
मध्यस्थल दे. केन्द्र
मध्यस्थित दे. 1. केन्द्रीय, 2. बिचला
मध्यांतर दे. अंतराल
मध्यावकाश दे. अंतराल
मध्याह्न दे. दुपहर
मध्याह्न-भोजन दे. छाक
मनःस्थिति दे. मनोदशा
मन (पुं.)
मन दे. अंतःकरण
मन करना दे. चाहना
मनका (पुं.)
मन की बात दे. रहस्य
मन के लड्डू खाना दे. 1. ख्याली पुलाव पकाना, 2. हवाई किला बनाना
मनगढ़ंत दे. 1. कल्पित, 2. काल्पनिक
मनचला (वि.)
मनचाहा दे. इच्छित
मनचीता दे. इच्छित
मन तोड़नेवाला दे. निराशाजनक
मनन दे. 1. अध्ययन, 2. चिंतन, 3. ध्यान, 4. सोच-विचार
मनन करना दे. सोचना
मननशील दे. विचारहीन
मनपसंद दे. इच्छित

मन बहलाना दे. खेलना
मन बुझ जाना दे. निराश होना
मन भर जाना दे. अघाना
मनभावता दे. प्रिय
मनभावन दे. रमणीय
मनमर्जी से दे. 1. जानबूझकर, 2. स्वेच्छया
मनमाना (वि.)
मनमाना आचरण करनेवाला दे. स्वेच्छाचारी
मनमानी (स्त्री.)
मनमानी दे. 1. अत्याचार, 2. स्वेच्छाचार
मनमुटाव दे. 1. झगड़ा, 2. मतभेद
मनमोदक दे. दिवास्वप्न
मनमोहक दे. 1. आकर्षक, 2. कलात्मक
मनमोहन दे. कृष्ण
मनमौजी दे. 1. सनकी, 2. स्वच्छंद
मनसाराम दे. नाचीज
मनसिज दे. कामदेव
मनसूबा दे. योजना
मनसेदू दे. पति
मनस्ताप दे. 1. दुख, 2. पश्चात्ताप
मनस्तोष दे. संतोष
मनहर दे. आकर्षक
मनहूस (वि.)
मनहूसी (स्त्री.)
मना दे. निषिद्ध
मना करना दे. निषेध करना
मनाही दे. निषेध
मनिहार दे. चूड़ीवाला

मनीराम दे. मन
मनीषा दे. 1. प्रतिभा, 2. बुद्धि
मनीषी दे. 1. ऋषि, 2. चिन्तक, 3. पंडित, 4. बुद्धिमान, 5. विचारशील
मनुआ दे. अंतःकरण
मनुज दे. मनुष्य
मनुष्य (पुं.)
मनुष्य दे. 1. आदमी, 2. सज्जन
मनुष्यगणना दे. जनगणना
मनुष्यजाति दे. मानवता
मनुष्यता (स्त्री.)
मनुष्यता दे. सज्जनता
मनुष्यत्व दे. मनुष्यता
मनुष्यभक्षक दे. नरभक्षी
मनुष्योचित दे. मानवीय
मनुहार दे. 1. तुष्टीकरण, 2. मिन्नता
मनुहार करना दे. चिरौरी करना
मनोकल्पना दे. कल्पना
मनोकामना दे. इच्छा
मनोगत दे. 1. भाव, 2. विचार
मनोज दे. कामदेव
मनोदशा (स्त्री.)
मनोनयन (पुं.)
मनोनयन करना दे. मनोनीत करना
मनोनिग्रह दे. आत्मनियंत्रण
मनोनीत करना (क्रिपद)
मनोबल दे. साहस
मनोभाव दे. 1. भाव, 2. मत
मनोमुग्धकारी दे. आकर्षक
मनोयोग दे. 1. एकाग्रता, 2. ध्यान

मनोरंजक (वि.)
मनोरंजन (पुं.)
मनोरंजन दे. खेल
मनोरंजन करना दे. दिल बहलाना
मनोरथ दे. उद्देश्य
मनोरम दे. 1. आकर्षक, 2. दर्शनीय, 3. रमणीय, 4. सुन्दर
मनोराज्य दे. कल्पनालोक
मनोवांछा दे. इच्छा
मनोवांछित दे. इच्छित
मनोविनोद दे. मनोरंजन
मनोविनोद करना दे. खेलना
मनोवृत्ति दे. 1. अभिवृत्ति, 2. प्रवृत्ति
मनोवेग दे. आवेश
मनोवेदना दे. दुख
मनोव्यथा दे. दुख
मनोहर दे. 1. आकर्षक, 2. दर्शनीय, 3. मनोरजंक, 4. सुंदर
मनोहरता दे. 1. रमणीयता, 2. सुन्दरता
मनोहारी दे. मनोरंजक
मनौअल दे. तुष्टीकरण
मनौती दे. प्रतिज्ञा
मन्नत दे. प्रतिज्ञा
मन्मथ दे. कामदेव
मम दे. मेरा
ममता दे. प्रेम
ममत्व दे. प्रेम
मम्मी दे. माता
मयंक दे. चंद्रमा
मयस्सर दे. प्राप्त
मयूख दे. किरण
मयूर दे. मोर
मयूरी दे. मोर
मरक दे. महामारी
मरकहा (वि.)
मरखना दे. मरकहा
मर-खप जाना दे. मरना
मरघट दे. श्मशान
मरज दे. रोग
मर जाना दे. मरना
मर-जीकर दे. येन-केन-प्रकारेण
मरण दे. मृत्यु
मरणधर्मा दे. मर्त्य
मरणवेला दे. अंतकाल
मरणशील दे. मर्त्य
मरणांतक दे. घोर
मरणासन्न (वि.)
मरणासन्न दे. बेदम
मरणीय दे. मर्त्य
मरणोन्मुख दे. मरणासन्न
मरते-जीते दे. येन-केन-प्रकारेण
मरते दम तक दे. जीते जी
मरदना दे. कुचलना
मरदूद दे. निन्दनीय
मरना (क्रि.)
मरना-खपना दे. परिश्रम करना
मरना-जीना दे. जन्म-मरण
मरनी दे. मृत्यु
मरनी-करनी दे. अंत्येष्टि
मरने का समय दे. अंतकाल
मरभुखा दे. पेटू
मरम्मत दे. सुधार
मरम्मत करना दे. 1. दुर्दशा करना, 2. सुधारना
मरियल दे. अशक्त
मरोड़ दे. दस्त
मर्तबा दे. बार
मर्मज्ञ दे. ज्ञाता
मर्मांतक दे. घातक
मलमास दे. अधिमास
मलवाहिनी दे. आँत
मशकूर दे. कृतज्ञ
मशक्कत दे. परिश्रम
मशक्कत करना दे. परिश्रम करना
मशगूल दे. व्यस्त
मशरिक दे. पूर्व
मशविरा दे. परामर्श
मशविरा करना दे. परामर्श करना
मशहूर दे. 1. प्रसिद्ध, 2. यशस्वी
मशहूरी दे. 1. प्रसिद्धि, 2. यश
मशान दे. श्मशान
मशीन दे. 1. उपकरण, 2. यंत्र
मश्क दे. अभ्यास
मसकना दे. फटना
मसका दे. मक्खन
मसका लगाना दे. चापलूसी करना
मसखरा (पुं.)
मसखरा दे. 1. भाँड़, 2. विदूषक
मसखरापन (पुं.)
मसखरापन दे. भड़ैती
मसखरी दे. 1. भड़ैती, 2. मसखरापन, 3. हँसी
मसनूई दे. कृत्रिम
मसरफ दे. उद्देश्य
मसरूफ दे. व्यस्त
मसल दे. लोकोक्ति
मसलन दे. उदाहरणार्थ
मसलना दे. 1. गूँधना, 2. रगड़ना
मसला दे. समस्या
मसहरी दे. चारपाई
मसान दे. श्मशान

मसायन दे. चहल-पहल
मसाला दे. 1. बारूद, 2. सामग्री
मसालेदार (वि.)
मसालेदार दे. स्वादिष्ट
मसि दे. स्याही
मसिजीवी दे. लेखक
मसीत दे. मंदिर
मसीह दे. ईसा
मसृण दे. कोमल
मसौदा दे. प्रालेख
मस्जिद दे. मंदिर
मस्त दे . 1. कमाऊ-खाऊ,
2. नशे में चूर, 3. निश्चिंत,
4. बेफिकरा
मस्तक दे. माथा
मस्तमौला दे. 1. निश्चिन्त,
2. बेफिकरा
मस्तराम दे. बेफिकरा
मस्ताना दे. निश्चिंत
मस्तिष्क (पुं.)
मस्तिष्क दे. बुद्धि
मस्ती (स्त्री.)
मस्ती दे. 1. आनंद, 2. नशा,
3. निश्चिंतता
महँगा (वि.)
महंत (पुं.)
महक दे. 1. गंध, 2. दुर्गंध
महकदार दे. बदबूदार
महकना (क्रि.)
महकमा दे. विभाग
महज दे. केवल
मजहब दे. धर्म
महत् दे. 1. बड़ा, 2. महत्त्वपूर्ण,
3. महान, 4. श्रेष्ठ
महताब दे. चंद्रमा
महतारी दे. माता

महतो दे. मुखिया
महत्तम दे. अधिकतम
महत्तर दे. उच्चतर
महत्ता दे. 1. महत्त्व, 2. श्रेष्ठता
महत्त्व (पुं.)
महत्त्वपूर्ण (वि.)
महत्त्वपूर्ण दे. 1. चर्चित, 2. विशेष
महत्त्वहीन दे. 1. अर्थहीन,
2. तुच्छ, 3. थोंथा
महत्त्वहीनता दे. अर्थहीनता
महत्त्वाकांक्षा दे. 1. इच्छा,
2. साहस
महत्त्वाकांक्षी दे. इच्छुक
महनीय दे. 1. महत्त्वपूर्ण,
2. महान
महफिल दे. भोज
महफूज दे. सुरक्षित
महफूज रखना दे. बचाना
महबूब दे. प्रेमी
महबूबा दे. प्रेमिका
महरूम दे. वंचित
महर्षि दे. धर्मात्मा
महल (पुं.)
महला दे. मंजिल
महल्ला दे. मुहल्ला
महसूल दे. 1. कर, 2. भाड़ा
महसूस करना दे. अनुभव
करना
महाकाय दे. 1. बड़ा, 2. भारी-
भरकम
महाघोष दे. गरज
महाजन (पुं.)
महाजनी (स्त्री.)
महाजिन दे. महावीर
महात्मा दे. 1. धर्मात्मा, 2. मुनि,
3. संत

महादेवी दे. दुर्गा
महान (वि.)
महान दे. 1. बड़ा, 2. भव्य
महानता दे. 1. महत्त्व, 2. श्रेष्ठता
महानुभाव (पुं.)
महापर्व दे. उत्सव
महापरिवर्तन दे. उथल-पुथल
महाप्रयाण दे. मृत्यु
महाबली दे. शक्तिशाली
महाभाग दे. भाग्यवान
महाभियान दे. यात्रा
महाभोज दे. भोज
महामना दे. 1. महान,
2. महानुभाव
महामानव (पुं.)
महामारी (स्त्री.)
महामारी दे. रोग
महायुद्ध (पुं.)
महारत दे. 1. अभ्यास,
2. कुशलता
महारथी दे. 1. महान, 2. योद्धा
महाराज दे. रोजा
महारानी दे. पटरानी
महाल दे. 1. गली, 2. मुहल्ला
महावीर (पुं.)
महावीर दे. वीर
महाशय दे. महानुभाव
महासंग्राम दे. महायुद्ध
महासंघ दे. मंडल
महासागर दे. महायुद्ध
महिधर दे. पहाड़
महिमा दे. 1. प्रताप, 2. महत्त्व,
3. यश
महिमान्वित दे. 1. महत्त्वपूर्ण,
2. सम्मानित
महिमामंडित दे. प्रतापी

महिला दे. स्त्री
मही दे. 1. पृथ्वी, 2. भूमि
महीन (वि.)
महीन दे. सूक्ष्म
महीना (पुं.)
महीना दे. किराया
महीनेवार दे. मासिक
महीप दे. राजा
महीपति दे. राजा
महीपाल दे. राजा
महेश दे. शिव
महोत्सव दे. 1. उत्सव, 2. त्योहार
महोदय दे. महानुभाव
माँ दे. माता
माँग (स्त्री.)
माँग दे. आवश्यकता
माँगजली दे. विधवा
माँगना (क्रि.)
माँगनेवाला दे. भिखारी
मांगलिक दे. शुभ
मांजना दे. 1. रगड़ना, 2. साफ करना
माँझी दे. मल्लाह
माँड़ (स्त्री.)
माँद दे. गुफा
माँदनी दे. रोग
माँदा दे. बीमार
माँ-बाप दे. माता-पिता
मांस (पुं.)
मांसजीवी दे. मांसाहारी
मासंल दे. 1. बलवान, 2. मोटा
मांसभक्षी दे. मांसाहारी
मांसभोजी दे. मांसाहारी
मांस-विक्रेता दे. कसाई
मांसाहारी (वि. पुं.)
माई दे. माता

माई-बाप दे. सब-कुछ
माखन दे. मक्खन
मागध दे. चरण
माचिस दे. दियासलाई
माजरा दे. 1. विवरण, 2. विषय
माजी दे. 1. गत, 2. भूत
माटी दे. मिट्टी
माणिक (पुं.)
मात दे. 1. पराजय, 2. हार
मात देना दे. पछाड़ना
मातबर दे. विश्वस्त
मातम दे. शोक
मातम मनाना दे. शोक मनाना
मातहत दे. 1. अधीन, 2. सहायक
मातहती दे. अधीनता
माता (स्त्री.)
माता दे. चेचक
माता-पिता (पुं.)
मातुल दे. मामा
मातृ-पितृविहीन दे. अनाथ
मातृभाषा दे. भाषा
मातृभूमि (स्त्री.)
मातृभूमि दे. जन्मभूमि
मात्र दे. केवल
मात्रा दे. 1. खुराक, 2. परिणाम
मात्रात्मक दे. परिमाणात्मक
माथा (पुं.)
माथापच्ची करना (क्रिपद)
माथापच्ची करना दे. सिर खपाना
मादक दे. नशीला
मादकता दे. नशा
माद्दा दे. 1. शक्ति, 2. सामर्थ्य
माधव दे. कृष्ण
माधवी दे. चमेली
माधुरी दे. मिठास

माधो दे. कृष्ण
मान (पुं.)
मान दे. 1. आदर, 2. क्रोध, 3. प्रतिष्ठा
मानक (वि.)
मानक दे. 1. आदर्श, 2. प्रामाणिक
मान करना दे. रूठना
मानकित दे. मानक
मानचित्र (पुं.)
मानदंड दे. कसौटी
मानदेय दे. 1. कमाई, 2. पारिश्रमिक, 3. पुरस्कार
मानना (क्रि.)
मानना दे. स्वीकार करना
माननीय दे. आदरणीय
मानभंग दे. अपमान
मानमंदिर दे. वेधशाला
मानमर्दन दे. अपमान
मानमर्दित दे. अपमानित
मान-मर्यादा दे. मान
मान लेना दे. मानना
मानव दे. 1. आदमी, 2. मनुष्य, 3. सज्जन
मानवजाति दे. मानवता
मानवता (स्त्री.)
मानवता दे. मनुष्यता
मानवती दे. मानिनी
मानवनिर्मित दे. बनावटी
मानवभक्षी दे. नरभक्षी
मानवीय (वि.)
मानवोचित दे. मानवीय
मानस दे. अंतःकरण
मानसिक (वि.)
मानसी दे. मानसिक
मानसून दे. पावस

मानहानि दे. अपमान
मानिनी (स्त्री.)
मानी दे. 1. अभिमानी, 2. अर्थ
मानुष दे. मनुष्य
मानुषिक दे. मानवीय
मानुषी दे. मानवीय
माने दे. अर्थ
मानो (योजक)
मानो दे. जैसे
मानोपाधि दे. उपाधि
मान्य (वि.)
मान्य दे. 1. आदरणीय, 2. स्वीकृत
मान्यता (स्त्री.)
मान्यता दे. स्वीकृति
मान्यताप्राप्त दे. स्वीकृत
माप (पुं.)
माप दे. परिमाण
मापदंड दे. कसौटी
माफ करना दे. अनुकूल
माफ़िया दे. अपराधी
माफी दे. क्षमा
माफी देना दे. 1. क्षमा करना, 2. छोड़ देना
माफी माँगना दे. क्षमा माँगना
मामला दे. अभियोग
मामा (पुं.)
मामा दे. साँप
मामूली दे. 1. तुच्छ, 2. साधारण
मायका (पुं.)
माया (स्त्री.)
माया दे. 1. करतब, 2. जादू
मायावी दे. 1. करतबी, 2. जादूगर, 3. छली, 4. धूर्त
मायूस दे. निराश
मायूसी दे. निराशा

मार (स्त्री.)
मार दे. आघात
मारक (वि.)
मारकाट दे. रक्तपात
मारजार दे. बिल्ली
मार डालना दे. 1. अंत कर देना, 2. खत्म करना, 3. मारना, 4. हत्या करना
मार-धाड़ दे. रक्तपात
मारना (क्रि.)
मारना दे. छीनना
मारना-पीटना दे. मारना
मारनेवाला दे. मरकहा
मारपीट (स्त्री.)
मारपीट दे. 1. दंगा, 2. लड़ाई
मार लेना दे. 1. चुराना, 2. छीनना
मारामारी दे. 1. मारपीट, 2. स्वार्थसिद्धि
मारे-मारे फिरना दे. 1. आवारा-गर्दी करना, 2. भटकना
मार्क दे. अंक
मार्का दे. चिह्न
मार्केट दे. बाजार
मार्ग (पुं.)
मार्ग दे. 1. उपाय, 2. सम्प्रदाय
मार्गच्युत दे. मार्गभ्रष्ट
मार्गच्युत होना दे. भटकना
मार्गदर्शक (पुं.)
मार्गदर्शक दे. नेता
मार्गदर्शन करना (क्रिपद)
मार्गभ्रष्ट (वि.)
मार्गव्यय (पुं.)
मार्जन दे. सफाई
मार्जन करना दे. साफ करना
मार्जनी दे. झाड़ू

मार्तंड दे. सूरज
मार्मिक (वि.)
मार्मिक दे. 1. करुण, 2. सारगर्भित, 3. हृदयविदारक
मालकिन दे. स्वामिनी
मालगोदाम दे. भंडार
मालघर दे. भंडार
माल-टाल दे. धन
मालती दे. चमेली
मालदार दे. धनी
मालमता दे. 1. जमा-पूँजी, 2. धन, 3. सामान
माला (स्त्री.)
मालामाल दे. धनी
मालिक दे. 1. ईश्वर, 2. स्वामी
मालियत दे. मूल्य
मालिश (स्त्री.)
माली दे. आर्थिक
मालूम दे. ज्ञात
मालूम पड़ना दे. प्रतीत होना
मालूम होना दे. जानना
मालूमात दे. ज्ञान
मावा दे. खोया
माशूका दे. प्रेमिका
मास दे. महीना
मासानुमासिक दे. मासिक
मासिक (वि.)
मासिक दे. मासिकधर्म
मासिकधर्म (पुं.)
मासूम दे. निरीह
मासूमियत दे. निरीहता
मास्टर दे. 1. अध्यापक, 2. शिक्षक
माह दे. महीना
माहवार दे. मासिक
माहवारी दे. मासिक
माहात्म्य दे. महत्त्व

माहिर दे. कुशल
माहिरी दे. कुशलता
माहुर दे. विष
माहौल दे. 1. परिवेश, 2. वातावरण
मिचना दे. बंद होना
मिचली होना दे. जी मिचलाना
मिजाज दे. स्वभाव
मिजाजी दे. 1. अभिमानी, 2. नखरेबाज
मिट जाना दे. नष्ट हो जाना
मिटा देना दे. नष्ट कर देना
मिटाना दे 1. नष्ट कर देना, 2. बिगाड़ना
मिटियामेट हो जाना दे. नष्ट हो जाना
मिट्टी (स्त्री.)
मिट्टी दे. 1. धूल, 2. शव
मिट्टी देना दे. दफनाना
मिट्ठी दे. चुंबन
मिठबोला दे. मधुरभाषी
मिठलोना दे. नमकीन
मिठाई (स्त्री.)
मिठास (स्त्री.)
मिठास-भरा दे. मधुर
मितभाषी (वि.)
मितव्यय दे. किफायत
मितव्ययिता (स्त्री.)
मितव्ययिता दे. किफायतशारी
मितव्ययी दे. किफायतशार
मिताचारिता दे. संयम
मिताचारी दे. संयमी
मिताहारिता दे. संयम
मिताहारी दे. 1. अल्पहारी, 2. संयमी
मिति दे. दिनांक
मित्र दे. 1. यार, 2. साथी
मित्रता (स्त्री.)
मित्रतापूर्ण (वि.)
मित्रता हो जाना दे. परचना
मित्रभाव दे. 1. मित्रता, 2. सौजन्य
मिथकीय दे. रहस्यपूर्ण
मिथ्या दे. 1. असत्य, 2. आधारहीन, 3. काल्पनिक, 4. निराधार
मिथ्या निरूपित करना दे. असिद्ध करना
मिथ्याचार दे. पाखंड
मिथ्याचारी दे. पाखंडी
मिथ्याडंबर दे. ढोंग
मिथ्याडंबरी दे. ढोंगी
मिथ्याप्रशंसक दे. चापलूस
मिथ्याभाषी दे. झूठा
मिथ्यावादी दे. झूठा
मिथ्याभिमान दे. अभिमान
मिथ्यास्तुति दे. चापलूसी
मिनट दे. पल
मिनटों में दे. शीघ्र
मिन्नत (स्त्री.)
मिन्नत दे. 1. चिरौरी, 2. प्रार्थना
मिन्नत करना दे. चिरौरी करना
मियाँ दे. पति
मियाँमिट्ठू दे. तोता
मियाँ-बीवी दे. दंपती
मियाद दे. अवधि
मिर्गी (स्त्री.)
मिर्च-मसाला लगाकर कहना दे. अतिरंजन करना
मिल दे. कारखाना
मिलकियत दे. 1. अधिकार, 2. स्वामित्व
मिल जाना (क्रिपद)
मिल जाना दे. इकट्ठा होना
मिलता-जुलता दे. 1. अनुरूप, 2. समान
मिलन (पुं.)
मिलन दे. समागम
मिलनसार (वि.)
मिलना (क्रि.)
मिलना दे. 1. इकट्ठा होना, 2. पाना
मिलनी दे. मिलन
मिलने-जुलनेवाला दे. संगी-साथी
मिलनेवाला दे. अतिथि
मिला दे. प्राप्त
मिला-जुला (वि.)
मिला-जुला दे. 1. पँचमेल, 2. मिश्रित, 3. संयुक्त
मिलान दे. एकीकरण
मिलाना (क्रि.)
मिलाप दे. मिलन
मिलाव दे. जोड़
मिला लेना दे. तोड़ लेना
मिलावट (स्त्री.)
मिलावट दे. मिश्रण
मिला हुआ दे. अंतर्गत
मिलावटी (वि.)
मिलीभगत दे. कुचक्र
मिलौनी दे. मिलावट
मिशनरी दे. धर्मप्रचारक
मिश्रण (पुं.)
मिश्रण करना दे. मिलाना
मिश्रित (वि.)
मिश्रित दे. 1. खोटा, 2. संयुक्त
मिश्रित करना दे. मिलाना

मिश्रित हो जाना दे. मिल जाना
मिष्ट दे. मधुर
मिष्टभाषी दे. मधुरभाषी
मिष्ठान दे. मिठाई
मिस दे. बहाना
मिसाल दे. उदाहरण
मिसाल के तौर पर दे. उदाहरणार्थ
मिस्त्री (पुं.)
मिस्त्री दे. कारीगर
मिहिर दे. सूरज
मीठा दे. 1. कर्णप्रिय, 2. मधुर, 3. मिठाई
मिट्टी दे. चुंबन
मीत दे. मित्र
मीन दे. मछली
मीनमेख दे. दोष
मीनाकारी (स्त्री.)
मीनाक्षी दे. सुलोचनी
मीनार (पुं.)
मीसना दे. चुप्पा
मुंडी दे. खोपड़ी
मुँदना (क्रि.)
मुँदना दे. बंद होना
मुँदरी दे. अँगूठी
मुंशी दे. लिपिक
मुँह (पुं.)
मुँह दे. 1. छिद्र, 2. छेद
मुँह काला करना दे. बलात्कार करना
मुँहचोरी दे. शर्म
मुँहचोर दे. 1. अनियंत्रित, 2. उद्धत
मुँहजला दे. बदज़बान
मुँहजोरी दे. उद्धतता
मुँहजोरी करना दे. झगड़ना
मुँहतोड़ दे. 1. करारा, 2. जबरदस्त
मुँह-दर-मुँह दे. सामने
मुँह न खोलना दे. चुप रहना
मुँह पर दे. 1. खुल्लम-खुल्ला, 2. सामने
मुँहफट दे. 1. अक्खड़, 2. मुखर, 3. स्पष्टवादी
मुँह बंद रखना दे. चुप रहना
मुँह भराई दे. रिश्वत
मुँह बाए हुआ दे. चकित
मुँह बा देना दे. चकित होना
मुँह मोड़ लेना दे. उपेक्षा करना
मुँह लगा दे. उद्धत
मुँहामुँही करना दे. झगड़ना
मुअत्तल दे. निलंबित
मुअत्तली दे. निलंबन
मुआफिक दे. अनुकूल
मुलायना दे. जाँच
मुआयनाकर्ता दे. निरीक्षक
मुआवजा दे. क्षतिपूर्ति
मुकदमा दे. 1. अभियोग, 2. वाद
मुकदमा करना दे. दावा करना
मुकदमेबाज (पुं.)
मुकदमेबाजी (स्त्री.)
मुकद्दर दे. भाग्य
मुकद्दस दे. पवित्र
मुकम्मल दे. पूरा
मुकरना दे. अस्वीकार करना
मुकर्रर दे. 1. नियत, 2. नियुक्त
मुकर्ररी दे. नियुक्ति
मुकाबला दे. 1. तुलना, 2. प्रतिद्वंद्विता, 3. प्रतिरोध, 4. संघर्ष
मुकाबला करना दे. 1. संघर्ष करना, 2. सामना करना
मुकाबले में दे. आमने-सामने
मुकाम दे. 1. गंतव्य, 2. पड़ाव, 3. स्थान
मुकुंद दे. कृष्ण
मुकुट (पुं.)
मुकुर दे. शीशा
मुकुर जाना दे. मुकुरना
मुकुरना (क्रि.)
मुकुल दे. कली
मुक्का (पुं.)
मुक्का-मुक्की दे. 1. धौल-धप्पड़, 2. मार-पीट
मुक्केबाज (पुं.)
मुक्केबाजी (स्त्री.)
मुक्त (वि.)
मुक्त दे. 1. खुला, 2. स्वतंत्र
मुक्तक दे. कविता
मुक्तदोष दे. निर्दोष
मुक्तहस्त दे. 1. अपव्ययी, 2. उदार
मुक्ता दे. मोती
मुक्ति दे. 1. उद्धार, 2. छुटकारा, 3. मोक्ष, 4. स्वतंत्रता
मुक्तिदाता दे. उद्धारकर्ता
मुक्ति दिलाना दे. उद्धार करना
मुक्ति मिलना दे. छुटकारा मिलना
मुख दे. 1. चेहरा, 2. मुँह
मुखच्छद दे. मुखौटा
मुखड़ा दे. 1. चेहरा, 2. मुँह
मुखबिर दे. जासूस
मुखबिरी दे. जासूसी
मुखमंडल दे. 1. चेहरा, 2. शक्ल
मुखर (वि.)
मुखस्थ करना दे. रटना

मुखाकृति दे. 1. चेहरा, 2. नाक-
नक्शा, 3. मुँह, 4. शक्ल
मुखापेक्षी दे. निर्भर
मुखारविंद दे. मुँह
मुखारी दे. मुँह
मुखालिफ दे. विरोधी
मुखालिफत दे. विरोध
मुखावरण दे. मुखौटा
मुखिया (पुं.)
मुखिया दे. नेता
मुखियाई दे. नेतृत्व
मुखौटा (पुं.)
मुख़्तलिफ दे. विभिन्न
मुख़्तार दे. 1. कर्ता, 2. वकील
मुख्य (वि.)
मुख्य दे. 1. नेता, 2. चर्चित,
3. प्रतिष्ठित, 4. प्रधान
मुख्यतः दे. विशेषतः
मुख्यतया दे. विशेषतः
मुख्यता दे. 1. प्रधानता,
2. महत्त्व
मुगालता दे. भ्रांति
मुख्य पृष्ठ दे. आवरण-पृष्ठ
मुगालता दे. भ्रांति
मुग्ध (वि.)
मुग्ध दे. 1. आकृष्ट, 2. आसक्त
मुग्ध करना (क्रिपद)
मुग्ध करना दे. रिझाना
मुग्धकारी दे. आकर्षक
मुच्छकटा (वि.)
मुचलका दे. जमानत
मुच्छमुंडा दे. मुच्छकटा
मुच्छल (वि.)
मुछंदर दे. मुच्छल
मुजरिम दे. अपराधी
मुटाई दे. मुटापा
मुटापा (पुं.)
मुटासा दे. अभिमानी
मुट्ठा दे. हत्था
मुट्ठी (स्त्री.)
मुट्ठी दे. पकड़
मुट्ठी-भर (क्रिवि.)
मुट्ठी-भर दे. कुछ
मुठभेड़ दे. टक्कर
मुठिया दे. हत्था
मुड़ना दे. 1. घूमना, 2. लौटना
मुतबन्ना दे. दत्तक पुत्र
मुतलक नहीं दे. बिल्कुल नहीं
मुतवल्ली दे. अभिभावक
मुतवातिर दे. लगातार
मुतसद्दी दे. लिपिक
मुताबिक दे. अनुसार
मुताह दे. विवाह
मुदर्रिस दे. अध्यापक
मुदर्रिसी दे. अध्यापन
मुदाखलत दे. हस्तक्षेप
मुदाखलत करना दे. हस्तक्षेप
करना
मुदित दे. 1. आनंदित, 2. प्रसन्न
मुद्दई दे. वादी
मुद्दत दे. अवधि
मुद्दा दे. विषय
मुद्दालेह दे. प्रतिवादी
मुद्रण (पुं.)
मुद्रणालय (पुं.)
मुद्रा (स्त्री.)
मुद्रिका दे. अँगूठी
मुद्रित करना दे. छापना
मुनादी दे. घोषणा
मुनादी करना दे. घोषणा करना
मुनाफा दे. लाभ
मुनाफाखोर (पुं.)
मुनाफाखोरी (स्त्री.)
मुनासिब दे. उचित
मुनि (पुं.)
मुनि दे. 1. ऋषि, 2. तपस्वी,
3. संत
मुनियाँ दे. बच्ची
मुनीन्द्र दे. मुनि
मुनीम (पुं.)
मुनीश दे. मुनि
मुनीश्वर दे. मुनि
मुन्ना दे. बच्चा
मुन्नूँ दे. बच्चा
मुफलिस दे. निर्धन
मुफलिसी दे. निर्धनता
मुफीद दे. उपयोगी
मुफ्त (वि.)
मुफ्तखोर दे. परजीवी
मुफ्त में (क्रिवि.)
मुबारक दे. शुभ
मुबारकबाद दे. 1. बधाई,
2. शुभकामना
मुबारकबादी दे. बधाई
मुबालगा दे. अतिरंजन
मुबाहिसा दे. वादविवाद
मुमकिन दे. संभव
मुमाखी दे. मधुमक्खी
मुमानियत दे. 1. निषेध,
2. प्रतिबंध
मुरछल दे. चँवर
मुरझाना (क्रि.)
मुरमुरा दे. करारा
मुरली दे. बाँसुरी
मुरलीधर दे. कृष्ण
मुरलीमनोहर दे. कृष्ण
मुरव्वत दे. ध्यान
मुरव्वती दे. सहनशील

मुराद दे. इच्छा
मुरारी दे. कृष्ण
मुर्दा दे. शव
मुलतवी करना दे. टालना
मुलाकात दे. अतिथि
मुलाजमत दे. नौकरी
मुलाजिम दे. कर्मचारी
मुलायम दे. कोमल
मुलायमियत दे. 1. कोमलता, 2. नरमी
मुलाहिजा दे. ध्यान
मुल्क दे. देश
मुल्की दे. देसी
मुल्तवी दे. स्थगित
मुल्तवी करना दे. स्थगित करना
मुवक्किल दे. ग्राहक
मुशायरा दे. कवि-सम्मेलन
मुश्क दे. गंध
मुश्किल दे. 1. कठिन, 2. कठिनाई
मुश्किलाहट दे. कठिनाई
मुश्त दे. मुट्ठी
मुष्टि दे. मुट्ठी
मुष्टिप्रहार दे. मुक्का
मुष्टियुद्ध दे. मुक्केबाजी
मुसना दे. सड़ना
मुसलमान (पुं.)
मुसलमानी करना दे. सुन्नत करना
मुसाफिर दे. यात्री
मुसाफिरखाना दे. 1. अतिथि-भवन, 2. प्रतीक्षालय
मुसाफिर दे. यात्री
मुसाहिब दे. दरबारी
मुसीबत दे. 1. कष्ट, 2. विपत्ति
मुसीबत का मारा दे. 1. दुखी, 2. संकटग्रस्त
मुसीबतजदा दे. दुखी

मुस्कराना दे. हँसना
मुस्कराहट दे. हँसी
मुस्कान दे. हँसी
मुस्काना दे. हँसना
मुस्टंडा दे. गुंडा
मुस्टंडापन दे. गुंडई
मुस्तैद दे. 1. उद्यत, 2. तैयार
मुस्तैदी दे. 1. उद्यतता, 2. कटिबद्धता
मुस्लिम दे. मुसलमान
मुहर्रमी दे. उदास
मुहर्रिर दे. लिपिक
मुस्तकिल दे. स्थायी
मुहताज दे. असहाय
मुहब्बत दे. प्रेम
मुहब्बती दे. प्रेमी
मुहल्ला (पुं.)
मुहाना दे. उद्गम
मुहाल दे. कठिन
मुहिम दे. लड़ाई
मुहूर्त (पुं.)
मुहैया करना दे. प्रबंध करना
मूँड़ना दे. 1. ठगना, 2. धोखा देना
मूँदना दे. बंद करना
मूक (वि.)
मूक दे. चुप
मूकता (स्त्री.)
मूक हो जाना दे. चुप रहना
मूछोंवाला दे. मुच्छल
मूजी दे. निर्दय
मूठ दे. हत्था
मूढ़ दे. मूर्ख
मूतना (क्रि.)
मूरत दे. मूर्ति
मूर्ख (वि. पु.)

मूर्ख दे. 1. अविवेकी, 2. गधा, 3. बुद्धिहीन
मूर्खता दे. अज्ञान
मूर्च्छा (स्त्री.)
मूर्च्छा दे. 1. अचेतनता, 2. मिर्गी
मूर्च्छित (वि.)
मूर्च्छित दे. अचेत
मूर्त (वि.)
मूर्त रूप देना दे. बनाना
मूर्ति (स्त्री.)
मूर्ति दे. आकृति
मूर्तिकार (पुं.)
मूर्तिपूजक (पुं.)
मूर्तिपूजन दे. मूर्तिपूजा
मूर्तिपूजा (स्त्री.)
मूर्तिभंजक (पुं.)
मूर्धन्य दे. 1. महान, 2. श्रेष्ठ
मूल (वि.) दे. 1. आधारभूत, 2. पहला, 3. वास्तविक
मूल (पुं.) 1. आधार, 2. उद्गम, 3. जड़, 4. स्रोत
मूलतः दे. तत्त्वतः
मूल निवासी दे. आदिवासी
मूल पदार्थ दे. तत्त्व
मूलभूत दे. 1. आधारभूत, 2. मौलिक
मूलवस्तु दे. तत्त्व
मूलोच्छेदन दे. उन्मूलन
मूलोच्छेदित दे. उन्मूलित
मूल्य (पुं.)
मूल्य दे. महत्त्व
मूल्य निरूपण करना दे. आँकना
मूल्य-निर्धारण दे. मूल्यांकन
मूल्य बढ़ना (क्रि.)
मूल्यवान (वि.)
मूल्यवान दे. 1. अमूल्य, 2. महँगा

मूल्यवृद्धि होना दे. मूल्य बढ़ना
मूल्यांकन (पुं.)
मूल्यांकन दे. आलोचना
मूल्यांकन करना दे. 1. आँकना, 2. परखना
मूल्यांकनकर्ता दे. आलोचक
मूषक दे. चूहा
मूस दे. चूहा
मूसना दे. 1. चुराना, 2. ठगना
मूसलाधार पानी बरसना (क्रि.)
मुसीबत दे. आफत
मृग दे. हिरना
मृगचर्म दे. मृगछाला
मृगछाला (स्त्री.)
मृगजल दे. मृगमरीचिका
मृगतृष्णा दे. मृगमरीचिका
मृगनयनी (स्त्री.)
मृगनयनी दे. स्त्री
मृगमरीचिका (स्त्री.)
मृगया दे. शिकार
मृगलोचनी दे. 1. सुंदरी, 2. सुलोचनी, 3. स्त्री
मृगाक्षी दे. सुलोचनी
मृत (वि.)
मृत दे. हत
मृतक (पुं.)
मृतदेह दे. शव
मृतप्राय दे. मरणासन्न
मृतशरीर दे. शव
मृत्तिका दे. मिट्टी
मृत्यु (स्त्री.)
मृत्युकाल दे. अंतकाल
मृत्युंजय दे. 1. अमर, 2. शाश्वत
मृत्यु को प्राप्त होना दे. मरना
मृत्युदंड दे. फाँसी
मृत्युलोक दे. संसार
मृत्यु होना दे. मरना
मृदु दे. कोमल
मृदुता दे. कोमलता
मृदुल दे. कोमल
मृदुलता दे. 1. कोमलता, 2. नरमी
मेक-अप दे. सजावट
मेक-अप करना दे. सिंगार करना
मेखला (स्त्री.)
मेखला दे. 1. करधनी, 2. जंजीर
मेघनाद दे. गरज
मेघमाला दे. घटा
मेघमुक्त दे. निरभ्र
मेघरहित दे. 1. खुला, 2. निरभ्र
मेघशबल दे. मेघाच्छन्न
मेघाच्छन्न (वि.)
मेघाच्छादित दे. मेघाच्छन्न
मेघावली दे. घटा
मेघावृत दे. मेघाच्छन्न
मेघित दे. मेघाच्छन्न
मेजबानी (स्त्री.)
मेदा दे. पेट
मेदिनी दे. भूमि
मेधा दे. 1. प्रतिभा, 2. बुद्धि
मेधावी दे. 1. कुशाग्र बुद्धि, 2. तेज, 3. प्रतिभाशाली, 4. बुद्धिमान
मेमसाहब दे. स्त्री
मेमार दे. मिस्त्री
मेम्बर दे. सदस्य
मेरा (वि.)
मेरुदंड (पुं.)
मेल (पु.)
मेल दे. 1. एकता, 2. मिलन, 3. संधि, 4. संराधन, 5. समझौता, 6. समागम, 7. सामंजस्य
मेल खाना (क्रिपद)
मेलजोल दे. 1. घनिष्ठता, 2. पारस्परिकता, 3. मित्रता, 4. संबंध
मेल-मिलाप दे. 1. मित्रता, 2. संधि
मेल-मुहब्बत दे. प्रेम
मेला दे. उत्सव
मेली दे. मित्र
मेहनत दे. 1. परिश्रम, 2. प्रयत्न
मेहनत करना दे. परिश्रम करना
मेहनत-मजदूरी करना दे. परिश्रम करना
मेहनताना दे. पारिश्रमिक
मेहनती दे. 1. कर्मठ, 2. परिश्रमी, 3. प्रयत्नशील
मेहमान दे. अतिथि
मेहमानदारी दे. अतिथि-सत्कार
मेहमाननवाजी दे. अतिथि-सत्कार
मेहर दे. कृपा
मेहरबानी दे. कृपा
मेहरबानी करके दे. कृपया
मेहरबानी से दे. कृपया
मेहरारू दे. 1. पत्नी, 2. स्त्री
मेहरी दे. नौकरानी
मैखाना दे. मद्यशाला
मैगजीन दे. पत्रिका
मैडल दे. पदक
मैत्री दे. 1. मित्रता, 2. मेल, 3. सामंजस्य
मैत्री होना दे. परचना
मैथुन (पुं.)
मैदान दे. क्षेत्र

मैनेजर दे. व्यवस्थापक
मैयत दे. मृत्यु
मैया दे. माता
मैला दे. 1. गंदा, 2. विष्ठा
मैला करना दे. गंदा करना
मैला-कुचैला दे. गंदा
मोक्ष (पुं.)
मोक्ष दे. 1. उद्धार, 2. छुटकारा
मोक्षदाता दे. उद्धारकर्ता
मोक्ष मिलना दे. छुटकारा मिलना
मोखा दे. छिद्र
मोचन दे. छुटकारा
मोचित दे. खुला
मोटर दे. गाड़ी
मोटा (वि.)
मोटा दे. हृष्टपुष्ट
मोटा अनाज दे. कदन्न
मोटा-ताजा दे. मोटा
मोटापन (पुं.)
मोड़ दे. घुमाव
मोड़ना (क्रि.)
मोड़ना दे. घुमाना
मोढ़ा दे. कंधा
मोती (पुं.)
मोद दे. 1. आनन्द, 2. प्रसन्नता
मोदकारी दे. 1. आनन्ददायक, 2. सुहावना
मोमिन दे. मुस्लमान
मोर (पुं.)
मोरनी दे. मोर
मोरी दे. नाला
मोर्चा (पुं.)
मोर्चा दे. संघ
मोर्चा छोड़ना दे. पीछे हटना
मोल-चाल दे. मोल-भाव
मोल-तोल करना दे. मोल-भाव करना
मोल-भाव (पुं.)
मोल-भाव करना (क्रिपद)
मोल लेना दे. खरीदना
मोह दे. प्रेम
मोहक दे. आकर्षक
मोहन दे. 1. आकर्षक, 2. कृष्ण
मोहना दे. मुग्ध करना
मोहर (स्त्री.)
मोहलत दे. रियायत
मोहित दे. 1. आकर्षित, 2. आसक्त, 3. मुग्ध
मोहित करना दे. 1. मुग्ध करना, 2. ललचाना
मोहिनी डालना दे. मुग्ध करना
मोहिनी-शक्ति दे. आकर्षण
मौका दे. अवसर
मौकापरस्त दे. अवसरवादी
मौकापरस्ती दे. अवसरवादिता
मौक्तिक दे. मोती
मौखिक (वि.)
मौज दे. 1. आनन्द, 2. आमोद-प्रमोद, 3. मौज-मस्ती, 4. लहर
मौज उड़ाना दे. मजा लेना
मौज-पानी दे. मौज-मस्ती
मौज-मस्ती (स्त्री.)
मौज-मस्ती दे. आमोद-प्रमोद
मौज-मस्ती करना दे मजा लेना
मौज लूटना दे. मजा लेना
मौज लेना दे. मजा लेना
मौजी दे. सनकी
मौजू दे. उचित
मौजूद दे. 1. उपस्थित, 2. वर्तमान
मौजूदगी दे. 1. उपस्थिति, 2. वर्तमानता
मौत दे. मृत्यु
मौत की सजा दे. फाँसी
मौत के घाट उतारना दे. मारना
मौन दे. 1. चुप, 2. चुप्पी, 3. मूकता
मौन धारण करना दे. चुपचाप
मौन रहना दे. चुप रहना
मौर दे. मुकुट
मौरूसी दे. पैतृक
मौला दे. 1. ईश्वर, 2. स्वामी
मौलिक (वि.)
मौलिक दे. आधारभूत
मौसम दे. ऋतु
मौसमी (वि.)
म्यूजियम दे. संग्रहालय
म्रियमाण दे. मरणासन्न
म्लान दे. उदास
म्लानता दे. उदासी
म्लान होना दे. मुरझाना
म्लेच्छ दे. 1. अनाथ, 2. विधर्मी
यंत्र (पुं.)
यंत्र दे. उपकरण
यंत्रणा दे. 1. कष्ट, 2. पीड़ा
यंत्रविद दे. कारीगर
यंत्रालय दे. कारखाना
यकसाँ दे. एक-सा
यकीन दे. 1. भरोसा, 2. विश्वास
यक्ष्मा दे. तपेदिक
यज्ञ (पुं.)
यज्ञोपवीत (पुं.)
यति दे. 1. तपस्वी, 2. मुनि, 3. साधु
यतीम दे. अनाथ
यतीमखाना दे. अनाथालय

यतीम दे. अनाथता
यत्न दे. 1. कर्मठता, 2. परिश्रम, 3. प्रयत्न
यत्न करना दे. दौड़-धूप करना
यत्नशील दे. 1. कर्मठ, 2. प्रयत्नशील
यत्र-तत्र दे. यहाँ-वहाँ
यथा दे. अर्थात्
यथातथ्य दे. ठीक
यथानियम दे. नियमानुसार
यथायोग्य दे. 1. उचित, 2. भरसक
यथारीति (क्रिवि.)
यथारीति दे. नियमानुसार
यथार्थ दे. 1. वास्तविक, 2. सत्य
यथार्थतः दे. वास्तव में
यथार्थता दे. 1. तथ्य, 2. वास्तविकता, 3. सत्य
यथार्थ में दे. सचमुच
यथार्थवादी दे. वास्तविक
यथावत् दे. 1. अपरिवर्तित, 2. यथारीति, 3. विधिवत्
यथाविधि दे. विधिवत्
यथाशक्ति दे. भरसक
यथेच्छ दे. मनमाना
यथेष्ट (वि.)
यथेष्टता दे. पर्याप्तता
यथेष्ट होना दे. पूरा पड़ना
यथोचित दे. 1. उचित, 2. पर्याप्त, 3. यथेष्ट
यदा-कदा दे. कभी-कभी
यदि (योजक)
यदुराज दे. कृष्ण
यद्यपि (योजक)
यमज दे. जुड़वाँ
यमलोक दे. 1. नरक, 2. पाताल
यव दे. जौ
यवन दे. मुसलमान
यवनिका दे. परदा
यश (पुं.)
यश दे. प्रसिद्ध
यश मिलना दे. श्रेय मिलना
यशस्कर दे. प्रसिद्ध
यशस्वी (वि.)
यशस्वी दे. प्रसिद्धि
यशोगान दे. 1. कीर्तन, 2. गुणगान
यष्टि दे. छड़ी
यहाँ (क्रिवि.)
यहाँ-वहाँ (क्रिवि.)
यहाँ-वहाँ दे. 1. छिटपुट, 2. सर्वत्र
या दे. अथवा
याचक दे. अथवा
याचक दे. भिखारी
याचना दे. 1. चिरौरी, 2. प्रार्थना, 3. माँग
याचना करना दे. 1. चिरौरी करना, 2. माँगना
याचिका दे. प्रार्थना-पत्र
याजक दे. पुरोहित
यातना दे. 1. कष्ट, 2. दुख, 3. पीड़ा
यातनाप्रद दे. दुखद
यातायात (पुं.)
यातायात दे. आवागमन
यात्रा (स्त्री.)
यात्री (पुं.)
याद दे. स्मरण
याद करना दे. रटना
यादगार दे. स्मृतिचिह्न
याददाश्त दे. स्मृति
याद दिलाना (क्रिपद)
याद रहनेवाला दे. स्मरणीय
यान दे. गाड़ी
यानी दे. अर्थात्
यापन करना दे. बिताना
याम दे. पहर
यामिनी दे. रात
यायावर दे. 1. घुमक्कड़, 2. बंजारा
यायावरी दे. घुमक्कड़ी
यार (पुं.)
यार दे. 1. मित्र, 2. सखी
यार-दोस्त दे. संगी-साथी
याराना दे. मित्रता
यारी दे. मित्रता
यावज्जीवन दे. आजीवन
यीशु दे. ईशा
युक्त दे. संलग्न
युक्ति (स्त्री.)
युक्ति दे. 1. उपाय, 2. कौशल
युक्ति देना दे. तर्क देना
युक्तिपूर्ण दे. युक्तियुक्त
युक्तियुक्त (वि.)
युक्तियुक्त दे. 1. उचित, 2. तर्कसंगत
युक्तिसंगत दे. युक्तियुक्त
युग (पुं.)
युगनिर्माता (पुं.)
युगपत (वि.)
युगपुरुष दे. युगनिर्माता
युगप्रवर्तक दे. 1. युगनिर्माता, 2. युगांतकारी
युगल दे. जोड़ा
युगांतकारी (वि.)
युद्ध दे. लड़ाई
युद्ध करना दे. 1. लड़ना, 2. संघर्ष करना

युद्धक्षेत्र दे. युद्धभूमि
युद्धभूमि (स्त्री.)
युद्धविराम (पुं.)
युद्धस्थल दे. युद्धभूमि
युरोपियन दे. फिरंगी
युवक (पुं.)
युवकोचित दे. बालसुलभ
युवती (स्त्री.)
युवराज दे. राजकुमार
युवा दे. जवान
युवाकाल दे. जवानी
युवावस्था दे. 1. जवानी, 2. यौवन
यूथ दे. 1. दल, 2. समूह
यूथिका दे. चमेली
येन-केन-प्रकारेण (क्रिवि.)
येन-केन-प्रकारेण दे. कैसे ही
येशु दे. ईशा
यों ही दे. 1. अकारण, 2. ऐसे ही, 3. झूठमूठ, 4. निष्प्रयोजन
योग दे. तप
योग करना दे. जोड़ लगाना
योगदान दे. अंशदान
योगाभ्यासी दे. तपस्वी
योगी दे. 1. तपस्वी, 2. साधु
योगेश्वर दे. कृष्ण
योग्य (वि.)
योग्य दे. 1. उचित, 2. उपयुक्त, 3. कुशल
योग्यता (स्त्री.)
योग्यता दे. पात्रता
योजना (स्त्री.)
योजनाबद्ध दे. आयोजित
योद्धा (पुं.)
योनि (स्त्री.)
योनिमार्ग दे. योनि

यौगिक दे. संयुक्त
यौवन (पुं.)
यौवन दे. जवानी
रंक दे. निर्धन
रंग (पुं.)
रंगकर्मी दे. चित्रकार
रंग-ढंग दे. 1. चरित्र, 2. चाल-चलन
रंगदार दे. रंगीन
रंगबिरंगा (वि.)
रंगबिरंगा दे. 1. रंगीन, 2. मिश्रित
रंगभूमि दे. 1. नाट्यशाला, 2. रंगमंच
रंगभेद दे. 1. अलगाव, 2. जातिवाद
रंगमंच (पुं.)
रंगमंडप दे. रंगमंच
रंग-रंगीला दे. रसिया
रंगरली दे. 1. आनन्द, 2. आमोद-प्रमोद
रंगरूट दे. नौसिखुआ
रंग-रूप दे. 1. चेहरा-मोहरा, 2. नाक-नक्शा
रंगरेली दे. आमोद-प्रमोद
रंगशाला दे. 1. नाट्यशाला, 2. रंगमंच
रंगहीन दे. वर्णहीन
रंगारंग (वि.)
रंगारंग दे. रंग-बिरंगा
रंगा हुआ दे. लथपथ
रंगीन (वि.)
रंगीन-मिजाज दे. रसिया
रंगीनी दे. 1. आमोद-प्रमोद, 2. छैलापन
रंगीला दे. 1. छैला, 2. बाँका

रंगीलापन दे. छैलापन
रंगौंधिया दे. वर्णांध
रंज दे. दुःख
रंज करना दे. कलपना
रंजन दे. मनोरंजन
रंजित दे. 1. रंगीन, 2. लथपथ
रंजिश दे. दुर्भावना
रंजीदा दे. 1. अप्रसन्न, 2. उदास, 3. क्रुद्ध
रंडा दे. रँडुआ
रंडापा (पुं.)
रंडी दे. 1. विधवा, 2. वेश्या
रंडी का कोठा दे. वेश्यालय
रंडीखाना दे. वेश्यालय
रंडीबाज (पुं.)
रंडीबाजी दे. वेश्यावृत्ति
रँडुआ (पुं.)
रँधना दे. फकना
रंध्र दे. 1. छिद्र, 2. छेद
रंध्र करना दे. छेदना
रई दे. मथानी
रईस दे. 1. धनी, 2. संपन्न
रईस लोग दे. अभिजात वर्ग
रईसी दे. धनाढ्यता
रकबा दे. विस्तार
रकम दे. पूँजी
रक्त (पुं.)
रक्त दे. लाल
रक्तपात (पुं.)
रक्तपायी दे. रक्तपिपासु
रक्तपिपासु (वि.)
रक्तपिपासु दे. 1. खूँखार, 2. निर्दय
रक्तरंजित (वि.)
रक्तवर्ण दे. लाल
रक्तवाहिनी दे. नाड़ी

रक्षक (पुं.)
रक्षण दे. 1. पालन, 2. रक्षा, 3. संरक्षण
रक्षा (स्त्री.)
रक्षा दे. 1. उद्धार, 2. देख-रेख
रक्षा करना दे. 1. अगोरना, 2. उद्धार करना, 3. बचाना
रक्षाकवच दे. तावीज
रक्षात्मक (वि.)
रक्षासूत्र दे. गंडा
रक्षित (वि.)
रक्षि दे. सुरक्षित
रखना दे. ठहराना
रखनी दे. रखेल
रख-रखाव दे. देख-रेख
रखवाला दे. रक्षक
रखवाली दे. 1. देखरेख, 2. रक्षा
रखवाली करना दे. अगोरना
रखा-पड़ा दे. पुराना
रखेल (स्त्री.)
रखेली दे. रखेल
रग दे. नाड़ी
रगड़ (स्त्री.)
रगड़ना (क्रि.)
रगड़ना दे. 1. घिसना, 2. मलना
रगड़ा दे. झमेला
रगड़ा-झगड़ा दे. झगड़ा
रगेदना दे. 1. खदेड़ना, 2. पीछा करना
रघुनंदन दे. राम
रघुपति दे. राम
रघुवीर दे. राम
रचना (स्त्री.)
रचना दे. 1. निर्माण, 2. बनावट, 3. सृष्टि
रचना करना दे. बनाना
रचनाकार दे. 1. निर्माता, 2. स्रष्टा
रचनात्मक (वि.)
रचना-शक्ति दे. प्रतिभा
रचनाशील दे. रचनात्मक
रचयिता (पुं.)
रचयिता दे. 1. निर्माता, 2. लेखक, 3. विधाता, 4. स्रष्टा
रचित दे. 1. निर्मित, 2. सृष्ट
रज दे. 1. धूल, 2. मिट्टी
रजत दे. चाँदी
रजनी दे. रात
रजनीश दे. चंद्रमा
रजा दे. इच्छा
रजामंद दे. इच्छुक
रजामंदी दे. अनुमति
रजिस्टर दे. पंजी
रजिस्टर्ड दे. पंजीकृत
रंजिस्ट्री करना दे. पंजीयन
रजोधर्म दे. मासिक धर्म
रटना (क्रि.)
रट लगाना दे. रटना
रट्टा दे. घोंटा
रण दे. लड़ाई
रणधीर दे. योद्धा
रणपोत दे. जंगी जहाज
रणशील दे. लड़ाकू
रणशीलता दे. लड़ाकूपन
रणस्थली दे. युद्धभूमि
रणांगण दे. युद्धभूमि
रत दे. 1. तन्मय, 2. मग्न
रतजग्गा दे. जागरण
रतनारा दे. लाल
रति दे. 1. प्रेम, 2. मैथुन
रतिक्रिया दे. मैथुन
रतिक्रीड़ा दे. मैथुन
रत्न (पुं.)
रत्नजड़ित दे. जड़ाऊ
रथी दे. अरथी
रद दे. 1. अवैध, 2. निरस्त
रद करना (क्रिपद)
रद करना दे. अस्वीकार करना
रद्द दे. 1. अस्वीकृत, 2. निरस्त
रद्दी दे. 1. अनुपयोगी, 2. कबाड़, 3. घटिया, 4. बेकार
रद्दीवाला दे. कबाड़ी
रद्दी सामान दे. कबाड़
रद्दोबदल दे. परिवर्तन
रनिवास दे. अंतःपुर
रपटना दे. फिसलना
रपटीला दे. फिसलवाँ
रफ दे. खुरदरा
रफल दे. शाल
रफा-दफा करना दे. निपटाना
रफूचक्कर हो जाना दे. 1. अंतर्धान हो जाना, 2. खिसकना, 3. गायब हो जाना
रफ्तार दे. गति
रफ्ता-रफ्ता दे. धीरे
रफ्तार बढ़ाना दे. तेज करना
रब दे. ईश्वर
रब्त-जब्त दे. घनिष्ठता
रब्त-जब्त होना दे. परचना
रमक दे. स्वाद
रमण दे. मैथुन
रमणी दे. स्त्री
रमणीक दे. 1. आनन्ददायक, 2. मनोरंजक, 3. रमणीय, 4. सुंदर
रमणीकता दे. सुंदरता

रमणीय (वि.)
रमणीय दे. 1. आनन्ददायक, 2. मनोरंजक, 3. सुन्दर
रमणीयता (स्त्री.)
रमता दे. घुमक्कड़
रमना दे. घूमना
रमा दे. लक्ष्मी
रम्य दे. रमणीय
रम्यता दे. रमणीयता
रत्न मिल जाना दे. परचना
रव दे. शब्द
रवाँ दे अभ्यस्त
रवानगी दे. प्रस्थान
रवाना होना दे. 1. चलना, 2. जाना, 3. छूटना
रवानी दे. प्रवाह
रवानीदार दे. सक्रिय
रवि दे. सूरज
रवैया दे. व्यवहार
रश्मि दे. किरण
रस (पुं.)
रसज्ञ दे. भावुक
रसद (स्त्री.)
रसदार (वि.)
रसना दे. जीभ
रसभरा दे. रसदार
रसभीना दे. रसदार
रसमय दे. रसदार
रस लेना दे. 1. चखना, 2. मजा लेना
रसविभोर दे. आनन्ददायक
रसहीन दे. 1. एकरस, 2. रूखा
रसहीनता दे. नीरसता
रसा दे. रस
रसाई दे. पहुँच
रसातल दे. 1. नरक, 2. पाताल
रसात्मक दे. रसदार
रसा-बसा दे. मिला-जुला
रसिक (वि.)
रसिक दे. 1. गुणग्राहक, 2. भावुक, 3. रसिया
रसिक बिहारी दे. कृष्ण
रसिया (पुं.)
रसिया दे. 1. बाँका, 2. भावुक, 3. मनचला
रसीद (स्त्री.)
रसीद दे. पहुँच
रसीला दे. 1. मधुर, 2. रसदार
रसूल दे. देवदूत
रसोइया (पुं.)
रसोइया दे. भंडारी
रसोई दे. रसोई-घर
रसोई-घर (पुं.)
रस्म दे. 1. औपचारिकता, 2. परंपरा
रस्म-रिवाज दे. परंपरा
रस्मी दे. 1. औपचारिक, 2. परंपरागत
रस्साकशी दे. 1. खींचतान, 2. संघर्ष
रहन-सहन (स्त्री.)
रहनुमा दे. 1. नेता, 2. मार्गदर्शक
रहनुमाई दे. नेतृत्व
रहनेवाला दे. 1. निवासी, 2. वासी
रहबर दे. नेता
रहम दे. दया
रहमत दे. कृपा
रहमदिल दे. दयालु
रहमदिली दे. दयालुता
रह-रहकर दे. कभी-कभी
रहस्य (पुं.)
रहस्य दे. अंत
रहस्य खुलना (क्रिपद)
रहस्यपूर्ण (वि.)
रहस्यमय दे. रहस्यपूर्ण
रहस्यवादी दे. रहस्यपूर्ण
रहस्यवेत्ता दे. मर्मज्ञ
रहस्यात्मक दे. रहस्यपूर्ण
रहस्योद्घाटन करना दे. भंडा फोड़ना
रहा-सहा दे. शेष
रहित दे. वंचित
राँड़ दे. विधवा
राकेश दे. चंद्रमा
राक्षस (पुं.)
राक्षस दे. प्रेत
राख (स्त्री.)
राख कर देना दे. फूँकना
राखी दे. राख
राग दे. 1. आसक्ति, 2. प्रेम
राग निकालना दे. गाना
रागी दे. आसक्त
राघव दे. राम
राज दे. राजगीर
राजकुमार (पुं.)
राजकुमारी (स्त्री.)
राजगीर (पुं.)
राजगीर दे. मिस्त्री
राजगृह दे. महल
राजत्व दे. सत्ता
राजदाँ दे. विश्वस्त
राजदूत दे. दूत
राजद्रोही दे. विद्रोही
राजनय दे. राजनीति
राजनयिक (वि.)
राजनीति (स्त्री.)
राजनीतिक (वि.)
राजनीतिज्ञ दे. राजनयिक

राजनेता दे. राजनयिक
राजपुत्र दे. राजकुमार
राजप्रासाद दे. महल
राजभवन दे. महल
राजमहल दे. महल
राजमहिषी दे. रानी
राजमिस्त्री दे. 1. मिस्त्री, 2. राजगीर
राजर्षि दे. ऋषि
राजसिक दे. राजसी
राजसी (वि.)
राजस्व-संबंधी दे. आर्थिक
राजहंस दे. हंस
राजा (पुं.)
राजाधिराज दे. राजा
राजी दे. इच्छुक
राजी करना (क्रिपद)
राजी-खुशी दे. 1. कुशल, 2. जानबूझकर, 3. स्वेच्छया
राजी होना दे. मानना
राजीव दे. कमल
राज्य (पुं.)
राज्य दे. देश
राज्यसात करना दे. जब्त करना
राढ़ दे. झगड़ा
राणा दे. राजा
रात (स्त्री.)
रात-दिन (क्रिवि.)
रात्रि दे. रात
रात्रिचर दे. राक्षस
राधारमण दे. कृष्ण
रानी (स्त्री.)
राम (पु.)
राम-कहानी दे. 1. आत्मकथा, 2. आप-बीती
राम चेरा दे. सेवक
रामबाण दे. अचूक
राय दे. 1. परामर्श, 2. मंत्रणा, 3. मत, 4. विचार
राय करना दे. परामर्श करना
रायज दे. प्रचलित
राय लेना दे. परामर्श करना
रायशुमारी दे. जनमत-संग्रह
रार दे. झगड़ा
राव दे. राजा
रावत दे. राजा
रावल दे. राजा
राशि (स्त्री.)
राशि दे. 1. परिमाण, 2. पूँजी, 3. समुच्चय
राशिकृत दे. इकट्ठा
राष्ट्र दे. 1. जाति, 2. देश, 3. राज्य
राष्ट्रप्रेम दे. देशभक्ति
राष्ट्रप्रेमी दे. देशभक्त
राष्ट्रभक्त दे. देशभक्त
राष्ट्रभक्ति दे. देशभक्ति
राष्ट्रीय दे. जातीय
रास दे. 1. पूँजी, 2. जमा-पूँजी, 3. लगाम
रास-रंग दे. मौज-मस्ती
रास-विलास दे. मौज-मस्ती
रास्ता दे. 1. उपाय, 2. मार्ग
रास्ता चलना दे. यात्रा करना
रास्ता ताकना दे. प्रतीक्षा करना
राह दे. 1. उपाय, 2. मार्ग
राहखर्च दे. मार्गव्यय
राहगीर दे. यात्री
राहचलता दे. यात्री
राहजन दे. चोर
राहत दे. छुटकारा
राह ताकना दे. प्रतीक्षा करना
राह दिखाना दे. मार्गदर्शन करना
राह-रस्म दे. औपचारिकता
राहित्य दे. अभाव
राही दे. यात्री
रिआया दे. प्रजा
रिकार्ड दे. कीर्तिमान
रिक्त दे. खाली
रिजल्ट दे. परिणाम
रिजिस्ट्रेशन दे. पंजीयन
रिझाना (क्रिवि.)
रिझा लेना दे. ललचाना
रिझाव दे. आकर्षण
रिपु दे. वैरी
रिपुता दे. वैर
रिपोर्टर दे. संवाददाता
रियाज दे. अभ्यास
रियायत (स्त्री.)
रियायत करना (क्रिपद)
रियासत दे. जागीर
रिरियाना दे. चिरौरी करना
रिलीजन दे. धर्म
रिवाज दे. 1. चलन, 2. ढंग, 3. परंपरा
रिवाल्वर दे. पिस्तौल
रिव्यू दे. आलोचना
रिश्ता दे. संबंध
रिश्तेदार (पुं.)
रिश्तेदारी दे. संबंध
रिश्वत (स्त्री.)
रिश्वतखोर (पुं.)
रिश्वतखोर दे. बेईमान
रिश्वतखोरी (स्त्री.)
रिश्वतखोरी दे. बेईमानी
रिस दे. क्रोध
रिसना दे. चूना

रिसर्च दे. अनुसंधान
रिसर्च करना दे. ढूँढ़ना
रिसाला दे. पत्रिका
रिसौहाँ दे. क्रुद्ध
रिस्क दे. जोखिम
रिस्की दे. जोखिम-भरा
रिहर्सल दे. अभ्यास
रिहाइश दे. आवास
रिहाइशी दे. आवासिक
रिहाई दे. छुटकारा
रिहा कर देना दे. छोड़ देना
रिहा करना (क्रिपद)
रीछ (पुं.)
रीढ़ की हड्डी दे. मेरुदंड
रीता दे. खाली
रीतापन दे. शून्यता
रीति दे. 1. औपचारिकता, 2. चलन, 3. ढंग, 4. परंपरा, 5. युक्ति
रीतिक दे. औपचारिक
रीति-रिवाज दे. परंपरा
रीतिबद्ध दे. अनियमित
रीस दे. नकल
रीस करना दे. नकल करना
रुंड दे. धड़
रुँधना दे. रुकना
रुआँसा दे. अश्रुपूर्ण
रुकना (क्रि.)
रुकना दे. ठहरना
रुक-रुककर दे. कभी-कभी
रुका दे. बंद
रुकावट दे. 1. पेरशानी, 2. प्रतिबंध, 3. बाधा
रुकावट डालना दे. 1. बाधा डालना, 2. रोकना
रुकावटी दे. बाधक
रुका हुआ दे. अवरुद्ध
रुका दे. 1. पत्र, 2. परचा, 3. पुर्जा, 4. सूचना
रुख दे. अभिवृत्ति
रुख बदलना दे. मोड़ना
रुखसत दे. छुट्टी
रुखसती दे. विदाई
रुखसार दे. गाल
रुखाई (स्त्री.)
रुखाई दे. 1. अशिष्टता, 2. नीरसता
रुग्ण दे. 1. अस्वस्थ, 2. बीमार
रुग्णता दे. रोग
रुचना दे. भाना
रुचि (स्त्री.)
रुचिकर दे. आकर्षक
रुचिर दे. 1. आकर्षक, 2. आनंददायक
रुचिविहीन दे. उदासीन
रुचिहीनता दे. उदासीनता
रुझान दे. 1. झुकाव, 2. रुचि
रुनझुन (स्त्री.)
रुतबा दे. पद
रुदन दे. विलाप
रुदन करना दे. रोना
रुद्ध दे. 1. अवरुद्ध, 2. बंद
रुद्धविकास दे. अविकसित
रुद्र दे. शिव
रुद्र दे. भयानक
रुधिर दे. रक्त
रुपया-पैसा दे. धन
रुपये-पैसेवाला दे. धनी
रुलाई दे. विलाप
रुलाना दे. परेशान करना
रुष्ट दे. 1. अप्रसन्न, 2. क्रुद्ध
रुष्ट हो जाना दे. क्रुद्ध होना
रुसवाई दे. बदनामी
रुसूख दे. व्यवहार
रूँधना दे. गूँधना
रूक्ष दे. 1. कर्कश, 2. खुरदरा, 3. जलहीन, 4. नीरस
रूक्षता दे. 1. अशिष्टता, 2. नीरसता, 3. रुखाई
रूखा (वि.)
रूखा दे. 1. अरुचिकर, 2. कर्कश, 3. खुरदरा, 4. नीरस
रूखापन दे. 1. नीरसता, 2. रुखाई
रूठ जाना दे. रूठना
रूठना (क्रि.)
रूढ़ (वि.)
रूढ़ दे. परंपरागत
रूढ़ि दे. परंपरा
रूढ़िगत (वि.) 1. परंपरागत, 2. परंपरावादी, 3. संकीर्ण
रूढ़िवादी (वि.)
रूप दे. 1. आकृति, 2. शुक्ल, 3. सुन्दरता
रूप भरना दे. नाटक करना
रूप-रंग दे. स्वरूप
रूपरेखा (स्त्री.)
रूपरेखा दे. आकृति
रूपवंत दे. सुंदर
रूपवती दे. सुंदरी
रूपवान दे. सुंदर
रूपसज्जा दे. सजावट
रूपसी दे. सुंदरी
रूपहीन. दे. निराकार
रूपांतर दे. परिवर्तन
रूपांतरण करना दे. बदलना
रूपांतरित दे. परिवर्तित
रूपांतरित करना दे. बदलना
रूपा दे. चाँदी

रूपायित करना दे. कार्यान्वित करना
रूबरू दे. आमने-सामने
रूम दे. कमरा
रेंक (स्त्री.)
रेंगना दे. सरकना
रेखांकित (वि.)
रेखा (स्त्री.)
रेखा दे. लकीर
रेखाकृति दे. रेखाचित्र
रेखाचित्र (पुं.)
रेगिस्तान (पुं.)
रेचक (वि.)
रेचक दे. दस्तावर
रेचनकारी दे. दस्तावर
रेजगारी (स्त्री.)
रेजगारी दे. बाल-बच्चे
रेजगी दे. रेजगारी
रेट दे. भाव
रेढ़ दे. खंडहर
रेणु दे. रेत
रेणुका दे. रेत
रेत (स्त्री.)
रेतना दे. 1. काटना, 2. घिसना, 3. चीरना
रेतीला (वि.)
रेल दे. गाड़ी
रेलपेल दे. धक्कम-धक्का, 2. भीड़
रेला दे. 1. भीड़, 2. समूह
रेवड़ दे. 1. झुंड, 2. समूह
रेशम (पुं.)
रेशमी (वि.)
रेशमी दे. कोमल
रेशा दे. 1. रोआँ, 2. तंतु
रेहन दे. अमानत
रैतिक दे. औपचारिक
रैन दे. रात
रैयत दे. प्रजा
रोंगटा दे. रोआँ
रोआँ (पुं.)
रोएँदार (वि.)
रोक दे. 1. आड़, 2. निषेध, 3. प्रतिबंध, 4. बंधन, 5. रोक-थाम
रोक-टोक दे. रोक-थाम
रोकड़ दे. नकदी
रोक-थाम (स्त्री.)
रोक-थाम दे. 1. नियंत्रण, 2. निवारण
रोकथाम करना दे. 1. नियंत्रित करना, 2. रोकना
रोक देना दे. रोकना
रोकना (क्रि.)
रोकना दे. निषेध करना
रोग (पुं.)
रोगग्रस्त दे. 1. अस्वस्थ, 2. बीमार
रोगन दे. रंग
रोगमुक्त दे. स्वस्थ
रोगाणु दे. कीड़ा
रोगी (पुं.)
रोगी दे. बीमार
रोचक (वि.)
रोचक दे. मनोरंजक
रोज (पुं.) दे. 1. दिन (क्रिवि.), 2. नित्य
रोजमर्जा दे. प्रतिदिन
रोज-रोज दे. 1. नित्य, 2. प्रतिदिन
रोजा दे. 1. उपवास, 2. व्रत
रोजाना दे. प्रतिदिन
रोजी दे. जीविका
रोजी कमाना दे. जीविका चलाना
रोजी-रोटी दे. जीविका
रोटी (स्त्री.)
रोटी दे. जीविका
रोटी चलाना दे. जीविका चलाना
रोड़ा दे. 1. बाधा, 2. विघ्न
रोड़ा अटकाना दे. बाधा डालना
रोड़ी (स्त्री.)
रोदन दे. विलाप
रोध दे. बाधा
रोना (क्रि.)
रोना (पुं.) दे. आपबीती
रोना (क्रि.) दे. 1. कलपना, 2. पछताना
रोना-कलपना दे. विलाप
रोना-धोना दे. 1. आपबीती, 2. रोना, 3. विलाप
रोना-पीटना दे. 1. चीखना, 2. रोना
रोब (पुं.)
रोब-दाब दे. रोब
रोबदार दे. रोबीला
रोबीला (वि.)
रोम दे. रोआँ
रोमहर्षक दे. 1. भयानक, 2. रोमांचक
रोमांच (पुं.)
रोमांचक (वि.)
रोमांच-भरा दे. रोमांचक
रोमांच होना (क्रिपद)
रोमांचित (वि.)
रोमांचित होना दे. रोमांच होना
रोयाँ दे. रोआँ
रोशन दे. दीप्त
रोशन करना दे. जलाना

रोशनदान (पुं.)
रोशनाई दे. स्याही
रोशनी दे. प्रकाश
रोशनी करना दे. जलाना
रोष दे. क्रोध
रोहित दे. लाल
रौंद देना दे. कुचलना
रौंदना दे. कुचलना
रौंदा हुआ दे. दलित
रौ दे. 1. प्रवाह, 2. मनःस्थिति
रौजा दे. समाधि
रौद्र दे. 1. उग्र, 2. भयानक
रौनक दे. 1. चमक, 2. चहल-पहल
रौप्य दे. चाँदी
रौरव दे. भयानक
रौला दे. शोर
लंग दे. लंगड़ा
लंगड़ दे. लँगड़ा
लँगड़ा (वि.)
लँगड़ा कर चलना दे. लँगड़ाना
लँगड़ाना (क्रि.)
लँगड़ा-लूला दे. विकलांग
लँगर दे. भोज
लँगोट दे. लँगोटा
लँगोटा (पुं.)
लँगोटिया दे. घनिष्ठ
लँगोटिया यार दे. मित्र
लँगोटी दे. लँगोटा
लंघन दे. उपवास
लंघनीय (वि.)
लंघ्य दे. लंघनीय
लंच दे. छाक
लंठ दे. दुष्ट
लंठई दे. दुष्टता
लंड दे. लिंग
लंतरानी दे. डींग
लंप दे. दीया
लंपट दे. 1. कुमार्गी, 2. दुश्चरित्र, 3. व्यभिचारी
लंपटता दे. 1. भोगविलास, 2. व्यभिचार
लंबतडंग दे. लंबा
लंबरदार दे. मुखिया
लंबा (वि.)
लंबाई (स्त्री.)
लंबाई-चौड़ाई दे. विस्तार
लंबा-ऊँचा दे. लंबा
लंबान दे. लंबाई
लंबित दे. निलंबित
लंबी-चौड़ी हाँकना दे. गप हाँकना
लंबी हाँकना दे. डींग हाँकना
लंबू दे. लंबा
लंबे हो जाना दे. खिसकना
लंबोतरा दे. लंबा
लंबोदर दे. 1. गणेश, 2. तोंदवाला
लकड़ाना दे. अकड़ना
लकड़ी (स्त्री.)
लकदक दे. चमकीला
लकब दे. पदवी
लकलक दे. पतला
लकवा दे. पक्षाघात
लकीर (स्त्री.)
लकीर दे. रेखा
लकीर का फकीर दे. 1. आदर्शवादी, 2. रूढ़िवादी
लकुटी दे. छड़ी
लक्कड़ दे. लकड़ी
लक्ष दे. लाख
लक्षक दे. सूचक
लक्षण दे. 1. गुण, 2. चिह्न
लक्षणहीन दे. गुणहीन
लक्षणार्थ दे. अर्थ
लक्षित दे. प्रकट
लक्षित होना दे. दिखाई पड़ना
लक्षितार्थ दे. लक्ष्यार्थ
लक्ष्मी (स्त्री.)
लक्ष्मीपति दे. विष्णु
लक्ष्यहीन दे. उद्देश्यहीन
लक्ष्य दे. उद्देश्य
लक्ष्यार्थ (पुं.)
लखना दे. 1. देखना, 2. भाँपना
लखपति दे. धनी
लखोखा दे. लाख
लगन (स्त्री.)
लगन दे. लौ
लगना (क्रि.)
लगना दे. 1. अनुभव करना, 2. प्रतीत होना, 3. बंद होना
लगभग (क्रिवि.)
लगाई-बुराई करना दे. आग लगाना
लगातार (क्रिवि.)
लगातार दे. 1. धाराप्रवाह, 2. निरन्तर
लगातार चलनेवाला दे. अविच्छिन्न
लगा देना दे. बंद करना
लगाना दे. 1. उकसाना, 2. मलना, 3. बाँधना, 4. रोकना
लगाम (स्त्री.)
लगालगी दे. प्रतिद्वंद्विता
लगाव दे. 1. आसक्ति, 2. प्रेम, 3. संलग्नता, 4. संबंध
लगावट दे. आसक्ति
लगा हुआ दे. संलग्न

लगी दे. आसक्ति
लगी-बदी दे. लाग-डाँट
लग्गत दे. 1. मूल्य, 2. लागत
लग्गू-भग्गू दे. अनुयायी
लग्न दे. मुहूर्त
लघु दे. छोटा
लघुता दे. छुटाई
लघुत्व दे. छुटाई
लघुशंका करना दे. मूतना
लचक दे. लचीलापन
लचकदार दे. 1. लचीला, 2. लोचदार
लचकीला दे. लचीला
लचकौहाँ दे. लचीला
लचर दे. 1. अनुचित, 2. डाँवाँडोल, 3. दुर्बल
लचरपन दे. 1. अनौचित्य, 2. अर्थहीनता
लचलचा दे. ढीला
लचलचापन दे. ढील
लचीला (वि.)
लचीला दे. लोचदार
लचीलापन (पुं.)
लच्छेदार दे. आकर्षक
लजाना दे. शर्माना
लजालु दे. शर्मीला
लजीज दे. स्वादिष्ट
लज्जाजनक (वि.)
लज्जाजनक दे. अपमानजनक
लज्जान्वित दे. लज्जित
लज्जाप्रद दे. लज्जाजनक
लज्जायमान दे. लज्जित
लज्जावान दे. शर्मीला
लज्जाशील दे. शर्मीला
लज्जास्पद दे. लज्जाजनक
लज्जाहीन दे. निर्लज्ज

लज्जित (वि.)
लज्जित होना दे. शर्माना
लट (स्त्री.)
लटक जाना दे. मुरझाना
लटकाना (क्रि.)
लटका दे. 1. ढंग, 2. युक्ति
लटपटाना दे. लड़खड़ाना
लट्टू दे. 1. आसक्त, 2. आकृष्ट
लट्ठ दे. छड़ी
लट्ठबंद दे. लठैत
लट्ठबाज दे. लठैत
लट्ठमार दे. 1. अशिष्ट, 2. उग्र
लठैत (पुं.)
लड़कपन दे. बचपन
लड़का (पुं.)
लड़का दे. 1. पुत्र, 2. बच्चा
लड़की (स्त्री.)
लड़की दे. 1. कन्या, 2. पुत्री, 3. बच्ची
लड़कीवाला (पुं.)
लड़केवाला (पुं.)
लड़कैमा दे. बचपन
लड़खड़ाता दे. डाँवाँडोल
लड़खड़ाना (क्रि.)
लड़खड़ाना दे. डाँवाँडोल होना
लड़खड़ाया हुआ दे. काँपता हुआ
लड़ जाना दे. टकराना
लड़ना (क्रि.)
लड़ना दे. 1. झगड़ना, 2. टकराना, 3. संघर्ष करना
लड़ना-झगड़ना दे. लड़ना
लड़ना-भिड़ना दे. लड़ना
लड़ाई (स्त्री.)
लड़ाई करना दे. 1. झगड़ना, 2. लड़ना

लड़ाई का मैदान दे. युद्धभूमि
लड़ाई-झगड़ा दे. उपद्रव
लड़ाई-बंदी दे. युद्धविराम
लड़ाई लड़ना दे. संघर्ष करना
लड़ाका दे. 1. आक्रामक, 2. झगड़ालू
लड़ाकू (पुं.)
लड़ाकूपन (पुं.)
लड़ी दे. 1. क्रम, 2. जंजीर, 3. शृंखला
लड़ैत दे. लड़ाकू
लड़ैता दे. प्रिय
लत (स्त्री.)
लत दे. आदत
लतखोर (वि.)
लतखोर दे. कमीना
लतखोरा दे. 1. कमीना, 2. लतखोर
लत पड़ना दे. आदत पड़ना
लतर दे. लता
लता (स्त्री.)
लताकुंज दे. कुंज
लतागृह दे. कुंज
लताड़ दे. डाँट
लताड़ना दे. डाँटना
लतामंडप दे. कुंज
लतिका दे. लता
लतियल दे. लतखोर
लतीफा दे. चुटकुला
लत्ता दे. चिथड़ा
लथपथ (वि.)
लथपथ दे. गीला
लथेड़ना दे. गंदा करना
लथेड़ा हुआ दे. लथपथ
लद्धड़ दे. 1. आलसी, 2. सुस्त
लप जाना दे. झुकना

लपअ दे. लौ
लपना दे. झुकना
लपेट दे. मार
लपेटना (क्रि.)
लपेट लेना दे. फँसाना
लप्पड़ दे. चपत
लफँगई दे. गुंडई
लफंगा दे. 1. गुंडा, 2. व्यभिचारी
लफंगई दे. व्यभिचार
लफड़ा दे. झमेला
लफ्ज दे. शब्द
लफ्जी दे. शाब्दिक
लफ्फाजी दे. शब्दाडंबर
लब दे. होंठ
लबड़-धोंधों दे. झमेला
लबाड़ दे. बकवादी
लबाड़िया दे. बकवादी
लबादा (पुं.)
लबाब दे. सार
लबालब दे. पूरा
लबेद दे. कुरीति
लब्ध दे. प्राप्त
लब्धप्रतिष्ठ दे. 1. प्रतिष्ठित, 2. यशस्वी
लब्धि दे. उपलब्धि
लभना दे. मिलना
लभ्य दे. प्राप्य
लमहा दे. पल
लय (पुं.)
लयबद्ध दे. लयात्मक
लयात्मक (वि.)
लरजता हुआ दे. काँपता हुआ
लरजना दे. काँपना
ललक दे. इच्छा
ललकना दे. 1. चाहना, 2. तरसना
ललकार दे. चुनौती
ललकारना दे. 1. पुकारना, 2. सामना करना
ललचना दे. तरसना
ललचाना (क्रि.)
ललचाव दे. लालच
ललचौहाँ दे. आकर्षक
ललछौंहा दे. लाल
ललन दे. बच्चा
ललना दे. 1. सुंदरी, 2. स्त्री
लला दे. बच्चा
ललाट दे. माथा
ललाम दे. सुंदर
ललायित दे. जिज्ञासु
ललायित होना दे. चाहना
ललित दे. 1. कलात्मक, 2. सुंदर
लल्ला दे. बच्चा
लल्लो-चप्पो दे. चापलूसी
लल्लो-चप्पो करना दे. चापलूसी करना
लव दे. छोटा
लवना (क्रि.)
लवनित दे. नमकीन
लवलासी दे. प्रेमी
लवलीन दे. मग्न
लवलेश दे. कण
लवाजमा दे. साज-सामान
लवारा दे. बछड़ा
लवेरी (स्त्री.)
लश्कर दे. सेना
लसदार दे. चिपचिपा
लसलसा दे. 1. गिजगिजा, 2. चिपचिपा
लसलसाहट दे. चिपचिपाहट
लसीला दे. चिपचिपा
लस्टम-पस्टम दे. येन-केन-प्रकारेण
लस्त दे. 1. ढीला, 2. थका हुआ
लस्त-पस्त दे. थका हुआ
लस्सी दे. 1. छाछ, 2. मट्ठा
लहँगा (पुं.)
लहँड़ा दे. झुंड
लहक दे. चमक
लहकना दे. चमकना
लहकाना दे. चमकाना
लहजा दे. स्वर
लहनदार दे. महाजन
लहर (स्त्री.)
लहर दे. सनक
लहरदार दे. घुँघराला
लहर-बहर दे. समृद्धि
लहरा दे. लहर
लहराना दे. 1. झूमना, 2. नाचना
लहरिल दे. घुँघराला
लहरी दे. 1. लहर, 2. सनकी
लहलहाना दे. 1. खिलना, 2. पनपना
लहालोट दे. मुग्ध
लहू दे. रक्त
लहूलुहान (वि.)
लहूलुहान दे. रक्तरंजित
लाँघना (क्रि.)
लाँघना दे. कूद जाना
लांछन दे. कलंक
लांछन लगाना दे. कलंक लगाना
लांछित दे. कलंकित
लांछित करना दे. कलंक लगाना
लाइब्रेरी दे. पुस्तकालय
लाइलाज दे. असाध्य

लाइन दे. 1. पंक्ति, 2. रेखा, 3. लकीर
लाक्षणिक अर्थ दे. लक्ष्यार्थ
लाख (विपुं.)
लाखी दे. लाल
लाग-डाँट (स्त्री.)
लाग-डाँट दे. 1. प्रतिद्वंद्विता, 2. खींचतान
लागत (स्त्री.)
लागत दे. 1. खर्च, 2. मूल्य, 3. व्यय
लाग-लपेट दे. 1. विवक्षा, 2. वैर
लागू दे. 1. चालू, 2. प्रचलित
लागू होना (क्रिपद)
लाघवता दे. छुटाई
लाचार दे. 1. असहाय, 2. विवश
लाचार कर देना दे. बाध्य कर देना
लाचारी दे. 1. मजबूरी, 2. विवशता
लाज दे. 1. प्रतिष्ठा, 2. शर्म
लाज आना दे. शर्माना
लाजवाब दे. बेमिसाल
लाज में डूब मरना दे. शर्माना
लाजिम दे. अनिवार्य
लाजिमी दे. आवश्यक
लाठी दे. छड़ी
लाड़ दे. प्रेम
लाड़-प्यार दे. प्रेम
लाड़-प्यार करना दे. दुलारना
लाड़ला दे. प्रिय
लात दे. टाँग
लाद दे. पेट
लानत दे. 1. डाँट, 2. धिक्कार
लानत भेजना दे. डाँटना
लानत-मलामत करना दे. डाँटना

लापता दे. लुप्त
लापरवाह दे. असावधान
लापरवाही दे. असावधानता
लापरवाही दिखाना दे. उपेक्षा करना
लाभ (पुं.)
लाभ दे. 1. उपयोगिता, 2. कल्याण
लाभकर दे. लाभप्रद
लाभकारी दे. 1. उपयोगी, 2. कल्याणकारी
लाभदायक दे. 1. उपयोगी, 2. गुणकारी, 3. लाभप्रद
लाभदायी दे. लाभप्रद
लाभप्रद (वि.)
लाभप्रद दे. 1. उपयोगी, 2. कल्याणकारी
लाभप्रदता दे. बुरा-भला
लाभालाभ दे. लाभ-हानि
लाम दे. सेना
लायक दे. योग्य
लायकियत दे. योग्यता
लायकी दे. योग्यता
लार दे. थूक
लारी दे. गाड़ी
लाल (वि.)
लाल दे. रत्न
लालच (पुं.)
लालची (वि.)
लालन-पालन दे. पालन
लालन-पालन करनेवाला दे. पालक
लाल-पीला होना दे. आग बबूला होना
लाल-पीली आँखें दिखाना दे. घूरना

लाल फीतेशाही दे. दीर्घसूत्रता
लाल बुझक्कड़ दे. मूर्ख
लालमणि दे. मणिक
लालसा दे. 1. इच्छा, 2. जिज्ञासा, 3. लालच
लालसा होना दे. चाहना
लाल हो जाना दे. 1. गर्म हो जाना, 2. क्रुद्ध हो जाना
लालायित दे. उत्सुक
लालायित होना दे. 1. उत्सुक होना, 2. तरसना
लालित्य दे. सुंदरता
लावण्य दे. सुंदरता
लावलश्कर (पुं.)
लावाँ-फेटे दे. विवाह
लावारिस (वि.)
लावारिसी दे. लावारिस
लाश दे. शव
लासा दे. चारा
लासानी दे. अद्वितीय
लास्य दे. नाच
लिंग (पुं.)
लिंगेंद्रिय दे. लिंग
लिक्खाड़ दे. लेखक
लिखत-पढ़त दे. लिखा-पढ़ी
लिखना (क्रि.)
लिखा-पढ़ा दे. शिक्षित
लिखा-पढ़ी (स्त्री.)
लिखावट दे. हस्तलेख
लिखित (वि.)
लिजलिजा दे. चिपचिपा
लिट्टी दे. रोटी
लिपट जाना दे. आलिंगन करना
लिपटना (क्रि.)
लिपटना दे. चिपकना

लिपिक (पुं.)
लिपिकार दे. लिपिक
लिपिबद्ध दे. लिखित
लिपिबद्ध करना दे. लिखना
लिप्त दे. 1. असक्त, 2. संबद्ध
लिप्तता दे. आसक्ति
लिप्सा दे. लालच
लिप्सू दे. लालची
लिबड़ा हुआ दे. लथपथ
लिबलिबा दे. चिपचिपा
लिबास दे. 1. परिधान, 2. पोशाक
लियाकत दे. योग्यता
लिसलिसा दे. चिपचिपा
लिहाज दे. ध्यान
लिहाज करना दे. ध्यान रखना
लिहाजा दे. अतः
लिहाड़ा दे. दुष्ट
लिहाड़ी दे. मजाक
लिहाड़ी लेना दे. उपहास करना
लीक दे. रेखा
लीचड़ दे. सुस्त
लीडर दे. नेता
लीनता दे. मग्नता
लीन हो जाना दे. मग्न होना
लीपना दे. मलना
लीप-पोतकर बराबर करना दे. नष्ट कर देना
लीलना दे. खाना
लीला दे. 1. करतब, 2. खेल
लीलाधारी दे. करतबी
लुंगी (स्त्री.)
लुंज दे. विकलांग
लुंज-पुंज दे. विकलांग
लुंड दे. धड़
लुंडा दे. पुच्छहीन

लुआब दे. थूक
लुकना दे. छिपना
लुकाव दे. छिपाव
लुकाव-छिपाव दे. छिपाव
लुका-छिपी (स्त्री.)
लुक्मा दे. कोर
लुगत दे. कोश
लुगदी दे. गूदा
लुगाई दे. 1. पत्नी, 2. रखेल, 3. स्त्री
लुगाईबाज दे. व्यभिचारी
लुच्चई दे. दुष्टता
लुच्चा दे. 1. गुंडा, 2. दुष्ट
लुच्चापन दे. 1. गुंडई, 2. दुष्टता
लुटाऊ दे. अपव्ययी
लुटाना दे. अपव्यय करना
लुटेरा दे. चोर
लुढ़क जाना दे. गिरना
लुढ़कना (क्रि.)
लुतरई दे. निन्दा
लुतरा दे. निंदक
लुत्फ दे. आनंद
लुत्फ लेना दे. मजा लेना
लुप्त (वि.)
लुप्त दे. 1. अंतर्धान, 2. गायब
लुप्त हो जाना दे. 1. अंतर्धान हो जाना, 2. गायब हो जाना
लुब्ध दे. 1. आकर्षित, 2. आसक्त, 3. मुग्ध
लुब्बे-लबाब दे. सार
लुभाऊ दे. आकर्षक
लुभा लेना दे. 1. मुग्ध करना, 2. रिझाना, 3. ललचाना
लुभावना दे. 1. आकर्षक, 2. रोचक, 3. सुहावना

लूट (स्त्री.)
लूट-खसोट दे. लूट
लूटना दे. 1. छीनना, 2. धोखा देना
लूट-पाट दे. लूट
लूटमार दे. 1. चोरी, 2. छूट
लूट लेना दे. छीनना
लूला दे. विकलांग
लूलू दे. मूर्ख
लेंहड़ा दे. झुंड
लेई-पूँजी दे. 1. पूँजी, 2. सब कुछ
लेकिन दे. परंतु
लेक्चर दे. भाषण
लेक्चर देना दे. भाषण देना
लेख दे. निबन्ध
लेखक (पुं.)
लेखक दे. रचयिता
लेखनी दे. कलम
लेखपाल दे. मुनीम
लेखबद्ध दे. लिखित
लेखा दे. 1. वर्णन, 2. विवरण
लेख्य दे. 1. कागज-पत्र, 2. दस्तावेज
लेटना (क्रि.)
लेनदार दे. महाजन
लेन-देन दे. 1. महाजनी, 2. विनिमय
लेना-देना दे. महाजनी
लेबर दे. मजदूर
ले लेना दे. 1. पाना, 2. स्वीकार करना
लेशमात्र दे. जरा-सा
लेसदार दे. चिपचिपा
लोंदा दे. ढेला
लोई दे. 1. कंबल, 2. शाल

लोक दे. 1. जनतंत्र, 2. प्रजातंत्र
लोकतांत्रिक दे. प्रजातांत्रिक
लोक-परलोक (पुं.)
लोकप्रिय (वि.)
लोकमत दे. जनमत
लोकलज्जा दे. शर्म
लोक-लाज दे. शर्म
लोकहित दे. जनहित
लोकाचार (पुं.)
लोकाचार दे. 1. औपचारिकता, 2. परंपरा
लोकातीत दे. अलौकिक
लोकापवाद दे. बदनामी
लोकार्पण दे. उद्घाटन
लोकार्पित दे. उद्घाटित
लोकोक्ति (स्त्री.)
लोकोत्तर दे. चमत्कारिक
लोग दे. 1. जन, 2. जनता
लोच दे. लचीलापन
लोचदार (वि.)
लोचदार दे. लचीला
लोचन दे. आँख
लोथ दे. शव
लोप दे. 1. अंतर्धान, 2. क्षय
लोप हो जाना दे. 1. अंतर्धान हो जाना, 2. खिसकना
लोफर दे. 1. आवारा, 2. घुमक्कड़
लोभ दे. लालच
लोभी दे. लालची
लोम दे. रोआँ
लोमश दे. रोएँदार
लोलुप दे. लालची
लोलुपता दे. लालच
लोहा लेना दे. 1. संघर्ष करना, 2. सामना करना

लोहित दे. लाल
लौंडा दे. 1. पुत्र, 2. बच्चा, 3. लड़का
लौंडिया दे. लड़की
लौंडी दे. 1. नौकरानी, 2. बच्ची
लौंद का महीना दे. मलमास
लौ (स्त्री.)
लौ दे. लगन
लौकिक दे. 1. औपचारिक, 2. सांसारिक
लौकिकता दे. सांसारिकता
लौट आना दे. लौटना
लौटना (क्रि.)
लौटना दे. पीछे मुड़ना
लौड़ा दे. लिंग
वंचक दे. 1. छली, 2. धूर्त, 3. धोखेबाज
वंचकता दे. धूर्तता
वंचन दे. धोखा
वंचना दे. धोखा
वंचित (वि.)
वंचित करना दे. छलना
वंचित होना दे. चूकना
वंटन दे. बँटवारा
वंदनीय (वि.)
वंध्य दे. 1. अनुपजाऊ, 2. ऊसर
वंश दे. 1. कुल, 2. परिवार
वंशगत दे. पारिवारिक
वंशज (पुं.)
वंशपरंपरागत दे. पैतृक
वंशवृक्ष (पुं.)
वंशागत दे. पैतृक
वंशानुगत दे. पैतृक
वंशावली दे. वंशवृक्ष
वंशी दे. बाँसुरी
वंशीधर दे. कृष्ण

वंशोत्पन्न दे. वंशज
व दे. और
वकालत (स्त्री.)
वकील (पुं.)
वक्त दे. 1. अवकाश, 2. अवसर, 3. समय
वक्त गुजारना दे. काल यापन करना
वक्तव्य (पुं.)
वक्ता (पुं.)
वक्ती दे. 1. प्रासंगिक, 2. सामयिक
वक्तृता दे. भाषण
वक्तृता दे. भाषण करना
वक्र दे. 1. टेढ़ा, 2. तिरछा
वक्रतुंड दे. गणेश
वक्षस्थल दे. छाती
वचः (पुं.)
वचन दे. कथन
वचनबद्ध (वि.)
वचनभंग (पुं.)
वचनलोप दे. मूकता
वजन दे. भार
वजन करना दे. तौलना
वजनदार दे. भारी
वजनी दे. भारी
वजह दे. कारण
वजारत दे. मंत्रिमंडल
वजीर दे. मंत्री
वजूद दे. सत्ता
वज्रपाणि दे. इंद्र
वज्रहृदय (वि.)
वज्राघात दे. आघात
वणिक दे. व्यापारी
वणिज दे. व्यापारी
वतन दे. 1. देश, 2. मातृभूमि

वत्स दे. बच्चा
वत्सर दे. वर्ष
वत्सल दे. प्रिय
वदान्य दे. 1. उदार, 2. दयालु
वदान्यता दे. दयालुता
वध दे. हत्या
वध करना दे. 1. गला काटना, 2. मारना, 3. हत्या करना
वधशाला दे. कसाई-खाना
वधस्थली दे. कसाई-खाना
वधिक दे. हत्यारा
वधू दे. बहू
वन (पुं.)
वनमानुष (पुं.)
वनवास दे. देश-निकाला
वनस्पति दे. तरकारी
वनिता दे. स्त्री
वन्य दे. जंगली
वपु दे. 1. काया, 2. शरीर
वफा दे. निष्ठा
वबा दे. महामारी
वबाल दे. झमेला
वमन दे. 1. उलटी, 2. कै
वयःसंधि दे. जवानी
वय दे. आयु
वयस दे. आयु
वयस्क (पुं.)
वयस्क दे. 1. प्रौढ़, 2. युवक
वयोवृद्ध दे. बूढ़ा
वरंच दे. परंतु
वर दे. 1. वरदान, 2. दूल्हा, 3. पति
वरक दे. पन्ना
वर-कन्या दे. दंपती
वरण दे. चुनाव
वरण करना दे. चुनना

वरणीय (वि.)
वरद दे. भाग्यवान
वरदान (पुं.)
वरन दे. अथवा
वरना दे. अथवा
वरपक्ष दे. लड़केवाला
वरयात्रा दे. बारात
वरसखा दे. सहबाला
वरांगना दे. सुंदरी
वरिष्ठ दे. बड़ा
वरीय दे. वरणीय
वरीयता (स्त्री.)
वरेण्य दे. वरणीय
वर्कशाप दे. कारखाना
वर्ग (पुं.)
वर्ग दे. 1. कक्षा, 2. झुंड, 3. दल, 4. श्रेणी
वर्ग-बंधन दे. वर्गीकरण
वर्गभेद दे. जातिवाद
वर्गवाद दे. जातिवाद
वर्गीकरण (पुं.)
वर्गीकृत (वि.)
वर्चस्व दे. 1. अधिकार, 2. सत्ता
वर्चस्वी दे. प्रबल
वर्जन दे. निषेध
वर्जन करना दे. निषेध करना
वर्जनीय दे. परिहार्य
वर्जित (वि.)
वर्जित दे. निषिद्ध
वर्जिश दे. व्यायाम
वर्ज्य दे. परिहार्य
वर्ण दे. जाति
वर्णन (पुं.)
वर्णन दे. चर्चा
वर्णन करना दे. अंकित करना

वर्णनानीत दे. 1. अकथनीय, 2. कल्पनातीत
वर्णनीय दे. कथनीय
वर्णमाला (स्त्री.)
वर्ण-विपर्यय (पुं.)
वर्ण-संकर दे. 1. जारज, 2. दोगला
वर्णहीन (वि.)
वर्णांतरण दे. वर्ण-विपर्यय
वर्णांध (वि.)
वर्णित दे. 1. अंकित, 2. प्रकट
वर्ण्य दे. कथनीय
वर्तन दे. व्यवहार
वर्तनी (स्त्री.)
वर्तमान (वि.)
वर्तमान दे. 1. उपस्थित, 2. प्रचलित
वर्तमान काल (पुं.)
वर्तमानता (स्त्री.)
वर्तमानता दे. उपस्थिति
वर्तमान युग दे. वर्तमान काल
वर्तुल दे. वृत्ताकार
वर्दी दे. 1. परिधान, 2. पोशाक
वर्धन दे. वृद्धि
वर्धनशील दे. बढ़ता हुआ
वर्धमान दे. बढ़ता हुआ
वर्धरुद्ध दे. अविकसित
वर्ष (पुं.)
वर्षा (स्त्री.)
वर्षाऋतु दे. बरसात
वर्षा होना दे. बरसना
वलय दे. 1. अँगूठी, 2. चूड़ी, 3. वृत्त
वलयकार दे. गोल
वल्क दे. छाल
वल्कल दे. छाल

वल्लभ दे. 1. प्रिय, 2. प्रेमी
वल्लरी दे. लता
वश दे. नियंत्रण
वश में लाना दे. अधिकार करना
वशवर्ती दे. नियंत्रित
वशीकरण दे. 1. जादू, 2. नियंत्रण
वशीकृत दे. मुग्ध
वशीभूत दे. 1. नियंत्रित, 2. पराजित, 3. मुग्ध
वशीभूत करना दे. 1. नियंत्रित करना, 2. मुग्ध करना
वश्य दे. नियंत्रित
वसंत (पुं.)
वसन दे. 1. कपड़ा, 2. परिधान
वसा दे. चर्बी
वसित दे. आबाद
वसीम दे. मोटा
वसीयत (स्त्री.)
वसुंधरा दे. 1. पृथ्वी, 2. भूमि
वसुधा दे. 1. पृथ्वी, 2. भूमि
वसूल दे. प्राप्त
वसूल करना दे. 1. इकट्ठा करना, 2. प्राप्त करना
वसूलना दे. इकट्ठा करना
वसूली दे. प्राप्ति
वसूली करना दे. इकट्ठा करना
वस्तु (स्त्री.)
वस्तु दे. 1. चीज, 2. सामग्री
वस्तुतः दे. 1. सचमुच, 2. वास्तव में
वस्तुस्थिति दे. वास्तविकता
वस्त्र दे. 1. कपड़ा, 2. परिधान
वस्त्र-विक्रेता (पुं.)
वस्त्र-व्यापारी दे. वस्त्र-विक्रेता

वस्त्रहीन दे. नंगा
वहन दे. भ्रांति
वहमी (वि.)
वहमी दे. शंकालु
वहशत दे. बर्बरता
वहशियाना दे. बर्बर
वहशीपन दे. बर्बरता
वहाँ (क्रिवि.)
वांछनीय दे. इच्छित
वांछनीयता दे. पात्रता
वांछा दे. इच्छा
वांछित दे. इच्छित
वा दे. अथवा
वाईन दे. शराब
वाकई दे. वास्तव में
वाकफियत दे. परिचय
वाका दे. घटना
वाकिफ दे. परिचित
वाक दे. वाणी
वाक्चतुर दे. वाक्पटु
वाक्पटु (वि.)
वाक्य (पुं.)
वाक्य-विच्छेद करना दे. विश्लेषण करना
वाक्या दे. घटना
वाक्शक्ति दे. वाणी
वाग्जाल दे. शब्दाडंबर
वाग्दत्त दे. मंगेतर
वाग्दान दे. 1. वचन, 2. सगाई
वाग्देवी दे. सरस्वती
वाग्बद्ध दे. वचनबद्ध
वाग्मी दे. वक्ता
वाग्युद्ध दे. 1. झगड़ा, 2. तर्क-वितर्क
वाग्रोध दे. मूकता
वाग्विदग्ध दे. वाक्पटु

वाग्विलास दे. बातचीत
वाग्विस्तार दे. शब्दाडंबर
वाचक दे. 1. पाठक, 2. सूचक
वाचस्पति दे. पंडित
वाचाल दे. 1. बकवादी, 2. बदजबान, 3. बातूनी, 4. मुखर
वाचालता दे. बकबक
वाच्यार्थ दे. अर्थ
वाजि दे. घोड़ा
वाजिब दे. 1. उचित, 2. उपयुक्त
वाटिका दे. बाग
वाणी (स्त्री.)
वाणी दे. भाषा
वात दे. वायु
वातचक्र दे. आँधी
वातरोग दे. गठिया
वातायन दे. रोशनदान
वातावरण (पुं.)
वातावरण दे. परिवेश
वातुल दे. बकबादी
वात्सल्य दे. प्रेम
वात्सल्य-भाजन दे. प्रिय
वाद (पुं.)
वाद-प्रतिवाद दे. वाद-विवाद
वाद-विवाद (पु.)
वाद-विवाद दे. 1. तर्क-वितर्क, 2. शास्त्रार्थ
वादा दे. 1. वचन, 2. प्रतिज्ञा
वादाखिलाफी दे. वचनभंग
वादानुवाद दे. तर्क-वितर्क
वादी (पुं.)
वादी दे. घाटी
वादी दे. अभियोगी
वानर दे. बंदर
वानरी दे. बंदरी

वापस आना दे. 1. पीछे मुड़ना, 2. पीछे हटना, 3. लौटना
वापस होना दे. पीछे हटना
वापिका दे. जलाशय
वापी दे. जलाशय
वाम दे. बायाँ
वामन दे. नाटा
वायदा दे. वचन
वायवीय दे. हवाई
वायव्य दे. हवाई
वायु (स्त्री.)
वायुमंडल दे. वातावरण
वायुयान (पुं.)
वायुयान दे. जहाज
वायुसेवन दे. हवाखोरी
वार दे. 1. आक्रमण, 2. आघात, 3. दिन
वार करना दे. मारना
वारण दे. निषेध
वारण करना दे. 1. दूर करना, 2. निषेध करना
वारदात दे. घटना
वारांगना दे. वेश्या
वारा-न्यारा दे. निपटाना
वारा-न्यारा करना दे. निपटारा
वारा-फेरा दे. उतारा
वारि दे. जल
वारिज दे. कमल
वारिद दे. बादल
वारिधर दे. बादल
वारिधि दे. समुद्र
वारिनिधि दे. समुद्र
वारिस दे. उत्तराधिकारी
वारुणी दे. शराब
वार्तालाप दे. बातचीत
वार्धक्य दे. बुढ़ापा
वार्धक्यहीन दे. चिरयुवा
वार्षिक (वि.)
वालिद दे. पिता
वाली-वारिस दे. पूछनेवाला
वाष्प दे. भाप
वास (पुं.)
वास दे. घर
वासना दे. लालच
वासर दे. दिन
वासी (पुं.)
वासी दे. निवासी
वासुदेव दे. कृष्ण
वास्कट दे. जैकेट
वास्तव में (क्रिवि.)
वास्तव में दे. सचमुच
वास्तविक (वि.)
वास्तविक दे. सत्य
वास्तविकता (स्त्री.)
वास्तविकता दे. 1. तथ्य, 2. सत्य
वास्ता दे. 1. व्यवहार, 2. संबंध
वास्तु दे. भवन
वास्तुकार (पुं.)
वास्तुशास्त्री दे. वास्तुकार
वाहन दे. गाड़ी
वाहवाह (स्त्री.)
वाहवाह दे. शाबास
वाहवाही दे. 1. प्रशंसा, 2. वाहवाह, 3. शाबासी
वाहिनी दे. सेना
वाहियात दे. 1. अशिष्ट, 2. बेकार
विन्दु (पुं.)
विंदु दे. 1. बिंदी, 2. बूँद, 3. शून्य
विकच दे. गंजा
विकट दे. 1. उग्र, 2. कठिन, 3. घोर
विकटता दे. 1. उग्रता, 2. कठिनाई
विकराल दे. भयानक
विकर्षण दे. घृणा
विकल (वि.)
विकल दे. 1. उतावला, 2. क्षुब्ध
विकलता (स्त्री.)
विकलता दे. उतावली
विकल होना दे. 1. अकुलाना, 2. उत्सुक होना, 3. घबराना
विकलांग (वि.)
विकल्प दे. पर्याय
विकसित (वि.)
विकसित दे. उन्नत
विकारी दे. परिवर्तनशील
विकास (पुं.)
विकसित होना दे. 1. खिलना, 2. पनपना, 3. फलना-फूलना
विकार दे. 1. खराबी, 2. दोष, 3. परिवर्तन, 4. विकृति
विकास दे. उन्नति
विकासमान दे. 1. उन्नतिशील, 2. विकासशील
विकासशील (वि.)
विकासशील दे. 1. उन्नत, 2. विकसित
विकासोन्मुख दे. उन्नतिशील
विकृत दे. 1. असामान्य, 2. खराब, 3. दूषित
विकृति (स्त्री.)
विकृति दे. खराबी
विकृति दे. परिवर्तन
विकेशी दे. गंजा
विक्रम दे. वीरता
विक्रमी दे. वीर
विक्रय दे. बिक्री

विक्रांत दे. वीर
विक्षत दे. घायल
विक्षिप्त दे. पागल
विक्षिप्तता दे. पागलपन
विक्षुब्ध दे. 1. उद्विग्न, 2. विकल
विक्षोभ दे. 1. असंतोष, 2. उत्तेजना, 3. विकलता
विक्षोभकारक दे. उत्तेजक
विक्षोभपूर्ण दे. उत्तेजित
विखंडित दे. 1. चूरचूर, 2. भग्न
विख्यात दे. 1. प्रसिद्ध, 2. यशस्वी
विगत (वि.)
विगत दे. 1. गत, 2. व्यतीत
विग्रह दे. 1. झगड़ा, 2. मूर्ति, 3. विघटन
विग्रह करना दे. विश्लेषण करना
विघटन (पुं.)
विघटनकारी (वि.)
विघटनकारी दे. नाशक
विघटनकारी दे. विघटनकारी
विघटनात्मक दे. विघटनकारी
विघटित (वि.)
विघ्न (पुं.)
विघ्न दे. 1. परेशानी, 2. बाधा
विघ्नकारी दे. बाधक
विघ्न डालना दे. बाधा डालना
विघ्न-बाधा दे. विघ्न
विघ्नात्मक दे. बाधक
विघ्नेश दे. गणेश
विघ्नेश्वर दे. गणेश
विचक्षण दे. 1. कुशल, 2. कुशाग्रबुद्धि, 3. प्रतिभाशाली, 4. बुद्धिमान
विचक्षणता दे. 1. कुशलता, 2. कौशल, 3. बुद्धिमत्ता
विचरण करना दे. घूमना
विचलित दे. 1. अस्थिर, 2. मार्ग-भ्रष्ट
विचलित होना दे. डाँवाँडोल
विचार (पुं.)
विचार दे. मत
विचारक (पुं.)
विचारक दे. चिंतक
विचार करना दे. 1. विचारना, 2. सोचना
विचार-गोष्ठी दे. गोष्ठी
विचारणा दे. 1. चिंतन, 2. सोच-विचार
विचारणीय (वि.)
विचारधारा दे. दृष्टिकोण
विचारना (क्रि.)
विचारना दे. सोचना
विचार-पद्धति दे. अभिवृत्ति
विचारपूर्ण (वि.)
विचार-भिन्नता दे. मतभेद
विचारमग्न दे. चिंतित
विचारवान दे. विचारशील
विचार-विमर्श दे. 1. परामर्श, 2. सोच-विचार, 3. विचार-विनिमय
विचारशील (वि.)
विचारशीलता (स्त्री.)
विचारशून्य दे. 1. अदूरदर्शी, 2. विचारहीन
विचारशून्यता दे. अदूरदर्शिता
विचारहीन (वि.)
विचारहीन दे. अविवेकी
विचारित दे. विचारपूर्ण
विचित्र (वि.)
विचित्र दे. आश्चर्यजनक
विचित्रता (स्त्री.)
विच्छिन्न दे. 1. अलग, 2. विघटित
विच्छिन्न होना दे. बिछुड़ना
विच्छेद दे. वियोग
विच्छेद्य (वि.)
विच्युत दे. च्युत
विछोह दे. अलगाव
विजड़ित दे. चकित
विजय दे. 1. अकेला, 2. एकांत, 3. सूना
विजनता दे. 1. एकांत, 2. सूनापन
विजन्मा दे. 1. जारज, 2. दोगला
विजय (स्त्री.)
विजय दे. जीत
विजयदशमी (स्त्री.)
विजय प्राप्त करना दे. जीतना
विजया दे. विजयदशमी
विजयी (वि.) विजयी होना दे. जीतना
विजात दे. जारज
विजातीय दे. 1. अलग, 2. बेगाना
विजित (वि.)
विजित दे. पराजित
विजित करना दे. जीतना
विजेता दे. जेय
विज्ञ दे. 1. ज्ञाता, 2. पंडित
विज्ञप्ति (स्त्री.)
विज्ञप्ति दे. सूचना
विज्ञानी (पुं.)
विज्ञापन (पुं.)
विज्ञापन दे. सूचना
विज्ञापित करना दे. छापना
विटप दे. 1. पेड़, 2. पौधा
विडंबना दे. हँसी
वितंडा दे. 1. झगड़ा, 2. झमेला

वितरण दे. बँटवारा
वितरण करना दे. 1. देना, 2. बाँटना
वितरित करना दे. बाँटना
वितर्की दे. झगड़ालू
वितान दे. तंबू
वितृष्णा दे. 1. अनिच्छा, 2. घृणा
वितृष्णा होना दे. घृणा करना
वित्तहीन दे. आर्थिक
विदग्ध दे. 1. कुशल, 2. कुशाग्र बुद्धि, 3. चालाक, 4. प्रतिभाशाली, 5. बुद्धिमान
विदग्धता दे. 1. कुशलता, 2. कौशल, 3. चालाकी
विदा दे. विदाई
विदाई (स्त्री.)
विदाई दे. अलगाव
विदारित दे. विदीर्ण
विदित दे. 1. ज्ञात, 2. परिचित
विदित करना दे. अवगत कराना
विदित होना दे. 1. जानना, 2. प्रतीत होना
विदीर्ण (वि.)
विदीर्ण दे. फटा
विदुष दे. पंडित
विदूषक (पुं.)
विदूषक दे. 1. भाँड़, 2. मसखरा
विदेश (पुं.)
विदेश में (क्रिवि.)
विदेशी (वि.)
विदेशी दे. 1. अजनबी, 2. पराया
विदेशीय दे. विदेशी
विदेह (वि.)
विदेह दे. अशरीरी
विद्ध (वि.)
विद्ध दे. घायल
विद्यमान दे. 1. उपस्थित, 2. वर्तमान
विद्यमानता दे. 1. उपस्थिति, 2. वर्तमानता
विद्या दे. ज्ञान
विद्यादान दे. अध्यापक
विद्याभ्यास दे. पढ़ाई
विद्यार्थी (पुं.)
विद्यालय (पुं.)
विद्याविहीन दे. अशिक्षित
विद्यासंपन्न दे. शिक्षित
विद्युत दे. बिजली
विद्युत्धारा दे. विद्युत्प्रवाह
विद्युत्प्रवाह (पुं.)
विद्रुम दे. पेड़
विद्रूप दे. भद्दा
विद्रूपता दे. विकृति
विद्रोह (पुं.)
विद्रोही (वि.)
विद्वत्ता दे. 1. ज्ञान, 2. पांडित्य
विद्वत्तापूर्ण दे. पांडित्यपूर्ण
विद्वान दे. 1. ज्ञाता, 2. पंडित
विद्वेष दे. 1. द्वेष, 2. वैर
विद्वेषपूर्ण दे. द्वेषपूर्ण
विद्वेषी दे. वैरी
विधना दे. विधाता
विधर्मी (वि. पुं.)
विधवा (स्त्री.)
विधवापन दे रँडापा
विधा दे. ढंग
विधाता (पुं.)
विधाता दे. ब्रह्मा
विधान दे. निर्माण
विधान करना दे. बनाना
विधायन दे. रचना
विधारणा दे. पूर्वग्रह
विधि (स्त्री.)
विधि दे. 1. उपाय, 2. नियम, 3. ढंग, 4. युक्ति, 5. विधाता
विधिक (वि.)
विधिक दे. नियमित
विधिपूर्वक दे. 1. नियमानुसार, 2. यथारीति
विधिवत (क्रिवि.)
विधिवत दे. वैध
विधिविरुद्ध दे. अनियमित
विधिविहित दे. वैध
विधिवेत्ता दे. वकील
विधिसम्मत दे. वैध
विधिहीनता दे. अंधेर
विधु दे. चंद्रमा
विधुर दे. रँडुआ
विधेयात्मक दे. सकारात्मक
विध्वंस दे. नाश
विध्वंसक दे. घातक
विध्वंसकारी दे. विघटनकारी
विध्वंसना दे. बिगाड़ना
विध्वंसात्मक दे. विघटनकारी
विध्वस्त दे. नष्ट
विनती दे. 1. चिरौरी, 2. प्रार्थना
विनती करना दे. चिरौरी करना
विनम्र दे. 1. नम्र, 2. सुशील
विनम्रता दे. नम्रता
विनय दे. 1. नम्रता, 2. प्रार्थना, 3. शिष्टता
विनयशील दे. 1. शिष्ट, 2. सुशील
विनयशीलता दे. शिष्टता
विनयी दे. शिष्ट
विनश्य दे. नाशवान
विनश्वर दे. नाशवान
विनष्ट दे. नष्ट

विनाश दे. 1. क्षय, 2. नाश
विनाशक दे. नाशक
विनाशक दे. बिगाड़ना
विनाश-लीला दे. घटना
विनासना दे. बिगाड़ना
विनिमय (पुं.)
विनिमय दे. परिवर्तन
विनिमय करना दे. बदलना
विनिर्णायक दे. निर्णायक
विनिर्मित दे. निश्चय
विनिश्चय करना दे. निश्चय करना
विनिश्चयन दे. निर्धारण
विनिश्चायक दे. निर्णायक
विनीत दे. 1. नम्र, 2. शिष्ट, 3. सुशील
विनीतता दे. नम्रता
विनोद दे. 1. आनन्द, 2. खेल, 3. मनोरंजन, 4. हँसी
विनोदजनक दे. मनोरंजक
विनोदप्रिय दे. विनोदी
विनोदशील दे. विनोदी
विनोदी (वि.)
विनोदी दे. 1. प्रसन्नचित्त, 2. मसखरा
विन्यस्त दे. व्यवस्थित
विन्यास दे. विश्लेषण
विपक्षी दे. विरोधी
विपत्ति (स्त्री.)
विपत्ति दे. 1. आपदा, 2. दुख
विपत्ति में डालना दे. सताना
विपथगामी दे. 1. कुमार्गी, 2. भ्रांत, 3. मार्गभ्रष्ट
विपथित दे. 1. भ्रांत, 2. मार्गभ्रष्ट
विपद दे. विपत्ति
विपदा दे. विपत्ति
विपदाकारी दे. अनर्थकारी
विपदाग्रस्त दे. 1. दुर्दशाग्रस्त, 2. संकटग्रस्त
विपन्न दे. 1. दयनीय, 2. दुखी
विपरीत दे. 1. प्रतिकूल, 2. परस्पर-विरुद्ध, 3. विरुद्ध
विपरीतता दे. प्रतिकूलता
विपर्यय दे. विरोध
विपर्यस्त दे. अव्यवस्थित
विपिन दे. 1. बाग, 2. वन
विपुल दे. 1. अत्यधिक, 2. बड़ा
विपुलता दे. अधिकता
विप्रलंभ दे. वियोग
विप्लव दे. विद्रोह
विप्लवकारी दे. विद्रोही
विप्लवी दे. विद्रोही
विफल (वि.)
विफल दे. पराजित
विफल करना (क्रिपद)
विफलता (स्त्री.)
विफलता दे. 1. असफलता, 2. निराश, 3. पराजय, 4. हार
विफलमनोरथ दे. 1. अभागा, 2. असफल, 3. विफल
विफल होना दे. चूकना
विबुध दे. देवता
विभक्त दे. विभाजित
विभग्न दे. टूटा-फूटा
विभव दे. ऐश्वर्य
विभा दे. प्रकाश
विभाग (पुं.)
विभाग दे. 1. अंश, 2. अध्याय, 3. प्रदेश, 4. वर्ग
विभाजन दे. 1. बँटवारा, 2. वर्गीकरण
विभाजित (वि.)
विभाजित दे. वर्गीकृत
विभाजित करना दे. बाँटना
विभाज्य दे. विच्छेद्य
विभावरी दे. रात
विभाषा दे. भाषा
विभिन्न (वि.)
विभिन्न दे. 1. अन्य, 2. विविध
विभिन्नता दे. अंतर
विभीषिका दे. 1. आतंक, 2. डर
विभूति दे. 1. ऐश्वर्य, 2. महानुभाव
विभूषण दे. सजावट
विभूषित दे. 1. अलंकृत, 2. सज्जित
विभूषित करना दे. सजाना
विभेद दे. अंतर
विभेदक दे. पक्षपातपूर्ण
विभेद करना दे. अलगाना
विभेदकारी दे. पक्षपातपूर्ण
विभ्रंश दे. नाश
विभ्रम दे. भ्रांति
विभ्रमित दे. चकित
विभ्रमित होना दे. चकित होना
विभ्रांत दे. 1. पागल, 2. मार्गभ्रष्ट
विभ्रांति दे. भ्रांति
विमंडित दे. सज्जित
विमर्दित दे. दलित
विमर्श दे. 1. परामर्श, 2. सोच-विचार
विमर्श करना दे. 1. परामर्श करना, 2. विचारना
विमल दे. 1. निष्कलंक, 2. शुद्ध, 3. स्वच्छ
विमल चरित्र दे. सच्चरित्र

विमलता दे. 1. शुद्धता, 2. स्वच्छता
विमाता (स्त्री.)
विमान दे. 1. जहाज़, 2. वायुयान
विमानचालक दे. 1. वायुयान-चालक
विमुक्त दे. 1. खुला, 2. स्वतंत्र
विमुख दे. 1. उदासीन, 2. विरक्त
विमुखता दे. 1. अरुचि, 2. उदासीनता, 3. विरक्ति
विमुग्ध दे. 1. आकृष्ट, 2. आसक्त
विमूढ़ दे. 1. अंधा, 2. किंकर्तव्यविमूढ़
विमूढ़ता दे. किंकर्तव्यविमूढ़ता
विमोचित दे. 1. खुला, 2. उद्घाटित
विमोहक दे. आकर्षक
विमोहन दे. आकर्षण
विमोहित दे. 1. आकृष्ट, 2. मुग्ध
विमोहित करना दे. मुग्ध करना
वियुक्त दे. अलग
वियुक्त होना दे. बिछुड़ना
वियोग (पुं.)
वियोग दे. अलगाव
वियोगी (वि.)
वियोजन दे. वियोग
वियोज्य दे. विच्छेद्य
विरंचि दे. विधाता
विरक्त (वि.)
विरक्त दे. 1. उदासीन, 2. तटस्थ
विरक्ति (स्त्री.)
विरक्ति दे. 1. अरुचि, 2. उदासीनता, 3. ऊब
विरक्तिकर दे. घृणित
विरक्ति होना दे. ऊबना

विरचित दे. 1. निर्मित, 2. सृष्ट
विरत दे. विरक्त
विरत होना दे. बाज आना
विरति दे. 1. निवृत्त, 2. विरक्ति
विरल दे. 1. अप्राप्य, 2. दुर्लभ
विरलता दे. दुर्लभता
विरस दे. नीरस
विरही दे. वियोगी
विराग दे. 1. अनिच्छा, 2. अरुचि, 3. ऊब, 4. निवृत्ति, 5. विरक्ति
विरागी दे. विरक्त
विराट दे. बड़ा
विराम दे. 1. अंतराल, 2. विश्राम
विरासत दे. उत्तराधिकार
विरुद्ध (वि.)
विरुद्ध दे. प्रतिकूल
विरूपण दे. भद्दापन
विरेचक दे. 1. जुलाब, 2. रेचक
विरेचन-ओषधि दे. जुलाब
विरोध (पुं.)
विरोध दे. 1. आपत्ति, 2. खंडन, 3. प्रतिद्वंद्विता, 4. प्रतिरोध, 5. मतभेद, 6. वैर
विरोध करना (क्रिपद)
विरोधी (विपुं.)
विरोधी दे. 1. प्रतिकूल, 2. प्रतिद्वंद्वी, 3. वैरी
विलंब दे. देरी
विलंबनकारी दे. धीमा
विलक्षण दे. 1. आश्चर्यजनक, 2. विचित्र
विलक्षणता दे. 1. चमत्कार, 2. विचित्रता
विलग दे. अलग
विलय दे. मिलन

विलाप (पुं.)
विलाप करना दे. 1. कल्पना, 2. रोना
विलायत दे. आंग्ल
विलास दे. क्रीड़ा
विलास करना दे. मजा लेना
विलासप्रिय दे. विषयी
विलासी दे. विषयी
विलीन दे. अंतर्धान
विलोकना दे. देखना
विलुप्त दे. 1. अंतर्धान, 2. गायब
विलोकनीय दे. दर्शनीय
विलोड़न दे. मंथन
विलोड़न करना दे. मंथन करना
विलोप दे. अंतर्धान
विलोम दे. उलटा
विवक्षा (स्त्री.)
विवक्षा दे. अर्थ
विवक्षित दे. अंतर्गत
विवर दे. 1. छिद्र, 2. छेद
विवरण (पुं.)
विवरण दे. ब्योरा
विवर्ण (वि.)
विवर्ण दे. पीला
विवश (वि.)
विवश दे. असहाय
विवशता (स्त्री.)
विवशता दे. मजबूरी
विवशतापूर्वक दे. विवश होकर
विवश होकर (क्रिवि.)
विवस्त्र दे. नंगा
विवाचक दे. पंच
विवाचन दे. पंच
विवाचन दे. निर्णय
विवाद दे. 1. झगड़ा, 2. तर्क-वितर्क

विवाद करना (क्रिपद)
विवाद करना दे. झगड़ना
विवादग्रस्त (वि.)
विवाद-प्रिय दे. झगड़ालू
विवादात्मक दे. विवादग्रस्त
विवादित दे. विवादग्रस्त
विवादी दे. झगड़ालू
विवाद्य दे. विवादग्रस्त
विवाह (पुं.)
विवाह-विच्छेद (पुं.)
विवाह-विच्छेद दे. तलाक
विवाहित (वि.)
विवाहिता (वि.स्त्री.)
विवाहेत्तर दे. जारज
विविच्छेद दे. विवाह-विच्छेद
विविध (वि.)
विविध दे. 1. अनेक, 2. पँचमेल, 3. विभिन्न
विवृत दे. खुला
विवृत्ति दे. व्याख्या
विवेक (पुं.)
विवेक दे. बुद्धि
विवेकशील दे. 1. बुद्धिमान, 2. विचारशील
विवेकशीलता दे. 1. विचार-शीलता, 2. विवेक
विवेकशून्य दे. अदूरदर्शी
विवेकशून्यता दे. अदूरदर्शिता
विवेकी दे. 1. पंडित, 2. बुद्धिमान
विवेचन दे. व्याख्या
विवेचना दे. व्याख्या
विशद दे. विस्तृत
विशारद दे. कुशल
विशाल दे. बड़ा
विशालकाय दे. भारी-भरकम
विशालहृदय दे. दयालु

विशिख दे. तीर
विशिष्ट दे. 1. चर्चित, 2. प्रधान, 3. महान, 4. विशेष
विशिष्टता दे. 1. गुण, 2. प्रधानता, 3. विशेषता
विशुद्ध दे. 1. निर्मल, 2. शुद्ध
विशुद्धता दे. शुद्धता
विशृंखलित दे. 1. अव्यवस्थित, 2. विघटित
विशेष (वि.)
विशेषतः (क्रिवि.)
विशेषतया दे. विशेषतः
विशेषता (स्त्री.)
विश्रामः (पुं.)
विश्राम करना दे. सुस्ताना
विश्रुत दे. 1. प्रसिद्ध, 2. यशस्वी
विश्रुति दे. 1. प्रसिद्ध, 2. यश
विश्लेषण (पुं.)
विश्लेषण करना (क्रिपद)
विश्वंभरा दे. पृथ्वी
विश्व दे. संसार
विश्वक दे. सार्वभौम
विश्वजनीन दे. सार्वभौम
विश्वनाथ दे. ईश्वर
विश्वविजय (पुं.)
विश्वविजयी (वि.)
विश्वविजेता दे. विश्वविजयी
विश्वव्यापक दे. विश्वव्यापी
विश्वव्यापी (वि.)
विश्वव्यापी दे. सार्वभौम
विश्वसनीय (वि.)
विश्वसनीय दे. 1. निष्ठावान, 2. विश्वस्तता
विश्वसनीयता दे. 1. निष्ठा, 2. विश्वस्तता
विश्वस्त (वि.)

विश्वस्त दे. निष्ठावान
विश्वस्तता (स्त्री.)
विश्वस्तता दे. निष्ठा
विश्वास (पुं.)
विश्वास दे. 1. भरोसा, 2. श्रद्धा
विश्वासघात (पुं.)
विश्वासघात दे. धोखा
विश्वासघात करना दे. धोखा देना
विश्वासघाती (वि.)
विश्वासभाजन दे. विश्वस्त
विश्वेश्वर दे. शिव
विष (पुं.)
विषण्ण दे. 1. उदास, 2. दुखी
विषनाशक (वि.)
विषम दे. 1. असम, 2. असमान, 3. कठिन, 4. प्रतिकूल
विषमता दे. 1. अंतर, 2. असमानता, 3. कठिनता, 4. प्रतिकूलता
विषमारक दे. विषनाशक
विषय (पुं.)
विषय में (क्रिवि.)
विषय में दे. बारे में
विषयरत दे. विषयी
विषयलोलुप दे. विषयी
विषयवासना दे. कामवासना
विषय-सेवन दे. कामुकता
विषयानुरूप दे. प्रासंगिक रूप
विषयासक्त दे. असंयमी
विषयासक्ति दे. असंयम
विषयी (वि.)
विषयोचित दे. प्रासंगिक
विषहर दे. विषनाशक
विषाक्त दे. विषैला
विषाण दे. सींग
विषाद दे. 1. उदासी, 2. दुख

विषादपूर्ण (वि.)
विषादजनक दे. विषादपूर्ण
विषादपूर्ण दे. उदास
विषादमय दे. उदास
विषादयुक्त दे. उदास
विषैला (वि.)
विष्णु (पुं.)
विसंगत दे. 1. अनुचित, 2. अनुपयुक्त, 3. असंगत, 4. ऊटपटांग, 5. विचित्र
विसंगति दे. 1. अनौचित्य, 2. विचित्रता
विसंयोग दे. वियोग
विसंवादी दे. बेसुरा
विसर्जन दे. त्याग
विसर्जन करना दे. बहाना
विसर्जित करना दे. बहाना
विसूचिका दे. हैजा
विस्तार (पुं.)
विस्तार दे. 1. अरज, 2. चौड़ाई
विस्तीर्ण दे. 1. चौड़ा, 2. विस्तृत, 3. व्यापक
विस्तृत (वि.)
विस्तृत दे. 1. चौड़ा, 2. बड़ा
विस्तृति दे. विस्तार
विस्थापित (वि.)
विस्थापित दे. च्युत
विस्फोट (पुं.)
विस्मय दे. आश्चर्य
विस्मयकर दे. आश्चर्यजनक
विस्मयकारक दे. चमत्कारिक
विस्मयकारी दे. 1. आश्चर्यजनक, 2. चमत्कारिक
विस्मयजनक दे. चमत्कारिक
विस्मरण दे. विस्मृति
विस्मरणशील दे. भुलक्कड़
विस्मरणशीलता दे. 1. भुलक्कड़पन, 2. विस्मृति
विस्मरण होना दे. भूलना
विस्मित दे. चकित
विस्मित होना दे. चकित होना
विस्मृत हो जाना दे. भूलना
विस्मृति (स्त्री.)
विस्वर दे. बेसुरा
विहंग दे. पक्षी
विहँसना दे. हँसना
विहग दे. पक्षी
विहान दे. प्रातःकाल
विहार दे. क्रीड़ा
विहित दे. 1. उचित, 2. वैध
विहीन दे. वंचित
विह्वल दे. अशांत
विह्वलता दे. घबराहट
वीचि दे. लहर
वीणापाणि दे. सरस्वती
वीतरागी दे. वैरागी
वीर (पुं.)
वीर दे. साहसी
वीरता (स्त्री.)
वीरान दे. 1. एकांत, 2. सूना
वीर्य (पुं.)
वीर्यवान दे. शक्तिशाली
वृंद दे. 1. गिरोह, 2. दल
वृंदगान दे. समूहगान
वृंदावन-विहारी दे. कृष्ण
वृक्ष दे. पेड़
वृत्त (पुं.)
वृत्तांत दे. 1. वर्णन, 2. विवरण
वृत्ताकार (वि.)
वृत्ताकार दे. गोल
वृत्ति दे. 1. जीविका, 2. टीका, 3. प्रवृत्ति, 4. व्यापार
वृत्तिकार दे. टीकाकार
वृथा दे. 1. बेकार, 2. व्यर्थ
वृद्ध दे. बूढ़ा
वृद्धत्व दे. बुढ़ापा
वृद्धावस्था दे. बुढ़ापा
वृद्धि (स्त्री.)
वृद्धि दे. सूतक
वृद्धिशील दे. 1. बढ़ता हुआ, 2. होनहार
वृष्टि दे. वर्षा
वेग दे. 1. गति, 2. तेजी
वेगपूर्ण दे. द्रुतगामी
वेगपूर्वक दे. तुरंत
वेग बढ़ाना दे. तेज करना
वेगवान दे. तेज
वेग से दे. तेजी से
वेणु दे. बाँसुरी
वेतन (पुं.)
वेत्ता दे. ज्ञाता
वेद (पुं.)
वेदना दे. 1. कष्ट, 2. दुख, 3. पीड़ा
वेदना होना दे. पीड़ा होना
वेधन करना दे. छेदना
वेधशाला (स्त्री.)
वेला दे. समय
वेश दे. पोशाक
वेश्या (स्त्री.)
वेश्यागमन दे. व्यभिचार
वेश्यागामी दे. 1. रंडीबाज, 2. व्यभिचारी
वेश्यागृह दे. वेश्यालय
वेश्यालय (पुं.)
वेश्यावृत्ति (स्त्री.)
वेष्ठण दे. आवरण
वैकल्पिक दे. ऐच्छिक

वैजयन्ती दे. झंडा
वैज्ञानिक दे. विज्ञानी
वैदिक दे. पुराना
वैध (वि.)
वैध दे. 1. नियमित, 2. विधिक
वैधव्य दे. रँडापा
वैधानिक (वि.)
वैपरीत्य दे. विरोध
वैभव (पुं.)
वैभव दे. 1. ऐश्वर्य, 2. ठाठ
वैमत्य दे. मतभेद
वैमनस्य दे. 1. द्वेष, 2. वैर
वैमानिक दे. वायुयान-चालक
वैयक्तिक दे. 1. अपना, 2. व्यक्तिगत
वैर (पुं.)
वैर दे. 1. द्वेष, 2. प्रतिद्वंद्विता
वैरभाव दे. वैर
वैरागी (विपुं.)
वैरागी दे. साधु
वैराग्य दे. निवृत्ति
वैरी (विपु.)
वैरी दे. 1. प्रतिद्वंद्वी, 2. विरोधी
वैवाहिक (वि.)
वैशिष्ट्य दे. 1. गुण, 2. विशेषता
वैषम्य दे. 1. अंतर, 2. प्रतिकूलता
वैष्णव दे. शाकाहारी
वैश्विक दे. सांसारिक
वैसा (वि.)
वैसाखनंदन दे. गधा
वोट दे. मत
व्यंग्य दे. उपहास
व्यंग्य करना दे. 1. उपहास करना, 2. छेड़ना

व्यंग्यचित्र दे. कार्टून
व्यंग्यवान (पुं.)
व्यंग्यार्थ दे. अर्थ
व्यंजक दे. सूचक
व्यंजनार्थ दे. अर्थ
व्यंजित दे. प्रकट
व्यक्त दे. 1. कथित, 2. प्रत्यक्ष, 3. प्रकट, 4. स्पष्ट
व्यक्त करना दे. बतलाना
व्यक्त होना दे. प्रकट होना
व्यक्ति दे. 1. आदमी, 2. मनुष्य
व्यक्तिगत (वि.)
व्यक्तिगत दे. अपना
व्यक्तित्व (पुं.)
व्यग्र दे. 1. अशांत, 2. उतावला, 3. उत्सुक, 4. चिंतित, 5. विकल
व्यग्रता दे. 1. उतावली, 2. उत्सुकता, 3. जल्दी, 4. विकलता
व्यग्र होना दे. 1. अकुलाना, 2. उत्सुक होना, 3. तरसना
व्यतिरेक दे. 1. अंतर, 2. तुलना, 3. प्रतिकूलता
व्यतीत (वि.)
व्यतीत दे. 1. गत, 2. पिछला, 3. विगत
व्यतीत करना दे. बिताना
व्यतीत होना दे. बीतना
व्यथा दे. 1. असंतोष, 2. कष्ट, 3. दुख, 4. पीड़ा
व्यथा होना दे. पीड़ा होना
व्यथित दे. 1. चिंतित, 2. दुखी, 3. पीड़ित
व्यथित करना दे. सताना

व्यपगत दे. कालातीत
व्यभिचार (पुं.)
व्यभिचार दे. 1. भोगविलास, 2. वेश्यावृत्ति
व्यभिचारिणी (स्त्री.)
व्यभिचारी (पुं.)
व्यभिचारी दे. दुश्चरित्र
व्यय (पुं.)
व्यय दे. खर्च
व्यय करना दे. खर्च करना
व्यर्थ का दे. फालतू
व्यर्थता (स्त्री.)
व्यर्थ बनाना दे. विफल करना
व्यवच्छेदन दे. चीर-फाड़
व्यवधान डालना दे. हस्तक्षेप करना
व्यवधायक दे. बाधक
व्यवसाय दे. 1. उद्योग, 2. व्यापार
व्यवसायी दे. व्यापारी
व्यवस्था (स्त्री.)
व्यवस्थापक (पुं.)
व्यवस्थित (वि.)
व्यवस्थित दे. क्रमबद्ध
व्यवहार (पुं.)
व्यवहार दे. उपयोग
व्यवहार करना दे. 1. प्रयोग करना, 2. बरतना
व्यवहारकुशल (वि.)
व्यवहारकुशल दे. चतुर
व्यवहारज्ञ दे. व्यवहारकुशल
व्यवहार में लाना दे. 1. प्रयोग करना, 2. बरतना
व्यवहार करना (क्रि.)
व्यवहार्य दे. संभव
व्यवहृत (वि.)
व्यवहृत करना दे. बरतना

व्यसन दे. 1. आदत, 2. दुर्गुण, 3. शौक
व्यस्त (वि.)
व्यस्त दे. तन्मय
व्यस्तता दे. तन्मयता
व्याकुल दे. 1. अशांत, 2. उतावला, 3. उत्सुक, 4. चिंतित, 5. विकल
व्याकुलता दे. 1. उतावली, 2. उत्सुकता, 3. घबराहट, 4. विकलता
व्याकुल होना दे. 1. अकुलाना, 2. घबराना
व्याख्या (स्त्री.)
व्याख्या दे. टीका
व्याख्याकार दे. टीकाकार
व्याख्याता दे. 1. अध्यापक, 2. टीकाकार, 3. वक्ता
व्याख्यान दे. भाषण
व्याख्यान देना दे. भाषण देना
व्याघात दे. बाधा
व्याघाती दे. बाधक
व्याधि दे. रोग
व्याधिग्रस्त दे. बीमार
व्याधित दे. अस्वस्थ
व्यापक (वि.)
व्यापार (पुं.)
व्यापार दे. 1. उद्योग, 2. काम, 3. क्रियाकलाप
व्यापारी (पुं.)
व्यापित दे. व्याप्त
व्याप्त (वि.)
व्यामोह दे. प्रेम
व्यामोहन दे. किंकर्तव्यविमूढ़ता
व्यामोहित दे. 1. किंकर्तव्यविमूढ़, 2. चकित
व्यामोहित होना दे. चकित होना
व्यायाम (पुं.)
व्याल दे. साँप
व्यावहारिक (वि.)
व्युत्पत्ति (स्त्री.)
व्युत्पन्नमति दे. कुशाग्र-बुद्धि
व्योमगंगा दे. आकाशगंगा
व्रजन करना दे. घूमना
व्रण दे. घाव
व्रणित दे. घायल
व्रत (पुं.)
व्रत दे. 1. उपवास, 2. प्रतिज्ञा
व्रत लेना दे. निश्चय करना
व्रती दे. तपस्वी
व्रीड़ा दे. शर्म
व्रीड़ित दे. लज्जित
शंकनीय दे. संदिग्ध
शंकरी दे. पार्वती
शंका (स्त्री.)
शंकालु (वि.)
शंकित दे. शंकालु
शंबु दे. घोंघा
शंबुक दे. घोंघा
शऊर दे. शिष्टाचार
शक दे. शंका
शकट दे. 1. गाड़ी, 2. छकड़ा
शकर (स्त्री.)
शकुन दे. सगुन
शकुनवक्ता दे. भविष्यवक्ता
शकुनी दे. भविष्यवक्ता
शक्की दे. शंकालु
शक्की-मिजाज दे. शंकालु
शक्ति (स्त्री.)
शक्ति दे. 1. अधिकार, 2. बल, 3. सामर्थ्य
शक्तिदायक दे. स्फूर्तिप्रद
शक्तिमत्ता दे. शक्ति
शक्तिमान दे. शक्तिशाली
शक्तिशाली (वि.)
शक्तिशाली दे. 1. प्रबल, 2. बलवान
शक्तिहीन दे. 1. अशक्त, 2. दुर्बल
शक्तिहीनता दे. दुर्बलता
शक्य दे. 1. संभव, 2. संभाव्य
शक्यता दे. संभावना
शक्ल (स्त्री.)
शक्ल दे. आकृति
शक्ल-सूरत दे. 1. शक्ल, 2. स्वरूप
शख्स दे. 1. आदमी, 2. मनुष्य
शख्सियत दे. व्यक्तित्व
शगल दे. खेल
शगुनिया दे. भविष्यवक्ता
शगूफा छोड़ना दे. फुलझड़ी छोड़ना
शचीपति दे. इंद्र
शजरा दे. वंशवृक्ष
शठ दे. 1. कपटी, 2. दुष्ट, 3. धोखेबाज
शठता दे. दुष्टता
शतदल दे. कमल
शतपदी दे. गोजर
शतवर्षीय (वि.)
शतवार्षिक दे. शतवर्षीय
शताब्दिक दे. शतवर्षीय
शताब्दी दे. शती
शताब्दीय दे. शतवर्षीय
शतायु दे. चिरंजीव
शती (स्त्री.)
शत्रु दे. 1. विरोधी, 2. वैरी

शत्रुता दे. 1. द्वेष, 2. वैर
शत्रुविहीन दे. अजातशत्रु
शपथ दे. प्रतिज्ञा
शपथपूर्वक दे. सशपथ
शपथोक्ति दे. शपथ
शबनम दे. ओस
शब्द (पुं.)
शब्दकोश दे. कोश
शब्दक्रीड़ा दे. शब्दाडंबर
शब्दजाल दे. शब्दाडंबर
शब्दविन्यास दे. पद-योजना
शब्दाडंबर (पुं.)
शब्दातीत दे. अकथनीय
शमन दे. दमन
शमशीर दे. तलवार
शमा दे. दीया
शयन करना दे. सोना
शयित दे. सुप्त
शय्या दे. चारपाई
शय्याग्रस्त दे. बीमार
शय्याव्रण (पुं.)
शय्यासंगी दे. हमबिस्तर
शर दे. तीर
शरण दे. 1. आश्रय, 2. सहारा
शरणागत दे. भक्त
शरणागति दे. समर्पण
शरणार्थी दे. 1. बेसहारा, 2. विस्थापित
शरद (स्त्री.)
शरदऋतु दे. शरद
शरदकाल दे. शरद
शरबत (पुं.)
शरह दे. भाव
शराकत दे. भागीदारी
शराफत दे. 1. मनुष्यता, 2. सज्जनता
शराब (स्त्री.)
शराबखोर दे. शराबी
शराबखोरी दे. मदिरापान
शराबबंदी दे. मद्यनिषेध
शराबी (पुं.)
शराबी दे. नशाखोर
शराबोर दे. गीला
शरारत (स्त्री.)
शरारत दे. 1. छेड़खानी, 2. नटखटी
शरारती दे. 1. खिलवाड़ी, 2. नटखट
शरारा दे. चिंगारी
शरीक दे. अंतर्गत
शरीफ दे. सज्जन
शरीफ आदमी दे. सज्जन
शरीर (पुं.)
शरीर दे. काया
शरीरत्राण दे. कवच
शर्करा दे. शकर
शर्त (स्त्री.)
शर्त दे. 1. दाँव, 2. नियम, 3. प्रावधान
शर्म (स्त्री.)
शर्मनाक दे. 1. अपमानजनक, 2. लज्जाजनक
शर्माना (क्रि.)
शर्मिंदगी दे. शर्म
शर्मिंदा दे. लज्जित
शर्मिंदा होना दे. शर्माना
शर्मीला (वि.)
शल्यकर्म दे. चीर-फाड़
शल्यकर्म करना दे. चीरा लगाना
शल्यक्रिया (स्त्री.)
शल्यक्रिया दे. 1. चीर-फाड़, 2. चीरा लगाना
शव (पुं.)
शवदाह दे. अंत्येष्टि
शशांक दे. चंद्रमा
शशि दे. चंद्रमा
शशोपंज दे. असमंजस
शस्त्रगृह दे. शस्त्रागार
शस्त्रसज्जित दे. सशस्त्र
शस्त्रहीन दे. निरस्त्र
शस्त्रागार (पुं.)
शस्त्रास्त्र दे. हथियार
शस्त्रीकरण (पुं.)
शहंशाह दे. सम्राट
शहंशाही दे. राजसी
शह (स्त्री.)
शहजादा दे. राजकुमार
शहजादी दे. राजकुमारी
शहतीर दे. धरन
शहद दे. मधु
शह देना दे. उकसाना
शहर दे. नगर
शहरी दे. नगरवासी
शहसवार दे. घुड़सवार
शहादत दे. बलिदान
शहीद (पुं.)
शहीद दे. बलि
शांत (वि.)
शांत दे. 1. गंभीर, 2. धैर्यवान
शांत करना दे. दबाना
शांतचित्त दे. शांत
शांत बने रहना दे. चुप रहना
शांत भाव से दे. चुपचाप
शांत रहना (क्रिपद)
शांतस्वभाव दे. शांतिप्रिय
शांति (स्त्री.)
शांतिपूर्ण दे. शांत

शांतिप्रिय (वि.)
शांतिप्रियता (स्त्री.)
शांतिप्रेम दे. शांतिप्रियता
शांतिप्रेमी दे. शांतिप्रिय
शांतिभंग दे. दंगा
शांतिमय दे. शांत
शाक दे. तरकारी
शाकाहारी (वि. पुं.)
शाक दे. 1. टहनी, 2. शाखा
शाखा (स्त्री.)
शाखा दे. 1. टहनी, 2. संप्रदाय
शागिर्द दे. 1. चेला, 2. विद्यार्थी
शादी दे. विवाह
शादीशुदा दे. विवाहित
शाद्वल दे. मरुद्यान
शान दे. 1. तड़क-भड़क, 2. वैभव
शानदार दे. भव्य
शानबान दे. तड़क-भड़क
शान-शौकत दे. 1. ठाट, 2. तड़क-भड़क
शाना दे. कंधा
शाप (पुं.)
शापग्रस्त दे. 1. अभागा, 2. शापित
शाप देना दे. कोसना
शापित (वि.)
शाबाश (विस्मयादिक)
शाबासी (स्त्री.)
शाबासी देना दे. 1. थपकना, 2. पीठ ठोंकना
शाब्दिक (वि.)
शाम दे. संध्या
शाम को दे. दुपहर बाद
शामत दे. 1. दुर्भाग्य, 2. विपत्ति
शामत का मारा दे. अभागा
शामिल दे. अंतर्गत

शायद (योजक)
शायर दे. कवि
शायराना दे. काव्यात्मक
शायरी दे. कविता
शारदा दे. सरस्वती
शारीर दे. शारीरिक
शारीरिक (वि.)
शार्दूल दे. शेर
शाल (पुं.)
शालीन दे. 1. शांत, 2. सुशील
शालीनता दे. 1. मर्यादा, 2. शिष्टता
शाश्वत (वि.)
शाश्वत दे. 1. अनंत, 2. अपरिवर्तनशील, 3. अमर, 4. स्थायी
शासक (पुं.)
शासक दे. अधिकारी
शासन (पुं.)
शासन दे. 1. सत्ता, 2. सरकार
शासन-प्रबंध दे. व्यवस्था
शास्त्रार्थ (पुं.)
शास्त्रार्थ दे. तर्क-वितर्क
शास्त्रीय दे. शैक्षणिक
शाह दे. राजा
शाहखर्च दे. अपव्ययी
शाहखर्ची दे. अपव्यय
शाहाना दे. राजसी
शाही दे. राजसी
शिकंजा दे. पकड़
शिकन दे. 1. झुर्री, 2. बल
शिकवा दे. शिकायत
शिकवा-शिकायत दे. शिकवा
शिकस्त दे. 1. पराजय, 2. हार
शिकस्त खाना दे. हार जाना
शिकस्ता दे. जर्जर

शिकस्ताहाल दे. जर्जर
शिकायत (स्त्री.)
शिकार (पुं.)
शिकारी (पुं.)
शिक्षक (पुं.)
शिक्षक दे. अध्यापक
शिक्षण दे. शिक्षात्मक
शिक्षणात्मक दे. शिक्षाप्रद
शिक्षा (स्त्री.)
शिक्षा दे. 1. अध्यापन, 2. उपदेश
शिक्षा-दीक्षा दे. शिक्षा
शिक्षाप्रद (वि.)
शिक्षार्थी दे. विद्यार्थी
शिक्षालय दे. विद्यालय
शिक्षाविहीन दे. अशिक्षित
शिक्षिका दे. अध्यापिका
शिक्षित (वि.)
शिक्षु दे. 1. नौसिखुआ, 2. विद्यार्थी
शिखर दे. चोटी
शिखा (स्त्री.)
शिखा दे. 1. चोटी, 2. लौ
शिखाधारी दे. चोटीदार
शिखावान दे. चोटीदार
शिखी दे. मोरनी
शिथिल दे. 1. ढीला, 2. धीमा
शिथिलता दे. सुस्ती
शिद्दत दे. तेजी
शिनाख्त दे. पहचान
शिफ्ट दे. बारी
शिरकत दे. 1. अंशदान, 2. सम्मिलन
शिरमौर दे. सर्वोत्कृष्ट
शिरस्थ दे. मुख्य
शिरा दे. नाड़ी
शिरोधार्य करना दे. स्वीकार करना

शिरोमणि दे. 1. मुख्य,
2. सर्वोत्कृष्ट
शिला दे. चट्टान
शिल्प (पुं.)
शिल्प दे. कला
शिल्पकार दे. 1. कारीगर,
2. शिल्पी
शिल्प-कौशल दे. शिल्प
शिल्पज्ञ दे. 1. कारीगर,
2. शिल्पज्ञ
शिल्पविद्या दे. शिल्प
शिल्पी दे. (पुं.)
शिल्पी दे. 1. कलाकार,
2. कारीगर
शिव (पुं.)
शिव-संकल्प दे. निश्चय
शिवा दे. पार्वती
शिविर (पुं.)
शिशु दे. बच्चा
शिश्न दे. लिंग
शिष्ट (वि.)
शिष्ट दे. सुशील
शिष्टता (स्त्री.)
शिष्टता दे. शिष्टाचार
शिष्टाचार (पुं.)
शिष्टाचार दे. सभ्यता
शिष्य दे. 1. अनुयायी, 2. चेला,
3. विद्यार्थी
शीघ्र (क्रिवि.)
शीघ्रगतिक दे. द्रुतगामी
शीघ्रगामी दे. तेज
शीघ्रता दे. 1. जल्दी, 2. तेजी,
3. फुर्ती
शीघ्रता दे. 1. तेजी से, 2. तुरंत
शीघ्रतापूर्वक दे. जल्दी
शीत दे. सर्दी
शीतल दे. ठंडा
शीतलता दे. ठंडक
शीर्ष दे. चोटी
शीर्षक (पुं.)
शीर्षस्थ दे. मुख्य
शील दे. 1. चरित्र, 2. स्वभाव
शीलभंग दे. बलात्कार
शीलभंग करना दे. बलात्कार
करना
शीलवान दे. 1. चरित्रवान,
2. शिष्ट, 3. सुशील
शीश दे. सिर
शीशा (पुं.)
शुंड दे. सूँड़
शुक दे. तोता
शुक्र दे. वीर्य
शुक्रगुजार दे. कृतज्ञ
शुक्रगुज़ारी दे. कृतज्ञता
शुक्रिया दे. धन्यवाद
शुक्ल दे. सफेद
शुक्लता दे. सफेदी
शुगल दे. शौक
शुचि दे. पवित्र
शुचिता दे. 1. पवित्रता,
2. शुद्धता
शुद्ध (वि.)
शुद्ध दे. 1. ठीक, 2. निर्मल
शुद्धता (स्त्री.)
शुद्धभाव से दे. सच्चे हृदय से
शुद्धहृदय दे. निष्कपट
शुबहा दे. शंका
शुभ (वि.)
शुभकामना दे. बधाई
शुभघड़ी दे. 1. मुहूर्त, 2. सयात
शुभचिंतक (वि. पुं.)
शुभचिंतक दे. कृपालु
शुभ मुहूर्त दे. सायत
शुभ लगन दे. सायत
शुभ समाचार दे. सुसमाचार
शुभारंभ दे. आरंभ
शुभारंभ करना दे. आरंभ करना
शुभाशीष दे. आशीर्वाद
शुभ्र दे. 1. उज्ज्वल,
2. चमकीला, 3. सफेद
शुभ्रता दे. सफेदी
शुमार करना दे. गिनना
शुरुआत दे. 1. आरंभ, 2. पहल
शुरुआत दे. आरंभ करना
शुरुआत-खात्मा दे. आदि-अंत
शुरुआत होना दे. आरंभ करना
शुरू-शुरू दे. पहले-पहले
शुल्क दे. कर
शुष्क दे. 1. अरुचिकर, 2. नीरस,
3. रूखा, 4. सूखा
शुष्कता दे. नीरसता
शुष्कप्रकृति दे. अभावुक
शुष्क होना दे. मुरझाना
शूद्र दे. 1. अछूत, 2. अनार्य
शून्य (वि.)
शून्यता (स्त्री.)
शूर दे. 1. योद्धा, 2. वीर
शूरता दे. साहस
शूरवीर दे. 1. योद्धा, 2. वीर
शूल दे. 1. काँटा, 2. पीड़ा
शृंखला (स्त्री.)
शृंखला दे. 1. क्रम, 2. जंजीर
शृंखलाबद्ध दे. 1. क्रमबद्ध,
2. व्यवस्थित
शृंखलित दे. क्रमबद्ध
शृंग दे. चोटी
शृंग-युक्त दे. सींगवाला
शृंगार रे. सजावट

श्रृंगार करना दे. 1. सजना, 2. सजाना
श्रृंगी दे. सींगवाला
श्रृगाल दे. गीदड़
शेखचिल्ली दे. मूर्ख
शेखर दे. चोटी
शेखी दे. 1. अकड़, 2. डींग
शेखीखोर दे. 1. अभिमानी, 2. डींगमार
शेखीबाजी दे. डींग
शेयर दे. अंश
शेर (पुं.)
शेरदिल दे. निडर
शेष (वि.)
शेषशायी दे. विष्णु
शै दे. चीज
शैक्षणिक (वि.)
शैक्षिक दे. शैक्षणिक
शैतान दे. दुष्ट
शैतानी दे. दुष्टता
शैथिल्य दे. सुस्ती
शैल दे. चट्टान
शैलकुमारी दे. पार्वती
शैलजा दे. पार्वती
शैलपुत्री दे. पार्वती
शैली दे. ढंग
शैशव दे. बचपन
शैशवावस्था दे. बचपन
शोक (पुं.)
शोक दे. दुख
शोकगीत (पुं.)
शोकग्रस्त (वि.)
शोकजनक दे. 1. दुखद, 2. विषादपूर्ण
शोकपूर्ण दे. दुखद
शोकमग्न दे. शोकग्रस्त
शोकविह्वल दे. शोकग्रस्त
शोकांत दे. दुखांत
शोकाकुल दे. 1. दुखी, 2. शोकग्रस्त
शोकातुर दे. शोकग्रस्त
शोकार्त दे. दुखी
शोख दे. 1. उद्धत, 2. चमकीला
शोखी दे. उद्धतता
शोचनीय दे. 1. खेदजनक, 2. चिंताजनक, 3. दयनीय
शोच्य दे. चिंताजनक
शोण दे. लाल
शोणित दे. रक्त
शोथ दे. सूजन
शोध दे. 1. अनुसंधान, 2. आविष्कार, 3. खोज
शोध करना दे. 1. खोजना, 2. ढूँढ़ना
शोधन दे. 1. संशोधन, 2. सुधार
शोधना दे. परखना
शोधित दे. 1. परिष्कृत, 2. संशोधित
शोभन दे. 1. दर्शनीय, 2. सुंदर
शोभनीय दे. 1. उपयुक्त, 2. दर्शनीय, 3. सुंदर
शोभा दे. 1. तेज, 2. सुंदरता
शोभा देना दे. जँचना
शोभित दे. 1. अलंकृत, 2. सुंदर
शोर (पुं.)
शोरगुल दे. शोर
शोरबा दे. रस
शोर मचाना दे. चिल्लाना
शोर-शराबा दे. शोर
शोर-शराबेदार दे. कोलाहलपूर्ण
शोला दे. लौ
शोशा दे. चुटकुला
शोशा छोड़ना दे. फुलझड़ी झोड़ना
शोषण (पुं.)
शोषण दे. अत्याचार
शोहदा दे. गुंडा
शोहदापन दे. गुंडई
शोहरत दे. 1. प्रसिद्ध, 2. यश
शौक (पुं.)
शौक दे. रुचि
शौकीन दे. 1. छैला, 2. बाँका, 3. रसिक
शौकीनी दे. छैलापन
शौर्य दे. वीरता
शौहर दे. पति
शौहर-बीवी दे. दंपती
श्मशान (पुं.)
श्याम दे. काला
श्यामल दे. काला
श्यामा दे. 1. कोयल, 2. गाय
श्रद्धा (स्त्री.)
श्रद्धा दे. 1. आदर, 2. भक्ति
श्रद्धालु दे. भक्त
श्रद्धावान दे. भक्त
श्रद्धास्पद दे. आदरणीय
श्रम दे. 1. परिश्रम, 2. प्रयत्न
श्रम करना दे. परिश्रम करना
श्रमजल दे. पसीना
श्रमजीवी दे. श्रमिक
श्रमशील दे. 1. परिश्रमी, 2. प्रयत्नशील
श्रमशीलता दे. परिश्रम
श्रमसाध्य दे. कठिन
श्रमसीकर दे. पसीना
श्रमिक (पुं.)
श्रमिक दे. मजदूर
श्रवण दे. कान
श्रवण करना दे. सुनना

श्रवणीय दे. कर्णगोचर
श्रवणेंद्रिय दे. कान
श्रव्य दे. कर्णगोचर
श्री दे. 1. तेज, 2. लक्ष्मी
श्रीगणेश दे. आरंभ
श्रीगणेश करना दे. आरंभ करना
श्रीगणेश होना दे. आरंभ होना
श्रीमंत वर्ग दे. अभिजात वर्ग
श्रीयुक्त दे. संपन्न
श्रुति दे. 1. कान, 2. वेद
श्रुतिगोचर दे. कर्णगोचर
श्रुतिमधुर दे. कर्णप्रिय
श्रेणी (स्त्री.)
श्रेणी दे. 1. कक्षा, 2. वर्ग
श्रेणीकरण दे. वर्गीकरण
श्रेणीगत दे. वर्गीकृत
श्रेणीबद्ध दे. 1. क्रमबद्ध, 2. वर्गीकृत
श्रेणी-विभाजन दे. वर्गीकरण
श्रेय दे. यश
श्रेय मिलना (क्रिपद)
श्रेयस दे. कल्याण
श्रेयस्कर दे. 1. उचित, 2. कल्याणकारी
श्रेष्ठ (वि.)
श्रेष्ठ दे. 1. उत्तम , 2. अच्छा, 3. महान
श्रेष्ठतर दे. उच्चतर
श्रेष्ठता (स्त्री.)
श्रेष्ठता दे. 1. अच्छाई, 2. महत्त्व
श्रेष्ठी दे. महाजन
श्रोतृशाला दे. प्रेक्षागृह
श्रोत्र दे. कान
श्लाघनीय दे. प्रशंसनीय
श्लाघा दे. प्रशंसा
श्लाघ्य दे. प्रशंसनीय

श्लिष्ट दे. संयुक्त
श्लेषात्मक दे. द्वयार्थक
श्वान दे. कुत्ता
श्वास दे. साँस
श्वासरोग दे. दमा
श्वासावरोध दे. 1. घुटन, 2. प्राणायाम
श्वेत दे. सफेद
श्वेतता दे. सफेदी
श्वेत-श्याम (वि.)
षडानन दे. कार्तिकेय
षड्यंत्र (पुं.)
षड्यंत्रकारी (वि.)
षड्यंत्रकारी दे. कुचक्री
षड्यंत्री दे. षड्यंत्रकारी
षोड़षी दे. युवती
संकट दे. 1. आपद, 2. डर, 3. विपत्ति
संकटकारक दे. भयानक
संकटकाल (पुं.)
संकटग्रस्त (वि.)
संकटपूर्ण दे. 1. चिन्ताजनक, 2. भयानक
संकटप्रद दे. भयानक
संकटमय दे. चिन्ताजनक
संकट में डालना दे. सताना
संकटापन्न दे. चिन्ताजनक
संकटावस्था दे. संकटकाल
संकरज दे. दोगला
सँकरा दे. संकीर्ण
संकलन दे. संग्रह
संकलन करना दे. बटोरना
संकलकर्ता दे. संग्रहकर्ता
संकलनयोग्य दे. संग्रहणीय
संकलित दे. 1. इकट्ठा, 2. चयनित, 3. संगृहीत

संकलित दे. 1. इकट्ठा करना, 2. बटोरना
संकल्प दे. 1. निश्चय, 2. प्रतिज्ञा
संकल्पना दे. विचार
संकल्पपूर्वक दे. जान-बूझकर
संकल्प लेना दे. निश्चय करना
संकल्पवान दे. दृढ़निश्चयी
संकल्प-विकल्प दे. 1. असमंजस्य, 2. दुविधा
संकल्पशक्ति दे. साहस
संकल्पशील दे. दृढ़निश्चयी
संकल्पित दे. निश्चयबद्ध
संकीर्ण (वि.)
संकीर्ण दे. तंग
संकीर्तन दे. कीर्तन
संकुचित दे. 1. तंग, 2. संकीर्ण
संकुचित होना दे. शर्माना
संकुल दे. भीड़-भरा
संकेंद्रण दे. एकाग्रता
संकेंद्रित दे. एकाग्र
संकेत (पुं.)
संकेत करना दे. बतलाना
संकेतित दे. प्रकट
संकोचशील दे. शर्मीला
संकोची दे. शर्मीला
संक्रमण दे. परिवर्तन
संक्रमणशील दे. अस्थायी
संक्रामक (वि.)
संक्रामक रोग दे. महामारी
संक्रिया दे. क्रिया
संक्षिप्त (वि.)
संक्षिप्त करना (क्रिपद)
संक्षेप दे. सार
संक्षेप करना दे. संक्षिप्त करना
संक्षेपण करना दे. संक्षिप्त करना

संक्षेपतः दे. थोड़े में
संक्षेप में दे. थोड़े में
संक्षोभ दे. घबराहट
संख्यांक दे. अंक
संख्या दे. अंक
संख्यांकन दे. गणना
संख्यातीत दे. 1. अत्यधिक, 2. अनगिनत
संग दे. मैथुन
संगठन दे. निर्माण
संगठित दे. निर्मित
संगणना दे. जनगणना
संगत (वि.) दे. उपयुक्त
संगत (स्त्री.) दे. मित्रता
संगतराश दे. मूर्तिकार
संगति (स्त्री.)
संगति दे. 1. उपयुक्तता, 2. साथ, 3. सामंजस्य
संगति बैठना दे. मेल खाना
संगदिल दे. वज्रहृदय
संगम दे. 1. मिलन, 2. सम्मिलन
संग-संग दे. साथ-साथ
संग-साथ दे. 1. मित्रता, 2. साथ
संगिनी दे. सखी
संगी (पुं.)
संगी दे. मित्र
संगीन दे. गंभीर
संगी-साथी (पुं.)
संगृहीत (वि.)
संगोपनीय दे. गुप्त
संगोपांग दे. दुरख
संगोष्ठी दे. गोष्ठी
संग्रह (पुं.)
संग्रह करना दे. इकट्ठा करना
संग्रहकर्ता (पुं.)
संग्रहणीय (वि.)
संग्रहणी दे. 1. अतिसार, 2. दस्त
संग्रहयोग्य दे. संग्रहणीय
संग्राहलय (पुं.)
संग्राम दे. लड़ाई
संग्राम दे. युद्धभूमि
संग्राहक दे. संग्रहकर्ता
संघ (पुं.)
संघटन दे. 1. एकता, 2. संघ
संघठित (वि.)
संघठित दे. अखंड
संघबद्ध दे. संघठित
संघर्ष (पुं.)
संघर्ष दे. 1. दंगा, 2. लड़ाई
संघर्ष करना (क्रिपद)
संघर्ष करना दे. लड़ना
संघातक दे. घातक
संचय दे. 1. संग्रह, 2. समुच्चय
संचय करना दे. इकट्ठा करना
संचयकर्ता दे. संग्रहकर्ता
संचयन दे. संग्रह
संचयी दे. संग्रहकर्ता
संचालक दे. 1. चालक, 2. व्यवस्थापक
संचालन दे. चालन
संचालन करना दे. चलाना
संचालित करना दे. चलाना
संचित दे. इकट्ठा
संचित करना दे. 1. इकट्ठा करना, 2. बटोरना
संजीदगी दे. गंभीरता
संजीदा दे. गंभीर
संजीदापन दे. गंभीरता
सँजोना दे. इकट्ठा करना
संज्ञा दे. 1. चेतना, 2. नाम
संज्ञापन दे. सूचना
संज्ञारहित दे. अचेत
संज्ञाशून्य दे. अचेत
संज्ञाशून्यता दे. अचेतनता
संज्ञाहर दे. चेतनाहर
संज्ञाहीन दे. 1. अचेत, 2. अनाम, 3. मूर्च्छित, 4. सुन्न
संज्ञाहीनता दे. अचेतनता
संड-मुसटंड दे. मोटा
संत (पुं.)
संतत दे. 1. निरंतर, 2. लगातार
संतति दे. 1. संतान, 2. वंशज
संतति-निग्रह (पुं.)
संतति-निरोध दे. संतति-निग्रह
संतप्त दे. 1. दुखी, 2. पीड़ित
संतप्त करना दे. सताना
संतरण करना दे. लाँघना
संतरी दे. सिपाही
संतान (स्त्री.)
संतान दे. वंशज
संताप दे. दुख
संतापकारी दे. 1. दुखद, 2. हृदयविदारक
संतापदायक दे. दुखद
संतुलन (पुं.)
संतुलित (वि.)
संतुष्ट (वि.)
संतुष्ट करना दे. प्रसन्न करना
संतुष्ट हो जाना दे. अघाना
संतुष्टि दे. संतोष
संतृप्त दे. संतुष्ट
संतृप्ति दे. संतोष
संतोष (पुं.)
संतोषजनक (वि.)
संतोषप्रद दे. संतोषजनक
संतोषी दे. धैर्यवान
संत्रस्त दे. 1. दुखी, 2. भयभीत
संत्रस्त कर देना दे. डराना

संत्रास दे. 1. डर, 2. दुख
संदर्भ दे. 1. विषय, 2. संकेत
संदर्भ में दे. बारे में
संदल दे. चंदन
संदिग्ध (वि.)
संदिग्ध दे. 1. अनिश्चित, 2. अस्पष्ट
संदिग्धता दे. अनिश्चितता
संदेश (पुं.)
संदेश दे. 1. समाचार, 2. सूचना
संदेशवाहक दे. दूत
संदेशहर दे. दूत
संदेशा दे. 1. संदेश, 2. समाचार 3. सूचना
संदेह दे. शंका
संदेहजनक दे. संदिग्ध
संदेहपूर्ण दे. संदिग्ध
संदेहरहित दे. निर्विवाद
संदेहात्मक दे. संदिग्ध
संदेहास्पद दे. 1. अनिश्चित, 2. संदिग्ध
संधि (स्त्री.)
संधि दे. 1. अनुदान, 2. जोड़, 3. दरार, 4. मेल, 5. समझौता
संधिवात दे. गठिया
संधिशोथ दे. गठिया
संध्या (स्त्री.)
संध्या दे. सायं
संध्याकाल दे. संध्या
संनिविष्ट दे. अंतर्गत
संन्यासिनी दे. तपस्विनी
संन्यासी दे. 1. तपस्वी, 2. साधु
संपत्ति (स्त्री.)
संपत्ति दे. धन
संपत्तिवान दे. संपन्न
संपत्तिशाली दे. संपन्न
संपदा दे. संपत्ति
संपन्न (वि.)
संपन्न दे. 1. धनी, 2. निर्मित, 3. निष्पन्न, 4. समाप्त, 5. समृद्ध
संपन्न करना दे. पूरा करना
संपन्नता दे. (स्त्री.)
संपन्नता दे. समृद्धि
संपन्न होना दे. 1. पनपना, 2. समाप्त होना
संपरिवर्तन दे. सुधार
संपर्क दे. 1. संबंध, 2. समागम
संपर्कजनित दे. संक्रामक
संपादन दे. निष्पत्ति
संपादित दे. निष्पन्न
संपादित करना दे. पूरा करना
संपुष्टि दे. पुष्टि
संपूरक दे. पूरक
संपूर्ण (वि.)
संपूर्ण दे. 1. कुल, 2. पूरा, 3. सब, 4. समाप्त
संपूर्णता दे. पूर्णता
संपूर्ण होना दे. समाप्त होना
संपृक्त दे. 1. संबद्ध, 2. संलग्न
संपृक्त होना दे. जुड़ना
संप्रति दे. अब
संप्रदाय (पुं.)
संप्रदाय दे. 1. जाति, 2. समुदाय
संप्रदायवादी दे. धार्मिक
संबंध (पुं.)
संबंध तोड़ लेना दे. छोड़ देना
संबंध में दे. 1. बारे में, 2. विषय में
संबंध-विच्छेद करना दे. छोड़ देना
संबंधित दे. 1. संबद्ध, 2. संयुक्त
संबंधी दे. रिश्तेदार
संबद्ध (वि.)
संबद्ध दे. 1. संयुक्त, 2. संलग्न
संबद्ध होना दे. जुड़ना
संबुद्ध दे. ज्ञाता
संबुद्धि दे. ज्ञान
संभरण दे. पूर्ति
संभलना (क्रि.)
संभव (वि.)
संभाल दे. देख-रेख
संभालकर रखना दे. सँभालना
संभालना (क्रि.)
संभावना (स्त्री.)
संभावना दे. आशा
संभावनापूर्ण दे. आशाजनक
संभावनीय दे. संभाव्य
संभावित दे. संभाव्य
संभाव्य (वि.)
संभाषण दे. बात-चीत
संभोग दे. मैथुन
संभ्रम दे. भ्रांति
संभ्रांत दे. 1. कुलीन, 2. प्रतिष्ठित
संभ्रांत वर्ग दे. उच्चवर्ग
संयंत्र दे. 1. उपकरण, 2. यंत्र
संयत (वि.)
संयत दे. मर्यादित
संयत करना दे. दमन करना
संयम (पुं.)
संयमन दे. नियंत्रण
संयमशील दे. संयमी
संयमित दे. 1. गंभीर, 2. नियंत्रित
संयमित करना दे. नियंत्रण करना

संयमी (वि.)
संयुक्त (वि.)
संयुक्त दे. 1. एकाकार, 2. मिला-जुला, 3. संगठित, 4. सम्मिलित
संयुक्त करना दे. जोड़ना
संयुक्त होना दे. इकट्ठा होना
संयोग (पुं.)
संयोगवश (क्रिवि.)
संयोगवशात दे. संयोगवश
संयोग से दे. संयोगवश
संयोगवश दे. अचानक
संयोजक दे. व्यवस्थापक
संयोजन दे. 1. मिश्रण, 2. संलग्नता
संयोजन करना दे. मिलाना
संयोजित दे. 1. आयोजित, 2. संयुक्त
संयोजित करना दे. मिलाना
संरक्षक (पुं.)
संरक्षक दे. अभिभावक
संरक्षण (पु.)
संरक्षित दे. 1. रक्षित, 2. सुरक्षित
संरचना दे. 1. ढाँचा, 2. निर्माण, 3. रचना
संरचना करना दे. बनाना
संरचनात्मक दे. रचनात्मक
संरचित दे. निर्मित
संलग्न (वि.)
संलग्न दे. 1. तन्मय, 2. निकट, 3. संयुक्त
संलग्न करना दे. जोड़ना
संलग्न होना दे. जुड़ना
संलग्नता (स्त्री.)
संलग्नता दे. तन्मयता
संलाप दे. बातचीत

संवत दे. वर्ष
संवरण दे. प्रतिरोध
सँवरना दे. सजना
संवर्धन दे. 1. पालन, 2. वृद्धि
संवर्धन करना दे. पालना
संवर्धी दे. बढ़ता हुआ
संवाद दे. 1. बातचीत, 2. संदेश, 3. समाचार, 4. सूचना
संवाददाता (पुं.)
सँवारना दे. सजाना
संवाहक दे. चालक
संविदा दे. 1. अनुबंध, 2. समझौता
संविधिक दे. वैधानिक
संवृद्धि दे. वृद्धि
संवेग दे. तेजी
संवेदन दे. अनुभव
संवेदनशील दे. 1. कोमल, 2. दयालु, 3. भावुक, 4. सहृदय
संवेदनशीलता दे. 1. कोमलता, 2. दयालुता
संवेदना दे. अनुभव
संव्याप्त दे. व्याप्त
संशय दे. शंका
संशयपूर्ण दे. संदिग्ध
संशययुक्त दे. अनिश्चित
संशयरहित दे. भ्रमरहित
संशयात्मा दे. वहमी
संशयालु दे. वहमी
संशयी दे. वहमी
संशुद्धि दे. सुधार
संशोधन (पुं.)
संशोधन दे. सुधार
संशोधित (वि.)
संशोधित दे. परिष्कृत

संश्लिष्ट दे. संयुक्त
संसक्त दे. संलग्न
संसक्ति दे. संलग्नता
संसर्ग दे. 1. संबंध, 2. समागम
संसाधन दे. साधन
संसार (पुं.)
संसार दे. सृष्टि
संसारव्यापक दे. विश्वव्यापी
संसारव्यापी दे. विश्वव्यापी
संसार से उठ जाना दे. मरना
संसारी दे. गृहस्थ
संसृति दे. संसार
संस्कार (पुं.)
संस्कृत दे. परिष्कृत
संस्कृति दे. सभ्यता
संस्तुति (स्त्री.)
संस्तुति दे. सिफारिश
संस्था (स्त्री.)
संस्था दे. संघ
संस्थापक (पुं.)
संस्थापक दे. 1. निर्मित, 2. स्थापित
संस्पर्श दे. स्पर्श
संहत दे. एकाकार
संहार (पुं.)
संहार दे. नाश
संहारक दे. हत्यारा
संहारना दे. मारना
सइयाँ दे. 1. पति, 2. प्रेमी
सकंटक दे. कँटीला
सकता दे. भ्रांति
सकपका जाना दे. चकित होना
सकपकाना दे. चौंकना
सकरा दे. तंग
सकरुण दे. दयालु

सकल दे. 1. कुल, 2. पूरा, 3. सब
सकारना दे. स्वीकार करना
सकारात्मक (वि.)
सकारा हुआ दे. स्वीकृत
सकारे दे. प्रातः
सकुचाना दे. शर्माना
सकुचाहट दे. शर्म
सक्रिय (वि.)
सक्रिय दे. फुर्तीला
सक्रियता दे. 1. क्रियाकलाप, 2. स्फूर्ति
सक्षम दे. 1. कुशल, 2. योग्य, 3. समर्थ
सक्षमता दे. योग्यता
सखा दे. मित्र
सखी (स्त्री.)
सखुन-तकिया दे. तकिया-कलाम
सख्त दे. 1. अत्याचारी, 2. उत्कट, 3. कठोर
सख्ती दे. 1. अत्याचार, 2. उत्कटता, 3. कठोरता, 4. ज्यादती
सख्य दे. मित्रता
सख्य-भाव दे. मित्रता
सगा (वि.)
सगाई (स्त्री.)
सगा-संबंधी दे. रिश्तेदार
सगुन (पुं.)
सगुनौती दे. सगुन
सगोत्र दे. सजातीय
सग्गड़ दे. छकड़ा
सघन दे. गाढ़ा
सघनता (स्त्री.)
सघनता दे. गाढ़ापन

सचमुच (क्रिवि.)
सचमुच दे. 1. निस्संदेह, 2. वास्तव में
सचराचर दे. संसार
सचरित्र दे. सच्चरित्र
सचाई दे. 1. तथ्य, 2. सत्य
सचिंत दे. चिंतित
सचिव दे. मंत्री
सचेत दे. 1. चेतन, 2. सजग, 3. सावधान
सचेत करना दे. चेताना
सचेतता दे. 1. सजगता, 2. सावधानी
सचेतन दे. सजीव
सचेत हो जाना दे. संभलना
सचेत होना दे. जागना
सचेष्ट दे. सक्रिय
सच्चरित्र (वि.)
सच्चरित्र दे. 1. ईमानदार, 2. सच्चा
सच्चरित्रता (स्त्री.)
सच्चरित्रता दे. ईमानदारी
सच्चा (वि.)
सच्चा दे. 1. निष्कपट, 2. निष्ठावान, 3. शुद्ध, 4. सत्य, 5. वास्तविक
सच्चाई दे. 1. ईमानदारी, 2. वास्तविकता
सच्चापन दे. सत्य
सच्चिदानंद दे. ईश्वर
सच्चे हृदय से (क्रिवि.)
सच्चे हृदय से दे. जी जान से
सज दे. ढंग
सजग (वि.)
सजग दे. सावधान
सजगता (स्त्री.)

सजगता दे. सावधानी
सजग हो जाना दे. सँभलना
सजधज (स्त्री.)
सजना (क्रि.)
सजना-सँवरना दे. सजना
सजल दे. अश्रुपूर्ण
सजा दे. दंड
सजातीय (वि.)
सजा देना दे. दंड देना
सजा-धजा (वि.)
सजाना (क्रि.)
सजा-सँवरा दे. सजा-धजा
सजाना-सँवारना दे. सजाना
सजाया हुआ दे. सज्जित
सजाव दे. सजावट
सजावट (स्त्री.)
सजावट करना दे. सजाना
सजीला दे. 1. छैला, 2. बाँका, 3. सुंदर
सजीलापन दे. सुंदरता
सजीव (वि.)
सजीव दे. जीवित
सजीवता (स्त्री.)
सजीवता दे. ताजगी
सजीव बनाना दे. अनुप्राणित करना
सज्जन (वि.)
सज्जन (पुं.)
सज्जनता (स्त्री.)
सज्जनता दे. मनुष्यता
सज्जा दे. सजावट
सज्जित (वि.)
सज्जित दे. सजा-धजा
सटना दे. 1. चिपकना, 2. जुड़ना
सटाव दे. स्पर्श
सटा हुआ दे. संलग्न

सटीक दे. सही
सटोरिया दे. सट्टेबाज
सट्टा (पुं.)
सट्टेबाज (पुं.)
सट्टेबाजी दे. सट्टा
सड़-गल जाना दे. सड़ना
सड़ना (क्रि.)
सड़ायँध दे. दुर्गंध
सतत दे. 1. निरंतर, 2. लगातार, 3. शाश्वत
सतर दे. पंक्ति
सतर्क दे. 1. सजग, 2. सावधान
सतर्कता दे. 1. सजगता, 2. सावधानी
सतर्क करना दे. चेताना
सतर्क होना दे. जागना
सतवंती दे. सच्चरित्र
सतह दे. तल
सताना (वि.)
सताना दे. परेशान करना
सताया हुआ दे. दुखी
सती (स्त्री.)
सती दे. 1. पतिव्रता, 2. सच्चरित्र
सतीत्व दे. 1. पातिव्रत्य, 2. सच्चरित्रता
सतीत्व नष्ट करना दे. बलात्कार करना
सतीत्व-भंग दे. बलात्कार
सतीत्व भंग करना दे. बलात्कार करना
सतीत्व-हरण दे. बलात्कार
सतीत्व-हरण करना दे. बलात्कार
सती-साध्वी दे. सती
सती-सावित्री दे. सती

सत्कार दे. आदर
सत्त दे. सार
सत्ता (स्त्री.)
सत्ता दे. 1. अधिकार, 2. शक्ति
सत्ताधारी दे. सत्तारूढ़
सत्तारूढ़ (वि.)
सत्त्व दे. सार
सत्त्वहीन दे. असार
सत्पात्र दे. पात्र
सत्य (वि.)
सत्य (पुं.)
सत्यता दे. सत्य
सत्यनिष्ठ दे. 1. ईमानदार, 2. सच्चा
सत्यनिष्ठा दे. ईमानदारी
सत्यभाषी दे. सच्चा
सत्यवादिता दे. ईमानदारी
सत्यवादी दे. सच्चा
सत्यशील दे. ईमानदार
सत्यशीलता दे. ईमानदारी
सत्यानाश (पुं.)
सत्यानाश दे. विफलता
सत्र दे. 1. अवधि, 2. बैठक
सत्वर दे. 1. उद्यत, 2. तेज
सत्वरता दे. तेजी
सत्संग (पुं.)
सत्संग दे. भेंट
सत्समागम दे. सत्संग
सदन दे. घर
सदमा दे. आघात
सदयता दे. 1. दयालुता, 2. नरमी
सदर दे. अध्यक्ष
सदरी दे. जैकेट
सदस्य (पुं.)
सदा (क्रिवि.)

सदा दे. पुकार
सदाकत दे. सत्य
सदाचारी दे. 1. धर्मात्मा, 2. सच्चरित्र
सदारत दे. अध्यक्षता
सदाशयता दे. निष्ठा
सदा-सर्वदा दे. सदा
सदी दे. शती
सदृश्य दे. 1. अनुरूप, 2. समान
सदैव दे. सदा
सदोष दे. खराब
सद् दे. अच्छा
सद्गति दे. मोक्ष
सद्भाव दे. सौजन्य
सद्भावना दे. 1. शुभकामना, 2. सहानुभूति
सद्य दे. नया
सद्यजात दे. नवजात
सधवा (स्त्री.)
सनक (स्त्री.)
सनक चढ़ना (क्रि.)
सनक चढ़ना दे. धुन सवार होना
सनक जाना दे. सनक चढ़ना
सनकना दे. 1. पगलाना, 2. सनक चढ़ना
सनकी (वि.)
सनद दे. प्रमाणपत्र
सनम दे. प्रेमी
सनसनी दे. 1. उत्तेजना, 2. खलबली
सनसनीखेज दे. आश्चर्यजनक
सनसनीदार दे. उत्तेजक
सनातन दे. 1. अनन्त, 2. अमर, 3. पुराना, 4. शाश्वत, 5. स्थायी

सना हुआ दे. 1. गीला, 2. लथपथ
सन् दे. वर्ष
सन्न दे. चकित
सन्नद्ध दे. 1. उद्यत, 2. तैयार
सन्नद्धता दे. 1. उद्यतता, 2. कटिबद्धता
सन्न हो जाना दे. चकित होना
सन्नाटा दे. चुप्पी
सन्नाह दे. कवच
सन्निकट दे. 1. निकट, 2.समीप
सन्निकटता दे. 1. निकटता, 2. समीपता
सन्निकर्ष दे. समीपता
सन्निधि दे. समीपता
सपत्नी दे. सौत
सपना दे. स्वप्न
सपाट दे. चपटा
सपिंड दे. सजातीय
सप्तपदी (स्त्री.)
सप्ताह (पुं.)
सप्राण दे. 1. जीवित, 2. सजीव
सफर दे. यात्रा
सफर खर्च दे. मार्ग व्यय
सफल (वि.)
सफलता (स्त्री.)
सफलता दे. उपलब्धि
सफल-मनोरथ दे. सफल
सफलीभूत दे. सफल
सफा (पुं.) दे. पन्ना
सफा (वि.) स्वच्छ
सफाई (स्त्री.)
सफाई दे. 1. कौशल, 2. स्वच्छता
सफाई करना दे. 1. झाड़ू देना, 2. साफ करना
सफाचट दे. स्वच्छ
सफाया कर देना दे. 1. कत्ल कर देना, 2. नष्ट कर देना
सफेद (वि.)
सफेदी (स्त्री.)
सब (वि.)
सब दे. कुल
सब ओर दे. सब जगह
सबक दे. 1. उपदेश, 2. पाठ
सब कहीं दे. 1. सब जगह, 2. सर्वत्र
सब-कुछ (पुं.)
सबके सब दे. कुल
सबके सामने दे. खुल्लमखुल्ला
सब जगह (क्रिवि.)
सब प्रकार से दे. सर्वप्रकारेण
सबब दे. कारण
सबल दे. 1. तगड़ा, 2. शक्तिशाली
सबलता दे. शक्ति
सबसे पहले दे. पहले-पहल
सबूत दे. प्रमाण
सबेरा दे. प्रातःकाल
सब्ज दे. हरा
सब्जी दे. तरकारी
सब्र दे. धैर्य
सभा (स्त्री.)
सभा दे. 1. परिषद, 2. बैठक, 3. संघ, 4. संस्था
सभापति दे. अध्यक्ष
सभापतित्व दे. 1. अध्यक्षता, 2. नेतृत्व
सभासद दे. सदस्य
सभ्य दे. शिष्ट
सभ्यता (स्त्री.)
सभ्यता दे. शिष्टता
सभ्याचार दे. शिष्टाचार
समंजन (पुं.)
समंजित (वि.)
सम दे. समान
समकक्ष (वि.)
समकक्ष दे. समान
समकक्षता दे. समानता
समकालिक दे. 1. युगपत, 2. समकालीन
समकालीन (वि.)
समक्ष दे. आगे
समग्र दे. 1. कुल, 2. ग्रंथावली, 3. पूरा, 4. संपूर्ण
समग्रता दे. पूर्णता
समझ दे. बुद्धि
समझदार दे. बुद्धिमान
समझदारी दे. 1. बुद्धि, 2. बुद्धिमत्ता
समझना दे. जानना
समझ-बूझ दे. बुद्धिमत्ता
समझ में आना दे. प्रतीत होना
समझाना-बुझाना दे. शांत करना
समझा-बुझा दे. विचारपूर्ण
समझौता (पुं.)
समझौता दे. संधि
समतल (वि.)
समतल दे. चपटा
समता दे. समानता
समतुलन दे. संतुलन
समतुलित दे. संतुलित
समत्व दे. समानता
समदृष्टि (स्त्री.)
समदृष्टि दे. तटस्थता
समन जारी करना दे. बुलाना
समनाम दे. नामरासी
समन्वय दे. 1. तालमेल, 2. सामंजस्य

समन्वित दे. 1. संघठित, 2. संयुक्त
समप्रकृति दे. समानधर्मी
समबुद्धि दे. समदृष्टि
समभागी दे. भागीदार
समभाव दे. समदृष्टि
समय (पुं.)
समय दे. 1. अवकाश, 2. अवसर, 3. युग
समय बिताना दे. कालयापन
समयानुकूल दे. प्रासंगिक
समयोचित (वि.)
समयोचित दे. सामयिक
समर दे. लड़ाई
समरभूमि दे. युद्धभूमि
समरसता दे. 1. समदृष्टि, 2. सामंजस्य
समरांगण दे. युद्धभूमि
समरूप दे. 1. अनुरूप, 2. समान
समरूपता दे. समानता
समर्थ (वि.)
समर्थ दे. 1. कुशल, 2. योग्य
समर्थक (पु.)
समर्थक दे. 1. अनुमोदक
समर्थता दे. योग्यता
समर्थन (पुं.)
समर्थन दे. अनुमोदन
समर्थांग दे. 1. तगड़ा, 2. हट्टा-कट्टा
समर्पण (पुं.)
समर्पण करना (क्रिपद)
समर्पण करना दे. झुकना
समर्पित दे. दत्त
समर्पित करना दे. देना
समवयसी दे. समवयस्क
समवयस्क (वि.)
समवर्ती दे. समकालीन
समवेतगान दे. समूहगान
समवेदना दे. शोक
समसामयिक दे. समकालीन
समस्त दे. 1. कुल, 2. पूरा, 3. सब
समस्तता दे. पूर्णता
समस्या (स्त्री.)
समस्या दे. पहेली
समस्यापूर्ति दे. तुकबंदी
समाई (स्त्री.)
समाई दे. 1. गुंजाइश, 2. सामर्थ्य
समाकलन दे. एकीकरण
समागम (पुं.)
समागम दे. 1. मिलन, 2. भेंट, 3. सभा, 4. सम्मिलन
समाचार (पुं.)
समाचार जानना दे. हालचाल पूछना
समाचार-पत्र (पुं.)
समाज दे. संघ
समाज दे. सभा
समाजशील दे. मिलनसार
समाजी दे. सामाजिक
समादर दे. 1. आदर, 2. श्रद्धा
समादरणीय दे. आदरणीय
समादेश दे. आज्ञा
समाधान (पुं.)
समाधान दे. निपटारा
समाधान निकालना दे. सुलझाना
समाधि (स्त्री.)
समाधि दे. एकाग्रता
समाधि-स्थल दे. श्मशान
समान (वि.)
समान दे. अनुरूप
समानक दे. पर्याय
समानता (स्त्री.)
समानता दे. सादृश्यता
समानधर्मी (वि.)
समाना (क्रि.)
समाना दे. अटना
समानार्थक दे. पर्याय
समानार्थी दे. पर्याय
समानुपात दे. अनुपात
समानुपातिक दे. आनुपातिक
समापन दे. 1. अंत, 2. समाप्ति
समापन करना दे. बंद करना
समापित दे. समाप्त
समाप्त (वि.)
समाप्त दे. 1. खत्म, 2. नष्ट
समाप्त कर देना दे. 1. खत्म कर देना, 2. नष्ट कर देना, 3. हत्या करना
समाप्त करना दे. 1. पूरा करना, 2. बंद करना
समाप्त हो जाना दे. 1. नष्ट हो जाना, 2. बीतना, 3. मरना
समाप्त होना (क्रिपद)
समाप्ति (स्त्री.)
समाप्ति दे. 1. अंत, 2. नाश
समामेलन दे. एकीकरण
समायोजन दे. समंजन
समायोजित दे. समंजित
समारंभ दे. 1. आरंभ, 2. पहल, 3. संस्कार
समारोह दे. 1. उत्सव, 2. त्योहार
समालोचक दे. आलोचक
समालोचना दे. आलोचना
समाविष्ट दे. अंतर्गत
समावेश (पुं.)
समावेश दे. 1. अंतर्भाव, 2. प्रवेश
समावेशन दे. अंतर्भाव

समावेष्टि दे. अंतर्गत
समाहार दे. समुच्चय
समिति (स्त्री.)
समिति दे. 1. परिषद, 2. संघ
समीक्षक दे. आलोचक
समीक्षा दे. आलोचना
समीक्षाकार दे. आलोचक
समीचीन दे. 1. उचित, 2. उपयुक्त
समीप (वि.)
समीप दे. निकट
समीपता (स्त्री.)
समीपता दे. निकटता
समीपस्थ दे. 1. निकट, 2. समीपी
समीपी (वि.)
समीर (स्त्री.)
समीर दे. वायु
समुंदर दे. समुद्र
समुचित दे. 1. उपयुक्त, 2. न्यायसंगत, 3. यथेष्ट
समुच्चय (पुं.)
समुच्चय दे. 1. संग्रह, 2. समूह
समुदाय (पुं.)
समुदाय दे. 1. कुल, 2. जाति, 3. संघ
समुद्र (पुं.)
समुद्र-यात्रा (स्त्री.)
समुन्नत दे. 1. उन्नत, 2. विकसित, 3. समृद्ध
समुन्नति दे. विकास
समुन्नयन दे. 1. उन्नति, 2. समृद्धि
समुपस्थित दे. 1. उपस्थित, 2. वर्तमान
समुपस्थिति दे. 1. वर्तमानता, 2. विद्यमानता

समुल्लास दे. अध्याय
समूचा दे. 1. पूरा, 2. संपूर्ण
समूल (क्रिवि.)
समूह (पुं.)
समूह दे. 1. झुंड, 2. राशि, 2. समुच्चय
समूहगान (पुं.)
समूहबद्ध दे. संघठित
समृद्ध (वि.)
समृद्ध दे. संपन्न
समृद्ध होना दे. पनपना
समृद्धि (स्त्री.)
समृद्धि दे. 1. उन्नति, 2. ऐश्वर्य, 3. संपन्नता
समेटना दे. इकट्ठा करना
सम्मति दे. 1. अनुमति, 2. मत, 3. विचार
सम्मान (पुं.)
सम्मान दे. 1. आदर, 2. प्रतिष्ठा, 3. मान
सम्मानित (वि.)
सम्मान्य दे. आदरणीय
सम्मानीय दे. आदरणीय
सम्मिलन (पुं.)
सम्मिलन दे. 1. अंतर्भाव, 2. मिलन, 3. समावेश
सम्मिलित (वि.)
सम्मिलित दे. 1. संघठित, 2. संयुक्त
सम्मिश्रण दे. मिश्रण
सम्मिश्रित दे. मिश्रित
सम्मुख दे. सामने
सम्मुख दे. 1. आगे, 2. प्रत्यक्ष
सम्मेलन दे. 1. बैठक, 2. समागम
सम्मोहक दे. आकर्षक

सम्मोहन दे. 1. आसक्ति, 2. जादू
सम्मोहित दे. आसक्त
सम्मोहित करना दे. रिझाना
सम्यक दे. उचित
सम्राट (पुं.)
सयानप दे. 1. चालाकी, 2. सयानापन
सयाना (वि.)
सयाना दे. 1. अनुभवी, 2. चतुर, 3. चालाक, 4. बुद्धिमान, 5. वयस्क, 6. व्यवहारकुशल
सयानापन (पुं.)
सयानापन दे. 1. चतुरता, 2. चालाकी
सरंजाम दे. सामग्री
सर दे. सिर
सरक जाना दे. खिसकना
सरकना (क्रि.)
सर करना दे. जीतना
सरकार (स्त्री.)
सरकार दे. 1. स्वामी, 2. शासन
सरगना दे. 1. नेता, 2. मुखिया
सरगर्मी दे. 1. उत्साह, 2. क्रिया-कलाप, 3. चहल-पहल, 4. हलचल
सरगर्मी लाना दे. हलचल पैदा करना
सरगी दे. सहरी
सरणी दे. पंक्ति
सरताज दे. सर्वोत्कृष्ट
सरदार दे. 1. नेता, 2. मुखिया
सरदारी दे. नेतृत्व
सरनाम दे. 1. प्रसिद्ध, 2. यशस्वी
सरनामा दे. पता
सरपट दे. तेजी से

सरपरस्त दे. 1. अभिभावक, 2. संरक्षक
सरपरस्ती दे. संरक्षण
सरफरोश दे. बलि
सरफरोशी दे. बलिदान
सरमाएदार दे. पूँजीपति
सरमाया दे. पूँजी
सरल (वि.)
सरल दे. निष्कपट
सरलता (स्त्री.)
सरलीकृत दे. सरल
सरस दे. 1. काव्यात्मक, 2. मधुर, 3. रसिया, 4. रोचक
सरसता दे. मिठास
सरसना दे. पनपना
सरसब्ज दे. हरा-भरा
सरसरी तौर पर दे. सरसरी दृष्टि से
सरसरी दृष्टि से (क्रिवि.)
सरसिज दे. कमल
सरसिरुह दे. कमल
सरसी दे. जलाशय
सरस्वती (स्त्री.)
सरहद दे. सीमा
सरापना दे. कोसना
सराबोर दे. तर
सरासर दे. बिल्कुल
सराहना दे. प्रशंसा
सराहनीय दे. प्रशंसनीय
सरिता दे. नदी
सरिया दे. छड़
सरिस दे. 1. अनुरूप, 2. समान
सरीखा दे. 1. अनुरूप, 2. समान
सरूर दे. नशा
सरोकार दे. संबंध
सरोज दे. कमल
सरोरुह दे. कमल
सरोवर दे. जलाशय
सरोसामान दे. साज-सामान
सर्ग दे. अध्याय
सर्जन दे. 1. उत्पादन, 2. निर्माण, 3. सृष्टि
सर्जनात्मक दे. रचनात्मक
सर्जरी दे. शल्यक्रिया
सर्टिफिकेट दे. प्रमाणपत्र
सर्दखाना दे. तहखाना
सर्दी (स्त्री.)
सर्दी दे. 1. जुकाम, 2. ठंड
सर्प दे. साँप
सर्पण करना दे. सरकना
सर्पाकार दे. टेढ़ा-मेढ़ा
सर्पिल दे. 1. चक्करदार, 2. टेढ़ा-मेढ़ा
सर्फ करना दे. खर्च करना
सर्राटे भरते दे. तेजी से
सर्राटे से दे. तेजी से
सर्व दे. सब
सर्वकालिक दे. अमर
सर्वजेता दे. विजयी
सर्वतोमुखी दे. व्यापक
सर्वत्र (क्रिवि.)
सर्वथा दे. बिल्कुल
सर्वथैव दे. बिल्कुल
सर्वदा दे. सदा
सर्वनाश दे. 1. नाश, 2. सत्यानाश
सर्वप्रकारेण (क्रिवि.)
सर्वप्रमुख दे. मुख्य
सर्वप्रयोज्य (वि.)
सर्वप्रिय दे. लोकप्रिय
सर्वविदित दे. प्रसिद्ध
सर्वशक्तिमान दे. बड़ा
सर्वश्रेष्ठ दे. 1. उत्तम, 2. श्रेष्ठ, 3. सर्वोत्कृष्ट
सर्वसम्मति से दे. एक राय से
सर्वस्व दे. सबकुछ
सर्वस्वाहा दे. नाश
सर्वांगीण दे. 1. चौतरफा, 2. पूरा
सर्वाधिकार दे. 1. एकाधिकार, 2. कापीराइट
सर्वाधिकारी दे. एकाधिकारी
सर्वार्थ दे. सर्वप्रयोज्य
सर्विस दे. नौकरी
सर्वेक्षक दे. निरीक्षक
सर्वेक्षण (पुं.)
सर्वेक्षण दे. निरीक्षण
सर्वेसर्वा दे. स्वामी
सर्वोच्च (वि.)
सर्वोच्च दे. 1. उत्तम, 2. प्रधान, 3. परम
सर्वोच्चता दे. प्रधानता
सर्वोत्कृष्ट (वि.)
सर्वोत्कृष्ट दे. उत्तम
सर्वोत्तम दे. 1. अत्युत्तम, 2. उत्तम, 3. श्रेष्ठ, 4. सर्वोत्कृष्ट
सर्वोदय दे. उत्कर्ष
सर्वोपरि दे. 1. उत्तम, 2. परम
सलज्ज दे. शर्मीला
सलसलाहट दे. खुजली
सलाम दे. 1. अभिवादन, 2. नमस्कार
सलामत दे. रक्षित
सलामती दे. 1. कुशल, 2. कल्याण, 3. रक्षा

सलामी दे. अभिवादन
सलाह दे. 1. परामर्श, 2. मंत्रणा
सलाह करना दे. परामर्श करना
सलाहकार दे. 1. परामर्शदाता, 2. मंत्री
सलिल दे. जल
सलीका दे. शिष्टाचार
सलीकेदार दे. शिष्ट
सलीस दे. सरल
सलूक दे. व्यवहार
सलोना दे. 1. प्यारा, 2. सुंदर
सलोनापन दे. सुन्दरता
सल्तनत दे. राज्य
सवर्णजाति दे. उच्चवर्ग
सवारीगाड़ी दे. गाड़ी
सवाल दे. प्रश्न
सवालिया दे. जिज्ञासु
सविता दे. सूरज
सवेरे दे. 1. तड़के, 2. प्रातः
सवेरे-सवेरे दे. तड़के
सशंक दे. 1. भयभीत, 2. शंकालु
सशक्त दे. 1. दृढ़, 2. शक्तिशाली
सशक्तता दे. दृढ़ता
सशपथ (क्रिवि.)
सशर्त (वि.)
सशस्त्र (वि.)
सस्ता (वि.)
सस्ती दे. गिरावट
सह-अपराधी (वि. पुं.)
सह-अभियुक्त दे. सह-अपराधी
सह-अस्तित्व (पुं.)
सहकर्मी दे. 1. संगी, 2. साथी
सहकारी दे. सहायक
सहगान दे. 1. गाना, 2. समूह-गान
सहचर दे. 1. मित्र, 2. संगी
सहचरी दे. सखी
सहज दे. 1. प्राकृतिक, 2. सरल, 3. स्वाभाविक
सहजतः दे. आप-से-आप
सहजता दे. 1. सरलता, 2. स्वाभाविकता
सहजप्राप्य दे. सरल
सहजसाध्य दे. सरल
सहजात दे. जुड़वाँ
सहधर्मिणी दे. पत्नी
सहन दे. 1. आँगन, 2. सहनशीलता
सहन करना दे. सहना
सहनशक्ति दे. 1. धैर्य, 2. सहनशीलता
सहनशील (वि.)
सहनशील दे. धैर्यवान
सहनशीलता (स्त्री.)
सहनशीलता दे. धैर्य
सहनशीलता दिखाना दे. सहना
सहना (क्रि.)
सहपथिक दे. सहयात्री
सहपाठी (पुं.)
सहबाला (पुं.)
सहभागिता दे. 1. अंशदान, 2. भागीदारी, 3. साझा
सहभागी दे. साझेदार
सहभाव दे. सह-अस्तित्व
सहभोज दे. प्रीतिभोज
सहमत दे. इच्छुक
सहमत कर लेना दे. राजी करना
सहमति दे. अनुमति
सहमति देना दे. स्वीकार करना
सहयात्री (पुं.)
सहयोगी दे. 1. संगी, 2. सहायक
सहरगही दे. सहरी
सहरी (स्त्री.)
सहल दे. सरल
सहलाना दे. रगड़ना
सह लेना दे. सहना
सहवर्ती दे. समकालीन
सहवास दे. मैथुन
सहसा दे. अचानक
सहानुभूति (स्त्री.)
सहानुभूति दे. 1. उदारता, 2. दया
सहानुभूति दिखानेवाला दे. सहानुभूतिशील
सहानुभूतिशील (वि.)
सहानुभूतिशील दे. सहृदय
सहायक (विपुं.)
सहायक दे. अनुकूल
सहायता (स्त्री.)
सहारा (पुं.)
सहारा दे. आश्रय
सहिक दे. सकारात्मक
सहिष्णुता दे. 1. धैर्यवान, 2. सहनशील
सहिष्णु दे. 1. धैर्य, 2. सहन-शीलता
सहिष्णुता दिखलाना दे. सहना
सहिष्णुता बरतना दे. सहना
सही (वि.)
सही दे. 1. उचित, 2. उपयुक्त, 3. ठीक, 4. सत्य, 5. हस्ताक्षर
सही करना दे. सुधारना

सही ढंग से दे. भली-भाँति
सही-सलामत दे. सुरक्षित
सहूलियत दे. सुविधा
सहृदय (वि.)
सहृदय दे. गुणग्राहक
सहृदय दे. 1. उदार, 2. भावुक, 3. रसिया
सहेजकर रखना दे. संभालना
सहेजना दे. 1. इकट्ठा करना, 2. संभालना
सहेली दे. सखी
सहोत्पन्न दे. जुड़वाँ
सहोदर दे. भाई
सह्य (वि.)
साँकल (स्त्री.)
साँकल दे. जंजीर
साँझ दे. संध्या
साँझा दे. मिला-जुला
साँठी दे. पूँजी
सांतत्य दे. निरंतरता
सांत्वना दे. 1. ढारस, 2. धैर्य
सांत्वना देना दे. धैर्य बँधाना
साँप (पुं.)
सांप्रतिक दे. वर्तमान
सांप्रदायिक (वि.)
सांप्रदायिक दे. 1. जातीय, 2. धार्मिक
साँभर दे. हिरन
साँवरिया दे. कृष्ण
साँवला दे. काला
साँस (स्त्री.)
साँस चढ़ना दे. हाँफना
साँसत दे. 1. घुटन, 2. दुख, 3. परेशानी
साँसत का मारा दे. दुखी
साँसत-घर दे. कारागार

साँस फूलना (क्रिपद)
साँस फूलना दे. हाँफना
साँस रोकना दे. प्राणायाम
साँस लेना दे. सुस्ताना
साँसा दे. साँस
सांसारिक (वि.)
सांसारिक दे. विषयी
सांसारिकता (स्त्री.)
साई दे. अग्रिम
साईन दे. हस्ताक्षर
साकिन दे. निवासी
साकी (पुं.)
साकी दे. मधुबाला
साक्षात्कार दे. भेंट
साक्षी दे. 1. गवाह, 2. गवाही
साक्ष्य दे. 1. गवाही, 2. प्रमाण
साख दे. 1. प्रतिष्ठा, 2. विश्वास
साग दे. तरकारी
सागर दे. समुद्र
साजन दे. 1. पति, 2. प्रेमी
साज-समान (पुं.)
साजिश दे. कुचक्र
साजिशी दे. 1. कुचक्री, 2. षड्यंत्रकारी
साझा (पुं.)
साझी दे. भागीदारी
साझेदार (पुं.)
साझेदारी दे. 1. साझा, 2. भागीदारी
साठ-गाँठ दे. 1. कुचक्र, 2. घनिष्ठता
साज-सामान दे. सामान
सातत्य (पुं.)
सातत्य दे. 1. क्रम, 2. निरंतरता
सात फेरे दे. सप्तपदी

सात्विक दे. पवित्र
सात्विकता दे. पवित्रता
साथ (पुं.)
साथ-साथ (क्रिवि.)
साथ लगाना दे. जोड़ना
साथिन दे. सखी
साथी (पुं.)
साथी दे. 1. मित्र, 2. संगी
सादगी दे. सरलता
सादा दे. सरल
सादापन दे. सरलता
सादृश्य दे. 1. उपमा, 2. संगति, 3. समानता
सादृश्यता दे. समानता
साध दे. इच्छा
साधक दे. 1. तपस्वी, 2. साधु
साधन (पुं.)
साधन दे. उपाय
साधना दे. तप
साधना-स्थली दे. तपोवन
साध लेना दे. प्राप्त करना
साधवी दे. सच्चरित्र
साधारण (वि.)
साधारणतः (क्रिवि.)
साधारणतः दे. प्रायः
साधारणतया दे. 1. प्रायः, 2. साधारणतः
साधारण रूप में दे. साधारणतः
साधित दे. निर्मित
साधु (पुं.)
साधु दे. 1. तपस्वी, 2. धर्मात्मा, 3. मुनि, 4. संत, 5. सच्चरित्र, 6. सज्जन
साधुनी दे. तपस्विनी
साधुवाद दे. 1. प्रशंसा, 2. शाबासी

साधु-साधु दे. शाबास
साधु-स्वभाव दे. सच्चरित्र
साधु दे. तपस्वी
साध्य दे. 1. चिकित्सक, 2. प्राप्य, 3. संभव
साध्वी दे. 1. अक्षतयोनि, 2. पतिव्रता
सानंद (क्रिवि.)
सानंद दे. सुखी
सान चढ़ाना दे. तेज करना
सानना (क्रि.)
सानना दे. गूँधना
सानी दे. 1. समकक्ष, 2. समान
सान्निध्य दे. समीपता
सापेक्ष (वि.)
सापेक्ष दे. संबद्ध
साप्ताहिक (वि.)
साफ दे. 1. निरभ्र, 2. निर्मल, 3. प्रकट, 4. प्रत्यक्ष, 5. स्पष्ट, 6. स्वच्छ
साफ कर देना दे. खत्म कर देना
साफ करना (क्रिपद)
साफ करना दे. 1. चुनना, 2. धोना
साफ दिल दे. निष्कपट
साफ-साफ दे. 1. खुल्लमखुल्ला, 2. स्पष्टतः
साफ-साफ कहना (क्रिपद)
साफ-सुथरा दे. 1. निर्मल, 2. स्वच्छ
साफा दे. पगड़ी
साबका दे. व्यवहार
साबित दे. 1. प्रमाणित, 2. सिद्ध
साबित करना दे. प्रमाणित करना
साबूत दे. 1. पूरा, 2. संपूर्ण
साभार दे. धन्यवादपूर्वक
साभिप्राय दे. सारगर्भित
सामंजस्य (पुं.)
सामंजस्य दे. 1. ऐक्य, 2. तालमेल
सामंत (पुं.)
सामंतवादी दे. सामंती
सामंतशाही दे. सामंती
सामंतिक दे. सामंती
सामंती (वि.)
सामग्री (स्त्री.)
सामग्री दे. वस्तु
सामना दे. 1. आगा, 2. प्रतिरोध, 3. भेंट
सामना करना (क्रिपद)
सामने (क्रिवि.)
सामने दे. आगे
सामने आना दे. 1. घटित होना, 2. प्रकट होना
सामयिक (वि.)
सामयिक दे. 1. आकस्मिक, 2. प्रचलित
सामर्थ्य (स्त्री.)
सामर्थ्य दे. 1. बल, 2. योग्यता
सामर्थ्यवान दे. शक्तिशाली
सामर्थ्यहीन दे. दुर्बल
सामाजिक (वि.)
सामाजिक दे. मिलनसार
सामाजिकता दे. परस्परता
सामान (पुं.)
सामान्य दे. साधारण
सामान्यतः दे. 1. प्रायः, 2. साधारणतः
सामान्यतयाः दे. 1. प्रायः, 2. साधारणतः
सामान्या दे. वेश्या
सामीप्य दे. 1. निकटता, 2. समीपता
सामूहिक दे. सम्मिलित
साम्य दे. 1. उपमा, 2. समानता
साम्यवादी (वि.)
साम्राज्ञी दे. पटरानी
साम्राज्य दे. राज्य
साम्राज्यवादी (वि. पुं.)
सायं (स्त्री.)
सायंकाल दे. 1. संध्या, 2. सायं
सायक दे. तीर
सायत (स्त्री.)
सायत दे. मुहूर्त
सायबान दे. छत
सायरन दे. बिगुल
साया दे. छाया
सायुध दे. सशस्त्र
सारंग दे. हिरन
सार (पुं.)
सार दे. निष्कर्ष
सारगर्भित (वि.)
सारगर्भित दे. तात्त्विक
सारणी दे. सूची
सारभूत दे. तात्त्विक
सारयुक्त दे. 1. तात्त्विक, 2. सारगर्भित
सारहीन दे. 1. असार, 2. थोथा, 3. नीरस
सारांश दे. 1. तत्त्व, 2. निष्कर्ष
सारा दे. 1. कुल, 2. पूरा, 3. संपूर्ण, 4. सब

सारी जिंदगी दे. आजीवन
सार्थक दे. 1. सफल,
2. सारगर्भित
सार्थकता दे. महत्त्व
सार्थवाह दे. काफिला
सार्वजनिक (वि.)
सार्वजनिक शौचालय दे. बमपुलिस
सार्वजनिक होना दे. प्रकट होना
सार्वजनीन दे. सार्वजनिक
सार्वदेशिक दे. सार्वभौम
सार्वभौम (वि.)
सार्वभौमिक दे. सार्वभौम
सार्विक दे. सार्वभौम
साल दे. वर्ष
सालन दे. तरकारी
सालना (क्रि.)
सालना दे. अखरना
सालनेवाला दे. कष्टदायक
सालाना दे. वार्षिक
सालिम दे. संपूर्ण
सालिसिटर दे. वकील
सावधान (वि.)
सावधान दे. सजग
सावधान करना दे. 1. चेताना,
2. याद दिलाना
सावधानता दे. 1. सजगता,
2. सावधानी
सावधान होना दे. जागना
सावधानी (स्त्री.)
सावधानी दे. सजगता
साहचर्य दे. साथ
साहब दे. स्वामी
साहब-सलामत दे.
1. अभिवादन, 2. परिचय,
3. नमस्कार

साहबी दे. राजसी
साहस (पुं.)
साहस दे. 1. उत्साह,
2. शक्ति
साहसिक (वि.)
साहसी (वि.)
साहसी दे. 1. दबंग, 2. वीर
साहिल दे. किनारा
साहू दे. महाजन
साहूकारी दे. महाजन
साहूकार दे. महाजनी
सिंगार दे. सजावट
सिंगार करना (क्रिपद)
सिंगार करना दे. सजाना
सिंघेला दे. सिंहशावक
सिंचन करना दे. छिड़कना
सिंधुदेश दे. भारत
सिंह दे. शेर
सिंहवाहिनी दे. दुर्गा
सिंहशावक (पुं.)
सिंहावलोकन दे. सर्वेक्षण
सिंहासनारूढ़ (वि.)
सिकड़ी दे. जंजीर
सिकता दे. रेत
सिकतापूर्ण दे. रेतीला
सिकाई दे. सेंक
सिकाई करना दे. सेंकना
सिकुड़ जाना (क्रिपद)
सिकुड़न दे. झुर्री
सिक्त दे. तर
सिखाई दे. अध्यापन
सिखाना दे. पढ़ाना
सिखावन दे. उपदेश
सिगार (पुं.)
सिग्गड़ दे. बेड़ी
सिटपिटाना दे. घबराना

सिझाना दे. पकाना
सिटकिनी दे. चिटकनी
सिड़ी दे. 1. पागल, 2. सनकी
सिड़ीपन दे. सनक
सितपक्ष दे. हंस
सितम दे. 1. अत्याचार,
2. उत्पीड़न
सितमगर दे. उत्पीड़क
सितली दे. पसीना
सितारा दे. 1. चमकी,
2. तारा
सिद्ध (वि.)
सिद्ध दे. 1. प्रमाणित,
2. संपन्न
सिद्ध (पुं.) दे. 1. तपस्वी,
2. मुनि, 3. संत
सिद्ध करना दे. 1. पकाना,
2. प्रमाणित करना,
3. प्राप्त करना
सिद्धकाम दे. सफल
सिद्धहस्त दे. 1. अभ्यास,
2. कुशल
सिद्ध होना दे. पकना
सिद्धांत दे. नियम
सिद्धांतवादी दे. 1. नियमनिष्ठ,
2. हठी
सिद्धांतहीन (वि.)
सिद्धांती दे. नियमनिष्ठ
सिद्धि दे. 1. उपलब्धि,
2. कुशलता, 3. निष्पत्ति,
4. सफलता
सिद्धि विनायक दे. गणेश
सिधई दे. निरीहता
सिधाई दे. सरलता
सिधारना दे. जाना
सिने-तारिका दे. अभिनेत्री

सिनेमा (पुं.)
सिनेमा-घर दे. सिनेमा
सिपाही (पुं.)
सिपुर्द करना दे. सौंपना
सिपुर्दगी दे. समर्पण
सिप्पा दे. युक्ति
सिफत दे. गुण
सिफर दे. शून्य
सिफारिश (स्त्री.)
सिफारिश दे. संस्तुति
सिमट जाना दे. सिकुड़ जाना
सियार दे. गीदड़
सियासत दे. राजनीति
सियासी दे. राजनीतिक
सिर (पुं.)
सिरखपाई दे. मग्जपच्ची
सिर खपाना (क्रिपद)
सिर खपाना दे. माथापच्ची करना
सिरजनहार दे. ईश्वर
सिरदर्द दे. परेशानी
सिर पर पाँव रखकर भागना दे. दुम दबाकर भागना
सिरफिरा दे. 1. पागल, 2. सनकी
सिरमौर दे. मुकुट
सिर से पैर तक दे. आपाद-मस्तक
सिरा दे. 1. अंत, 2. सीमा
सिरे चढ़ाना दे. पूरा करना
सिरोंह दे. छुरा
सिर्फ दे. केवल
सिलवाना (क्रि.)
सिलसिला दे. क्रम
सिलसिलेवार दे. क्रमबद्ध

सिलाई करना दे. सीना
सिलेटी दे. खाक
सिल्क दे. रेशम
सिल्कन दे. रेशमी
सिल्वट दे. झुर्री
सिवा दे. अतिरिक्त
सिसकना दे. रोना
सिसकियाँ भरना दे. रोना
सिहरता हुआ दे. काँपता हुआ
सिहरन दे. 1. कंपन, 2. गुदगुदी
सिहरना दे. काँपना
सींक-सिलाई दे. 1. पतला, 2. दुबला
सींग (पुं.)
सींगदार दे. सींगवाला
सींगवाला (वि.)
सींग समाना दे. गुजारा करना
सींचना दे. छिड़कना
सीख दे. उपदेश
सीखा हुआ दे. पठित
सीजन दे. ऋतु
सीजनल दे. मौसमी
सीझना दे. पकना
सीट-पटांग दे. डींग
सीटी (स्त्री.)
सीड़-भरा दे. गीला
सीढ़ी (स्त्री.)
सीधा दे. 1. निरीह, 2. निष्कपट, 3. सरल
सीधापन दे. निरीहता
सीधा-सादा दे. 1. निष्कपट, 2. भोला, 3. सरल
सीधी-सीधी सुनाना दे. साफ-साफ कहना

सीधे (क्रिवि.)
सी न करना दे. चुप रहना
सीना (क्रि.)
सीना दे. छाती
सीनाजोर दे. 1. उत्पीड़क, 2. उद्धत
सीनाजोरी दे. 1. उत्पीड़न, 2. उद्धतता
सीना तान कर दे. धड़ल्ले से
सीने से लगाना दे. गले लगाना
सीमांकन (पुं.)
सीमांत दे. सीमा
सीमा (स्त्री.)
सीमा दे. मर्यादा
सीमा-रेखा दे. सीमा
सीमित (वि.)
सीमित दे. मर्यादित
सीयन खुलना दे. उधड़ना
सीयन खोलना दे. उधेड़ना
सीलन दे. नमी
सीलन-भरा दे. गीला
सुँघनी (स्त्री.)
सुंदर (वि.)
सुंदरता (स्त्री.)
सुंदर लगना दे. जँचना
सुंदरी (स्त्री.)
सुंदरी दे. स्त्री
सुअवसर दे. 1. अवसर, 2. मुहूर्त
सुई दे. टीका
सुकथन दे. उक्ति
सुकर दे. 1. सरल, 2. सुविधाजनक
सुकरता दे. सरलता
सुकर्म (पुं.)
सुकर्मी दे. धर्मात्मा

सुकान दे. पतवार
सुकाल दे. 1. मुहूर्त, 2. सुसमय
सुकीर्ति दे. यश
सुकुमार दे. 1. कोमल, 2. भावुक
सुकुमारता दे. कोमलता
सुकुमारी दे. किशोरी
सुकृति दे. धर्मात्मा
सुकृत्य दे. सुकर्म
सुख दे. आनन्द
सुखकर दे. 1. सुखद, 2. सुविधाजनक, 3. सुहावना
सुखकारक दे. सुखद
सुखद (वि.)
सुखद दे. आनंददायक
सुखदायक दे. 1. आनंददायक, 2. सुखद, 3. सुविधाजनक
सुख देनेवाला दे. सुखद
सुखप्रद दे. 1. आनंददायक, 2. सुखद
सुख लेना दे. मजा लेना
सुख-शांति दे. शांति
सुखसाध्य दे. सुविधाजनक
सुख से दे. सानंद
सुख-सौभाग्य दे. कल्याण
सुखाना (क्रि.)
सुखी (वि.)
सुखी दे. 1. आनंदित, 2. कमाऊ- खाऊ, 3. प्रसन्न
सुख्यात दे. यशस्वी
सुगंधि दे. गंध
सुगंधित (वि.)
सुगठित (वि.)
सुगढ़ दे. कलात्मक

सुगबुगाहट दे. कानाफूसी
सुगम दे. सरल
सुगमता दे. सरलता
सुघड़ दे. 1. कुशल, 2. सुगठित
सुघड़पन दे. कुशलता
सुचित दे. शांत
सचेत दे. कुशल
सुजन दे. मिलनसार
सुजनता दे. 1. उदारता, 2. नरमी
सुजान दे. 1. बुद्धिमान, 2. ज्ञाता, 3. पंडित
सुझाव (पुं.)
सुझाव दे. प्रस्ताव
सुड़कना दे. पीना
सुडौल दे. सुगठित
सुत दे. पुत्र
सुतार दे. बढ़ई
सुथरा दे. स्वच्छ
सुदर्शन दे. 1. दर्शनीय, 2. सुंदर
सुध दे. स्मरण
सुधबुध दे. चेतना
सुध-बुध खोना (क्रिपद)
सुध-बुध खो बैठना दे. चकित होना
सुध-बुध न रह जाना दे. सुध-बुध खोना
सुध लेना दे. हालचाल पूछना
सुधांशु दे. चंद्रमा
सुधा दे. अमृत
सुधाकर दे. चंद्रमा
सुधार (पुं.)
सुधार दे. संशोधन
सुधार करना दे. सुधारना

सुधारना (क्रि.)
सुधारवादी दे. प्रगतिशील
सुधि (स्त्री.)
सुधि दे. स्मरण
सुधी दे. पंडित
सुनगुन दे. समाचार
सुनना (क्रि.)
सुनयनी दे. सुलोचनी
सुनसान दे. 1. एकांत, 2. सूना
सुनहरा (वि.)
सुनिर्मित दे. कलात्मक
सुनी-अनसुनी करना दे. उपेक्षा करना
सुन्न (वि.)
सुन्न दे. जड़
सुन्नत (स्त्री.)
सुन्नत करना दे. (क्रिपद)
सुन्ना दे. शून्य
सुपात्र दे. योग्य
सुपात्रता दे. योग्यता
सुपुत्र (पुं.)
सुपूत दे. सुपुत्र
सुप्त (वि.)
सुप्रतिष्ठित दे. सुस्थित
सुबह दे. 1. प्रातः, 2. प्रातःकाल
सुबह-शाम दे. हर समय
सुबोध दे. सरल
सुबोधता दे. सरलता
सुभग दे. सुंदर
सुभगता दे. सुंदरता
सुभाषित दे. उक्ति
सुमंगल दे. कल्याण
सुमधुर दे. 1. कर्णप्रिय, 2. सुरीला
सुमन दे. फूल
सुमिरना दे. रटना

सुयोग दे. मुहूर्त
सुयोग्य दे. समर्थ
सुर दे देवता
सुरक दे. घूँट
सुरक्षा दे. देख-रेख
सुरक्षित (वि.)
सुरक्षित दे. रक्षित
सुरक्षित रखना दे. 1. बचाना, 2. संभालना
सुरत दे. 1. मैथुन, 2. स्मृति
सुरधाम दे. स्वर्ग
सुरधेनु दे. कामधेनु
सुर निकालना दे. गाना
सुरबाला दे. अप्सरा
सुरभि दे. 1. कामधेनु, 2. गंध, 3. गाय
सुरभित दे. सुगंधित
सुरमा दे. काजल
सुर में सुर मिलाना दे. हाँ में हाँ मिलाना
सुरम्य दे. सुंदर
सुरराज दे. इंद्र
सुरसरी दे. खुजली
सुरा दे. शराब
सुराख दे. 1. छिद्र, 2. छेद
सुराग दे. 1. पता, 2. संकेत, 3. सूत्र
सुराधिप दे. इंद्र
सुरापान दे. मदिरापान
सुरीला (वि.)
सरीला दे. 1. कर्णप्रिय, 2. मधुर
सुरुचि (स्त्री.)
सुरुचि दे. मर्यादा
सुरुचिकर दे. सुरुचिपूर्ण
सुरुचिपूर्ण (वि.)
सुरुचिपूर्ण दे. कलात्मक
सुरुचिसंपन्न (वि.)
सुरेंद्र दे. इंद्र
सुरेश दे. इंद्र
सुरैत दे. रखेल
सुरैतिन दे. रखेल
सुर्ख दे. लाल
सुर्ख हो जाना दे. गर्म हो जाना
सुर्खी दे. शीर्षक
सुलगते रहना दे. चिंतित रहना
सुलगना दे. चिंतित रहना
सुलभ दे. प्राप्त
सुलभ करना दे. प्रबंध कराना
सुलाई दे. नींद
सुलेख (पुं.)
सुलेमानी पत्थर दे. गोमेद
सुलोचनी (स्त्री.)
सुवर्ण दे. सुनहरा
सुवास दे. गंध
सुवासित दे. सुगंधित
सुविचारित दे. 1. युक्तियुक्त, 2. विचारपूर्ण
सुविज्ञ दे. ज्ञाता
सुविधा (स्त्री.)
सुविधा दे. रियायत
सुविधाजनक (वि.)
सुविधाधर्म दे. अवसरवादिता
सुविधाधर्मी दे. अवसरवादी
सुविधावादी दे. अवसरवादी
सुव्यक्त दे. 1. प्रकट, 2. स्पष्ट
सुव्यवस्थित दे. 1. नियमित, 2. व्यवस्थित
सुशिक्षित दे. 1. प्रबुद्ध, 2. शिक्षित
सुशील (वि.)
सुशील दे. 1. मिलनसार, 2. शिष्ट
सुशीलता दे. शिष्टता
सुशोभित दे. अलंकृत
सुशोभित करना दे. सजाना
सुशोभित होना दे. जँचना
सुषमा दे. सुंदरता
सुषुप्त दे. सुप्त
सुषुप्ति दे. नींद
सुष्ठु दे. सुंदर
सुसंगति दे. साथ
सुसंगति दे. 1. एकरूपता, 2. संगति
सुसंस्कार दे. शिष्टता
सुसंस्कृत दे. शिष्ट
सुसज्जित दे. अलंकृत
सुसमय (पु.)
सुस .चार (पु.)
सुस्त (वि.)
सुस्त दे. 1. आलसी, 2. धीमा
सुस्ताना (क्रि.)
सुस्ती (स्त्री.)
सुस्ती करना दे. अलसाना
सुस्थापित दे. स्थापित
सुस्थित (वि.)
सुस्थिर दे. 1. गंभीर, 2. सुस्थित, 3. स्थिर
सुस्थिरता दे. स्थिरता
सुस्पष्ट दे. 1. प्रकट, 2. स्पष्ट
सुस्वर दे. कर्णप्रिय
सुस्वादु दे. 1. मधुर, 2. स्वादिष्ट
सुहाग (पु.)
सुहागिन दे. सधवा
सुहाना (क्रि.)
सुहाना दे. 1. भाना, 2. सुहावना

सुहावना (वि.)
सुहावना दे. 1. आकर्षक, 2. रमणीय
सुहावनापन दे. रमणीयता
सुहावना लगना दे. भाना
सुहृद दे. मित्र
सूक्ति दे. 1. उक्ति, 2. कथन
सूक्ष्म (वि.)
सूक्ष्म दे. महीन
सूक्ष्मता (स्त्री.)
सूखकर काँटा हो जाना दे. दुर्बल हो जाना
सूख जाना दे. 1. दुबलाना, 2. मुरझाना
सूखा (वि.)
सूखा दे. 1. दुबला, 2. नीरस
सूखा (पु.)
सूचक (वि.)
सूचना (स्त्री.)
सूचना दे. समाचार
सूचना देना (क्रिपद)
सूचना देना दे. अवगत कराना
सूचित करना दे. 1. अवगत कराना, 2. कहना
सूची (स्त्री.)
सूजन (स्त्री.)
सूजन होना दे. सूजना
सूजना (क्रि.)
सूजाक (पु.)
सूझ दे. 1. अंतर्दृष्टि, 2. कल्पना
सूझना दे. 1. प्रतीत होना, 2. लगना
सूझ-बूझ दे. अंतर्दृष्टि
सूटा दे. कश
सूत दे. 1. चारण, 2. धागा

सूतक (पु.)
सूता दे. धागा
सूत्र (पु.)
सूत्र दे. 1. उक्ति, 2. तंतु, 3. संकेत
सूत्रपात दे. आरंभ
सूत्रपात करना दे. आरंभ करना
सूत्रपात होना दे. आरंभ होना
सूद (पु.)
सूदखोर (पु.)
सूना (वि.)
सूनापन (पु.)
सूबा दे. प्रदेश
सूम दे. कंजूस
सूमड़ा दे. कंजूस
सूमड़ापन दे. कंजूसी
सूमपन दे. कंजूसी
सूर दे. अंधा
सूरज (पु.)
सूरत दे. शक्ल
सूरत-शक्ल दे. 1. चेहरा-मोहरा, 2. नाक-नक्शा
सूरत-हराम दे. भद्दा
सूरदास दे. अंधा
सूरमा दे. योद्धा
सूर्य दे. सूरज
सूर्यप्रकाश दे. धूप
सूर्यालोक दे. धूप
सूली दे. फाँसी
सूहा दे. लाल
सृजन दे. 1. निर्माण, 2. रचना
सृजनात्मक दे. रचनात्मक
सृजित दे. सृष्ट

सृष्ट (वि.)
सृष्टि दे. 1. निर्माण, 2. संसार
सृष्टिकर्ता 1. ईश्वर, 2. विधाता, 3. स्रष्टा
सेंक (पु.)
सेंकना (क्रि.)
सेंकना दे. तापना
सेंटर दे. केंद्र
सेंटर में दे. बीचोंबीच
सेंतमेंत में दे. मुफ्त में
सेंधमार दे. चोर
सेंध लगाना (क्रिपद)
से अधिक (परसर्ग)
सेज दे. चारपाई
से ज्यादा दे. से अधिक
सेठ दे. महाजन
सेतु दे. पुल
सेतुबंध दे. बाँध
सेना (स्त्री.)
सेना दे. लाव-लश्कर
सेनाधिकारी दे. सेनापति
सेनाधिपति दे. सेनापति
सेनाध्यक्ष दे. सेनापति
सेनानायक दे. सेनापति
सेनानी दे. सेनापति
सेनापति (पुं.)
से बढ़कर दे. से अधिक
सेमिनार दे. गोष्ठी
सेवक (पुं.)
सेवक दे. भक्त
सेवक-सेविकाएँ दे. नौकर-चाकर
सेवा (स्त्री.)
सेवा दे. पूजा
सेवा करना (क्रिपद)
सेवादार दे. सेवक

सेवानिवृत्त दे. निवृत्त
सेवानिवृत्त करना दे. निकाल देना
सेवा-भाव दे. सेवा
सेवामुक्त दे. पदच्युत
सेवामुक्त करना दे. पदच्युत करना
सेवा-सुश्रूषा दे. सेवा
सेवा-सुश्रूषा करना दे. सेवा करना
सेविका. दे. नौकरानी
सेवित दे. व्यवहृत
सेहरा बँधना दे. श्रेय मिलना
सैंडिल दे. जूता
सैंया दे. 1. पति, 2. प्रेमी
सैकंड दे. पल
सैंधव दे. घोड़ा
सैनिक (पु.)
सैन्य दे. सेना
सैन्यबल दे. सेना
सैयाद दे. शिकारी
सैयारी दे. घुमक्कड़ी
सैर (स्त्री.)
सैर दे. यात्रा
सैर करना दे. घूमना
सैर-सपाटा दे. सैर
सैलानी दे. आवारा
सैलानीपन दे. आवारागर्दी
सैलाब दे. बाढ़
सैलाबी दे. कछारी
सोंटा दे. छड़ी
सोखना (क्रि.)
सोख लेना दे. सोखना
सोग दे. शोक
सोग मनाना दे. शोक मनाना

सोच दे. 1. चिंतन, 2. चिंता, 3. विचार
सोचते रहना दे. चिंतित रहना
सोचना (क्रि.)
सोचना दे. विचारना
सोचना-विचारना दे. विचारना
सोचना-समझना दे. सोचना
सोचने का ढंग दे. अभिवृत्ति
सोचनेवाला दे. विचारक
सोच-विचार (क्रि.)
सोच-विचार दे. 1. चिंतित, 2. विचार
सोचना-विचारना दे. सोचना
सोचनेवाला दे. चिंतक
सोच-समझ दे. विचार
सोचा-समझा हुआ दे. विचारपूर्ण
सोता दे. झरना
सोते-जागते दे. हर समय
सोनल दे. सुनहरा
सोना (पुं.)
सोना (क्रि.)
सोने जाना दे. सोना
सोपाधिक दे. सशर्त
सोपान दे. सीढ़ी
सोपान-क्रम दे. श्रेणी
सोम दे. अमृत
सोया हुआ दे. सुप्त
सोर दे. जड़
सोलहो आने दे. बिल्कुल
सोल्लास दे. खुशी-खुशी
सोहना दे. जँचना
सोहबत दे. साथ
सौंदर्य दे. सुंदरता

सौंदर्यप्रेमी (पुं.)
सौंदर्यहीन दे. भद्दा
सौंदर्यानुरागी दे. सौंदर्यप्रेमी
सौंदर्योपासक दे. सौंदर्यप्रेमी
सौंधा दे. सुगंधित
सौंपना (क्रि.)
सौंपना दे. देना
सौख्य दे. सुविधा
सौगंध दे. शपथ
सौगात दे. उपहार
सौजन्य (पुं.)
सौजन्य दे. 1. उदारता, 2. शिष्टाचार
सौजन्य से दे. धन्यवादपूर्वक
सौत (स्त्री.)
सौतेला भाई दे. भाई
सौतेली माँ दे. विमाता
सौदा दे. सामग्री
सौदाई दे. पागल
सौदा करना दे. मोल-भाव करना
सौदागर दे. व्यापारी
सौदागरी दे. व्यापार
सौदा तै करना दे. मोल-भाव करना
सौदामिनी दे. बिजली
सौदेबाजी करना दे. मोल-भाव करना
सौ बिस्वे दे. लगभग
सौभाग्य (पु.)
सौभाग्य दे. 1. भाग्य, 2. सुहाग
सौभाग्यवती दे. सधवा
सौभाग्यशाली दे. भाग्यवान
सौम्य दे. नम्र
सौम्यता दे. नम्रता
सौरभ दे. गंध

सौरभिक दे. सुगंधित
सौरी (स्त्री.)
सौहार्द दे. 1. घनिष्ठता, 2. सौजन्य
स्कंद दे. कार्तिकेय
स्कंध दे. 1. अध्याय, 2. कंधा
स्काउट (पुं.)
स्कीम दे. योजना
स्कूल दे. विद्यालय
स्खलन दे. ह्रास
स्टडी दे. अध्ययन
स्टाल दे. खोखा
स्टील दे. इस्पात
स्टेज दे. मंच
स्टेडियम दे. क्रीड़ास्थल
स्तंभ (पुं.)
स्तंभ दे. खंभा
स्तंभित दे. चकित
स्तन (पुं.)
स्तब्ध दे. चकित
स्तब्ध होना दे. चौंकना
स्तर दे. श्रेणी
स्तवक दे. 1. गुच्छा, 2. गुलदस्ता
स्तवन दे. प्रार्थना
स्तुति दे. 1. गुणगान, 2. प्रार्थना, 3. प्रशंसा
स्तुतिगान दे. गुणगान
स्तुत्य दे. प्रशंसनीय
स्तूप दे. स्मारक
स्त्रियोचित (वि.)
स्त्री (स्त्री.)
स्त्री दे. पत्नी
स्त्री-प्रसंग दे. मैथुन
स्त्री-समागम दे. मैथुन
स्त्रीसुलभ दे. स्त्रियोचित

स्थगित (वि.)
स्थगित करना (क्रिपद)
स्थपति दे. वास्तुकार
स्थल दे. स्थान
स्थली दे. स्थान
स्थान (पुं.)
स्थान दे. गुंजाइश
स्थानभ्रष्ट दे. च्युत
स्थानांतरण (पुं.)
स्थानांतरण दे. अंतरण
स्थापत्य-विशेषज्ञ दे. वास्तुकार
स्थानापन्न (वि.)
स्थानापन्न दे. कार्यकारी
स्थापित (वि.)
स्थापित दे. 1. निर्मित, 2. प्रतिष्ठित
स्थायित्व (पुं.)
स्थायी (वि.)
स्थायी दे. अपरिवर्तनशील
स्थावर दे. स्थिर
स्थिति (स्त्री.)
स्थिति दे. 1. अवस्था, 2. पद
स्थिर (वि.)
स्थिर दे. 1. दृढ़, 2. निश्चेष्ट, 3. बंद
स्थिरचित्त दे. शांत
स्थिरता (स्त्री.)
स्थिरता दे. 1. दृढ़ता, 2. स्थायित्व
स्थूल दे. मोटा
स्थूलकाय दे. मोटा
स्थूलता दे. मोटापा
स्नान (पुं.)
स्नान करना दे. नहाना
स्नानगृह दे. स्नानागार

स्नानागार (पुं.)
स्निग्ध दे. चिकना
स्निग्ध पदार्थ दे. घी-तेल
स्नेह दे. प्रेम
स्नेहपात्र दे. कृपापात्र
स्नेहपाश दे. आलिंगन
स्नेहपूर्ण दे. प्यार-भरा
स्नेहभाजन दे. कृपापात्र
स्नेहभाव दे. सौजन्य
स्नेहशीलता दे. कृपा
स्नेहालिंगन दे. आलिंगन
स्नेही दे. 1. प्यारा, 2. प्रेमी
स्पंदन दे. 1. कंपन, 2. गति
स्पंदित दे. काँपता हुआ
स्पंदित होना दे. काँपना
स्पर्धा दे. प्रतिद्वंद्विता
स्पर्धी दे. प्रतिद्वंद्वी
स्पर्श (पुं.)
स्पर्श करना दे. छूना
स्पर्शजन्य दे. संक्रामक
स्पर्शेंद्रिय दे. त्वचा
स्पष्ट (वि.)
स्पष्ट दे. 1. प्रत्यक्ष, 2. व्यक्त
स्पष्टतः (क्रिवि.)
स्पष्टभाषी दे. स्पष्टवादी
स्पष्ट रूप से दे. स्पष्टतः
स्पष्टवक्ता दे. स्पष्टवादी
स्पष्टवादिता (स्त्री.)
स्पष्टवादी (वि.)
स्पष्ट होना दे. प्रकट होना
स्पष्टीकरण (पुं.)
स्पष्टीकरण दे. व्याख्या
स्पष्टीकरण करना (क्रिपद)
स्पृहा दे. इच्छा
स्पृही दे. इच्छुक
स्पैलिंग दे. वर्तनी

स्फुट दे. स्पष्ट
स्फुलिंग दे. चिनगारी
स्फूर्त दे. 1. तेज, 2. फुर्तीला
स्फूर्ति (स्त्री.)
स्फूर्ति दे. 1. ताजगी, 2. फुर्ती, 3. प्रेरणा, 4. सजीवता
स्फूर्तिदायक दे. 1. प्रेरणादायक, 2. स्फूर्तिप्रद
स्फूर्ति देना दे. प्रेरणा देना
स्फूर्तिप्रद (वि)
स्फूर्तिवान दे. सजीव
स्फोट दे. विस्फोट
स्फोटक (वि.)
स्मगलर दे. तस्कर
स्मरण (पुं.)
स्मरण करना दे. रटना
स्मरण कराना दे. याद दिलाना
स्मरणशक्ति दे. स्मृति
स्मरणीय (वि.)
स्मारक (पुं.)
स्मिति दे. हँसी
स्मृति (स्त्री.)
स्मृति दे. स्मरण
स्मृतिक्षय दे. विस्मृति
स्मृतिचिह्न (पुं.)
स्मृतिभ्रंश दे. विस्मृति
स्यात दे. शायद
स्याह दे. काला
स्याही (स्त्री.)
स्रष्टा दे. 1. विधाता, 2. संस्थापक
स्राव (पुं.)
स्रोत (पुं.)
स्रोत दे. उद्गम
स्वकथा दे. आत्मकथा
स्वकीय दे. अपना

स्वच्छंद (वि.)
स्वच्छंद दे. मनमाना
स्वच्छंदचारिणी दे. स्वच्छंद
स्वच्छंदचारिता दे. मनमानी
स्वच्छंदचारी दे. 1. मनमाना, 2. स्वच्छंद
स्वच्छ (वि.)
स्वच्छ दे. निर्मल
स्वच्छ करना दे. धोना
स्वच्छता (स्त्री.)
स्वतंत्र (वि.)
स्वतंत्र दे. मुक्त
स्वतंत्रता (स्त्री.)
स्वतंत्रता दे. छुटकारा
स्वतंत्रतापूर्वक दे. खुलकर
स्वतःस्पष्ट दे. स्पष्ट
स्वत्व दे. 1. अधिकार, 2. कापीराइट
स्वत्वत्याग दे. समर्पण
स्वत्वाधिकार दे. कापीराइट
स्वदेशी दे. देसी
स्वदेशीय दे. देसी
स्वप्न (पु.)
स्वभाव (पुं.)
स्वभाव दे. प्रकृति
स्वभाव से दे. प्रकृतिशः
स्वभाव होना दे. आदत पड़ना
स्वयं (सर्व., क्रि. वि.)
स्वयंशासित दे. स्वतंत्र
स्वर (पुं.)
स्वरूप (पुं.)
स्वरूप दे. 1. आकृति, 2. चेहरा-मोहरा
स्वर्ग (पु.)
स्वर्गद्रुम दे. कल्पवृक्ष
स्वर्गधाम दे. स्वर्ग

स्वर्ग भेजना दे. मारना
स्वर्गलोक दे. स्वर्ग
स्वर्गवास दे. मृत्यु
स्वर्गवासी दे. मृत
स्वर्ग सिधारना दे. मरना
स्वर्गस्थ दे. स्वर्गीय
स्वर्गीय (वि.)
स्वर्गीय दे. दिव्य
स्वर्ण दे. सोना
स्वर्णकार दे. सुनार
स्वर्णमुद्रा दे. मोहर
स्वर्णिम दे. सुनहरा
स्वल्पभाषी दे. मितभाषी
स्वस्ति दे. तथास्तु
स्वस्थ (वि.)
स्वस्थ दे. अच्छा
स्वस्थ करना दे. अच्छा करना
स्वस्थचित्त दे. शांत
स्वाँग दे. छद्मवेश
स्वाँग भरना दे. नकल उतारना
स्वाँगिया दे. भाँड़
स्वाँगीकरण करना दे. आत्मसात् करना
स्वाक्षर दे. हस्ताक्षर
स्वागत (पुं.)
स्वागतकर्ता दे. मेजबान
स्वागत-सत्कार दे. अतिथि-सत्कार
स्वाद (पुं.)
स्वाद देखना दे. चखना
स्वाद लेना (क्रि.)
स्वादहीन दे. नीरस
स्वादहीनता दे. नीरसता
स्वादिष्ट (वि.)
स्वादिष्ट दे. मधुर
स्वादु दे. स्वादिष्ट

स्वाधीन दे. स्वतंत्र
स्वाधीनता दे. स्वतंत्रता
स्वाध्याय दे. पढ़ाई
स्वाभाविक (वि.)
स्वाभाविकता (स्त्री.)
स्वाभाविक दे. वास्तविक
स्वाभिमान (पुं.)
स्वाभिमान दे. मान
स्वाभिमानी (वि.)
स्वामित्व (पुं.)
स्वामित्व दे. अधिकार
स्वामिनी (स्त्री.)
स्वामिभक्त दे. निष्ठावान
स्वामिभक्ति दे. निष्ठा
स्वामी (पुं.)
स्वामी दे. 1. ईश्वर, 2. पति
स्वायत्त (वि.)
स्वार्थ (पुं.)
स्वार्थपरायण दे. स्वार्थी
स्वार्थसाधक दे. स्वार्थी
स्वार्थसाधन दे. 1. शोषण, 2. स्वार्थ-सिद्धि
स्वार्थ-सिद्धि (स्त्री.)
स्वार्थांध दे. स्वार्थी
स्वार्थी (वि.)
स्वावलंबन दे. आत्मनिर्भरता
स्वावलंबी दे. आत्मनिर्भर
स्वास्थ्य (पुं.)
स्वास्थ्यवर्धक दे. पौष्टिक
स्वाह हो जाना दे. जल जाना
स्वीकरणीय दे. स्वीकार्य
स्वीकार करना (क्रिपद)
स्वीकार करना दे. 1. मानना, 2. लेना
स्वीकारना दे. स्वीकार करना
स्वीकार्य (वि.)
स्वीकार्य दे. मान्य
स्वीकृत (वि.)
स्वीकृति (स्त्री.)
स्वीकृति दे. अनुमति
स्वेच्छया (क्रिवि.)
स्वेच्छा दे. मनमानी
स्वेच्छाचार (पुं.)
स्वेच्छाचार दे. अत्याचार
स्वेच्छाचारपूर्ण दे. मनमाना
स्वेच्छाचारिता दे. 1. अधिनायकता, 2. मनमानी
स्वेच्छाचारी शासक दे. अधिनायक
स्वेच्छाचारी (वि.)
स्वेच्छाचारी दे. 1. अत्याचारी, 2. अन्याय, 3. स्वच्छंद
स्वेच्छापूर्वक दे. 1. जान-बूझकर, 2. स्वेच्छया
स्वेच्छया (क्रिवि.)
स्वेच्छाचारिता दे. स्वेच्छाचार
स्वेच्छा से दे. स्वेच्छया
स्वेद दे. पसीना
हंगामा दे. शोर
हंगामा-भरा दे. कोलाहलपूर्ण
हंगामी दे. कोलाहलपूर्ण
हंगामेदार दे. कोलाहलपूर्ण
हंटर दे. चाबुक
हंडा दे. घड़ा
हंता दे. हत्यारा
हँफनी दे. दमा
हँफनी होना दे. हाँफना
हंस (पुं.)
हँसना (क्रि.)
हँसने-हँसानेवाला दे. हँसमुख
हँसमुख (वि.)
हँसमुख दे. प्रसन्नचित्त
हँसी (स्त्री.)
हँसी दे. उपहास
हँसी उड़ाना (क्रिपद)
हँसी उड़ाना दे. उपहास करना
हँसी-ठट्ठा दे. 1. उपहास, 2. हँसी
हँसी-दिल्लगी दे. हँसी
हँसी-मजाक करना दे. उपहास करना
हँसी में उड़ा देना दे. टाल जाना
हँसोड़ दे. 1. मसखरा, 2. विनोदी
हक दे. अधिकार
हकदार दे. 1. उत्तराधिकारी, 2. पात्र
हकबकाना दे. चौंकना
हकलाना दे. तुतलाना
हकीकत दे. 1. तथ्य, 2. वास्तविकता
हकीकत में दे. 1. वास्तव में, 2. सचमुच
हकीकी दे. वास्तविक
हक्का-बक्का दे. चकित
हक्का-बक्का हो जाना. दे. चकित हो जाना
हजम कर जाना दे. हड़प लेना
हजम करना दे. पचाना
हजम होना दे. पचना
हजामत (स्त्री.)
हज्जाम दे. नाई
हटक दे. निषेध
हटकना दे. निषेध करना
हट जाना दे. भाग जाना

हटना (क्रि.)
हटात दे. जबर्दस्ती
हटाना दे. 1. दूर करना,
2. भगाना
हट्टा-कट्टा (वि.)
हट्टा-कट्टा दे. 1. तगड़ा,
2. बलिष्ठ, 3. स्वस्थ
हट्टी दे. दुकान
हठ (पुं.)
हठ करना (क्रि.)
हठधर्म दे. 1. कट्टरता,
2. हठ
हठधर्मी दे. 1. कट्टर,
2. हठ, 3. हठी
हठधर्मी करना दे. हठ करना
हठी (वि.)
हठी दे. जिद्दी
हठीला दे. 1. जिद्दी, 2. हठी
हठीलापन दे. जिद
हड़कंप दे. 1. खलबली, 2. शोर
हड़क दे. इच्छा
हड़कना दे. भड़कना
हड़ताल (स्त्री.)
हड़ताली दे. आन्दोलनकारी
हड़प जाना दे. छीनना
हड़पना दे. 1. खाना,
2. हड़प लेना
हड़प लेना (क्रि. पद.)
हड़प लेना दे. छीनना
हड़बड़ दे. उतावली
हड़बड़ाना दे. जल्दी मचाना
हड़बड़ाहट दे. उतावली
हड़बड़िया दे. 1. उतावला,
2. जल्दबाज
हड़बड़ी मचाना दे. जल्दी मचाना
हड़ीला दे. पुतला
हड्डा दे. बर्रे
हड्डियों का ढाँचा दे. कंकाल
हड्डी (स्त्री.)
हड्डी-पसली दे. अंग-प्रत्यंग
हत (वि.)
हतक दे. अपमान
हतक करना दे. अपमान करना
हतप्रभ (वि.)
हतप्रभ दे. चकित
हतप्रभ होना दे. चकित होना
हतबुद्धि दे. 1. चकित,
2. पागल
हतबुद्धि होना दे. चकित होना
हतभाग्य दे. 1. अभागा,
2. भाग्यहीन
हताश दे. निराश
हताशा दे. निराशा
हतोत्साह दे. निराश
हतोत्साह करना दे. निराश करना
हतोत्साह होना दे. निराश होना
हतोत्साहित करना दे. निराश करना
हतोत्साहित होना दे. निराश होना
हत्या (पुं.)
हत्या (स्त्री.)
हत्या करना (क्रिपद)
हत्या करना दे. मारना
हत्यारा (पुं.)
हथकंडा दे. 1. उपाय,
2. चालाकी, 3. युक्ति
हथकड़ी डालना दे. गिरफ्तार करना
हथफेर दे. चोर
हथफेरी दे. चोरी
हथलपक दे. धोखेबाज
हथियाना दे. छीनना
हथियार (पुं.)
हथियार डालना दे. 1. झुकना,
2. समर्पण करना
हथियारबंद दे. सशस्त्र
हथियारबंदी दे. सशस्त्रीकरण
हथिया लेना दे. छीनना
हद दे. सीमा
हद कर देना (क्रि. पद.)
हदबंदी दे. 1. परिसीमन,
2. सीमांकन
हदस दे. डर
हदस जाना दे. डरना
हदसना दे. डरना
हनन दे. हत्या
हनन करना दे. हत्या करना
हफ्ता दे. सप्ताह
हफ्तावारी दे. साप्ताहिक
हब्शी (पुं.)
हब्शी दे. खानाबदोश
हमउम्र दे. समवयस्क
हमजोली दे. मित्र
हमदम दे. मित्र
हमदर्द दे. सहानुभूतिशील
हमदर्दी दे. सहानुभूति
हमनाम दे. नामरासी
हमप्याला-हमनिवाला दे. मित्र
हमबिस्तर (वि.)
हममजहब दे. समानधर्मी
हमराह दे. सहयात्री
हमराही दे. सहयात्री
हमल दे. गर्भ
हमला दे. आक्रमण

हमलावर दे. आक्रमणकारी
हमवार दे. समतल
हमशक्ल दे. समान
हमसफर दे. सहयात्री
हमसाया दे. पड़ोसी
हमाहमी दे. 1. अहं,
2. खींचतान
हमी दे. अहं
हमीर-हठ दे. हठ
हमेव दे. अहं
हमेशा दे. सदा
हयशाला दे. तबेला
हया करना दे. शर्माना
हयादार दे. शर्मीला
हर (वि.)
हर एक (वि.)
हरकत दे. 1. कंपन, 2. गति,
3. व्यवहार
हरकारा दे. दूत
हर कोई दे. हर एक
हरख उठना दे. प्रसन्न हो उठना
हरखना दे. प्रसन्न हो उठना
हरगिज नहीं दे. कभी नहीं
हर घड़ी दे. हर समय
हर जगह दे, 1. सब जगह,
2. सर्वत्र
हरजाना दे. दंड
हरण करना दे. 1. अपहरण
करना, 2. चुराना
हर पल दे. हर समय
हरफ आना दे. आँच आना
हरबोंग दे. शोर
हरम दे. अंतःपुर
हर रोज. दे. प्रतिदिन
हर लेना दे. 1. अपहरण
करना, 2. चुराना

हर समय (क्रिवि.)
हर समय दे. 1. रात-दिन,
2. सदा
हरहा दे. भेड़िया
हर हालत में दे. सर्वप्रकारेण
हरा (वि.)
हरा दे. 1. कच्चा, 2. ताजा
हराना दे. 1. जीतना, 2. पछाड़ना
हरा-भरा (वि.)
हरा-भरा होना दे. 1. खिलना,
2. फलना-फूलना
हरामखोर दे. 1. कमीना,
2. कुकर्मी
हरामखोरी दे. 1. कमीनापन,
2. कुकर्म
हरामजदगी दे. दुष्टता
हरामजादा दे. जारज
हरामी दे. 1. कुकर्मी, 2. जारज,
3. दोगला
हरारत दे. तापमान
हरा देना दे. खिलना
हरि दे. विष्णु
हरिण दे. हिरन
हरित दे. भरा
हर्ज दे. हानि
हर्जा दे. हानि
हर्जाना दे. क्षतिपूर्ति
हर्ष दे. 1. आनंद, 2. प्रसन्नता
हर्षकारक दे. आनंददायक
हर्षपूर्वक दे. खुशी-खुशी
हर्षप्रद दे. आनंददायक
हर्षित दे. 1. आनंदित, 2. प्रसन्न
हर्षित हो उठना दे. प्रसन्न
हो उठना
हल दे. 1. उपाय, 2. समाधान
हलक दे. गला

हलका (वि.)
हलका दे. 1. कमीना, 2. घटिया,
3. धीमा, 4. निष्प्रभ,
5. सस्ता
हलका-फुलका दे. हलका
हलके दर्जे का दे. घटिया
हलचल (स्त्री.)
हलचल दे. 1. अशांति,
2. खलबली, 3. गति,
4. चहल-पहल
हलचल पैदा करना (क्रिपद)
हलफ दे. शपथ
हलाक दे. हत
हलुक दे. हलका
हल्ला करना दे. चिल्लाना
हल्ला-गुल्ला दे. शोर
हवस दे. इच्छा
हवा दे. वायु
हवाई (वि.)
हवाई दे. काल्पनिक
हवाई किले बनाना (क्रिपद)
हवाई जहाज दे. 1. जहाज,
2. वायुयान
हवाई महल दे. दिवास्वप्न
हवा खाना दे. 1. टहलना,
2. हवाखोरी
हवाखोरी (स्त्री.)
हवा बताना दे. टालना
हवाबाज दे. वायुयान-चालक
हवाला दे. विषय
हवालात दे. कारागार
हवाली-मवाली दे. संगी
हवाले करना दे. सौंपना
हवास दे. चेतना
हवा हो जाना दे. गायब हो
जाना

हविस दे. इच्छा
हवेली दे. 1. भवन, 2. मकान
हश्र दे. परिणाम
हसरत दे. इच्छा
हसीन दे. सुंदर
हसीना दे. 1. सुंदरी, 2. स्त्री
हस्त दे. हाथ
हस्तक्षेप (पुं.)
हस्तक्षेपक (पुं.)
हस्तक्षेप करना (क्रिपद)
हस्तक्षेपी दे. हस्तक्षेपक
हस्तगत दे. प्राप्त
हस्तगत करना दे. प्राप्त करना
हस्तगत होना दे. 1. पाना, 2. मिलना
हस्तलाघव (पुं.)
हस्तलाघव दे. बाजीगरी
हस्तलिपि दे. हस्तलेख
हस्तलेख (पुं.)
हस्तशिल्प दे. शिल्प
हस्तांतरण दे. अंतरण
हस्ताक्षर (पुं.)
हाँक दे. 1. डींग, 2. पुकार
हाँक देना दे. भगाना
हाँकना दे. चलाना
हाँक लगाना दे. पुकारना
हाँका दे. शिकार
हाँफना (क्रि.)
हाँफने लगना दे. 1. साँस फूलना, 2. हाँफना
हाँ में हाँ मिलाना (क्रिपद)
हाई दे. इच्छा
हाकिम दे. 1. अधिकारी, 2. शासक
हाजमा दे. पाचन
हाजमेदार दे. पाचक
हाजिर दे. उपस्थित
हाजिरबाश दे. आज्ञाकारी
हाजिरी दे. उपस्थिति
हाजिर होना दे. आना
हाट दे. बाजार
हाड़ दे. हड्डी
हाता दे. प्रांगण
हातिम दे. उदार
हाथ (पुं.)
हाथ उठाना दे. मारना
हाथ की सफाई दे. 1. बाजीगरी, 2. हस्तलाघव
हाथ खींचना दे. बाज आना
हाथ-पैर दे. अंग
हाथ-पैर जोड़ना दे. चिरौरी करना
हाथ-पैर पटकना दे. तड़पना
हाथ मलना दे. पछताना
हाथ में आना दे. मिलना
हाथ में आया हुआ दे. प्राप्त
हाथ में लेना दे. लेना
हाथ लगना दे. मिलना
हाथ लगाना दे. छूना
हाथापाई दे. मारपीट
हाथाबाँही दे. मारपीट
हाथी (पुं.)
हादसा दे. घटना
हानि (स्त्री.)
हानि दे. कमी
हानिकर (वि.)
हानिकर दे. नाशक
हानिकारक दे. हानिकर
हानिपूर्ति दे. क्षतिपूर्ति
हानिप्रद दे. हानिकर
हानिलाभ (पु.)
हाफिजा दे. स्मृति
हाबी दे. शौक
हामिला दे. गर्भवती
हामी दे. 1. अनुमोदन, 2. स्वीकृति
हामी भरना दे. स्वीकार करना
हामी भरनेवाला दे. अनुमोदक
हाय दे. आह
हाय-तोबा दे. 1. विलाप, 2. चीत्कार, 3. शोर
हार (स्त्री.)
हार (पुं.) दे. माला
हार (स्त्री.) 1. पराजय, 2. विफलता
हार जाना (क्रिपद)
हार-जीत दे. जय-पराजय
हाराकिरी दे. बलिदान
हारा हुआ दे. पराजित
हार्दिक (वि.)
हार्दिक दे. घनिष्ठ
हार्दिकता से दे. खुशी-खुशी
हाल दे. समाचार
हालचाल पूछना (क्रिपद)
हालत दे. 1. अवस्था, 2. स्थिति
हालाँकि दे. यद्यपि
हालात दे. परिवेश
हाल्ट दे. पड़ाव
हाव-भाव (पुं.)
हाव-भाव दे. नखरा
हावी दे. प्रबल
हाशिया दे. किनारा
हासिल दे. प्राप्त
हास-परिहास दे. हँसी
हास्य दे. हँसी
हाहाकार दे. 1. चीख-पुकार, 2. विलाप, 3. शोर

हाहाकारी दे. नाशक
हाहा-हीही दे. 1. अट्टहास, 2. ठहाका
हाहा-हूहू दे. शोर
हिंडोला दे. झूला
हिंद दे. भारत
हिंदसा दे. अंक
हिंदी दे. भारतीय
हिंदुस्तान दे. भारत
हिंदुस्तानी दे. भारतीय
हिंसक दे. 1. निर्दय, 2. बर्बर, 3. हत्यारा
हिंसा दे. हत्या
हिंसा करना दे. हत्या करना
हिंसाप्रिय दे. निर्दय
हिंसाप्रियता दे. निर्दयता
हिंस्र दे. बर्बर
हिकमत दे. 1. कुशलता, 2. कौशल
हिकमती दे. कुशल
हिकारत दे. घृणा
हिक्का दे. हिचकी
हिचक (स्त्री.)
हिचक दे. असमंजस
हिचकना (क्रि.)
हिचकिचाना दे. हिचकना
हिचकिचाहट दे. असमंजस
हिचकी (स्त्री.)
हिचकोला दे. 1. आघात, 2. कंप
हिचर-मिचर दे. हिचक
हिचर-पिचर करना दे. हिचकना
हिजड़ा दे. नपुंसक
हिजड़ापन दे. नपुंसकता
हिज्जे दे. वर्तनी
हित दे. 1. उपकार, 2. कल्याण
हितकर दे. लाभप्रद
हितकारक दे. उपकारक
हितकारी दे. 1. कल्याणकारी, 2. कृपालु, 3. लाभप्रद
हित-साधन दे. स्वार्थ
हिताई दे. संबंध
हिताहित दे. हानि-लाभ
हितू दे. 1. उपकारक, 2. शुभचिंतक
हितेच्छु दे. शुभचिंतक
हितैषी दे. 1. कृपालु, 2. शुभचिंतक
हिदायत दे. 1. आज्ञा, 2. उपदेश
हिफाजत दे. 1. देखरेख, 2. रक्षा
हिफाजत करना दे. 1. अगोरना, 2. बचाना
हिफाजत से रखना दे. सँभालना
हिमकर दे. चंद्रमा
हिमगिरि दे. हिमालय
हिमपात (पुं.)
हिमवत दे. ठंडा
हिमवर्षा दे. हिमपात
हिमवान दे. हिमालय
हिमश्वेत दे. उज्ज्वल
हिमांशु दे. चंद्रमा
हिमाचल दे. हिमालय
हिमाद्रि दे. हिमालय
हिमायत दे. 1. वकालत, 2. समर्थन, 3. सहायता
हिमायती दे. 1. समर्थक, 2. सहायक
हिमालय (पुं.)
हिम्मत दे. 1. उत्साह, 2. कर्मठता, 3. शक्ति, 4. साहस
हिम्मत बँधाना दे. धैर्य बँधाना
हिम्मत बढ़ाना दे. प्रेरणा देना
हिम्मतवर दे. साहसी
हिम्मतवाला दे. साहसी
हिम्मती दे. साहसी
हिय दे. हृदय
हियरा दे. हृदय
हिया दे. हृदय
हियाव दे. 1. शर्म, 2. साहस
हिरन (पुं.)
हिरासत में लेना दे. 1. गिरफ्तार करना, 2. पकड़ना
हिर्स दे. इच्छा
हिलता हुआ दे. 1. अस्थिर, 2. काँपता हुआ
हिलना-डुलना दे. 1. काँपना, 2. डाँवाँडोल होना
हिलाना (क्रि.)
हिलोरना दे. इकट्ठा करना
हिसाब दे, 1. अंकगणित, 2. गणना
हिसाब करना दे. गिनना
हिस्सा दे. 1. अंश, 2. टुकड़ा
हिस्सेदार दे. भागीदारी
हिस्सेदारी दे. भागीदारी
हिस्से करना दे. बाँटना
ही दे. केवल
हीन दे. 1. कमीना, 2. घटिया, 3. तुच्छ, 4. वंचित
हीनता दे. 1. अभाव, 2. हीनभावना
हीनबल दे. दुर्बल
हीनभावना (स्त्री.)
हीया दे. हृदय

हीरो दे. अभिनेता
हीरोइन दे. अभिनेत्री
हीला-हवाली दे. बहानेबाजी
हीला-हवाली करना दे. टालना
हीलेबाज दे. बहानेबाज
हीलेबाजी दे. 1. बहाना, 2. बहानेबाजी
हुंडी दे. पत्र

हुक (पुं.)

हुकुम दे. आज्ञा
हुकूमत दे. 1. प्रभुत्व, 2. शासन, 3. सत्ता

हुक्का (पुं.)

हुक्म दे. आज्ञा
हुजूम दे. भीड़
हुज्जत दे. 1. झगड़ा, 2. तर्क-वितर्क
हुज्जत करना दे. विवाद करना

हुज्जती (वि.)

हुज्जती दे. झगड़ालू
हुड़क दे. पीड़ा
हुड़दंग दे. शोर
हुड़दंगी दे. खिलवाड़ी
हुतात्मा दे. शहीद
हुन दे. सोना
हुनर दे. कला
हुनरमंद (वि.) दे. कुशल

हुनरमंद (पुं.)

हुनरमंद दे. 1. कलाकार, 2. कारीगर
हुनरमंदी दे. कुशलता
हुमकना दे. नाचना
हुमचना दे. उमगना
हुमसना दे. नाचना
हुलसना दे. 1. उमगना, 2. प्रसन्न हो उठना
हुलास दे. 1. आनंद, 2. प्रसन्नता
हुलिया दे. आकृति
हुल्लड़ दे. शोर
हुल्लड़बाज दे. उपद्रवी
हुल्लड़बाजी दे. उपद्रव
हुस्न दे. सुंदरता
हुस्नपरस्त दे. सौंदर्यप्रेमी
हूँस दे. प्रशंसा
हूक दे. पीड़ा
हूक उठना दे. पीड़ा होना
हूबहू दे. अपरिवर्तित
हूर दे. 1. अप्सरा, 2. परी
हेय दे. घटिया
हृदयंगम करना दे. आत्मसात करना

हृदय (पुं.)

हृदय दे. 1. अंतःकरण, 2. मन
हृदयग्राही दे. 1. आकर्षक, 2. करुण
हृदयवल्लभ दे. प्रिय

हृदयविदारक (वि.)

हृदयविदारक दे. 1. करुण, 2. मार्मिक
हृदयवेधी दे 1. करुण, 2. हृदय-विदारक
हृदयस्पर्शी दे. 1. आकर्षक, 2. करुण, 3. प्रभावपूर्ण, 4. हृदयविदारक
हृदयहीन दे. निर्दय
हृदयहीनता दे. निर्दयता
हृदयेश दे. 1. पति, 2. प्रेमी
हृदयेश्वर 1. पति, 2. प्रेमी
हृदयेश्वरी दे. प्रेमिका
हृषिकेश दे. कृष्ण

हृष्टपुष्ट (वि.)

हृष्टपुष्ट दे. 1. तगड़ा, 2. मोटा, 3. हट्टा-कट्टा
हेकड़ी दे. 1. अकड़, 2. अभिमानी
हेच दे. तुच्छ
हेठी दे. अपमान
हेठी करना दे. अपमान करना
हेतु दे. 1. उद्देश्य, 2. कारण
हेम दे. सोना
हेय दे. 1. कमीना, 2. तुच्छ

हेर-फेर (स्त्री.)

हेर-फेर दे. परिवर्तन
हेर-फेर करना दे. 1. गोलमाल करना, 2. बदलना
हेराफेरी दे. 1. घोटाला, 2. हेर-फेर
हेल-मेल दे. घनिष्ठता
हेल्पर दे. सहायक
हैंडल दे. हत्था
हैकड़ी दे. डींग

हैजा (पुं.)

हैडिंग दे. शीर्षक
हैरत दे. आश्चर्य
हैरतअंगेज दे. आश्चर्यजनक
हैरान दे. चकित
हैरान हो जाना दे. चकित होना
हैरानी दे. आश्चर्य
हैरानी में डालनेवाला दे. आश्चर्यजनक
हैरानी होना दे. चकित होना
हैवान दे. पशु
हैवानियत दे. 1. पशुता, 2. पाशविकता
हैवानी दे. पाशविक
हैसियत दे. 1. सामर्थ्य, 2. पद, 3. स्थिति

होठ (पुं.)
हो जाना दे. घटना
होठ दे. होंठ
होड़, होड़ाहोड़ी दे. प्रतिद्वंद्विता
होतव्य दे. भवितव्य
होता-सोता दे. रिश्तेदार

होनहार (वि.)
होनहार दे. 1. अनिवार्य, 2. उदीयमान
होनहार (पुं.) दे. भविष्य
होनी दे. भाग्य
होराचक्र दे. कुंडली
होलिका दे. होली

होली (स्त्री.)
होश दे. 1. चेतना, 2. सुधि
होश उड़ जाना दे. 1. चकित होना, 2. सुध-बुध खोना
होश में आ जाना दे. सँभलना
होश-हवास दे. चेतना
होश-हवास उड़ जाना दे. चकित होना
होश-हवास न रह जाना दे. सुध-बुध खोना
होशियार दे. 1. कुशल, 2. चतुर, 3. चालाक, 4. तेज, 5. बुद्धिमान, 6. सजग
होशियार करना दे. चेताना
होशियार होना दे. जागना
होशियारी दे. 1. कुशलता, 2. चतुरता, 3. चालाकी, 4. सजगता, 5. सावधानी
हो सकता है कि दे. शायद

हौआ (पुं.)
हौका दे. आह
हौले-हौले दे. धीरे
हौसला दे. 1. उत्साह, 2. साहस

ह्रास (पु.)
ह्रास दे. 1. क्षय, 2. गिरावट, 3. पतन
ह्रासमान दे. नाशवान

●●●